基本文法から学ぶ
英語リーディング教本

薬袋善郎 Yoshiro Minai

研究社

By far the most usual way of handling phenomena so novel that they would make for a serious rearrangement of our preconceptions is to ignore them altogether, or to abuse those who bear witness for them. —William James: *Pragmatism*

我々が抱いている先入観に対して重大な変更を迫るような新しい現象に出会った場合、ほとんどの人は、この馴染みのない現象を完全に無視するか、あるいはこの現象を目撃したと言う人を罵(ののし)るか、どちらかの反応をするのが普通である。

——ウイリアム・ジェイムズ 『プラグマティズム』(1907)

(英語をまったく知らない人も、本書を指示通り勉強すれば、この程度の英文は自力で正確に読めるようになります。解説は p. 448)

はじめに

中学生の頃に読んでいたら...

大学生になってから、あるいは社会人になってから、**私の本を読み「嗚呼、中学生の頃にこの本に気がついて、読んでいたら...」と慨嘆する人が後を絶ちません。**中学生以来ずっと表面的な次元でだけ英語を学んできて「最も大事なもの」を取り逃がしていたことに気がつくからです。中学生のときに知っていたら、自分の進路は変わっていたのに、と後になって臍を噛むのです。

「最も大事なもの」とは[注1]

英語の根底には、全体を貫く「最も大事なもの」があるのです。それは「品詞と働きと活用の間にある相互関係」です。早合点しないでください。品詞と働きと活用そのものが大事なのではありません。大事なのはこの3つの間にある「相互関係」なのです。この関係は100%抽象的なもので、目に見えません。ですから、表面だけ眺めていくら英語を勉強しても気がつけません。しかし、これを理解していないと、どんなに多読・速読しても、不正確な読み方が速くなるだけで、正確に読めるようにはなりません。それなりの思想・情報を伝える英文は、イメージや感覚や単純作業の機械的繰り返しでは読めるようにならないのです。英語大衆化が始まる前、特に戦前、一部の選ばれた人だけが英語を学んでいた時代には、英語を学ぶ日本人はこのことをよく知っていました。だからその頃の人は高度な英語力を身につけていたのです。

これから英語を勉強する人でも大丈夫です

本書は英文法を総覧するいわゆる文法書ではありません。**英語の「最も大事なこと（＝品詞と働きと活用の相互関係）」を身につけるための教科書兼ワークブックです。**[注2] **これに必要な事項は、中学1年生でやることから説明しています**（ですから、これから英語を勉強する人でも読めます）。しかし、必要でない事項（＝知らなくても「品詞と働きと活用の相互関係」を理解するのに支障が生じない事項）は取り上げていません。本書に載っていない文法項目は「最も大事なこと」をしっかり身につけて、それから一般の文法概説書を読めば容易にわかります。まずは本書をマスターすることに集中してください。

「読者が自分でできるようになること」に責任をもつ本です[注3]

人間は「言葉」を使って思考するのです。思考の道具はあくまでも「言葉」であって、図やイメージは、それを助ける補助手段にすぎません。図やイメージには、見る人の推測や思い込みが介入する余地があります。図やイメージは、本当はわかっていないのに、わかったような気にさせる魔力があります。**本書は、読者をわかった気にさせて、気持ちよくさせることを目的とした本ではありません。読者が本当にわかって、自分でできるようになることに責任をもつ本です**。ですから「本当はわかっていないのに、わかったような気になる」のを断固として阻止します。要所要所できわどい質問を投げかけて、読者の「わかったつもり」を木端微塵（こっぱみじん）に打ち砕きます。**本当にわからない限り、わかった気にさせません**。「絶対に誤解してはならないこと」はすべて「言葉」で徹底的に説明します。

英文を「本当に正しく」読めるようになります

本書は、自分がやってもいないことを、さもこれが本当の読み方であるかのように書くことはしていません。英語を読み書きするとき、常に私の頭の中で実際に（意識的、ないし無意識的に）やっていることだけを書いています。繰り返しますが、明治の昔から「英文を正確に読む方法」は品詞と働きと活用、これしかないのです。**真剣に努力すれば３か月で変身できます。英文を「本当に正しく」読めるようになります。**

本書の執筆にあたっては David Chart 先生（Ph. D. Cantab.）と研究社編集部の佐藤陽二氏にお世話になりました。この場を借りてお礼を申し上げます。ありがとうございました。

令和３年11月　　薬袋善郎

注 1「品詞」は動詞、名詞、形容詞...のことです。「働き」は主語、目的語、修飾...のことです。「活用」は原形、現在形、過去形...のことです。この3つの間には密接なネットワークがあって、相互に規制しあっているのです。ごく簡単な例を挙げれば、名詞は主語になれますが、形容詞は主語になれません。では、動詞は？ 動詞は名詞を兼ねれば主語になれます。それでは、どういう場合に動詞は名詞を兼ねるのでしょうか？ ここに活用がからんでくるのです。このネットワークを理解すると、英語がはっきりわかるようになります。

注 2 本書は参考書ではありません。本書自体が教科書なのです。本書は「英語の仕組み」と「英語を正確に読み書きする方法」を教えて、訓練する本です。ですから、**英文法の細かな知識を本書で調べるのは使い方をまったく間違えています。英文法を調べたい人は普通の文法書を使って下さい。**

注 3「『読者が自分でできるようになること』に責任をもつ」というのは「書きっぱなしにしない」ということです。「大事なことは教えたんだから、後は自分でやってね」というのは私が最も嫌う行き方です。大事なことは、定着するまで、何度でも繰り返し説明し、質問します。品詞と働きと活用は、算数の九九と同じで、考えなくても出てくるようにならなければ、道具として使いものにならないのです。

本書を学習する際の注意点

本書はなぜ厚いのか

「品詞と働きと活用の相互関係」を理解するためには「中学で普通に習うこと」を知っている必要があります。本書は「品詞と働きと活用の相互関係」だけでなく、それを理解するために必要な**「中学で普通に習うこと」も詳しく書いてあります。だから厚いのです。**それだけではありません。天才でもない限り、説明を読んだだけでは身につきません。実際の英文で同じことを、何度も何度も、嫌になるほど確認して「確かにそうなっている」と納得して、初めて身につくのです。ですから、本書には**「実際の英文で同じことを何度も何度も確認する」記述や質問がたくさんあります。だから厚いのです。**

確認質問は「ルールそのものを確認する質問」が415問、「実際の英文中で確認する質問」が727問、合計1142問です。根気強く質問に答え続ければ、必ずできるようになります。頑張りましょう。

本書はレンガを１段ずつ積むように書いてあります

本書には際立った特徴があります。それは「**新しく勉強する英文は、それまでに勉強したことを理解していれば、そこの解説だけで完全に理解できる**」ということです。たとえば「Lesson 3 で学ぶ英文に、Lesson 4 以降で勉強することが含まれていて、Lesson 3 の解説を読んだだけでは完全な理解が得られない」ということがありません（ただし「今は気にしなくてよいけど、いずれ後でこういうことを勉強しますよ」という趣旨で先に紹介することはあります）。どういう事かというと、たとえば本書では進行形→受身→完了という順番で勉強していきます。そこで原則として進行形のレッスンで出てくる英文には受身や完了は含まれません。受身のレッスンで出てくる英文には進行形は含まれますが、完了は含まれません。完了のレッスンで出てくる英文には進行形も受身も含まれますが、まだ勉強していない不定詞や関係代名詞は出てきません。

また、それだけでなく「Lesson 3 の解説・例文を理解するために必要な事項は Lesson 2 までにすべて説明が終わっている」ように仕組んであります。たとえば Lesson 3 では There was a lake there.（そこに湖があった）という英文を出して、文頭の There を説明しています（p. 23）。この説明を読んで「完全にわかった！」となるためには、そこまでのところで was のこと、a のこと、lake のこと、文末の there のことがすべて説明されていなければなりません。本書はこのすべてを先に説明した上でこの英文を出しています。

ところが、こういう説明の仕方には１つ「難点」があります。それは「説明の配列意図が読者にわからない」ということです。「一つ一つの説明は理解できるのだが、なぜ、ここで、この説明がなされるのか（＝なぜこの順番で説明がなされるのか）わからない」という戸惑いを感じる読者がいるのです。**中には「説明の順序がデタラメだ」と怒りだす人さえいます。**普通の参考書は、たとえば不定詞の章なら不定詞のことだけが、細部に至るまで全部説明してあります。その代り不定詞以外のこと、たとえば関係代名詞が不定詞の章の例文に出ていても、まったく説明がなされません。関係代名詞は後ろの関係代名詞の章で勉強しなさいというわけです。これなら説明の配列意図がわからないなどということは起こりません。その代り、その例文の関係代名詞の個所は、説明は書いてないし、まだ勉強もしていないので、わかりません。そのためにその例文の完全な理解が得られません。その結果、常にモヤモヤが残った状態で先に進んで行かなければならないのです。

本書にはそのようなことがありません。**本書が敷いたレールに乗って、しばらく読み進んでください。ほどなく「順番通りに読めば、個々の説明と例文はその場所で**（=後ろの方を読まなくても）**完全に理解でき、モヤモヤを残さず進んで行ける」ということを実感できます。**本書は、英語のことをアルファベット以外は何も知らない読者でも、最終的に *Sartor Resartus* 第 1 文（p. 387 参照）を自力で読み解けるようになるのが目標です。この目標を達成するために、綿密に計算して周到に組み立てたスキームに沿って説明・例文を配置しているのです。みなさんは、ステレオタイプな先入観を捨てて、本書の配列順序を信頼して読み進んでください。

勝手に飛ばさない

勝手に飛ばしたりしないで、前から順番に読んでください。基本的に、文法のルールは大きな字で、解説は小さな字で書いてあります。解説の部分にも非常に重要なことが出ています。ですから、全部読んでください。**赤太字で書いてある文法事項は暗記しなければいけません**が、それ以外は暗記しなくてもかまいません。先に進んでください。大切なことは後の例文や問題の解説に繰り返し出てきますから、やがて、必ず身につきます。赤太字で書いてある文法事項も後で質問の形で繰り返し尋ねられますから、初出の際に一通り暗記したら先に進んでかまいません。

わからなくなったら

わからなくなったら、前に戻って読み返してください。読み返したときに「あっ、そういうことだったのか！」と合点がいくことがきっとあります。前に読んだときには気がつかなかった新たな発見をすることもあります。そういうことを繰り返して、次第にできるようになっていくのです。しょっちゅう前のページを繰って「どこかに書いてあったな」と確認しながら進んで行く人は正しい手順で勉強しています。

ところどころに**「後ろの方の参照個所」が出ていますが、いちいちそこを読む必要はまったくありません**（読んだらいけないということはありませんが）。「後ろの方の参照個所」は「いずれこの個所で勉強するから今は心配しなくていいですよ」

という趣旨で出ているのです。

挫折してよい

大学入試、大学院入試、社会に出てからも英語資格試験と、良い悪いはともかく、我が国では英語の占めるウェイトが非常に大きいです。**中学生・高校生のうちに「品詞と働きと活用の相互関係」を身につけることは将来の進路を大きく変えるほどのインパクトをもっています。**高 2 の半ば頃までにマスターできれば、大学入試は楽勝です。ですから 1 度や 2 度の挫折で諦めず、本書に戻ってきてください。前に読んだ記憶は必ずどこかに残っていて、前回よりも読みやすくなっています。何回目かの再チャレンジのとき、何かのきっかけで、本書が説いていることの正しさを確信します。そうすると、周囲の異論（「そんな勉強は間違っている」とか「もっと易しい方法がある」とか「英米人はそんなことはやっていない」と言う人が必ずいます）が気にならなくなり、本書の学習に集中するので、あとは一気呵成に進みます。最初から本書の正しさを確信している人は挫折しないで一瀉千里に駆け抜けてマスターしてしまいます。しかし、こういう人は少数派です。どの辺で「正しさを確信する」かは人それぞれです。興味のある人は p. 27, 134, 221, 318, 418 あたりを覗いてみてください。

「Frame of Reference の要点」について

私は本書で説明している考え方を、社会科学の用語を借りて Frame of Reference（英語構文の判断枠組み）略して F.o.R. と呼んでいます。**Appendix Ⅲ「Frame of Reference の要点」は「品詞と働きと活用の相互関係」の要点を 50 項目にまとめたものです。**折に触れて、答えの部分を隠し、スラスラ言えるように自分を鍛えてください。本書のエッセンスはこの 50 項目に詰まっています。

「カタカナの発音」について

英語に初めて触れる人は英単語をローマ字読みします。done は「ドネ」、move は「モヴェ」、sometimes は「ソメチメス」といった具合です。そういう人のために、**本書のカタカナ発音は、ローマ字読みとは違うことを示しているだけです。**

本当の発音は実際の音を聞かなければわかりません。それは本書の守備範囲外のことです。

中学・高校で私の同級生だった黒木君は、先生に教科書を音読するように求められて、あろうことか danger をダンガーと読んで、教室中を爆笑させ、その後立派なお医者さんになって、卒業後 50 年にもなろうというのに、いまだにクラスメートからダンガー黒木（甚だしきはダンガー）とプロレスラーのリングネームみたいな呼び方をされています。カタカナの発音は、とりあえずそのような悲劇を防止するためです。正確な発音は発音記号を調べてください。

「索引を使った復習」について

一般に索引は必要な個所を検索するためのものです。しかし、本書の表現索引は、それだけでなく、特定の形を集中的に勉強するのに便利なように作られています。たとえば、本書に出てくるすべての been と being を動詞・助動詞別に抽出したり、あるいは準動詞を動詞型別の分類と、不定詞・動名詞・現在分詞・過去分詞ごとの分類の 2 つで提示したりしています。表現索引を使うと、特定の苦手な形を短時間で集中的に総覧することができます。この勉強は F.o.R. の習熟に絶大な効果があります。ぜひ試してみてください。

本書の後どう勉強するか

本書を繰り返しやって、自信がついたら（完全な自信でなくても、ある程度の自信でよいです）『基本からわかる　英語リーデング教本』をやってください。大部分が本書の復習ですから、スラスラ進みます。ただし、同書の練習用 TEXT 38 題は指示されている通りに練習してください。さらに究めたい人は『英語リーディング教本ドリル』をやってください。ここまでやれば完璧です。あとは自分で原書を読んでいけばよいです。それと並行して、私が書いたいろいろな本や教材で特徴的な表現（「関係詞連鎖」とか「比較と否定が絡んだ表現」など）を個別に勉強すればより自信がつきます。最高水準の英文読解を体験したかったら『ミル「自由論」原書精読への序説』に挑戦してみてください。

記号一覧表

S	主語
O	動詞の目的語
C	補語
①	完全自動詞
②	不完全自動詞
③	完全他動詞
④	授与動詞
⑤	不完全他動詞
−③	完全他動詞の受身形
−④	授与動詞の受身形
−⑤	不完全他動詞の受身形
n	名詞
a	形容詞
ad	副詞
aux	助動詞
+	等位接続詞
接	従属接続詞
p.p.	過去分詞
[ ]	名詞節
( )	形容詞節
〈 〉	副詞節
┬	準動詞

目　次

Lesson 7 進行形 ……107

Lesson 8 受身 ……123

Lesson 9 完了 ……151

Lesson 10 動詞・助動詞の把握（1）……180

Lesson 11 副詞節 ……185

Lesson 16 動詞・助動詞の把握 (2) ……310

Lesson 17 名詞節……319

Lesson 18 動名詞 / 不定詞名詞用法……361

Lesson 1

4つの品詞

1-1　品詞とは

・「品詞」とは単語の種類のことです。
・品詞には名詞・動詞・形容詞・副詞・助動詞・前置詞・接続詞などいろいろあります。
・品詞の中で最も重要なのは**名詞、動詞、形容詞、副詞**の4品詞です。
・この4つの品詞を識別する練習をします。

1-2　名詞

・「生物や物体や事柄の名称を表す語」を「名詞」といいます。
・名詞はnと表示します。[注]

注　名詞はnoun〔ナウン〕というので、頭文字をとってnと表示します。

〔キャット〕
cat（猫）
n

〔ペンスル〕
pencil（鉛筆）
n

〔チャイルド〕
child（子供）
n

〔ヴィクトリ〕
victory（勝利）
n

〔タイム〕
time（時間）
n

〔ハピネス〕
happiness（幸福）
n

1-3 動詞

・「生物の行動」や「物体の動き」や「事柄の変化」を表す語を動詞といいます。

・動詞はvと表示します。注1

注1 動詞はverb〔ヴァーブ〕というので、頭文字をとってvと表示します。

〔コレクト〕
collect（集める）
v
〔ムーヴ〕
move（動く）
v
〔トライ〕
try（試す）
v
〔アライヴ〕
arrive（到着する）
v
〔フライ〕
fly（飛ぶ）注2
v

注2 collect（集める）は人間の行動を表しているので動詞です。それに対してcollection〔コレクション〕（収集）は人間の行動の名称ですから名詞です。movement〔ムーヴメント〕（動き）、trial〔トライアル〕（試行）、arrival〔アライヴァル〕（到着）、flight〔フライト〕（飛行）も名詞です。

1-4 形容詞

・どのような名詞であるかを説明する語を形容詞といいます。

・形容詞はaと表示します。注1

注1 形容詞はadjective〔アヂェクティヴ〕というので、頭文字をとってaと表示します。

（冷たい）（牛乳）
cold **milk** 〔コウルド　ミルク〕（冷たい牛乳）注2
a　n

（新しい）（情報）
new **information** 〔ニュー　インフォメイション〕（新しい情報）注3
a　n

注2 cold（冷たい）は、名詞（＝milk）を説明しているので形容詞です。

注3 new（新しい）は、名詞（＝information）を説明しているので形容詞です。

1-5 修飾する、かかる

・「他の語の助けを借りずに説明すること」を「修飾する」とか「かかる」とい

います。

・「修飾する、かかる」は矢印で示します。

・修飾は「修飾する語」と「修飾される語」の2語の関係を示しています。

・**ある語が他の語に対してもつ関係を「働き」といいます。**注1

・矢印は語の「働き」を示しており、矢印の向かっている先が名詞の場合、これを言葉で表現すると「名詞修飾」となります。注2

注1 **品詞は「語の種類」、働きは「他の語に対してもつ関係」です。品詞と働きを厳密に区別してください。**

注2「名詞修飾」は「名詞を修飾している＝名詞にかかっている」という意味です。

(冷たい) (牛乳)
cold milk 〔コウルド ミルク〕(冷たい牛乳) 注3
a → n

(新しい) (情報)
new information 〔ニュー インフォメイション〕(新しい情報) 注4
a → n

注3 cold は、他の語の助けを一切借りずに直接的にどのような milk であるかを説明しています。したがって、cold は milk を修飾しています。別の言い方をすると、cold は milk にかかっています。cold は「品詞は形容詞、働きは名詞修飾」です。

注4 new は、他の語の助けを一切借りずに直接的にどのような information であるかを説明しています。したがって、new は information を修飾しています。別の言い方をすると、new は information にかかっています。new は「品詞は形容詞、働きは名詞修飾」です。

1-6 補語とは？

・形容詞が名詞を説明するとき、動詞の助けを借りることがあります。

・**動詞の助けを借りて、間接的に名詞を説明する形容詞の働きを「補語」といいます。**

・補語はCと表示します。注1

注1 補語は complement〔カンプリメント〕というので、頭文字をとって大文字のCと表示します。**補語は形容詞だけでなく、名詞もなれます**（名詞が補語になるのは5-4で勉強します)。そこで、この2つを区別するために ^{a}C、^{n}C と書くことにしましょう。

（その）（牛乳）は（になった）（冷たい）
That milk became cold.[注2]　〔ザット　ミルク　ビケイム　コウルド〕
a ⌒→ n　v　aC　（その牛乳は冷たくなった）

注 2 became は「～になった」という意味の「変化を表す語」で品詞は動詞です。That（その）と cold（冷たい）は、どちらも milk を説明していますが、説明の仕方が違います。That は、他の語の助けを借りずに直接的にどのような牛乳であるかを説明しています。したがって、That の働きは名詞修飾です。cold は became という動詞の助けを借りて、間接的にどんな牛乳になったかを説明しています。したがって、cold の働きは補語です。もし cold の働きが名詞修飾であるなら、That cold milk（その冷たい牛乳）になります。

▶形容詞のまとめ

・どのような名詞であるかを説明する語。
・説明するやり方は修飾と補語の 2 種類ある。[注3]
・**名詞修飾**は「他の語の助けを借りずに、直接的に名詞の状態を説明する」やり方。
・**補語**は「動詞の助けを借りて、間接的に名詞の状態を説明する」やり方。

注 3 修飾と補語は、「品詞」ではなく、「働き」であることに注意してください。**形容詞の働きは名詞修飾か補語**です。

1-7 副詞

1-7-1 動詞修飾

・**動詞が表す行動や動きや変化がいつ、どこで、どのように行われる・行われたかを説明する語を副詞といいます。**[注1]
・副詞は ad と表示します。[注2]

注 1 この説明は他の語の助けを借りていないので修飾です。

注 2 副詞は adverb〔アドヴァーブ〕というので、初めの 2 文字をとって ad と表示します。

（すぐに）（来る）（ここに）
soon come here[注3]　〔スーン　カム　ヒア〕
ad ⌒→ v ←⌒ ad　（すぐにここに来る）

注 3 come（来る）は動詞です。soon（すぐに）と here（ここに）はどのように来るか（＝いつ、どこに来るか）を説明しているので副詞です。この説明は他の語の助けを借りていないので修飾です。soon と here は「品詞は副詞、働きは動詞修飾（come を修飾する / come にかかる）」です。

1-7-2 形容詞修飾

・**どのように形容詞であるかを説明する語も副詞です。**[注4]

注4 この説明は他の語の助けを借りていないので修飾です。

（非常に）（冷たい）（牛乳）
very cold milk[注5] 〔ヴェリ コウルド ミルク〕
ad → a → n （非常に冷たい牛乳）

注5 very（非常に）はどのように cold であるか（＝冷たいか）を説明しています。説明される語（＝cold）が形容詞ですから、説明する語（＝very）は副詞です。very は「品詞は副詞、働きは形容詞修飾（cold を修飾する / cold にかかる）」です。

1-7-3 副詞修飾

・**どのように副詞であるかを説明する語も副詞です。**[注6]

注6 副詞は自分以外の副詞を説明することがあります。この説明は他の語の助けを借りていないので修飾です。

（走る）（危険なほど）（速く）
run dangerously fast[注7] 〔ラン デインヂャラスリ ファスト〕
v ad → ad （危険なほど速く走る）

注7 run（走る）は動詞です。fast（速く）は動詞（＝run）を修飾しているので副詞です。dangerously（危険なほど）はどのように fast であるかを説明しています。説明される語（＝fast）が副詞ですから、説明する語（＝dangerously）は副詞です。dangerously は「品詞は副詞、働きは『他の副詞修飾』」です。

▶副詞のまとめ

・動詞がいつ、どこで、どのように行われる・行われたかを説明する語。
・どのように形容詞、副詞であるかを説明する語。
・説明するやり方は修飾だけ。[注8]
・**動詞修飾**は「他の語の助けを借りずに、直接的に動詞を説明する」やり方。
・**形容詞修飾**は「他の語の助けを借りずに、直接的に形容詞を説明する」やり方。
・**副詞修飾**は「他の語の助けを借りずに、直接的に副詞を説明する」やり方。

・副詞は**文全体を修飾**することもあります（今は気にしなくてよいです。暗記だけしておいてください）。

注 8 **副詞の働きは動詞修飾、形容詞修飾、他の副詞修飾、文修飾**です。

質問 1 次の質問に答えなさい（スラスラ言えるようになるまで練習してください）。

1. 働きとは？
2. 修飾とは？
3. 形容詞の働きは？
4. 副詞の働きは？

質問 1 の答え 1. ある語が他の語に対してもつ関係 2. 他の語の助けを借りずに説明すること 3. 名詞修飾・補語 4. 動詞修飾・形容詞修飾・他の副詞修飾・文修飾

問題 1 各語の下に品詞を書き、修飾する働きをしているときは、それを矢印で示しなさい。

〔スピーク イングリシュ ヴェリ フルーエントリ〕
（話す） （英語）を （非常に） （なめらかに）
1. speak English very fluently

〔スピーク ヴェリ フルーエント イングリシュ〕
（話す） （非常に）（なめらかな） （英語）を
2. speak very fluent English

〔イート ソウ マッチ スウィート フルート〕
（食べる）（非常に）（たくさんの） （甘い） （果物）を
3. eat so much sweet fruit

〔オウヴァリ フレンドリ〕
（過度に） （友好的な）
4. overly friendly

〔オールモウスト　コンプリートリ　コレクト〕
（ほとんど）　（完璧に）　（正確な）
5. almost completely correct

問題 1 の解答

1. speak English very fluently
v n ad ad

2. speak very fluent English
v ad a n

English のルビに「(英語) を」と書いてありますが、English は「英語」という意味の名詞です。「を」は、日本語で助詞という言葉ですが、英語では語順で示されています。みなさんは (　　) の中の日本語を参考にして品詞を考えてください。

3. eat so much sweet fruit
v ad a a n

4. overly friendly
ad a

friendly は「友好的な、親しい」という意味で、「友好的な関係」のように名詞を説明する語なので形容詞です。overly は形容詞を修飾しているので副詞です。friendly の働きは「名詞修飾」か「補語」のどちらかですが、それは overly friendly だけではわかりません。ですから friendly は品詞だけ記入すればよいのです。

5. almost completely correct
ad ad a

correct は「正確な」という意味で、「正確な説明」のように名詞を説明する語なので形容詞です。completely は形容詞を修飾しているので副詞です。almost は副詞を修飾しているので副詞です (almost は p. 197 参照)。correct の働きは「名詞修飾」か「補語」のどちらかですが、それは almost completely correct だけではわかりません。ですから correct は品詞だけ記入すればよいのです。

Lesson 2

活用 / 所有格 / 冠詞

2-1 活用

・動詞には「**原形、現在形、過去形、過去分詞形、ing 形**」という 5 つの形があります。[注1]

・この 5 つの形をひとまとめにして「**活用**」と呼びます。[注2]

注 1 **動詞は必ずこの 5 つの形のどれかで使われます。**ing 形を「現在分詞形」とする文法書もありますが、この本では ing 形にしてください。ing 形は「アイエヌジー形」と言っても「イング形」と言っても、どちらでもよいです。なお**「未来形」という活用がないことに注意してください**（未来形は p. 121 参照）。**本書では Lesson 5 までは現在形と過去形の動詞しか出てきません。**

注 2 **現在形は原形と同じか、または原形に s が付いたつづりになります。**この s は「3 人称・単数・現在の s（略して、3 単現の s）」といい、4-5 で勉強します。ただし原形が be〔ビ〕である動詞（この動詞は be 動詞と呼ばれます）は例外で、原形は be ですが、現在形は、be か bes ではなく、am〔アム〕か is〔イズ〕か are〔アー〕です。be 動詞は 3-2 で勉強します。**過去形と過去分詞形は原形に ed が付いたつづりになることが多いです。こういう活用を規則活用といいます。そうならない活用は不規則活用といいます。ing 形は原形に ing が付いたつづりになります。**たとえば、answer〔アンサ〕（答える）は規則活用の動詞なので「answer—answer または answers—answered〔アンサド〕—answered—answering〔アンサリング〕」という活用です。eat〔イート〕（食べる）は「eat—eat または eats—ate〔エイト〕—eaten〔イートン〕—eating〔イーティング〕」という活用なので、不規則活用の動詞です。**「この動詞は何形？」と聞かれたら、必ずこの 5 つの形のどれかを答えてください。「この動詞の活用を言いなさい」と言われたら、5 つ全部を言うのではなく、「原形、過去形、過去分詞形」の 3 つを言ってください。「この動詞の活用を全部言いなさい」と言われたら、5 つ全部を言ってください。**たとえば「ate は何形？」と聞かれたら「過去形」と答えます。「ate の活用を言いなさい」と言われたら「eat—ate—eaten」と答えます。「ate の活用を全部言いなさい」と言われたら「eat—eat または eats—ate—eaten—eating」と答えます。

質問 2　次の質問に答えなさい（スラスラ言えるようになるまで練習してください）

1. 活用は全部でいくつか？
2. 活用の最初の形は何形か？
3. 活用を最初から順番に言いなさい。
4. 活用の 3 番目の形は何形か？
5. 活用の 2 番目の形は何形か？
6. 活用に未来形はあるか？
7. 活用に現在分詞形はあるか？
8. 活用に過去分詞形はあるか？
9. 過去分詞形は活用の何番目か？
10. 活用の最後の形は何形か？
11. 活用を言いなさいと言われたら何形を答えるか？
12. 規則活用とはどういう活用か？

質問 2 の答え　1. 5 つ　2. 原形　3. 原形・現在形・過去形・過去分詞形・ing 形　4. 過去形　5. 現在形　6. ない　7. ない　8. ある　9. 4 番目　10. ing 形　11. 原形と過去形と過去分詞形　12. 過去形と過去分詞形が、原形に ed が付いたつづりになる活用

2-2 代名詞

・名詞の代わりに使われる語を代名詞と言います。
・代名詞は名詞の中の特定の一部です。注1

I	〔アイ〕(私) 注2
we	〔ウィ〕(私たち)
you	〔ユー〕(あなた、あなたたち)
he	〔ヒー〕(彼)
she	〔シー〕(彼女)

it	〔イト〕	(それ)
they	〔ゼイ〕	(彼ら、彼女たち、それら)

注 1 **本書では、原則として、代名詞も名詞として扱います。**
注 2 I〔私〕は常に大文字です。

・普通の名詞は語尾に「s」または「's」または「s'」が付く形しかヴァリエーションがありません。注3
・ところが、代名詞はいろいろ形が変わるという特殊性をもっています。注4

私	**I me my mine** 〔アイ ミィー マイ マイン〕
私たち	**we us our ours** 〔ウィ アス アー アウアズ〕
あなた、あなたたち	**you your yours** 〔ユー ユア ユアズ〕
彼	**he him his** 〔ヒー ヒム ヒズ〕
彼女	**she her hers** 〔シー ハー ハーズ〕
それ	**it its** 〔イット イッツ〕
彼ら、彼女たち、それら	**they them their theirs** 〔ゼイ ゼム ゼア ゼアズ〕

注 3「'」は「アポストロフィ」という記号です。「's」は「アポストロフィ　エス」と読みます。たとえば、dog は dogs または dog's または dogs' しかヴァリエーションがありません。これらのヴァリエーションは Lesson 4 で勉強します。
注 4 これらは、だんだんに覚えていけばよいです。とりあえず赤太字の形だけはここで覚えましょう。

2-3 所有格

・「誰それの」という意味を表す形容詞を特別扱いして「所有格」と呼びます。注

注　my〔マイ〕(私の) とか your〔ユア〕(あなたの、あなたたちの) とか Tom's〔タムズ〕(トムの) のような語です。my car〔マイ カー〕(私の車) と言ったとき、my は car という名詞を説明している形容詞です。これらの語は他の語の助けを借りずに直接的にどんな名詞であるかを説明しているので「働き」は名詞修飾です。学校では、これらの語を「代名詞の所有格」とか「名詞の所有格」と呼びます。この呼び方だと、my や your の品詞は「代名詞」、Tom's の品詞は「名詞」ということになります。本書では、必要があるときは「代名詞の所有格」「名詞の所有格」という呼び方をしますが、普通は「**品詞は形容詞、働きは名詞修飾、呼び名は所有格**」ということにします。実際、これらの語は「所有形容詞 (これは「所有の意味を表す形容詞」という意味で、正式な文法用

語です)」とも言うので、本書のように扱うことは何の問題もありません。

(私の)　(車)
my　car〔マイ　カー〕
a ⟶ n

my は「品詞は形容詞、働きは名詞修飾、呼び名は所有格」です。

(あなたの)　(本)
your　book〔ユア　ブック〕
a ⟶ n

your は「品詞は形容詞、働きは名詞修飾、呼び名は所有格」です。

(トムの)　(妹)
Tom's　sister〔タムズ　スィスタ〕
a ⟶ n

Tom's は「品詞は形容詞、働きは名詞修飾、呼び名は所有格」です (p. 28 参照)。

2-4　不定冠詞と定冠詞

このセクションはざっと流し読みして、a と an と the が「名詞を修飾する特殊な形容詞である」ことと「品詞と働きを記入しない」ことを了解したら 2-5 に進んでください。冠詞の細かな意味や使い分けは「はじめに」で力説した「最も大事なもの (＝品詞と働きと活用の相互関係)」ではありません。ですから、後でゆっくり勉強すればよいのです。

・a と an と the という 3 つの形容詞を特別扱いして「冠詞」と呼びます。

2-4-1　a と an

・これは名詞の前に置く形容詞で、他の語の助けを借りずに直接的にどんな名詞であるかを説明しているので「働き」は名詞修飾です。
・**この形容詞は特別に「不定冠詞」と呼ばれます。**注1
・次に続く語が子音で始まるときは a〔ア〕を、母音で始まるときは an〔アン〕を使います。注2
・不定冠詞を名詞に付けるといろいろな意味を表しますが、基本は次の 2 つの意味です。

（不特定の）ある名詞[注3]
（個別的、具体的な）一つの名詞[注4]

注1 **不定冠詞の下には品詞も働きも記入しないことにします。**

注2 母音はアイウエオという音のことで、子音はそれ以外の音のことです。ですからa desk〔ア デスク〕（ある机、一つの机）、an apple〔アナプル〕（あるリンゴ、一個のリンゴ）となります。

注3 **「不特定」というのは「聞き手には、どれであるかわからない」ということです。**話し手はどれであるかわかっていてもよいのです。たとえば「僕は昨日本を読んだ」と言った場合、話し手は、自分が読んだ本ですから、タイトルから内容まで知っています。ですから、この「本」は話し手にとっては特定（＝どれであるかわかる）です。しかし、聞き手には不特定（＝どれであるかわからない）です。そこで、この場合の「本」は「（不特定の）ある本」でa book〔ア ブック〕です。

注4 「個別的、具体的な」というのは「同種の他のものと区別できて、1つ2つと数えられる」ということです。たとえばdesk（机）を考えてみましょう。机は大きさ、形、色などの違いがあって、他の机と区別できます。そして机は1つ2つと数えられます。そこで「一つの机」はa deskです。

2-4-2 the

・これは名詞の前に置く形容詞で、他の語の助けを借りずに直接的にどんな名詞であるかを説明しているので「働き」は名詞修飾です。

・**この形容詞は特別に「定冠詞」と呼ばれます。**[注5]

・次に続く語が子音で始まるときは〔ザ〕と発音し、母音で始まるときは〔ズィ〕と発音します。[注6]

・定冠詞を名詞に付けるといろいろな意味を表しますが、基本は次の2つの意味です。

（今話題にした）その名詞[注7]
（あなたもご存知の）この、あの、例の名詞[注8]

・theはこの2つの意味を表す以外にもいろいろな使い方をしますが、とりあえず、ここでは、次の使い方を知っておきましょう。

（常識的に）一つしかない名詞にはtheを付ける。[注9]
「the名詞」が「名詞というもの」という意味を表すことがある。[注10]

注 5 **定冠詞の下には品詞も働きも記入しないことにします。**

注 6 ですから the desk〔ザ デスク〕、the apple〔ズィ アプル〕となります。

注 7 たとえば「昔々ある村に一人の少年が暮らしていました。その村はとても小さな村で、その少年の他には村人は 10 人しかいませんでした」という文章を考えてみましょう。「ある村」と「一人の少年」は聞き手には不特定です。そこで a village〔ア ヴィリヂ〕, a boy〔ア ボイ〕と言います。それに対して「その村」と「その少年」は、聞き手には「今話題にされた村と少年だ」とわかります。そこで the village〔ザ ヴィリヂ〕, the boy〔ザ ボイ〕といいます。

注 8 スポーツのワールドカップにはサッカー、バレーボール、ラグビーなどいろいろあります。しかし、サッカーファンの間では「ワールドカップ」と言えば、サッカーのワールドカップに決まっています。そこで the World Cup〔ザ ワールド カップ〕といいます。これは「あなたもご存じの、あの、例のワールドカップ」という意味です。

注 9 たとえば「世界で一番高い山」と言ったら、常識的に「世界」も「この山」も一つしかありません。そこで the highest mountain in the world〔ザ ハイエスト マウンティン イン ザ ワールド〕といいます。

注 10 たとえば「犬は役に立つ動物である」という文を考えてみましょう。これは「犬というものは役に立つ動物である」という意味で、この「犬」はシェパードとかコリーとか特定の犬種を指しているのではなく、犬と呼ばれる動物の最大公約数的なもの（＝犬と呼ばれる動物の典型）を指しています。こういう「犬」は the dog〔ザ ドグ〕といいます。この場合の the を「総称の the」といいます。

2-4-3 不定冠詞

・不定冠詞 (a, an) は「この名詞は 1 個 2 個と数えられる名詞で、これは単数である」と話し手が認識したときに、そのこと（＝この名詞は 1 個 2 個と数えられる名詞で、これは単数である、ということ）を聞き手に伝えるために、話し手が使う形容詞です。

・話し手が「この名詞は 1 個 2 個と数えられる名詞である」と認識する理由はいろいろあります。（この項は『わかりやすい英語冠詞講義』石田秀雄著を参考にしました）

（理由 1）空間的に他の同種のものと区別できる境界をもっているから。[注 11]

（理由 2）時間的に他の同種のものと区別できる境界をもっているから。[注 12]

（理由 3）形態的に他の同種のものと区別できる特徴をもっているから。[注 13]

（理由 4）内容的に他の同種のものと区別できる特徴をもっているから。[注 14]

（理由 5）物質や素材ではなく、物体だから。[注 15]

（理由 6）物質や素材だが、容器に入っていたり、固められたりしているから。[注 16]

(理由 7) 現象ではなく出来事だから。[注17]

注 11 ただ「空間」と言っただけでは、他の空間と区別できる境界がないので 1 つ 2 つと数えられません。ですから、ただ「空間」は冠詞を付けずに space〔スペイス〕と言います。それに対し「駐車場の一区画」は、境界線で仕切られていて、1 つ 2 つと数えられます。そこで a parking space〔ア パーキング スペイス〕と言います。

注 12 ただ「沈黙」と言っただけでは、他の沈黙と区別できる時間的な境界がないので 1 つ 2 つと数えられません。ですから、ただ「沈黙」は冠詞を付けずに silence〔サイレンス〕と言います。それに対し「彼の発言の後に長い沈黙があった」の「沈黙」は時間的に始まりと終わりがあって、他の沈黙と区別でき、1 回 2 回と数えられます。そこで a long silence〔ア ロング サイレンス〕と言います。

注 13「美」は景色にも芸術にも人間にもある性質であって、景色の美と芸術の美は、お互いに区別できる形態的な特徴をもっていません。ですから「美」は冠詞を付けずに beauty〔ビューティ〕と言います。それに対して「美人」「美点」「美しいもの」は形態的に他の美人、美点、美しいものと区別できる特徴をもっています。ですから「一人の美人」「一つの美点」「一つの美しいもの」は a beauty〔ア ビューティ〕と言います。

注 14 ただ「赤ワイン」と言ったときは液体の物質である赤ワインで、内容的に他の赤ワインと区別できる特徴をもっていません。ですから冠詞を付けずに red wine〔レッド ワイン〕と言います。それに対して、ボルドー産の赤ワインのように「(ある特定の産地の) 赤ワイン」は味や香りの点で他の産地の赤ワインと区別できる特徴をもっています。そこで a red wine〔ア レッド ワイン〕と言います。

注 15「石造りの教会」と言うときの「石」は石という物質・素材を指しています。ですから、この場合の「石」は冠詞を付けずに、ただ stone〔ストウン〕と言います。それに対して「彼は石を投げた」と言うときの「石」は輪郭のある塊としての物体で、1 個 2 個と数えられます。そこで a stone〔ア ストウン〕と言います。

注 16「コーヒーを飲む」と言うときの「コーヒー」は液体の物質ですから、冠詞を付けずに、ただ coffee〔コフィ〕と言います。それに対して「一杯のコーヒー」は容器に入っていて、一杯二杯と数えられますから、a coffee〔ア コフィ〕と言います。「一杯のコーヒー」は、物質のコーヒー (＝無冠詞の coffee) を使って a cup of coffee〔ア カッパ コフィ〕と言うこともできます (of は p. 46 参照)。

注 17「火」は酸素が燃焼している現象ですから、冠詞を付けずに、ただ fire〔ファイア〕と言います。それに対して「火事」は一件二件と数えられる出来事ですから a fire〔ア ファイア〕と言います。

2-4-4 不定冠詞の特殊性

・不定冠詞は普通の形容詞とは違う性質をもっています。

・普通の形容詞は名詞を説明したり限定したりするだけで、名詞の意味を根本的に変えてしまうことはありません。

・ところが、**不定冠詞は名詞の意味を根本的に変えてしまうことがあります。**注18

注18 冠詞を付けずに、ただchicken〔チケン〕と言ったときは、物質や素材なので「鶏肉」という意味ですが、a chicken〔ア チケン〕と言うと、1つ2つと数えられる物体なので「一羽の鶏」という意味になります。ただroom〔ルーム〕と言ったときは「空間、余地」ですが、a room〔ア ルーム〕と言うと「部屋」という意味になります。複数形のsも不定冠詞と同じ特殊性をもっています。これについては4-2で勉強します。

2-4-5 定冠詞

・定冠詞は3つの場合に使います。

(1) 「この名詞の指示対象がどの名詞であるか注19聞き手に当然わかるはずだ」と話し手が認識したとき「the 名詞」と言います。注20

注19「この名詞の指示対象がどの名詞であるか」というのは「この名詞が指し示しているのは特定の名詞なのだが、実際にどの名詞を指しているのか」ということです。

注20「この名詞の指示対象がどの名詞であるか聞き手にわかる」とき「the 名詞」と言うのではありません。これは「聞き手がわかる状況が客観的に生じているとき」あるいは「聞き手が実際にわかるとき」という意味ですが、そうではないのです。正しくは、**「聞き手に当然わかるはずだ」と話し手が認識したとき「the 名詞」と言う**のです。これは「聞き手に当然わかるはずだ」と話し手が認識しただけですから、話し手が勝手にそう認識しただけで、客観的には聞き手がわかる状況ではないかもしれませんし、聞き手は実際にはわからないかもしれません。それでもかまわないのです。theを使うのは話し手ですから、話し手が「聞き手に当然わかるはずだ」と認識すれば、話し手はtheを使ってよいし、実際にtheを使うのです。ですから、話し手が「the 名詞」と言ったとき、それを聞いた聞き手が「何だ『the 名詞』って？『the 名詞』なんて言われても、何を指しているのかわからないぞ！」ということが起こりえるのです。

・話し手が「この名詞の指示対象がどの名詞であるか聞き手には当然わかるはずだ」と認識するのはいろいろなケースがあります。

(ケース1) 以前に話題にしたので「その名詞」と言えばわかる場合。

(ケース2) お互いに共通の了解があるので「例の名詞」あるいはただ「名詞」と言えばわかる場合。注21

(ケース3) 説明を付けたので、「以前に話題にした名詞」であること、あるいは「お互いに共通の了解がある名詞」であることがわかる場合。注22

注 21「この手紙を郵便局に持っていきなさい」と言う場合、「郵便局」と言えば、聞き手は「あの、いつもの、駅前の郵便局だな」とわかる状況があるときは the post office〔ザ ポウスト オフィス〕と言います。そうではなくて「どこの郵便局でもいい、ともかく、どこかの郵便局」という場合には a post office〔ア ポウスト オフィス〕と言います。

注 22「本」と言っただけでは、聞き手はどの本かわかりません。しかし「昨日私が買った本」と言えば、聞き手は「ああ、さっき話し手が話題にしていた本のことか」とわかるときは the book I bought yesterday〔ザ ブック アイ ボート イェスタデイ〕と言います。それに対して「昨日私が買った本」と言われても、聞き手は初耳で、どの本かわからないときは a book I bought yesterday〔ア ブック アイ ボート イェスタデイ〕と言います。したがって「これが、私が昨日買った本です」の「昨日買った本」は the book I bought yesterday ですが、「これは、私が昨日買った本です」の「昨日買った本」は a book I bought yesterday です。なお、bought は「買う」という意味の動詞の過去形で、活用は〔buy〔バイ〕—bought〔ボート〕—bought〕です。I bought yesterday は「関係代名詞が省略された形容詞節」で、これは 13-9 で勉強します。

(2)「この名詞の指示対象について聞き手は知らないかもしれないが、これが 1 つしかないことは聞き手には当然わかるはずだ」と話し手が認識したとき「the 名詞」と言います。注 23

注 23 話し手がこのように認識するのは「常識的に 1 つしかない」ことが根拠になっていることが多いです。たとえば the president of a company〔ザ プレズィデント オヴ ア カンパニ〕(会社の社長) のような場合です。

(3) 個体による小さな違いを切り捨て、同類のものすべてに共通する要素だけを残して「〜というもの」と言うとき「the 名詞」と言います。注 24

注 24 The dog is a useful animal.〔ザ ドグ イズ ア ユースフル アニマル〕(犬は役に立つ動物である) のような場合です。この the を「総称の the」といいます。is は p. 22 参照。

2-4-6 定冠詞の特殊性

・定冠詞には不定冠詞の持つ特殊性 (＝名詞の意味を根本的に変えてしまうことがあるという性質) はありません。

2-5 名詞＋名詞

・名詞＋名詞 で 1 つの名詞になることがあります。注

注 この場合は名詞＋名詞に下線を引いて n と書きます。

（男の子）（友だち）
boy friend〔ボイ　フレンド〕(ボーイフレンド)
n

（学校）（生活）
school life〔スクール　ライフ〕(学校生活)
n

問題 2

(1) 各語の下に品詞を書きなさい。
(2) 名詞＋名詞で 1 つの名詞になっているときは下線を引いて n と書きなさい。
(3) 修飾する働きをしているときは、それを矢印で示しなさい。
(4) 使われている動詞の活用（原形―過去形―過去分詞形）を辞書で調べて書きなさい。
(5) フレーズ全体を日本語に訳しなさい。

〔スーン　ビギャン　ナ　ディファレント　ヂャブ〕
（すぐに）（始めた）（違う）（仕事）を
1. soon began a different job

活用は（　　　　　）―（　　　　　）―（　　　　　）で、
began は（　　形）である。
和訳は＿＿＿＿＿＿＿＿＿＿＿＿＿＿＿＿＿＿＿＿＿＿＿＿である。

〔スタート　アナクセサリ　シャップ〕
（始める）（装身具）（店）を
2. start an accessory shop

活用は（　　　　　）―（　　　　　）―（　　　　　）で、
この start は（　　形）である。
和訳は＿＿＿＿＿＿＿＿＿＿＿＿＿＿＿＿＿＿＿＿＿＿＿＿である。

〔サング　ザ　セイム　ソング　リピーティドリ〕
（歌った）　（同じ）　（歌）を　（繰り返し）
3. sang the same song repeatedly

活用は（　　　）―（　　　）―（　　　）で、
sang は（　　形）である。
和訳は＿＿＿＿＿＿＿＿＿＿＿＿である。

〔ボート　アネッグ　スプーン　トゥデイ〕
（買った）　（卵）（さじ）を　（今日）
4. bought an egg spoon today

活用は（　　　）―（　　　）―（　　　）で、
bought は（　　形）である。
和訳は＿＿＿＿＿＿＿＿＿＿＿＿である。

問題 2 の解答

1. soon began a different job
ad → v　a → n

この動詞は「始める」という意味で、活用は〔begin（ビギン）―began（ビギャン）―begun（ビガン）〕という不規則活用です。began はつづりから過去形に決まります。和訳は「すぐに違う仕事を始めた」です。

2. start an accessory shop
v　n

この動詞は「始める」という意味で、活用は〔start（スタート）―started（スターティド）―started〕という規則活用で、start は原形か現在形です。本書では Lesson 5 までは現在形と過去形の動詞しか出てきません（2-1 の注 1 参照）。ですから、ここの start は現在形です。しかし、そういう本書に特有の事情を離れれば、**start は原形と現在形の可能性があり、この 2 つをどうやって区別するのかは重大問題です**。これについては 6-8 で勉強します。和訳は「装身具店を始める」です。

3. sang the same song repeatedly
v　a → n　ad

この動詞は「歌う」という意味で、活用は〔sing（スィング）―sang（サング）―sung（サング）〕という不規則活用です。sang はつづりから過去形に決まります。和訳は「同じ歌を繰り返し歌った」です。

4. bought an egg spoon today

v　n　ad

この動詞は「買う」という意味で、活用は〔buy (バイ)—bought (ボート)—bought〕という不規則活用です。本書では Lesson 5 までは現在形と過去形の動詞しか出てきません。ですから、ここの bought は過去形です。しかし、そういう本書に特有の事情を離れれば、**bought は過去形と過去分詞形の可能性があり、この 2 つをどうやって区別するのかは重大問題です**。これは英語学習上最も重要な問題の一つです。この区別には多くの文法事項の理解が必要です。本書では、それらの文法事項を 1 つ 1 つ習得していって、最終的に Lesson 20 で解決します。和訳は「今日エッグスプーンを買った」です。

Lesson 3

文 / be 動詞（1）/ 誘導副詞 there

3-1 文

・「動詞が表している行動や動きや変化の主体」となる名詞を「主語」といいます。[注1]

・主語は「品詞」ではなく「働き」を表す言葉で、大文字の S で表します。[注2]

・動詞を中心とする語群は、それだけでは「文」になりません。動詞に主語を付けたとき初めて「文」になります。[注3]

・**「文＝（構造上の）主語＋述語動詞」**です。[注4]

注 1「誰が、あるいは何が、動詞が表している行動や動きや変化をするのか」を表す語を主語と呼び、**主語には必ず名詞（ないし名詞に相当する語群）がなります。**

注 2 主語は subject〔サブヂクト〕というので、頭文字をとって大文字の S で表します。主語は名詞がなりますから、いちいち nS と書く必要はありません。S とだけ書けば、名詞であることは明らかです。

注 3 **この主語は正式には「構造上の主語」といいますが、一般にはただ「主語」と呼んでいます**（他に「意味上の主語」というのもあるのです p. 200 参照）。**この動詞は正式には「述語動詞」といいますが、一般にはただ「動詞」と呼んでいます**（他に「準動詞」というのもあるのです p. 200 参照。**述語動詞は大文字の V で表します**）。「文」がどういうものかが本当にわかるのは 12-1 です。それまでは**「構造上の主語＋述語動詞（＝S＋V）」を文と呼ぶ**という表面的な理解で先に進んでください。

注 4 **先頭の語の頭文字が大文字で、末尾に「.」（この符号はピリオドあるいはフルストップと呼ばれます）を付けた語群は、文とは区別して、「英文」と呼ぶことにします。**長い英文は、複数の文が集まって、1 つの英文を構成していることがあります。本書では、当面は「1 つの文だけで出来ている英文」だけを扱いますので、みなさんは当面は「英文＝文」と考えていてよいです（11-2 で詳しく勉強します）。

・問題2でやった「動詞を中心とする語群」に主語を付けて文にしてみましょう。

〔シー スーン ビギャン ナ ディファレント ヂャブ〕

(彼女) は (すぐに) (始めた) (違う) (仕事) を

She soon began a different job. (彼女はすぐに違う仕事を始めた)

S ad → V a → n

She は名詞・構造上の主語です。began は過去形・述語動詞です。12-2 で勉強しますが、**過去形の動詞は絶対に述語動詞になります**。こういう言い方をするということは、**動詞は述語動詞にならないこともある**ということです。別の言い方をすれば、**動詞は「文」を作らないこともある**ということです。これは極めて重要なことで、12-1 で勉強します。She . . . began は「構造上の主語＋述語動詞」ですから「文」です。

〔メアリ スターティド アナクセサリ シャップ〕

(メアリー) (始めた) (装身具) (店) を

Mary started an accessory shop. (メアリーは装身具店を始めた)

S V n

Mary は名詞・構造上の主語です。started は過去形・述語動詞です。過去形の動詞は絶対に述語動詞になります。Mary started は「構造上の主語＋述語動詞」ですから「文」です。

〔ゼイ サング ザ セイム ソング リピーティドリ〕

(彼ら) は (歌った) (同じ) (歌) を (繰り返し)

They sang the same song repeatedly. (彼らは同じ歌を繰り返し歌った)

S V a → n ad

They は名詞・構造上の主語です。sang は過去形・述語動詞です。過去形の動詞は絶対に述語動詞になります。They sang は「構造上の主語＋述語動詞」ですから「文」です。They sang the same song repeatedly. は絶対に「文」です。なぜか？ sang が絶対に述語動詞だからです。なぜ述語動詞と言い切れるのか？ sang は過去形だからです。なぜ過去形と言い切れるのか？〔sing—sang—sung〕という不規則活用だからです。これが「英語の考え方」です。

〔アイ ボート アネッグ スプーン トゥデイ〕

(私) は (買った) (卵) (さじ) を (今日)

I bought an egg spoon today. (私は今日エッグスプーンを買った)

S V n ad

I は名詞・構造上の主語です。bought は過去形・述語動詞です (p. 19 参照)。過去形の動詞は絶対に述語動詞になります。I bought は「構造上の主語＋述語動詞」ですから「文」です。

3-2 be 動詞

・Lesson 3 には is と was という動詞が出てきます。[注]

・is は現在形で、意味は「ある、いる、存在する」と「〜である」の 2 つです。

・was は過去形で、意味は「あった、いた、存在していた」と「〜であった」の 2 つです。

注　**この動詞は他の動詞と区別して「be 動詞」と呼ばれます**(「原形が be である動詞」という意味です)。**「be 動詞」以外のすべての動詞は「一般動詞」と呼ばれます。**be 動詞の活用は「**原形 be**(ビ), **現在形 am**(アム) **か is**(イズ) **か are**(アー), **過去形 was**(ワズ) **か were**(ワー), **過去分詞形 been**(ビン), **ing 形 being**(ビーイング)」という極めて特殊な活用です。いずれ近いうち必要になりますから、暗記できる人はここで be 動詞の活用を暗記しておくとあとで楽です。

〔ガッド　イズ〕
(神) は　(存在する)
God　is.　(神は存在する)
S　V

God は名詞・構造上の主語です。is は現在形・述語動詞です。この is の意味は「存在する」です。12-2 で勉強しますが、**現在形の動詞は絶対に述語動詞になります。**God is. は「構造上の主語＋述語動詞」ですから「文」です。

〔ゼン　アイ　ワズ　ゼア〕
(そのとき)　(私) は　(いた)　(そこに)
Then　I　was　there.　(そのとき、私はそこにいた)
ad　S　V　ad

I は名詞・構造上の主語です。was は過去形・述語動詞です。この was の意味は「いた」です。過去形の動詞は絶対に述語動詞になります。I was は「構造上の主語＋述語動詞」ですから「文」です。

〔ザ　ガール　ワズ　カインド〕
(少女) は　(であった)　(親切な)
The　girl　was　kind.　(その少女は親切だった)
S　V　aC

girl は名詞・構造上の主語です。was は過去形・述語動詞です。この was の意味は「〜であった」です。過去形の動詞は絶対に述語動詞になります。The girl was は「構造上の主語＋述語動詞」ですから「文」です。kind は形容詞で、was という動詞の助けを借りて、間接的に girl を説明しているので補語です (p. 003 参照)。

3-3 誘導副詞の there

・there は「そこに」という意味の「場所を表す副詞」の他に「誘導副詞」と呼ばれる用法があります。[注]

・**「誘導副詞の there」は述語動詞を主語の前に誘導する（＝引っ張り出す）働きをします。**

・「誘導副詞の there」を使った文は「There V S.」という形になります。

・「誘導副詞の there」によって誘導される述語動詞は「ある、いる、存在する」という意味を表す be 動詞であることが非常に多いです。

注　「誘導副詞の there」自体は固有の意味は表しません（「そこに」という意味は表しません）。「誘導副詞の there」は下に「誘導 ad」と書いておけば、それでいいです。

〔ゼア　ワズ　ア　レイク　ゼア〕

（あった）　（湖）が　（そこに）

There was a lake there.　（そこに湖があった）

誘導ad　V　S　ad

was は過去形・述語動詞です。この was の意味は「あった」です。過去形の動詞は絶対に述語動詞になります。a lake was は「構造上の主語＋述語動詞（この英文では、これが倒置しています）」ですから「文」です。

3-4 状態を表す語の品詞

・名詞の状態を表す語はすべて形容詞というわけではありません。

・名詞の状態を表す語が動詞ということもあります。

・名詞の状態を表す語が形容詞なのか動詞なのかは、辞書を調べて判断します。

例 1 「知っている」という意味の語

know　←〔ノウ〕動詞

familiar　←〔ファミリャ〕形容詞

例 2 「存在している」という意味の語

is　←〔イズ〕動詞

exist　←〔イグズィスト〕動詞

present　←〔プレズント〕形容詞

3-5 「形容詞で補語」か「副詞で動詞修飾」か？

・「形容詞で補語」なのか、それとも「副詞で動詞修飾」なのか、判断に困るときがあります。

・こういうときも、辞書を調べて判断します。

〔ウィ　フェルト　ディファレントリ〕
(私たち) は　(感じた)　(違うふうに)
We　felt　differently.注1　(私たちは違うふうに感じた)
S　V　ad
〔ウィ　フェルト　ハングリ〕
(私たち) は　(感じた)　(空腹な)
We　felt　hungry.注2　(私たちは空腹に感じた)
S　V　aC

注1 この動詞は〔feel (フィール) —felt (フェルト) —felt〕という不規則活用です。ここの felt は過去形で「(ただ) 感じた」という意味です。

注2 ここの felt は過去形で「〜のように感じた」という意味です。「〜」のところに aC (＝形容詞で補語) が入ります。hungry は形容詞で補語です (p. 003 参照)。

質問 3　次の質問に答えなさい (スラスラ言えるようになるまで練習してください)

1. 文とは？
2. 英文とは？
3. 主語になれる品詞は？
4. 現在形の動詞は絶対に［　　　］になる。
5. 現在形の動詞は絶対に［　　　］を作る。
6. 過去形の動詞は絶対に［　　　］になる。
7. 過去形の動詞は絶対に［　　　］を作る。
8. 動詞は［　　　］にならないこともある。
9. 動詞は［　　　］を作らないこともある。
10. be 動詞とは［　　　］動詞である。
11. be 動詞以外の動詞は何というか？
12. be 動詞の意味は？

13. be 動詞の現在形は？
14. be 動詞の過去形は？
15. be 動詞の過去分詞形は？
16. be 動詞の ing 形は？
17. 誘導副詞 there の働きは？

質問 3 の答え 1. 構造上の主語＋述語動詞 2. 大文字で始まりピリオドで終わる語群 3. 名詞のみ 4. 述語動詞 5. 文 6. 述語動詞 7. 文 8. 述語動詞 9. 文 10. 原形が be である 11. 一般動詞 12. ある・いる・存在する・～である 13. am, is, are 14. was, were 15. been 16. being 17. 述語動詞を主語の前に引き出す

問題 3

(1) 各語の下に品詞を書きなさい（ただし主語の品詞は書かなくてよい）。
(2) 主語の下に S と書きなさい。
(3) 使われている動詞が一般動詞の場合は、活用（原形―過去形―過去分詞形）を辞書で調べて書きなさい。
(4) 使われている動詞が何形か答えなさい。
(5) 補語の働きをしている形容詞の下に aC と書きなさい。
(6) 修飾する働きをしているときは、それを矢印で示しなさい。
(7) 英文全体を日本語に訳しなさい。

〔ザ ティーム クウィクリ アクセプティド ザ ニュー メンバ〕
(チーム) は (すぐに) (新しい) (メンバー) を
1. The team quickly accepted the new member.

〔マイ マザ フェル イル〕
(私の) (母) は (病気の)
2. My mother fell ill.

〔ユア ブック イズ ナット ヒア〕
(あなたの) (本) は (ここに)
3. Your book is not here.

〔シー　ゲイヴ　ミィー　ア　ウォーム　ウェルカム〕
（彼女）は　（私）に　（暖かい）（歓迎）を
4. She gave me a warm welcome.

〔ゼア　ファロウド　ア　ロング　サイレンス〕
（後に続いた）　（長い）（沈黙の時間）が
5. There followed a long silence.

問題 3 の解答

1. The team quickly accepted the new member.
S ad→V a→n

この動詞は「受け入れる」という意味で、活用は〔accept（アクセプト）—accepted（アクセプティド）—accepted〕という規則活用です。ここの accepted は過去形です。英文全体は「チームはすぐにその新しいメンバーを受け入れた」という意味です。

2. My mother fell ill.
a→S V ªC

この動詞は「〜になる」という意味で、活用は〔fall（フォール）—fell（フェル）—fallen（フォーレン）〕です。fell は過去形です。英文全体は「私の母は病気になった」という意味です。ちなみに、この動詞は「落下する、倒れる」という意味を表すこともあります。**My mother fell suddenly.**〔マイ マザ フェル サドンリ〕は「私の母は突然倒れた」という意味です。suddenly は「突然に」という意味の副詞で fell にかかっています。

3. Your book is not here.
a→S V←ad ad

この動詞は be 動詞の現在形で「ある、いる、存在する」という意味です。be 動詞の活用は〔**be—am, is, are—was, were—been—being**〕です。**not は動詞を修飾して「〜ではない」と否定する副詞**です。英文全体は「あなたの本はここにない」という意味です。

4. She gave me a warm welcome.
S V n a→n

この動詞は「与える」という意味で、活用は〔give（ギヴ）—gave（ゲイヴ）—given（ギヴン）〕です。gave は過去形です。英文全体は「彼女は私に暖かい歓迎を与えた→彼女は私を暖かく歓迎してくれた」という意味です。

5. There followed a long silence.
誘導ad　V　a⌒S

この動詞は「あとに続く」という意味で、活用は〔follow（ファロウ）—followed（ファロウド）—followed〕です。ここの followed は過去形です。There は誘導副詞で、述語動詞の followed を「構造上の主語」の silence の前に引き出しています。この文は V＋S という倒置した構造になっています。英文全体は「長い沈黙があとに続いた」という意味です。

column 1 読み方を思い出せない？

「品詞と働きと活用の相互関係」を身につけた人は「良いとか悪いとか言う以前に、この読み方以外の読み方は考えられない」「このやり方をしていない人はどうやって英語を理解しているのかわからない」「いったい自分は前にどんな読み方をしていたのだろう？ 思い出せない」といった趣旨のことを言います。こういう発言が出るのは「他の英文認識法」がありえないからです。本書を表面的に眺めると、独特の用語や記号が目について、なにやら奇をてらった変わった読解法のような印象を受けます。ところが、実際に勉強し始めると、**辞書を見ても、文法書（＝標準的な文法書）を見ても、まさに本書の「英文認識法」とまったく同じ考え方で英文を捉えていることがよくわかります。**それで初めて「これ以外に方法はなかったのだ」ということを悟るのです。これまでは丸暗記と勘で当てずっぽうに意味を想像（創造？）していただけで、「読み方」と呼べるようなものは何もなかったことを痛感するのです。

「それなら普通の文法書を読めばいいのでは？」と思う人もいるでしょう。**普通の文法書を読んでも「品詞と働きと活用の相互関係」はわかりません。そういう関係があることすら気がつけません。なぜなら「品詞と活用の重層構造」という障害があるからです。本書は、この障害を乗り越えるために、特別な用語や記号を使って説明しているのです。**

参照「品詞の重層構造」p. 105「活用の重層構造」p. 148

Lesson 4

語尾の s / be 動詞 (2)

4-1 所有格の形

4-1-1 名詞の所有格

・**名詞の末尾に「's」を付けると「所有の意味を表す形容詞」に変化します。**注1

・名詞を「所有の意味を表す形容詞」に変化させるために付ける、この末尾の「's」を「所有格の 's」と呼びます。注2

・これらはいずれも形容詞ですから名詞を修飾することができます。

注 1 この形容詞は、学校では「名詞の所有格」と呼びます。しかし、本書では、必要があるときは「名詞の所有格」という呼び方をしますが、普通は「品詞は形容詞、働きは名詞修飾、呼び名は所有格」にすることを 2-3 で決めました。

注 2「所有格のアポストロフィ エス」と言ってください。

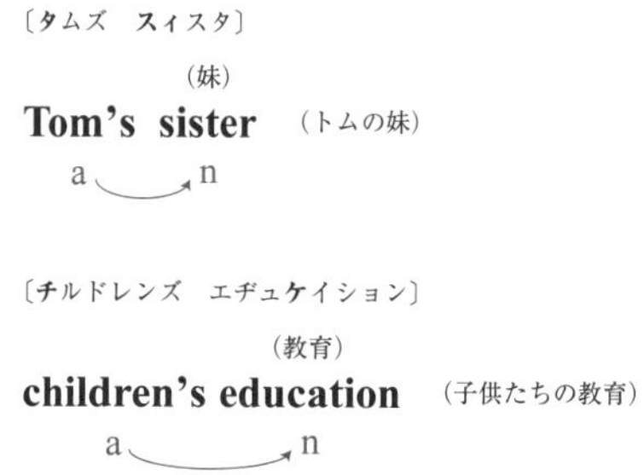

4-1-2 代名詞の所有格

・代名詞を「所有の意味を表す形容詞」に変化させるときは、末尾に「's」を付

けるのではなく、特別な形が決まっています。[注3]

my	〔マイ〕	私の
our	〔アー〕	私たちの
your	〔ユア〕	あなたの、あなたたちの
his	〔ヒズ〕	彼の
her	〔ハー〕	彼女の
its	〔イッツ〕	それの[注4]
their	〔ゼア〕	彼らの、それらの
whose	〔フーズ〕	誰の

注 3 これも、学校では「代名詞の所有格」と呼びます。しかし、本書では、必要があるときは「代名詞の所有格」という呼び方をしますが、普通は「品詞は形容詞、働きは名詞修飾、呼び名は所有格」にすることを 2-3 で決めました。

注 4 **「それの」(← it の所有格) は its であって、it's ではありません。it's は it is または it has の短縮形です** (p. 96 参照)。

4-2 単数と複数

4-2-1 可算名詞と不可算名詞

- **英語では名詞を「数えられる名詞」と「数えられない名詞」に二分します。**[注1]
- 同じ名詞が、あるときは「数えられる名詞」として扱われ、あるときは「数えられない名詞」として扱われるのは普通の現象です。
- この扱いの違いは「表している意味」によって決まります。[注2]

注 1「数えられる」という形容詞は countable〔カウンタブル〕というので、**辞書では「数えられる名詞 (可算名詞とも言います)」は** C **と表示します。**「数えられない」という形容詞は uncountable〔アンカウンタブル〕というので、**辞書では「数えられない名詞 (不可算名詞とも言います)」は** U **と表示します。**

注 2 逆に言えば、「数えられる名詞」として扱われているか「数えられない名詞」として扱われているかを見れば、表している意味がわかるということです。

chicken	〔チケン〕	C	にわとり、ひよこ
		U	鶏肉
beauty	〔ビューティ〕	C	美人、素晴らしいもの、美点
		U	美しさ、美

school	〔スクール〕	C	学校（校舎、組織）
		U	学校（授業）
sugar	〔シュガ〕	C	角砂糖、スプーン一杯の砂糖
		U	砂糖
wood	〔ウッド〕	C	森
		U	木材

4-2-2 複数形の s

・**数えられる名詞は、末尾に s を付けることによって複数であることを表します。**[注3]

・一部の特定の名詞は s を付けずに複数形にします。

注 3 名詞が複数であることを示すために付ける、この末尾の「s」を「複数形の s」と呼びます。

two chickens	〔トゥー　チケンズ〕	二羽のニワトリ
three beauties	〔スリー　ビューティズ〕	三人の美人
many schools	〔メニ　スクールズ〕	たくさんの学校

child	〔チャイルド〕	子供（単数形）
children	〔チルドレン〕	子供たち（複数形）
man	〔マン〕	男、人間（単数形）
men	〔メン〕	男、人間（複数形）
woman	〔ウマン〕	女（単数形）
women	〔ウィミン〕	女（複数形）
die	〔ダイ〕	さいころ（単数形）
dice	〔ダイス〕	さいころ（複数形）

4-2-3 固有名詞

・「1 つしかない、特定の、人・もの・事柄」の名称を固有名詞といいます。

・**固有名詞は最初の文字を大文字にして、冠詞を付けません。**

・習慣的に the を付ける固有名詞もあります。

April	〔エイプリル〕	4 月
London	〔ランドン〕	ロンドン ←発音に注意！
Smith	〔スミス〕	スミス（人名）

the Pacific Ocean 〔ザ パスィフィック オウシャン〕太平洋 ←icの直前にアクセントがあることに注意！
the Democratic Party 〔ザ デモクラティック パーティ〕民主党 ←icの直前にアクセントがあることに注意！

4-3 複数形の名詞の所有格

・複数形の名詞を「所有の意味を表す形容詞」に変化させるためには、末尾に「's」を付けるのではなく、単に「'」を付けるだけにします。[注1]

注1 この「'」を「所有格のアポストロフィ」と呼びます。

注2 those は birds にかかる形容詞です。birds の s は「複数形の s」です。those birds' は「those birds の所有格」です（' は、birds ではなくて、those birds に付いています）。' は「所有格の '」です。

4-4 人称

・人称は、代名詞と名詞を「話し手」「聞き手」「それ以外の人・もの・事柄」に区別するための文法用語です。
・**「私、私たち」を「1 人称」といいます。**
・**「あなた、あなたたち」を「2 人称」といいます。**
・**「私とあなた以外の人、もの、事柄」を「3 人称」といいます。**
・それぞれの人称に単数と複数の区別があります。
・それぞれの人称に主格と目的格と所有格の区別があります。[注]

注 とりあえず、頑張って下の赤太字を覚えてください。発音は p. 10 にあります。主格と目的格の使い分けについては 5-3 で勉強します。所有格については 4-1 を参照。

主格	目的格	所有格	
I	**me**	**my**	私（1 人称・単数）
we	**us**	**our**	私たち（1 人称・複数）
you	**you**	**your**	あなた（2 人称・単数）

you	**you**	**your**	あなたたち（2人称・複数）
he	**him**	**his**	彼（3人称・単数）
she	**her**	**her**	彼女（3人称・単数）
it	**it**	**its**	それ（3人称・単数）
they	**them**	**their**	彼ら、彼女たち、それら（3人称・複数）
girl	**girl**	**girl's**	女の子（3人称・単数）
girls	**girls**	**girls'**	女の子たち（3人称・複数）

4-5 3人称・単数・現在のs

・一般動詞の現在形は「原形と同じつづり」か、または「原形の語尾にsが付いたつづり」になります。

・この2つのつづりのどちらを使うかは、どんな名詞が主語になるかによって決まります。

・3人称・単数の名詞が主語になると、一般動詞の現在形は「原形の語尾にsが付いたつづり」になります。[注]

・この「s」のことを「3人称・単数・現在のs」といい、これを縮めて「3単現のs」と呼びます。

注　「3人称・単数の名詞」というのは「私、私たち、あなた、あなたたち」以外の名詞・代名詞の単数形のことです。

「原形の語尾にsが付いたつづり」にならないこともあります。haveの3人称・単数・現在形は、havesではなく、**has**〔ハズ〕になります。doの3人称・単数・現在形は、dosではなく、**does**〔ダズ〕になります。なお、be動詞の3人称・単数・現在形は、besではなく、**is**です。

〔ゼイ　ワーク　ハード〕
（彼ら）は　（働く）（一生懸命に）
They work hard.（彼らは一生懸命に働く）
S　V　ad

この動詞は「働く」という意味で、活用は〔work（ワーク）—worked（ワークト）—worked〕です。ここのworkは現在形・述語動詞で、主語が3人称・単数ではない（3人称・複数である）ので「3単現のs」が付いていません。

〔ヒー　ワークス　ハード〕
(彼) は　(働く)　(一生懸命に)
He works hard. (彼は一生懸命に働く)
S　V　ad

works は現在形・述語動詞です。主語が 3 人称・単数なので「3 単現の s」が付いています。このように**「3 単現の s」が付くと「その動詞は、原形ではなく、現在形である (したがって絶対に述語動詞である)」ことと「主語が 3 人称・単数の名詞である」ことがわかります**。この 2 つが英語を読む上でいかに重要か、勉強が進むとわかってきます。「3 単現の s は昔の英語の名残りで、役に立たない盲腸のようなものである」という説明をする人がいますが、「3 単現の s の有難さ」をまったく理解していない愚論です。「3 単現の s」が現代英語に残っているのは、大事なわけがあるのです。

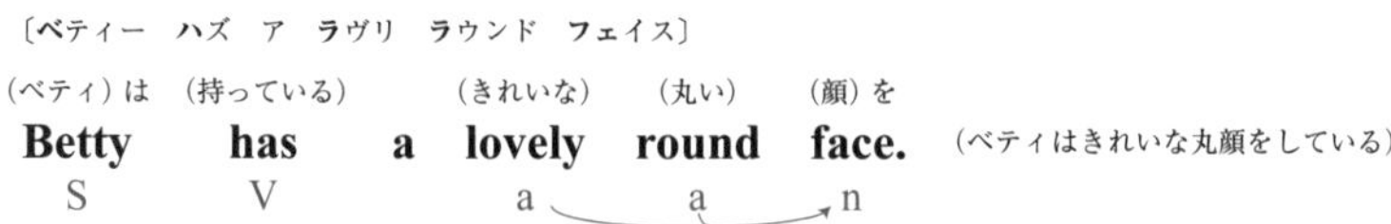

has は現在形・述語動詞です。この動詞は「持つ、持っている」という意味で、活用は〔have (ハヴ)—had (ハッド)—had〕です。3 人称・単数・現在形は haves ではなく、has になります。

〔ベティー　ハズ　ア　ラヴリ　ラウンド　フェイス〕
(ベティ) は　(持っている)　(きれいな)　(丸い)　(顔) を
Betty has a lovely round face. (ベティはきれいな丸顔をしている)
S　V　a　a　n

〔ベティー　カット　ハー　ネイルズ〕
(ベティ) は (切った) (彼女の)　(爪) を
Betty cut her nails. (ベティは爪を切った)
S　V　a　n

ここの cut は過去形・述語動詞です。この動詞は〔cut—cut—cut〕という不規則活用で、原形、現在形、過去形、過去分詞形がすべて同じつづりです (ing 形は cutting です)。この英文の cut が原形でも過去分詞形でもないことは、この先の勉強をしなければわかりません (ただし p. 8 で、本書では Lesson 5 までは現在形と過去形の動詞しか出さないと取り決めましたから、ここの cut は原形でも過去分詞形でもありません)。**現在形でないことは、主語が 3 人称・単数なのに「3 単現の s」が付いていないことからはっきりわかります**。この文の cut は過去形で、意味は「切る」ではなく「切った」です。「3 単現の s」というルールが読む人の頭をどのようにコントロールするのか、その一端を感じ取ってください。

4-6 be 動詞の現在形と過去形

・「be 動詞の現在形は am, is, are の 3 つ」「be 動詞の過去形は was, were の 2 つ」

で、これを主語の人称と数に合わせて使い分けます。

・be 動詞が現在形の場合は、

1 人称・単数（=I）が主語になると「am」になり、
3 人称・単数が主語になると「is」になり、
それ以外のときは「are」です。

・be 動詞が過去形の場合は、

1 人称・単数（=I）が主語になると「was」になり、
2 人称・単数（=you）が主語になると「were」になり、
3 人称・単数が主語になると「was」になり、
どの人称でも、複数が主語になると「were」になります。

I am . . . / I was . . .
You are . . . / You were . . .
それ以外は
単数なら S is . . . / S was . . .
複数なら S are . . . / S were . . .

I am / I was / You are / You were / 単数 is, was / 複数 are, were[注1]

注 1「アイアム、アイワズ、ユーアー、ユーワー、タンスウ イズワズ、フクスウ アーワー」とお経のように唱えて覚えてください。

以上の法則を表にまとめると次のようになります。[注2]

be 動詞の場合		
主語になる名詞	現在形のつづり	過去形のつづり
1 人称単数（I）	am	was
1 人称複数（we）	are	were
2 人称単数（you）	are	were
2 人称複数（you）	are	were

3人称単数	is	was
3人称複数	are	were
一般動詞の場合		
主語になる名詞	現在形のつづり	過去形のつづり
1人称単数（I）	原形と同じ	規則活用なら原形の語尾にedが付く
1人称複数（we）	原形と同じ	規則活用なら原形の語尾にedが付く
2人称単数（you）	原形と同じ	規則活用なら原形の語尾にedが付く
2人称複数（you）	原形と同じ	規則活用なら原形の語尾にedが付く
3人称単数	原形の語尾にsが付く	規則活用なら原形の語尾にedが付く
3人称複数	原形と同じ	規則活用なら原形の語尾にedが付く

注2 be動詞の過去分詞形はbeenで、ing形はbeingです。したがって、be動詞の活用は次のようになります。
〔**be—am, is, are—was, were—been—being**〕このように原形、現在形、過去形、過去分詞形、ing形がすべて違うつづりになるのはbe動詞だけです。

質問4　（　）内にam, is, are, was, wereのどれかを入れなさい。

〔トゥデイ ….. マンデイ〕
（今日）は　（月曜日）
1. Today（　）Monday.（今日は月曜日です）
S　V　n

〔イト ….. マンデイ トゥデイ〕
（月曜日）（今日は）
2. It（　）Monday today.（今日は月曜日です）
S　V　n　ad

〔ユー ….. ア リトル チャイルド ゼン〕
（君）は　（小さな）（子供）（そのとき）
3. You（　）a little child then.（君はそのとき小さな子供だった）
S　V　a　n　ad

〔アイ ..... ア グッド スウィマ〕

(私) は (よい) (泳ぎ手)

4. I ( ) a good swimmer. (私は泳ぎが上手です) (私は泳ぎが上手だった)

S V a n

〔ユー ..... ア リーリ ハード ワーカ〕

(あなた) は (本当に) (熱心な) (勉強家)

5. You ( ) a really hard worker. (君は本当に熱心な勉強家だ) (君は本当に熱心な勉強家だった)

S V ad a n

質問 4 の答え 1. Today is Monday. 2. It is Monday today. **この It は「時間の it」といって、時間を表す文で、形式的に主語として使います。「それ」と訳してはいけません。**この英文の today は「今日 (. . . である、. . . する)」という意味の副詞です。 3. You were a little child then. 4. I am a good swimmer. / I was a good swimmer. 5. You are a really hard worker. / You were a really hard worker.

4-7 「主語＋be 動詞」の短縮形

・be 動詞の現在形には次の短縮形があります。

・主語と be 動詞をつなげて 1 語にし、「am の a」「is の i」「are の a」を省略して、そこにアポストロフィを打ちます。

・was と were には短縮形はありません。

am → ’m
is → ’s 注
are → ’re

注 この「’s」を「is の短縮形の ’s (is の短縮形のアポストロフィ エス)」と呼びます。

〔アイム ヴェリ タイアド〕

(疲れた)

I’m very tired. (私はとても疲れている)

S V ad ªC

am は現在形・述語動詞です。tired は「疲れた」という意味の形容詞です。

〔イッツ スティル ウォーム〕

(まだ) (暖かい)

It’s still warm. (まだ暖かいです)

S V ad ªC

it's は it is または it has の短縮形です。it の所有格は its です。**この英文の It は「天気の it」といって、天気や気候を表す文で、形式的に主語として使います。「それ」と訳してはいけません。**is は現在形・述語動詞です。

〔ユア　ヒア〕

（ここに）

You're here. （あなたはここにいます）

S　V　ad

are は現在形・述語動詞です。この英文は、地図上で今いる場所を示すときに使われます。

〔トゥマロウズ　サンデイ〕

（明日）は　（日曜日）

Tomorrow's Sunday. （明日は日曜日です）

S　V　n

この英文の Tomorrow's は Tomorrow is の短縮形です。Tomorrow の所有格も Tomorrow's となりますが、この文では所有格ではありません（「明日の日曜日」という意味ではありません）。is は現在形・述語動詞です。

4-8 「be 動詞＋not」の短縮形

・be 動詞の否定形は「be 動詞 not」ですが、これには次の短縮形があります。
・be 動詞と not をつなげて 1 語にし、o を省略して、そこにアポストロフィを打ちます。
・別の言い方をすれば、be 動詞の末尾に n't をつなげます。

is not	→ isn't〔イズント〕
are not	→ aren't〔アーント〕
was not	→ wasn't〔ワズント〕
were not	→ weren't〔ワーント〕
am not	→ aren't〔アーント〕/ ain't〔エイント〕[注]

注　amn't とは言いません。

〔ア　ホエイル　イズント　ア　フィッシュ〕

（鯨）は　（魚）

A whale isn't a fish. （鯨は魚ではない）

S　V ad　n

is は現在形・述語動詞です。

〔イト　ワズント　レイニ　イェスタデイ〕

（雨降りの）　（昨日は）

It wasn't rainy yesterday. （昨日は雨降りではなかった）

S　V ad　ªC　ad

It は「天気の it」です。was は過去形・述語動詞です。

〔ゼア　ワーント　エニ　ピープル　ダウンステアズ〕

（どんな）（人々）も　（階下に）

There weren't any people downstairs. （階下には誰もいなかった）

誘導ad　V ad　a　S　ad

were は過去形・述語動詞です。**people は「人々」という意味のときは複数名詞として扱われます**（「常に複数扱いをする集合名詞」といわれます）。それに対して、1つ2つと数えたとき、すなわち **a people, peoples という形で使ったときは「民族・国民」という意味です**。日本国憲法前文の「平和を愛する諸国民」は peace-loving peoples〔ピース ラヴィング ピープルズ〕です（このフレーズの解説は p. 284）。

4-9 副詞的属格の s

・古英語では名詞の属格の語尾に s を付けると副詞に転化しました。その名残りが今の英語にも残っています。注1

・この末尾の「s」は「副詞的属格の s」と呼ばれます。注2

注1 属格とは所有格のことです。

注2 文法用語を難しく感じたら、みなさんは「副詞の印の s」と呼べばいいです。

〔マイ　マザズ　オールウェイズ　ビズィ〕

（私の）（母）は　（いつも）（忙しい）

My mother's always busy. （私の母はいつも忙しい）

a　S　V ad　ªC

mother's の 's は「is の短縮形の 's」です。is は現在形・述語動詞です。always の s は「副詞的属格の s」です。

〔ヒー　ブロート　ア　チェア　フォーワヅ〕

（彼）は（持ってきた）　（椅子）を　（前に）

He brought a chair forwards. （彼は椅子を前の方に持ってきた）

S　V　n　ad

この動詞は「持ってくる」という意味で、活用は〔bring (ブリング)—brought (ブロート)—brought〕です。ここの brought は過去形・述語動詞です。forwards の s は「副詞的属格の s」です。

・他に次のような語の末尾の s が「副詞的属格の s」です。

besides	〔ビサイヅ〕	さらに、その上
nowadays	〔ナウアデイズ〕	最近は
overseas	〔オウヴァスィーズ〕	海外へ
sometimes	〔サムタイムズ〕	ときどき
unawares	〔アナウェアズ〕	気づかずに
hereabouts	〔ヒアラバウツ〕	このあたりに
backwards	〔バクワヅ〕	後方に

4-10 所有代名詞

・「誰それのもの」という意味を表す代名詞を「所有代名詞」といいます。

・「私のもの」は mine ですが、それ以外はすべて末尾に s が付きます。この末尾の「s」を「所有代名詞の s」と呼びます。

mine	〔マイン〕	私のもの
ours	〔アウアズ〕	私たちのもの
yours	〔ユアズ〕	あなたのもの / あなたたちのもの
his	〔ヒズ〕	彼のもの[注]
hers	〔ハーズ〕	彼女のもの
theirs	〔ゼアズ〕	彼らのもの

注　**his は形容詞のときは「彼の」(←代名詞の所有格と呼ばれます)、名詞のときは「彼のもの」(←所有代名詞と呼ばれます) という意味です。**

〔ズィス　カー　イズ　ヒズ〕
(この) (車) は　(彼のもの)
This car is his.　(この車は彼のだ)
a → S　V　n

is は現在形・述語動詞です。

〔ザ　ゲイム　イズ　マイン〕

　　(試合) は　　(私のもの)

The game is mine. (勝負は私のものだ)

　　S　V　n

is は現在形・述語動詞です。これは「この試合は私の勝ちだ」という意味です。

〔ザ　チョイス　イズ　ユアズ〕

　　(選択) は　　(君のもの)

The choice is yours. (選択は君次第だ)

　　S　V　n

is は現在形・述語動詞です。

〔ゼアズ　アー　ヒア〕

(彼らのもの) は　　(ここに)

Theirs are here. (彼らのはここにある)

　S　V ← ad

are は現在形・述語動詞です。are を使っていることから Theirs の中身は複数であることがわかります。Theirs の中身が単数 (たとえば、彼らが 1 つのものを共有しているような場合) なら Theirs is here. と言います。

4-11 独立所有格

- **後にくる名詞が省略されて「名詞の所有格」だけが残る場合があります。このような所有格を「独立所有格」といいます。**
- 独立所有格は、省略されている名詞を補わずに、独立所有格そのものを名詞として扱います。
- この場合の末尾の「's」を「独立所有格の 's」と呼びます。

〔ヂャンズ　イズ　ア　ヴェリ　ビッグ　デスク〕

(ジョンのもの) は　　(非常に) (大きい)　(机)

John's is a very big desk. (ジョンのは非常に大きな机です)

　S　V　ad → a → n

John's は John's desk から desk が省略された形で、独立所有格です。John's は「ジョンの机」という意味の名詞として扱われます。この英文から is を消去すると John's a very big desk. となります。すると John's は John is の短縮形となり、全体は「ジョンは非常に大きな机です」という意味になります。John は机の名前なわけです。これを支える特殊な文脈があれば可能ですが、普通は意味不明です。John's は短縮形のときは John is、形容詞のときは「ジョンの」(←名詞の所有格と呼ばれます)、名詞のときは「ジョンのもの」(←独立所有格と呼ばれます) という意味です。is は現在形・述語動詞です。

〔ゼアズ　ア　バーバズ　ゼア〕

There's a barber's there. (そこに理髪店がある)
誘導ad V　S　ad

誘導副詞の There は主語ではありませんが、主語と現在形の be 動詞がつながって短縮形になるのと、同じ現象が起こります。There is が短縮して There's になるわけです。barber's は barber's shop の shop が省略された形で、独立所有格です。barber's は「床屋さんのお店」という意味の名詞として扱われます。is は現在形・述語動詞です。

4-12　語尾の s

・この Lesson で出てきた「語尾の s」は次の 7 つです。

複数形の s	dogs
3 単現の s	begins
副詞的属格の s	always
所有代名詞の s	hers
所有格の 's	Tom's
独立所有格の 's	Tom's
is の短縮形の 's	Tom's

問題 4

(1) 各語の下に品詞を書きなさい (ただし主語の品詞は書かなくてよい)。
(2) 主語の下に S と書きなさい。
(3) 使われている動詞が一般動詞の場合は、活用 (原形―過去形―過去分詞形) を辞書で調べて書きなさい。
(4) 使われている動詞が何形か答えなさい。
(5) 補語の働きをしている形容詞の下に ªC と書きなさい。

(6) 修飾する働きをしているときは、それを矢印で示しなさい。
(7) 英文全体を日本語に訳しなさい。
(8) 末尾がsで終わる語が15語ある。各sが次のどれであるか答えなさい。

複数形のs | 3単現のs | 副詞的属格のs | 所有代名詞のs
is の短縮形の 's | 所有格の 's | 独立所有格の 's

〔ア ベイビズ チーク フィールズ ソフト〕
(ほお) は (柔らかな)

1. A baby's cheek feels soft.

baby's ________ feels ________

〔マイ マザ レド ミィー フェアリ テイルズ〕
(妖精) (話) を

2. My mother read me fairy tales.

tales ________

〔ケンズ スィスタ オールウェイズ キープス ハー シューズ クリーン〕
(妹) は (いつも) (くつ) を (きれいな)

3. Ken's sister always keeps her shoes clean.

Ken's ________ always ________ keeps ________
shoes ________

〔イト イズント ユア カー イツ ハーズ〕

4. It isn't your car — it's hers.

it's ________ hers ________

〔アー ウェイズ ワーント デイヴィッヅ〕
(やり方) は

5. Our ways weren't David's.

ways ________ David's ________

〔ナウアデイズ　マイ　ドータズ　オールウェイズ　プレイ　インドーズ〕
（最近）　（娘たち）は　（いつも）　（室内で）
6. Nowadays my daughters always play indoors.

Nowadays ________　daughters ________
always ________　indoors ________

問題 4 の解答

1. A baby's cheek feels soft.
a ⌣ S　V　ªC

この動詞は「〜のように感じる」という意味で、活用は〔feel (フィール)—felt (フェルト)—felt〕です (p. 24 参照)。feels は現在形・述語動詞です。英文全体は「赤ちゃんの頬は柔らかに感じる」という意味です。baby's の 's は「所有格の 's」、feels の s は「3 単現の s」です。

2. My mother read me fairy tales.
a ⌣ S　V　n　n

この動詞は「読む」という意味で、活用は〔read (リード)—read (レド)—read (レド)〕です。ing 形は reading〔リーディング〕ですが、それ以外の形はすべて read でつづりが同じです。しかし、**原形と現在形の read は〔リード〕と発音し、過去形と過去分詞形の read は〔レド〕と発音します**。主語が 3 人称・単数ですから、現在形であれば「3 単現の s」が付いて reads〔リーヅ〕になります。したがって、この文の read は過去形・述語動詞です (Lesson 5 までは原形、過去分詞形は出ない約束です)。英文全体は「母は私におとぎ話を読んでくれた」という意味です。fairy tales は「名詞＋名詞」で「おとぎ話」という意味の 1 つの名詞です。tales の s は「複数形の s」です。

3. Ken's sister always keeps her shoes clean.
a ⌣ S　ad ⌣ V　a ⌣ n　ªC

この動詞は「保つ」という意味で、活用は〔keep (キープ)—kept (ケプト)—kept〕です。keeps は現在形・述語動詞です。英文全体は「ケンの妹はいつも靴をきれいな状態に保っている→ケンの妹はいつも靴をきれいにしている」という意味です。Ken's の 's は「所有格の 's」、always の s は「副詞的属格の s」、keeps の s は「3 単現の s」、shoes の s は「複数形の s」です。

4. It isn't your car — it's hers.
S V ad　a ⌣ n　S V　n

この動詞は be 動詞の現在形・述語動詞で「〜である」という意味です。主語が 3 人称・

単数なので is です。英文全体は「それは君の車ではない。彼女のだ。」という意味です。it's の 's は「is の短縮形の 's」、hers の s は「所有代名詞の s」です。

5. Our ways weren't David's.

この動詞は be 動詞の過去形・述語動詞で「〜であった」という意味です。主語が 3 人称・複数なので were です。英文全体は「私たちのやり方はデヴィッドのやり方ではなかった→私たちのやり方はデヴィッドのとは違った」という意味です。ways の s は「複数形の s」、David's の 's は「独立所有格の 's」です。

6. Nowadays my daughters always play indoors.

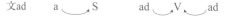

この動詞は「遊ぶ」という意味で、活用は〔play (プレイ)—played (プレイド)—played〕です。この文の play は現在形・述語動詞です。主語が 3 人称・複数なので「3 単現の s」は付きません。英文全体は「最近私の娘たちはいつも室内で遊ぶ」という意味です。Nowadays の s は「副詞的属格の s」です。Nowadays の下の「文 ad」は**「文修飾の働きをしている副詞」であることを示します**。daughters の s は「複数形の s」、always の s は「副詞的属格の s」、indoors の s は「副詞的属格の s」です。

column 2 私は高二になる直前に悟りました

私が「品詞と働きと活用の間にある密接な相互関係」を知ったのはもう半世紀も昔、高校二年生になる前の春休みです。英文がどのように出来上がっているのか、初めてわかりました。ひとたびこれがわかると、**英文の背後で単語を制御しているメカニズムが手に取るように見えるようになり、1語単位で意識的にコントロールできるようになりました**。真髄をつかむというのは恐ろしいもので、1年前にはまったく英語がわからず、成績も悪く、英語が大嫌いだった私が、高二の終わり頃には J. S. Mill の *On Liberty*『自由論』(1859年) を、内容理解に苦しみながらも (というよりも内容はわからないところがたくさんありましたが)、英文構造は完全にわかって、読んでいました。「うそだあ！ 難解という定評があり、高校のレベルをはるかに超える単語が続出する、150年以上も昔の *On Liberty* を、高校二年生で読めるわけがない」って、思うかもしれませんね。でも、単語の意味は辞書を引けばすぐわかりますよ。「昔の英文」とか「単語が難しい」とか言うのは「本当の読み方」を知らないからです。「単語の意味を適当につなぎ合わせて、意味を推測する」のが読むことだと思っている人は、知らない単語がちょっと出てきただけで、お手上げになってしまいます。「本当の読み方」を身につけた人は、1文に知らない単語が3つ、4つ出てきても、英文構造は正確にわかります。ましてMill の英文は、1文が強烈に長いだけで、構造自体は、どんなに複雑でも、規則どおりに精密機械のように組み上がっています (←これはすべての単語が「品詞と働きと活用の間にある密接な相互関係」を破っていないということです)。構造がわかっているから、まるでミサイルでも撃ち込むようにピンポイントで辞書を引き、最小限の労力で必要な情報を入手して、それを構造に乗せて正確に読んでいけるのです。

もしかしたら、辞書を引くとき、辞書に書いてあることを隅から隅まで全部目を通して、何かいい意味ないかなあ？ なんて探していませんか？「**ピンポイントで辞書を引く**」ってどういうことかわかりますか？ (p. 327, 417 参照) そういう引き方ができるように、辞書には様々な手立てが講じられているのを知っていますか？ いや、今知らなくてもいいのです。本書を読んで身につければよいのです。**丸暗記と勘に頼ったフィーリング英語で一生を終わりたくなければ、英文を構成する1単語1単語の働きを正確に認識して、自分で意識的にコントロールできる力を身につけなければなりません**。そのためには、本書で説明している「品詞と働きと活用の相互関係」を理解することが絶対に必要なのです。

Lesson 5

前置詞 / 動詞型

5-1 前置詞

・of, to, for, on などを前置詞といいます。注1

・前置詞は後ろに続く名詞と結びつき、前置詞＋名詞 という語群は形容詞または副詞の働きをします。

・**前置詞＋名詞 の品詞は形容詞句または副詞句です。**注2

・**前置詞と結びついた名詞の働きを「前置詞の目的語」といいます。**注3

注1 of は前置詞に決まりますが、to, for, on は他の品詞のこともあります。たとえば to と on は副詞のことがありますし、for は等位接続詞のことがあります。等位接続詞は 6-10 で勉強します。

注2「文になっていない語群」が形容詞や副詞の働きをする場合、その語群を句（形容詞句、副詞句）といいます。文とは「構造上の主語＋述語動詞」という語群ですから、前置詞＋名詞はもちろん「文になっていない語群」です。ちなみに「文になっている語群」が名詞や形容詞や副詞の働きをする場合、その語群を従属節（名詞節、形容詞節、副詞節）といいます（p. 185 参照）。

注3「前置詞の目的語」を表す記号はありません。

〔ア ブック アン ザ デスク〕

a book on the desk （机の上の本）

n 前 n

a

on は前置詞、desk は「品詞は名詞、働きは前置詞の目的語」、on the desk は「品詞は形容詞句、働きは名詞修飾」です。

〔ヒー　スワム　イナ　リヴァ〕

He swam in a river.　(彼は川で泳いだ)

S　V　前　n
ad

この動詞は「泳ぐ」という意味で、活用は〔swim(スウィム)—swam(スワム)—swum(スワム)〕です。swam は過去形・述語動詞です。in は前置詞、river は「品詞は名詞、働きは前置詞の目的語」、in a river は「品詞は副詞句、働きは動詞修飾」です。

〔アイ　オールウェイズ　ドリンク　ティー　アト　ブレクファスト〕

I always drink tea at breakfast.　(私はいつも朝食でお茶を飲む)

S　ad　V　n　前　n
ad

この動詞は「飲む」という意味で、活用は〔drink(ドリンク)—drank(ドランク)—drunk(ドランク)〕です。この文の drink は現在形・述語動詞です。at は前置詞、breakfast は「品詞は名詞、働きは前置詞の目的語」、at breakfast は「品詞は副詞句、働きは動詞修飾」です。

〔アイ　アム　ア　ファン　オヴ　ヒズ　フィルムズ〕

I am a fan of his films.　(私は彼の映画のファンです)

S　V　n　前　a　n
a

am は現在形・述語動詞。of は前置詞、his は「品詞は形容詞、働きは名詞修飾」、films は「品詞は名詞、働きは前置詞の目的語」、of his films は「品詞は形容詞句、働きは名詞修飾」です。

5-2　目的語

・目的語には２種類あります。

前置詞の目的語
動詞の目的語
　前置詞が付いていなくて、「主語」とイコールでない名詞。
　前置詞が付いていなくて、すでに出ている「動詞の目的語」とイコールでない名詞。

・動詞の目的語は大文字の O と表示します。[注]

注　目的語は object〔オブヂェクト〕というので、頭文字をとって O と表示します。

I always drink tea at breakfast. （私はいつも朝食でお茶を飲む）
S ad V O ad

tea は前置詞が付いていない名詞で、かつ主語の I とイコールではありません。ですから「動詞の目的語」です。breakfast は「前置詞の目的語」です。drink は現在形・述語動詞です。

〔シー ゲイヴ ミィー ア ウォーム ウェルカム〕
（彼女）は （私）に （暖かい） （歓迎）を
She gave me a warm welcome. （彼女は私を暖かく歓迎してくれた）
S V O a O

gave は過去形・述語動詞です（この動詞は p. 26 参照）。me は前置詞が付いていない名詞で、かつ主語の She とイコールではありません。ですから「動詞の目的語」です。welcome は前置詞が付いていない名詞で、かつ、すでに出ている「動詞の目的語」である me とイコールではありません。ですから、これも「動詞の目的語」です。この英文には「動詞の目的語」が 2 つあります。2 つの「動詞の目的語」の判断の仕方が違うことに注意してください。

5-3 主格と目的格の代名詞

・一人称と三人称の代名詞は「主語」になる場合と、「目的語（＝動詞の目的語と前置詞の目的語）」になる場合で形が違います。
・主語になる場合の代名詞を「**主格の代名詞**」といいます。
・目的語になる場合の代名詞を「**目的格の代名詞**」といいます。

主格の代名詞		目的格の代名詞		
I	〔アイ〕	**me**	〔ミィー〕	（私）
we	〔ウィ〕	**us**	〔アス〕	（私たち）
you	〔ユー〕	**you**	〔ユー〕	（あなた、あなたたち）
he	〔ヒー〕	**him**	〔ヒム〕	（彼）
she	〔シー〕	**her**	〔ハー〕	（彼女）
it	〔イト〕	**it**	〔イト〕	（それ）
they	〔ゼイ〕	**them**	〔ゼム〕	（彼ら、それら）

〔ヒー ストゥッド アパート フロム ハー〕
（離れて）
He stood apart from her. （彼は彼女から離れて立っていた）
S V ad ad

この動詞は「立つ、立っている、位置している」という意味で、活用は〔stand（スタンド）—stood（ストゥッド）—stood〕です。この文のstoodは過去形・述語動詞です。herは「前置詞の目的語」で「目的格の代名詞」です。ちなみに**herは「彼女の」という意味の形容詞として使うこともあります**（この場合は「代名詞の所有格」と呼ばれます）。

質問5 カッコ内の日本語を英語にしなさい。（スラスラ言えるようになるまで練習してください）

1. （彼女）stood apart from（彼）.
2. （あなた）stood apart from（私たち）.
3. （私たち）stood apart from（あなた）.
4. （彼ら）stood apart from（私）.
5. （私）stood apart from（彼ら）.

質問5の答え 1. She stood apart from him. 2.You stood apart from us. 3. We stood apart from you. 4. They stood apart from me. 5. I stood apart from them.

5-4 補語

・「補語」は形容詞の場合と名詞の場合があります。

・以下の形容詞・名詞の働きを「補語」といいます。注

動詞の助けを借りて「主語である名詞」を説明する形容詞
動詞の助けを借りて「動詞の目的語である名詞」を説明する形容詞

前置詞が付いていなくて、「主語」とイコールになる名詞
前置詞が付いていなくて、「動詞の目的語」とイコールになる名詞

注 **名詞と形容詞で、補語の判断の仕方が違う**ことに注意してください。

〔コウルド コフィ ビケイム パピュラ〕
（冷たい）（コーヒー）は （になった） （一般的な）
Cold coffee became popular. （冷たいコーヒーは一般的になった）
a → S V aC

この動詞は「～になる」という意味で、活用は〔become（ビカム）—became（ビケイム）—become（ビカム）〕です。becameは過去形・述語動詞です。これは「冷たいコーヒーが

一般的に飲まれるようになった」という意味です。popularは「一般的な」という意味の形容詞で、cold coffeeの状態を説明しています。その際、becameという動詞の助けを借りて間接的に説明しているので「補語」です。もしpopularが直接的に説明しているなら（＝名詞修飾なら）popular cold coffee（一般的な冷たいコーヒー）となります。なお、**Cold coffee＝popularだから「補語」だと考えるのは間違いです**（こういう安易なことを言う人が非常に多いです）。**coffeeは名詞、popularは形容詞で、品詞が違うのですから、イコールかイコールでないかという以前に、そもそも比べることもできません。**

〔ケンズ　スィスタ　オールウェイズ　キープス　ハー　シューズ　クリーン〕

（妹）は　（いつも）　（くつ）を（きれいな）

Ken's sister always keeps her shoes clean.　（ケンの妹はいつも靴をきれいにしている）

a→S　ad→V　a→O　ªC

keepsは「3単現のs」が付いた現在形・述語動詞です（この動詞はp. 43参照）。shoesは前置詞が付いていない名詞で、かつ主語のsisterとイコールではありません。ですから「動詞の目的語」です。cleanは「きれいな」という意味の形容詞で、her shoesの状態を説明しています。その際、keepsという動詞の助けを借りて間接的に説明しているので「補語」です。もしcleanが直接的に説明しているなら（＝名詞修飾なら）her clean shoes（彼女のきれいな靴）となります。なお、her shoes＝cleanだから「補語」だと考えるのは間違いです。そういう言い方をするのなら、her clean shoesのcleanも、her shoes＝cleanだから「補語」だということになってしまいます。shoesとcleanはそもそも品詞が違うので比べられません。**keeps her shoes cleanのcleanと、her clean shoesのcleanは、どちらもher shoesの状態を説明する形容詞ですが、説明の仕方が違うので、前者を「補語」と呼び、後者を「名詞修飾」と呼んで区別している**のです。なぜ区別しなければいけないのか（＝区別することにどんな実益があるのか）は勉強が進むにつれてわかってきます。とりあえず「区別できる目」を養ってください。

〔アイ　アム　ア　グッド　スウィマ〕

（私）は　（よい）　（泳ぎ手）

I am a good swimmer.　（私は泳ぎが上手です）

S　V　a→ⁿC

amは現在形・述語動詞です。swimmerは前置詞が付いていない名詞で、かつ主語のIとイコールです（名詞と名詞ですから比べられます）。ですから「補語」です。

〔ゼイ　コール　ボリス　ヂャンスン　ボリス〕

（彼ら）は

They call Boris Johnson Boris.　（彼らはボリス・ジョンソンをボリスと呼ぶ）

S　V　O　ⁿC

この動詞は「呼ぶ」という意味で、活用は〔call（コール）—called（コールド）—called〕という規則活用です。ここの call は現在形・述語動詞です。Boris Johnson は前置詞が付いていない名詞で、かつ主語の They とイコールではありません。ですから「動詞の目的語」です。Boris は前置詞が付いていない名詞で、すでに「動詞の目的語」が出ているので、これと比べると（名詞と名詞ですから比べられます）Boris Johnson とイコールです。ですから「補語」です。

5-5　第 1 動詞型

・目的語も補語も付かない動詞を「完全自動詞」といいます。

・完全自動詞が作る**動詞型は「V」で、これを「第 1 動詞型」と呼びます。**[注1]

・本書では完全自動詞は**「1 番（の動詞）」と呼び、①と表示します。**[注2]

注 1　**動詞型は「動詞に目的語と補語が付くパターン」を分類したものです。主語が付いているか否かは動詞型とは関係ありません。**主語が付いている場合でも、付いていない場合でも、どちらにしても「目的語も補語も付いていない」なら、その動詞は完全自動詞です。完全自動詞を述語動詞として使い、構造上の主語を付けると文になります。この文の型は「S V」で、これを「第 1 文型」と呼びます。

注 2　本来①（イチバン）は「完全自動詞の呼び名」ですが「完全自動詞が作る動詞型」を①（イチバン）と言うこともします。ですから「この動詞の動詞型は？」と尋ねられたら「①です」という答え方をします。

〔ガッド　イズ〕

（神）　（存在する）

God　is.　（神は存在する）

S　①

is は現在形・述語動詞・①です。**be 動詞は①のとき「ある、いる、存在する」という意味を表します。**

〔マイ　ファーザズ　スタディ　イズ　アプステアズ〕

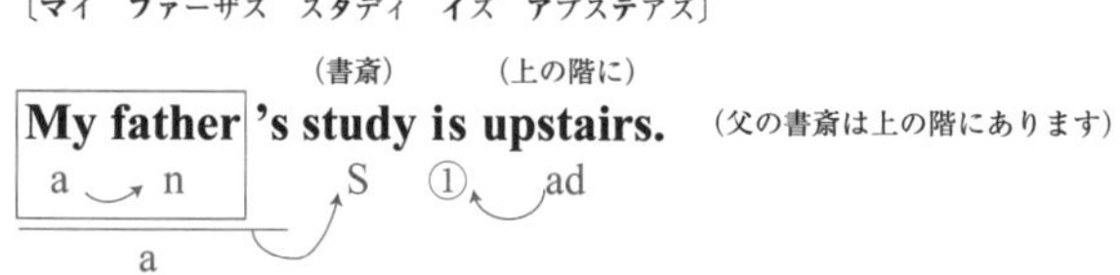

is は現在形・述語動詞・①です。My は father にかかり、My father に「's」を付けて所有格にしています。My father's の 's は「所有格の 's」で、upstairs の s は「副詞的属格の s」です。

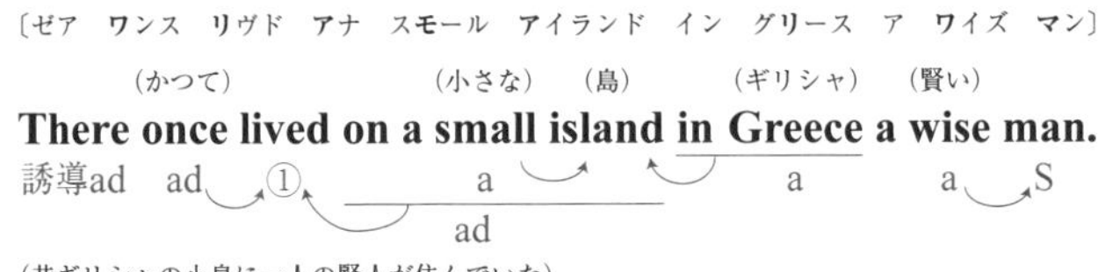

〔ゼア　ワンス　リヴド　アナ　スモール　アイランド　イン　グリース　ア　ワイズ　マン〕
（かつて）　（小さな）　（島）　（ギリシャ）　（賢い）
There once lived on a small island in Greece a wise man.
誘導ad　ad　①　a　a　a　S
ad

（昔ギリシャの小島に一人の賢人が住んでいた）

この動詞は「住む、生きる」という意味で〔live（リヴ）—lived（リヴド）—lived〕という規則活用です。この文の lived は過去形・述語動詞・①です。誘導副詞の There によって、述語動詞の lived が主語の a wise man の前に引き出されています。island と Greece は前置詞の目的語です。

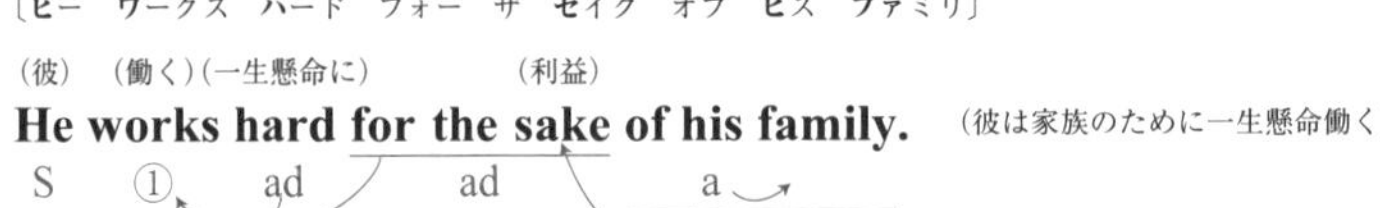

works は「3 単現の s」が付いた現在形・述語動詞・①です（この動詞は p. 33 参照）。

〔ヒー　ワークス　ハード　フォー　ザ　セイク　オブ　ヒズ　ファミリ〕
（彼）　（働く）（一生懸命に）　（利益）
He works hard for the sake of his family.
（彼は家族のために一生懸命働く）
S　①　ad　ad　a
a

〔シュアリ　ゼア　ラー　サム　サポータズ　オブ　テロリズム　イン　ザ　ヴィリヂ〕

（きっと）　（支援者）　（テロ行為）　（村）

Surely there are some supporters of terrorism in the village.

文ad　誘導ad　①　a　S　a　ad

（きっと村の中にテロの支援者が何人かいる）

are は現在形・述語動詞・①です。surely は「there are some supporters of terrorism in the village の可能性が極めて高い」という話し手の判断を表す副詞で、働きは「文修飾」です（記号は「文 ad」です）。some supporters は「数人の支援者」という意味です。

5-6　第 2 動詞型

・「補語」だけが付く動詞を「不完全自動詞」といいます。

・不完全自動詞が作る**動詞型は「V C」**で、これを「第 2 動詞型」と呼びます。[注1]

・本書では不完全自動詞は**「2 番（の動詞）」と呼び、②と表示します。**

注 1　主語が付いている場合でも、付いていない場合でも、どちらにしても「目的語が付かずに、補語だけが付いていれば」その動詞は不完全自動詞です。不完全自動詞を述語動詞として使い、構造上の主語を付けると文になります。この文の型は「S V C」で、これを「第 2 文型」と呼びます。

〔アー　ウェイズ　ワー　ディファレント　フロム　デイヴィッヅ〕

（やり方）　（異なる）

Our ways were different from David's.

a S ② aC ad

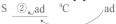

（我々のやり方はデヴィッドのやり方とは違っていた）

different は were という動詞の助けを借りて、間接的に主語（＝Our ways）を説明しているので「補語」です。were は過去形・述語動詞で、補語だけが付いているので②です。**be 動詞は②のとき「～である」という意味を表します。**

〔イト　ワズント　レイニ　イェスタデイ〕

（雨降りの）　（昨日）

It wasn't rainy yesterday. （昨日は雨降りではなかった）

S ② ad aC ad

It は「天気の it」です。wasn't は was not の短縮形で、not は was を修飾する副詞です。was は過去形・述語動詞・②です。rainy は was という動詞の助けを借りて、間接的に主語（＝It）を説明しているので「補語」です。直訳すると「天気は昨日雨降りではなかった」です。これを「昨日は雨降りではなかった」と訳していますが、yesterday は副詞であって、主語ではないことに注意してください。

〔ザ　ミルク　イン　ザ　リフリヂァレイタ　ビケイム　サウア〕

（冷蔵庫）　（すっぱい）

The milk in the refrigerator became sour. （冷蔵庫の中の牛乳がすっぱくなった）

S a ② aC

became は p. 49 参照。sour は became という動詞の助けを借りて、間接的に主語（＝The milk）を説明しているので「補語」です。became は過去形・述語動詞で、補語だけが付いているので②です。

〔アフタ　ヒズ　リターン　フロム　ア　ヴィズィット　トゥ　フランス　ザ　プレズィデント　フェル　スィック〕

（帰国）　（訪問）　（病気の）

After his return from a visit to France the President fell sick.

（大統領は、フランス訪問から帰国後に、病気になった）

fell は p. 26 参照。sick は fell の助けを借りて間接的に the President を説明しているので補語です。fell は過去形・述語動詞で、補語だけが付いているので②です。なお、この動詞は「落下する、倒れる」という意味を表すこともあります。もし **After his return from a visit to France the President fell suddenly.** だったら、suddenly は「突然に」という意味の副詞で fell にかかり、fell は①になります。「大統領は、フランス訪問から帰国後に、突然倒れた」という意味です。

〔ヒズ　ステイトメント　サウンヅ　トルー〕

(述べたこと)　(本当の)

His statement sounds true.　(彼の言葉は本当のように聞こえる)

a→S　②　aC

この動詞は「～のように聞こえる」という意味で〔sound (サウンド)—sounded (サウンディド)—sounded〕という規則活用です。sounds は「3 単現の s」が付いた現在形・述語動詞です。true は sounds の助けを借りて間接的に His statement を説明しているので補語です。sounds は補語だけが付いているので②です。なお、この動詞は「鳴る」という意味を表すこともあります。**The siren sounded suddenly.**〔ザ　サイレン　サウンディド　サドンリ〕の場合は、suddenly は副詞で sounded にかかり、sounded は①になります。「サイレンが突然鳴った」という意味です。

5-7　第 3 動詞型

・「動詞の目的語」だけが 1 つ付く動詞を「完全他動詞」といいます。

・完全他動詞が作る**動詞型は「V O」**で、これを「第 3 動詞型」と呼びます。注

・本書では完全他動詞は**「3 番 (の動詞)」と呼び、③と表示します。**

注　主語が付いている場合でも、付いていない場合でも、どちらにしても「動詞の目的語だけが 1 つ付いていれば」その動詞は完全他動詞です。完全他動詞を述語動詞として使い、構造上の主語を付けると文になります。この文の型は「S V O」で、これを「第 3 文型」と呼びます。

〔シー　スーン　ビギャン　ナ　ディファレント　ヂャブ　ウィズ　ハー　ハズバンド〕

(すぐに)　(違う)　(仕事)　(夫)

She soon began a different job with her husband.

S　ad→③　a→O　a→ ad

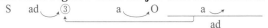

(彼女はすぐに夫と一緒に違う仕事を始めた)

began は p. 18 参照。job は前置詞が付いていない名詞で、かつ主語の She とイコールではありませんから「動詞の目的語」です。began は過去形・述語動詞で、動詞の目的語だけが 1 つ付いているので③です。

〔プラバブリ　ゼイ　エイタ　フルート　ブレクファスト　アト　ザ　ホウテル　イェスタデイ〕

(たぶん)　(果物)　(朝食)　(昨日)

Probably they ate a fruit breakfast at the hotel yesterday.

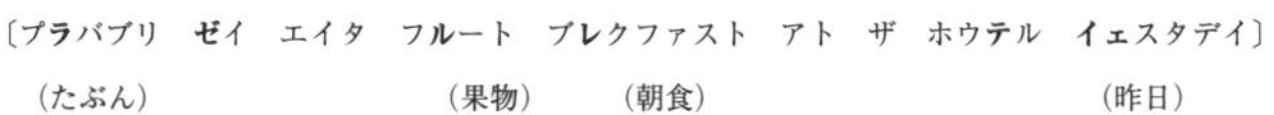

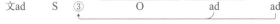

(たぶん彼らは昨日ホテルで果物の朝食を食べた)

probably は「たぶん、おそらく」という意味の副詞で、文全体にかかっています。働

きは「文修飾」です。ate は p. 8 参照。fruit breakfast は「名詞＋名詞」で 1 つの名詞です。fruit breakfast は前置詞が付いていない名詞で、かつ主語の they とイコールではありませんから「動詞の目的語」です。ate は過去形・述語動詞で、動詞の目的語だけが 1 つ付いているので③です。

〔ザ　ティーチャ　プレイド　ザ　ピアノウ　ビューティフリ　イン　フラント　オブ　ザ　ホウル　スクール〕

（先生）　（見事に）　（前）　（全校生徒）

The teacher played the piano beautifully in front of the whole school.

S　③　O　ad　ad　a　a

（先生は全校生徒の前でピアノを見事に演奏した）

played は p. 44 参照。piano は前置詞が付いていない名詞で、かつ主語の The teacher とイコールではありませんから「動詞の目的語」です。played は過去形・述語動詞で、動詞の目的語だけが 1 つ付いているので③です。なお楽器の名前には、the guitar〔ギター〕, the violin〔ヴァイオリン〕のように the をつけます。これは「総称の the」です（p. 16 参照）。

〔ポールズ　スィスタ　スィングズ　メニ　ソングズ　ヴェリ　ウェル〕

（多くの）　（とても）（上手に）

Paul's sister sings many songs very well.

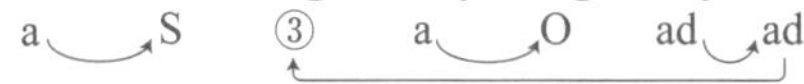

（ポールの妹はたくさんの歌をとても上手に歌う）

sings は p. 18 参照。songs は前置詞が付いていない名詞で、かつ主語の Paul's sister とイコールではありませんから「動詞の目的語」です。sings は「3 単現の s」が付いた現在形・述語動詞で、動詞の目的語だけが 1 つ付いているので③です。

〔タム　スーン　アダプティド　ヒズ　プラン　トゥ　ザ　ニュー　スィチュエイション〕

（状況）

Tom soon adapted his plan to the new situation.

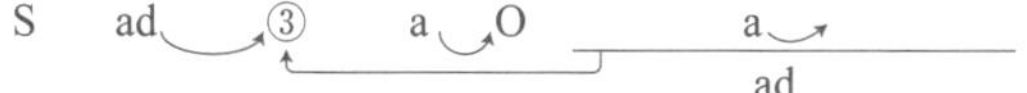

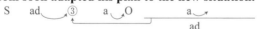

（トムはすぐに自分の計画を新しい状況に適合させた）

この動詞は「適応させる」という意味で〔adapt（アダプト）—adapted（アダプティド）—adapted〕という規則活用です。ここの adapted は過去形・述語動詞です。plan は前置詞が付いていない名詞で、かつ主語の Tom とイコールではありませんから「動詞の目的語」です。adapted は動詞の目的語だけが 1 つ付いているので③です。なお、この動詞は①で「適応する」という意味を表すこともあります。もし **Tom soon adapted to the new situation.** だったら、adapted は①になります。「トムはすぐに新しい状況に適応した」という意味です。

5-8 第4動詞型

・「動詞の目的語」だけが2つ付く動詞を「授与動詞」といいます。
・授与動詞が作る**動詞型は「VOO」**で、これを「第4動詞型」と呼びます。[注1]
・本書では授与動詞は**「4番（の動詞）」と呼び、④と表示します。**

S ④ O_1 O_2.[注2]
O_1 に O_2 を**与える**[注3]
O_1 に O_2 を**与えない**
O_1 から O_2 を**取り去る**

注1 主語が付いている場合でも、付いていない場合でも、どちらにしても「動詞の目的語だけが2つ付いていれば」その動詞は授与動詞です。授与動詞を述語動詞として使い、構造上の主語を付けると文になります。この文の型は「SVOO」で、これを「第4文型」と呼びます。

注2 **2つ付いている動詞の目的語のうち、前の目的語（O_1）を間接目的語といいます。後ろの目的語（O_2）を直接目的語といいます。**

注3 **授与動詞は基本的に「与える、与えない、取り去る」の3つの意味のどれかを表します。これを「④の基本的意味」といいます。**

〔シー　ゲイヴ　ミィー　ア　ウォーム　ウェルカム〕
（温かい）（歓迎）を
She gave me a warm welcome. （彼女は私を温かく歓迎してくれた）
S ④ O a→O

gave は p. 26 参照。me は前置詞が付いていない名詞で、かつ主語の She とイコールではないので「動詞の目的語（間接目的語）」です。welcome は前置詞が付いていない名詞で、かつ動詞の目的語の me とイコールではないので「動詞の目的語（直接目的語）」です。gave は過去形・述語動詞で、動詞の目的語が2つ付いているので④です。全体を直訳すると「彼女は私に温かい歓迎を与えた」となります。この英文は **She gave a warm welcome to me.** と書いても同じ意味になります。こうすると gave は③で、to me は副詞句で gave にかかります。

〔マイ　ファーザ　メイド　ミィー　ア　ウドゥン　チェア〕
（木の）（いす）
My father made me a wooden chair. （父は私に木の椅子を作ってくれた）
a→S ④ O a→O

この動詞は「作る」という意味で、活用は〔make（メイク）—made（メイド）—made〕です。ここの made は過去形・述語動詞です。me は前置詞が付いていない名詞で、かつ主語の My father とイコールではないので「動詞の目的語（間接目的語）」です。chair は前置詞が付いていない名詞で、かつ動詞の目的語の me とイコールではないので「動詞の目的語（直接目的語）」です。made は動詞の目的語が 2 つ付いているので④です。made は表面的な意味は「作った」ですが、基本的意味は「与えた」です。この英文は **My father made a wooden chair for me.** と書いても同じ意味になります。こうすると made は③で、for me は副詞句で made にかかります。

〔マイ　マザ　レド　ミィー　フェアリ　テイルズ〕

（妖精）（話）

My mother read me fairy tales. （母は私におとぎ話を読んでくれた）

a→S　④　O　O

この英文については p. 43 参照。この動詞は「読む」という意味で、活用は〔**read**（リード）—**read**（レド）—**read**（レド）〕です。me は前置詞が付いていない名詞で、かつ主語の My mother とイコールではないので「動詞の目的語（間接目的語）」です。fairy tales は前置詞が付いていない名詞で、かつ動詞の目的語の me とイコールではないので「動詞の目的語（直接目的語）」です。read〔レド〕は過去形・述語動詞で、動詞の目的語が 2 つ付いているので④です。read は表面的な意味は「読んだ」ですが、基本的意味は「与えた」です。この英文は **My mother read fairy tales to me.** と書いても同じ意味になります。こうすると read は③で、to me は副詞句で read にかかります。

〔ゼイ　ディナイド　メアリ　エニ　ヘルプ〕

They denied Mary any help. （彼らはメアリーに何の援助も与えなかった）

S　④　O　a→O

この動詞は「否定する」という意味で、活用は〔deny（ディナイ）—denied（ディナイド）—denied〕という規則活用です（末尾の y を i に変えてから ed を付けます）。この文の denied は過去形・述語動詞です。Mary は前置詞が付いていない名詞で、かつ主語の They とイコールではないので「動詞の目的語（間接目的語）」です。help は前置詞が付いていない名詞で、かつ目的語の Mary とイコールではないので「動詞の目的語（直接目的語）」です。denied は動詞の目的語が 2 つ付いているので④です。denied は表面的な意味は「否定した」ですが、基本的意味は「与えなかった」です。この英文は **They denied any help to her.** と書いても同じ意味になります。こうすると denied は③で、to her は副詞句で denied にかかります。

〔ザ　デスク　コスト　ミィー　フィフティ　パウンヅ〕

（机）（50 の）（ポンド）

The desk cost me fifty pounds. （その机は 50 ポンドした）

S　④　O　a→O

この動詞は「費やさせる」という意味で、活用は〔cost（コスト）—cost—cost〕です。ここの cost は過去形・述語動詞です（現在形なら costs になります）。me は前置詞が付いていない名詞で、かつ主語の The desk とイコールではないので「動詞の目的語（間接目的語）」です。pounds は前置詞が付いていない名詞で、かつ動詞の目的語の me とイコールではないので「動詞の目的語（直接目的語）」です。cost は動詞の目的語が2つ付いているので④です。「その机は私に 50 ポンドを費やさせた」が直訳です。cost は表面的な意味は「費やさせた」ですが、基本的意味は「取り去った」です（「その机は私から 50 ポンドを取り去った」となります）。この英文は The desk cost fifty pounds 前置詞 me. という形の第 3 文型の英文に書き換えることはできません。**The desk costs fifty pounds.**（その机は 50 ポンドする）なら可能で、この場合の costs は③です。

5-9 第 5 動詞型

・「動詞の目的語」と「補語」が付く動詞を「不完全他動詞」といいます。
・不完全他動詞が作る**動詞型は「V O C」**で、これを「第 5 動詞型」と呼びます。[注1]
・本書では不完全他動詞は**「5 番（の動詞）」と呼び、⑤と表示します。**

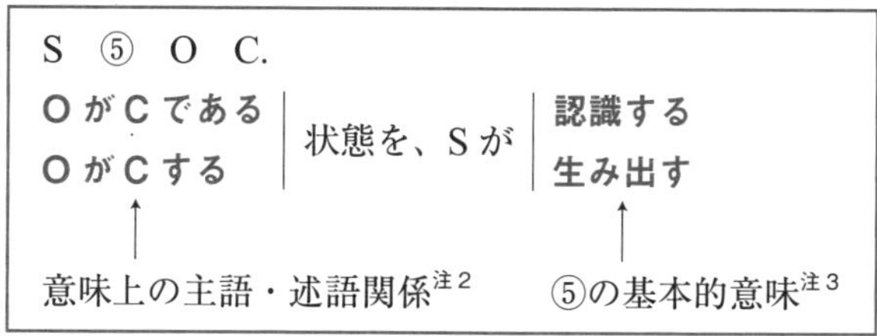

注 1 主語が付いている場合でも、付いていない場合でも、どちらにしても「動詞の目的語と補語が付いていれば」その動詞は不完全他動詞です。不完全他動詞を述語動詞として使い、構造上の主語を付けると文になります。この文の型は「S V O C」で、これを「第 5 文型」と呼びます。

注 2 **第 5 動詞型の O と C の間には、必ず意味の上で「O が C である」または「O が C する」のどちらかの関係があります。これを「意味上の主語・述語」関係といいます。** O と C は文ではありませんから「構造上の主語・述語」関係はありません。あくまでも「意味上の主語・述語」関係です。

注 3 **不完全他動詞は基本的に「認識する、生み出す」の 2 つの意味のどちらかを表します。これを「⑤の基本的意味」といいます。**

〔ゼイ　コール　ボリス　ヂャンスン　ボリス〕
（彼ら）は
They call Boris Johnson Boris.　（彼らはボリス・ジョンソンをボリスと呼ぶ）
S　⑤　O　^{n}C

この英文については p. 50 参照。call は「動詞の目的語」と「補語」が付いているので⑤です。この英文を「意味上の主語・述語関係」と「⑤の基本的意味」の次元で捉えると「彼らはボリス・ジョンソンがボリスである状態を生み出す」となります。

〔ケンズ スィスタ オールウェイズ キープス ハー シューズ クリーン〕

Ken's sister always keeps her shoes clean. (ケンの妹はいつも靴をきれいにしている)

a S ad ⑤ a O ªC

この英文については p. 43 参照。keeps は動詞の目的語と補語が付いているので⑤です。この英文を「意味上の主語・述語関係」と「⑤の基本的意味」の次元で捉えると「ケンの妹は靴がきれいである状態をいつも生み出す」となります。

〔ヒー ファウンド ザ ブック イーズィ〕

(易しい)

He found the book easy. (彼はその本は易しいとわかった)

S ⑤ O ªC

この動詞は「見つける」という意味で、活用は〔find (ファインド)—found (ファウンド)—found〕です。ここの found は過去形・述語動詞です。book は前置詞が付いていない名詞で、かつ主語の He とイコールではないので「動詞の目的語」です。easy は形容詞で、found の助けを借りて間接的に the book を説明しているので「補語」です。found は「動詞の目的語」と「補語」が付いているので⑤です。この英文を「意味上の主語・述語関係」と「⑤の基本的意味」の次元で捉えると「彼はその本が平易である状態を認識した」となります。なお、**He found the easy book.** (彼はその易しい本を見つけた) や **He found the book easily.** (彼は簡単にその本を見つけた) の場合は、found は③です。

〔ゼイ コンスィダ ヒム アンフィット フォー ザ ヂャブ〕

(不適当な) (仕事)

They consider him unfit for the job. (彼らは彼をその仕事に合っていないと考えている)

S ⑤ O ªC ad

この動詞は「考える」という意味で〔consider (コンスィダ)—considered (コンスィダド)—considered〕という規則活用です。ここの consider は現在形・述語動詞です。him は前置詞が付いていない名詞で、かつ主語の They とイコールではないので「動詞の目的語」です。unfit は形容詞で、consider の助けを借りて間接的に him を説明しているので「補語」です。consider は「動詞の目的語」と「補語」が付いているので⑤です。この英文を「意味上の主語・述語関係」と「⑤の基本的意味」の次元で捉えると「彼らは彼がその仕事に不適当である状態を認識する」となります。

〔ウイ スィンク ヒム ワノブ ザ リーディング ステイツマン オヴ アー カントリ〕

(一人) (主要な) (政治家) (国)

We think him one of the leading statesmen of our country.

S ⑤ O ⁿC a a

a a

(私たちは彼を我が国の主要な政治家の一人だと思っている)

この動詞は「考える」という意味で、活用は〔think(スィンク)—thought(ソート)—thought〕です。ここの think は現在形・述語動詞です。him は前置詞が付いていない名詞で、かつ主語の We とイコールではないので「動詞の目的語」です。one は前置詞が付いていない名詞で、かつ動詞の目的語の him とイコールですから「補語」です。think は「動詞の目的語」と「補語」が付いているので⑤です。この英文を「意味上の主語・述語関係」と「⑤の基本的意味」の次元で捉えると「私たちは彼が我が国の主要な政治家の一人である状態を認識する」となります。man〔マン〕の複数形は men〔メン〕で発音が違います。woman〔ウマン〕の複数形は women〔ウィミン〕で発音が違います。ところが statesman〔ステイツマン〕の複数形は statesmen〔ステイツマン〕で発音は同じです。

5-10 ⑤ O as C

・一部の⑤の動詞は O と C の間に as を入れます。
・この as は本来は前置詞ですが、辞書では「**補語の印**」とされています。
・**このような⑤の動詞の基本的意味は「言う」と「考える」の2つです。**

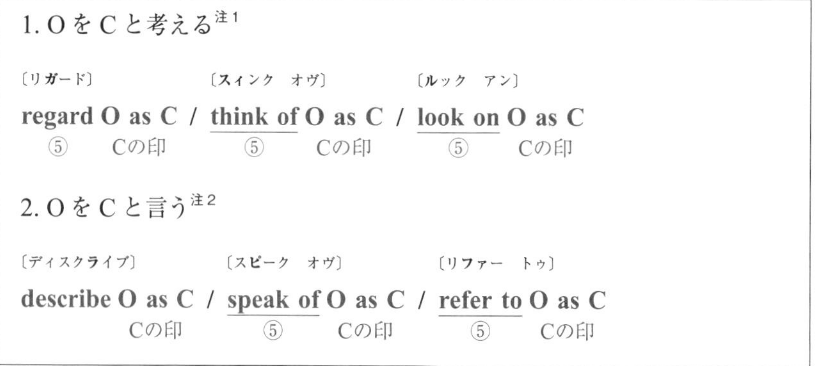

1. O を C と考える注1

〔リガード〕 〔スィンク オヴ〕 〔ルック アン〕

regard O as C / think of O as C / look on O as C

⑤ Cの印 ⑤ Cの印 ⑤ Cの印

2. O を C と言う注2

〔ディスクライブ〕 〔スピーク オヴ〕 〔リファー トゥ〕

describe O as C / speak of O as C / refer to O as C

Cの印 ⑤ Cの印 ⑤ Cの印

注1 regard は「みなす」という意味です。think of は2語で「1つの動詞」で「考える」という意味です。look on は2語で「1つの動詞」で「みなす」という意味です。このように、**動詞に前置詞や副詞などが付いて、全体として1つの動詞と捉えるものを「群動詞」といいます。**群動詞は「これは群動詞だ」と指摘されたら、そういうものとして暗記すればよいので、それ以外は気にする必要はありません。前置詞は前置詞、副詞は副詞として、1語ずつ認識すればよいのです。

注2 describe は「描写する」という意味です。speak of は2語で「1つの動詞」で「言う」という意味です。refer to は2語で「1つの動詞」で「言う」という意味です。

〔ヒー リガーディド ゼア ゲイムズ アズ チャイルディシュ〕

(みなした) (遊び) (子供っぽい)

He regarded their games as childish. (彼は彼らの遊びを子供っぽいとみなした)

S ⑤ a O Cの印 aC

regard (みなす) は規則活用の動詞で、ここの regarded は過去形・述語動詞です。He ≠ their games なので games は「動詞の目的語」です。childish は regarded の助けを借りて their games を説明しているので「補語」です。regarded は「動詞の目的語」と「補語」が付いているので⑤です。

〔ピープル リファー トゥ ザ マン アズ ア ヂーニャス〕

(人々) (言う) (天才)

People refer to the man as a genius. (人々はその男を天才だと言う)

S ⑤ O Cの印 nC

refer〔言う〕は規則活用の動詞で、ここの refer は現在形・述語動詞です (構造を考えるときは refer to を「1つの動詞」の現在形として扱います)。People ≠ the man なので man は「動詞の目的語」です。the man = a genius なので、genius は「補語」です。refer to は「動詞の目的語」と「補語」が付いているので⑤です。

5-11 自動詞と他動詞

- **「動詞の目的語」が付かない動詞 (=①②) を自動詞といいます。** 注1
- **「動詞の目的語」が付く動詞 (=③④⑤) を他動詞といいます。** 注2
- 「補語」が付かない動詞 (=①③④) を完全動詞といい、「補語」が付く動詞 (=②⑤) を不完全動詞といいます。注3

①	完全自動詞
②	不完全自動詞
③	完全他動詞
④	授与動詞
⑤	不完全他動詞

注1 自動詞は intransitive verb〔イントランスィティヴ ヴァーブ〕というので、辞書では **vi または㊉と表示されます。**

注2 他動詞は transitive verb〔トランスィティヴ ヴァーブ〕というので、辞書では **vt または㊭と表示されます。**

注3 ③と④はどちらも完全他動詞ですが、③だけを完全他動詞と呼び、④は授与動詞と呼んで区別しています。

5-12 動詞に当てる3本のスポットライト

・動詞に違う角度から3本のスポットライトを当てて、次の3種類の分類をします。

1. 述語動詞か準動詞か？

・**述語動詞は、動詞が「動詞」の働きだけをする現象**です。[注1]

・**準動詞は、動詞が「動詞と名詞」「動詞と形容詞」「動詞と副詞」の一人二役の働きをする現象**です。[注2]

2. 活用は何形か？

・**原形、現在形、過去形、過去分詞形、ing形**の必ずどれかです。[注3]

3. 動詞型は何番か？

・①②③④⑤の他に−③, −④, −⑤という動詞型もあります。[注4]

・**①②を自動詞、③④⑤を他動詞といいます。−③, −④, −⑤は他動詞の受身形**です。

・**動詞型、すなわち動詞の番号が動詞の「働き」**です。

・動詞型は「述語動詞型」と「準動詞型」があり、述語動詞型は「文型」とも言われます。[注5]

注1 Lesson 11までに出てくる動詞はすべて述語動詞です。

注2 準動詞はLesson 12で初めて出てきます。

注3 Lesson 5までに出てくる動詞はすべて現在形と過去形のどちらかです。

注4 −③, −④, −⑤は「受身の動詞型」でLesson 8で勉強します。「マイナスサン」「マイナスヨン」「マイナスゴ」と読みます。

注5 述語動詞型と準動詞型のそれぞれに「①, ②, ③, ④, ⑤, −③, −④, −⑤」があります。

質問6 次の質問に答えなさい（スラスラ言えるようになるまで練習してください）。

〔ヒー ファウンド ザ ブック イーズィ〕

He found the book easy.

1. foundは述語動詞か準動詞か？
2. foundは何形か？
3. foundは何番か？
4. foundは自動詞か他動詞か？

5. found の働きは？
6. found の基本的意味は？
7. この文の文型は？
8. book の働きは？
9. easy の品詞と働きは？
10.「構造上の主語＋述語動詞」を指摘せよ。
11. この英文中の「意味上の主語・述語関係」を日本語で言いなさい。

質問 6 の答え 1. 述語動詞 2. 過去形 3. ⑤ 4. 他動詞 5. ⑤ 6. 認識した 7. 第 5 文型（SVOC も可） 8. 動詞の目的語 9. 形容詞で補語 10. He found 11. その本は平易である

5-13 4 品詞の働き

・動詞の働き

①、②、③、④、⑤、－③、－④、－⑤

・名詞の働き

主語、動詞の目的語、前置詞の目的語、補語[注]

・形容詞の働き

名詞修飾、補語

・副詞の働き

動詞修飾、形容詞修飾、他の副詞修飾、文修飾

注　この 4 つは「名詞の基本的働き」で、この他に「例外的働き」が 2 つあります（それは「同格」と「副詞的目的格」です）。「例外的働き」は 6-12, 13 で勉強します。

5-14 動詞の番号は覚えなければいけないのか？

・動詞の番号は、基本的に、意識して暗記する必要はありません。

・動詞が出てきたときに、考えて、辞書で確認すればよいのです。

これはもう少し勉強が進んで、実際に動詞の番号を使ってみないとわからないのですが、とりあえず、ここでお話ししておきます。動詞の番号は、予め暗記しているので「これは何番だ」とわかる場合と、その場で周囲の語との関係、特に品詞に注目して

「これは何番だ」とわかる場合の2つがあります。みなさんは、当面は、後者でやるのです。ただ、その場でわかっても、間違っているかもしれません。そこで、自分の判断に自信がないときは辞書を引いて確認します。あるいは、その場で考えてもわからないこともあります。そういうときは、もちろん辞書を引いて確認します。こういう作業を続けていくと、次第に、よく出てくる動詞について「この動詞はいつも②だ」とか「この動詞は意味から考えても他動詞だし、実際いつも③だ」ということに気がついてきます。そうしたら、一度辞書で確認した上で、その動詞の番号を暗記します。たとえば「be動詞は①か②しかなく、①と②で意味が違う」とか「exciteは『興奮させる』という意味の③しかなく、『興奮する』という意味の①では使わない」とか「seemは必ず②で『〜のように見える』という意味だ」とか「becomeは②と③しかなく、②だと『〜になる』という意味で、③だと『〜に似合う、ふさわしい』という意味だ」といった具合です。こういうふうにして番号を覚えた動詞が増えてくると、その動詞については、予め暗記しているので「これは何番だ」とわかるわけです。受験生は単語集で単語を覚えますが、そのとき**「これからは、意味の他に、番号も覚えなければいけないのか」などと考える必要はない**ということです。英文を書くときも同じで、動詞を使うときは、辞書で調べて、その番号で使えるのかどうかを確認します。③で使えるとしても「目的語に不定詞名詞用法は置けず、動名詞しか目的語にできない」というようなこともありますから(p. 362参照)、間違った使い方をしないように注意します。要するに、片端から動詞の番号を暗記するのではなく、「**出てきたとき、使いたいときに、辞書で確認すればよい**」ということです。

質問7　次の質問に答えなさい(スラスラ言えるようになるまで練習してください)。

1. 前置詞と結びついた名詞の働きを［　　　］という。
2. 「前置詞+名詞」の品詞は?
3. 文とは何か?
4. 目的語の2種類を言いなさい。
5. 「私、私たち、あなた、あなたたち」を主格の代名詞で言いなさい。
6. 「私、私たち、あなた、あなたたち」を目的格の代名詞で言いなさい。
7. 「彼、彼女、それ、彼ら、それら」を主格の代名詞で言いなさい。
8. 「彼、彼女、それ、彼ら、それら」を目的格の代名詞で言いなさい。
9. herの品詞と意味は?
10. 補語になれる品詞は?
11. どういう形容詞が補語か?

12. どういう名詞が補語か？
13. ①の動詞型は？
14. ②の動詞型は？
15. ③の動詞型は？
16. ④の動詞型は？
17. ⑤の動詞型は？
18. ①の be 動詞が表す意味は？
19. ②の be 動詞が表す意味は？
20. 「④ O_1 O_2」の O_1 を何と言うか？
21. 「④ O_1 O_2」の O_2 を何と言うか？
22. ④の基本的意味は？
23. 「読む」という意味の動詞の活用を言いなさい。
24. ⑤の基本的意味は？
25. 「⑤ O C」の O と C の間には［　　　］がある。
26. 「⑤ O as C」で使う⑤の動詞の基本的意味は？
27. 「⑤ O as C」で使う⑤の動詞を 6 つ言いなさい。
28. 動詞に前置詞や副詞などが付いて、全体として 1 つの動詞と捉えるものを［　　　］という。
29. 自動詞とはどういう動詞か？
30. 自動詞の番号は？
31. 他動詞とはどういう動詞か？
32. 他動詞の番号は？
33. 「⑤ O C」の O と C の間にある「意味上の主語・述語関係」を日本語で言いなさい。
34. 名詞の基本的働きは？

質問 7 の答え 1. 前置詞の目的語 2. 形容詞句・副詞句 3. 構造上の主語＋述語動詞 4. 動詞の目的語・前置詞の目的語 5. I, we, you, you 6. me, us, you, you 7. he, she, it, they, they 8. him, her, it, them, them 9. 名詞だと「彼女」・形容詞だと「彼女の」 10. 名詞・形容詞 11. 動詞の助けを借りて名詞を説明する形容詞 12. 前置詞が付いていなくて、「主語」または「動詞の目的語」とイコールになる名詞 13. V 14. V C 15. V O 16. V O O 17. V O C 18. ある・いる・存在する 19. ～である 20. 間接目的語 21. 直接目的語 22. 与える・与えない・取り去る 23. read（リード）—read（レド）—read（レド） 24. 認識する・生み出す 25. 意味上の主語・述語関係 26. 考える・言う 27. regard, think of, look on, describe, speak of, refer to　28. 群動詞　29. 動詞の目的語が付かない動詞　30. ①・②　31. 動詞の目的語が付く動詞　32. ③・④・⑤・−③・−④・−⑤　33. O が C である・O が C する　34. 主語・動詞の目的語・前置詞の目的語・補語

問題 5

(1) 動詞が何形かを答え、番号（①②③④⑤）を記入しなさい。
(2) 動詞の活用（原形—過去形—過去分詞形）を答えなさい。ただし、be 動詞の場合は答えなくてよい。
(3) S・O・ªC・ⁿC を記入しなさい。
(4) 修飾する働きをしている語は品詞と矢印を記入しなさい。
(5) 前置詞＋名詞は下線を引き、そこに品詞と働き（a で矢印、ad で矢印、ªC のどれか）を記入しなさい。
(6) 英文全体を日本語に訳しなさい。

refuse: 拒絶する　permission: 許可　reason: 理由
〔ユー　リフューズド　ミー　パミション　ウィザウト　リーズン〕

1. You refused me permission without reason.

Madonna: マドンナ（アメリカの女性歌手）hit: ヒット、当たり
〔マドナ　メイド　ズィス　ソング　ア　グレイト　ヒット〕

2. Madonna made this song a great hit.

most: 最も　at home: くつろいでいる
〔ベティー　フィールズ　モウスト　アト　ホウム　ウィズ　キャッツ〕

3. Betty feels most at home with cats.

wish:（祝いの言葉を）言う　merry: 楽しい
〔アイ　ウィッシュ　ユー　ア　メリ　クリスマス〕

4. I wish you a merry Christmas.

vegetable: 野菜 Kent: ケント（イギリスの州の名前）

〔ヴェヂタブルズ　グロウ　ウェル　イン　ケント〕

5. Vegetables grow well in Kent.

addition: 追加 rice: 米

〔イン　アディション　トゥ　ライス　ゼイ　グロウ　ヴェヂタブルズ〕

6. In addition to rice, they grow vegetables.

order: 秩序、整頓

〔アイ　ファウンド　エヴリスィング　イン　グッド　オーダ〕

7. I found everything in good order.

note: 注釈 meaning: 意味 word: 語、言葉

〔ザ　ノウツ　アン　ザ　ミーニング　オヴ　ズィーズ　ワーズ　アー　アン　ペイヂ　フィフティ〕

8. The notes on the meaning of these words are on page 50.

dress: ドレス favorite: お気に入りのもの

〔ハー　ニュー　ドレス　ビケイム　ハー　フェイヴァリット〕

9. Her new dress became her favorite.

〔ハー　ニュー　ドレス　ビカムズ　ハー〕

10. Her new dress becomes her.

問題５の解答

1. You refused me permission without reason.
S ④ O O ad

refuse（拒絶する）は規則活用の動詞で、ここの refused は過去形・述語動詞・④です。You ≠ me なので me は「動詞の目的語（間接目的語）」です。me ≠ permission なので permission は「動詞の目的語（直接目的語）」です。refuse の基本的意味は「与えない」です。英文全体は「あなたは私に理由もなく許可を拒絶した→あなたは私に理由もなく許可をくれなかった」という意味です。

2. Madonna made this song a great hit.
S ⑤ a O a ^{n}C

この動詞は p. 56 参照。made は過去形・述語動詞・⑤です。Madonna≠this song、this song＝a great hit なので、song は「動詞の目的語」、hit は「補語」です。英文全体は「マドンナはこの歌を大ヒットさせた」という意味です。「意味上の主語・述語関係」と「⑤の基本的意味」の次元で捉えると「マドンナはこの歌が大ヒットである状態を生み出した」となります。

3. Betty feels most at home with cats.

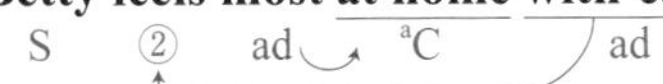

この動詞は p. 24 参照。feels は「3 単現の s」が付いた現在形・述語動詞・②です。at home は副詞句で「在宅して」という意味を表すこともありますが、形容詞句で「くつろいでいる、精通している」という意味を表すこともあります。この英文では「くつろいでいる」という意味です。feels の助けを借りて Betty の状態を説明しているので「補語」です。most は「最も、一番」という意味の副詞で at home にかかっています。英文全体は「ベティは猫と一緒にいるとき一番くつろいでいるように感じる→ベティは猫と一緒にいるとき一番くつろげる」という意味です。

4. I wish you a merry Christmas.

wish は規則活用の動詞で、普通は「願う」という意味ですが、この英文では「(祝いの言葉を) 言う」という意味です。ここの wish は現在形・述語動詞・④です。I≠you、you≠a merry Christmas なので、you は「動詞の目的語 (間接目的語)」、a merry Christmas は「動詞の目的語 (直接目的語)」です。wish の基本的意味は「与える」です。英文全体は「私はあなたにメリークリスマスと言う→クリスマスおめでとう！」という意味です。④の基本的意味の次元で捉えると「私はあなたに楽しいクリスマス (という言葉) を与える」となります。

5. Vegetables grow well in Kent.

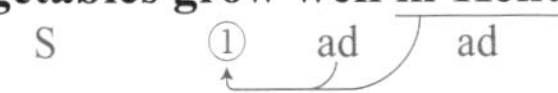

この動詞は「成長する」という意味で、活用は〔grow (グロウ)—grew (グルー)—grown (グロウン)〕です。ここの grow は現在形・述語動詞・①です。英文全体は「ケントでは野菜がよく育つ」という意味です。

6. In addition to rice, they grow vegetables.

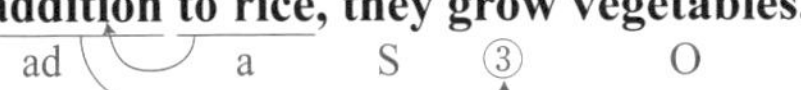

ここの grow は「育てる」という意味で、現在形・述語動詞・③です。they≠vegetables なので、vegetables は「動詞の目的語」です。英文全体は「彼らは、米に追加して、野菜を栽培している→彼らは、米の他に、野菜も栽培している」という意味です。

7. I found everything in good order.

この動詞は p. 59 参照。ここの found は過去形・述語動詞・⑤です。I ≠ everyting なので、everything は「動詞の目的語」です。in good order は「よく整っている」という意味の形容詞句です。found の助けを借りて everything の状態を説明しているので「補語」です。英文全体は「私はすべてがよく整っているのがわかった」という意味です。「意味上の主語・述語関係」と「⑤の基本的意味」の次元で捉えると「私はすべてのことがよく整っている状態であるのを認識した」となります。

8. The notes on the meaning of these words are on page 50.

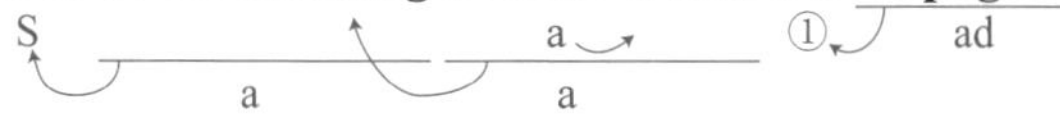

are は現在形・述語動詞・①です。**①の be 動詞は「ある、いる、存在する」という意味で**す。英文全体は「これらの語の語注は 50 ページにあります」という意味です。

9. Her new dress became her favorite.

この動詞は p. 49 参照。became は過去形・述語動詞・②です。favorite は「お気に入りの」という意味の形容詞でも使いますが、この英文では「お気に入りのもの」という意味の名詞です（名詞だから her という形容詞がかかっているのです）。Her new dress = her favorite なので、favorite は「補語」です。英文全体は「彼女の新しいドレスは彼女のお気に入りの服になった」という意味です。

10. Her new dress becomes her.

becomes は「3 単現の s」が付いた現在形・述語動詞・③です。**become は②のときは「〜になる」という意味です。しかし become は③で使うこともあり、その場合は「〜に似合う、ふさわしい」という意味です。**Her new dress ≠ her なので、her は「動詞の目的語」です。動詞の目的語が 1 つ付いているので becomes は③です。英文全体は「彼女の新しいドレスは彼女に似合う」という意味です。

column 3 正解に至る頭の動き

英文読解の参考書は、英文の構造に関しては「答えを言っているだけ」です。「どうしたらその答えがわかるのか」には説明が及びません。それは「品詞分解・活用確認」に踏み込まず、かつ「可能性の限定列挙」を行わないので「答えに至る頭の動き」をきちんと説明することができないからです。それでは、品詞と活用で英語を教える本はどうかというと、そういう本はほとんど存在しません。品詞と活用の重層構造がネックになって書けないのです。**品詞と活用の重層構造を処理する特別な工夫をしないかぎり、本当の品詞分解・活用確認（＝英文読解の役に立つ品詞分解・活用確認）はできません。私が書いた本は、特別な工夫をして、本当の品詞分解・活用確認をおこない、『正解に至る頭の動き』を言葉で説明することに特に意を用いています。**

みなさんにはまだピンとこないかもしれませんが、大事なことなので付言しておきます。「正解に至る頭の動き」というのは、積極的に「正しい読み方がわかる頭の動き」ではないのです。そうではなくて、消極的に**「その読み方はできないとわかる頭の動き」**なのです。**「完全に意味が通っていても、構造的に、絶対にその読み方はできない」とわかる**のです。この頭の動きができるようになると、「できない読み方」は自然と避けるようになりますから、結果的にいつも正しく読むようになるのです。こういう頭の動きは「品詞と働きと活用」を使わないとできません。説明することもできないのです。**いくら勉強しても、自分の読み方に自信を持てないのは「この読み方は構造上不可能だ」という判断ができないからです。なぜできないか？ それは「品詞と働きと活用」を使って考えることができないから**です。みなさんも、本書を勉強するにつれて**「この読み方は構造上できないとわかる頭の動き」が自分の中で起こっていることを必ず実感します。**そのとき、ここで言っていることがはっきりわかるでしょう。

参照 「品詞の重層構造」p. 105
「活用の重層構造」p. 148
「その読み方はできないとわかる頭の動き」p. 274, 377, 417

Lesson 6

助動詞 / 名詞が余ったとき / 限定詞

6-1 助動詞とは

・助動詞は動詞の前に付いて、動詞の表現の幅を広げる働きをします。[注1]

・助動詞にも活用があります。[注2]

・助動詞は aux と表示します。[注3]

注1 **動詞に助動詞が付いている状態を「着物を着ている」、助動詞が付いていない状態を「裸」と呼びます。**

注2 動詞は、どの動詞にも、原形・現在形・過去形・過去分詞形・ing 形のすべてがあります。しかし、助動詞はそうではありません。**5つの形のすべてを持っているのは be という助動詞だけで、他の助動詞は5つの形のどれかが欠落しています。**この詳細については 6-2 で勉強します。

注3 助動詞は auxiliary verb〔オーグズィリャリ　ヴァーブ〕というので、aux と表示します。辞書は aux.v. または 助 と表示します。

・「動詞の表現の幅を広げる」というのは次の2つです。

(1) 動詞に意味を添える

・V できる、V するかもしれない、V するべきだ、V してしまった、V される、といった表現の下線を引いた部分を助動詞が表します。[注4]

注4 動詞に can という助動詞を付けると「V する能力がある」「V する可能性がある」という意味を表します。may という助動詞を付けると「V するかもしれない」または「V してもよい」という意味を表します。should や ought to という助動詞を付けると「V するべきだ」または「V するはずだ」という意味を表します。have という助動詞を付けると「V してしまった」という意味を表します。**be という助動詞（be 動詞では**

ありません。be 助動詞です）を付けると「V される」とか「V しつつある」という意味を表します。

〔アイ　キャン　スピーク　イングリシュ〕

I can speak English.　（私は英語を話せる）
S aux　③　O

この助動詞は現在形（can）と過去形（could）しかありません（原形と過去分詞形と ing 形は存在しません）。**can は「～できる」という意味を表しますが、これには「（能力があるので）～できる」「（可能性があるので）～できる」「（許されているので）～できる」という 3 つの場合があります。**この英文では「（能力があるので）～できる」を表しています。speak は「話す」という意味の動詞です。活用は〔speak（スピーク）—spoke—（スポウク）—spoken（スポウクン）〕です。ここの speak は一般助動詞が付いているので原形です（6-2 で説明します）。本書ではここで初めて原形の動詞が出てきました。speak は原形・述語動詞・③です。

〔イト　メイ　レイン　トゥマロウ〕

It may rain tomorrow.　（明日は雨が降るかもしれない）
S aux ① ad

It は「天気の it」です。**この助動詞は現在形（may）と過去形（might）しかありません**（原形と過去分詞形と ing 形は存在しません）。この英文では**「推量（～するかもしれない）」を表しています。**rain は「雨が降る」という意味の動詞で、規則活用です。この英文の rain は一般助動詞が付いているので原形です。rain は原形・述語動詞・①です。

〔ユー　シュド　リーヴ　アト　ワンス〕

You should leave at once.　（君はすぐに出発するべきだ）
S aux ① ad

この助動詞は現在形（shall）と過去形（should）しかありません（原形と過去分詞形と ing 形は存在しません）。should は活用は過去形ですが、過去の意味を表しているのではなく**「義務（～すべきだ）」を表しています。**「なぜ過去形なのに過去の意味を表さないのか？」という疑問にここでお答えするのは困難です。この疑問はとりあえず棚上げにしておいてください。leave は「出発する、去る」という意味の動詞で、活用は〔leave（リーヴ）—left（レフト）—left〕です。この英文の leave は一般助動詞が付いているので原形です。leave は原形・述語動詞・①です。at once は「すぐに」という意味の副詞句です。

(2) 否定文や疑問文を作る

・述語動詞が一般動詞のときは、助動詞を使って否定文や疑問文を作ります。[注5]

注5 これは6-5と6-6で勉強します。なお、述語動詞がbe動詞のときは、be動詞の後ろにnotを置けば否定文になります。be動詞を主語の前に出せば疑問文になります。これも6-5と6-6で勉強します。

6-2 助動詞の種類と活用

・助動詞は次の4種類です。[注1]

1. be助動詞	**過去分詞形またはing形の動詞に付けます。**
2. have助動詞	**過去分詞形の動詞に付けます。**
3. do助動詞	**原形の動詞に付けます。**
4. 一般助動詞	**原形の動詞に付けます。**

・be, have, doは、動詞のこともあれば、助動詞のこともあります。

・助動詞の活用は以下のとおりです。

1. be助動詞	原形・現在形・過去形・過去分詞形・ing形の**すべてがあります。**
2. have助動詞	**原形・現在形・過去形・ing形があります**（過去分詞形はありません）。[注2]
3. do助動詞	**原形・現在形・過去形があります**（過去分詞形とing形はありません）。[注3]
4. 一般助動詞	**現在形・過去形があります**（原形と過去分詞形とing形はありません）。

・助動詞の3人称・単数・現在形は以下のとおりです。

1. be助動詞の3人称・単数・現在形は**is**です。
2. have助動詞の3人称・単数・現在形は**has**です。
3. do助動詞の3人称・単数・現在形は**does**です。
4. 一般助動詞には特別な3人称・単数・現在形はありません。現在形は常に同じつづりです。

注1 be助動詞、have助動詞、do助動詞は普通は「助動詞のbe、助動詞のhave、助動詞のdo」という言い方をします。学校では、無茶なことに、「助動詞のbe」と「動詞のbe」を区別せず、すべてbe動詞ですませています。辞書はさすがに、中学生用の辞書でも「助動詞のbe」と「動詞のbe」をはっきり区別しています。それから、**一般助動詞という呼び方は存在しません。これは本書独自の呼び方です。**みなさんも勉強が進むと「一般助動詞」と言わずに、ただ「助動詞」ということにどのような不都合があるかわかってきます。もし、どうしてもこの呼び方が嫌なら「普通の助動詞」と呼べばいいでしょう。

注2 **原形はhave〔ハヴ〕, 現在形はhaveまたはhas〔ハズ〕, 過去形はhad〔ハッド〕, ing形はhaving〔ハヴィング〕です。**

注3 **原形はdo〔ドゥー〕, 現在形はdoまたはdoes〔ダズ〕, 過去形はdid〔ディド〕です。**原形は **Do be quiet!**（どうか静かにしてください）のような「説得・勧誘を表す肯定命令文」と、**Don't talk like that.**（そんなふうに話すな）のような「否定命令文」の場合に使われます。

6-3 助動詞の前に別の助動詞を置けるか？[注1]

・be助動詞の前にはすべての助動詞が置かれる可能性があります。[注2]

・have助動詞の前には一般助動詞だけが置かれる可能性があります。[注3]

・**do助動詞の前に他の助動詞が置かれることはありません。**

・**一般助動詞の前に他の助動詞が置かれることはありません。**

注1 学校では「助動詞を2つ重ねて使うことはできない」「助動詞の前に別の助動詞を置くことはできない」と教えられます。これは「beとhave以外の助動詞（＝do助動詞と一般助動詞）」の場合にだけ言えることです。

注2 7-5と8-5で勉強します。

注3 9-6で勉強します。

6-4 助動詞が付いた動詞は述語動詞か準動詞か？

・**助動詞が現在形か過去形だと、後ろに続く動詞は、何形であっても、必ず述語動詞になります。**[注1]

・一般助動詞は現在形と過去形しかありません。ですから、**一般助動詞がついた動詞は必ず述語動詞です。**

注1 これはきわめて重要なルールです。述語動詞と準動詞については5-12、12-1参照。

6-5 否定文の作り方

6-5-1 not を使った否定文の作り方

1. 述語動詞が**be 動詞で、助動詞が付いていない**ときは、be 動詞の後ろに not を置きます。
2. 述語動詞が**be 動詞で、助動詞が付いている**ときは、助動詞の後ろに not を置きます。
3. 述語動詞が**一般動詞で、助動詞が付いていない**ときは、原形の動詞に do 助動詞を付け、do の後ろに not を置きます。
4. 述語動詞が**一般動詞で、助動詞が付いている**ときは、助動詞の後ろに not を置きます。

〔イン　ファクト　ヒズ　アンガ　ワズント　リール〕

In fact his anger wasn't real.　（実は、彼の怒りは本当ではなかった）
文ad　a　S　②　ad　aC

was は過去形・述語動詞・②です。短縮形にしないで was not にしてもよいです。

〔ヒー　キャナット　ビ　ミステイクン〕

He cannot be mistaken.　（彼が間違っているはずはない）
S　aux　ad　②　aC

この can は、能力ではなく、可能性（〜する可能性がある）を表しています。**can の否定形は、can と not を離さず、1 語にまとめて cannot にするか、または短縮形の can't にします。**can は助動詞・現在形、be は原形・述語動詞・②です（**一般助動詞が付いているので原形で、現在形の助動詞が付いているので絶対に述語動詞です**）。be 動詞が②のときは「〜である」という意味です。mistaken は「間違っている」という意味の形容詞です（p. 141 参照）。この英文は He can't be mistaken. と書くこともできます。「彼が間違っている可能性はない→彼が間違っているはずはない」という意味です。

〔ベティー　ダズ　ナット　カット　ハー　ネイルズ　アト　ナイト〕

Betty does not cut her nails at night.　（ベティは、夜は爪を切らない）
S　aux　ad　③　a　O　ad

この動詞はp. 33 参照。Betty cuts her nails at night.（ベティは夜に爪を切る）を否定文にするときは cuts が「3 単現の s」が付いた現在形の動詞であることに注意します。まず cuts を原形の cut にします。それに助動詞の do を付けるのですが、これを 3 人称・

単数・現在形（＝does）にするのです。最後に助動詞 does に否定の副詞 not を付けます。すると does not cut になります。これは短縮形の doesn't cut にすることもできます。does は助動詞・現在形、cut は原形・述語動詞・③です（**do 助動詞が付いているので原形で、現在形の助動詞が付いているので絶対に述語動詞です**）。

〔ベティー　ディド　ナット　カット　ハー　ネイルズ　イェスタデイ〕

Betty did not cut her nails yesterday. （ベティは、昨日爪を切らなかった）

S　aux　ad　③　a　O　ad

Betty cut her nails yesterday.（ベティは昨日爪を切った）を否定文にするときは cut が過去形の動詞であることに注意します。まず過去形の cut を原形の cut にします。それに助動詞の do を付けるのですが、これを過去形（＝did）にするのです。最後に助動詞 did に否定の副詞 not を付けます。すると did not cut になります。これは短縮形の didn't cut にすることもできます。did は助動詞・過去形、cut は原形・述語動詞・③です（**do 助動詞が付いているので原形で、過去形の助動詞が付いているので絶対に述語動詞です**）。

〔ユー　シュド　ナット　リーヴ　アト　ワンス〕

You should not leave at once. （君はすぐに出発するべきではない）

S　aux　ad　①　ad

この動詞は p. 72 参照。You should leave at once.（君はすぐに出発するべきだ）を否定文にするときは、一般助動詞 should に否定の副詞 not を付けます。すると should not leave になります。これは短縮形の shouldn't leave にすることもできます。should は助動詞・過去形、leave は原形・述語動詞・①です（**一般助動詞が付いているので原形で、過去形の助動詞が付いているので絶対に述語動詞です**）。

質問 8　次の質問に答えなさい（スラスラ言えるようになるまで練習してください）。

I can speak English.

1. この英文の述語動詞は？
2. speak は何形か？
3. なぜ原形だと言えるのか？
4. speak は着物を着ているか、裸か？
5. 着物はどれか？
6. speak は何番か？

7. canの品詞は？
8. canは何形か？
9. なぜ現在形だと言えるのか？
10. speakは絶対に述語動詞と言えるか？
11. なぜか？
12. この英文を否定文に変えなさい。

質問8の答え 1. speak 2. 原形 3. 一般助動詞が付いているから（「助動詞が付いているから」は答えになりません） 4. 着物を着ている 5. can 6. ③ 7. 助動詞 8. 現在形 9. canは一般助動詞で、一般助動詞には現在形と過去形しかなく、過去形はcouldだから、canは現在形である 10. 言える 11. 現在形の助動詞が付いているから（「一般助動詞が付いているから」も一応答えになりますが「現在形の助動詞が付いているから」の方がより本質的な答えです） 12. I cannot speak English. / I can't speak English.

6-5-2 notを使わない否定文の作り方

・neverを使った否定文

neverはbe動詞の直後、一般動詞の直前に置きます。

・noを使った否定文

形容詞のnoを文中のどれかの名詞の前に置きます。注

nothing, nobody, noneのように最初から1語になっている場合もあります。

注 ただし「no 名詞」が「名詞が存在しないこと」という意味を表すこともあり、この場合には文全体は肯定文になります。

〔ヒー イズ ネヴァ レイト〕

He is never late. （彼は決して遅刻しない）
S ② ad aC

isは現在形・述語動詞・②です。neverはbe動詞の後ろに置きます。この英文のlateは「遅れている」という意味の形容詞です。

〔ヒー ネヴァ ルーズィズ ホウプ フォー ザ フューチャ〕

He never loses hope for the future. （彼は未来への希望を決して失わない）
S ad ③ O a

この動詞は「失う」という意味で、活用は〔lose（ルーズ）—lost（ロスト）—lost〕です。losesは「3単現のs」が付いた現在形・述語動詞・③です。neverは一般動詞の前に置きます。

〔ユー　キャン　ゲット　イト　アト　ノウ　アザ　プレイス〕

You can get it at no other place. （君は他のどんな場所でもそれを手に入れることはできない）

S　aux　③　O　a　a　ad

canは「可能性」を表す助動詞の現在形です。この動詞は「手に入れる」という意味で、活用は〔get（ゲット）—got（ガット）—got または gotten（ガトン）〕です。この文のgetは原形・述語動詞・③です（一般助動詞が付いているので原形で、現在形の助動詞が付いているので絶対に述語動詞です）。**noという形容詞が前方から名詞にかかっています。こういうときは、頭の中で、noをnotとanyに分解します（noはnotとanyを合成した語ですから、元に戻すわけです）。次に、notは副詞なので、前方・後方どちらかにある動詞にかけます。**この英文ではgetにかけます。するとcannot getになります。**anyは形容詞ですから、noがかかっていた名詞（＝place）にかけます。**すると頭の中に**You cannot get it at any other place.**という英文が出来ます。これを読むと「君は他のどんな場所でもそれを手に入れることはできない」となります。noを最後に訳して「君がそれを手に入れられる場所は他にはない」などと訳したがる人がいますが、これは意訳・翻訳の領域の話であって、英文を読むときは上述のやり方でやるように心がけてください。

〔ゼア　リズ　ナスィング　インタレスティング　イン　ザ　ニューズペイパ〕

There is nothing interesting in the newspaper.

（新聞には何も面白いことは載っていない）

isは現在形・述語動詞・①です。nothingはnoとthingを1語にまとめた語です。したがって、頭の中で、noをnot anyに分解し、notをisにかけ、anyをthingにかけて、**There isn't anything interesting in the newspaper.**という英文に変え、これを読みます。すると「新聞にはどんな面白いことも存在していない」となります。なお、**nothing, anything, something, everythingなど語尾が-thingで終わる代名詞にかける形容詞は後ろに置かなければなりません**（その理由は6-14参照）。ですからnothing interestingという語順になっています。interestingは、もともとはinterestという動詞のing形ですが、辞書には「面白い」という意味の純粋な形容詞として挙げられています（15-3参照）。

〔ノウ　ニューズ　イズ　グッド　ニューズ〕

No news is good news. （知らせがないのはよい知らせ）

a　S　②　a　ⁿC

isは現在形・述語動詞・②です。これを否定文として読むと、頭の中で*Any news is not good news.に変えて（ただし、**英語ではanyをnotの前に出すことはしません。こういうときはanyとnotを合成してnoにします。**ですから*Any news is not good news. は誤文です。あくまでも頭の中でやるだけです)、これを読むことになりますので「どんな知らせもよい知らせではない→知らせはみんな悪い知らせだ」となります。しかし、この英文は、通常は決まり文句で、肯定文として読むのです。どうやるかというと、No news だけで「知らせが存在しないこと」と読みます。すると、英文全体は「知らせが存在しないことはよい知らせである→知らせがないのはよい知らせ」となります。日本語でも「便りがないのは良い便り」と言います。もし **No news has come.** なら否定文で「どんな知らせも届いていない」という意味になります (has come は現在完了という表現で、これは Lesson 9 で勉強します)。

6-6 疑問文の作り方

6-6-1 疑問文の語順

・疑問文を作るためには「疑問文の語順」を知っている必要があります。以下が「疑問文の語順」です。

1. 述語動詞が「**裸の be 動詞**」のときは、be 動詞を主語の前に出します。[注1]
2. 述語動詞が「**着物を着ている be 動詞**」のときは、助動詞を主語の前に出します。[注2]
3. 述語動詞が「**裸の一般動詞**」のときは、do 助動詞を主語の前に置き、動詞を原形に変えます。[注3]
4. 述語動詞が「**着物を着ている一般動詞**」のときは、助動詞を主語の前に出します。[注4]

注 1 be 動詞に助動詞が付いていないときは「**Be 動詞+S**」にします。ただし、誘導副詞 there を使った文を疑問文にするときは、there をあたかも主語であるかのように扱って、be 動詞を there の前に出します (「**Be 動詞+there+S**」にします)。

注 2 be 動詞に助動詞が付いているときは「**助動詞+S+be 動詞**」にします。ただし、誘導副詞 there を使った文を疑問文にするときは、there をあたかも主語であるかのように扱って、助動詞を there の前に出します (「**助動詞+there+be+S**」にします)。

注 3 一般動詞に助動詞が付いていないときは「**Do 助動詞+S+原形動詞**」です。

注 4 一般動詞に助動詞が付いているときは「**助動詞+S+動詞** (=原形または過去分詞形または ing 形)」です。

6-6-2 2種類の疑問文

1. **Yes, No 疑問文**[注5]　　Yes, No で答えます。
2. **疑問詞を使った疑問文**　　疑問詞の中身を答えます。

注 5「Yes, No 疑問文」は疑問詞を使わない疑問文です。

6-6-3 Yes, No 疑問文（＝疑問詞を使わない疑問文）の作り方

・疑問文の語順にして、文末に？を付けます。

6-6-4 疑問詞を使った疑問文の作り方

・疑問詞とは「疑問の意味を表す代名詞、形容詞、副詞」のことで、それぞれ**疑問代名詞、疑問形容詞、疑問副詞**と呼ばれます。

疑問代名詞	疑問形容詞	疑問副詞
who 誰	whose 誰の	when いつ
whom 誰		where どこで、どこに、どこへ
what 何	what どんな	why なぜ
which どれ	which どの	how どうやって（方法）どれくらい（程度）

1. **疑問詞を文頭に出し、その後は疑問文の語順にして、文末に？を付けます。**
2. ただし「疑問代名詞」または「疑問形容詞＋名詞」または「疑問副詞＋形容詞＋名詞」が主語になっているとき、すなわち**主部に疑問詞が含まれているときは普通の文と同じ語順になります。**[注6]
3. 「前置詞＋疑問代名詞」「前置詞＋疑問形容詞＋名詞」を文頭に出すこともあります。すなわち**疑問詞を使った疑問文は疑問詞が文頭に来るとは限りません。**

注 6 ただし、主部に疑問詞が含まれていても、誘導副詞の there が使われているときは、there を主語であるかのようにみなして、疑問文の語順になります。

〔アー ユー ハングリ ↗〕

Are you hungry? （あなたは空腹ですか？）
② S [a]C

Are は現在形・述語動詞・②です。**You are hungry.** を疑問文に変えるときは are を you の前に出し、文末に？（クエスチョンマークといいます）を付けます。発音するときは語尾を上げます。肯定的に答えるときは **Yes, I am.**〔イエス アイ アム〕（はい、そうです）と言います。これは Yes, I am hungry. の省略形です。Yes は文修飾副詞です。否定的に答えるときは **No, I'm not.**〔ノウ アイム ナット〕（いいえ、違います）と言います。これは No, I'm not hungry. の省略形です。No は文修飾副詞です。

〔ダズ メアリ ティーチ イングリシュ ↗〕

Does Mary teach English? （メアリーは英語を教えていますか？）
aux S ③ O

Doesは助動詞・現在形です。この動詞は「教える」という意味で、活用は〔teach（ティーチ）—taught（トート）—taught〕です。この文の teach は原形・述語動詞・③です（do 助動詞が付いているので原形で、現在形の助動詞が付いているので絶対に述語動詞です）。**Mary teaches English.**〔メアリ　ティーチィズ　イングリシュ〕（メアリーは英語を教えている）を疑問文に変えるときは teaches が「3 単現の s」が付いた現在形の動詞であることに注意します。まず現在形の teaches を原形の teach にします。次に do 助動詞を主語の前に置くのですが、これを 3 人称・単数・現在形（＝does）にするのです。すると Does Mary teach . . . になります。文末に？ を付けて、発音するときは語尾を上げます。肯定的に答えるときは **Yes, she does.**（はい、そうです）と言います。これは Yes, she teaches English. の teaches English の部分を does で代用した英文です。このように**「一般動詞を中心とした語群」の代わりをする do を「代動詞」といいます**（代動詞の do は助動詞ではありません）。否定的に答えるときは **No, she doesn't.**（いいえ、違います）と言います。これは No, she doesn't teach English. の省略形で、does は助動詞です。なお、これは「メアリーは英語を教え（るという営みを生活の中でやっ）ていますか？」という意味です。もし「メアリーは（今この瞬間）英語を教えていますか？」という意味のときは、進行形を使って **Is Mary teaching English?** と言います。進行形は Lesson 7 で勉強します。

〔ディヂュー　ファインド　イト　イン　ザ　ルーム　↗〕

Did you find it in the room?　（あなたはそれをその部屋の中で見つけましたか？）

aux　S　③　O　ad

Did は助動詞・過去形です。find は原形・述語動詞・③です（do 助動詞が付いているので原形で、過去形の助動詞が付いているので絶対に述語動詞です）。この動詞は p. 59 参照。**You found it in the room.**〔ユー　ファウンド　イト　イン　ザ　ルーム〕（あなたはそれをその部屋の中で見つけた）を疑問文に変えるときは found が過去形の動詞であることに注意します。まず過去形の found を原形の find にします。次に do 助動詞を主語の前に置くのですが、これを過去形（＝did）にするのです。すると Did you find . . . になります。文末に？を付けて、発音するときは語尾を上げます。肯定的に答えるときは **Yes, I did.**（はい、そうです）と言います。これは Yes, I found it in the room. の found it in the room の部分を did で代用した英文で、did は代動詞です。否定的に答えるときは **No, I didn't.**（いいえ、違います）と言います。これは No, I didn't find it in the room. の省略形で、did は助動詞です。

〔メイ　アイ　ユーズ　ユア　ディクショネリ　↗〕

May I use your dictionary?　（あなたの辞書を使ってもいいですか？）

aux　S　③　a　O

この英文の May は許可（～してよい）を表す助動詞の現在形です。use は「使う」という意味の動詞で、規則活用です。ここの use は原形・述語動詞・③です（一般助動詞が付いているので原形で、現在形の助動詞が付いているので絶対に述語動詞です)。**You may use my dictionary.**〔ユー　メイ　ユーズ　マイ　ディクショネリ〕(あなたは私の辞書を使っていい)を「私はあなたの辞書を使っていいですか?」という疑問文に変えるときは、助動詞の may を主語の前に出し、主語を I に変え、my を your にして、文末に ? を付けます。すると May I use your dictionary? となります。発音するときは語尾を上げます。肯定的に答えるときは **Yes, you may.**(はい、いいです)と言ってもいいのですが(これは Yes, you may use my dictionary. の省略形です)、普通は **Yes.** とか **Certainly!**(もちろん)と言います。この certainly は「もちろん」という意味の副詞です。否定的に答えるときは **No, you may not.**(いいえ、ダメです)と言ってもいいのですが(これは No, you may not use my dictionary.〔いいえ、あなたは私の辞書を使ってはいけません〕の省略形です)、普通は **No.** とか **Please, don't.**(どうか、使わないで)と言います(Please は「どうぞ」という意味の副詞で p. 87 参照。don't は don't use my dictionary〔私の辞書を使うな〕という否定命令文の省略形です。do は助動詞・原形、use は原形・述語動詞・③です。命令文は 6-9 参照)。

〔ワット　イズ　ゼア　イン　ザ　ルーム ↘〕

What is there in the room?　(その部屋の中には何がありますか?)

S　①　誘導ad　ad

is は現在形・述語動詞・①です。**There is a vase in the room.**〔ゼア　リズ　ア　ヴェイス　イン　ザ　ルーム〕(その部屋の中に花瓶がある)という英文の a vase (=主語)の部分がわからないので「その部屋の中には何がありますか?」と尋ねるときは、まず a vase を疑問代名詞の what に変えて文頭に出します。次に疑問文の語順にします。**誘導副詞 there を使った文の場合は、there をあたかも主語であるかのように扱って、be 動詞を there の前に出すと疑問文の語順になります**。すると What is there . . . となります。文末に ? を付けて、発音するときは語尾を上げません。答えるときは、Yes, No は使わず、**There is a precious vase.**〔ゼア　リズ　ア　プレシャス　ヴェイス〕(高価な花瓶があります)あるいは、ただ **A precious vase.** のように答えます。わからなければ **I don't know.**〔アイ　ドウント　ノウ〕(知りません)のように答えます(do は助動詞・現在形、know は原形・述語動詞・①です)。

〔フー　ブロウク　ズィス　ウィンドウ　イェスタデイ ↘〕

Who broke this window yesterday?　(誰が昨日この窓を壊したのですか?)

S　③　a　O　ad

この動詞は「壊す」という意味で、活用は〔break(ブレイク)—broke(ブロウク)—broken(ブロウクン)〕です。broke は過去形・述語動詞・③です。**Tom broke this window yesterday.**〔タム　ブロウク　ズィス　ウィンドウ　イェスタデイ〕(トムは昨日この窓を壊した)の Tom (=主語)の部分がわからないので「誰が昨日この窓を壊したのですか?」と尋ねるときは、まず Tom を疑問代名詞の who に変えて(Tom は主語なので主格の疑問代名詞 who を使います）文頭に出します（Tom は主語なので、もともと文頭にあります）。次に疑問文の語順にします。このように**主語が疑問詞のときは、疑問文の語順は普通の文の語順と同じです**（誘導副詞 there を使った文は別ですが）。すると Who broke . . . となります。文末に？ を付けて、発音するときは語尾を上げません。答えるときは、Yes, No は使わず、**Tom did.**〔タム　ディド〕（トムがやりました）のように答えます。これは Tom broke this window yesterday. の broke this window yesterday の部分を did で代用した英文で、did は「代動詞」です。

〔フー　ディヂュー　ギヴ　ザ　ブック　トゥ ⤵〕

Who did you give the book to?　（あなたはその本を誰にあげたのですか？）

n　aux　S　③　O　前
ad

did は助動詞・過去形、give は原形・述語動詞・③です（do 助動詞が付いているので原形で、過去形の助動詞が付いているので絶対に述語動詞です。この動詞は p. 26 参照）。**You gave the book to Mary.**〔ユー　ゲイヴ　ザ　ブック　トゥ　メアリ〕（あなたはその本をメアリーにあげた）の Mary（＝前置詞の目的語）の部分がわからないので「あなたはその本を誰にあげたのですか？」と尋ねるときは、まず Mary を疑問代名詞の whom に変えて、文頭に出します（Mary は前置詞の目的語なので目的格の疑問代名詞 whom を使います）。次に疑問文の語順にします。gave は「裸の一般動詞」ですから、do 助動詞を主語の前に置きます。gave が過去形なので、do 助動詞は過去形（＝did）にします。do 助動詞が付いたので gave は原形（＝give）に変えます。すると Whom did you give the book to? となります。これは正しい英文です。しかし、**現在の英語では目的格の whom を文頭で使うのは避けるのが普通になっています。そういうときは whom の代わりに主格の who を使うのです**。そこで、実際には **Who did you give the book to?** となります。Who は疑問代名詞で、働きは文末の前置詞 to の目的語です。疑問代名詞が前置詞の目的語になっているときは「前置詞＋疑問代名詞」を文頭に出すこともあります。すると **To whom did you give the book?** となります。こうすると whom は文頭に来ていないので、whom のままです。

〔フーズ　ペン　イズ　ズィス ⤵〕

Whose pen is this?　（これは誰のペンですか？）

a　ⁿC　②　S

is は現在形・述語動詞・②です。**This is her pen.**〔ズィス　イズ　ハー　ペン〕（これは彼女のペンです）の her（＝pen にかかる形容詞）の部分がわからないので「これは誰のペンですか？」と尋ねるときは、まず her を疑問形容詞の whose に変えて、whose pen を文頭に出します。次に疑問文の語順にします。述語動詞が「裸の be 動詞」のときは、be 動詞を主語の前に出します。すると Whose pen is this? となります。答えるときは **This is her pen.** あるいは **Her pen.** のように答えます。

〔バイ　ワット　ミーンズ　ディド　ヒー　ゲット　イト ⤵〕

By what means did he get it? （彼はどんな手段によってそれを手に入れたのか？）

前　a　n　aux　S　③　O

ad

did は助動詞・過去形、get は「手に入れる」という意味の動詞で、原形・述語動詞・③です（do 助動詞が付いているので原形で、過去形の助動詞が付いているので絶対に述語動詞です。この動詞は p. 78 参照）。what は疑問形容詞で means にかかります。means は「手段」という意味の名詞で、前置詞 By の目的語です。means は単複同形で、単数でも複数でも means です。did he get は he got（彼は手に入れた）を疑問文の語順にした形です。

〔ウェア　ディド　ザ　スネイク　バイト　ユー ⤵〕

Where did the snake bite you?

ad　aux　S　③　O

did は助動詞・過去形です。bite は「嚙む」という意味で、活用は〔bite（バイト）—bit（ビット）—bitten（ビトン）〕です。ここの bite は原形・述語動詞・③です（do 助動詞が付いているので原形で、過去形の助動詞が付いているので絶対に述語動詞です）。did the snake bite は the snake bit（ヘビが嚙んだ）を疑問文の語順にした形です。Where は「どこに、どこへ、どこで」という意味の「場所を尋ねる疑問副詞」で bite にかかります。Where はヘビが you を嚙んだ場所を尋ねているのですが、これは２通りの可能性があります。一つは「地点」を尋ねる場合で（「ヘビはあなたをどこで嚙んだのですか？ →どこでヘビに嚙まれたんですか？」という和訳になります）、もう一つは「身体の部位」を尋ねる場合です（「ヘビはあなたのどこを嚙んだのですか？ →どこをヘビに嚙まれたんですか？」という和訳になります）。前者であれば **It bit me by the river.**〔イト　ビット　ミィー　バイ　ザ　リヴァ〕（川のほとりで嚙まれた）、後者であれば **It bit me in the leg.**〔イト　ビット　ミィー　イン　ザ　レッグ〕（足を嚙まれた）のような答えになります。**Where did he kiss you?** は「彼はどこであなたにキスしたの？」と「彼はあなたのどこにキスしたの？」の２つの意味があります（p. 95 参照）。

〔ハウ　ディヂュー　ブレイク　ズィス　ウィンドウ　イェスタデイ ⤵〕

How did you break this window yesterday?

ad　aux　S　③　a　O　ad

（どうやってあなたは昨日この窓を壊したのですか？）

did は助動詞・過去形です。break は原形・述語動詞・③です（do 助動詞が付いているので原形で、過去形の助動詞が付いているので絶対に述語動詞です。この動詞は p. 82 参照）。How は「どうやって」という意味の「方法を尋ねる疑問副詞」で break にかかります。did you break は you broke（あなたは壊した）を疑問文の語順にした形です。

〔ハウ　メニ　ピープル　ケイム　トゥ　ザ　パーティ ↘〕

How many people came to the party? (何人の人がパーティに来ましたか?)

ad　a　S　①　ad

この動詞は「来る」という意味で、活用は〔come (カム)—came (ケイム)—come (カム)〕です。came は過去形・述語動詞・①です。many は「(数的に) 多くの」という意味の形容詞です。ところが、これに「どれくらい」という意味の**「程度を尋ねる疑問副詞」のhow をかけて how many とすると、「多くの」という意味が消えてしまい、「どれくらいの数の」という意味になります。** many people は「多くの人びと」ですが、how many people は、「どれくらい多くの人びと」ではなく、「どれくらいの数の人びと」です。数を尋ねるときは、数が少なくても、how many people と言うのです。これを主語にした疑問文がこの英文です。**「疑問副詞+形容詞+名詞」が主語になっている(=主部に疑問詞が含まれている)ので、疑問文でも語順は普通の文と同じ語順です。** 英文全体は「どれくらいの数の人びとがパーティに来ましたか? →何人の人がパーティに来ましたか?」という意味です。

6-7 否定疑問文

・疑問文には肯定形と否定形があります。Yes, No 疑問文の否定形は次のようになります。

・肯定疑問文

　　S は V しますか? (V するか、しないかわからないので教えてください) 注1

・否定疑問文

　　S は V しないんですか? (私は、S は V すると思いますけど) 注2

・否定疑問文の作り方は 2 つあります。

　　作り方 1　　S の前に出た be 動詞または助動詞に not を付ける。

　　作り方 2　　S の後ろに not を置く。

・**否定疑問文の答え方は日本語と英語では「はい」「いいえ」が逆になります。** 注3

　　日本語　内容が肯定なら「いいえ」と言う。

　　　　　　内容が否定なら「はい」と言う。

　　英語　　内容が肯定なら Yes と言う。

　　　　　　内容が否定なら No と言う。

注 1　聞き手は答えが肯定なのか否定なのかわからないので尋ねています。

注 2　聞き手は答えが肯定だろうと思って尋ねています。

注 3　**日本語は「この本は面白くないですか?」「はい、面白くないです。」「いいえ、面白い**

です。」となりますが、英語は Isn't this book interesting?　No, it isn't.　Yes, it is. となります。

〔ドウンチュー　ハヴァ　ナイフ♪〕

Don't you have a knife?　（ナイフを持っていないんですか？）
aux ad　S　③　O

Do は助動詞・現在形、have は原形・述語動詞・③です（do 助動詞が付いているので原形で、現在形の助動詞が付いているので絶対に述語動詞です。この動詞は p. 33 参照）。**Do you not have a knife?** と言っても同じです。「ナイフを持ってないんですか？持ってますよね」というニュアンスで尋ねています。「はい、持っていません」は **No, I don't.** と言います。No, I don't have a knife. の省略形です。「いいえ、持ってます」は **Yes, I do.** と言います do は have a knife の代わりをしている「代動詞」です。なお、この英文から you を削除して、？を取ると **Don't have a knife.** となります。これは「ナイフを持つな」という意味の否定命令文です（6-9 で勉強します）。「構造上の主語」である You が Don't の前に省略されていて、Do は助動詞・原形、have は原形・述語動詞・③です。

6-8　原形動詞を使うところ[注1]

・原形動詞を使うところは次の 5 か所です。[注2]

1. to の後[注3]
2. do 助動詞と一般助動詞の後
3. 命令文
4. make, have, let などの補語[注4]
5. 仮定法現在[注5]

注 1　動詞には活用という 5 つの違う形があり、必ずどれかで使われます。活用の最初の形である原形と 2 番目の形である現在形は、3 単現の s が付くとき以外は、つづりでは区別できないので、「原形動詞を使うところ」というルールによって識別されます。原形となると、3 つ（2. do 助動詞と一般助動詞の後　3. 命令文　5. 仮定法現在）が述語動詞、2 つ（1. to の後　4. make, have, let などの補語）が準動詞で、現在形となると常に述語動詞です。

注 2　この 5 か所以外で原形動詞を使う場合はすべて「形が決まった慣用表現」です（たとえば cannot but 原形 V〔V せざるをえない〕のような表現です）。したがって、この「原形動詞を使うところ」と「原形動詞を使う慣用表現」を覚えておけば、**「ここは『原形動詞を使うところ』と『原形動詞を使う慣用表現』のいずれでもない。だからこれ**

は原形ではなくて現在形だ、現在形なら絶対に述語動詞だ。構造上の主語はどれだろう？」というふうに頭が動きます。こういう判断をできるようにするために「原形動詞を使うところ」を覚えるのです。ただし、Lesson 11 までは、原形動詞が使われるのは「do 助動詞と一般助動詞の後」と「命令文」だけです。したがって、Lesson 11 までは、この 2 つ以外は現在形（すなわち述語動詞）と考えてください。

注 3「to 原形動詞」は「to 不定詞」あるいは「不定詞」と呼ばれます。これは 12-14 で勉強します。

注 4 この「補語になっている原形動詞」は「原形不定詞補語」と呼ばれます。これは 15-9 と 18-9 で勉強します。

注 5 仮定法現在は「祈願文」や「『もし〜ならば』という意味を表す if 節」や「『命令・要求・提案などを表す動詞』の目的語になる that 節」などの特定の表現で出てきます。たとえば **God save the Queen!**〔ガッド セイヴ ザ クウィーン〕（神よ女王を救い給え→女王万歳！）が祈願文です。save は「3 単現の s」が付いていないので原形です。もし **God saves the Queen.** なら「神は女王を救う」という意味の普通の文になります。save は「救う」という意味の動詞で、規則活用です。「『命令・要求・提案などを表す動詞』の目的語になる that 節」は p. 371 で出てきます。今のところは「仮定法現在」という名前だけを覚えておけばよいです。

6-9 命令文

・命令文の作り方

1. 構造上の主語を You にして、述語動詞を原形にします。
2. 構造上の主語の You を省略します。
3. 否定命令文は「Don't 原形」または「Never 原形」にします。

〔ビ クワイエト〕

Be quiet! （静かにしなさい！）
② ªC

Be は原形・述語動詞・②で、「構造上の主語」は Be の前に省略されている You です。

〔プリーズ ショウ ミィー ザ ウェイ トゥ ザ ステイション〕

Please show me the way to the station. （駅へ行く道を教えてください）
ad ④ O O a

Please は、本来は「気に入る」という意味の動詞（活用は規則活用）です。この英文の Please は If you please〔イフ ユー プリーズ〕（もしあなたが気に入るなら）の省略形です。「if you please の省略形の please」は、辞書では「どうぞ、すみませんが」という意味の副詞として扱われています。show は「示す」という意味の動詞で、活用は〔show (ショウ)—showed (ショウド)—showed または shown (ショウン)〕です。ここの show は原形・述語動詞・④で、「構造上の主語」は show の前に省略されている You です。

〔ドウント　トーク　ライク　ザット〕

Don't talk like that.　(そんなふうに話すな)
aux ad ① ad

Don't は Do not の短縮形で、Do は助動詞の原形です。Do が原形なのは命令文だからです。talk は「話す」という意味で、規則活用です。ここの talk は原形・述語動詞・①で、構造上の主語は Don't の前に省略されている You です。talk が原形なのは do 助動詞が付いているからです（命令文だからではありません）。ここの like は「～のような」という意味を表す前置詞です。なお、この英文で Don't の前に I を置いて **I don't talk like that.** とすると「私はそんなふうに話さない」という意味の普通の否定文になります。do は助動詞・現在形、talk は原形・述語動詞・①です。

6-10 等位接続詞

・接続詞は次の 2 種類です。

1. **等位接続詞**
2. **従属接続詞**[注1]

・and, but, or などを等位接続詞といいます。
・等位接続詞は次の働きをします。

1. 働きが同じ語、句、節を対等につなぐ。[注2]
2. **ただし動詞と動詞をつなぐときは番号は同じでなくてもかまわない。**[注3]
3. 文と文を対等につなぐ。

・等位接続詞は「+」と表示することにします。

注 1 従属接続詞は Lesson 11 で勉強します。

注 2「節」というのは「従属節」の略称で、これは Lesson 11 で勉強します。

注 3 述語動詞と述語動詞を等位接続詞でつなぐこと、準動詞と準動詞を等位接続詞でつなぐことはできますが、**述語動詞と準動詞を等位接続詞でつなぐことはできません。**

〔ミックス　ミルク　アンド　ウォータ〕

Mix milk and water.　(水と牛乳を混ぜなさい)
③ O + O

mixは「混ぜる」という意味の動詞で、規則活用です。この文のMixは原形・述語動詞・③で、「構造上の主語」はMixの前に省略されているYouです。Mixが原形なのは命令文だからです。milkとwaterはどちらも「動詞の目的語」で、等位接続詞のandによってつながれています。

〔ウィザウト　エア　ゼア　キャン　ビ　ノウ　ウィンド　オー　サウンド　アン　ザ　ムーン〕

Without air there can be no wind or sound on the moon.

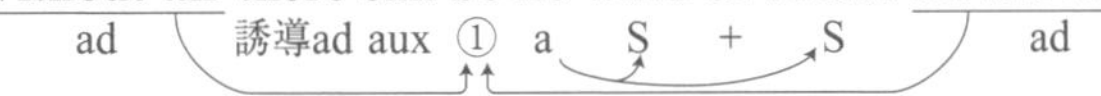

（空気がないので、月面上では風も音も存在しえない）

canは現在形の助動詞です。このcanは、能力ではなく、可能性（〜する可能性がある）を表しています。beは原形・述語動詞・①です（一般助動詞が付いているので原形で、現在形の助動詞が付いているので絶対に述語動詞です）。noをnotとanyに分解して、notをbeにかけ、anyをwindとsoundにかけて意味を取ると「空気がないので、月の上ではどんな風も音も存在する可能性がない」となります。orは2つの主語（＝windとsound）をつなぐ等位接続詞です。普通A or Bは「AまたはB、AかBかどちらか」という意味ですが、**not . . . A or Bという形で用いると「AもBも. . . . ない」という意味になります。**

〔ユア　アンサズ　ワー　ロング　バット　ハーズ　ワー　ライト〕

Your answers were wrong but hers were right.
a S ② ªC + S ② ªC

（君の答えは間違っていた。しかし、彼女のは正しかった。）

2つのwereはどちらも過去形・述語動詞・②です。butは「Your answers were wrongという文」と「hers were rightという文」を対等につなぐ等位接続詞です。これまでに出てきた英文はすべて1つの文で構成されていましたが、ここで初めて「2つの文で構成された英文」が出てきました（p. 20 注4参照）。hersは所有代名詞で、中身を英語で言うとher answersです。

〔メアリ　ニーディド　ヘルプ　アンド　スーン〕

Mary needed help, and soon.　（メアリーには助けが必要だった、しかもすぐに）
S ③ O + ad

needは「必要とする」という意味の動詞で、規則活用です。ここのneededは過去形・述語動詞・③です。A and BのBにsoonという副詞が入っています。ところがAに入るはずの副詞が見当たりません。これは実は**Mary needed help, and needed help soon.**（メアリーは助けを必要としていた、しかもすぐに助けを必要としていた）という英文の省略形なのです。この英文はもちろん正しい英文で、andは2つのneededをつないでいます。このとき needed help の繰り返しを避けるために、2 番目の needed help のところに代名詞の that を置いて **Mary needed help, and that soon.** とすることがよくあります。この that は「先行叙述の代用（ロイヤル英和辞典）」と呼ばれて needed help の代わりをしているのです。さらに that すら使わず **Mary needed help, and soon.** とすることもあります。これが上の英文です。この現象が起きると、表面上、等位接続詞が「働きが同じ語、句、節を対等につなぐ」働きをしていないように見えてしまいます。**「S+V and (that) 副詞.」で「S+V、しかも副詞で」という意味を表す**と記憶しておいてください。

6-11　名詞が余ったときの考え方

・名詞の基本的働きは次の 4 つです。

> **1. 主語**[注1]
> **2. 動詞の目的語**
> **3. 前置詞の目的語**
> **4. 補語**

・名詞がこの 4 つのどれでもないとき「名詞が余っている」といいます。

・名詞が余っているときは次の 3 つのどれかです。[注2]

> **1. 同格**
> **2. 副詞的目的格**[注3]
> **3. being が省略された分詞構文**[注4]

注 1　主語には、述語動詞の主語である「構造上の主語」と準動詞の主語である「意味上の主語」の 2 つがあり、ここの「主語」にはこの 2 つが含まれています。「準動詞」と「意味上の主語」は Lesson 12 で勉強します。

注 2　この 3 つのどれでもないときは、その英文は誤文です（ただし、余っていないのに余っていると勘違いしたのなら、誤文ではなく、誤読です）。このようにして、日本を一歩も出たことのない人でも、native speaker の書いた英文を「誤文だ！」と断定できるのです。これは凄いことだと思いませんか？　私は高校生でこのことを知ったとき感動しました。

注 3　**同格と副詞的目的格を「名詞の例外的働き」といいます。**

注 4　分詞構文は Lesson 12 で勉強します。詳しくはここで説明しますが、being が分詞構文になっているとき、being が省略されると「意味上の主語になっている名詞」あるいは「補語になっている名詞」が取り残されます。すると、これらの名詞は余っているように見えるのです。これは、余っているように見えるだけで、本当は「意味上の主語」「補語」という基本的働きをしているのです (p. 216 参照)。

6-12 同格

・名詞を別の名詞で言い換えることを「同格」といいます。

・最初の名詞の働きは「主語、動詞の目的語、前置詞の目的語、補語」のどれかです。

・2 番目の名詞の働きは「同格」です。

〔アイ　メット　スミス　ワノヴ　マイ　オウルド　フレンヅ〕

I met Smith, one of my old friends.　(私は、旧友の一人であるスミスに会った)

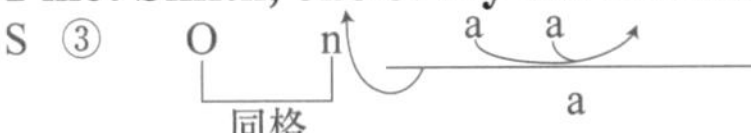

この動詞は「会う」という意味で、活用は〔meet (ミート)—met (メット)—met〕です。I が主語、met が過去形・述語動詞・③、Smith が動詞の目的語ですから、I met Smith は足りない要素がない完全な文です。ですから one という名詞は余っています。one の働きは「(Smith と) 同格」です。

〔ウィ　オール　サクスィーディド〕

We all succeeded.　(我々全員が成功した)

S n ①
同格

この動詞は「成功する」という意味で、規則活用です。We が主語、succeeded が過去形・述語動詞・①です。We succeeded は足りない要素がない完全な文ですから all (全員) という名詞は余っています。all の働きは「(We と) 同格」です。

6-13 副詞的目的格

・名詞に副詞の働き[注1]をさせたいときは、前置詞を付けて「前置詞 + 名詞」で副詞句にするのが原則です。

・ところが、時間、距離、数量、様態[注2]を表す一部の名詞は、前置詞を付けずに、そのままで、副詞の働きをさせることができます。このように使われた名詞を「副詞的目的格」といいます。[注3]

・**副詞的目的格が形容詞修飾、副詞修飾の働きをするときは、必ず「被修飾語である形容詞、副詞」の直前に置きます。**[注4]

注 1 副詞の働きは「動詞修飾、形容詞修飾、他の副詞修飾、文修飾」です。

注 2 様態というのは「姿、形、方法」のことです。

注 3 副詞的目的格は、このように使われた名詞の「名称＝呼び名」です。この名詞の働きは「動詞修飾、形容詞修飾、他の副詞修飾、文修飾」のどれかです。したがって「品詞は名詞、働きは動詞修飾、名称は副詞的目的格」のように捉えるのが正しいです。しかし、同格と副詞的目的格を「名詞の例外的働き」に分類しましたので、「この名詞の働きは？」と問われたときに「副詞的目的格です」と答えるのは問題ありません。

注 4 この規則は非常に重要です。

〔ウィ　ウォークト　スリー　マイルズ　アロング　ザ　ビーチ〕

We walked three miles along the beach. （私たちは海岸に沿って3マイル歩いた）
S ① 副詞的目的格 ad

walk は「歩く」という意味の動詞で、規則活用です。ここの walked は過去形・述語動詞・①です。three miles は「距離を表す副詞的目的格」です。非常に厳密に言えば、three は形容詞で miles にかかり、miles が名詞で副詞的目的格です。

〔ナスィング　ハプンド　ザット　ナイト〕

Nothing happened that night. （その晩はなにも起こらなかった）
S ① 副詞的目的格

happen は「起こる」という意味の動詞で、規則活用です。ここの happened は過去形・述語動詞・①です。Nothing happened を直訳すると「どんなことも起こらなかった」となります (p. 78 参照)。that night は「時間を表す副詞的目的格」です。非常に厳密に言えば、that は形容詞で night にかかり、night が名詞で副詞的目的格です。

〔ヒー　イズ　サーティーン　イアズ　オウルド〕

He is thirteen years old. （彼は 13 歳です）
S ② 副詞的目的格 aC

is は現在形・述語動詞・②です。この英文の old は、「老齢の、歳をとっている」という意味ではなく、「生まれてから時間が経っている」という意味の形容詞で、働きは is の補語です。生まれてからどれくらい時間が経っているかを thirteen years という「時間を表す副詞的目的格」で表しています。非常に厳密に言えば、thirteen は形容詞で years にかかり、years が名詞で副詞的目的格です。**副詞的目的格を形容詞・副詞にかけるときは直前に置く**のがルールなので、thirteen years old という語順になっています。

〔スターズ　ワー　ダイアモンド　ブライト〕

Stars were diamond bright.　（星はダイアモンドのように輝いていた）

S　②　副詞的目的格　^{a}C

wereは過去形・述語動詞・②です。diamondは「様態を表す副詞的目的格」で、brightを修飾しています。副詞的目的格を形容詞・副詞にかけるときは直前に置くのがルールなので、diamond brightという語順になっています。

〔シー　アライヴド　アン　ナウア　イン　アドヴァンス〕

She arrived an hour in advance.　（彼女は1時間前に着いた）

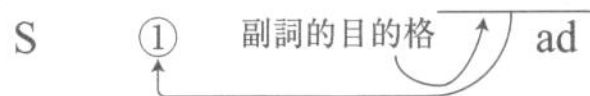

arriveは「到着する」という意味の動詞で、規則活用です。ここのarrivedは過去形・述語動詞・①です。in advanceは「前もって」という意味の副詞句です。「どれくらい前もって」なのかをan hourという「時間を表す副詞的目的格」で表しています。副詞的目的格を形容詞・副詞にかけるときは直前に置くのがルールなので、an hour in advanceという語順になっています。

6-14　限定詞

・限定詞[注1]は「意味の点で特別な性質をもつ一群の形容詞」の名称です。

・複数の形容詞が前から名詞を修飾する際、限定詞は原則として最初に置かれます。その結果、構造の点で、**限定詞は修飾関係を切断する機能をもちます。**

・限定詞は「冠詞、所有格、指示形容詞[注2]、不定形容詞[注3]」の4種類です。

注1 限定詞は英語ではdeterminer（ディターミナ）といいます。

注2 指示形容詞はthis, that, these, thoseのことです。

注3 不定形容詞はsome, any, every, each, other, another, noなどです。

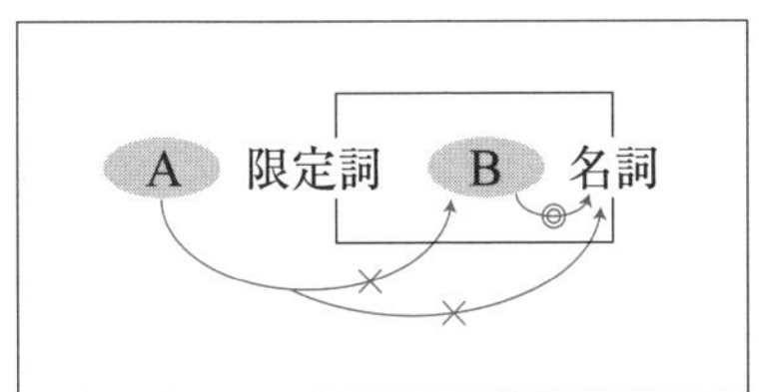

・Aの位置にある語は原則としてBや名詞を修飾することはできません。[注4]

・Bの位置にある語は最終的に必ず名詞を修飾します。

注 4 このことを「**限定詞は修飾関係を切断する**」といいます。

・冠詞がもっている修飾関係切断機能を打ち破る語

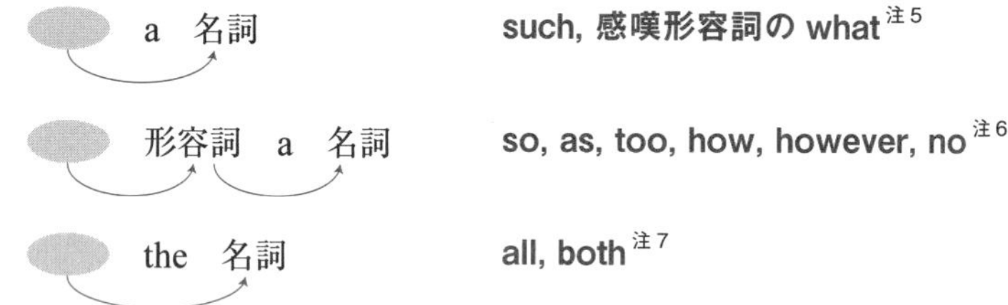

注 5 この 2 つの語は不定冠詞の前から不定冠詞の後ろの名詞にかかります (p. 166 参照)。

注 6 これらの語は形容詞を不定冠詞の前に引き出します。ただし no が引き出すのは比較級の形容詞です (「比較級」というのは「より～」という意味を表す形容詞・副詞のことです。p. 438 参照)。

注 7 all と both は、定冠詞だけでなく、所有格、指示形容詞を乗り越えることもできます。

・**冠詞と所有格と this, that, these, those は重複使用できません。** 注8

注 8 重複使用とは「同じ名詞にかけること」です。これができませんから a my apple (1 つの私のリンゴ) とか these your friends (これらのあなたの友だち) とは言えません (p. 96 参照)。しかし、other, every などは「冠詞、所有格、this, that, these, those」と重複使用ができます。そこで on the other hand (他方、それに反して) her every wish (彼女のあらゆる願い) those other people (それらの他の人びと) などが可能です。

〔ア リーリ イクストローディネリ マン イズ リーリ アン オーディネリ マン〕

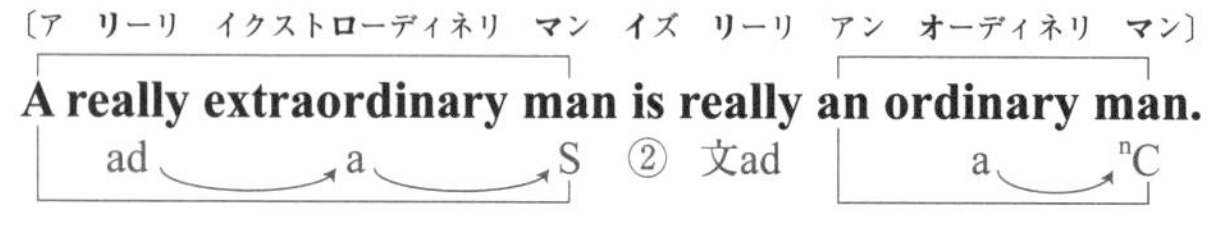

(真に非凡な人は本当は平凡な人なのです)

is は現在形・述語動詞・②です。an が修飾関係を切断するので、2 番目の really を ordinary にかけて「真に平凡な人」と読むことはできません。2 番目の really は「実は、本当は」という意味の文修飾副詞です。

〔ノース グラプリング ワズ テン マイルズ ディスタント ア ヴィリヂ オヴ ストウン ルーフス〕

(a) **North Grappling was ten miles distant, a village of stone roofs.**

S ② 副詞的目的格 aC a

同格

(b) **North Grappling, a village of stone roofs, was ten miles distant.**

S　a　②　副詞的目的格　^{a}C

同格

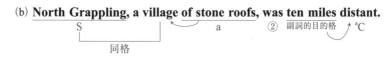

(c) **North Grappling was a ten miles distant village of stone roofs.**

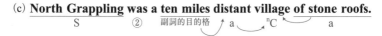

S　②　副詞的目的格　a　^{n}C　a

(d) **North Grappling was ten miles distant from a village of stone roofs.**

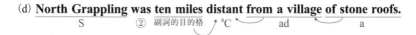

S　②　副詞的目的格　^{a}C　ad　a

(e) **North Grappling was ten miles distant and a village of stone roofs.**

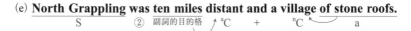

S　②　副詞的目的格　^{a}C　+　^{n}C　a

was は過去形・述語動詞・②です。ten miles は「距離を表す副詞的目的格」で distant にかかっています。distant は「離れている」という意味の形容詞です。(a) は North Grappling was ten miles distant で「足りない要素がない完全な文」になっていて、a village は余っています。a village は North Grappling を言い換えたもので、働きは「同格」です。(a) は「石屋根の村ノースグラップリングは 10 マイル離れていた」という意味です。(a) を (b) のように書くこともできます。(a) の ten miles distant を不定冠詞の前から village にかけて「ノースグラップリングは 10 マイル離れた石屋根の村だった」と読むことはできません。こう言いたいときは (c) で書かなければなりません。(c) は正しいですが、やや awkward〔オークワド〕(すっきりしない) な英文です。(a) を「ノースグラップリングは石屋根の村から 10 マイル離れていた」と読むことはできません。こう言いたいときは (d) で書かなければなりません。(e) は and が distant と village をつないでいます (この 2 つは品詞が違いますが、働きはどちらも「補語」で同じですから等位接続詞でつなげます)。「ノースグラップリングは 10 マイル離れていて、石屋根の村だった」という意味です。

〔ワット　ア　ビューティフル　フラウア　ズィス　イズ〕

What a beautiful flower this is!　(これはなんてきれいな花なんでしょう)

a　a　^{n}C　S　②

is は現在形・述語動詞・②です。**形容詞の what は「疑問形容詞」「関係形容詞」「感嘆形容詞」の 3 つですが、このうち不定冠詞の前から名詞を修飾できるのは「感嘆形容詞」だけです。**p. 330 の英文も参照。

"Where did he kiss you?" "What a personal question!" というのは a very old joke です。What a personal question it is! (それはなんて個人的なことに踏み込んだ質問なんだろう) から it is が省略されています。Where did he kiss you? は p. 84 参照。

〔イッツ　トゥー　ハット　ア　デイ〕

It's too hot a day.　（今日は暑すぎる日だ）

S ② ad a ⁿC

ここの It's は It is の短縮形です（It has の短縮形のこともあります。所有格は its です）。is は現在形・述語動詞・②です。「過度」を表す副詞の too は形容詞を不定冠詞の前に引き出します。too hot は「暑すぎる」という意味です。「非常に暑い」は very hot です。very には「形容詞を不定冠詞の前に引き出す機能」はありませんから **It's a very hot day.**（今日は非常に暑い日だ）となります。

〔ユー　アー　ナット　フィット　フォー　ズィス　ウィキド　ワールド　オヴ　アウアズ〕

You are not fit for this wicked world of ours.

（君は我々のこの邪悪な世界には合わないのだ）

are は現在形・述語動詞・②です。**冠詞と所有格と this, that, these, those は重複使用できません。**したがって my a friend（私の一人の友人）とか a my friend（一人の私の友人）、Tom's a friend（トムの一人の友人）とか a Tom's friend（一人のトムの友人）と言うことはできません。こういうときは所有代名詞ないし独立所有格を使って a friend of mine, a friend of Tom's という言い方をします。this, that, these, those も冠詞と同じで、our this wicked world（我々のこの邪悪な世界）とか this our wicked world（この我々の邪悪な世界）と言うことはできず、this wicked world of ours と言います。

6-15　末尾に to が付く助動詞

・末尾に to が付く助動詞は次の 6 つです。

ought to	〔オート　トゥ〕
used to	〔ユーストゥ〕
have to	〔ハフタ〕
be going to	〔ビ　ゴウイング　トゥ〕
be about to	〔ビ　アバウト　トゥ〕
be to	〔ビ　トゥ〕

・これらはもともと「動詞＋to 不定詞」という表現です。しかし、意味の観点から（＝類似の意味を表す純粋な助動詞が他にあることから）「動詞＋to」の部分を助動詞（＝一般助動詞）として扱っています。

・**もともとは「動詞＋to 不定詞」ですから、次のような「一般助動詞ではありえ**

ない性質（＝動詞としての性質）」をもっています。[注1]

・原形がある。
・3 人称・単数・現在形がある。[注2]
・ing 形がある。[注3]
・過去分詞形がある。
・否定文にするとき do 助動詞を用いる。
・疑問文にするとき do 助動詞を用いる。
・前に be 助動詞が付いて進行形になる。
・前に have 助動詞が付いて完了になる。
・前に一般助動詞が付く。[注4]
・to 不定詞になる。[注5]

注 1 本書では「動詞としての性質をもっている（＝動詞と同じ使い方をする場合がある）」ことを理解した上で、一般助動詞として扱うことにします。すべての「末尾に to が付く助動詞」がここに列挙した 10 個の性質（＝動詞としての性質）のすべてを持っているわけではありません。たとえば ing 形があるのは have to だけですし、前に一般助動詞が付くのは have to, be going to, be about to の 3 つです。当面、この違いを細かく覚える必要はありません。**「末尾に to が付く助動詞は、まるで動詞のような使い方をすることがある」ということを覚えておいて、実際に出てきたときに戸惑わないで、落ち着いて対処すればよいのです**（特に have to の場合）。

注 2 たとえば has to 原形動詞, is going to 原形動詞, is to 原形動詞になります。

注 3 たとえば having to 原形動詞になります

注 4 たとえば will have to 原形動詞になります。

注 5 たとえば to have to 原形動詞になります。

質問 9　次の質問に答えなさい（スラスラ言えるようになるまで練習してください）。

1. 助動詞の 4 種類を言いなさい。
2. be 助動詞は何形の動詞に付くか？
3. have 助動詞は何形の動詞に付くか？
4. do 助動詞は何形の動詞に付くか？
5. 一般助動詞は何形の動詞に付くか？
6. be 助動詞の活用は［　　］がある。

7. have 助動詞の活用は [　　] がある。
8. do 助動詞の活用は [　　] がある。
9. 一般助動詞の活用は [　　] がある。
10. 現在形の助動詞が付いた動詞は必ず [　　] になる。
11. 過去形の助動詞が付いた動詞は必ず [　　] になる。
12. [　　] 助動詞が付いた動詞は必ず述語動詞になる。
13. can の否定形は？
14. 語尾が thing で終わる代名詞にかかる形容詞の位置は？
15. 疑問文の 2 種類を言いなさい。
16. 疑問詞の 3 種類を言いなさい。
17. 「一般動詞を中心とした語群」の代わりをする do を [　　] という。
18. 「主語が疑問詞である疑問文」の語順は？
19. 否定疑問文の答え方は [　　] になる。
20. 原形動詞を使うところは？
21. 接続詞の 2 種類を言いなさい。
22. 「名詞が余った」とはどういうことか？
23. 名詞が余ったときの考え方は？
24. a の前から、a の後ろの名詞を修飾できる形容詞は？
25. the の前から、the の後ろの名詞を修飾できる形容詞は？
26. 名詞修飾の形容詞を a の前に引き出す副詞は？
27. [　　] と [　　] と [　　] は重複使用できない。
28. 形容詞の what の 3 種類を言いなさい。
29. a の前から、a の後ろの名詞を修飾できる what は [　　] だけである。
30. 同格とは？
31. 副詞的目的格とは？
32. 副詞的目的格を形容詞・副詞にかけるときは [　　] に置く。

質問 9 の答え　1. be 助動詞・have 助動詞・do 助動詞・一般助動詞　2. 過去分詞形・ing 形　3. 過去分詞形　4. 原形　5. 原形　6. すべての活用形　7. 原形・現在形・過去形・ing 形　8. 原形・現在形・過去形　9. 現在形・過去形　10. 述語動詞　11. 述語動詞　12. 一般　13. cannot・can't　14. 代名詞の後ろ　15. Yes, No 疑問文・疑問詞を使った疑問文　16. 疑問代名詞・疑問形容詞・疑問副詞　17. 代動詞　18. 普通の文の語順と同じ　19. 日本語と英語で「はい」「いいえ」が逆　20. to の後・do 助動詞と一般助動詞の後・命令文・make, have, let などの補語・仮定法現在　21. 等位接続詞・従属接続詞　22. 主語・動詞の目的語・前置詞の目的語・補語のどれにもなっていないということ　23. 同格・副詞的目的格・being が省略された分詞構文のどれだろうと考える　24. such・感嘆形容詞の what　25. all・both　26. so・as・too・how・however・no　27. 冠詞、所有格、this・that・these・those　28. 疑問形容詞・関係形容詞・感嘆形容詞　29. 感嘆形容詞　30. 名詞を別の名詞で言い換えること　31. 時間、距離、数量、様態を表す名詞が、前置詞がつかずに副詞の働きをすること　32. 直前

問題 6

(1) 助動詞の下に aux と記入し、それが何形か（原形、現在形、過去形のどれか）を答えなさい。
(2) 動詞の活用（原形—過去形—過去分詞形）と何形か（原形、現在形、過去形のどれか）を答え、番号（①②③④⑤）を記入しなさい。ただし、be 動詞の場合は活用は答えなくてよい。
(3) S・O・ᵃC・ⁿC を記入しなさい。
(4) 修飾する働きをしている語は品詞と矢印を記入しなさい。
(5) 前置詞＋名詞は下線を引き、そこに品詞と働きを記入しなさい。
(6) 英文全体を日本語に訳しなさい。

pupil: 生徒
〔ハウ　メニ　ピューピルズ　アー　ゼア　イン　ユア　クラス ⤵〕
1. How many pupils are there in your class?

〔ハウ　マッチ　タイム　キャニュー　スペア　ミィー ⤵〕
2. How much time can you spare me?

volcano: 火山　sign: 印　activity: 行動、活動
〔ズィス　ヴァルケイノウ　ショウズ　ノウ　サインズ　オヴ　アクティヴィティ〕
3. This volcano shows no signs of activity.

office: 事務所
〔ワット　タイム　ドゥー　ユー　オウプン　ユア　オフィス ⤵〕
4. What time do you open your office?

imperial: 帝国の　army: 陸軍　war: 戦争　behind: ～に遅れて
〔ズィ　インピアリアル　ヂァパニーズ　アーミ　ワズ　ワン　ウォー　ベハインド　ザ　タイムズ〕
5. The imperial Japanese army was one war behind the times.

〔ネヴァ　マインド　アバウト　ザット〕
6. Never mind about that.

capital: 首都
〔ランドン　ザ　キャピトル　オヴ　イングランド　スタンヅ　アン　ザ　テムズ〕
7. London, the capital of England, stands on the Thames.

〔ユー　シュドント　ドゥー　イト　ズィス　ウェイ〕
8. You shouldn't do it this way.

〔ワット　アー　ユー　ゴウイング　トゥ　コール　ザ　ベイビ ↘〕
9. What are you going to call the baby?

〔ウィ　ハフタ　テイク　ザ　バス　アンド　ゼン　チェインヂ　トゥ　アナザ　ワン〕
10. We have to take the bus and then change to another one.

〔ベイスボール　ユースト　ビ　バイ　ファー　ザ　モウスト　パピュラ　スポート　イン　ヂャパン〕
11. Baseball used to be by far the most popular sport in Japan.

問題 6 の解答

1. How many pupils are there in your class? （君のクラスには何人の生徒がいますか？）

are は現在形・述語動詞・①です。可算名詞（＝数えられる名詞）がたくさんあるときは、many を使って「many 可算名詞の複数形」（たくさんの可算名詞）という言い方をします。many は「数が多い」という意味の形容詞です。ところが、many に疑問副詞の how を付けて「how many 可算名詞の複数形」にすると、「どれくらいたくさんの可算名詞」ではなく、「どれくらいの数の可算名詞→何個の可算名詞」という意味になります。

2. How much time can you spare me? （どれくらいお時間をさいていただけますか？）

ad a O aux S ④ O

不可算名詞（＝数えられない名詞）がたくさんあるときは、much を使って「much 不可算名詞」（たくさんの不可算名詞）という言い方をします。much は「量が多い」という意味の形容詞です。ところが、much に疑問副詞の how を付けて「how much 不可算名詞」にすると、「どれくらいたくさんの不可算名詞」ではなく、「どれくらいの量の不可算名詞」という意味になります。can は可能性を表す助動詞・現在形、spare は原形・述語動詞・④です（一般助動詞が付いているので原形で、現在形の助動詞が付いているので絶対に述語動詞です）。spare は規則活用の動詞です。spare は④で使うと「与える」と「取り去る」という正反対の基本的意味を表します。**Can you spare me a few minutes?**〔キャニュー スペア ミィー ア フュー ミニッツ♪〕（2，3 分お時間をさいていただけますか？）の spare は「与える」です。**This medicine will spare him pain.**〔ズィス メディスン ウィル スペア ヒム ペイン〕（この薬は彼に痛みを味わわせないでしょう→この薬を飲むと彼は痛みがなくなるでしょう）の spare は「取り去る」です。問題文の spare は「与える」で「どれくらいの量の時間をあなたは私に与える可能性がありますか？ →どれくらいお時間をさいていただけますか？」という意味になります。

3. This volcano shows no signs of activity. （この火山は活動のどんな徴候も示していない）

a S ③ a O a

show は p. 88 参照。shows は「3 単現の s」が付いた現在形・述語動詞・③です。no を not と any に分解して、not を shows にかけ、any を signs にかけて意味を取ります。「この火山は活動のどんな徴候も示していない」となります。

4. What time do you open your office? （あなたは事務所を何時に開けますか？）

a n aux S ③ a O

副詞的目的格

do は助動詞・現在形です。open は「開ける」という意味の動詞で、規則活用です。ここの open は原形・述語動詞・③です（do 助動詞が付いているので原形で、現在形の助動詞が付いているので絶対に述語動詞です）。What は疑問形容詞で time にかかります。time は副詞的目的格で open にかかります。What time は「どんな時間に→何時に」という意味です。「あなたは事務所を何時に開けますか？」という意味になります。この英文は **At what time do you open your office?** と書くこともできます。この場合 time は前置詞の目的語です。

5. The imperial Japanese army was one war behind the times.

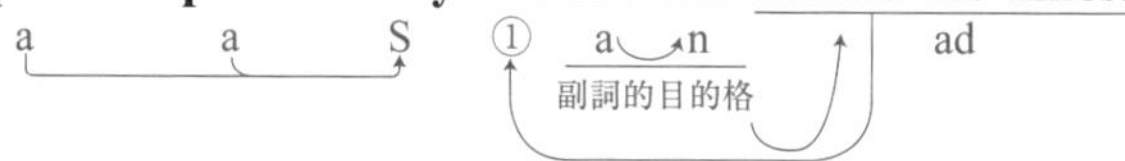

（帝国陸軍は戦争一つ分時代に遅れていた）

was は過去形・述語動詞・①です。この英文のベースは **The imperial Japanese army was behind the times.**（帝国陸軍は時代の後ろに存在していた→帝国陸軍は時代に遅れていた）です。どれくらい遅れていたかを one war（1つの戦争）という「数量を表す副詞的目的格」で表しています。one war は behind the times にかかっています。英文全体は「帝国陸軍は戦争一つ分時代に遅れていた」という意味です。これは「日本の帝国陸軍は、第一次大戦当時の装備や戦術思想で、第二次大戦を戦った」という意味です。

6. Never mind about that. （それについて気にするな）

mind は「気にする」という意味の動詞で、規則活用です。命令文なので mind は原形・述語動詞・①です。mind の主語は Never の前に省略されている You です。これは「それについて気にするな」という意味の否定命令文で、Don't mind about that. と言っても同じ意味です。mind は③でもよく用いられます。**Never mind that.**（それを気にするな）と言った場合は、mind は③で that は「動詞の目的語」です。

7. London, the capital of England, stands on the Thames.

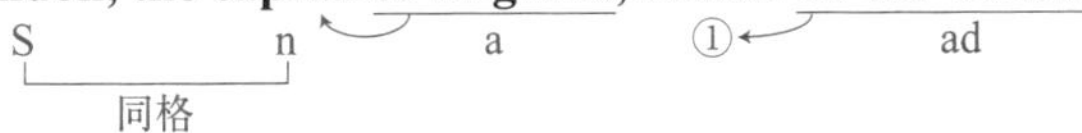

（イギリスの首都ロンドンはテムズ川に臨んでいる）

stand は p. 49 参照。stands は「3単現の s」が付いた現在形・述語動詞・①です。capital は「余っている名詞」で、働きは London と同格です。London は〔ロンドン〕ではなく〔ランドン〕です。Thames は〔テームズ〕ではなく〔テムズ〕です。川の名前には定冠詞が付きます。隅田川は the Sumida River です。on は「接触」を表す前置詞で、「天井に止まっているハエ」は a fly on the ceiling〔ア フライ アン ザ スィーリング〕と言います。英文全体は「イギリスの首都ロンドンはテムズ川に臨んでいる」という意味です。

8. You shouldn't do it this way. （君はこういうふうにそれをするべきでない）

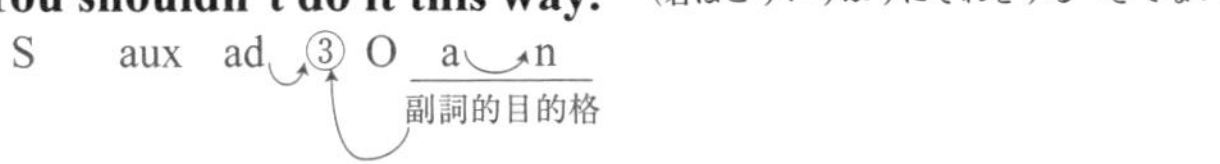

should は一般助動詞ですから現在形（shall）と過去形（should）しかありません（原形と過去分詞形と ing 形は存在しません）。**should は活用は過去形ですが、過去の意味を表しているのではありません。「義務（〜すべきだ）」と「推量（〜するはずだ）」を表します。この英文では「義務」の意味を表しています。** do は「する、行う」という意味の動詞で、活用は〔do（ドゥー）—did（ディド）—done（ダン）〕です。ここの do は原形・述語動詞・③です（一般助動詞が付いているので原形で、過去形の助動詞が付いているので絶対に述語動詞です）。this way は「様態を表す副詞的目的格」で、do にかかります（非常に厳密に言うと

this は形容詞で way にかかり、way が名詞で副詞的目的格です)。this way は in this way と言うこともできます (この場合の way は「前置詞の目的語」です)。英文全体は「君はこういうふうにそれをするべきでない」という意味です。

9. What are you going to call the baby? (あなたは赤ちゃんを何と呼ぶおつもりですか ?)
^{n}C S aux ⑤ O

are going to は「末尾に to が付く助動詞」の現在形です。もともとは「動詞 + to 不定詞」ですから「一般助動詞ではありえない性質 (= 動詞としての性質)」をもっています。たとえば現在形の形が主語の人称と数によって変化します。この英文では、主語が you なので are going to になっています。この英文では現在形ですが、原形のこともあり、その場合の形は be going to です。**be going to V は「S は V するでしょう (確度が高いと思われる近接未来に対する推量)」「S は V するつもりだ (意志)」「S は V することになっている (予定)」という意味を表します。**この英文では「意志」を表しています。この英文は疑問文なので、助動詞を主語の前に動かして疑問文にするのですが、are going to の全体を主語 (= you) の前に動かすのではなく、are だけを主語の前に動かします (実は are going は go という動詞の進行形で、are は進行形を作る be 助動詞なのです。進行形の英文を疑問文にするときは be 助動詞を主語の前に動かして疑問文の語順にします。ですから助動詞 be going to を使った英文を疑問文にするときは be だけを主語の前に動かすのです。進行形は Lesson 7 で勉強します)。call は「呼ぶ」という意味の動詞で、規則活用です。この英文の call は原形・述語動詞・⑤です (一般助動詞が付いているので原形で、現在形の助動詞が付いているので絶対に述語動詞です)。**They are going to call the baby Sarah.** (彼らは赤ちゃんをサラと呼ぶつもりだ) を考えてみると、They ≠ the baby ですから the baby は「動詞の目的語」、the baby = Sarah ですから Sarah は「補語」です。この Sarah の部分がわからないので、疑問代名詞の What に置き換えて、文頭に動かし、主語を you にすると上の疑問文になります。What の働きは、依然として「補語」です。英文全体は「あなたは赤ちゃんを何と呼ぶおつもりですか ?」という意味です。

10. We have to take the bus and then change to another one.

(私たちはそのバスに乗り、それから別のバスに乗り換えなければならない)

have to は「末尾に to が付く助動詞」の現在形です。意味は「義務、必要性 (〜しなければいけない)」です。have to は〔ハヴ トゥ〕ではなく〔ハフタ〕と発音します。もともとは「動詞 + to 不定詞」ですから「一般助動詞ではありえない性質 (= 動詞としての性質)」をもっています。たとえば現在形の形が主語の人称と数によって変化します。この英文では、主語が We なので have to になっています。もし主語が He なら has to になります。and は take と change をつなぐ等位接続詞です。take は「(乗り物に) 乗る」という意味の動詞で、活用は〔take (テイク)—took (トゥック)—taken (テイクン)〕です。ここの take は原形・述語動詞・

③です。change は、この文では「乗り換える」という意味の動詞で、規則活用です。ここの change は原形・述語動詞・①です。take も change も原形なのは一般助動詞（= have to）が付いているからで、述語動詞と断言できるのは「現在形の助動詞」が付いているからです。one は bus の代わりをする代名詞です。another one = another bus です。英文全体は「私たちはそのバスに乗り、それから別のバスに乗り換えなければならない」という意味です。なお「bus と one の働きは？」と尋ねられたら、即答できますか？ bus は「動詞の目的語」で、one は「前置詞の目的語」です。この辺があいまいだと、この先ついていけなくなります。はっきりしない人は、5-1 以降に出てきたすべての「前置詞の目的語」を確認してください。

11. Baseball used to be by far the most popular sport in Japan.

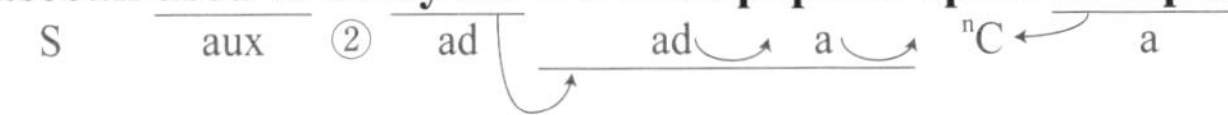

（かつて野球は日本では飛び抜けて人気のあるスポーツだった）

used to は「末尾に to が付く助動詞」で、過去形しかありません。**「used to 動作動詞」は「昔はよく V したものだった（今はしないが）」という意味を表し、「used to 状態動詞」は「昔は〜の状態だった（今は違うが）」という意味を表します。**be 動詞は状態動詞ですから、Baseball used to be . . . は「野球は昔は . . . だった（今は違うが）」という意味です。ここの popular は「人気がある」という意味で、これに most（最も）という副詞を付けて most popular とすると「最も人気がある」という意味になります。これを popular の最上級といいます。「日本で最も人気があるスポーツ」と言えば 1 つに決まりますから定冠詞の the がついています。**by far はこの 2 語で 1 つの副詞です。これを最上級にかけると「2 位以下との差が大きい」ことを表します。**by far the most popular sport は「断トツで最も人気があるスポーツ」という意味です。by far は the を越えて most popular にかかっているのではなく、the most popular の全体にかかっています。used to は助動詞・過去形、be は原形・述語動詞・②です（一般助動詞がついているので原形を使い、過去形の助動詞がついているので絶対に述語動詞です）。

column 4 品詞の重層構造

品詞が大事なことに気がついて、品詞を言えるようにしようとする人もいます。いわゆる「品詞分解」と呼ばれている勉強です。しかし、軽い気持ちで手を出すと必ず挫折します。**品詞分解が挫折する原因は、品詞が重層構造になっていることです。**「異なる品詞の複数の語が合体してまったく別の品詞になったり」「1つの語が同時に2つの品詞を兼ねていたり」「数行にわたる長い語群が全体として1つの品詞になる」といったことが、ごく普通に起こります。そのために、ちょっと複雑な英文になると品詞分解できなくなってしまうのです。

たとえば **Mary sat on the chair.**（メアリーはその椅子に座った）を品詞分解してみましょう。Maryは名詞、satは動詞、onは前置詞、theは冠詞、chairは名詞です。完璧に品詞分解しています。

ところで、**品詞分解は何のためにやるのでしょう？ それは、各品詞は英文中での働き（＝他の語に対してもつ関係）が厳密に限定されていて、限定外の働きで使うと誤りになるので、品詞を確認して、その限定内で使うためです**（←これができることが「英文を構成する1単語1単語の働きを正確に認識して、自分で意識的にコントロールできる」ということです）。この視点からすると「Maryは名詞、satは動詞」はこれで目的を達する（＝Maryの働き、satの働きを、それぞれ名詞、動詞を媒介にして限定できる）のですが、「onは前置詞、theは冠詞、chairは名詞」はこれだけでは目的を達しないのです。on the chairは3語が一体となって形容詞か副詞となり、したがってon the chairの働きは形容詞を媒介にして「名詞修飾・補語」、副詞を媒介にして「動詞修飾・形容詞修飾・他の副詞修飾・文修飾」に限定されるのです。つまり**「品詞を媒介にして働きを限定する」という品詞分解の目的**からすると「onは前置詞、theは冠詞、chairは名詞」という品詞分解は、これだけでは目的を達しないのです。さらに「on the chairは形容詞か副詞」という品詞分解を行って初めて品詞分解をした目的に適うのです。これが品詞の重層構造です。

もう1つ例を挙げましょう。**Mary likes driving the car.**（メアリーはその車を運転するのが好きだ）を品詞分解してみます。Maryは名詞、likesは動詞（現在形）、drivingは動詞（ing形）、theは冠詞、carは名詞です。完璧に品詞分解しています。ところで「Maryは名詞、likesは動詞、theは冠詞、carは名詞」はこれで目的を達する（＝Maryの働き、likesの働き、theの働き、carの働きを、それぞれ名詞、動詞、冠詞、名詞を媒介にして限定できる）のですが、「drivingは動詞」はこれだけでは目的を達しないのです。drivingは動詞の他に名詞を兼ねていて、したがってdrivingの働きは動詞を媒介にして「①②③④⑤」、名詞を媒介にして「主語・動詞の目的語・前置詞の目的語・補語・同格」に限定されるのです（このように動詞が他の品詞を兼ねる現象を準動詞といいます）。つまり「品詞を媒介にして働きを限定する」という品詞分解の目的からすると「drivingは動詞」と分解しただけでは目的を達しないのです。さらに「drivingは名詞も兼ねる」という品詞分解を行って初めて品詞分解をした目的に適うのです。これが品詞の重層構造です。

ここでは例を挙げませんが、名詞節・形容詞節・副詞節という従属節も、語群が全体として名詞・形容詞・副詞になる現象で、やはり品詞の重層構造です。この品詞の重層構造を上手く処理しないと（それも品詞分解をする目的に適うように処理しないと）何がなんだかわからなくなって、結局挫折してしまうのです。明治の昔から、心有る先生は、この障害に手を焼きながら、それでもなんとか工夫して品詞分解を教えてきました。

私の工夫は次の3つです。

1. 前置詞＋名詞は下線を引いて一体化して形容詞または副詞とする。

2. 準動詞は下にＴ字の記号を書いて、2つの品詞を兼ねていることを明示する。

3. 従属節はカッコでくくって一体化して名詞または形容詞または副詞とする。

実際にやってみればわかりますが、これは非常にわかりやすい表示法です。ぜひみなさんはこのやり方で品詞分解の障害を乗り越えてください。

参照 「前置詞」p. 46
「準動詞」p. 205
「従属節」p. 185

Lesson 7

進行形

7-1　ing 形の枠組み

・動詞の ing 形は次の枠組みの中で使われます。[注1]

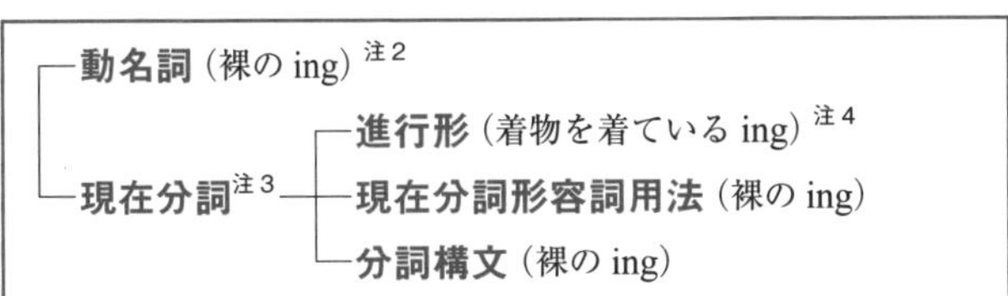

ing の可能性

進行形	（着物を着ている / 述語動詞のこともあれば準動詞のこともある）[注5]
動名詞	（裸 / 必ず準動詞）
現在分詞形容詞用法	（裸 / 必ず準動詞）
分詞構文	（裸 / 必ず準動詞）

注 1　動詞の活用の 5 番目である **ing 形は動名詞と現在分詞に二分されます**。動名詞と現在分詞は、形は同じですが、まったく別物ですから、分けて扱わなければいけません。この枠組みの中には「準動詞」「動名詞」「現在分詞」「現在分詞形容詞用法」「分詞構文」といった、まだ勉強していない言葉が出てきています。中身がわからないのに、ただ言葉だけを暗記するのは苦痛ですが、ここは非常に大事なところなので、とりあえず頑張って、上の 2 つの囲みを暗記してください。これがどのように大事なのか（＝英文を書いたり読んだりするときに、どのように使うのか）ということは、勉強が進むと次第にわかってきます。「英語の仕組み」全体の中での「ing の可能性」の位置付けを先に知りたい方は「コラム 6 英語の仕組み（p. 178）」を見てください。

注 2「裸の ing」は「助動詞がついていない ing 形の動詞」です。**ing 形の動詞に付く助動詞は be 助動詞だけですから、「裸の ing＝be 助動詞が付いていない ing 形動詞＝進行形になっていない ing 形動詞」**です。

注 3 現在分詞は現在のことを表しているわけではありません。同様に過去分詞は過去のことを表しているのではありません。現在分詞、過去分詞の「現在」「過去」は誤称です。現在、過去にこだわらず、たんなる符丁として使うようにしてください。

注 4 **「着物を着ている ing」は「be 助動詞が付いている ing 形動詞＝進行形になっている ing 形動詞」**です。

注 5 述語動詞と準動詞は 12-1 で勉強します。今はわからなくてよいです。なお、**進行形が準動詞になるのは to be -ing という進行形不定詞の場合だけ**です。これは 12-16 で勉強します。

質問 10 次の質問に答えなさい（スラスラ言えるようになるまで練習してください）。

1. ing の可能性は？
2. 裸の ing の可能性は？
3. 着物を着ている ing の可能性は？
4. 現在分詞の可能性は？
5. 裸の現在分詞の可能性は？
6. 着物を着ている現在分詞の可能性は？
7. 着物を着ている動名詞の可能性は？
8. ing 形の動詞が着る着物は？

質問 10 の答え 1. 進行形・動名詞・現在分詞形容詞用法・分詞構文　2. 動名詞・現在分詞形容詞用法・分詞構文　3. 進行形　4. 進行形・現在分詞形容詞用法・分詞構文　5. 現在分詞形容詞用法・分詞構文　6. 進行形　7. ない　8. be 助動詞

7-2 進行形の作り方と捉え方

・ing 形の動詞の前に be 助動詞を付けると「～している」という意味を表します。
・この表現（＝be 助動詞＋ing 形動詞）を「進行形」といいます。
・進行形の「be 助動詞＋ing 形動詞」は次の 2 つの捉え方があります。[注 1]

1. 辞書の捉え方

・be 助動詞と ing 形動詞を別の語として扱い、be 助動詞を助動詞、ing 形動詞を動詞と捉える。

2. 学校文法の捉え方

・be 助動詞と ing 形動詞を「目に見えない透明のハイフン」でつなぎ、「be 助動詞＋ing 形動詞」の全体を 1 つの動詞と捉える。

・この動詞の活用は be の部分の形によって決定する。注2

辞書の捉え方

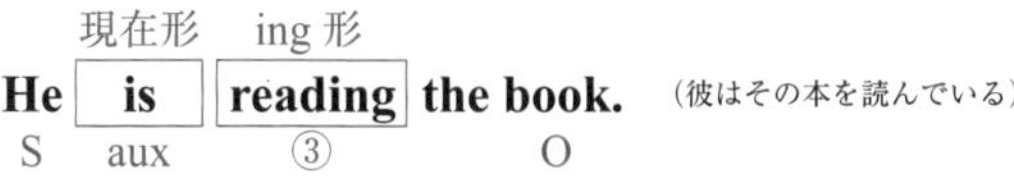

is は助動詞・現在形、reading は ing 形・述語動詞・③です（現在形の助動詞が付いているので絶対に述語動詞です）。reading は「着物を着ている ing」です（着物は is です）。reading は現在分詞で「ing の可能性」の中の進行形で使われています。

学校文法の捉え方

is reading は 1 つの動詞です。is reading は現在形・述語動詞・③です（現在形の動詞なので絶対に述語動詞です）。is reading の原形は be reading、過去形は was reading、過去分詞形は been reading です。ing 形は理屈では being reading になりますが、実際には使われません。

注 1 **このように異なる「2 つの捉え方」をするのは、動詞・助動詞に「活用の 4 ルール」（＝「原形動詞を使うところ」「現在形・過去形は絶対に述語動詞」「p.p. の可能性」「ing の可能性」）をストレートに（＝改定せずにそのまま）当てはめられるようにするためです。このようにして「コラム 5 (p. 148)」でお話しする「活用の重層構造」という障害を乗り越えるのです。**「2 つの捉え方」を使い分けると、動詞・助動詞で起こっている現象を隅から隅まで完全に把握して、意識的にコントロールできるのです。英文構造の根幹である動詞・助動詞を意識的にコントロールできなければ、結局は丸暗記とフィーリングに頼って、なんとなく「いつもこうだから、多分これでいいんだろう」という次元で読み書きすることになります。

このように**「2つの捉え方」をするのはbe助動詞と完了準動詞だけです。**細かく言うと「進行形」「受身」「完了不定詞」「完了動名詞」「完了現在分詞」の5つです。「2つの捉え方」は「進行形や受身が準動詞になっている英文」や「進行形と受身がドッキングしている英文（＝be助動詞がダブルで使われている英文）」で特に威力を発揮します。みなさんはまだ、私がここで言っていることはチンプンカンプンで、ただただ「面倒くさいことになってきたぞ」と感じるだけだと思います。でも、慣れれば当たり前になって、動詞・助動詞の構造に関するいかなる質問にも自信を持って即答できるようになります。逃げずに練習してください。

なお、これから**進行形・受身の構造についていろいろ質問しますが、通常は「学校文法の捉え方」で答え、求められたら「辞書の捉え方」で答えるようにしてください。**

注2 **この動詞（＝進行形の動詞）には原形（＝be -ing）、現在形（＝am -ing / is -ing / are -ing）、過去形（＝was -ing / were -ing）、過去分詞形（＝been -ing）はありますが、ing形（＝being -ing）はありません**（＝使われません）。

質問11 次の質問に答えなさい（スラスラ言えるようになるまで練習してください）。

He is reading the book.

1. この文の述語動詞は？
2. 絶対に述語動詞と言えるか？
3. なぜか？
4. 現在形の動詞とはどれのことか？
5. is readingは何番か？
6. is readingを過去形に変えなさい。
7. is readingを原形に変えなさい。
8. is readingを過去分詞形に変えなさい。
9. is readingをing形に変えなさい。
10. readingの品詞は？
11. readingは何形か？
12. ing形は大きく2つに分けると何と何か？
13. readingはどちらか？
14. 現在分詞の可能性は？
15. ingの可能性は？

16. reading はその中のどれか？
17. reading は何番か？
18. reading は着物を着ているか裸か？
19. 着物はどれか？
20. 着物を着ている ing の可能性は？
21. reading は述語動詞か準動詞か？
22. 絶対にそうだと言えるか？
23. なぜか？
24. is の品詞は？
25. is は何形か？
26. be 助動詞の後には何形の動詞がくるか？

質問 11 の答え 1. is reading 2. 言える 3. 現在形だから 4. is reading 5. ③ 6. was reading 7. be reading 8. been reading 9. 変えられない（ing 形はないから） 10. 動詞 11. ing 形 12. 現在分詞と動名詞 13. 現在分詞 14. 進行形・現在分詞形容詞用法・分詞構文 15. 進行形・動名詞・現在分詞形容詞用法・分詞構文 16. 進行形 17. ③ 18. 着物を着ている 19. is 20. 進行形 21. 述語動詞 22. 言える 23. 現在形の助動詞が付いているから 24. 助動詞 25. 現在形 26. 過去分詞形・ing 形（過去分詞形の動詞がくると受身になります←Lesson 8 で勉強します）

7-3 進行形になれる動詞

・すべての動詞が進行形になれるわけではありません。

動作動詞 → 進行形になる
状態動詞 → 進行形にならない[注]

・状態動詞は次のような動詞です。

have	〔ハヴ〕持っている	own	〔オウン〕所有している
know	〔ノウ〕知っている	resemble	〔リゼンブル〕似ている
depend	〔ディペンド〕依存している	belong	〔ビロング〕属している
contain	〔コンテイン〕含んでいる		

注 **ただし「〜である」という意味の be 動詞（②です）は、状態動詞ですが、進行形になれます。**形は S be being 〜. となります。be は助動詞で、実際には am, is, are, was, were のどれかになります。being は動詞の ing 形です。be being は「進行形」を表す

1 つの動詞で「働きは②」です。「S は今一時的に〜である」という意味です。「ある、いる、存在する」という意味の be 動詞（①です）は進行形になれません。

7-4 進行形が表す意味

・進行形は以下の意味を表します。

進行中 **反復的動作** **一時的状態** **近い未来の予定**

〔オータム イズ アプロウチング〕

Autumn is approaching. （秋が近づきつつある）
S ①

approach は「接近する」という意味の動詞で、規則活用です。is は助動詞・現在形、approaching は ing 形・述語動詞・①です（現在形の助動詞が付いているので絶対に述語動詞です）。approaching は現在分詞で、「着物を着ている ing」で（着物は is）、「ing の可能性」の中の進行形で使われています。これが辞書の捉え方です。is approaching は 1 つの動詞で、現在形・述語動詞・①です（現在形の動詞なので絶対に述語動詞です）。これが学校文法の捉え方です。この進行形は「進行中」を表しています。

〔アイ アム カンスタントリ フォゲッティング ピープルズ ネイムズ〕

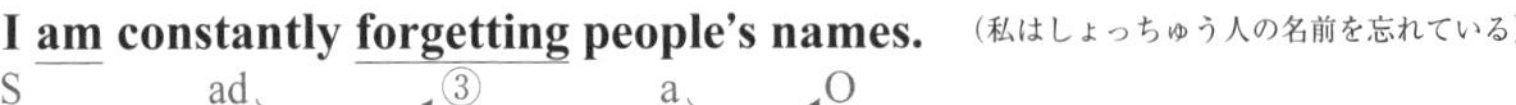

I am constantly forgetting people's names. （私はしょっちゅう人の名前を忘れている）
S ad ③ a O

forget は「忘れる」という意味の動詞で、活用は〔forget（フォゲット）―forgot（フォガット）―forgotten（フォガトン）または forgot〕です。am は助動詞・現在形、forgetting は ing 形・述語動詞・③です（現在形の助動詞が付いているので絶対に述語動詞です）。forgetting は現在分詞で、「着物を着ている ing」で（着物は am）、「ing の可能性」の中の進行形で使われています。これが辞書の捉え方です。am forgetting は 1 つの動詞で、現在形・述語動詞・③です（現在形の動詞なので絶対に述語動詞です）。これが学校文法の捉え方です。この進行形は「反復的動作」を表しています。

〔アイ アム ビーイング ヴェリ ケアフル〕

I am being very careful. （私は今とても気をつけています）
S ② ad aC

am は助動詞・現在形、being は ing 形・述語動詞・②です (現在形の助動詞が付いているので絶対に述語動詞です)。being は現在分詞で、「着物を着ている ing」で (着物は am)、「ing の可能性」の中の進行形で使われています。これが辞書の捉え方です。am being は 1 つの動詞で、現在形・述語動詞・②です (現在形の動詞なので絶対に述語動詞です)。これが学校文法の捉え方です。**be 動詞の進行形は「一時的状態」を表します。**進行形にしないで **I am very careful.** と言うと「恒久的性質」を表します。「私はとても慎重 (な性格) です」という意味です。

〔ウィ　アー　スターティング　ズィス　イーヴニング〕

We are starting this evening.　(私たちは今晩出発する予定です)
S　①　副詞的目的格

start は「出発する」という意味の動詞で、規則活用です。are は助動詞・現在形、starting は ing 形・述語動詞・①です (現在形の助動詞が付いているので絶対に述語動詞です)。starting は現在分詞で、「着物を着ている ing」で (着物は are)、「ing の可能性」の中の進行形で使われています。これが辞書の捉え方です。are starting は 1 つの動詞で、現在形・述語動詞・①です (現在形の動詞なので絶対に述語動詞です)。これが学校文法の捉え方です。この進行形は「近い未来の予定」を表しています。

7-5 助動詞＋進行形

・進行形の動詞には have 助動詞 / do 助動詞 / 一般助動詞を付けることができます。

have + been + -ing 注1
Don't + be + -ing 注2
一般助動詞 + be + -ing

注 1 これは完了進行形と呼ばれます。9-5 で勉強します。
注 2 これは進行形の否定命令文です。

〔アイ　ハヴ　ビン　ウェイティング　フォー　ユー〕

I have been waiting for you.　(私は今まで君を待っていた)
S　aux　①　ad

have は助動詞・現在形です (←9-2 で勉強します)。been は助動詞・過去分詞形、waiting は ing 形・述語動詞・①です。wait は「待つ」という意味の動詞で、規則活用です。waiting は現在分詞で、「着物を着ている ing」で (着物は been)、「ing の可能性」の中の進行形で使われています。これが辞書の捉え方です。

have は助動詞・現在形、been waiting は 1 つの動詞で、過去分詞形・述語動詞・①です（現在形の助動詞が付いているので絶対に述語動詞です）。been waiting は「着物を着ている過去分詞」で（着物は have）、「過去分詞の可能性」の中の完了で使われています（←9-2 で勉強します）。これが学校文法の捉え方です。この英文の have been waiting は「現在完了進行形」で継続の意味（＝前から～し続けている）を表します（←9-5 で勉強します）。

waiting には「ing の可能性」のルールがストレートに適用になります（当たり前です）。これと同じように、been waiting を「1 つの動詞の過去分詞形」にすると、been waiting に「p.p. の可能性」のルールをストレートに適用して、その枠組み内で処理できるのです。みなさんは、まだ「8-1 過去分詞形の枠組み」を勉強していないのでピンとこないかもしれませんが、「2 つの捉え方」を面倒くさいといって嫌う人がいるので先に一言しました。

〔ヒー メイ ビ ウェイティング フォー ユー ナウ〕

He may be waiting for you now. （彼は今君を待っているかもしれない）

S aux ① ad ad

may は助動詞・現在形です（「～するかもしれない」という推量の意味を表します）。be は助動詞・原形、waiting は ing 形・述語動詞・①です。waiting は現在分詞で、「着物を着ている ing」で（着物は be）、「ing の可能性」の中の進行形で使われています。これが辞書の捉え方です。may は助動詞・現在形、be waiting は 1 つの動詞で、原形・述語動詞・①です（現在形の助動詞が付いているので絶対に述語動詞です）。be waiting は「原形動詞を使うところ」の中の「一般助動詞の後」で使われています。これが学校文法の捉え方です。

7-6 進行形の否定文と疑問文

7-6-1 進行形の否定文

・進行形の否定文は助動詞の後に not を置きます。

be + not + -ing
have + not + been + -ing[注1]
一般助動詞 + not + be + -ing

注 1 これは完了進行形を否定した形です。9-5 で勉強します。

〔ヒー イズ ナット ワッチング ティーヴィー ナウ〕

He is not watching TV now. （彼は今テレビを見ていない）

S ad ③ O ad

watch は「見る」という意味の動詞で、規則活用です。is は助動詞・現在形、watching は ing 形・述語動詞・③です（現在形の助動詞が付いているので絶対に述語動詞です）。これが辞書の捉え方です。is watching は現在形・述語動詞・③です（現在形の動詞なので絶対に述語動詞です）。これが学校文法の捉え方です。この進行形は「進行中」を表しています。短縮形で **He isn't watching TV now.** あるいは **He's not watching TV now.** と言うこともできます。

〔ヒー　ハズ　ナット　ビン　ワッチング　ティーヴィー〕

He has not been watching TV.　（彼はテレビを見ていたのではない）

S　aux　ad　③　O

has は助動詞・現在形、been は助動詞・過去分詞形、watching は ing 形・述語動詞・③です。watching は been という着物を着て「ing の可能性」の中の進行形で使われています。これが辞書の捉え方です。has は助動詞・現在形、been watching は過去分詞形・述語動詞・③です（現在形の助動詞が付いているので絶対に述語動詞です）。been watching は has という着物を着て「過去分詞の可能性」の中の完了で使われています（←9-2 で勉強します）。これが学校文法の捉え方です。has been watching は「現在完了進行形」で継続の意味（＝前から～し続けている）を表します（←9-5 で勉強します）。短縮形で **He hasn't been watching TV.** あるいは **He's not been watching TV.** と言うこともできます。

〔ヒー　メイ　ナット　ビ　ワッチング　ティーヴィー　ナウ〕

He may not be watching TV now.　（彼は今テレビを見ていないかもしれない）

S　aux　ad　③　O　ad

may は助動詞・現在形です（「～するかもしれない」という推量の意味を表します）。be は助動詞・原形、watching は ing 形・述語動詞・③です。watching は現在分詞で、「着物を着ている ing」で（着物は be）、「ing の可能性」の中の進行形で使われています。これが辞書の捉え方です。be watching は 1 つの動詞で、原形・述語動詞・③です（現在形の助動詞が付いているので絶対に述語動詞です）。be watching は「原形動詞を使うところ」の中の「一般助動詞の後」で使われています。これが学校文法の捉え方です。この進行形は「進行中」の意味を表しています。

7-6-2 進行形の疑問文

・進行形の疑問文は主語の前に助動詞を出します。[注2]

Be＋主語＋-ing . . . ? Have＋主語＋been＋-ing . . . ? 一般助動詞＋主語＋be＋-ing . . . ?

注 2　ただし「疑問代名詞」または「疑問形容詞＋名詞」または「疑問副詞＋形容詞＋名詞」が主語になっているとき（＝主部に疑問詞が含まれているとき）は普通の文と同じ語順になります（6-6-4 参照）。

〔イズ　ヒー　ウェイティング　フォー　ハー　ナウ ↗〕

Is he waiting for her now?　（彼は今彼女を待っているのですか？）

S　①　ad　ad

Is は助動詞・現在形、waiting は ing 形・述語動詞・①です（現在形の助動詞が付いているので絶対に述語動詞です）。疑問文なので主語の前に助動詞が出て「疑問文の語順」になっています（6-6-1 疑問文の語順 4. 述語動詞が「着物を着ている一般動詞」のときは、助動詞を主語の前に出します）。これが辞書の捉え方です。Is と waiting は分離しているが、あくまでも Is waiting が 1 つの動詞の現在形・述語動詞・①。これが学校文法の捉え方です。

〔ハズ　ヒー　ビン　ウェイティング　フォー　ハー↗〕

Has he been waiting for her?　（彼は前から彼女を待ち続けているのですか？）

aux　S　①　ad

Has は助動詞・現在形、been は助動詞・過去分詞形、waiting は ing 形・述語動詞・①です。waiting は been という着物を着て「ing の可能性」の中の進行形で使われています。これが辞書の捉え方です。Has は助動詞・現在形、been waiting は過去分詞形・述語動詞・①です（現在形の助動詞が付いているので絶対に述語動詞です）。been waiting は Has という着物を着て「過去分詞の可能性」の中の完了で使われています（←9-2 で勉強します）。疑問文なので主語の前に助動詞が出て「疑問文の語順」になっています（6-6-1 疑問文の語順 4. 述語動詞が「着物を着ている一般動詞」のときは、助動詞を主語の前に出します）。これが学校文法の捉え方です。学校文法によれば「着物を着ている一般動詞」は been waiting です。勘違いしないでください。ここで言っている「着物」は been ではなくて Has です。been waiting という「過去分詞形の一般動詞」が Has という着物を着ているのです。そこで Has を主語の前に出して疑問文の語順にしているのです。

たしかに been は助動詞です。すなわち「着物」です。しかし been という着物を着ているのは waiting という ing 形の動詞です（これは辞書の捉え方です）。He has become a doctor.〔ヒー　ハズ　ビカム　ア　ダクタ〕（彼は医師になった）という英文を考えてみましょう（has become は現在完了ですから Lesson 9 で勉強します）。この英文の become は「着物を着ている一般動詞」です。このとき「たしかにそうだ。come という一般動詞が be という着物を着ている」と考える人はいないでしょう？「been waiting は『着物を着ている一般動詞』だ」と言ったときに「たしかにそうだ。waiting という一般動詞が been という着物を着ている」と考えるのはこれと同じ間違いです。become という

「過去分詞形の一般動詞」がhasという着物を着ているから「becomeは『着物を着ている一般動詞』だ」と言ったのです。これと同じように、been waitingという「過去分詞形の一般動詞」がHasという着物を着ているから「been waitingは『着物を着ている一般動詞』だ」と言ったのです。こんな説明は聞いたこともないでしょうから、初めは度肝を抜かれて、頭が混乱しますが、慣れればごく簡単なことです。すぐに当たり前になってしまいます。この捉え方ができなければ「活用の重層構造 (p. 148)」は乗り越えられません。頑張りましょう。

〔フー　イズ　ヒー　ウェイティング　フォー　ナウ〕

Who is he waiting for now?　（彼は今誰を待っているのですか？）
S ① ad ad

isは助動詞・現在形、waitingはing形・述語動詞・①です (現在形の助動詞が付いているので絶対に述語動詞です)。疑問文なので主語の前に助動詞が出て「疑問文の語順」になっています (6-6-1 疑問文の語順 4. 述語動詞が「着物を着ている一般動詞」のときは、助動詞を主語の前に出します)。これが辞書の捉え方です。is waitingは現在形・述語動詞・①です (現在形の動詞なので絶対に述語動詞です)。これが学校文法の捉え方です。Whoは前置詞forの目的語です。理屈ではWhom is he waiting for now? となるはずですが、現在の英語ではWhomを文頭で使うのは不自然に感じられるので、Whoにします。どうしてもwhomを使いたければ**For whom is he waiting now?** とすれば可能です (p. 83 参照)。ただし、この英文は文語体です。

〔フー　イズ　ウェイティング　フォー　ヒム　ナウ〕

Who is waiting for him now?　（誰が今彼を待っているのですか？）
S ① ad ad

isは助動詞・現在形、waitingはing形・述語動詞・①です (現在形の助動詞が付いているので絶対に述語動詞です)。これが辞書の捉え方です。is waitingは現在形・述語動詞・①です (現在形の動詞なので絶対に述語動詞です)。これが学校文法の捉え方です。Whoは主語です。主語が疑問詞なので、疑問文ですが「普通の文の語順」と同じです (6-6-4 参照)。

7-7　進行形に似て非なる表現

・表面上「S be -ing . . . 」でも、進行形でないことがあります。

〔ア　ダイアモンド　イズ　ミスィング　フロム　ザ　バックス〕

A diamond is missing from the box.　（ダイアモンドが箱からなくなっている）
S ② aC ad

is missingが進行形だとすると動詞型は①です。そこでmissという動詞が①で使われるときどういう意味を表すかを辞書で調べます。具体的にはmissのviあるいは㊐と書いてあるところで、②ではなく①のときの意味を見ます。すると、②で使う用法は出ておらず、①のときは「目標に当たりそこねる」という意味であることがわかります。**The shot missed.**（その弾は外れた）のような例文が出ています。これをこの英文に当てはめると「ダイアモンドは、箱から、目標に外れつつある」となります。これでは意味が通りません。ですから進行形ではありません。辞書はこのように使うのです。missingは、動詞のing形ではなく「行方不明の」という意味の純粋な形容詞です。働きはisの補語です。isは、be助動詞ではなく、be動詞の現在形・述語動詞です。動詞型は②で、意味は「〜である」です。

〔ヒズ　ハビ　イズ　フィシング　フォー　トラウト〕

His hobby is fishing for trout.　（彼の趣味は鱒を釣ることです）

a → S　②　ⁿC｜① ← ad

この英文のfishは「釣りをする」という意味の動詞で、規則活用です。この英文が進行形だと「彼の趣味は、今、鱒を釣りつつある」となり、まったく意味が通りません（釣りをするのは人間です）。このfishingは動詞のing形で、「ingの可能性」の中の「動名詞」です。動名詞は動詞と名詞の一人二役をする準動詞です。意味は「釣ること」です。isは、be助動詞ではなく、be動詞の現在形・述語動詞です。働きは②で、意味は「〜である」です。fishingは補語です。動名詞は18-2で勉強します。なお、**He is fishing for trout.** は進行形の英文で「彼は今鱒釣りをしている」という意味です。この英文のisはbe助動詞の現在形で、fishingは現在分詞で、「ingの可能性」の中の「進行形」で使われています。is fishingは現在形・述語動詞・①です。

〔ズィス　プラブレム　イズ　パズリング　トゥ　ミィー〕

This problem is puzzling to me.
a S ② ③-ing ad
ᵃC
（この問題は私には不可解だ）

この英文のpuzzleは「当惑させる」という意味の③の動詞で、規則活用です。そこで**This problem is puzzling me.**（この問題は私を当惑させている）は進行形の英文です。is puzzlingは現在形・述語動詞・③で、meは「動詞の目的語」です。ところで、**一部の③の動詞のing形は、目的語を付けずに、形容詞として使うことができます（これは「ingの可能性」の中の現在分詞形容詞用法です）。この場合は「〜を③するような性質をもっている」という意味を表します**（「〜」は書いてないので「意味上の目的語」と呼ばれて、聞き手が前後関係から適切な名詞を補います）。この用法は15-3, 4, 5で勉強します。puzzlingをこの用法で使うと「人を当惑させるような性質をもっている」という意味になります。これが上の英文で、isはbe動詞の現在形・述語動詞で②です。puzzlingは現在分詞形容詞用法で補語です。meは前置詞の目的語です。「この問題は、私にとって、人を当惑させような性質をもっている、である→この問題は私には不可解だ」となります。この英文は「この問題は、私にとって、人を当惑させような性質の問題だ」と言っているだけです。ですから「私は今この問題を敬遠して手を付けていない」かもしれません。この場合は、手を付けていないのですから、私は今当惑していません。

〔ゼイ　アー　パズリング　プラブレムズ〕

They are puzzling problems. （それらは不可解な問題だ）
S　②　③-ing　^{n}C

They are puzzling me. は「それらは私を当惑させている」という意味の進行形の英文です。しかし、上の英文を進行形で読むと「それら（あるいは、彼ら）は問題を当惑させている」となって意味が通りません。この puzzling は「人を当惑させるような性質を持っている」という意味の現在分詞形容詞用法で problems を修飾しています。are は be 動詞の現在形・述語動詞で②です。problems は補語です。「それらは、人を当惑させるような性質をもっている問題です→それらは不可解な問題だ」となります。

〔ウィ　アー　ゴウイング　トゥ　ヴィズィット　イングランド　ズィス　サマ〕

We are going to visit England this summer. （今年の夏はイギリスに行く予定です）
S　aux　③　O　副詞的目的格　（今年の夏はイギリスに行くつもりです）

are going to は「末尾に to が付く助動詞」の現在形です（p. 96 参照）。「予定」または「意志」を表しています。visit は「訪問する」という意味の動詞で、規則活用です。ここの visit は原形・述語動詞・③です（現在形の助動詞が付いているので絶対に述語動詞です）。visit を削除して **We are going to England this summer.** にすると進行形の英文になります。are going は現在形・述語動詞・①です。to England は「前置詞＋名詞」の副詞句で、are going にかかります。この進行形は「近い未来の予定」を表しています。「今年の夏はイギリスに行く予定です」という意味です。

問題 7

(1) 助動詞の下に aux と記入し、それが何形か（現在形、過去形のどちらか）を答えなさい（be 助動詞は学校文法で捉えなさい）。
(2) 動詞が何形かを答え、番号（①②③④⑤）を記入しなさい（動詞は学校文法で捉えなさい）。
(3) S・O・^{a}C・^{n}C を記入しなさい。
(4) 修飾する働きをしている語は品詞と矢印を記入しなさい。

(5) 前置詞＋名詞は下線を引き、そこに品詞と働きを記入しなさい。
(6) 英文全体を日本語に訳しなさい。

neat: きちんとした

〔リズ イズ ビーイング ニート アンド クリーン トゥデイ〕
1. Liz is being neat and clean today.

〔ワット アー ユー ドゥーイング ナウ〕
2. What are you doing now?

〔ワット アー ユー ドゥーイング トゥナイト〕
3. What are you doing tonight?

〔ワット ウィル ユー ビ ドゥーイング トゥナイト〕
4. What will you be doing tonight?

〔イン ゾウズ デイズ ウィ ワー ゲッティング アップ アト セヴン オクラック アンド ゴウイング トゥ ワーク〕
5. In those days, we were getting up at seven o'clock and going to work.

問題 7 の解答

1. Liz is being neat and clean today. （リズは今日は清潔で小綺麗にしている）
S ② ªC + ªC ad

これは be 動詞の現在進行形の英文で、「一時的状態」を表します（p. 113 参照）。この問題は「動詞は学校文法で捉える」ように指定されています。そこで is being が現在形・述語動詞・②です（現在形の動詞なので絶対に述語動詞です）。
辞書で捉えてみると、is は助動詞・現在形、being は ing 形・述語動詞・②です（現在形の助動詞が付いているので絶対に述語動詞です）。is と being は品詞が違うことに注意してください。

2. What are you doing now? （あなたは今何をしていますか？）
O S ③ ad

are doing は現在形・述語動詞・③です（現在形の動詞なので絶対に述語動詞です）。この動詞はp. 102参照。この進行形は「進行中」の意味です。Whatは疑問代名詞で、are doingの目的語です。

辞書で捉えると、areは助動詞・現在形、doingはing形・述語動詞・③です（現在形の助動詞が付いているので絶対に述語動詞です）。疑問文なので主語の前に助動詞が出て「疑問文の語順」になっています

3. What are you doing tonight?
O S ③ ad

（あなたは、今晩は何をしているんですか？）
（あなたは、今晩は何をする予定ですか？）
（あなたは、今晩は何をするつもりですか？）

are doingは現在形・述語動詞・③です。この進行形は、発話時が夜のときは「進行中」の意味です。「あなたは、今晩は何をしているんですか？」という意味です。それに対して、発話時が昼間のときは「予定」か「意志」の意味です。「あなたは、今晩は何をする予定ですか？」あるいは「あなたは、今晩は何をするつもりですか？」という意味です。

4. What will you be doing tonight? （あなたは、今晩は何をしているでしょうか？）
O aux S ③ ad

この助動詞は一般助動詞ですから**現在形（will）と過去形（would）しかありません**（原形と過去分詞形とing形は存在しません）。**willは「単純未来（＝未来のことについて「〜するだろう」と単純に推量している）」の他に「予定」や「意志」を表すこともあります。**willは助動詞・現在形、be doingは原形・述語動詞・③です（現在形の助動詞が付いているので絶対に述語動詞です）。be doingは「原形動詞を使うところ」の中の「一般助動詞の後」です。疑問文なので主語の前に助動詞が出て「疑問文の語順」になっています。

辞書で捉えると、willは助動詞・現在形、beは助動詞・原形、doingはing形・述語動詞・③です。

will be V-ingは「未来進行形」と呼ばれて、未来における進行中の動作を「〜しているだろう」と単純に推量しています。なお**「未来形」というのは「will 原形動詞」と「shall 原形動詞」という特定の表現の呼び名であって、活用ではありません。**活用は「will, shallは現在形、その後ろに続く動詞は原形」です。

5. In those days, we were getting up at seven o'clock and going to work.
a 文ad S ① ad ad ad + ① ad

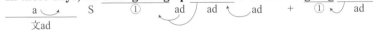

（当時は、私たちは7時に起きて、仕事に行っていました）

getはp. 78参照。この英文ではget upで「起床する」という意味を表します（upは副詞でgetにかかります）。goは「行く」という意味の動詞で、活用は〔go（ゴウ）—went（ウェント）—gone（ゴン）〕です。wereはgettingとgoingの両方に付いています。were gettingとwere goingはどちらも過去形・述語動詞・①です。この進行形は「過去の反復的動作」を表しています。

辞書で捉えると、were は助動詞・過去形、getting と going は ing 形・述語動詞・①です(過去形の助動詞が付いているので絶対に述語動詞です)。

o'clock は of the clock の短縮形で「時計では、時計によると」という意味の副詞で、at seven という副詞句にかかっています。at seven o'clock は「時計によると数字７のところで→７時に」という意味です。to work は「前置詞＋名詞」の副詞句で were going にかかります。

Lesson 8

受身

8-1 過去分詞形の枠組み

・動詞の過去分詞形は p.p. と表示します。[注1]

・動詞の過去分詞形は次の枠組みの中で使われます。

p.p. の可能性

受身（着物を着ている / 述語動詞のこともあれば準動詞のこともある）[注2]

完了（着物を着ている / 述語動詞のこともあれば準動詞のこともある）[注3]

過去分詞形容詞用法（裸 / 必ず準動詞）[注4]

分詞構文（裸 / 必ず準動詞）[注5]

着物を着ている p.p. ← 述語動詞のこともあれば準動詞のこともあります。[注6]

- **受身**
- **完了**

裸の p.p. ← 絶対に準動詞です。

- **過去分詞形容詞用法**
- **分詞構文**

注 1 past participle〔パスト　パーティスィプル〕の略です。過去分詞の「過去」については 7-1 注 3 参照。

注 2 着物を着ている p.p. です。着物は be 助動詞です。

注 3 着物を着ている p.p. です。着物は have 助動詞、ごく稀に be 助動詞です。

注 4 裸の p.p.（＝助動詞が付いていない p.p.）です。

注 5 裸の p.p.（＝助動詞が付いていない p.p.）です。

注 6 準動詞は 12-1 で勉強します。今はわからなくてよいです。ちなみに、**受身が準動詞になるのは「to be p.p. という受身不定詞」と「being p.p. という受身動名詞、受身現在分詞」の場合だけです。**これは 12-8、15-2、18-3 で勉強します。

質問 12 次の質問に答えなさい（スラスラ言えるようになるまで練習してください）。

1. 分詞の 2 種類は？
2. p.p. は活用の何番目か？
3. p.p. の可能性は？
4. 着物を着ている p.p. の可能性は？
5. 裸の p.p. の可能性は？
6. p.p. で文を作る方法は？
7. p.p. に付く助動詞は？
8. 裸の p.p. で文を作る方法は？
9. p.p. を述語動詞にする方法は？

質問 12 の答え 1. 現在分詞・過去分詞　2. 4 番目　3. 受身・完了・過去分詞形容詞用法・分詞構文　4. 受身・完了　5. 過去分詞形容詞用法・分詞構文　6. 受身か完了にする（文とは「構造上の主語＋述語動詞」ですから、**過去分詞で文を作るには過去分詞を述語動詞にしなければなりません。それには be 助動詞か have 助動詞を付けて受身か完了にするしかありません。ただし、逆は必ずしも真ならずで、受身か完了にすれば必ず述語動詞になるとは限りません。受身や完了が準動詞になることもあります。**いずれにせよ、述語動詞・準動詞は 12-1 で勉強しますので、今はわからなくてよいです。この答えだけを暗記しておいてください）　7. be 助動詞・have 助動詞　8. ない（裸の p.p. は絶対に準動詞ですから、文を作れません）　9. 受身か完了にする

8-2 受身の作り方と捉え方

・文は「能動態（のうどうたい）の文（S が V する）」か「受動態（じゅどうたい）の文（S が V される）」のどちらかです（「のうどうぐま」「じゅどうぐま」ではありません）。

・**「受動態（＝受身）の文」は「能動態の文」の「動詞の目的語」を主語に変えた文**です。

・**したがって、③④⑤の動詞（＝他動詞）しか受身にできません。**
・**①②の動詞（＝自動詞）は受身にできません。**

・受身の文の作り方

1. 能動態の文の「動詞の目的語」を主語にします。
2. 能動態の文の述語動詞を過去分詞形にして、その前にbe助動詞を付けます。[注1]
3. 能動態の文の主語はby〜という副詞句にして文末に置きます。

注1 **「be助動詞＋過去分詞形動詞」を「受身形」と言います**（もちろん「受身形」は活用ではありません）。

③の受身形（＝be助動詞＋③のp.p.）に下線を引いて－③と表示します。[注2]
④の受身形（＝be助動詞＋④のp.p.）に下線を引いて－④と表示します。
⑤の受身形（＝be助動詞＋⑤のp.p.）に下線を引いて－⑤と表示します。

注2 －③は「マイナス サン」と読みます。受身の動詞型を表示するのに、③④⑤という能動態の番号を使い、それにマイナス符号を付けることによって受身であることを示す1つの理由は、動詞の意味を辞書で調べやすくするためです。辞書では、動詞の意味は能動態のときの動詞型によって分類されています。したがって、受身で使われている動詞の意味を辞書で調べるには、その動詞が能動態なら何番なのかということがすぐにわかる必要があるのです。

・**受身になると目的語が1つ少なくなります。**[注3]

S ③ O　⇒ S －③
S ④ O O ⇒ S －④ O
S ⑤ O C ⇒ S －⑤ C

注3 目的語が主語に変わっているからです。

〔マイ　カップ　ワズ　ブロウクン　バイ　ヂャン〕
My cup was broken by John.　（私のカップはジョンによって壊された）
a→S　－③　ad

breakは「壊す」という意味の動詞で、活用は〔break（ブレイク）—broke（ブロウク）—broken（ブロウクン）〕です（p. 82参照）。**John broke my cup.**（ジョンは私のカップを壊した）は

「S ③ O」の能動態の英文です。受身にするときは、動詞の目的語である my cup を主語に変えます。broke を過去分詞形の broken に変えて、その前に be 助動詞を付けます。broke が過去形なので、be 助動詞も過去形にします。過去形は was と were ですが、主語の My cup は 3 人称・単数なので、was にします。能動態の文の主語の John は前置詞 by の目的語にして、by John を文末に置きます。すると **My cup was broken by John.**（私のカップはジョンによって壊された）となります。これが受身の文です。

was broken は受身形なので動詞型は－③, －④, －⑤のどれかです。was broken の後ろには by John という副詞句があるだけで「動詞の目的語」も「補語」も付いていません。したがって動詞型は－③に決まります。「受身の動詞」の動詞型は、このように、能動態に直さないで決めます。

〔アイ　ワズ　ギヴン　ナ　ブック　バイ　マイ　ファーザ〕

I was given a book by my father.　（私は父によって本を与えられた）

S　－④　O　a　ad

give は「与える」という意味の動詞で、活用は〔give（ギヴ）―gave（ゲイヴ）―given（ギヴン）〕です（p. 26 参照）。**My father gave me a book.**（父は私に 1 冊の本をくれた）は「S ④ O O」の能動態の英文です。この英文は「動詞の目的語」が 2 つあります。間接目的語である me を主語に変えて受身の英文にしてみましょう。gave を過去分詞形の given に変えて、その前に be 助動詞を付けます。gave が過去形で、受身の文の主語は I ですから be 助動詞は was にします。能動態の文の主語の my father は by my father にして文末に置きます。すると **I was given a book by my father.**（私は父によって本を与えられた）となります。これが受身の文です。

was given は受身形なので動詞型は－③, －④, －⑤のどれかです。was given の後ろには a book という「前置詞が付いていない名詞」があります。主語の I と比べると I ≠ a book です。「前置詞が付いていなくて『主語』とイコールでない名詞」は「動詞の目的語」です。－③, －④, －⑤の中で後ろに「動詞の目的語」が付くのは－④です。したがって動詞型は－④に決まります。「受身の動詞」の動詞型は、このように、能動態に直さないで決めます。

〔ア　ブック　ワズ　ギヴン　ミィー　バイ　マイ　ファーザ〕

A book was given me by my father.　（本が父によって私に与えられた）

S　－④　O　a　ad

My father gave me a book.（父は私に 1 冊の本をくれた）は「S ④ O O」の能動態の英文です。直接目的語である a book を主語に変えて受身の英文にしてみましょう。gave を過去分詞形の given に変えて、その前に be 助動詞を付けます。gave が過去形で、受身の文の主語は A book ですから be 助動詞は was にします。能動態の文の主語の my father は by my father にして文末に置きます。すると **A book was given me by my father.**（1冊の本が父によって私に与えられた）となります。これが受身の文です。

was given は受身形なので動詞型は－③, －④, －⑤のどれかです。was given の後ろには me という「前置詞が付いていない名詞」があります。主語の A book と比べると A book ≠ me です。「前置詞が付いていなくて『主語』とイコールでない名詞」は「動詞の目的語」です。－③, －④, －⑤の中で後ろに「動詞の目的語」が付くのは－④です。したがって動詞型は－④に決まります。「受身の動詞」の動詞型は、このように、能動態に直さないで決めます。

〔オウンリ　ザ　ブラック　アンド　ワイト　キャット　ワズ　コールド　フィーリクス　バイ　ザ　チルドレン〕

Only the black and white cat was called Felix by the children.

ad　a + a → S　－⑤　ⁿC　ad

（その白と黒のぶち猫だけが子供たちによってフィリックスと呼ばれた）

call は「呼ぶ」という意味で、活用は〔call（コール）—called（コールド）—called〕です（p. 51参照）。**The children called the black and white cat Felix.**（子供たちはその白と黒のぶち猫をフィリックスと呼んだ）は「S ⑤ O C」の能動態の英文です。動詞の目的語である the black and white cat を主語に変えます。called を過去分詞形の called に変えて、その前に be 助動詞を付けます。能動態の文の called が過去形で、受身の文の主語は The black and white cat ですから be 助動詞は was にします。能動態の文の主語の the children は by the children にして文末に置きます。すると **The black and white cat was called Felix by the children.**（その白と黒のぶち猫は子供たちによってフィリックスと呼ばれた）となります。これが受身の文です。

was called は受身形なので動詞型は－③, －④, －⑤のどれかです。was called の後ろには Felix という「前置詞が付いていない名詞」があります。主語の The black and white cat と比べると The black and white cat＝Felix です。「前置詞が付いていなくて『主語』とイコールになる名詞」は「補語」です。－③, －④, －⑤の中で後ろに「補語」が付くのは－⑤です。したがって動詞型は－⑤に決まります。「受身の動詞」の動詞型は、このように、能動態に直さないで決めます。

only（だけ、しか）や even（でさえも）などの、一部の特定の副詞は名詞を修飾できます。only や even は「限定詞が付いた名詞全体」を丸ごと修飾できます。この英文の Only は the を乗り越えて black and white cat にかかっているのではなく、the black and white cat の全体にかかっているのです。

・受身の動詞部分は次の２つの捉え方があります。注4

1. 辞書の捉え方

・be 助動詞と過去分詞形動詞を別の語として扱い、be 助動詞を助動詞、過去分詞形動詞を動詞と捉える。

2. 学校文法の捉え方

・be 助動詞と過去分詞形動詞を「目に見えない透明のハイフン」でつなぎ、「be 助動詞＋過去分詞形動詞」の全体を１つの動詞と捉える。

・この動詞の活用は be の部分の形によって決定する。注5

辞書の捉え方

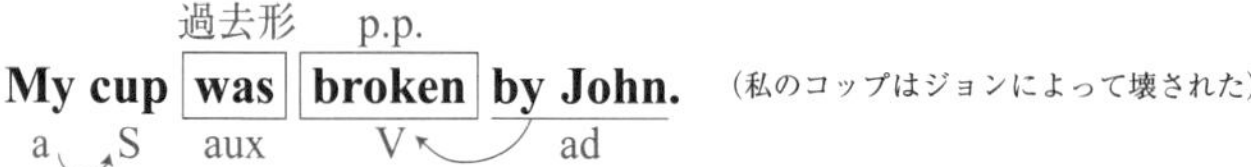

（私のコップはジョンによって壊された）

was は助動詞・過去形、broken は過去分詞形・述語動詞です（過去形の助動詞が付いているので絶対に述語動詞です）。broken は was という着物を着ている p.p. で「p.p. の可能性」の中の受身で使われています。

学校文法の捉え方

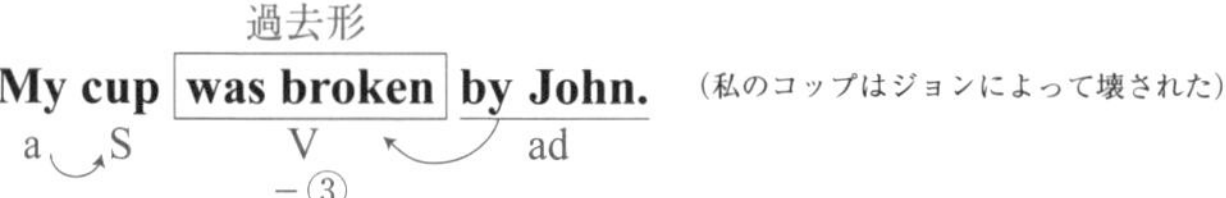

（私のコップはジョンによって壊された）

was broken は１つの動詞の過去形・述語動詞・－③です（was broken の活用は was の活用で決めますから過去形です。過去形の動詞なので絶対に述語動詞です）。ちなみに was broken の原形は be broken、現在形は is broken、過去分詞形は been broken、ing 形は being broken です。

注４「２つの捉え方」については 7-2 の注１（p. 109）参照

注５ **この動詞（＝受身の動詞）には原形（＝be p.p.）、現在形（＝am p.p. / is p.p. / are p.p.）、過去形（＝was p.p. / were p.p.）、過去分詞形（＝been p.p.）、ing 形（＝being p.p.）のすべてがあります。**

質問 13 次の質問に答えなさい（スラスラ言えるようになるまで練習してください）。

〔ザ キャット ワズ コールド フィーリクス バイ ザ チルドレン〕

The cat was called Felix by the children.

1. この文の述語動詞は？
2. 絶対に述語動詞と言えるか？
3. なぜか？
4. 過去形の動詞とはどれのことか？
5. was called は何番か？
6. was called を現在形に変えなさい。
7. was called を原形に変えなさい。
8. was called を ing 形に変えなさい。
9. was called を過去分詞形に変えなさい。
10. called の品詞は？
11. called は何形か？
12. p.p. の可能性は？
13. called はその中のどれか？
14. called は述語動詞か準動詞か？
15. 絶対にそうだと言い切れるか？
16. なぜか？
17. called は着物を着ているか裸か？
18. 着物はどれか？
19. 着物を着ている p.p. の可能性は？
20. 裸の p.p. の可能性は？
21. was の品詞は？
22. be 助動詞の後ろには何形の動詞がくるか？
23. was は何形か？
24. Felix の働きは？
25. children の働きは？

質問 13 の答え 1. was called 2. 言える 3. 過去形だから 4. was called 5. −⑤ 6. is called　7. be called　8. being called　9. been called　10. 動詞　11. 過去分詞形　12. 受身・完了・過去分詞形容詞用法・分詞構文　13. 受身　14. 述語動詞　15. 言い切れる　16. 過去形の助動詞が付いているから　17. 着物を着ている　18. was　19. 受身・完了　20. 過去分詞形容詞用法・分詞構文　21. 助動詞　22. 過去分詞形・ing 形　23. 過去形　24. 補語　25. 前置詞の目的語

8-3 受身にできる動詞

1. すべての他動詞が受身にできるわけではありません。

・次の動詞は受身にできません。

have〔ハヴ〕(持っている)、become〔ビカム〕(似合う、ふさわしい)、 resemble〔リゼンブル〕(似ている)、enter〔エンタ〕(入る) など

2.「受身にできる④の動詞」と「受身にできない④の動詞」

・「④ + O_1 + O_2」は「③ + O_2 + 前置詞 + O_1」に書き換えられます。[注1]

・そのとき、前置詞は to になる場合と for になる場合があります。

前置詞が to になる動詞は原則としてー④にできます。 ⇒「S －④ O」という受身を原則として 2 つ作れます。[注2] **前置詞が for になる動詞は原則としてー④にできません。**[注3] ⇒「S －④ O」という受身を作れません。 ⇒「S －③ for 名詞」という受身にしなければなりません。[注4] ⇒ O_1 (←たいていは人です) を主語にした受身を作れません。

注 1 中には書き換えられない④の動詞もあります (p. 58 参照)。

注 2「間接目的語を主語にした受身」と「直接目的語を主語にした受身」の 2 つです。

注 3 buy は「前置詞が for になる動詞」ですが、「間接目的語を主語にした受身」にすることができます。こういう動詞があるので「原則として」と書いたのです。

注 4「S －③ for 名詞」の「S」には直接目的語の名詞が入り、for の目的語の「名詞」には間接目的語の名詞が入ります。

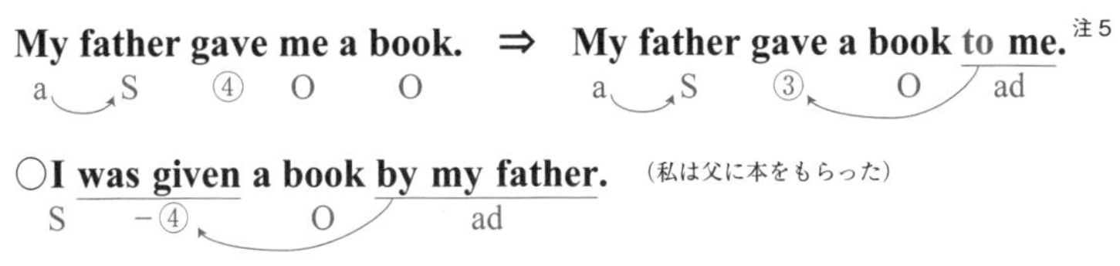

My father gave me a book. ⇒ My father gave a book to me.[注5]
a S ④ O O
a S ③ O ad
○I was given a book by my father. (私は父に本をもらった)
S －④ O ad

○A book was given me by my father. （本が父によって私に与えられた）
S −④ O ad

○A book was given to me by my father. （本が父によって私に与えられた）
S −③ ad ad

注 5 この動詞は p. 26 参照。

My father made me a chair. ⇒ **My father made a chair for me.**
a S ④ O O a S ③ O ad

×I was made a chair by my father.[注6]
S −④ O ad

×A chair was made me by my father.
S −④ O ad

○A chair was made for me by my father.
S −③ ad ad
（1脚の椅子が父によって私のために製作された）

過去形 原形
○I had my father make a chair. （私は父に椅子を作ってもらった）[注7]
S ⑤ a O aC|③ O

注 6 make と同様に buy は「③にしたとき for を使う動詞」ですが、make と異なり、I was bought a chair by my father.（私は父親に椅子を買ってもらった）という−④の使い方が可能です。

注 7 この英文は 15-9-2「have 名詞 原形」で勉強します。

・④を③にしたとき、前置詞が to になる主な動詞（＝−④にできる動詞）

give〔ギヴ〕（与える）、bring〔ブリング〕（持ってくる）、sell〔セル〕（売る）、send〔センド〕（送る）、show〔ショウ〕（示す）など

・④を③にしたとき、前置詞が for になる主な動詞（＝−④にできない動詞）

buy〔バイ〕（買ってやる）、get〔ゲット〕（取ってやる）、make〔メイク〕（作ってやる）、choose〔チューズ〕（選んでやる）、cook〔クック〕（料理してやる）、call〔コール〕（呼んでやる）など（ただし buy は−④にできます）

8-4 受身が表す意味

・受身形の動詞は「動作(～される)」と「状態(～されている)」の両方を表します。[注]

・「心理状態」や「損傷・損害」を表す動詞の受身は「～される」という意味が希薄になり「～する」という意味(←これは自動詞①の意味です)を表す場合があります。

注　すべての受身形の動詞が「動作」と「状態」の両方を表せるわけではありません。動詞の性質や主語に来る名詞の性質によって、どちらかしか表せないこともあります。これは簡単な規則で識別できるような問題ではないので、ここでは深入りしません。

〔ザ　ゲイト　イズ　シャット　アト　ファイヴ　エヴリ　デイ〕

The gate is shut at five every day.　(門は毎日5時に閉められる)

S　－③　ad　副詞的目的格

この動詞は「閉める」という意味で、活用は〔shut(シャット)—shut—shut〕です。ここの shut は過去分詞形です。is shut は現在形・述語動詞・－③です。この is shut は動作(～される)を表しています。everyday は「毎日の」という意味の形容詞で everyday life(日常生活)のように使います。それに対して、「毎日(～する)」という副詞的目的格で使うときは every と day を分けて every day にします。

〔ザ　ゲイト　イズ　シャット　ナウ〕

The gate is shut now.　(門は今閉まっている)

S　－③　ad

is shut は現在形・述語動詞・－③です。この is shut は状態(～されている)を表しています。直訳は「門は今閉められている」ですが、これだと進行中のようにも聞こえるので、「門は今閉まっている」と訳します。「門は今閉められつつある」は **The gate is being shut now.** です(p. 134 参照)。

〔ウィ　ワー　サプライズド　アト　ザ　ニューズ〕

We were surprised at the news.　(私たちはその知らせに驚いた)

S　－③　ad

surprise は「驚かせる」という意味の動詞で、規則活用です。ここの suprised は過去分詞形です。were surprised は過去形・述語動詞・－③です。この were surprised は動作(～された)を表しています。直訳は「私たちはその知らせに接して驚かされた」ですが、これを「私たちはその知らせに驚いた」と訳します。このように「心理状態」を表す受身形の動詞は「～される」という意味が希薄になり「～する」という意味(←これは自動詞①の意味です)を表すことが多いです。

〔トウェンティ ピープル ワー スィアリアスリ インヂャド イン ズィ アクスィデント〕

Twenty people were seriously injured in the accident.

a → S　ad → −③ ← ad　(20人の人が事故で大怪我をした)

injureは「怪我させる、傷つける」という意味の動詞で、規則活用です。ここのinjuredは過去分詞形です。were injuredは過去形・述語動詞・−③です。このwere injuredは動作（〜された）を表しています。直訳は「20人の人が事故でひどく傷つけられた」ですが、これを「20人の人が事故で大怪我をした」と訳します。このように「損傷」を表す受身形の動詞は「〜される」という意味が希薄になり「〜する」という意味（←これは自動詞①の意味です）を表すことが多いです。

〔ザ メイル ワズ ディレイド バイ ヘヴィ スノウ〕

The mail was delayed by heavy snow.　(郵便が大雪で遅れた)

S　−③ ← a → ad

delayは「遅らせる、延期する」という意味の動詞で、規則活用です。ここのdelayedは過去分詞形です。was delayedは過去形・述語動詞・−③です。このwas delayedは動作（〜された）を表しています。直訳は「郵便が大雪によって遅らされた」ですが、これを「郵便が大雪で遅れた」と訳します。このように「損害」を表す受身形の動詞は「〜される」という意味が希薄になり「〜する」という意味（←これは自動詞①の意味です）を表すことが多いです。

8-5 助動詞＋受身

・受身形の動詞にはすべての助動詞（＝be助動詞 / have助動詞 / do助動詞 / 一般助動詞）を付けることができます。

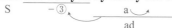

1. be＋[being＋p.p.]（これは受身進行形と呼ばれます）
2. have＋[been＋p.p.]（これは完了受動態と呼ばれます）
3. Don't＋[be＋p.p.]（これは受身の否定命令文です）
4. 一般助動詞＋[be＋p.p.]

〔ア　チャイルド　ワズ　ビーイング　キャリド　トゥ　ズィ　アンビュランス〕

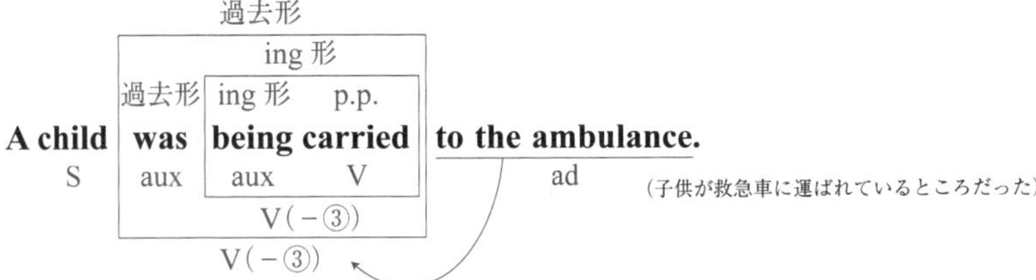

この英文は「be 助動詞が 2 つ使われている（＝受身と進行形がドッキングしている）英文」なので、3 通りの捉え方ができます。みなさんは、どの捉え方も「やりなさい」と言われたら即座にできなければなりません。これは少しも難しくありません。慣れないうちは面倒くさいだけです。慣れれば当たり前になってしまいます（＝こういう捉え方ができない頃があったことが我ながら信じられなくなります）。これは英語を正確に認識するために必須の頭の動きです。**これができると「活用の 4 ルール」（＝「原形動詞を使うところ」「現在形・過去形は絶対に述語動詞」「p.p. の可能性」「ing の可能性」）を使いこなして、英文の根幹である「動詞・助動詞」を自在にコントロールできます。**逆に、これができなければ、丸暗記と勘に頼ったフィーリング英語から永久に脱却できません。英語を（他人頼りではなく）自分が主導権を握って読み書きしたい人は、**英語の仕組みをまったく知らず「丸暗記と勘のフィーリング英語」に頼りきっている人の雑音に耳を貸さず**、繰り返し練習してください。英語の背後でどのようなメカニズムが働いているのか、次第にはっきりとわかってきます。

carry は「運ぶ」という意味の動詞で、活用は〔carry (キャリ)—carried (キャリド)—carried〕で、ここの carried は過去分詞形です。〔**以下は辞書の捉え方だけで認識しています**〕was は助動詞・過去形、being は助動詞・ing 形、carried は過去分詞形・述語動詞です。carried は「着物を着ている p.p.」で（着物は being）「p.p. の可能性」の中の受身で使われています。〔**以下は辞書の捉え方＋学校文法の捉え方で認識しています**〕was は助動詞・過去形、being carried は ing 形・述語動詞・−③です（過去形の助動詞が付いているので絶対に述語動詞です）。being carried は「着物を着ている ing 形」で（着物は was）「ing の可能性」の中の進行形で使われています。〔**以下は学校文法の捉え方だけで認識しています**〕was being carried は過去形・述語動詞・−③（過去形の動詞なので絶対に述語動詞です）。

この英文は **A child was carried to the ambulance.**（子供が救急車に運ばれた）を進行形にしたものですが、was と carried の間に being を入れたものではありません（上っ面だけ眺めて、そういう捉え方をしていては、いつまでも理解できません）。まず動詞の過去形（＝was carried）を ing 形（＝being carried）に変えます。それに be 助動詞（＝was）をつけます。すると、受身進行形の過去形動詞になります。くどいですが、**was carried と was being carried を比べると、was carried の was（＝受身を作る be 助動詞）が being に変わり、was being carried の was（＝進行形を作る be 助動詞）は**

新たに加わったものなのです。

〔**タム　ハズ　ビン　オファド　ア　ヴェリ　グッド　ヂャブ**〕

（トムはとてもよい仕事を提供された）

has は「完了」を作る have 助動詞の 3 人称・単数・現在形です。have 助動詞については Lesson 9 で勉強します。offer は「提供する」という意味の動詞で、規則活用です。ここの offered は過去分詞形です。〔**辞書の捉え方**〕been は助動詞・過去分詞形、offered は動詞・過去分詞形です。offered は「着物を着ている p.p.」で（着物は been）「p.p. の可能性」の中の受身で使われています。〔**学校文法の捉え方**〕been offered は過去分詞形・述語動詞・−④です（現在形の助動詞が付いているので絶対に述語動詞です）。been offered は「着物を着ている p.p.」で（着物は has）「p.p. の可能性」の中の完了で使われています。くどいですが、offered と been offered はどちらも過去分詞形の動詞で、offered は「p.p. の可能性」の中の受身で使われ、been offered は「p.p. の可能性」の中の完了で使われています。このようにして簡単なルール（ここは「p.p. の可能性」というルール）で動詞・助動詞部分を正確に認識して読むのです（書くときは語形と配置を自在にコントロールするのです）。

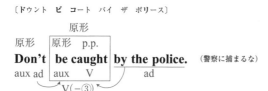

〔**ドウント　ビ　コート　バイ　ザ　ポリース**〕

原形
原形　原形　p.p.
Don't　be caught　by the police.　（警察に捕まるな）
aux ad　aux　V　ad
V(−③)

命令文なので「構造上の主語」の You が Don't の前に省略されています。Do は助動詞・原形です（命令文だからです）。catch は「捕まえる」という意味の動詞で、活用は〔catch（キャッチ）—caught（コート）—caught〕で、ここの caught は過去分詞形です。〔**辞書の捉え方**〕be は助動詞・原形、caught は動詞・過去分詞形です。caught は「着物を着ている p.p.」で（着物は be）「p.p. の可能性」の中の受身で使われています。〔**学校文法の捉え方**〕be caught は原形・述語動詞・−③です。be caught は「原形動詞を使うところ」の中の「do 助動詞の後」で使われています。

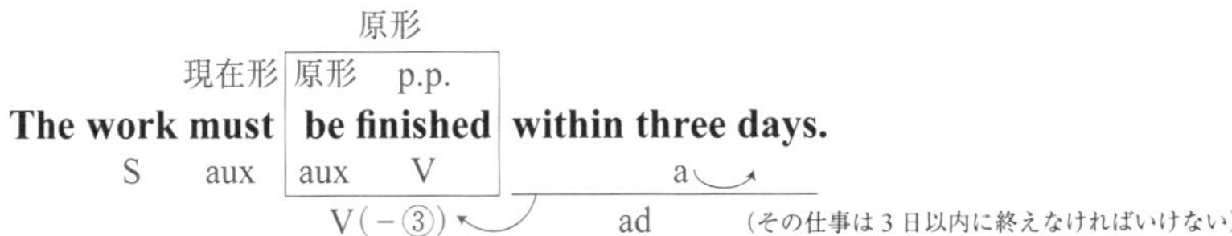

must は「義務・必要性 (〜しなければいけない)」を表す助動詞です。この助動詞は現在形 (must) と過去形 (must) しかありません (現在形と過去形が同じつづりです。ただし、過去形の must は「時制の一致」と「仮定法過去完了の帰結節」の場合以外は使われません。これは難しい話ですから、今は棚上げにして先に進んでください)。ここの must は助動詞・現在形です。finish は「終える」という意味の動詞で、規則活用です。ここの finished は過去分詞形です。〔**辞書の捉え方**〕be は助動詞・原形、finished は動詞・過去分詞形です。finished は「着物を着ている p.p.」で (着物は be)「p.p. の可能性」の中の受身で使われています。〔**学校文法の捉え方**〕be finished は原形・述語動詞・−③です (現在形の助動詞が付いているので絶対に述語動詞です)。be finished は「原形動詞を使うところ」の中の「一般助動詞の後」で使われています。直訳は「その仕事は 3 日以内に終えられなければいけない」です。

8-6 受身の否定文と疑問文

8-6-1 受身の否定文

・受身の否定文は助動詞の後に not を置きます。

be + not + p.p.	
be + not + being + p.p.	(これは受身進行形の否定形です)
have + not + been + p.p.	(これは完了受動態の否定形です)
Do + not + be + p.p.	(これは受身の否定命令文です)
一般助動詞 + not + be + p.p.	

〔ズィス フィッシュ イズント イートン イン ナメリカ〕

This fish isn't eaten in America. (この魚はアメリカでは食べない)

a S ad −③ ad

eat は p. 9 参照。isn't は is not の短縮形です。〔**辞書の捉え方**〕is は助動詞・現在形。eaten は過去分詞形・述語動詞です (現在形の助動詞が付いているので絶対に述語動詞です)。〔**学校文法の捉え方**〕is eaten は現在形・述語動詞・−③ (現在形なので絶対に述語動詞です)。直訳は「この魚はアメリカでは食べられない (動作) / この魚はアメリカでは食べられていない (状態)」です。

〔ザ チルドレン アー スタンディング イン ザ コーリダ ナウ バット ゼイ アー ナット ビーイング パニシュト〕

The children are standing in the corridor now but they are not being punished.
S ① ad ad + S ad −③

(子供たちは今廊下に立っているが、罰を受けているのではない)

stand は p. 49 参照。punish は「罰する」という意味の動詞で、規則活用です。ここの punished は過去分詞形です。〔**辞書の捉え方**〕最初の are は助動詞・現在形、standing は ing 形・述語動詞・①です (現在形の助動詞が付いているので絶対に述語動詞です)。standing は「着物を着ている ing」(着物は are) で「ing の可能性」の中の進行形で使われています。2 番目の are は助動詞・現在形、being は助動詞・ing 形、punished は動詞・過去分詞形です。punished は「着物を着ている p.p.」(着物は being) で「p.p. の可能性」の中の受身で使われています。〔**辞書の捉え方+学校文法の捉え方**〕are standing は現在形・述語動詞・①です (現在形なので絶対に述語動詞です)。2 番目の are は助動詞・現在形、being punished は ing 形・述語動詞・−③です (現在形の助動詞が付いているので絶対に述語動詞です)。being punished は「着物を着ている ing」(着物は are) で「ing の可能性」の中の進行形で使われています。〔**学校文法の捉え方**〕are standing は現在形・述語動詞・① (現在形なので絶対に述語動詞です)。are being punished は現在形・述語動詞−③です (現在形なので絶対に述語動詞です)。直訳は「子供たちは今廊下に立っている。しかし、罰せられつつあるのではない」です。

〔ズィス スカート ハズント ビン アイアンド イェット〕

This skirt hasn't been ironed yet. (このスカートはまだアイロンがかけられていない)
a S aux ad −③ ad

has は「完了」を作る have 助動詞の 3 人称・単数・現在形です。have 助動詞については Lesson 9 で勉強します。hasn't は has not の短縮形です。iron は「アイロンをかける」という意味の動詞で、規則活用です。ここの ironed は過去分詞形です。〔**辞書の捉え方**〕been は助動詞・過去分詞形、ironed は動詞・過去分詞形です。ironed は「着物を着ている p.p.」(着物は been) で「p.p. の可能性」の中の受身で使われています。〔**学校文法の捉え方**〕been ironed は過去分詞形・述語動詞・−③です (現在形の助動詞が付いているので絶対に述語動詞です)。been ironed は「着物を着ている p.p.」(着物は has) で「p.p. の可能性」の中の完了で使われています。くどいですが、ironed と been ironed はどちらも過去分詞形の動詞で、ironed は「p.p. の可能性」の中の受身で使われ、been ironed は「p.p. の可能性」の中の完了で使われています。**yet は副詞で、否定文で使われると「まだ (〜しない)」という意味を表します。**

〔アドヴァーティスメンツ　シュドント　ビ　ベリーヴド〕

Advertisements shouldn't be believed. （広告は信じるべきでない）
S　aux　ad　−③

should は助動詞・過去形です (p. 72 参照)。shouldn't は should not の短縮形です。believe は「信じる」という意味の動詞で、規則活用です。〔**辞書の捉え方**〕be は助動詞・原形、believed は動詞・過去分詞形です。believed は「着物を着ている p.p.」(着物は be) で「p.p. の可能性」の中の受身で使われています。〔**学校文法の捉え方**〕be believed は原形・述語動詞・−③です (過去形の助動詞が付いているので絶対に述語動詞です)。be believed は「原形動詞を使うところ」の中の「一般助動詞の後」で使われています。直訳は「広告は信じられるべきでない」です。これは「広告は額面どおりに受け取るべきでない」という意味です。

8-6-2 受身の疑問文

・受身の疑問文は主語の前に助動詞を出します。[注]

Be＋主語＋p.p. . . . ?	
Be＋主語＋being＋p.p. . . . ?	(これは受身進行形の疑問文です)
Have＋主語＋been＋p.p. . . . ?	(これは完了受動態の疑問文です)
一般助動詞＋主語＋be＋p.p. . . . ?	

注　ただし「疑問代名詞」または「疑問形容詞＋名詞」または「疑問副詞＋形容詞＋名詞」が主語になっているとき (＝主部に疑問詞が含まれているとき) は普通の文と同じ語順になります (p. 80 参照)。

〔イズ　ズィス　フィッシュ　イートン　イン　ナメリカ ⤴〕

Is this fish eaten in America? （この魚はアメリカで食べられていますか？）
a　S　−③　ad

〔**辞書の捉え方**〕Is は助動詞・現在形、eaten は動詞・過去分詞形です (「p.p. の可能性」の中の受身で使われています)。疑問文なので、助動詞の Is が主語の前に出ています。〔**学校文法の捉え方**〕Is eaten は現在形・述語動詞・−③です。

〔アー　ザ　チルドレン　ビーイング　パニシュト ⤴〕

Are the children being punished? （子供たちは罰を受けているのですか？）
S　−③

〔**辞書の捉え方**〕Are は助動詞・現在形、being は助動詞・ing 形、punished は動詞・過去分詞形です (「p.p. の可能性」の中の受身で使われています)。疑問文なので、助動詞の Are が主語の前に出ています。〔**辞書の捉え方＋学校文法の捉え方**〕Are は助動詞・現在形、being punished は ing 形・述語動詞・－③です（現在形の助動詞が付いているので絶対に述語動詞です）。being punished は「ing の可能性」の中の進行形で使われています。疑問文なので、助動詞の Are が主語の前に出ています。〔**学校文法の捉え方**〕Are being punished は現在形・述語動詞・－③です（現在形なので絶対に述語動詞です）。

〔ハズ　ズィス　スカート　ビン　アイアンド　イェット ⤴〕

Has this skirt been ironed yet?　（このスカートはもうアイロンがかけられていますか？）

aux　a　S　－③　ad

Has は助動詞・現在形です。〔**辞書の捉え方**〕been は助動詞・過去分詞形、ironed は動詞・過去分詞形です（「p.p. の可能性」の中の受身で使われています）。疑問文なので、助動詞の Has が主語の前に出ています。〔**学校文法の捉え方**〕been ironed は過去分詞形・述語動詞・－③です（現在形の助動詞が付いているので絶対に述語動詞です）。been ironed は「p.p. の可能性」の中の完了で使われています。**yet は副詞で、疑問文で使われると「もう、すでに」という意味を表します。**

〔シュド　スペシャル　ケア　ビ　テイクン　アン　ズィス　ポイント ⤴〕

Should special care be taken on this point?

aux　a　S　－③　a　ad　（この点について特別な配慮をすべきですか？）

Should は助動詞・過去形（p. 72 参照）。taken については p. 103 参照。〔**辞書の捉え方**〕be は助動詞・原形、taken は動詞・過去分詞形です。〔**学校文法の捉え方**〕be taken は原形・述語動詞・－③です（過去形の助動詞が付いているので絶対に述語動詞です）。直訳は「この点について特別な配慮が払われるべきですか？」です。

〔ハウ　イズ　ズィス　フィッシュ　クックト　イン　ナメリカ〕

How is this fish cooked in America?

ad　a　S　－③　ad　（この魚はアメリカではどういうふうに調理されるのですか？）

cook は「調理する」という意味の動詞で、規則活用です。ここの cooked は過去分詞形です。〔**辞書の捉え方**〕is は助動詞・現在形、cooked は動詞・過去分詞形です。疑問文なので、助動詞の is が主語の前に出ています。〔**学校文法の捉え方**〕is cooked は現在形・述語動詞・－③です（現在形なので絶対に述語動詞です）。How は「方法」を尋ねる疑問副詞で is cooked にかかっています。

〔バイ　フーム　ワズ　ヒー　シャット〕

By whom was he shot?　（彼は誰に撃たれたのですか？）

ad　S　－③

shootは「撃つ」という意味の動詞で、活用は〔shoot (シュート)—shot (シャット)—shot〕で、ここのshotは過去分詞形です。〔**辞書の捉え方**〕wasは助動詞・過去形、shotは動詞・過去分詞形です。疑問文なので、助動詞のwasが主語の前に出ています。〔**学校文法の捉え方**〕was shotは過去形・述語動詞・－③です（過去形なので絶対に述語動詞です）。whomは疑問代名詞で、前置詞Byの目的語です。

〔**ワ**ット　**キ**ャン　ビ　**セ**ッド　オヴ　ザ　ディ**ザ**スタ〕

What can be said of the disaster?　（その災害について何が言えるでしょうか？）

S　aux　－③　ad

canは助動詞・現在形で、この英文では、「能力（能力があるので〜できる）」ではなく、「可能性（可能性があるので〜できる）」を表しています。sayは「言う」という意味の動詞で、活用は〔say (セイ)—said (セッド)—said〕です。ここのsaidは過去分詞形です。〔**辞書の捉え方**〕beは助動詞・原形、saidは動詞・過去分詞形です。〔**学校文法の捉え方**〕be saidは原形・述語動詞・－③です（現在形の助動詞が付いているので絶対に述語動詞です）。Whatは疑問代名詞で、主語です。この英文は疑問文ですが、疑問詞が主語なので、語順は普通の文の語順と同じです。「その災害について何が言われうるでしょうか？ →その災害について何が言えるでしょうか？」という意味です。これは「何が言えるか」を尋ねているのではなく、「何が言えるだろうか？ 何も言えない」と言いたいのです。このように**疑問文の形を借りて、自分の主張を伝える英文を「修辞疑問文」といいます**。

8-7 受身に似て非なる表現

・表面上「S be p.p. . . . 」でも、受身でないこともあります。

1. 過去分詞形が純粋な形容詞に転化している場合は「受身」ではなく「② aC」です。
2. **①の過去分詞形にbe助動詞を付けると「完了（〜してしまった、すでに〜し終わっている）」の意味を表します。** [注]

注　これは「往来発着」の意味を表す動詞（go, come, depart, arriveなど）が主で、他にはrise, fall, set, growなどに限られた古風な言い方です。

〔**ヒ**ー　**メ**イ　ビ　**ラ**ーニッド　**バ**ット　**ヒ**ー　**イ**ズ　**ワ**ンティング　**イ**ン　**カ**モン　**セ**ンス〕

He may be learned, but he is wanting in common sense.

（彼は、学問はあるかもしれないが、常識に欠けている）

learn は「学ぶ」という意味の動詞で、活用は〔learn (ラーン)—learned (ラーンド) または learnt (ラーント)—learned または learnt〕です。そこで He may be learned を受身と考えると「彼は学ばれるかもしれない」という意味になります。文脈に支えられればありえますが、この英文では意味が通りません。この learned は「学問がある」という意味の純粋な形容詞で、be (←動詞で②です) の補語になっています (過去分詞形の learned は〔ラーンド〕という発音ですが、形容詞の learned は〔ラーニッド〕という発音です)。「彼は学問があるかもしれない」という意味です。may は助動詞・現在形で、ここでは「推量 (〜するかもしれない)」の意味です。be は原形・述語動詞・②です。**English is learned by many Japanese.**〔イングリシュ　イズ　ラーンド　バイ　メニ　ヂァパニーズ〕なら受身で「英語は多くの日本人によって学ばれている」という意味です。

want を動詞と考えると、is wanting は進行形の動詞で①となります。そこで辞書で「want ㊐ ①」を調べると「事欠いている、不自由している」という意味が出ています。この意味から「want ㊐ ①」は状態動詞であることがわかります。状態動詞は進行形になりません (p. 111 参照)。この wanting は「欠けている」という意味の純粋な形容詞で、is (←動詞で②です) の補語になっています。is は現在形・述語動詞・②で、but 以下は「彼は常識に欠けている状態である」という意味です。but は等位接続詞で文 (＝He may be learned) と文 (＝he is wanting in common sense) を対等につないでいます。sense は「判断力」という意味です。common sense は「普通の人なら当然持っているはずの判断力」という意味です。「クジラが魚でないのは常識だ」というときの「常識」は「普通の人なら当然知っていること」という意味で、この「常識」は、英語では common knowledge〔カモン　ナリヂ〕(共通の知識) と言います。

〔ユー　アー　ミステイクン　アバウト　ザット〕

You are mistaken about that.　(あなたはそれについて勘違いしている)

S　②　^{a}C ← ad

mistake は「間違える」という意味の動詞で、活用は〔mistake (ミステイク)—mistook (ミストゥック)—mistaken (ミステイクン)〕です。mistake A for B (A を B と間違える) という形で使います。したがって **He was mistaken for a foreigner.**〔ヒー　ワズ　ミステイクン　フォー　ア　フォレナ〕(彼は外国人に間違えられた) であれば受身です (p. 210 参照)。上の英文の mistaken は「間違えている、思い違いをしている」という意味の純粋な形容詞で、are (←動詞で②です) の補語になっています。「あなたはそれについて勘違いしている」という意味です。are は現在形・述語動詞・②です。

〔ユー　オート　トゥ　ビ　アシェイムド　オヴ　ユアセルフ〕

You ought to be ashamed of yourself.　(君は自分のことを恥じるべきだ)

S　aux　②　^{a}C ← ad

ashame という動詞は、無いわけではありませんが、通常使われません (英和中辞典にも載っていません)。ashamed は「恥じている」という意味の純粋な形容詞です。ここは be（←動詞で②です）の補語になっています。ought to は「末尾に to が付く助動詞」で「義務（〜すべきだ）」を表します。この助動詞は現在形も過去形も ought to で、否定形は ought not to です。この英文は「あなたは自分自身について恥じるべきだ」という意味です。ought to は助動詞・現在形、be は原形・述語動詞・②です。

〔ヒー　ワズ　ヴェリ　インタレスティド　イン　ナー　オファ〕

He was very interested in our offer. （彼は我々の申し出にとても関心をもっていた）

S　②　ad　^{a}C　a　ad

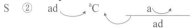

interest は「興味・関心をもたせる」という意味の③の動詞で、規則活用です。したがって、この英文は受身で、直訳すると「彼は我々の申し出に非常に関心をもたされていた→彼は我々の申し出にとても関心をもっていた」となるように考えられます。しかし、**動詞を very で修飾することはしません。動詞は much ないしは very much で修飾し、very は形容詞、副詞を修飾します。**この英文の interested は very で修飾されています。これは、もともとは動詞の過去分詞形である interested が、この英文では「興味・関心をもっている」という意味の純粋な形容詞に転化していることを示しています。したがって、was は過去形・述語動詞・②で、interested は形容詞で補語です。

He was much interested by our offer. なら受身で、was interested が過去形・述語動詞・−③となります。much は副詞で was interested にかかります。was interested は「動作」を表し「彼は我々の申し出によってとても関心をもたされた→彼は我々の申し出にとても関心をもった」という意味になります。

〔ウィンタ　イズ　ゴン　アンド　スプリング　イズ　カム〕

Winter is gone and spring is come. （冬が去り、春が来た）

S　aux　①　+　S　aux　①

「行く」という意味の go、「来る」という意味の come は①の動詞です。自動詞ですから受身は作れません。**「be＋①の p.p.」は「完了（〜してしまった、すでに〜し終わっている）」の意味を表します。** **Winter is gone and spring is come.** は「冬が行ってしまった、そして、春が来てしまった」という意味です。「be＋①の p.p.」で完了の意味を表すのは go, come, depart〔ディパート〕（出発する）、arrive〔アライヴ〕（到着する）、fall〔フォール〕（落下する）、rise〔ライズ〕（上がる）などの特定の限られた動詞です（往来発着の意味を表す動詞が主です）。なお②の become も「be become . . .」で「. . . になってしまった」という完了の意味を表すことがあります。e.g. He was become a Catholic.（彼はカトリック教徒になってしまった）（ロイヤル英和辞典）

質問 14　次の質問に答えなさい（スラスラ言えるようになるまで練習してください）。

1. 受身とはどういう文か？
2. 受身にできるのは［　　］動詞だけである。
3. ［　　］動詞は受身にできない。
4. 受身の動詞型は？
5. p.p. の可能性は？
6. 着物を着ている p.p. の可能性は？
7. 裸の p.p. の可能性は？
8. be 助動詞の後ろには何形の動詞が来るか？
9. −③の後ろに来る要素は？
10. −④の後ろに来る要素は？
11. −⑤の後ろに来る要素は？
12. 受身形の動詞は［　　］と［　　］の両方を表す。
13. 品詞と働きの 4 ルールとは？
14. 活用の 4 ルールとは？
15. 疑問文の形を借りて、自分の主張を伝える英文を［　　］という。
16. 「be＋①の p.p.」は［　　］の意味を表す。
17. p.p. が着る着物は？

質問 14 の答え　1. 能動態の文の「動詞の目的語」を主語に変えた文　2. 他（「③④⑤の」も正解）　3. 自（「①②の」も正解）　4. −③・−④・−⑤　5. 受身・完了・過去分詞形容詞用法・分詞構文　6. 受身・完了　7. 過去分詞形容詞用法・分詞構文　8. 過去分詞形・ing 形　9. ない、あったとしたら副詞要素　10. 動詞の目的語　11. 補語　12. 動作、状態　13.「名詞の働き」「形容詞の働き」「副詞の働き」「動詞の働き」　14.「原形動詞を使うところ」「現在形・過去形は絶対に述語動詞」「p.p. の可能性」「ing の可能性」　15. 修辞疑問文　16. 完了　17. be 助動詞・have 助動詞

問題 8

(1) 助動詞の下に aux と記入し、それが何形か（原形、現在形、過去形のどれか）を答えなさい（ただし be 助動詞は学校文法で捉えなさい）。

(2) 動詞が何形かを答え、番号 (①②③④⑤－③－④－⑤) を記入しなさい (ただし動詞は学校文法で捉えなさい)。

(3) S・O・^{a}C・^{n}C を記入しなさい。

(4) 修飾する働きをしている語は品詞と矢印を記入しなさい。

(5) 前置詞＋名詞は下線を引き、そこに品詞と働きを記入しなさい。

(6) 英文全体を日本語に訳しなさい。

〔ザ ブック イズ ビーイング プリンティド アンド イト ウィル ビ パブリシュト イン ナ フォートナイト〕

1. The book is being printed, and it will be published in a fortnight.

〔ヂァパニーズ ハウズィズ ユースト ビ モウストリ ビルト オヴ ウッド アンド ペイパ〕

2. Japanese houses used to be mostly built of wood and paper.

〔ザ ウォータ ワズ ターンド グリーン バイ ザ ダイ〕

3. The water was turned green by the dye.

〔ハウ ロング イン アドヴァンス キャン スィアタ ティキッツ ビ リザーヴド〕

4. How long in advance can theater tickets be reserved?

〔ハウ メニ ヂァパニーズ ソウルヂャズ ワー キルド アト ザ バトル オヴ ブナ〕

5. How many Japanese soldiers were killed at the Battle of Buna?

〔レファレンス ブックス アー ナット トゥ ビ テイクン アウト オヴ ザ ライブレリ〕

6. Reference books are not to be taken out of the library.

問題 8 の解答

1. The book is being printed, and it will be published in a fortnight.

S　－③　＋ S aux　－③ ← ad

(その本は今印刷中で、2 週間後に出版されるでしょう)

print は「印刷する」という意味の動詞で、規則活用です。publish は「出版する」という意味の動詞で、規則活用です。will は「単純未来 (＝未来のことについて「～するだろう」と単純に推量している)」を表す助動詞の現在形です。〔**辞書の捉え方**〕is は助動詞・現在形、being は助動詞・ing 形、printed は動詞・過去分詞形、will は助動詞・現在形、be は助動詞・原形、published は動詞・過去分詞形です。〔**辞書の捉え方＋学校文法の捉え方**〕is は助動詞・現在形、being printed は ing 形・述語動詞・−③、will は助動詞・現在形、be published は原形・述語動詞・−③です。〔**学校文法の捉え方**〕is being printed は現在形・述語動詞・−③、will は助動詞・現在形、be published は原形・述語動詞・−③です。使われている助動詞は is (現在形)、being (ing 形)、will (現在形)、be (原形) の 4 つです。使われている動詞は is being printed (現在形で「述語動詞」として使われている)、being printed (ing 形で「進行形」で使われている)、printed (過去分詞形で「受身」で使われている)、be published (原形で「一般助動詞の後」で使われている)、published (過去分詞形で「受身」で使われている) の 5 つです。**「in 期間」は「〜の期間が経過した時点で → 〜後に」という意味を表します。「〜以内に」というときは「within 期間」と言います。**it will be published within a fortnight なら「2 週間以内に出版されるだろう」です。

2. Japanese houses used to be mostly built of wood and paper.

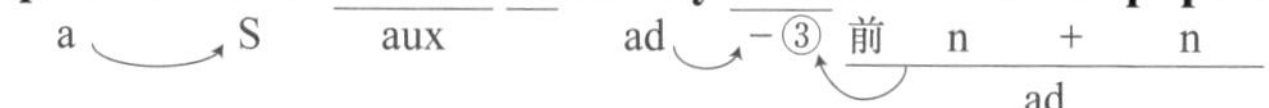

(昔は、日本家屋は、大部分木と紙で出来ていた)
(昔は、ほとんどの日本家屋が木と紙で出来ていた)

used to は「末尾に to が付く助動詞」の過去形です。この助動詞は過去形しかありません。「used to 動作動詞」は「昔はよく V したものだった (今はしないが)」という意味を表し、「used to 状態動詞」は「昔は〜の状態だった (今は違うが)」という意味を表します。mostly は「大部分」という意味の副詞です。build は「建築する」という意味の動詞で、活用は〔build (ビルド)—built (ビルト)—built〕です。ここの built は p.p. です。4 つの可能性の中の受身で使われています。be built は原形・述語動詞・−③です。過去形の助動詞 (＝used to) が付いているので絶対に述語動詞です。この文では「建築されている」という「状態」を表しています。of は「材料」を表す前置詞です。この英文は 2 つの事柄を表せます。一つは「昔は、日本家屋は、ほとんどの部分が木と紙で出来ていた」という事柄で、もう一つは「昔は、ほとんどの日本家屋が木と紙で出来ていた」という事柄です。

3. The water was turned green by the dye. (その水は染料によって緑色になった)

S　−⑤　ªC　ad

turn は規則活用の動詞で「① (回転する) ② (〜になる) ③ (回転させる、向ける) ⑤ (〜を . . . にする)」で使います。この英文の turn は⑤です。「turn 名詞 形容詞」で「名詞を形容詞が表す状態に変える」という意味を表します (turn が⑤、名詞が「動詞の目的語」、形容詞が「補語」です)。これが受身になると「名詞 be turned 形容詞」で「名詞が、形容詞が表す状態に変えられる」という意味になります (名詞が主語、be turned が−⑤、形容詞が補語です)。

was turned は受身形なので動詞型は−③, −④, −⑤のどれかです。was turned の後ろに

は green という形容詞があります。green の働きは名詞修飾か補語です。前方を見ても、後方を見ても、かかる名詞がありません（前は turned で、後ろは by ですから、名詞修飾では働けません）。したがって green は補語です。was turned は後ろに補語が付いているので、動詞型は－⑤に決まります。「受身の動詞」の動詞型は、このように、能動態に直さないで決めます。was turned は過去形・述語動詞・－⑤です。直訳は「その水は染料によって緑色に変えられた」です。これを「⑤の基本的意味」と「O と C の間の意味上の主語・述語関係」の次元で捉えると「その水が緑色である状態が、染料によって生み出された」となります。

4. How long in advance can theater tickets be reserved?

（お芝居の券はどれくらい前に予約できますか）

can は助動詞・現在形で「可能性（可能性があるので～できる）」を表しています。reserve は「予約する」という意味の動詞で、規則活用です。ここの reserved は p.p. です。be reserved は原形・述語動詞・－③です。**Can theater tickets be reserved?** は「お芝居の券は予約される可能性がありますか？ →お芝居の券は予約できますか？」という意味です。in advance は「前もって」という意味の副詞句です。long は「(時間的に) 長く」という意味の副詞です。これに程度を尋ねる疑問副詞の How を付けて How long とすると「長く」という意味が消えて、ただ「どれくらいの時間」という意味に転化します。How long を in advance にかけると「どれくらいの時間前もって→どれくらい前に」という意味になります。

5. How many Japanese soldiers were killed at the Battle of Buna?

（何人の日本兵がブナの戦いで戦死しましたか？）

kill は「殺す」という意味の動詞で、規則活用です。ここの killed は p.p. です。were killed は過去形・述語動詞・－③です。「many 複数名詞」は「多くの複数名詞」という意味ですが、これに疑問副詞の How を付けて「How many 複数名詞」にすると「多い」という意味が消えて、ただ「どれくらいの数の複数名詞」という意味に転化します。How many Japanese soldiers は「どれくらいの数の日本兵→何人の日本兵」という意味です。疑問文ですが、主部に疑問詞が含まれているので、語順は普通の文の語順と同じです。ところで、How は感嘆副詞のこともあります。「How many 複数名詞」は How が感嘆副詞の場合は「なんて多くの複数名詞」という意味になります。そして、**感嘆文の語順は普通の文の語順と同じです。**ですから、上の英文は、末尾の？を！に変えると、それだけで感嘆文になります。**How many Japanese soldiers were killed at the Battle of Buna!** は「なんて多くの日本兵がブナの戦いで戦死したことだろう！」という意味です。ただ疑問文と紛らわしいので、口語の場合では、感嘆形容詞の what を使って What a lot of . . . ! とか What a number of . . . ! のように言う方が普通です。e.g. **What a number of books he has!** (彼はなんてたくさんの本を持っているんだろう)

Buna は東部ニューギニア (現在のパプアニューギニア) の地名です。昭和 18 年 1 月 2 日に日本軍守備隊が全滅しました (戦死者二千数百名)。

6. Reference books are not to be taken out of the library.

(参考図書は館外に持ち出せません)

take は p. 103 参照。**are to は「末尾に to が付く助動詞」の現在形です。この助動詞は「予定・義務・可能」の意味を表します。**ここでは「可能 (〜できる)」の意味です。are not to は助動詞 are to の否定形です。be taken は原形・述語動詞・−③です。現在形の助動詞 (=are to) が付いているので絶対に述語動詞です。out of は「〜から (外へ)」という意味の前置詞です (**out of で 1 つの前置詞です**)。直訳は「参考図書は図書館から外へ持ち出されえない」です。

column 5 活用の重層構造

活用が大事なことに気がついて、活用を言えるようにしようとする人もいます。しかし、軽い気持ちで手を出すと必ず挫折します。**活用確認が挫折する原因は、活用が重層構造になっていることです。**活用がある品詞は助動詞と動詞です。助動詞というと can, may, will, ought to などしか思い浮かべない人が多いのですが、完了を作る have は助動詞ですし、受身と進行形を作る be 助動詞というのもあります（辞書によると be には動詞と助動詞があり、受身と進行形を作る be は助動詞とされています。私は前者を be 動詞、後者を be 助動詞と呼んでいます）。助動詞は動詞の前について、動詞の表現の幅を広げる働きをします。動詞には最多で 4 つの助動詞が付きます。「助動詞＋助動詞＋助動詞＋助動詞＋動詞」となるわけです。

たとえば **A letter may have been being written.**（手紙が書かれつつあったのかもしれない）のような英文です（←このような英文は実際にはまず出てきませんが）。この英文で活用を言うと may は現在形、have は原形、been は過去分詞形、being は ing 形、written は過去分詞形です。完璧に活用を確認しています。

ところで、**活用は何のために確認するのでしょう？ それは、動詞の活用形はそれぞれ英文中での使われ方が厳密に限定されていて、限定外の使い方をすると誤りになるので、活用を確認して、その限定内で使うためです。**この視点からすると「written は過去分詞形」はこれで目的を達します（＝written の使い方を、過去分詞形を媒介にして限定できます）。動詞の活用の 4 番目である過去分詞形は「受身・完了・過去分詞形容詞用法・分詞構文」の 4 つに使い方が限定されています。written は不規則活用の動詞でつづりから過去分詞形に確定します。したがって、written は必ずこの 4 つの中で使わなければなりません。ここでは前に be 助動詞（＝being）がついて受身で使われています。これで正しく認識した（＝正確に読めた）わけです。

ところが「being は ing 形、written は過去分詞形」という活用確認はこれだけでは目的を達しないのです。動詞の活用の 5 番目である ing 形は「進行形・動名詞・現在分詞形容詞用法・分詞構文」の 4 つに使い方が限定されています。ところで being written は 2 語が一体となって「進行形・動名詞・現在分詞形容詞用法・分詞構文」の 4 つのどれかで使われます。つまり being written は、本当は「助動詞・ing 形＋動詞・過去分詞形」なのですが、この 2 語が一体となって「ing 形の動詞の使い方」というルールに従うのです。これは being written が 1 つの

「ing 形の動詞」として使われていることを意味します。ここでは前に be 助動詞（=been）がついて進行形で使われています。これで正しく認識した（=正確に読めた）わけです。

つまり、**「活用を媒介にして使い方を限定する」という活用確認の目的**からすると「being は ing 形、written は過去分詞形」と確認しただけでは目的を達しないのです。さらに「being written は動詞・ing 形」という確認を行って初めて活用を確認した目的に適うのです。これが活用の重層構造です。

ところが「been は過去分詞形、being written は ing 形」という活用確認はこれだけではまだ目的を達しないのです。さきほど述べたように動詞の活用の 4 番目である過去分詞形は「受身・完了・過去分詞形容詞用法・分詞構文」の 4 つに使い方が限定されています。ところで been being written は 3 語が一体となって「受身・完了・過去分詞形容詞用法・分詞構文」の中の完了で使われます。つまり been being written は、本当は「助動詞・過去分詞形＋助動詞・ing 形＋動詞・過去分詞形」なのですが、この 3 語が一体となって「過去分詞形の動詞の使い方」というルールに従うのです。これは been being written が 1 つの「過去分詞形の動詞」として使われていることを意味します。ここでは前に have という助動詞がついて完了で使われています。これで正しく認識した（=正確に読めた）わけです。

つまり、「活用を媒介にして使い方を限定する」という活用確認の目的からすると「been は過去分詞形、being は ing 形、written は過去分詞形」と確認しただけでは目的を達しないのです。さらに「being written は動詞・ing 形」という確認を行って being written が進行形で使われていることを認識し、さらに「been being written は動詞・過去分詞形」という確認を行って been being written が完了で使われていることを認識して初めて活用を確認した目的に適うのです。これが活用の重層構造です。

この活用の重層構造を上手く処理しないと（それも活用を確認する目的に適うように処理しないと）頭が混乱してしまうのです。しかも「何のために活用を考えるのか」わからずにやっているので（=各活用形の使い方が厳密に限定されていて、その限定内で使わなければいけないことを知らずにやっているので）、すぐに「こりゃダメだ、わけがわからん！」となって放棄してしまうのです。明治の昔から、心有る先生は、この障害に手を焼きながら、それでもなんとか工夫して活用の確認法を教えてきました。

私の工夫は次のやり方です。

1. **受身と進行形はbe助動詞と過去分詞形・ing形の動詞を別々に活用を確認する。**
2. **それと同時に、be助動詞と過去分詞形・ing形の動詞をまとめて1つの動詞と考え、この動詞の活用はbe助動詞の活用によって決定する。**

実は全国の中学・高校では、意識せずに、おおよそ上の2.に近いやり方で活用を教えているのです。ただ、目的（＝活用を確認する目的）をはっきりさせず、辞書の扱い方との違いを認識せず、さらに徹底的に行うことをしないので、このやり方（＝be助動詞と過去分詞形・ing形の動詞をまとめて1つの動詞と考えて、be助動詞の活用によって全体の活用を決定するやり方）の有用性に気がつかない（したがって、生徒は意識的、積極的に活用を考えない）のです。本書ではこのやり方（上の2.）を「学校文法の捉え方」と呼び、辞書の扱い方（上の1.）を「辞書の捉え方」と呼んで、**受身と進行形が出てきたときは、この2つの捉え方で2回活用を確認する**ようにしています。これは非常に巧妙なやり方です。言葉で説明すると複雑に感じられますが、いつも同じように考えるので、やがて慣れます。慣れれば当たり前になって、一瞬で判断できるようになります。しかし、知らなければ一生曖昧なままで終わります。

参照　「進行形の作り方と捉え方」p. 109
　　　「受身の作り方と捉え方」p. 128

Lesson 9

完了

このLessonは「have＋p.p.の構造的な扱い方」と「have＋p.p.が表す4つの表面的意味」を了解したらLesson 10に進んでください（9-3, 8, 9, 10は後回しにしてかまいません）。「have＋p.p.が表す本質的意味」や「過去完了の2つの用法」などは「はじめに」で力説した「品詞と働きと活用の相互関係」とは無関係です。ですから、英語の仕組みがわかってから、ゆっくり勉強すればよいのです。

9-1 過去分詞形の枠組み（再確認）

質問15 次の質問に答えなさい（スラスラ答えられないときは「8-1 過去分詞形の枠組み」に戻って、確認してください）。

1. 分詞の2種類は？
2. p.p.は活用の何番目か？
3. p.p.の可能性は？
4. 着物を着ているp.p.の可能性は？
5. 裸のp.p.の可能性は？
6. p.p.で文を作る方法は？
7. p.p.に付く助動詞は？
8. 裸のp.p.で文を作る方法は？
9. p.p.を述語動詞にする方法は？

質問15の答え 1. 現在分詞・過去分詞　2. 4番目　3. 受身・完了・過去分詞形容詞用法・

分詞構文　4. 受身・完了　5. 過去分詞形容詞用法・分詞構文　6. 受身か完了にする　7. be 助動詞・have 助動詞　8. ない（裸の p.p. は絶対に準動詞ですから、文を作れません）　9. 受身か完了にする

9-2 完了の作り方と捉え方

・過去分詞形の動詞の前に have 助動詞を付けると「(完了) ～してしまった」「(結果) ～した」「(経験) ～したことがある」「(継続) ～し続けてきた」などの意味を表します。注 1

・この表現（＝have 助動詞＋過去分詞形動詞）を「完了」といいます。注 2

have 助動詞が原形（＝have）のときはただ「完了形」と呼びます。注 3 **have 助動詞が現在形（＝have または has）のときは「現在完了」と呼びます。** **have 助動詞が過去形（＝had）のときは「過去完了」と呼びます。**

・have 助動詞が過去分詞形のことはありません（＝have 助動詞には過去分詞形がありません）。

・have 助動詞が ing 形（＝having）のときは having p.p. を「完了動名詞」または「完了現在分詞」と呼びます。

・完了は辞書も学校文法も同じ捉え方をします。注 4

注 1 **「完了・結果・経験・継続」は表面的な意味**で、本質的な意味（話し手のイイタイコト）は別にあります。これについては 9-3 参照。

注 2「完了」という言葉は「表現」を表す場合と「意味」を表す場合の 2 つがあります（「目的」という言葉については p. 218 参照）。「have 助動詞＋過去分詞形動詞」という表現を「完了」ないし「完了形」と呼びます。それに対して、「～してしまった、～し終わった」という意味のことも「完了」と呼びます。ですから「この完了は継続を表している」というような、わけのわからない説明が出てくるのです。この場合の「完了」は表現を指していて、「この『have 助動詞＋過去分詞形動詞』という表現は『～し続けてきた』という『継続』の意味を表している」という意味です。「完了は完了を表すとは限らない（＝『have 助動詞＋過去分詞形動詞』という表現は『～してしまった』という『完了』の意味を表すとは限らない）」のです。

注 3 表面的に have p.p. でも、have が原形の場合は「現在完了」ではありません。

注 4 **辞書も学校文法も、have 助動詞と過去分詞形動詞を別の語として扱い、have 助動詞を助動詞、過去分詞形動詞を動詞と捉えます。これの例外は to have p.p.（完了不定詞）と having p.p.（完了動名詞・完了現在分詞）**です。これは 12-8、12-16、18-3 で勉強します。

9-3 完了が表す本質的な意味

・「完了」は非常にわかりにくい表現です。現在完了[注1]を例にとって「完了」が表す本質的な意味を説明しましょう。

・現在完了はあくまでも主語が現在どういう状態にあるかということを伝えるための表現です。[注2]

・したがって、その点で「現在完了」が表す内容と「単純な現在形」[注3]が表す内容とはなんら変わりません。

・単純な現在形と現在完了の違いは，単純な現在形が「現在の動作・状態」を直接的に表現するのに対し，**現在完了は「現在の状態を生み出す原因になった過去の動作・状態」を表現することによって「現在の状態」を間接的に伝える**点にあります。

注1 現在完了は「have 助動詞の現在形＋動詞の p.p.」という表現の呼び名です。あくまでも have 助動詞が現在形であることが、現在完了と呼ばれる要件です。ですから、have＋p.p. であっても、have が原形であれば、現在完了ではありません（この場合は、ただ完了形と呼ばれます）。また had p.p. は過去完了と呼ばれます。

注2 ですから、過去の時を明示する語句節と一緒に現在完了を使うことはできません。

注3 **「現在形の動詞」および「現在形の助動詞＋原形の動詞」を「単純な現在形」と呼びます。**

・簡単にいえば，次のようになります。

単純な現在形	現在の動作・状態は、ズバリ言うと、こうなんですよ。
現在完了	**現在の状態を生み出す原因になったのは過去のこういう動作・状態なんですよ。だとすると、今どんな状態かは言わなくてもわかりますよね。**

〔アイ　ドウント　ハヴ　ザ　ワッチ〕

（単純な現在形）　**I don't have the watch.**　（私はその時計を持っていません）

S aux ad ③ O

do は助動詞・現在形、n't は副詞 not の短縮形、have は原形・述語動詞・③です（この動詞は p. 33 参照）。

〔アイ　ハヴ　ロスト　ザ　ワッチ〕

（現在完了）　**I have lost the watch.**　（私はその時計をなくしてしまった）

S aux ③ O

have は助動詞・現在形、lost は過去分詞形・述語動詞・③です（この動詞は p. 77 参照）。lost は「p.p. の可能性」の中の完了で使われています。

この2つの英文はどちらも「私が今その時計を持っていない」ことを聞き手に伝えようとしているのです。「単純な現在形」はそのことをストレートに表現しています。それに対し「現在完了」は「その時計をなくした」という過去の動作を表現することによって「だから今は持っていないんですよ。わかるでしょ」と言っているのです。

〔アイ　アム　フリー　ナウ〕

（単純な現在形）　**I am free now.**　（私は今手があいています）

S ② aC ad

〔アイ　ハヴ　ヂャスト　フィニシュト　マイ　ワーク〕

（現在完了）　**I have just finished my work.**　（私はちょうど仕事を終えたところだ）

S aux ad ③ a O

have は助動詞・現在形、finished は過去分詞形・述語動詞・③です（この動詞は p. 136 参照）。

この2つの英文はどちらも「私が今仕事から解放されている状態である」ことを聞き手に伝えようとしているのです。

「単純な現在形」はそのことをストレートに表現しています。それに対し「現在完了」は「ちょっと前に仕事を終えた」という過去の動作を表現することによって「だから今は手があいているんですよ。わかるでしょ」と言っているのです。

・現在完了の場合、現在の状態は直接的に表現されないので、話者が伝えようとしている現在の状態は常に1つに決まるとは限りません。[注4]

・書き手が現在完了を使って伝えようとした「現在の状態」は現在完了の英文を読んだだけでわかることもあれば、前後の文脈によってわかることもあります。

注4 たとえば，**I have just finished my work.** の場合は「ちょうど仕事を終えたところだ。だから，今疲れているんです」かもしれませんし、「ちょうど仕事を終えたところだ。だから，今遊びに行けるよ」かもしれません。

・今度は、現在完了の文を「単純な過去形」[注5]と比べてみましょう。

注5 **「過去形の動詞」および「過去形の助動詞＋原形の動詞」を「単純な過去形」と呼びます。**

〔アイ　ロスト　ザ　ワッチ〕

（単純な過去形）　**I lost the watch.**　（私はその時計をなくした）
S ③ O

この lost は過去形・述語動詞・③です。

〔アイ　ハヴ　ロスト　ザ　ワッチ〕

（現在完了）　**I have lost the watch.**　（私はその時計をなくしてしまった）
S aux ③ O

have は助動詞・現在形、lost は過去分詞形・述語動詞・③です。

〔アイ　フィニシュト　マイ　ワーク〕

（単純な過去形）　**I finished my work.**　（私は仕事を終えた）
S ③ a O

この finished は過去形・述語動詞・③です。

〔アイ　ハヴ　ヂャスト　フィニシュト　マイ　ワーク〕

（現在完了）　**I have just finished my work.**　（私はちょうど仕事を終えたところだ）
S aux ad ③ a O

have は助動詞・現在形、finished は過去分詞形・述語動詞・③です。

・単純な過去形は過去の動作・状態を表現している点で現在完了と同じです。
・しかし「単純な過去形」は「その過去の動作・状態が現在の状態を生み出した原因だ」とは言っていません。
・したがって、単純な過去形の文を読んでも、今どういう状態かはわかりません。[注6]

簡単にいえば，次のようになります。

単純な過去形	過去において、こういう動作・状態があったんですよ。
現在完了	**過去において、こういう動作・状態があったんですよ。ところで、これが現在の状態の原因になっているんです。したがって、今どんな状態かは言わなくてもわかりますよね。**

注６　たとえば、I lost the watch. の場合、「その時計をなくした」と言っているだけで、それが現在の状態の原因だとは言っていないわけですから、現在は、その時計がまた出てきて、使っているのかもしれません。また、I finished my work. の場合は、「仕事を

終えた」と言っているだけで、それが現在の状態の原因だとは言っていないわけですから、現在は、新たな仕事に取りかかって忙しくしているのかもしれません。

・現在完了はわかりにくい表現ですが，単純な現在形および単純な過去形と比べることによって、その本質を理解してください。

9-4　完了が表す表面的な意味

・話者が現在完了を使うときは「聞き手に伝えたい現在の状態」があります。

・話者は、それを効果的に伝えるために「完了・結果・経験・継続」という４つの表面的意味で現在完了を使います。

・話者は「完了・結果・経験・継続」という４つの表面的意味のどれで使っているかを明示するために、現在完了に「特有の副詞」を添えたり、「特有の形式」を使用したりします。

・私たちは「文脈」「特有の副詞」「特有の形式」から「現在完了の表面的意味」と「それによって話者が聞き手に伝えたい現在の状態」を察知して、「表面的意味」に沿っていて、かつ、できるだけ「現在の状態」が感じ取れる和訳を作ります。

・表面的意味に沿った和訳をパターン化すると次の４つになります。

1. 〜してしまった（完了）
2. 〜した（結果） 注1
3. 〜したことがある（経験）
4. 〜し続けてきた（継続）

・要するに「完了・結果・経験・継続」を表すために現在完了という表現があるのではないのです。現在完了が表すとされている**「完了・結果・経験・継続」というのは「話者が『現在の状態』を伝えるために使っている表面的意味」にすぎないのです。**

・ですから、「特有の副詞」や「特有の形式」から表面的意味をつかんで、それに沿った和訳を作ることは大事なことですが、それで終わりではないのです。

・最終的には「話者が聞き手に伝えたい**現在の状態**」を把握したときに正しく読めたことになるのです。

注 1 **「結果」は「完了・経験・継続」の表面的意味をもたず、ただ「過去において〜した結果、現在 . . . である」という意味を表す場合です。**

9-4-1 表面的意味を示す特有の副詞

話し手のイイタイコト＝現在の状態

You should know that. （君はそれを知っているはずだ）
S aux ③ O

これを完了の意味の現在完了で伝える場合

〔アイヴ トウルド ユー ザット オールレディ〕

I've told you that already. （それはもう君に話してしまった）
Saux ④ O O ad

これを経験の意味の現在完了で伝える場合

〔アイヴ トウルド ユー ザット アゲン アンド アゲン〕

I've told you that again and again. （それは何度も君に話したことがある）
Saux ④ O O ad + ad

should は過去形の助動詞で、ここでは「推量 (〜するはずだ)」を表しています (should については p. 72, 102 参照)。know は「知っている」という意味の動詞で、活用は〔know (ノウ)—knew (ニュー)—known (ノウン)〕です。ここの know は原形・述語動詞・③です。I've は I have の短縮形です。have は完了を表す助動詞の現在形です。tell は「話す」という意味の動詞で、活用は〔tell (テル)—told (トウルド)—told〕です。ここの told は過去分詞形・述語動詞・④です。**already は「もう、すでに」という意味の副詞で、肯定文で使います。**完了の英文で使われると、その英文の表面的意味が「完了」だとわかります。again は「再び」という意味の副詞で、again and again とすると「何度も、繰り返し」という意味を表します。完了の英文で使われると、その英文の表面的意味が「経験」だとわかります。

話し手のイイタイコト＝現在の状態

I have a new car now. （私は今新車を持っている）
S ③ a O ad

これを結果の意味の現在完了で伝える場合

〔アイヴ ヂャスト ボート ア ニュー カー〕

I've just bought a new car. （私は新車を購入したばかりだ）
Saux ad ③ a O

have は現在形・述語動詞・③です。'veはhaveの短縮形で、助動詞・現在形です。boughtは過去分詞形・述語動詞・③です（この動詞については p. 16 参照）。justは「ちょうど」という意味の副詞です。完了の英文で使われると、その英文の表面的意味が「完了ないし結果」だとわかります。

話し手のイイタイコト＝現在の状態

Can you drive a Ferrari? （君はフェラーリを運転できるか）
aux S ③ O

これを経験の意味の現在完了で伝える場合

〔ハヴ ユー ドリヴン ア ファラーリ ビフォー ♪〕

Have you driven a Ferrari before? （これまでにフェラーリを運転したことがありますか）
aux S ③ O ad

canは助動詞・現在形で「能力」を表しています。driveは「運転する」という意味の動詞で、活用は〔drive（ドライヴ）—drove（ドロウヴ）—driven（ドリヴン）〕です。ここのdriveは原形・述語動詞・③です。Haveは助動詞・現在形、drivenは過去分詞形・述語動詞・③です。beforeは「以前に」という意味の副詞です。完了の英文で使われると、その英文の表面的意味が「経験」だとわかります。

話し手のイイタイコト＝現在の状態

I have a lot of influence over him. （私は彼に顔がきく）
S ③ a O ad

これを継続の意味の現在完了で伝える場合

〔アイ ハヴ ノウン ヒム フロム ヒズ チャイルドフッド〕

I have known him from his childhood. （私は彼が子供の頃から彼を知っている）
S aux ③ O a ad

haveは現在形・述語動詞・③です。a lot ofは3語で1つの形容詞です。「たくさんの」という意味で、可算名詞にも不可算名詞にもかけられます。直訳は「私は彼に対してたくさんの影響力をもっている」です。haveは助動詞・現在形、knownは過去分詞形・述語動詞・③です。「from 時期を表す名詞（〜から）」という副詞句は、完了の英文で使われると、その英文の表面的意味が「継続」だとわかります。

話し手のイイタイコト＝現在の状態

I'm familiar with Paris. （私はパリをよく知っている）
S ② ªC ad

これを経験の意味の現在完了で伝える場合

〔アイ ハヴ ワンス リヴド イン パリス〕

I have once lived in Paris. （私は一度パリに住んだことがある）
S aux ad ① ad

これを継続の意味の現在完了で伝える場合

〔アイ ハヴ リヴド イン パリス フォー テン イアズ〕

I have lived in Paris for ten years. （私はパリに10年住んでいる）
S aux ① ad a ad

これを継続の意味の現在完了で伝える場合

〔アイ ハヴ ビン リヴィング イン パリス スインス ラスト フォール〕

I have been living in Paris since last fall. （私は去年の秋からパリに住んでいる）
S aux ① ad a ad

'm は am の短縮形で、現在形・述語動詞・②です。familiar については p. 23 参照。lived は過去分詞形・述語動詞・①です（この動詞は p. 52 参照）。once は「かつて、一度」という意味の副詞で、完了の英文で使われると、その英文の表面的意味が「経験」だとわかります。「for 期間を表す名詞（～の間）」という副詞句は、完了の英文で使われると、その英文の表面的意味が「継続」だとわかります。have been -ing は「完了進行形」と呼ばれる表現で、「継続」を表す特有の形式です（完了進行形は 9-4-2 と 9-5-1 で説明します）。「since 時期を表す名詞（～以来）」という副詞句は、完了の英文で使われると、その英文の表面的意味が「継続」だとわかります。live の場合は完了進行形を使わず **I have lived in Paris since last fall.** でも「私は去年の秋からパリに住んでいる」という継続の意味を表せます。

9-4-2 表面的意味を示す特有の形式

- **完了進行形（have been -ing）は動作動詞について用いられ「基準時までの継続」を表します。**[注2]
- 「行く」の現在完了には特有の形式（＝have been）があります。[注3]

注 2 状態動詞は進行形になりません。したがって状態動詞は単純な完了形（＝have＋p.p.）で「継続」を表します。live は状態動詞、動作動詞の両方で使われるので、「基準時までの継続」を表すときはhave livedのこともあればhave been livingのこともあります。

注3 **have goneは「行ってしまって、今いない」という「完了」の意味を表します。have been to 〜は「〜へ行ったことがある」という「経験」の意味を表します。**「行く」という意味の動詞はgoであって、be動詞は「ある、いる、存在する」という意味ですが、「〜へ行ったことがある」と言いたいときは、goを使わずにbe動詞を使って、「have been to 〜」と言うのです。

なお、have been to 〜は「〜へ行ってきた」という意味を表すこともあります（この意味は「完了」とも言えますし「経験」とも言えます）。

〔ヒー　ハズ　ビン　スリーピング　フォー　テン　アウアズ　ナウ〕

He has been sleeping for ten hours now.　彼はもう10時間も寝ている。

〔**辞書の捉え方**〕hasは完了を作る助動詞の3人称・単数・現在形。beenは進行形を作る助動詞の過去分詞形。sleepは「眠る」という意味の動詞で、活用は〔sleep（スリープ）—slept（スレプト）—slept〕です。sleepingは動詞・ing形です。sleepingは現在分詞で、「ingの可能性」の中の進行形で使われています。〔**学校文法の捉え方**〕hasは助動詞・現在形。been sleepingは1つの動詞の過去分詞形で述語動詞・①です。been sleepingは「p.p.の可能性」の中の完了で使われています。現在形の助動詞（＝has）が付いているので絶対に述語動詞です。sleepは動作動詞なので現在完了進行形で「現在までの継続」を表しています。表面的意味は「彼はもう10時間も眠り続けている」です。これによってイイタイコトは「そろそろ起こそう」かもしれませんし「大丈夫か？ どうかしちゃったんじゃないか？」かもしれません。

〔ヒー　ハズ　ゴン　トゥ　キョウト〕

He has gone to Kyoto.　（彼は京都に行ってしまった）（完了）

S　aux　①　ad

hasは完了を作る助動詞の3人称・単数・現在形です。goneは過去分詞形・述語動詞・①です。has goneは「行ってしまった」という「完了」の意味を表しています。これによってイイタイコトは「今ここにいない」です。

〔アイ　ハヴ　ビン　トゥ　キョウト〕

I have been to Kyoto.　（私は京都へ行ったことがある）（経験）

S　aux　①　ad

haveは助動詞・現在形です。beenは過去分詞形・述語動詞・①です。have been to 〜は「〜へ行ったことがある」という「経験」の意味を表しています。これによってイイタイコトは「私は京都に詳しい」かもしれませんし「私は今回の京都旅行は参加しない」というようなことかもしれません。

9-5 完了進行形と完了受動態

9-5-1 have been -ing

・been -ing（進行形の動詞の過去分詞形）にhave助動詞を付けた形（＝have been -ing）を完了進行形といいます。
・完了進行形は動作動詞について用いられます。
・**完了進行形は「基準時までの継続」を表します。**[注1]
・「動作の開始時期」や「継続期間」が明示されているか、または文脈からはっきりわかるときは、その動作は現時点で継続中です（「～している」と訳します）。
・「動作の開始時期」や「継続期間」が明示されておらず、文脈からはっきり現時点で継続中だとわかるわけでもないときは、その動作は現時点では終わっています（「～していた」と訳します）。
・完了進行形も、普通の進行形と同様に、反復的動作を表すことがあります。

注1 **基準時は「現在完了は現在」「過去完了は過去の一時点」「未来完了は未来の一時点」です。**

〔アイ　ハヴ　ビン　リーディング　トゥ　ヒム　スィンス　テン　オクラック〕

I have been reading to him since ten o'clock.
S　aux　①　ad　ad　ad

私は10時から彼に本を読んでやっている。

haveは助動詞・現在形です。readはp. 43参照。〔**辞書の捉え方**〕beenは助動詞・過去分詞形、readingは動詞・ing形です。readingは「ingの可能性」の中の進行形で使われています。〔**学校文法の捉え方**〕been readingは過去分詞形・述語動詞・①で「p.p.の可能性」の中の完了で使われています。readは動作動詞なので現在完了進行形で「現在までの継続」を表しています。「動作の開始時期」が明示されているので、現時点で継続中です。表面的意味は「私は10時から彼に本を読んでやっている」です。これによってイイタイコトは、たとえば「そろそろ交代してくれないか」かもしれませんし「君に頼まれたことはまだやっていない」かもしれません。

〔ユーヴ　ビン　ワーキング　トゥー　ハード〕

You've been working too hard.　（君はここのところ働きづめだよ）
S　aux　①　ad　ad　（君はここのところ働きづめだった）

'veはhaveの短縮形で助動詞・現在形です。workはp. 32参照。〔**辞書の捉え方**〕beenは助動詞・過去分詞形、workingは動詞・ing形です。workingは「ingの可能性」の中の進行形で使われています。〔**学校文法の捉え方**〕been workingは過去分詞形・述語動詞・①で「p.p.の可能性」の中の完了で使われています。workは動作動詞なので現在完了進行形で「現在までの継続」を表しています。「動作の開始時期」も「継続期間」も明示されていませんが、残業している人に向かって言っているのであれば、現時点で継続中です。表面的意味は「君は過度に働き続けている」です。これによってイイタイコトは「少し休まなきゃダメだよ」でしょう。それに対して、病床にいる人に向かって言っているのであれば、現時点では終わっています。表面的意味は「君は過度に働き続けていた」です。これによってイイタイコトは「ゆっくり休みたまえ」でしょう。

〔アイ　ハヴ　ビン　リスィーヴィング　ラヴ　レタズ　フロム　ヒム〕

I have been receiving love letters from him.

(私は彼から何通もラブレターをもらっている)

haveは助動詞・現在形、receiveは「受け取る」という意味の動詞で、規則活用です。〔**辞書の捉え方**〕beenは助動詞・過去分詞形、receivingは動詞・ing形です。receivingは「ingの可能性」の中の進行形で使われています。〔**学校文法の捉え方**〕been receivingは過去分詞形・述語動詞・③で「p.p.の可能性」の中の完了で使われています。receiveは動作動詞なので現在完了進行形で「現在までの継続」を表しています。手紙を受け取るのは瞬間完結動作ですから、have been receivingは「現在まで継続する反復的動作」を表しています。表面的意味は「私は彼からラブレターをもらい続けている」です。これによってイイタイコトは、たとえば「彼は私にぞっこんなのよ」かもしれませんし「彼は女性に興味のない男じゃないわよ」かもしれません。

9-5-2 have been p.p.

・ been p.p. (受身を表す動詞の過去分詞形) にhave助動詞を付けた形 (=have been p.p.) を完了受動態といいます。注2

注2 コラム12 (p. 318) でお話しする「beenの4つの可能性」が出そろいましたので、まとめておきましょう。beenは動詞だと「①の過去分詞形」と「②の過去分詞形」です。beenは助動詞だと受身と進行形を作ります。been p.p.は「受身の動詞の過去分詞形」で、been -ingは「進行形の動詞の過去分詞形」です。p.p.の可能性は「受身・完了・過去分詞形容詞用法・分詞構文」ですが、この4つの過去分詞形の動詞はこの中で完了にしかなりません。したがって「beenの4つの可能性」はhave been (①の完了) have been (②の完了) have been p.p. (完了受動態) have been -ing (完了進行形) の4つです。なお「beingの11の可能性」はp. 364参照。

〔ブライトン　ハズ　ビン　ヴィズィッティド　バイ　クウィーン　イリザベス　セヴェラル　タイムズ〕

Brighton has been visited by Queen Elizabeth several times.

S　aux　－③　ad　副詞的目的格

（ブライトンにはエリザベス女王が何回かいらしたことがある）

has は助動詞の 3 人称・単数・現在形、visit は p. 119 参照。〔**辞書の捉え方**〕been は助動詞・過去分詞形、visited は動詞・過去分詞形です。visited は「p.p. の可能性」の中の受身で使われています。〔**学校文法の捉え方**〕been visited は過去分詞形・述語動詞・－③で「p.p. の可能性」の中の完了で使われています。回数を表す副詞的目的格が使われているので、表面的意味は「経験」です。「ブライトンはエリザベス女王によって何回か訪問されたことがある」という意味です。これによってイイタイコトは、たとえば「そういう由緒ある土地柄であって、他のところとは格が違うのだ」かもしれませんし「王室の離宮を置くのに適している」かもしれません。あるいは「熱狂的な王室ファンがたくさんいる」ということかもしれません。いずれにせよ、現在の状態を遠回しに伝えているのです。

9-5-3 助動詞の先後

・複数の助動詞を一緒に使う必要があるときは**「一般助動詞」→「have 助動詞」→「進行形を作る be 助動詞」→「受身を作る be 助動詞」の順番で並べます。**[注3]

・do 助動詞は be 助動詞と一緒に使うことがあります。[注4]

注 3 ですから「完了」「進行形」「受動態」という文法用語は、この順番で組み合わせるのが正しいのです。進行形受動態は be being p.p. です（←これは実際は受身進行形と呼ぶことが多いです）。完了受動態は have been p.p. です。完了進行形は have been -ing です。完了進行形受動態は have been being p.p. です（←これは実際にはまず出てきません）。この 4 つに一般助動詞を付けるときは一番最初に置きます。たとえば will be being p.p. / will have been p.p. / will have been -ing / will have been being p.p. のようになります（コラム 5（p. 148）で「動詞には最多で 4 つの助動詞が付きます」と言ったのは will have been being p.p. のような表現のことを言ったのです）。

注 4「進行形の否定命令文（Don't be -ing）」と「受身の否定命令文（Don't be p.p.）」です（p. 113, 133, 135 参照）。

9-6 一般助動詞＋完了

・完了には一般助動詞を付けることができます。

・一般助動詞 + have + p.p.[注]

・**一般助動詞の後の have p.p. は「完了・結果・経験・継続」を表すこともあり**

ますが、たんなる「過去の動作・状態」を表すこともあります。この場合には have p.p. の部分は「〜した」と訳します。

注　この have は原形です（一般助動詞の後だからです）。したがって、この have＋p.p. は現在完了ではありません（have が現在形ではないからです）。

〔ミス　ロング　マスト　ハヴ　ビン　プリティ　イン　ハー　ユース〕

Miss Long must have been pretty in her youth.

（ロング先生は若い頃はかわいかったに違いない）

この must は助動詞の現在形で、義務（〜しなければいけない）ではなく、推量（〜するに違いない）を表しています。その後ろの完了形（＝have been）は「完了・結果・経験・継続」ではなく、たんなる「過去の状態」を表しています。「must have been 〜」で「〜だったに違いない」という意味です。have は助動詞・原形、been は過去分詞形・述語動詞・②で「p.p. の可能性」の中の完了で使われています。

〔ユー　マスト　ハヴ　フィニシュト　ユア　リポート　バイ　ネクスト　フェブルエリ〕

You must have finished your report by next February.

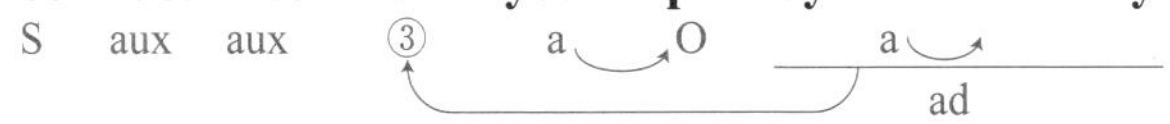

（君は来年の２月までにレポートを仕上げておかなければならない）

finish は p. 136 参照。この must は助動詞の現在形で、義務（〜しなければいけない）を表しています。その後ろの完了形（＝have finished）は「完了」の意味を表しています。must have finished は「終えてしまっていなければいけない」という意味です。have は助動詞・原形、finished は過去分詞形・述語動詞・③で「p.p. の可能性」の中の完了で使われています。「by 時期を表す名詞（〜までには）」という副詞句は「完了する期限」を表します。

〔ヒー　メイ　ハヴ　ライド〕

He may have lied.　（彼はうそをついたのかもしれない）

S　aux　aux　①

この動詞は「うそをつく」という意味で、〔lie（ライ）—lied（ライド）—lied〕という規則活用です。ただし、ing 形は lieing ではなく、lying〔ライイング〕となります。この may は助動詞の現在形で、推量（〜するかもしれない）を表しています。その後ろの完了形（＝have lied）は、たんなる「過去の動作」を表しています。「may have lied」で「うそをついたかもしれない」という意味です。have は助動詞・原形、lied は過去分詞形・述語動詞・①で「p.p. の可能性」の中の完了で使われています。

〔シー　メイ　ハヴ　ビン　リーディング　イェスタデイ〕

She may have been reading yesterday. （彼女は昨日本を読んでいたのかもしれない）

S　aux　aux　①　ad

read は p. 43 参照。この may は助動詞の現在形で、推量（〜するかもしれない）を表しています。その後ろの完了進行形（＝have been reading）は、「完了進行形が表す意味（＝基準時までの継続）」ではなく、たんなる「過去進行形が表す意味（〜していた）」を表しています。「may have been reading」で「読んでいたかもしれない」という意味です。〔**辞書の捉え方**〕have は助動詞・原形、been は助動詞・過去分詞形、reading は動詞・ing 形です。reading は「ing の可能性」の中の進行形で使われています。〔**学校文法の捉え方**〕have は助動詞・原形、been reading は過去分詞形・述語動詞・①です。been reading は「p.p. の可能性」の中の完了で使われています。

9-7 完了の否定文と疑問文

9-7-1 完了の否定文

・完了の否定文は have 助動詞 / 一般助動詞の後に not を置きます。

have + not + p.p.
have + not + been + -ing（これは完了進行形の否定形です）
have + not + been + p.p.（これは完了受動態の否定形です）
一般助動詞 + not + have + p.p.

〔シー　ハズ　ナット　スポウクン　スィンス　スリー　オクラック〕

She has not spoken since three o'clock. （彼女は 3 時からずっと話していない）

S　aux　ad　①　ad　ad

spoken は p. 72 参照。has は助動詞・現在形、spoken は過去分詞形・述語動詞・①です。has not spoken は「継続（＝話していない状態が続いている）」を表しています。speak は動作動詞ですが、否定形の場合は have not spoken で「継続」を表せます。

〔シー　ハズ　ナット　ビン　スピーキング　スィンス　スリー　オクラック〕

She has not been speaking since three o'clock.

S　aux　ad　①　ad　ad

（彼女は 3 時からずっと話し続けているのではない）

has は助動詞・現在形、has been speaking since three o'clock は現在完了進行形で「3

時から現在までの継続」を表しています。この英文は、それを not で否定しているのですが、事柄としては2つの可能性があります。1つは has been speaking を前提にして、since three o'clock を not で否定するケースです。彼女は今話していて、誰かが「彼女は3時から話している」と言ったのに対して「(いや、違う) 彼女は3時から話しているのではない (2時から話しているんだ)」と言ったのです。もう一つは since three o'clock を前提にして has been speaking を not で否定するケースです。彼女は今話していて、誰かが「彼女は3時から話し続けだ」と言ったのに対して「(いや、違う) 彼女は3時から話し続けではない (ときどき話を止めたときもあった)」と言ったのです。こういう事柄の探り方は「not の射程の問題」あるいは「前提と焦点の問題」と言われます (というよりも、私が勝手に呼んでいるのですが)。みなさんも、構造が見抜けるようになり、次に「事柄の把握」が大きな課題になってきたら、こういう考え方の有効性がおわかりになると思います。〔**辞書の捉え方**〕been は助動詞・過去分詞形、speaking は動詞・ing 形で「ing の可能性」の中の進行形で使われています。〔**学校文法の捉え方**〕been speaking は過去分詞形・述語動詞・①です。been speaking は「p.p. の可能性」の中の完了で使われています。

〔ザ　マーダラ　ハズ　ナット　ビン　コート　イェット〕

The murderer has not been caught yet. (殺人犯はまだつかまっていない)

S　aux　ad　−③　ad

caught は p. 135 参照。has been caught は完了受動態で「結果 (過去においてつかまって、現在拘束されている)」を表しています。この英文は、それを not で否定して、「過去においてつかまらず、現在拘束されていない」を表しています。has は助動詞・現在形です。〔**辞書の捉え方**〕been は助動詞・過去分詞形、caught は動詞・過去分詞形です。caught は「p.p. の可能性」の中の受身で使われています。〔**学校文法の捉え方**〕been caught は過去分詞形・述語動詞・−③で「p.p. の可能性」の中の完了で使われています。yet は副詞で、否定文で使われると「まだ (〜しない)」という意味を表します。

〔ヒー　キャント　ハヴ　ダン　サッチ　ア　ステューピッド　スィング〕

He can't have done such a stupid thing. (彼がそんなばかなことをしたはずはない)

S　aux　ad　aux　③　a　a　O

done は p. 102 参照。この can は助動詞の現在形で、可能性 (〜する可能性がある) を表しています。can't は「〜する可能性はない→〜するはずはない」という意味です。その後ろの完了形 (=have done) は、たんなる「過去の動作 (〜した)」を表しています。「can't have done」は「〜をしたはずはない」という意味です。have は助動詞・原形、done は過去分詞形・述語動詞・③です。done は「p.p. の可能性」の中の完了で使われています。

9-7-2 完了の疑問文

・完了の疑問文は主語の前に have 助動詞 / 一般助動詞を出します。[注]

> Have + 主語 + p.p. . . . ?
> Have + 主語 + been + -ing . . . ?（これは完了進行形の疑問文です）
> Have + 主語 + been + p.p. . . . ?（これは完了受動態の疑問文です）
> 一般助動詞 + 主語 + have + p.p. . . . ?

注　ただし「疑問代名詞」または「疑問形容詞＋名詞」または「疑問副詞＋形容詞＋名詞」が主語になっているとき（＝主部に疑問詞が含まれているとき）は普通の文と同じ語順になります。

〔ハズ　ヒー　リターンド　イエット ⤴　ノウ　ナット　イエット〕

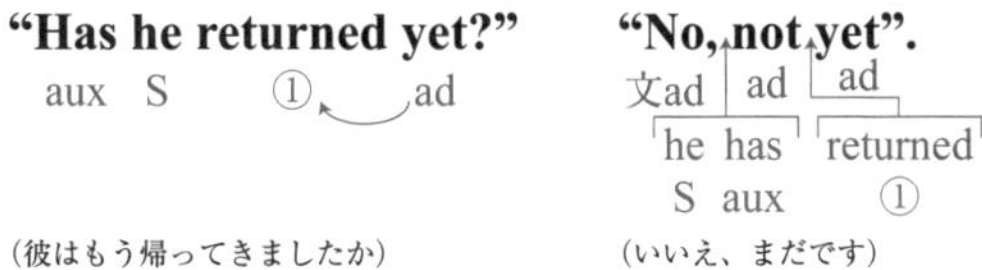

"Has he returned yet?"
aux S ① ad
"No, not yet".
文ad ad ad
he has returned
S aux ①

（彼はもう帰ってきましたか）　（いいえ、まだです）

return は「戻る」という意味の動詞で、規則活用です。Has は助動詞・現在形。疑問文なので主語の前に出ています。returned は過去分詞形・述語動詞・①です。Has . . . returned は「完了ないし結果」の意味を表しています（「過去において戻ってきて、現在いますか？」という意味です）。not yet は he has not returned yet（彼はまだ戻っていない）の省略形です。yet は p. 137 参照。

〔ワット　ハヴ　ユー　ビン　ドゥーイング〕

What have you been doing?　（あなたは何をしていましたか？）
O　aux　S　③

現在完了進行形の疑問文です。have は助動詞・現在形。疑問文なので主語の前に出ています。〔**辞書の捉え方**〕been は助動詞・過去分詞形。doing は動詞・ing 形で現在分詞、「ing の可能性」の中の進行形で使われています。〔**学校文法の捉え方**〕been doing は過去分詞形・述語動詞・③で「p.p. の可能性」の中の完了で使われています。been doing は現在形の助動詞が付いているので絶対に述語動詞です。have been doing は「現在までの継続」を表しています。**What were you doing?** は、話し手と聞き手の了解事項となっている「過去の一時点」で「何をしていたか」を尋ねているだけです。**What have you been doing?** は「これまで何をしていて、今の状態（たとえば疲れているように見えるとか、ウキウキしているように見えるとか）になっているのか」を尋ねているのです。

〔ハズ　ズィス　スカート　ビン　ウォシュト　イエット ⤴〕

Has this skirt been washed yet?　（このスカートはもう洗濯済ですか？）

aux　a　S　－③　ad

wash は「洗う」という意味の動詞で、規則活用です。この英文は完了受動態の疑問文です。Has は助動詞・現在形。疑問文なので主語の前に出ています。〔**辞書の捉え方**〕been は助動詞・過去分詞形、washed は動詞・過去分詞形で「p.p. の可能性」の中の受身で使われています。〔**学校文法の捉え方**〕been washed は過去分詞形・述語動詞・－③で「p.p. の可能性」の中の完了で使われています。been washed は現在形の助動詞が付いているので絶対に述語動詞です。Has been washed は「完了」の意味を表しています。**Was this skirt washed?** は、話し手と聞き手の了解事項となっている「過去の一時点」で「洗濯されたか？」を尋ねているだけです。**Has this skirt been washed yet?** は「過去において洗濯されて、現在着られますか？」とか「過去において洗濯されて、現在納品してよいですか？」を尋ねているのです。yet は p. 139 参照。

〔ウェア　キャン　ヒー　ハヴ　ゴン〕

Where can he have gone?　（いったい彼はどこへ行ってしまったのだろう？）

ad　aux　S　aux　①

gone は p. 121 参照。この can は「可能性」の意味です。can を使わないと **Where has he gone?**（彼はどこへ行ってしまったのか？）ですが、can を使うと「彼はどこへ行ってしまった可能性があるのだろう？」となって疑問の意味が強まったり、話し手のいらだちの気持ちが加わったりします。**こういう can は「疑問詞を強める can」などと呼ばれて「いったい」と訳します**。have は助動詞・原形。gone は過去分詞形・述語動詞・①です。この have gone は「完了」の意味を表しています。Where は疑問副詞です。**Where did he go?** は、話し手と聞き手の了解事項となっている「過去の一時点」で「どこへ行ったか」を尋ねているだけです。**Where can he have gone?** は「過去においてどこへ行ったので、今いないのか」を尋ねているのです。

9-8　過去完了

・「助動詞 had＋p.p.」という表現を過去完了といいます。[注1]

・**過去完了には「普通用法」と「大過去用法」という 2 つの用法があります。**

注 1 **have 助動詞には過去分詞形がありません。ですから、助動詞の had は過去形に決まります。**

9-8-1　過去完了の普通用法

・現在完了[注2]の基準時は現在ですが、これを過去の一時点にずらしたのが「過去完了の普通用法」[注3]です。

・過去完了の普通用法は「過去の状態（＝過去の一時点の状態）を生み出す原因になった大過去の動作・状態（＝それよりもさらに過去の動作・状態）」を表現することによって「過去の状態（＝過去の一時点の状態）」を間接的に伝えるものです。

・過去完了の普通用法はあくまでも過去の状態を伝えるための表現です。ですから、大過去の時を明示する語句節を過去完了の普通用法で使うことはできません。

注2 今日が4月1日だとします。すると3月1日は過去の一時点です。3月1日の動作・状態を表現することによって、4月1日の状態を間接的に伝えるのが「現在完了」です。現在完了は字面の上では過去の一時点（3月1日）の動作・状態を表現していますが、あくまでも現在（4月1日）の状態を伝えるための表現です。ですから、過去の一時点（3月1日）を明示する語句節を現在完了で使うことはできません。

注3 今日が4月1日だとします。すると3月1日は過去の一時点で、2月1日はさらに過去（＝大過去）の一時点です。過去の一時点（3月1日）の状態を生み出す原因になった、大過去（2月1日）の動作・状態を表現することによって、過去の一時点（3月1日）の状態を間接的に伝えるのが「普通用法の過去完了」です。**普通用法の過去完了は字面の上では大過去（2月1日）の動作・状態を表現していますが、あくまでも過去の一時点（3月1日）の状態を伝えるための表現です。ですから、大過去（2月1日）を明示する語句節を普通用法の過去完了で使うことはできません。**

〔バイ　ザット　タイム　アイ　ハッド　フィニシュト　マイ　ワーク〕

By that time I had finished my work.　（そのときまでには私は仕事を終えていた）

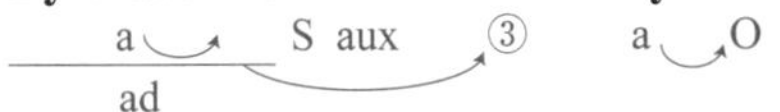

「by 時期を表す名詞」は「〜までには」という意味で「完了の期限」を表します。ちなみに「till 時期を表す名詞 / until 時期を表す名詞」は「〜まで」という意味で「継続の終点」を表します。had は助動詞・過去形、finished は過去分詞形・述語動詞・③です。had finished は「完了」の意味を表す普通用法の過去完了です。「that time より以前に仕事を終えた」ことを言うことによって、that time の時点での状態（たとえば「手が空いていた」「完成品を提出できる状態だった」など）を間接的に伝えています。

〔ヒー　ハッド　ビン　イン　ザ　ハスピトル　フォー　トゥー　マンツ　ビフォー　ザット　タイム〕

He had been in the hospital for two months before that time.

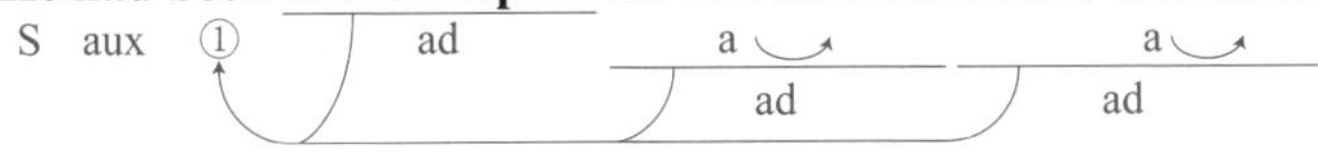

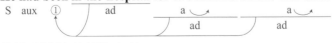

（彼はそのとき入院して2か月経っていた）

hadは助動詞・過去形、beenは過去分詞形・述語動詞・①です。had beenは「継続」の意味を表す普通用法の過去完了です。「that timeの前に2か月間病院内に居続けた（＝入院していた）」ことを言うことによって、that timeの時点での状態（たとえば「さすがに回復に向かっていた」「病院生活にうんざりしていた」など）を間接的に伝えています。なお、このhad beenは、「〜へ行ったことがあった」という「経験」の意味を表す「had been to 〜」とは違います。

〔アイ　レコグナイズド　ヒム　アト　ワンス　フォー　アイ　リメンバド　ヒズ　フェイス〕

I recognized him at once, for I remembered his face.

S　③　O　ad　＋ S　③　a　O

（私はすぐ彼がわかった、というのは彼の顔を覚えていたから）

recognizeは「認識する」という意味の動詞で、規則活用です。rememberは「思い出す、覚えている」という意味の動詞で、規則活用です。この英文のrecognizedとrememberedはどちらも過去形・述語動詞・③です。**forは等位接続詞で文と文を（構造の上で）対等につないでいます。等位接続詞のforは「理由（なぜならば、というのは）」の意味を表します。「forの前の文」に対して「forの後ろの文」が理由になっています。**英文全体は「私はすぐ彼がわかった、というのは彼の顔を覚えていたから」という意味です。現在（＝この英文を言っている時）が4月1日で、私が彼をすぐに認識したのが3月1日だとしましょう。すると、recognizedは単純な過去形で、字面もイイタイコトも3月1日の動作を表しています。rememberedも単純な過去形で、字面もイイタイコトも3月1日の状態を表しています。なお、この「英文」は構造上は対等な関係にある2つの「文」で出来上がっていることに注意してください。

〔アイ　レコグナイズド　ヒム　アト　ワンス　フォー　アイ　ハッド　オフン　スィーン　ヒム　アン　ティーヴィー〕

I recognized him at once, for I had often seen him on TV.

（私はすぐ彼がわかった、というのはテレビで何度も見たことがあったから）

seeは「見る」という意味の動詞で、活用は〔see（スィー）—saw（ソー）—seen（スィーン）〕です。hadは助動詞・過去形、seenは過去分詞形・述語動詞・③です。had seenは「経験」の意味を表す普通用法の過去完了です。「3月1日（＝私がすぐに彼だとわかった日）の前に何度もテレビで彼を見た」ことを言うことによって、3月1日の時点での状態（＝私は彼の顔を覚えていた）を間接的に伝えています。くどいですが、recognizedは単純な過去形で、字面もイイタイコトも3月1日の動作を表しています。had seenは普通用法の過去完了で、字面は3月1日より前の動作を表していますが、イイタイコトは3月1日の状態を表しています。

9-8-2 過去完了の大過去用法

・「過去」の動作・状態と「大過去」の動作・状態を1つの文の中に書くとき、先に「大過去」を書き、その後で「過去」を書く場合（＝起こった順番通りに書く場合）は、どちらも単純な過去形で書きます。注4

・それに対して、先に「過去」を書き、その後で「大過去」を書く場合（＝起こった順番と逆に書く場合）は、「過去」を単純な過去形で書いて、「大過去」を過去完了で書くことによって、時間の前後をはっきりさせます。注5

・この過去完了の使い方を「過去完了の大過去用法」といいます。

注4 今日が4月1日だとします。すると3月1日は過去の一時点で、2月1日は大過去の一時点です。3月1日（の動作・状態）と2月1日（の動作・状態）を1つの文の中に書くとき、先に2月1日（の動作・状態）を書き、その後で3月1日（の動作・状態）を書く場合（＝起こった順番通りに書く場合）は、どちらも単純な過去形で書きます。

注5 それに対して、先に3月1日を書き、その後で2月1日を書く場合（起こった順番と逆に書く場合）は、3月1日を単純な過去形で書いて、2月1日を過去完了で書きます。これが「過去完了の大過去用法」です。**3月1日を基準時にした場合、過去完了の普通用法と大過去用法は、どちらも字面の上では2月1日の動作・状態を表現していて、この点は同じです。普通用法は、それによって、3月1日の状態を間接的に伝えるのに対して、大過去用法はあくまでも2月1日の動作・状態を伝えています。この点が違います。**

〔アイ ソー ヒム アン ティーヴィー ザ プリーヴィアス イア アンド ソウ アイ レコグナイズド ヒム アト ワンス〕

I saw him on TV the previous year, and so I recognized him at once.

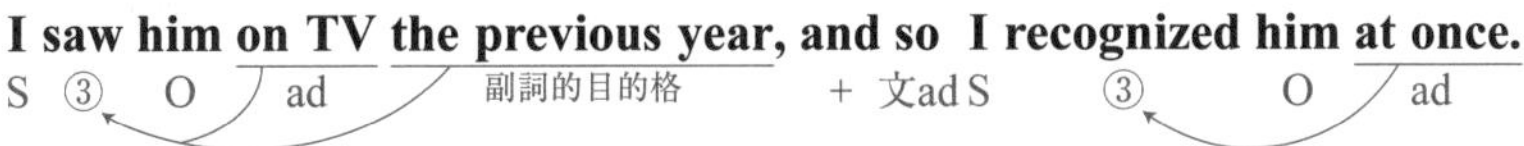

（前の年にテレビで彼を見ていたので、私はすぐ彼がわかった）

andは等位接続詞で文と文を対等につないでいます。soは「だから、それで」という意味の副詞で、この英文ではS_1+V_1, and so S_2+V_2.（S_1がV_1する。だからS_2がV_2する）という形で使われています。**この形は、しばしばandを省略してS_1+V_1, so S_2+V_2.と書きます。**ですから、この英文でもandを省略することができます。recognizedは単純な過去形で、字面もイイタイコトも3月1日の動作を表しています。それに対して、sawは単純な過去形で、字面もイイタイコトも3月1日より以前（＝前年）の動作を表しています。sawとrecognizedは「起こった時」が違いますが、この英文は起こった順番に（前年→今年の3月1日という順番で）書いているので、どちらも単純な過去形で書いています。

〔アイ レコグナイズド ヒム アト ワンス フォー アイ ハッド スィーン ヒム アン ティーヴィー ザ プリーヴィアス イア〕

I recognized him at once, for I had seen him on TV the previous year.

（私はすぐ彼がわかった、というのは前の年にテレビで見たから）

had は助動詞・過去形、seen は過去分詞形・述語動詞・③です。had seen は大過去用法の過去完了で、3月1日（＝私がすぐに彼だと分かった日）より以前（＝前年）の動作を表しています。くどいですが、recognized は単純な過去形で、字面もイイタイコトも3月1日の動作を表しています。had seen は大過去用法の過去完了で、字面もイイタイコトも3月1日より以前（＝前年）の動作を表しています。この英文は起こった順番と逆に（今年の3月1日→前年という順番で）書いているので、前年のことを大過去用法の過去完了で書いています。大過去を明示する語句（＝the previous year）が使われているので、この過去完了は普通用法ではありません（p. 169 注3参照）。それから、the previous year を見れば、時間の前後関係がはっきりわかるので、過去完了を使わずに **I recognized him at once, for I saw him on TV the previous year.** と書くこともできます。

9-9 未来完了

・「will＋have＋p.p.」「shall＋have＋p.p.」という表現を未来完了といいます。
・現在完了の基準時は現在ですが、これを未来の一時点にずらしたのが未来完了です。
・未来完了は「未来の一時点よりも以前の動作・状態」を表現することによって「未来の一時点の状態」を間接的に伝えるものです。[注]
・未来完了はあくまでも「未来の一時点の状態」を伝えるための表現です。ですから「未来の一時点よりも以前の時」を明示する語句節を未来完了で使うことはできません。

注　今日が4月1日だとします。すると今年の12月31日は未来の一時点で、9月1日はそれ以前の時です。9月1日の動作・状態を表現することによって、12月31日の状態を間接的に伝えるのが未来完了です。ですから、未来完了は、字面上は9月1日のことを表現していますが、9月1日を明示する語句節を使うことはできません。

〔バイ　ズィ　エンド　オヴ　ズィス　イア　アイ　ウィル　ハヴ　アライヴド　バック　イン　ヂャパン〕

By the end of this year I will have arrived back in Japan.

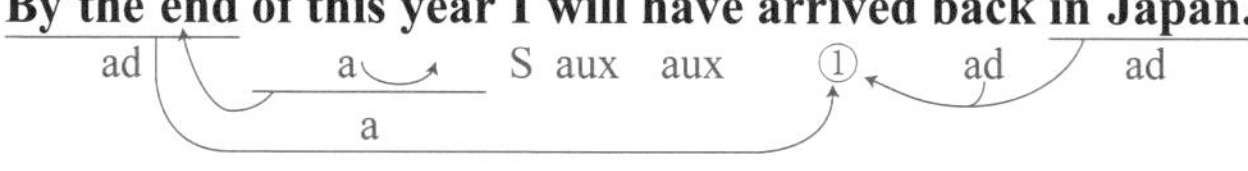

（年末までには私は日本に帰っているだろう）

By は「完了の期限」を表す前置詞です。arrived は p. 93 参照。will は助動詞の現在形で、ここでは「単純未来（＝未来のことについて「〜するだろう」と単純に推量している)」を表しています。have は助動詞・原形、arrived は過去分詞形・述語動詞・①で、will have arrived は未来完了です。今日（＝この英文を発話している時点）が 4 月 1 日だとすると、will have arrived back in Japan は「4 月 2 日から 12 月 31 日までの間のどこかで（たとえば 9 月 1 日に）日本に帰る」ことを言うことによって、12 月 31 日の時点での状態（たとえば「日本で会える」「現地の物を買って送ることはできない」など）を間接的に伝えています。なお、have arrived は現在完了ではありません（have が現在形ではないからです）。

9-10 完了に似て非なる表現

・表面上「S have p.p.」「S had p.p.」でも、完了でないこともあります。[注]

注　ここには「Lesson 13 関係代名詞」と「Lesson 20 過去分詞形容詞用法」が出てきます。この 2 つはまだ勉強していないので、この 9-10 は今はとばして、最後に勉強してください。また、表面上「to have p.p.」でも、完了不定詞でないこともあります。これは、ここで説明するのと類似のメカニズムで起こるのですが、別の文法事項（15-7 のタイプ 2）が関係していて、難しい応用問題なので、ここでは割愛します。

〔アイ　ユーズ　ア　スペシャル　パーフューム　ザット　アイ　マイセルフ　メイド　アップ　イン　パリス〕

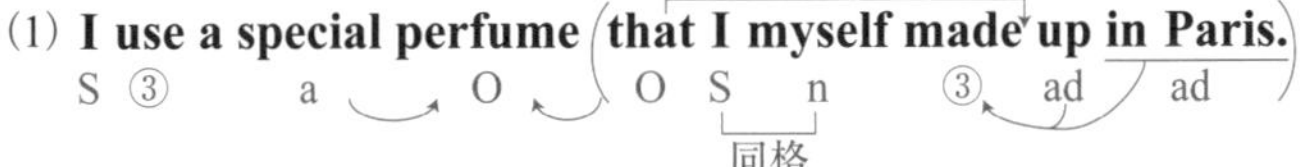

（私は、パリで自分で作った特別な香水を使っています）

use と made は p. 81, 56 参照。use は現在形・述語動詞・③。made は過去形・述語動詞・③。that I myself made up in Paris は形容詞節で a special perfume を修飾しています。that は関係代名詞で、made の目的語です。myself は「自分自身」という意味の代名詞（再帰代名詞といいます）で、働きは「(I と) 同格」です。I myself V. は「私自身が V する」という意味ですが、これは「私は自分で V する」と訳しても事柄は同じです。しかし、こう訳したからといって、myself は副詞ではないことに注意してください。use が現在形であるのに対して、made が過去形ですから、以前にパリで自分で作った香水を、現在使っていることがわかります。

〔アイ　ユーズ　ア　スペシャル　パーフューム　ザット　アイ　マイセルフ　ハヴ　メイド　アップ　イン　パリス〕

（私は、パリで自分で作った特別な香水を使っています）

have は完了を作る助動詞の現在形。made は過去分詞形・述語動詞・③です。have

made は現在完了で「結果」を表しています。字面は「以前のこと」を表していますが、イイタイコトは現在の状態（＝今その香水をもっている）です。くどいですが I myself have made up in Paris は「私が以前にパリで自分で作った（その結果、現在所持している）」という意味です。

〔アイ　ユーズド　ア　スペシャル　パーフューム　ザット　アイ　マイセルフ　ハッド　メイド　アップ　イン　パリス〕

（私は、パリで自分で作った特別な香水を使った）

used は過去形・述語動詞・③。had は助動詞・過去形、made は過去分詞形・述語動詞・③です。had made は過去完了です。大過去用法と捉えると、この英文は (1) をそのまま過去にずらしたことになります。「結果」を表す普通用法と捉えると、この英文は (2) をそのまま過去にずらしたことになります。どちらでも、ベースにある事柄は変わらないので、どちらで捉えてもよいのです。

〔アイ　ユーズ　ア　スペシャル　パーフューム　ザット　アイ　ハッド　メイド　アップ　イン　パリス〕

(4) **I use a special perfume (that I had made up in Paris.)**
S ③ a O O S ⑤ aC|−③ ad ad

（私は、パリで作らせた特別な香水を使っています）

have という動詞は⑤で使う用法があります。そのとき補語に「過去分詞形容詞用法」を置くと「have 名詞 p.p.」という表現になります。これは「名詞を p.p. される、させる、してもらう / 名詞を p.p. の状態にしてしまう」という意味を表します（詳しくは 20-6 で勉強します）。この英文の had made はこの表現です。had は、完了を作る助動詞ではなく、純粋な動詞です。had は過去形・述語動詞・⑤です。had の目的語は関係代名詞の that です。made は動詞の過去分詞形ですが、「p.p. の 4 つの可能性」の中の完了で使われているのではなく、過去分詞形容詞用法で使われています。働きは補語です（made は動詞ですから動詞型すなわち動詞の番号が問題になります。これは −③なのですが、20-2 で勉強します）。「had 名詞 p.p.（この英文では「名詞を p.p. させた」という意味です）」の「名詞」が関係代名詞になって前に移動しているのです。その結果 had と made が接触して過去完了のように見えているのです（本当は、made は「裸の p.p.」なのです）。that I had made up in Paris は「私がパリで作らせた」という意味の形容詞節で a special perfume を修飾しています。ところで、なぜこう読まなければいけないかというと、use が現在形だからです。use が現在形なので、had made を過去完了にすると、普通用法にしても、大過去用法にしても、基準時（過去の一時点）が不明なのです。ですから、過去完了ではないとわかるのです。**表面的に目で見える次元だけで勉強していると、読むにしても、書くにしても、限界がある（＝あるところで行き詰ってしまう）ことを感じ取ってください。**

問題 9

(1) 助動詞の下に aux と記入し、それが何形か(原形、現在形、過去形のどれか)を答えなさい(ただし be 助動詞は学校文法で捉えなさい)。
(2) 動詞が何形かを答え、番号(①②③④⑤－③－④－⑤)を記入しなさい(ただし動詞は学校文法で捉えなさい)。
(3) S・O・^{a}C・^{n}C を記入しなさい。
(4) 修飾する働きをしている語は品詞と矢印を記入しなさい。
(5) 前置詞＋名詞は下線を引き、そこに品詞と働き(a で矢印、ad で矢印、^{a}C のどれか)を記入しなさい。
(6) 英文全体を日本語に訳しなさい。

〔アイド オールレディ スィーン ザ フィルム ソウ アイ ディドント ゴウ ウィズ ズィ アザズ〕
1. I'd already seen the film, so I didn't go with the others.

〔ネヴァ イン マイ ライフ ハヴ アイ フェルト ソウ アロウン〕
2. Never in my life have I felt so alone.

〔サム グッド フェアリ マスト ハヴ ビン プロテクティング ミィー〕
3. Some good fairy must have been protecting me.

〔フー ハズ ビン ドリンキング フロム マイ カップ〕
4. Who has been drinking from my cup?

問題 9 の解答

1. I'd already seen the film, so I didn't go with the others.
S aux ad ③ O 文ad S aux ad ① ad

(私はその映画をすでに見ていたので、他の人たちと一緒に行かなかった)

seen は p. 170 参照。I'd は I had の短縮形です。had は助動詞・過去形、seen は過去分詞形・述語動詞・③で、had seen は過去完了です。この had seen は普通用法で「完了」の意味を表しています。「私が他の人たちと一緒に行かなかった」ときが基準時です。字面はそれより以前の時点における行為を表していますが、イイタイコトは基準時の状態 (＝

映画のストーリーを知っていた）を表しています。**so の前に「文と文をつなぐ等位接続詞の and」が省略されています**（p. 171 参照）。didn't は did not の短縮形です。did は助動詞・過去形、go は原形・述語動詞・①です。

2. Never in my life have I felt so alone. （私はこれまでの人生でこれほど孤独に感じたことはない）

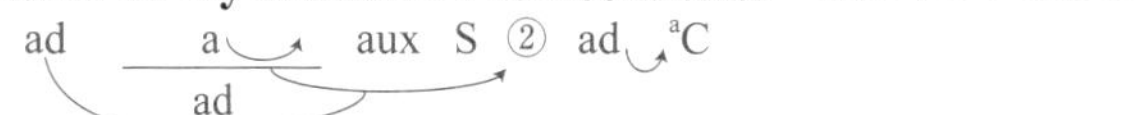

felt は p. 43 参照。「**文頭に否定の意味の副詞要素を置いたときは、後ろの S＋V は疑問文と同じ語順にしなければならない**」という規則があります。この英文は、文頭に Never（いまだかって . . . でない）という否定の意味の副詞が出ているので、助動詞が主語の前に出て、疑問文の語順になっています。have は助動詞・現在形、felt は過去分詞形・述語動詞・②です。have felt は「経験」を表す現在完了です。so は「これほど、それほど」という意味の副詞です。alone は「孤独な、一人ぼっちの」という意味の形容詞です。文頭に「Only 副詞要素」を置いたときも同じ倒置が起こります。たとえば **Only then did he realize the truth.**〔オウンリ ゼン ディド ヒー リーアライズ ザ トルース〕（そのときになって初めて彼は真実を悟った）のような具合です。Only は then にかかっています。なお、**この倒置のルールは「文頭の否定の意味の副詞」が主語にかかっている場合は適用になりません（＝倒置が起こりません）**。たとえば **Not a ship entered the port.**〔ナット ア シップ エンタド ザ ポート〕（1 隻の船も入港しなかった）の場合、Not は a ship にかかっているので（a を乗り越えて ship にかかっているのではありません。a ship の全体にかかっているのです。not は副詞ですが、こういう形で名詞を修飾することができます）、文頭に「否定の意味の副詞」である Not が出ていますが倒置していません。entered は過去形・述語動詞・③、port は動詞の目的語です。「not a 名詞」は「ただ一つの名詞も . . . しない」という強い否定の意味を表します。あるいは **Not the bravest man can do such a dangerous thing.**〔ナット ザ ブレイヴェスト マン キャン ドゥー サッチ ア デインヂャラス スィング〕（最も勇敢な男でさえそんな危険なことはできない＝どんなに勇敢な男でもそんな危険なことはできない）も同じで、Not は主語（＝the bravest man）にかかっているために倒置が起こっていません。**「Not the 最上級形容詞 名詞」が主語になると「最も〜な名詞でさえ V しない＝どんなに〜な名詞でも V しない」という意味になります。**

3. Some good fairy must have been protecting me.

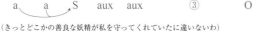

（きっとどこかの善良な妖精が私を守ってくれていたに違いないわ）

protect は「守る」という意味の動詞で、規則活用です。**must have p.p. は「過去に対する推量（〜したに違いない、したか否かは不明）」と「完了の義務（〜してしまっていなければいけない）」の 2 つの意味があります**（p. 164 参照）。厳密には、もう一つ「**過去の事実に反する帰結（〜したに違いなかったのに、実際にはしなかった）**」という意味もありますが、当面は考えなくてよいです。この英文の must have been protecting は「過去に対する推量（守っていたに違いない）」の意味です。must は助動詞・現在形、have は助動詞・原形です。〔**辞書の捉え方**〕been は助動詞・過去分詞形、protecting は動詞・ing 形で「ing の可能性」の中の進行形で使われています。〔**学校文法の捉え方**〕been protecting は過去分詞形・述語動詞・③です。「p.p. の可能性」の中の完了で使われています。 have been protecting は完了進行形です（現在完了進行形ではありません。have が現在形ではないからです）。この英文では、「基準時までの継続」の意味（＝守り続けてきた）ではなく、過去の一時点における「単純な過去進行形」の意味（＝守っていた）を表しています。「過去の一時点」は明示されていませんが、文の内容から考えると、おそらく「私がかろうじて危難を逃れたとき」でしょう。fairy は「数えられる名詞の単数形」なので、この Some は「いくつかの」という意味ではありません。この Some は「（具体的にこれとは言えないが）なんらかの」という意味です。Some good fairy は「なんらかの善良な妖精」です。

4. Who has been drinking from my cup? （誰が私のコップで飲んでいたの？）

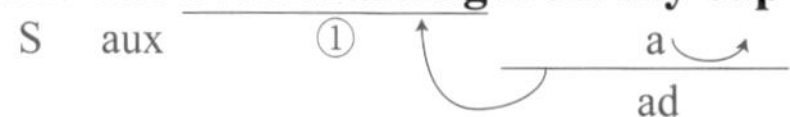

drinking は p. 47 参照。has は助動詞・現在形です。〔**辞書の捉え方**〕been は助動詞・過去分詞形、drinking は動詞・ing 形で「ing の可能性」の中の進行形で使われています。〔**学校文法の捉え方**〕been drinking は過去分詞形・述語動詞・①です。「p.p. の可能性」の中の完了で使われています。has been drinking は現在完了進行形で「現在までの継続」を表しています。この英文の場合、現時点（＝発話時）では継続は終わっています。**Who was drinking from my cup?** は、話し手と聞き手の了解事項となっている「過去の一時点」で「誰が私のコップで飲んでいたのか」を尋ねているだけです。**Who has been drinking from my cup?** は「誰が私のコップで液体を飲むという動作をちょっと前まで続けていたので、今の状態（たとえばコップが汚れているとか、コップのある場所が違うとか）になっているのか」を尋ねているのです。

英語の仕組み

「英語の仕組み」は「4品詞」と「働き」と「活用」で成り立っています。

- ・英語を構成しているのは名詞・動詞・形容詞・副詞の4品詞です。
- ・名詞は「名詞の働き (6つ)」のどれかをします。
- ・形容詞は「形容詞の働き (2つ)」のどれかをします。
- ・副詞は「副詞の働き (4つ)」のどれかをします。
- ・動詞は述語動詞と準動詞に分かれます。
- ・述語動詞は「動詞の働き (8つ)」のどれかだけをします。
- ・準動詞は「動詞の働き」のどれかをすると同時に「名詞の働き」「形容詞の働き」「副詞の働き」のどれか1つをします。
- ・述語動詞になるか準動詞になるかは活用によって決まります。
- ・活用は「原形・現在形・過去形・過去分詞形・ing形」の5つです。
- ・現在形・過去形は必ず述語動詞になります。
- ・原形・過去分詞形・ing形は述語動詞になる場合と準動詞になる場合があり、どちらになるかは細かく決まっています。

これが「英語の仕組み」です。この**「英語の仕組み」を本当に理解していて、そこから生まれる制約 (＝ここは切らなければいけない・切ってはいけない／ここはつなげなければいけない・つなげてはいけない／この語はこういう意味にとらなければいけない・とってはいけない) を意識して読み書きできる人が「英語を本当に使える人」**です。現地で暮らして英語がペラペラでも、「英語の仕組み」に基づいて「根拠をもって」単語をコントロールできなければ「英語を本当に使える人」ではありません。そういう人は、どこかで (たとえば、重要な契約書を読み書きしたりとか、TIMEやNewsweek級の週刊誌を読んだりとか、日常会話のレベルを超えて、内容のあることを話したり、といったことのどこかで) ボロが出ます (オバマ大統領就任演説の在日米国大使館の公式翻訳や、高名な学者による岩波文庫の翻訳で、構造上絶対にできない読み方をしているのを見て驚いたことがあります。国立大学医学部の入試で構造的に成立しない英文、つまり誤文を下線訳問題にしているのを見て、これを和訳しなければならない受験生を想って心が痛んだこともあります。我々は英語に関しては外国人である以上、暗記と慣れと経験だけでは限界があるのです)。

滞米生活 10 数年で英語を使ってバリバリ仕事をしている現役の商社マンが、「自分は本当に理解して使っているわけではない」ことを悟り、私の教材を EMS（国際スピード郵便）で取り寄せて、一からやり直すというような例は決して珍しくありません。

前のページに書いた「英語の仕組み」こそ、英語を読み書きする際の Frame of Reference〔フレイム オヴ レファレンス〕（判断枠組み）です。本書の読者であるみなさんには、最初のうち私が強制的に Frame of Reference を意識させます（具体的な英文を使って、各語を「品詞と働きと活用の次元」で捉える訓練を問答形式で繰り返します）。これを続けていると、やがて、みなさんは英文を見たとき、自然に頭が Frame of Reference の中で動いているのに気がつきます。Frame of Reference が定着してくるにしたがって、辞書や文法書の使い方が変わってきます。

本書を読むときは、最初から隅々まですべてを吸収しようとしないで、ともかくまず「英語の仕組み」に直結するところ（赤太字の部分です）を理解して習得するように読んでください。その他の細かな知識は後で読み返したときに徐々に身につけていけばよいのです。

参照　「4 品詞の働き」p. 63, 90
「原形動詞を使うところ」p. 86
「p.p. の可能性」p. 123
「ing の可能性」p. 107

Lesson 10

動詞・助動詞の把握（1）

問題 10　各設問に即座に答えられるようになるまで、繰り返し練習してください。

(Lesson 11 からいよいよ従属節・準動詞の勉強に入ります。その前に「基本中の基本」をがっちり固めておきましょう。その方が絶対によいです。面倒くさいだけで、難しいことは何もありません。努力あるのみです！ 答えを見て納得できなかったら、前に戻って再検討してください)

1. What time do you open your office?　(問題 6-4 p. 101)

1-1 和訳しなさい。 1-2 述語動詞は？ 1-3 絶対に述語動詞と言えるか？
1-4 なぜか？ 1-5 文とは何か？ 1-6 do の品詞は？ 1-7 do は何形か？
1-8 do を過去形に変えなさい。 1-9 do を過去分詞形に変えなさい。
1-10 open は何形か？ 1-11 なぜそう言えるのか？ 1-12 open は何番か？
1-13 原形動詞を使うところは？ 1-14 office の働きは？
1-15 What の品詞と働きは？ 1-16 time の働きは？
1-17 your の品詞と働きは？ 1-18 名詞の基本的働きは？
1-19 活用形を順番に全部言いなさい。 1-20 What だけ直訳しなさい。
1-21 名詞が余ったときの考え方は？ 1-22 time はその中のどれか？

答え　1-1 あなたは事務所を何時に開けますか？ 1-2 open　1-3 言える　1-4 現在形の助動詞が付いているから　1-5 構造上の主語＋述語動詞　1-6 助動詞　1-7 現在形　1-8 did　1-9 変えられない（過去分詞形はないから）　1-10 原形　1-11 do 助動詞が付いているから　1-12 ③　1-13 to の後・do 助動詞と一般助動詞の後・命令文・make, have, let などの補語・仮定法現在　1-14 動詞の目的語　1-15 疑問形容詞で名詞修飾　1-16 副詞的目的格（動詞修飾も可）　1-17 形容詞で名詞修飾　1-18 主語・動詞の目的語・前置詞の目的語・補語　1-19 原形・現在形・過去形・過去分詞形・ing 形　1-20 どんな　1-21 同格・副詞的目的格・being が省略された分詞構文のどれだろうと考える　1-22 副詞的目的格

2. Liz is being neat and clean today.　（問題 7-1 p. 120）
2-1 和訳しなさい。 2-2 述語動詞は？ 2-3 絶対に述語動詞と言えるか？
2-4 なぜか？ 2-5 is の品詞は？ 2-6 being の品詞は？ 2-7 being は何番か？
2-8 being は述語動詞か、準動詞か？ 2-9 絶対にそうか？ 2-10 なぜか？
2-11 is being の品詞は？ 2-12 is being は述語動詞か、準動詞か？
2-13 絶対にそうか？ 2-14 なぜか？ 2-15 is being は何番か？
2-16 is being を過去分詞形に変えなさい。
2-17 is being を ing 形に変えなさい。 2-18 ing の可能性は？
2-19 being はその中のどれか？ 2-20 being は動名詞か現在分詞か？
2-21 現在分詞の可能性は？ 2-22 being は着物を着ているか裸か？
2-23 裸の現在分詞の可能性は？ 2-24 be 助動詞は何形の動詞に付くか？
2-25 and の品詞は？ 2-26 clean の品詞と働きは？
2-27 today の品詞と働きは？ 2-28 形容詞の働きは？ 2-29 Liz の働きは？
2-30 and は何と何をつないでいるか？

答え　2-1 リズは、今日は清潔で小奇麗にしている。 2-2 is being　2-3 言える　2-4 現在形だから　2-5 助動詞　2-6 動詞　2-7 ②　2-8 述語動詞　2-9 絶対にそうである　2-10 現在形の助動詞が付いているから　2-11 動詞　2-12 述語動詞　2-13 絶対にそうである　2-14 現在形だから　2-15 ②　2-16 been being　2-17 変えられない（ing 形はないから）　2-18 進行形・動名詞・現在分詞形容詞用法・分詞構文　2-19 進行形　2-20 現在分詞　2-21 進行形・現在分詞形容詞用法・分詞構文　2-22 着物を着ている　2-23 現在分詞形容詞用法・分詞構文　2-24 過去分詞形・ing 形　2-25 等位接続詞　2-26 形容詞で補語　2-27 副詞で動詞修飾　2-28 名詞修飾・補語　2-29 構造上の主語（主語も可）　2-30 neat と clean

3. Japanese houses used to be mostly built of wood and paper.　（問題 8-2 p. 145）
3-1 和訳しなさい。 3-2 述語動詞は？ 3-3 絶対に述語動詞と言えるか？
3-4 なぜか？ 3-5 houses の品詞は？ 3-6 名詞の基本的働きは？
3-7 houses はその中のどれか？ 3-8 used to の品詞は？
3-9 used to は何形か？ 3-10 mostly の品詞は？ 3-11 paper の働きは？

3-12 of wood and paper の品詞と働きは？ 3-13 and の品詞は？
3-14 built の品詞は？ 3-15 built は何形か？ 3-16 built を原形に変えなさい。
3-17 be の品詞は？ 3-18 p.p. の可能性は？ 3-19 built はその中のどれか？
3-20 be built は何番か？ 3-21 be built は何形か？
3-22 built は着物を着ているか裸か？ 3-23 着物はどれか？
3-24 着物を着ている p.p. の可能性は？
3-25 be built は着物を着ているか裸か？ 3-26 着物はどれか？
3-27 be built を過去分詞形に変えなさい。3-28 原形動詞を使うところは？
3-29 be built はその中のどれか？ 3-30 be built を ing 形に変えなさい。

答え 3-1 日本家屋は、昔は、大部分木と紙でできていた / 昔は、ほとんどの日本家屋が木と紙でできていた 3-2 be built 3-3 言える 3-4 過去形の助動詞が付いているから 3-5 名詞 3-6 主語・動詞の目的語・前置詞の目的語・補語 3-7 主語 3-8 助動詞 3-9 過去形 3-10 副詞 3-11 前置詞の目的語 3-12 副詞句で動詞修飾 3-13 等位接続詞 3-14 動詞 3-15 過去分詞形 3-16 build 3-17 助動詞 3-18 受身・完了・過去分詞形容詞用法・分詞構文 3-19 受身 3-20 −③ 3-21 原形 3-22 着物を着ている 3-23 be 3-24 受身・完了 3-25 着物を着ている 3-26 used to 3-27 been built 3-28 to の後・do 助動詞と一般助動詞の後・命令文・make, have, let などの補語・仮定法現在 3-29 一般助動詞の後 3-30 being built

4. Reference books are not to be taken out of the library. （問題 8-6 p. 147）
4-1 和訳しなさい。 4-2 述語動詞は？ 4-3 絶対に述語動詞と言えるか？
4-4 なぜか？ 4-5 現在形の助動詞とはどれか？ 4-6 構造上の主語は？
4-7 taken は何形か？ 4-8 p.p. の可能性は？ 4-9 taken はその中のどれか？
4-10 taken は着物を着ているか裸か？ 4-11 着物はどれか？
4-12 p.p. を述語動詞にする方法は？ 4-13 taken を過去形に変えなさい。
4-14 be taken の品詞は？ 4-15 be taken は何形か？ 4-16 be taken は何番か？
4-17 be taken を過去分詞形に変えなさい。
4-18 be taken は着物を着ているか裸か？ 4-19 着物はどれか？
4-20 library の働きは？ 4-21 どの前置詞か？ 4-22 助動詞 be to の意味は？
4-23 p.p. で文を作る方法は？ 4-24 受身の動詞型は？
4-25 −④の後にくる要素は？ 4-26 −⑤の後にくる要素は？ 4-27 自動詞の番号は？ 4-28 他動詞の番号は？

答え 4-1 参考図書は館外に持ち出せません。 4-2 be taken 4-3 言える 4-4 現在形の助動詞が付いているから　4-5 are to　4-6 Reference books　4-7 過去分詞形　4-8 受身・完了・過去分詞形容詞用法・分詞構文　4-9 受身　4-10 着物を着ている　4-11 be　4-12 受身か完了にする　4-13 took　4-14 動詞　4-15 原形　4-16 −③　4-17 been taken　4-18 着物を着ている　4-19 are to　4-20 前置詞の目的語　4-21 out of　4-22 予定・義務・可能　4-23 受身か完了にする　4-24 −③・−④・−⑤　4-25 動詞の目的語　4-26 補語　4-27 ①・②　4-28 ③・④・⑤・−③・−④・−⑤

5. She may have been reading yesterday. (9-6 p. 165)

5-1 和訳しなさい。 5-2 述語動詞は？ 5-3 have の品詞は？
5-4 have は何形か？ 5-5 have を過去分詞形に変えなさい。
5-6 been reading は何形か？ 5-7 p.p. の可能性は？
5-8 been reading はその中のどれか？
5-9 been reading は着物を着ているか裸か？
5-10 着物はどれか？ 5-11 been reading は何番か？
5-12 yesterday の品詞は？ 5-13 副詞の働きは？ 5-14 may の品詞は？
5-15 may は何形か？ 5-16 may を過去形に変えなさい。
5-17 may を原形に変えなさい。 5-18 may have p.p. の意味は？
5-19 reading は動名詞か現在分詞か？ 5-20 現在分詞の可能性は？
5-21 ing の可能性は？ 5-22 ing 形の動詞を述語動詞にする方法は？
5-23 reading は着物を着ているか裸か？ 5-24 着物はどれか？
5-25 着物を着ている ing の可能性は？ 5-26 裸の ing の可能性は？
5-27 着物を着ている現在分詞の可能性は？ 5-28 裸の現在分詞の可能性は？
5-29 助動詞の 4 種類を言いなさい。
5-30 have 助動詞は何形の動詞に付くか？
5-31 ing 形の動詞で文を作る方法は？

答え　5-1 彼女は昨日本を読んでいたのかもしれない。 5-2 been reading　5-3 助動詞　5-4 原形　5-5 変えられない（過去分詞形はないから）　5-6 過去分詞形　5-7 受身・完了・過去分詞形容詞用法・分詞構文　5-8 完了　5-9 着物を着ている　5-10 have　5-11 ①　5-12 副詞　5-13 動詞修飾・形容詞修飾・他の副詞修飾・文修飾　5-14 助動詞　5-15 現在形　5-16 might　5-17 変えられない（原形はないから）　5-18 〜したかもしれない（「過去に対する推量」も可）　5-19 現在分詞　5-20 進行形・現在分詞形容詞用法・分詞構文　5-21 進行形・動名詞・現在分詞形容詞用法・分詞構文　5-22 進行形にする　5-23 着物を着ている　5-24 been　5-25 進行形　5-26 動名詞・現在分詞形容詞用法・分詞構文　5-27 進行形　5-28 現在分詞形容詞用法・分詞構文　5-29 be 助動詞・have 助動詞・do 助動詞・一般助動詞　5-30

過去分詞形　5-31 進行形にする

6. Has this skirt been washed yet? (9-7-2 p. 168)

6-1 和訳しなさい。 6-2 述語動詞は？ 6-3 絶対に述語動詞と言えるか？
6-4 なぜか？ 6-5 washed は何形か？ 6-6 p.p. の可能性は？
6-7 washed はその中のどれか？ 6-8 washed は着物を着ているか裸か？
6-9 着物はどれか？ 6-10 been の品詞は？
6-11 be 助動詞は何形の動詞に付くか？ 6-12 Has の品詞は？
6-13 Has は何形か？ 6-14 Has を過去分詞形に変えなさい。
6-15 Has を過去形に変えなさい。 6-16 this の品詞と働きは？
6-17 been washed の品詞は？ 6-18 been washed は何形か？
6-19 p.p. の可能性の中のどれか？
6-20 been washed は着物を着ているか裸か？ 6-21 着物はどれか？
6-22 been は着物か着物でないか？ 6-23 been という着物を着ている動詞は？
6-24 yet の意味は？ 6-25 skirt の人称と数は？

答え　6-1 このスカートはもう洗濯済ですか？ 6-2 been washed　6-3 言える　6-4 現在形の助動詞が付いているから　6-5 過去分詞形　6-6 受身・完了・過去分詞形容詞用法・分詞構文　6-7 受身　6-8 着物を着ている　6-9 been　6-10 助動詞　6-11 過去分詞形・ing 形　6-12 助動詞　6-13 現在形　6-14 変えられない（過去分詞形はないから）　6-15 Had　6-16 形容詞で名詞修飾　6-17 動詞　6-18 過去分詞形　6-19 完了　6-20 着物を着ている　6-21 Has　6-22 着物である　6-23 washed　6-24 もう、すでに　6-25 3 人称・単数

Lesson 11

副詞節

Lesson 11 からはすべての動詞、助動詞について意味・活用を解説することはしません。ポイントとなる部分についてのみ解説します。解説されていない動詞・助動詞は自分で辞書を調べてください。

11-1　従属節の枠組み

・文（＝構造上の主語＋述語動詞という構成をもつ語群）が、単に文であるだけでなく、全体として名詞、形容詞、副詞の働きをすることがあります。

・**名詞、形容詞、副詞の働きをする文を従属節といいます。**

名詞の働きをする文を**名詞節**と呼び、**［四角いカッコ］**でくくることにします。 形容詞の働きをする文を**形容詞節**と呼び、**（丸いカッコ）**でくくることにします。 副詞の働きをする文を**副詞節**と呼び、**〈三角のカッコ〉**でくくることにします。

・文を従属節にするには次のどちらかの手順を踏みます。

(1)　従属節を作る語を文の前に付ける。[注1] **(2)　従属節を作る語を文の中で文の要素として用いる。**[注2]

注 1 (1) のタイプの「従属節を作る語」の代表は従属接続詞です。

注2 **「文の要素」とは主語、動詞の目的語、前置詞の目的語、補語、修飾要素のことです。**
(2) のタイプの「従属節を作る語」の代表は関係詞と疑問詞です。

〔ウェン アイ コールド アン ハー シー ワズ プレイイング ザ ピアノウ〕

〈When I called on her,〉 she was playing the piano.
接 S ① ad S ③ O

(私が彼女を訪ねたとき、彼女はピアノを弾いていた)

When は従属接続詞といって、従属節を作る語です。従属接続詞 (ここでは When) を文 (ここでは I called on her という**完全な文〔＝主語・動詞の目的語・前置詞の目的語・補語の点で足りない要素がない文〕**) の前に付けると、When I called on her となり、全体は「私が彼女を訪ねたときに」という意味の副詞節となって、動詞 (この場合は was playing) を修飾できるようになります。

〔アイ ハヴ アン ナメリカン サイバー ペン パル フー キャン ライト イーメイルズ イン ヂァパニーズ〕

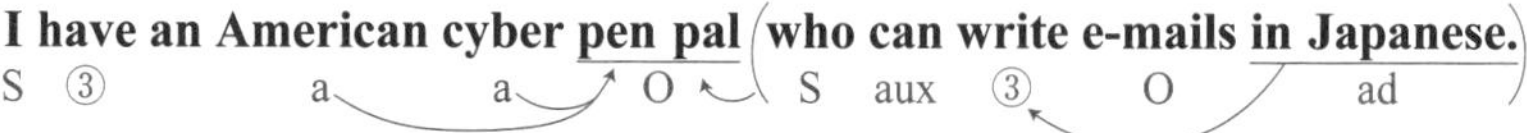
I have an American cyber pen pal (who can write e-mails in Japanese.)
S ③ a a O S aux ③ O ad

(私には、日本語でメールを書けるアメリカ人のメル友がいる)

who は関係代名詞といって、従属節を作る語です。関係代名詞 (ここでは who) を文 (ここでは **The American cyber pen pal can write e-mails in Japanese.**〔そのアメリカ人のメル友は日本語でメールを書ける〕という文) の中で、文の要素 (ここでは主語) として用いると、who can write e-mails in Japanese となり、全体は形容詞節となって、名詞 (この場合は an American cyber pen pal) を修飾できるようになります。形容詞節は Lesson 13 で勉強します。

〔シー アスクト ミィー ワット シー シュド ドゥー〕

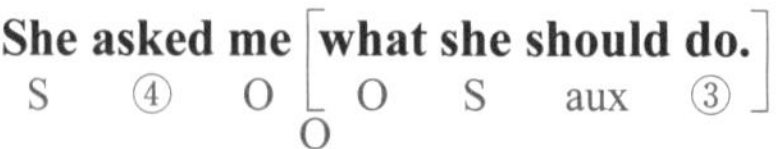
She asked me [what she should do.]
S ④ O O S aux ③
O

(彼女は私に自分は何をすべきか尋ねた)

what は疑問詞 (より精密に言えば疑問代名詞) です。疑問詞は、普通の疑問文を作るだけでなく、名詞節を作ることもできます。疑問詞 (ここでは what) を文 (ここでは **What should she do?**〔彼女は何をするべきか〕という疑問文) の中で、文の要素 (ここでは動詞の目的語) として用いると (新たに用いなくても、もともと動詞の目的語になっています) what she should do となり (語順は「疑問文の語順」を「普通の文の語順」に変える必要があります)、全体は「彼女は何をすべきか (ということ)」という意味の名詞節となって、名詞の働き (この場合は動詞〔＝asked〕の直接目的語) をできるようになります。名詞節は Lesson 17 で勉強します。

11-2 英文と文

・これからは「英文＝文」ではないので、「英文」と「文」を厳密に使い分けます。[注]

・**英文は「大文字で始まり、ピリオドで終わる語群」です。**

・**文は「構造上の主語＋述語動詞という構成をもつ語群」です。**

・1つの英文の中に複数の文があるのは普通の現象です。

注　これまではS＋V and S＋V. のような場合（p. 89, 140, 170, 175）以外は、1つの文（＝S＋V）だけで出来ている英文（これが「英文＝文」ということです）ばかりを勉強してきたので、英文と言っても、文と言っても同じものを指しました。しかし、これからは、複数の文で出来ている英文を勉強するので（すなわち「英文＝文」ではないので）、「英文」と「文」を厳密に使い分ける必要があるのです。11-1で紹介した3つの英文は、いずれも2つの文（＝S＋V）で出来ています。When I called on her, she was playing the piano. でいうと、これ全体が「英文」で、I called on her と she was playing the piano が、それぞれ「文」です。

11-3 大黒柱

・**従属節を含んだ英文を「複文」といい、含まない英文を「単文」といいます。**

・複文において、従属節ではない部分（＝単に文であるだけで、名詞、形容詞、副詞の働きをしていない部分）を「主節」といいます。

・複文の述語動詞は「主節の述語動詞」と「従属節の述語動詞」に分かれます。

・**主節の述語動詞を「大黒柱」と呼びます。**[注1]

・複文は、大黒柱に様々な文の要素[注2]が付くことによって出来上がっています。

注1 複文を構成する全単語の中で、構造的には大黒柱が最も重要な語です。

注2 **「文の要素」とは主語、動詞の目的語、前置詞の目的語、補語、修飾要素のことです。**

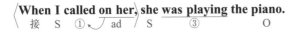

〈When I called on her,〉 she was playing the piano.
　接　S　①　ad　S　③　O

この英文は従属節（＝When I called on her）を含んでいるので複文です。she was playing the piano が主節で、was playing が大黒柱（＝主節の述語動詞）です。この英文は大黒柱（＝was playing）に様々な文の要素（When I called on her が副詞的修飾要素、she が主語、the piano が動詞の目的語）が付くことによって出来上がっています。

I have an American cyber pen pal (who can write e-mails in Japanese.)
S ③ a a O S aux ③ O ad

この英文は従属節（＝who can write e-mails in Japanese）を含んでいるので複文です。I have an American cyber pen pal が主節で、have が大黒柱です。この英文は大黒柱に様々な文の要素（I が主語、an American cyber pen pal が動詞の目的語、who can write e-mails in Japanese が形容詞的修飾要素）が付くことによって出来上がっています。

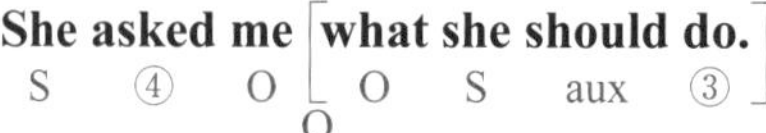

She asked me [what she should do.]
S ④ O [O S aux ③]
O

この英文は従属節（＝what she should do）を含んでいるので複文です。She asked me が主節で、asked が大黒柱です。この英文は大黒柱に様々な文の要素（She が主語、me と what she should do が動詞の目的語）が付くことによって出来上がっています。

11-4　外側と内側

・従属節の構造は「外側」と「内側」の２つに分けて認識します。

> **外側 ⇒ どこからどこまでが何節で、その節はどういう働きをしているか。**
> **＝従属節の範囲と品詞と働き**
> **内側 ⇒ 従属節の中がどういう構造の文になっているか。**

・従属節の「内の語」と「外の語」は原則として構造上の関係をもちません。[注]

注　この原則を「**内外断絶の原則**」といいます。

〈When I called on her,〉 she was playing the piano.
接 S ① ad S ③ O

When から her までが副詞節で、was playing にかかっている。これが外側です。When が従属接続詞（**従属接続詞は内側では何の働きもしない〔＝文の要素にならない〕**ので、品詞を言えば、それで終わりです）、I が主語、called が過去形・述語動詞・①、on が前置詞、her が前置詞の目的語、on her は副詞句で called にかかっている。これが内側です。

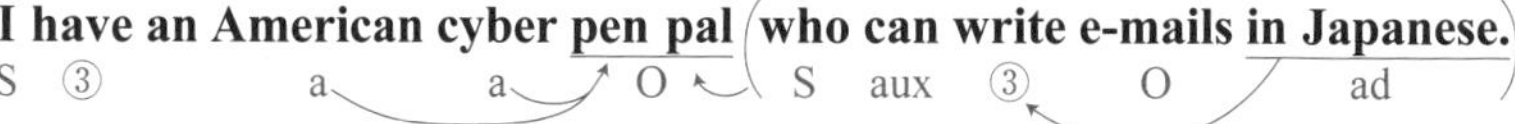

I have an American cyber pen pal (who can write e-mails in Japanese.)
S ③ a a O S aux ③ O ad

who から Japanese までが形容詞節で、pen pal にかかっている。これが外側です。who が主語、can が助動詞・現在形、write が原形・述語動詞・③、e-mails が動詞の目的語、in が前置詞、Japanese が前置詞の目的語、in Japanese は副詞句で write にかかっている。これが内側です。事柄は、an American cyber pen pal が can write するのです。しかし、**an American cyber pen pal は主節内の語で、can write は従属節内の語**

ですから、英文の構造上は何の関係もありません（＝まったく無関係です）。これを「内外断絶の原則」といいます。can write の主語は who です。

She asked me [what she should do.]
S ④ O [O S aux ③]
O

what から do までが名詞節で、asked の直接目的語になっている。これが外側です。what が動詞の目的語、she が主語、should が助動詞・過去形、do が原形・述語動詞・③。これが内側です。**what は従属節内の語で、asked は主節内の語ですから、英文の構造上は何の関係もありません。これを「内外断絶の原則」といいます。**what の働きは do の目的語です。asked の目的語は what が作る名詞節（＝what she should do の全体）です。

11-5 副詞節を作る語

・副詞節を作る語は次の 2 つです。

従属接続詞[注1] **関係詞 -ever**[注2]

注 1 **従属接続詞の中で that, if, whether の 3 つは副詞節と名詞節を作ります。しかし、この 3 つ以外の従属接続詞は副詞節だけを作ります。**したがって、that, if, whether を含むすべての従属接続詞が副詞節を作ります。

注 2 これは関係詞の末尾に ever が付く語で、正式には「**複合関係詞**」といいます。たとえば whoever, whatever, whenever のような語です。これは 17-9 で勉強します。

11-6 従属接続詞

・**従属接続詞は「完全な文」の前に付いて、その文を副詞節か名詞節にする働きをします。**[注1]

・**従属接続詞は文を名詞節か副詞節にする働きをするだけで、従属接続詞自体は名詞節、副詞節の中で文の要素にはなりません。**[注2]

注 1 接続詞は「等位接続詞」と「従属接続詞」の 2 種類です。because〔ビコーズ〕（なぜなら）though〔ゾウ〕（だけれども）if〔イフ〕（もしも / かどうか）unless〔アンレス〕（でないかぎり）whether〔ウェザ〕（であろうとなかろうと / かどうか）などを従属接続詞といいます。**「完全な文」とは「主語、動詞の目的語、前置詞の目的語、補語の点で足りない要素がない文」**です。すべての従属接続詞が副詞節を作ります。名詞節を作る従属接続詞は that, if, whether の 3 つです。**that, if, whether の 3 つは副詞節と名詞節を作り、他の従属接続詞は副詞節だけを作ります。**

注 2「文の要素」とは主語、動詞の目的語、前置詞の目的語、補語、修飾要素のことです。**「従属接続詞は内側（＝従属節の内部）で何の働きもしない」**ということです。

質問 16 次の質問に答えなさい（スラスラ言えるようになるまで練習してください）。

1. 副詞節を作る語は？
2. 従属接続詞の働きは？
3. 名詞節を作る従属接続詞は？
4. 従属接続詞の that は何節を作るか？
5. if は何節を作るか？
6. whether は何節を作るか？
7. 従属接続詞の「内側の働き」は？
8. 従属接続詞の後ろにはどんな文が続くか？
9. 「完全な文」とはどういう文か？
10. 従属接続詞は、従属節内のどこに置かれるか？

質問 16 の答え 1. 従属接続詞、ただし、that, if, whether も含む・関係詞 -ever 2. 副詞節を作る。ただし、that, if, whether は名詞節も作る。 3. that・if・whether 4. 名詞節・副詞節（that はいろいろな品詞がありますから、わざわざ「従属接続詞の that」と言っているのです） 5. 名詞節・副詞節（if は従属接続詞しかありませんから、わざわざ「従属接続詞の if」と言う必要はありません。**if は名詞節を作るときは「S＋V かどうか」という意味を表し、副詞節を作るときは「もし S＋V なら」という意味を表します**） 6. 名詞節・副詞節（whether は従属接続詞しかありませんから、わざわざ「従属接続詞の whether」と言う必要はありません。**whether は名詞節を作るときは「S＋V かどうか」という意味を表し、副詞節を作るときは「S＋V であろうとなかろうと」という意味を表します**） 7. ない（従属接続詞は内側では何の働きもしていません） 8. 完全な文 9. 主語、動詞の目的語、前置詞の目的語、補語の点で足りない要素がない文 10. 先頭（ただし、従属接続詞の as が「譲歩」の意味を表すときは先頭ではありません。これは応用問題ですから、今は気にしないでよいです）

11-7 副詞節の働き

・副詞の働きは「動詞修飾、形容詞修飾、他の副詞修飾、文修飾」です。

・副詞節は、主として、動詞修飾と文修飾の働きをします。[注]

注　「so . . . that S+V」や「such . . . that S+V」の that 節、比較の基準になる副詞節（as S+V と than S+V）などは形容詞修飾、他の副詞修飾をします。

〔ウェア　ワー　ザ　チルドレン　ウェン　ユー　ケイム　バック〕

Where were the children 〈when you came back〉?

ad ① S 〈接 S ① ad〉

（あなたが戻ってきたとき、子供たちはどこにいましたか？）

were は過去形・大黒柱・①、came は過去形・従属節の述語動詞・①です。Where は疑問副詞で、この英文は疑問詞を使った疑問文です（where は p. 84 参照）。この英文の when は従属接続詞で、when you came back は副詞節で were にかかっています。came は述語動詞ですが「従属節の述語動詞」で、大黒柱の were に比べて、構造的な重要性は劣ります。この英文を支えるのは大黒柱である were です。

〔シー　ワズ　サッド　ビコーズ　ヒー　ハッド　ネヴァ　アスクト　ハー　フォー　ア　デイト〕

She was sad 〈because he had never asked her for a date.〉

S ② aC 〈接 S aux ad ③ O ad〉

（彼が一度もデートに誘ってくれなかったので、彼女は悲しかった）

was は過去形・大黒柱・②、asked は過去分詞形・従属節の述語動詞・③です。「ask 人 for 物・事」で「人に物・事を求める」という意味を表します（単純に日本語の助詞「に、を」から推測すると、英語は「*ask 物・事 for 人」になりそうです。しかし、正しい英語は「ask 人 for 物・事」です。このように「日本語の助詞」と「英語の構造」が対応していない表現は十分に注意して、正確に暗記してください）。had asked は「経験」を表す普通用法の過去完了です。字面上は「彼女が悲しかった」ときより以前のことを表していますが、イイタイコトは「彼女が悲しかった」ときの彼の状態（＝彼は彼女に気がない）です。「彼が彼女に気がないので、彼女は悲しかった」の「彼が彼女に気がない」の部分を「過去に一度もデートに誘ってくれなかった」ことを言うことによって、間接的に伝えているのです。because は「理由」を表す副詞節を作る従属接続詞です（because の後ろに続く S + V が「主節の理由」です）。because 節は主節の前・後のどちらにも置かれる可能性があります。

S_1+V_1 〈because S_2+V_2.〉 接	S_2 が V_2 するから S_1 が V_1 する。 S_1 が V_1 する。なぜならば S_2 が V_2 するからだ。

〈Because $S_2 + V_2$,〉$S_1 + V_1$.　S_2 が V_2 するから、S_1 が V_1 する。 　接

Because S + V. という英文は、従属節だけで出来ていて、主節がありません。ですから原則として間違いです。例外的に許されるのは、次のように Why が作る疑問文に答えるときだけです。

Why $S_1 + V_1$? Because $S_2 + V_2$. ad ⤻　　接	なぜ S_1 が V_1 するのですか？ なぜなら S_2 が V_2 するからだ。

たとえば "Why aren't you going?" "Because I feel very sick". (「なぜあなたは行かないのですか？」「とても気分が悪くて吐きそうだからです」) のような具合です。結果や帰結がすでに言及されていて、ただ「なぜなら S＋V だからです」と言いたいときは次のように言います。

That is 〈because S + V.〉 S　②　接 C	それは S＋V だからである

たとえば That is because I feel very sick. (それは、とても気分が悪くて吐きそうだからです) のような具合です。**この場合の because 節は、副詞節ではありますが、例外的に②の be 動詞の補語になっています。**

〔ウェザ　ユー　テイク　パート　オー　ナット　ザ　リザルト　ウィル　ビ　ザ　セイム〕

〈Whether you take part or not,〉 the result will be the same.
接　S　③　O　＋　ad　　S　aux　②　aC

(あなたが参加してもしなくても、結果は同じだろう)

take は現在形・従属節の述語動詞・③、be は原形・大黒柱・②です。take part は「参加する」という意味で、「〜に参加する」は take part in 〜と言います。or not は or you do not take part の省略形です。whether 節は名詞節と副詞節がありますが、どちらの場合も節内にしばしば or not が用いられます。whether の直後に置いて whether or not S＋V と書くこともあります。will は「単純未来 (＝未来のことについて「〜するだろう」と単純に推量している)」を表しています。定冠詞は本来は「名詞修飾の形容詞」ですから、名詞に付けるものであって、形容詞に定冠詞を付けることは原則としてしません。ところが same は例外で、形容詞でありながら the を付けて使います。

whether は名詞節を作る場合と副詞節を作る場合で表す意味が違います。

[whether S＋V] 接	S＋V かどうか（ということ）
〈whether S＋V〉 接	S＋V であろうとなかろうと

〔サリー　イズ　オールウェイズ　インテンス　ウェザ　ワーキング　オー　プレイイング〕

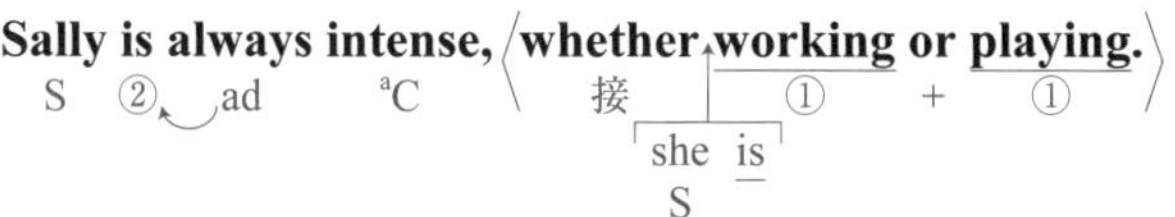

（サリーは、勉強していようが、遊んでいようが、常に真剣である）

is は現在形・大黒柱・②です。whether working or playing は whether she is working or playing から she is が省略されています。したがって、working と playing は、字面上は「裸の ing」に見えますが、本当は「着物を着ている ing」で進行形になっているのです。is working と is playing は現在形・従属節の述語動詞・①です。このように whether が作る副詞節の中では「主語＋be（be 動詞または be 助動詞）」が省略されることがよくあります。whether 節に限らず、**一般的に副詞節では、従属接続詞の後ろに「主語＋be（be 動詞または be 助動詞）」が省略されることがよくあります。これを「副詞節の（定型的な）省略形」といいます。**

〔ザ　プラブレム　ワズ　ソウ　ディフィカルト　ザット　アイ　クド　ナット　サルヴ　イト〕

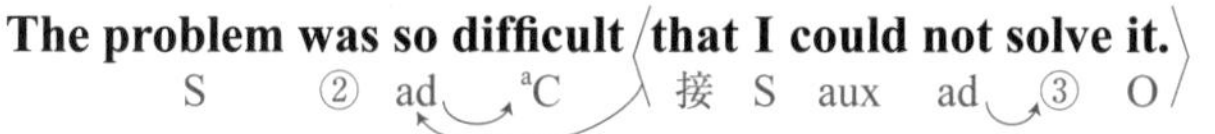

（その問題は非常に難しいので、私は解けなかった）

was は過去形・大黒柱・②、solve は原形・従属節の述語動詞・③です。solve は「解決する」という意味の動詞で、規則活用です。could は「能力」を表す助動詞の過去形です。現在形の場合は、can not とは言えず、cannot か can't にしますが、過去形の場合は could not または couldn't で、couldnot とは言えません。so は「それほど」という意味の副詞で difficult にかかり、so difficult は「それほど難しい」という意味です。「どれほど難しいのか（＝so の中身）」を that I could not solve it で表しています。that I could not solve it は「私がそれを解けないほど」という意味の副詞節で、so にかかっています（この副詞節の働きは「他の副詞修飾」です）。so difficult that I could not solve it は「私がそれを解けないほど、それほど難しい」という意味です（it は主節の主語である The problem を指しています）。したがって、直訳すると「その問題は、私が解けないほど、それほど難しかった」となります。しかし、この **so 〜 that S＋V という表現は、昔から中学・高校では、主節を先に訳して「その問題は非常に**

難しいので、私は解けなかった」のように意訳しなさいと教えられてきました。みなさんは、直訳しないと意味的におかしくなる場合以外は、中学・高校のやり方にしたがって、意訳（＝非常に～なのでSがVする）で処理した方がいいでしょう。ちなみに、このthat節は、直訳だと「程度（の意味）を表す副詞節」で、意訳だと「結果（の意味）を表す副詞節」となります。thatからitまでが副詞節でsoにかかり（←これが外側です）、thatは従属接続詞です。

問題 11

(1) 副詞節を〈三角のカッコ〉でくくりなさい。
(2) 助動詞の下にauxと記入し、それが何形かを答えなさい（ただしbe助動詞は学校文法で捉えなさい）。
(3) 一般動詞の場合は、活用（原形―過去形―過去分詞形）と何形かを答え、番号（①②③④⑤－③－④－⑤）を記入しなさい（ただし動詞は学校文法で捉えなさい）。
(4) S・O・^{a}C・^{n}Cを記入しなさい。
(5) 修飾する働きをしている語は品詞と矢印を記入しなさい。
(6) 前置詞＋名詞は下線を引き、そこに品詞と働き（aで矢印、adで矢印、^{a}Cのどれか）を記入しなさい。
(7) 英文全体を日本語に訳しなさい。

〔ウィ　ハッド　トゥ　ブレイク　ザ　ドー　ダウン　ビコーズ　ウィ　ハッド　ロスト　ザ　キー〕

1. We had to break the door down because we had lost the key.

〔イフ　ザ　フロウト　ムーヴズ　ゼア　リズ　プラバブリ　ア　フィッシュ　アン　ザ　フック〕

2. If the float moves, there is probably a fish on the hook.

〔ゼイ　ウィル　ハヴ　ビルト　ア　ブリッヂ　アクロス　ザ　リヴァ　バイ　ザ　タイム　ユー　ヴィズィット　ザ　プレイス〕

3. They will have built a bridge across the river by the time you visit the place.

〔ソウ　メニ　アフリカン　エレファンツ　ハヴ　ビン　シャット　ザット　ザ　スピーシーズ　ハズ　オールモウスト　ビン　キルド　オフ〕

4. So many African elephants have been shot that the species has almost been killed off.

〔アンレス　アイム　ミステイクン　アイヴ　スィーン　ザット　マン　ビフォー〕
5. Unless I'm mistaken, I've seen that man before.

〔アイ　ガット　アップ　アーリ　ソウ　ザット　アイ　クド　キャッチ　ザ　ファースト　トレイン〕
6. I got up early so that I could catch the first train.

問題 11 の解答

1. We had to break the door down ⟨because we had lost the key.⟩
S aux ③ O ad 接 S aux ③ O

（我々は、鍵をなくしてしまったので、ドアを壊さなければならなかった）

had to は「末尾に to が付く助動詞」の過去形です（現在形は have to または has to です）。意味は義務・必要性（～しなければならなかった）です。break は原形・大黒柱・③です。活用は〔break（ブレイク）—broke（ブロウク）—broken（ブロウクン）〕です。had は助動詞・過去形、lost は過去分詞形・従属節の述語動詞・③です。活用は〔lose（ルーズ）—lost（ロスト）—lost〕です。because は「理由」を表す副詞節を作る従属接続詞です。

had lost は「結果」を表す普通用法の過去完了です。字面上は「ドアを壊さなければならなかった」ときより以前のことを表していますが、イイタイコトは「ドアを壊さなければならなかった」ときの我々の状態（=「鍵がなくて、開けられない」という状態）です。「鍵がなくて、開けられないので、我々はドアを壊さなければならなかった」の「鍵がなくて、開けられない」の部分を「鍵をなくした」ことを言うことによって、間接的に伝えているのです。

2. ⟨If the float moves,⟩ there is probably a fish on the hook.
接 S ① 誘導ad① 文ad S ad

（もし浮きが動いたら、おそらく魚が針にかかっているでしょう）

moves は現在形・従属節の述語動詞・①です。活用は〔move（ムーヴ）—moved（ムーヴド）—moved〕という規則活用です。is は現在形・大黒柱・①です。If は「条件」を表す副詞節を作る従属接続詞です。probably は文（この場合は主節）が生じている蓋然性が非常に高いことを表す文修飾副詞です。

if は名詞節を作る場合と副詞節を作る場合で表す意味が違います。

[if S + V] 接	S + V かどうか（ということ）
〈if S + V〉 接	もし S + V なら

3. They will have built a bridge across the river 〈by the time you visit the place.〉
S aux aux ③ O ad 〈接 S ③ O〉

（あなたがその場所を訪れるときまでには、川に橋がかけられているでしょう）

They は「橋の建設工事に携わっている人」を一般的に指しています。built は過去分詞形・大黒柱・③です。活用は〔build（ビルド）—built（ビルト）—built〕です。visit は現在形・従属節の述語動詞・③です。活用は〔visit（ヴィズィット）—visited（ヴィズィッティド）—visited〕という規則活用です。will は「単純未来（＝未来のことについて「～するだろう」と単純に推量している）」を表す助動詞・現在形です。have は助動詞・原形です。will have built は「完了」の意味を表す未来完了です。

現在（＝発話時）が 4 月 1 日、橋が完成するのが 6 月 1 日、あなたがその場所を訪れるのが 8 月 1 日と仮定しましょう。すると They will have built a bridge across the river は、字面上は 6 月 1 日のことを表していますが、実は、それによって 8 月 1 日の状態（＝「橋を渡って、その場所に行ける」という状態）を表しているのです。「8 月 1 日、あなたがその場所を訪れるときは、橋を渡ってその場所に行けるでしょう」の「8 月 1 日、橋を渡ってその場所に行けるでしょう」の部分を「6 月 1 日に橋が完成する」ことを言うことによって、間接的に伝えているのです。

by the time は、通常は、この 3 語で 1 つの従属接続詞として扱われます（**このように複数の語が集まって 1 つの従属接続詞を構成する場合は「転用接続詞」と呼ばれます**。by the time でいえば「本来は『前置詞＋名詞』の副詞句であるものを、1 つの従属接続詞に転用している」という意味です）。**by the time S＋V は副詞節で「S が V するときまでには」という意味（＝完了の期限）を表します**。現在（＝発話時）が 4 月 1 日ですから、8 月 1 日にあなたがその場所を訪れるのは未来のことです。ですから、理屈から言えば、「単純未来」を表す助動詞 will を使って by the time you will visit the place と言うべきです。ところが、実際には現在形の visit を使っています。これは「**時、条件を表す副詞節の中では、単純未来は現在形で表す**」というルールがあるからです（このルールは非常に重要です）。by the time you will visit the place と書くと、このルールに違反するので間違いになります。

4. So many African elephants have been shot 〈that the species has almost been killed off.〉

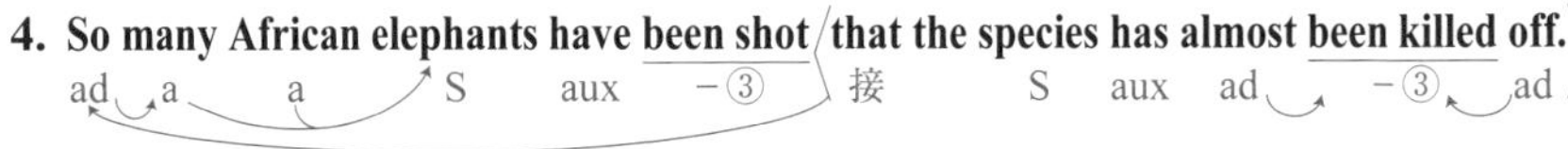

（非常に多くのアフリカ象が射殺されてしまったので、この種はほとんど絶滅に瀕している）

have と has は助動詞・現在形です。shoot は「撃つ」という意味の動詞で、活用は〔shoot (シュート)—shot (シャット)—shot〕です。been shot は過去分詞形・大黒柱・−③です。been killed は過去分詞形・従属節の述語動詞・−③です。have been shot は「完了」ないし「結果」の意味を表す現在完了です。字面上は「多くのアフリカ象が射殺された」という過去のことを言っていますが、単純な過去形ではなく、現在完了で表現しているので、イイタイコトは現在の状態 (=「アフリカ象の数が非常に少ない」という状態) です。「アフリカ象という種が絶滅に瀕しているほど、それほどアフリカ象の数は現在少ない」の「それほどアフリカ象の数は現在少ない」の部分を「多くのアフリカ象が射殺された」という過去のことを言うことによって、間接的に伝えているのです。

So は「それほど」という意味の副詞で、many にかかっています。that the species has almost been killed off は「その種が絶滅に瀕しているほど」という意味の「程度」を表す副詞節で、So にかかっています。that は副詞節を作る従属接続詞です。that 節内を the species is almost killed off と書くと「その種はほとんど殺し尽くされている=ほとんど絶滅に瀕している」という「状態」の意味を表さず「その種はほとんど殺し尽くされる」という「習慣的動作」を表すので (←なぜこうなるのかは難しい話なので、ここではスルーしてください。p. 132 注参照) 意味不明になってしまいます。「現在の状態」を表すためには、ここは現在完了で書かざるをえないのです。英文全体を直訳すると「その種がほとんど殺し尽くされているほど、それほど多くのアフリカ象が射殺されてしまっている」となります。これを意訳すると「非常に多くのアフリカ象が射殺されてしまったので、この種はほとんど絶滅に瀕している」となります。意訳で特に不都合はありませんから、この英文は意訳する (=前から訳す) ことにしましょう。

off は「徹底的に、完全に」という意味の副詞で、kill off . . . は「. . . を徹底的に殺す→. . . を殺し尽くす→. . . を絶滅させる」という意味です。**almost は「ほとんど」という意味の副詞ですが、この「ほとんど」というのは「次に来る言葉に非常に近いが、次に来る言葉ではない」という意味です。**たとえば **He almost lost his money.** は「彼は lost his money (金を失った) に非常に近いところまでいったが、lost his money (金を失った) ではなかった」という意味で、「彼はほとんど金を失う寸前までいった→彼はあやうく金を失いかけた (が、一銭も失わずにすんだ)」という和訳になります (「よかったね!」という内容です)。それに対して、**He lost almost all his money.** は「彼は all his money (すべての金) に非常に近いが all his money でないお金を失った』という意味で、「彼はほとんどすべての金を失った (10円しか残らなかった)」という和訳になります (「可哀想に!」という内容です)。要するに almost lost は「ほとんど lost に近いが、厳密には lost ではない」という意味で、almost all は「ほとんど all だが、厳密には all ではない」という意味です。したがって has almost been killed off は「been killed off (殺し尽くされている) に非常に近いが、厳密には been killed off (殺し尽くされている) ではない」という意味ですから「絶滅に瀕している」という和訳になるのです。なお species は「種 (生物分類の基本単位)」という意味の名詞ですが、単複同形の名詞で、単数形も複数形も species です。この英文の species は単数です。

5. 〈Unless I'm mistaken,〉 I've seen that man before.
接 S ② ªC Saux ③ a O ad

(私が間違っていない限り、あの男を前に見たことがある)

I'm はI am の短縮形で、am は現在形・従属節の述語動詞・②です。mistaken は形容詞で補語です (p. 141 参照)。I've はI have の短縮形で、have は助動詞・現在形です。seen は過去分詞形・大黒柱・③です。have seen は「経験」を表す現在完了です。字面上は「前にあの男を見た」という過去のことを言っていますが、I saw that man before という単純な過去形の文ではなく、現在完了ですからイイタイコトは現在の状態 (=「私はあの男を知っている」という状態) です。

unless は「条件」を表す副詞節を作る従属接続詞です。unless S + V は「S が V しない限り」という意味です。unless 節は、この英文のように主節の前に置かれることもありますが、主節の後ろに回ることが多いです。すると次のようになります。3 通りの訳し方を示しましたが、和訳するのではなく、ただ英文を読むだけのときは、前から語順のままに意味を取っていく 2 番目のやり方でやるのがよいでしょう。

$S_1 + V_1$ 〈unless $S_2 + V_2$.〉 接	S_2 が V_2 しない限り S_1 が V_1 する。 S_1 が V_1 する。ただし S_2 が V_2 するときは別だが。 S_2 が V_2 するとき以外は S_1 が V_1 する。

6. I got up early 〈so that I could catch the first train.〉
S ① ad ad 接 S aux ③ a O

(私は始発列車に乗れるように早起きをした)

get は〔get (ゲット)—got (ガット)—got または gotten (ガトン)〕という活用で、ここの got は過去形・大黒柱・①です。up は副詞で got にかかります。get up は「起床する」という意味です。**so that は、so と that の間に語が入らず、連続しています。こういう so that はこの 2 語で「1 つの従属接続詞」です。so that S+V は副詞節で「S が V するために、S が V するように」という「目的の意味 (12-15 p. 218 参照)」を表します。特徴としては so that の前にコンマを置かず、節内にはしばしば can や may などの助動詞を使います。**したがって so that I could catch the first train は「始発列車に乗れるように」という意味を表す副詞節で got up early にかかっています。could は「可能性」を表す助動詞の過去形、catch は原形・従属節の述語動詞・③です。この動詞は「捕まえる」という意味で、活用は〔catch (キャッチ)—caught (コート)—caught〕です。なお、**so that は「結果」を表す副詞節を作ることもあります。その場合の特徴は、so that の前にコンマがあり、節内には原則として can や may などの助動詞が使われていません。**たとえば **I got up early, so that I was in time for the first train.**〔アイ ガット アップ アーリ ソウ ザット アイ ワズ イン タイム フォー ザ ファースト トレイン〕(私は早起きをしたので、始発列車に間に合った) のようになります。so that I was in time for the first train は「その結果、私は始発列車に間に合った」という意味を表す副詞節で、働きは文修飾です。in time は「(時間的に) 間に合っている」という意味の形容詞句で、was の補語になっています。

column 7

英語を英語で学ぶ？

「英語を英語で学ぶ」とか「英和辞典ではなく英英辞典を使いなさい」のように言われて努力している人もいるでしょう。しかし、本当にそういうことができるのは、ある程度の語彙力があり、英文がどのように出来上がっているかをわかっている人だけです。

英英辞典は限られたスペースで簡潔に説明しなければならないので「裸の過去分詞 (＝助動詞が付いていない過去分詞)」が多用されます。規則活用では過去形と過去分詞形はつづりが同じです。ですから「過去形」と「裸の過去分詞」は目で見ただけでは区別がつきません。これをどうやって区別するのか？ 区別すると、どういう違いが生じるのか？ これがわかっていなければ、英英辞典は使えません。こういうことをきちんと教えもしないで、また、生徒の語彙力を考えもしないで、「英英辞典を使いなさい」と、したり顔で言う指導者が多いです。私も中3、高1の頃に、先生のこの言葉を真に受けて、英英辞典を使おうとしましたが、まったく歯が立ちませんでした。残ったのは挫折感と英語への嫌悪感だけ。高2になって「品詞と働きと活用の相互関係」がわかったら、自然と英英辞典を使い始めました。

「急がば回れ」と言いますが、やるべきことをきちんとやって、必要な力がつけば、「英英辞典」だって「英語で学ぶ」だって困難を感ぜずにやれます。**「英文は、どんな要素がどのように組み合わさって出来ているのか」がわかれば、人から言われなくても、英英辞典を使うようになります。**自分が好きな分野の原書を読んで、英語力が伸びていきます。「まず先にやるべきことがある」ということです。本書は「急がば回れ」の回り方を手取り足取りで教えているのです。

参照 「裸の過去分詞」p. 412

Lesson 12

分詞構文 / 不定詞副詞用法

12-1 述語動詞と準動詞

- **「動詞の働きだけをしている動詞（＝一人一役の動詞）」を「述語動詞」といいます。**
- **述語動詞には必ず主体となる名詞がつきます。この名詞のことを「構造上の主語」といいます。**[注1]
- **「構造上の主語＋述語動詞」を「文」といいます。**
- **「動詞の他に別の品詞（＝名詞か形容詞か副詞）を兼ねている動詞（一人二役の動詞）」を「準動詞」といいます。**
- **準動詞の主体となる名詞は、「構造上の主語」と区別して、「意味上の主語」と呼ばれます。**[注2]
- **「意味上の主語＋準動詞」は「文」とはいいません。**[注3]
- **英文中に出てくる動詞は必ず「述語動詞」か「準動詞」のどちらかで、例外はありません。**[注4]

注1「構造上の主語」は通常「構造上の」を省略して「主語」と呼ばれます。記号ではSと表示されます。

注2 意味上の主語は「意味上の」を省略して「主語」と呼ばれることはありません。常に「意味上の主語」と呼ばれます。記号ではS′（エスダッシュ）と表示されます。「意味上の主語」は付くこともあれば、付かないこともあります。

注3 **「構造上の主語＋述語動詞という構成をもつ語群」だけを「文」と呼ぶのです。一人一役の動詞、すなわち述語動詞だけが文を作れます。一人二役の動詞、すなわち準動詞は文を作れません。**

注4 これは、一切例外がない、絶対のルールです。

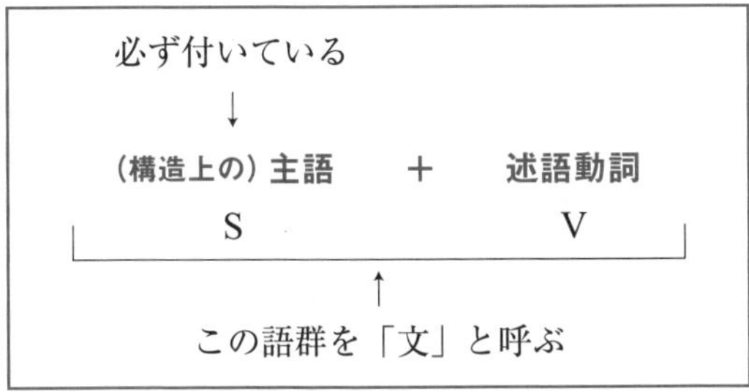

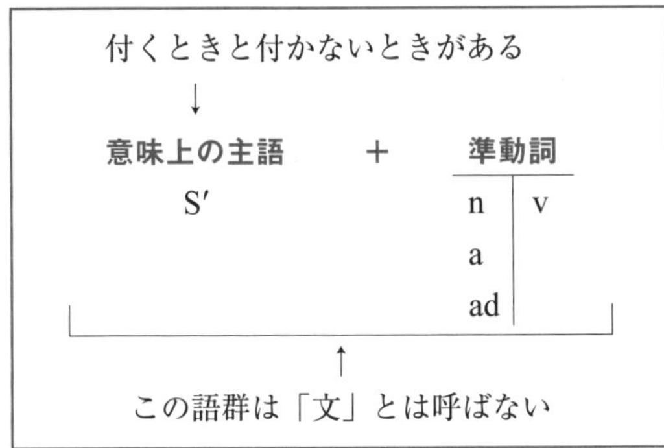

〔アイ ノウ ザ マン ドライヴィング ザット カー〕

I know the man driving that car. （私はあの車を運転している男を知っている）

S ③ O a | ③ a O

know は現在形の動詞で、働きは③です（男を知っている）。know は動詞の他に別の品詞（名詞か形容詞か副詞）を兼ねるということはしていません。こういう動詞を「述語動詞」といいます。know の主語（述語動詞の主語ですから「構造上の主語」です）は I で、I know（私は知っている）は「構造上の主語＋述語動詞」なので「文」です。driving は動詞・ing 形です。that car に対しては動詞で、働きは③です（車を運転する）。ところが the man に対しては形容詞で、働きは名詞修飾です（運転している男）。このように driving は動詞と形容詞を兼ねる一人二役の動詞です。こういう動詞を「準動詞」といいます。driving の主体となる名詞（これは準動詞の主語ですから「意味上の主語」です）は the man で、the man driving（運転している男）は「意味上の主語＋準動詞」なので「文」ではありません。the man は know の「目的語」であると同時に、driving の「意味上の主語」でもあります。

〔ドライヴィング ア カー ヒー ワズ リスニング トゥ ザ ソング〕

Driving a car, he was listening to the song.

ad | ③ O S ① ad

（車を運転しながら、彼はその歌に耳を傾けていた）

Drivingは動詞・ing形です。a carに対しては動詞で、働きは③です（車を運転する）。ところがwas listeningに対しては副詞で、働きは動詞修飾です（運転しながら、聞いていた）。このようにDrivingは動詞と副詞を兼ねる一人二役の動詞です。ですから「準動詞」です。Drivingの主体となる名詞（これは準動詞の主語ですから「意味上の主語」です）はheで、Driving . . . he（＝運転しながら、彼）は「意味上の主語＋準動詞（ここでは準動詞が先に出ています）」なので「文」ではありません。

was listeningは動詞・過去形で、働きは①です。was listeningは動詞の他に別の品詞（名詞か形容詞か副詞）を兼ねるということはしていません。ですから「述語動詞」です。was listeningの主語（述語動詞の主語ですから「構造上の主語」です）はheで、he was listening（彼は聞いていた）は「構造上の主語＋述語動詞」なので「文」です。heはwas listeningの「構造上の主語」であると同時に、Drivingの「意味上の主語」でもあります。

〔ドライヴィング　ザット　カー　イズ　ディフィカルト〕

Driving that car is difficult.　（あの車を運転することは難しい）

S｜③　a O　②　ªC

Drivingは動詞・ing形です。that carに対しては動詞で、働きは③です（あの車を運転する）。ところがisに対しては名詞で、働きは主語です（運転することは〜である）。このようにDrivingは動詞と名詞を兼ねる一人二役の動詞です。ですから「準動詞」です。Drivingの主体となる名詞（これは準動詞の主語ですから「意味上の主語」です）は「一般的な人」で、ここでは明示されていません。Drivingは準動詞なので、たとえ意味上の主語が明示されていても（ここでは明示されていませんが）「文」にはなれません。

isは動詞・現在形で、働きは②です。isは動詞の他に別の品詞（名詞か形容詞か副詞）を兼ねるということはしていません。ですから「述語動詞」です。isの主語（述語動詞の主語ですから「構造上の主語」です）はDrivingで、Driving . . . is（＝運転することは〜である）は「構造上の主語＋述語動詞」なので「文」です。

12-2 活用と述語動詞・準動詞

・活用と述語動詞・準動詞の間には次の密接な関係があります。[注1]

現在形・過去形の動詞 ⇒ 必ず述語動詞[注2]
現在形・過去形の助動詞が付いた動詞 ⇒ 必ず述語動詞[注3]

─**裸の過去分詞 ⇒ 必ず準動詞**注4
└**裸の ing ⇒ 必ず準動詞**注5

注1 この表には原形が出ていません。「原形と述語動詞・準動詞の関係」はやや煩雑だからです。これを説明すると、**「6-8 原形動詞を使うところ」は5か所ですが、そのうち「do 助動詞と一般助動詞の後」と「命令文」と「仮定法現在」が述語動詞で、「to の後」と「make, have, let などの補語」が準動詞です。**

注2, 3 ともかく動詞であろうが助動詞であろうが現在形・過去形が出てくれば、そこで使われている動詞は必ず述語動詞で、構造上の主語がついて文になります。一般助動詞は現在形と過去形しかありません。ですから一般助動詞が付いた動詞（活用は原形です）は必ず述語動詞です。

注4 **過去分詞形を述語動詞にしたければ（別の言い方をすれば、過去分詞形で文を作りたければ）着物を着せる、すなわち be 助動詞か have 助動詞を付けて受身か完了にするしかありません。**ただし、逆は必ずしも真ならずで、受身か完了にすれば必ず述語動詞になって文を作るとは限りません。受身や完了であっても準動詞のこともあります。to be p.p.（受身不定詞）、to have p.p.（完了不定詞）、being p.p.（受身動名詞、受身現在分詞）、having p.p.（完了動名詞、完了現在分詞）は準動詞です。この詳細はそれぞれのセクションで勉強します。

注5 **ing 形を述語動詞にしたければ（別の言い方をすれば、ing 形で文を作りたければ）着物を着せる、すなわち be 助動詞を付けて進行形にするしかありません。**ただし、逆は必ずしも真ならずで、進行形にすれば必ず述語動詞になって文を作るとは限りません。進行形であっても準動詞のこともあります。to be -ing（進行形不定詞）は準動詞です。これは 12-16 で出てきます。

I know the man driving that car. （私はその車を運転している男を知っている）
S ③ O a | ③ a O

know は「6-8 原形動詞を使うところ」のどれにも該当していないので原形ではありません。原形でなければ現在形です（過去形は knew で、過去分詞形は known だからです）。現在形の動詞は絶対に述語動詞です。ですから know は現在形・述語動詞・③です。

driving は ing 形です。進行形を作る be 助動詞が付いていないので裸です。裸の ing は絶対に準動詞です（動名詞・現在分詞形容詞用法・分詞構文のどれかです）。ですから driving は ing 形・準動詞・③です（ここでは現在分詞形容詞用法です）。

なお know は大黒柱（＝主節の述語動詞）ではありません。この英文は単文で、従属節が含まれていません。**従属節がない以上、主節と呼ばれる部分もなく、したがって「主節の述語動詞＝大黒柱」もありません。**know はただ「この英文の述語動詞」です。

〔ドライヴィング　ア　カー　ヒー　ワズ　リスニング　トゥ　ザ　ソング〕

Driving a car, he was listening to the song.

ad | ③　O　S　①　ad

(車を運転しながら、彼はその歌に耳を傾けていた)

Driving は ing 形です。進行形を作る be 助動詞が付いていないので裸です。裸の ing は絶対に準動詞です（動名詞・現在分詞形容詞用法・分詞構文のどれかです）。ですから Driving は ing 形・準動詞・③です（ここでは分詞構文です）。was listening は過去形です。過去形の動詞は絶対に述語動詞です。ですから was listening は過去形・述語動詞・①です。

〔ドライヴィング　ザット　カー　イズ　ディフィカルト〕

Driving that car is difficult.　(その車を運転することは難しい)

S | ③　a　O　②　ªC

Driving は ing 形です。進行形を作る be 助動詞が付いていないので裸です。裸の ing は絶対に準動詞です（動名詞・現在分詞形容詞用法・分詞構文のどれかです）。ですから Driving は ing 形・準動詞・③です（ここでは動名詞です）。is は現在形です。現在形の動詞は絶対に述語動詞です。ですから is は現在形・述語動詞・②です。

〔ウィ　マスト　アクト　アト　ワンス　トゥ　プリヴェント　ア　ウォー〕

We must act at once to prevent a war.

S　aux　①　ad　ad | ③　O

(我々は戦争を避けるためにすぐに行動しなければいけない)

must は「義務（～しなければいけない）」を表す助動詞の現在形です。act は一般助動詞が付いているので原形です。act は現在形の助動詞が付いているので絶対に述語動詞です。したがって、act は原形・述語動詞・①です。act の主語（述語動詞の主語なので「構造上の主語」です）は We で、We . . . act（我々は行動する）は「構造上の主語＋述語動詞」なので「文」です。

prevent は to が付いているので原形です。to prevent は不定詞といって準動詞です（← 12-14 で勉強します）。ここでは動詞と副詞を兼ねる「不定詞副詞用法」です。to prevent の副詞としての働きは動詞修飾です（act を修飾しています）。動詞としての働きは③です（a war を動詞の目的語として従えています）。to prevent の主体となる名詞（これは準動詞の主語なので「意味上の主語」です）は We です。We . . . to prevent（我々は . . . 避けるために）は「意味上の主語＋準動詞」なので「文」ではありません。We は act の「構造上の主語」であると同時に、to prevent の「意味上の主語」でもあります。

12-3 準動詞の「前」と「後」

・準動詞は「動詞と名詞」「動詞と形容詞」「動詞と副詞」の一人二役をしています。

・準動詞は下に ┬ を書いて、T 字のタテ棒の左側に名詞、形容詞、副詞のどれかの働きを書き、右側に動詞の働きを書きます。次のようになります。[注]

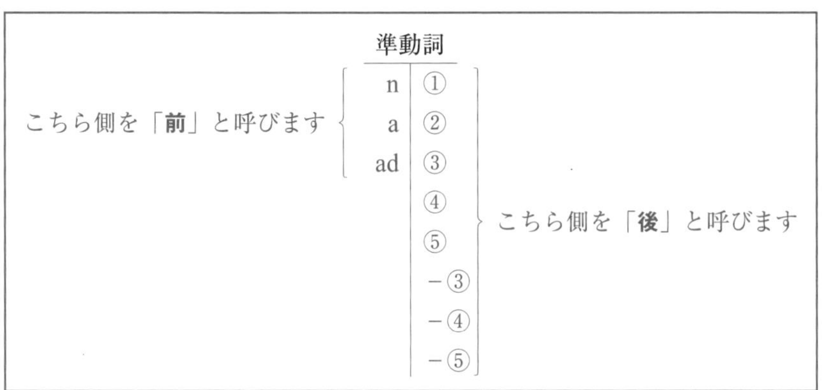

注　**T 字のタテ棒の左側の記入欄を前（まえ）、右側の記入欄を後（うしろ）と呼びます。**
準動詞の「前の品詞（＝タテ棒の左側に書く品詞）」は名詞、形容詞、副詞です。
準動詞の「前の働き（＝タテ棒の左側に書く働き）」は主語、動詞の目的語、前置詞の目的語、補語、同格、修飾です。
準動詞の「後の品詞（＝タテ棒の右側に書く品詞）」は動詞です。
準動詞の「後の働き（＝タテ棒の右側に書く働き）」は①、②、③、④、⑤、−③、−④、−⑤です。

I know the man driving that car.
S　③　　　O　a | ③　a　O

driving は「前の品詞は形容詞、前の働きは名詞修飾、後の品詞は動詞、後の働きは③」です。

Driving a car, he was listening to the song.
ad | ③　O　S　①　ad

Driving は「前の品詞は副詞、前の働きは動詞修飾、後の品詞は動詞、後の働きは③」です。

Driving that car is difficult.
S | ③　a　O　②　aC

Driving は「前の品詞は名詞、前の働きは主語、後の品詞は動詞、後の働きは③」です。

We must act at once to prevent a war.
S　aux　①　ad　　ad｜③　　O

to prevent は「前の品詞は副詞、前の働きは動詞修飾、後の品詞は動詞、後の働きは③」です。

12-4 準動詞の「意味上の主語」

・準動詞の意味上の主語には次の 3 つのタイプがあります。

> **1. 意味上の主語になる名詞が文中で別の働きをしている。** 注1
> **2. 意味上の主語になる名詞が文中で別の働きをしていない。** 注2
> **3. 意味上の主語になる名詞が文中に出ていない。** 注3

注 1 これは「意味上の主語」になる名詞が「(構造上の) 主語、動詞の目的語、前置詞の目的語、補語、同格」のどれかの働きをしている場合です。

注 2 これは「意味上の主語」の働きだけをする名詞を特別に準動詞に付けている場合です。「意味上の主語」の付け方は準動詞ごとに (＝不定詞、動名詞、分詞ごとに) 決まっています。この詳細はそれぞれのセクションで勉強します。

注 3 これは「意味上の主語」が話者や一般的な人なので、文中に明示していない場合です。

I know the man driving that car.
S　③　　　O　a｜③　a　O

準動詞 driving の「意味上の主語」は the man で、the man は「know の目的語」の働きをしています。

We must act at once to prevent a war.
S　aux　①　ad　　ad｜③　　O

準動詞 to prevent の「意味上の主語」は We で、We は「act の構造上の主語」の働きをしています。

Driving that car is difficult.
S｜③　a　O　②　aC

準動詞 Driving の「意味上の主語」は「一般的な人」で、文中には出ていません。

12-5 動詞と副詞を兼ねる準動詞

・動詞と副詞を兼ねる準動詞は次の2つです。

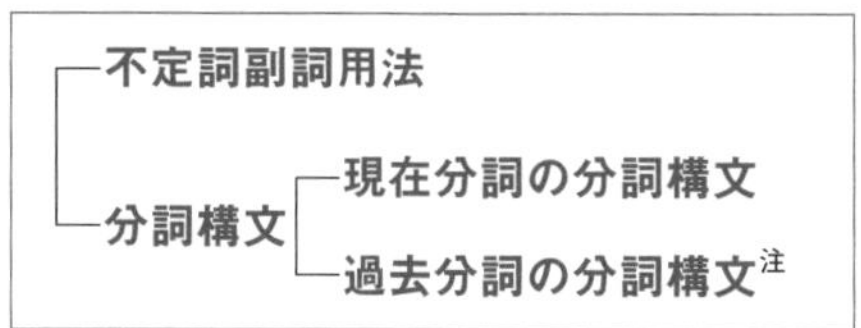

注　過去分詞の分詞構文はLesson 20で勉強します。

We must act at once to prevent a war.

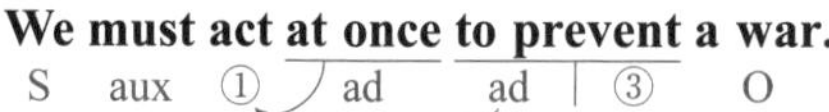

to preventは「動詞と副詞を兼ねる準動詞」で「不定詞副詞用法」です。

Driving a car, he was listening to the song.

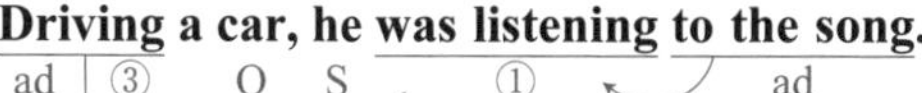

Drivingは「動詞と副詞を兼ねる準動詞」で「現在分詞の分詞構文」です。

〔リトン　イン　ニーズィ　イングリシュ　ズィス　ブック　イズ　スータブル　フォー　ビギナズ〕

Written in easy English, this book is suitable for beginners.

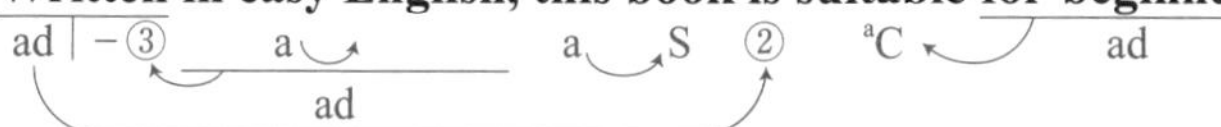

writeは「書く」という意味の動詞で、活用は〔write（ライト）—wrote（ロウト）—written（リトン）〕です。Writtenはbe助動詞もhave助動詞も付いていないので「裸のp.p.」です。「裸のp.p.」は絶対に準動詞で、過去分詞形容詞用法か分詞構文です。この英文のWrittenは分詞構文で「前の品詞は副詞、前の働きは動詞修飾（isにかかっています）、後の品詞は動詞で、後の働きは－③」です（←「裸のp.p.」は20-2で勉強します）。Writtenの意味上の主語はthis bookです。isは現在形・述語動詞・②です。全体は「この本は、易しい英語で書かれているので、初心者に適している」という意味です。

12-6 ing形の枠組み（再確認）

質問17　次の質問に答えなさい（スラスラ答えられないときは「7-1 ing形の枠組み」に戻って、確認してください）。

1. ing の可能性は？
2. 裸の ing の可能性は？
3. 着物を着ている ing の可能性は？
4. 現在分詞の可能性は？
5. 裸の現在分詞の可能性は？
6. 着物を着ている現在分詞の可能性は？
7. 着物を着ている動名詞の可能性は？
8. ing 形の動詞が着る着物は？
9. ing 形の動詞を述語動詞にする方法は？
10. ing 形の動詞で文を作る方法は？

質問 17 の答え 1. 進行形・動名詞・現在分詞形容詞用法・分詞構文 2. 動名詞・現在分詞形容詞用法・分詞構文 3. 進行形 4. 進行形・現在分詞形容詞用法・分詞構文 5. 現在分詞形容詞用法・分詞構文 6. 進行形 7. ない 8. be 助動詞 9. 進行形にする 10. 進行形にする

12-7 分詞構文

・分詞構文は、構造上は、副詞的修飾要素です。
・分詞構文の「前の品詞」は副詞です。
・**分詞構文の「前の働き」は動詞修飾か文修飾です。**
・分詞構文の「後の品詞」は動詞です。
・**分詞構文の「後の働き」は①、②、③、④、⑤、−③、−④、−⑤です。**[注1]
・**分詞構文が表す意味は「時、理由、条件、譲歩、付帯状況、言い換え」です。**
・**分詞構文は「現在分詞の分詞構文」と「過去分詞の分詞構文」の２つがあります。**[注2]

注 1 **現在分詞の分詞構文は①, ②, ③, ④, ⑤, −③, −④, −⑤のすべての可能性があり、過去分詞の分詞構文は①, ②, −③, −④, −⑤です。過去分詞の分詞構文が③, ④, ⑤になることは絶対にありません。**これは 20-2 で勉強します。

注 2 Lesson 12 では現在分詞の分詞構文だけを勉強します。過去分詞の分詞構文は Lesson 20 で勉強します。

〔リヴィング　ネクスト　ドー　アイ　ノウ　ヒム　ウェル〕

Living next door, I know him well. （隣に住んでいるので、私は彼をよく知っている）

ad | ① 副詞的目的格 S ③ O ad

Living は「裸の ing」なので絶対に準動詞で、動名詞、現在分詞形容詞用法、分詞構文のどれかです。ここでは分詞構文で「前は副詞で動詞修飾、後は動詞で①」です。Living が表している意味は「理由」です。next door は副詞的目的格で Living にかかっています。know は現在形・述語動詞・③です。know は「原形動詞を使うところ」のどれにも該当していないので原形ではありません。原形でなければ現在形です（過去形は knew で、過去分詞形は known だからです）。現在形の動詞ですから絶対に述語動詞です。Living の「意味上の主語」は I で、Living . . . I は文ではありません。I know は「構造上の主語＋述語動詞」ですから文です。

〔ターニング　トゥ　ザ　ライト　ユー　ウィル　スィー　ア　ラーヂ　ビルディング〕

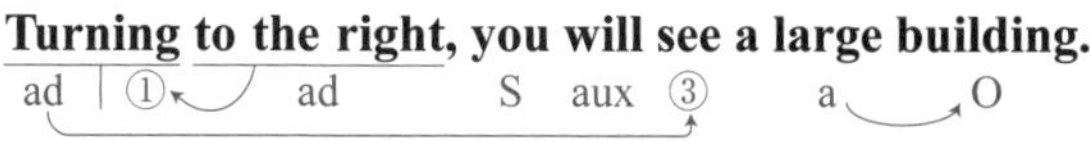

（右に曲がると、大きなビルがあります）

Turning は「裸の ing」なので絶対に準動詞で、動名詞、現在分詞形容詞用法、分詞構文のどれかです。ここでは分詞構文で「前は副詞で動詞修飾、後は動詞で①」です。Turning が表している意味は「条件（もし〜したら）」です。will は「単純未来（＝未来のことについて「〜するだろう」と単純に推量している）」を表す助動詞の現在形です。see は原形・述語動詞・③です。see は現在形の助動詞（＝will）が付いているので絶対に述語動詞です。Turning の「意味上の主語」は you で、Turning . . . you は文ではありません。you . . . see は「構造上の主語＋述語動詞」ですから文です。

12-8 受身・完了の分詞構文

1. 進行形の ing 形

・「進行形の動詞」の ing 形は、理屈では「being -ing」になります。しかし、これは存在しません（p. 109 参照）。

・したがって、進行形の動詞が「現在分詞の分詞構文」になることはありません。

2. 受身の ing 形

・「受身の動詞」の ing 形は「being p.p.」です。

・being p.p. は「ing の 4 つの可能性（＝進行形、動名詞、現在分詞形容詞用法、分詞構文）」のすべてになれます。

・したがって、**being p.p. は「現在分詞の分詞構文」になります。**

・ただし、being を取って p.p. だけにして「過去分詞の分詞構文」にする場合が多いです（両者のニュアンスの違いは p. 211 参照）。

3. 完了のing形

・have助動詞にはing形があります。

・したがって、having p.p.という「完了のing形」が存在します。[注1]

・**having p.p.は「ingの4つの可能性（＝進行形、動名詞、現在分詞形容詞用法、分詞構文）」の中の動名詞と現在分詞形容詞用法と分詞構文になれます（進行形にはなれません。p. 211参照）。**

・したがって、having p.p.は「現在分詞の分詞構文」になります。これを「完了分詞構文」といいます。[注2]

注1 完了は、原則として、have助動詞と過去分詞形動詞を別の語として扱い、have助動詞を助動詞、過去分詞形動詞を動詞と捉えます。ところが、having p.p.の場合は例外で、havingとp.p.を「目に見えない透明のハイフン」でつなぎ、**「having p.p.」の全体を1つの動詞のing形と捉えます。**

注2 **完了分詞構文は、その文の述語動詞部分が「単純な現在形」のときは「現在完了」または「単純な過去形」の意味を表します。述語動詞部分が「単純な過去形」のときは「過去完了普通用法」または「過去完了大過去用法」の意味を表します。**

〔ワン　ノヴ　ザ　ドグズ　ビーイング　ミステイクン　フォー　ア　ウルフ　ワズ　キルド　ウィズ　ア　ガン〕

One of the dogs, being mistaken for a wolf, was killed with a gun.
S　a　ad　－③　ad　－③　ad

（それらの犬の一匹は、狼と間違われて、銃で射殺された）

mistakenは「間違っている」という意味の形容詞のこともありますが、「間違える」という意味の動詞の過去分詞形のこともあります（p. 141参照）。この動詞は〔mistake（ミステイク）—mistook（ミストゥック）—mistaken（ミステイクン）〕という活用で、mistake A for B（AをBと間違える）という形で使います。したがって**One of the dogs was mistaken for a wolf.**（それらの犬の一匹は狼と間違われた）は受身の英文です（「S ② C」ではありません）。was mistakenは過去形・述語動詞・－③です。これをing形に変えるとbeing mistakenになります。これを裸で使うと（＝be助動詞を付けてbe being mistakenという受身進行形にしないで、being mistakenだけで使うと）絶対に準動詞で、動名詞、現在分詞形容詞用法、分詞構文のどれかになります。分詞構文で使ったのが上の英文です。being mistakenは現在分詞の分詞構文で「前は副詞で動詞修飾（was killedにかかります）、後は動詞で－③」です。表している意味は「理由（間違われたので）」ないしは「付帯状況（間違われて）」です。 beingを削除してmistaken for a wolfとすると、mistakenは「裸のp.p.」になります。「裸のp.p.」は絶対に準動詞で、過去分詞形容詞用法か分詞構文になります。分詞構文で使うと、mistakenは過去分詞の分詞構文で「前は副詞で動詞修飾（was killedにかかります）、後は動詞で－③」です。表している意味は「理由（間違われたので、間違われていたので）」ないしは「付帯状況

(間違われて、間違われていて)」です。**One of the dogs, mistaken for a wolf, was killed with a gun.** は正しい英文で「それらの犬の一匹は、狼と間違われて、銃で射殺された」または「それらの犬の一匹は、狼と間違われていたので、銃で射殺された」という意味になります(「過去分詞の分詞構文」は 20-7 で勉強しますので、ここでは上の説明をざっとなぞるだけでよいです)。以上の説明からわかるように、**being p.p. という現在分詞の分詞構文は「受身の動作」を表し、p.p. という過去分詞の分詞構文は「受身の動作」と「受身の状態」の両方を表すのです(being p.p. という分詞構文は「受身の動作」であることをはっきり表したいときに用いるのです)。**〔**辞書の捉え方**〕being は助動詞・ing 形、mistaken は動詞・過去分詞形。「p.p. の可能性」の中の受身で使われています。was は助動詞・過去形、killed は動詞・過去分詞形。「p.p. の可能性」の中の受身で使われています。〔**学校文法の捉え方**〕being mistaken は ing 形・準動詞・−③です。裸の ing なので絶対に準動詞です。**being は着物ですが、being という着物を着ているのは mistaken という過去分詞形の動詞です。being mistaken という ing 形の動詞は裸です。もし being mistaken が着物を着ているとしたら、ing 形の動詞が着る着物は be 助動詞だけですから、be being mistaken (間違われつつある) となって、受身進行形と呼ばれます。**being mistaken は「前は副詞で動詞修飾、後は動詞で−③」です。was killed は過去形・述語動詞・−③です。なお、この英文は単文で、従属節が含まれていないので、主節と呼ばれる部分もなく、したがって大黒柱 (=主節の述語動詞) もありません。was killed は、大黒柱ではなく、ただ「この英文の述語動詞」です。

〔ハヴィング　ロスト　マイ　パース　アイ　キャナット　バイ　ザ　ブック〕

Having lost my purse, I cannot buy the book.

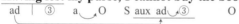

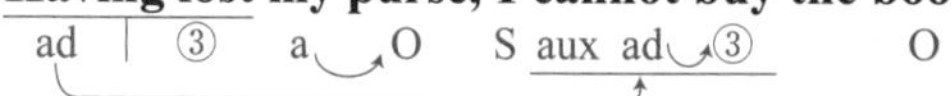

(財布をなくしたので、私はその本を買えない)

Having は完了を作る助動詞・ing 形、lost は動詞・過去分詞形で、「p.p. の可能性」の中の完了で使われています。学校文法では having p.p. は having と p.p. を別々に扱わず、having p.p. で 1 つの ing 形として扱います。ただし having p.p. は「ing の可能性」のすべてになれるわけではなく「進行形」にだけはなれません。完了進行形は、be having p.p. ではなく、have been -ing です。完了進行形は、完了形の動詞の ing 形 (=having p.p.) に be 助動詞を付けて作るのではなく、進行形の動詞の過去分詞形 (=been -ing) に have 助動詞を付けて作るのです。have 助動詞と be 助動詞は「have 助動詞 be 助動詞」の順番に並べるのです (p. 163 参照)。ですから「進行完了形」と言わず「完了進行形」と言うのです。**having p.p. は「裸の ing」すなわち「完了動名詞・完了現在分詞形容詞用法・完了分詞構文」のどれかになります。**Having lost は「理由」を表す完了分詞構文で「前は副詞で動詞修飾 (cannot buy にかかります)、後は動詞で③」です。

完了分詞構文は、その文の述語動詞部分が「単純な現在形」のときは、「現在完了」または「過去形」の意味を表します。この英文の述語動詞部分（＝cannot buy）は「現在形の助動詞＋原形の動詞」で「単純な現在形」です。Having lost は「結果を表す現在完了の意味（＝過去において財布をなくして、その結果、現在財布をもっていない）」を表しています。Having lost my purse を副詞節で書き換えると、As I have lost my purse となります（この As は「理由」を表す従属接続詞です）。

12-9 分詞構文の否定形

・**準動詞を否定するときは、not を準動詞の直前に置きます。**

・したがって、分詞構文の否定形は次のようになります。

1. not -ing . . .
2. not being p.p. . . .
3. not having p.p. . . .

・完了分詞構文を never で否定するときは、次の 2 つの形があります。[注]

1. never having p.p. . . .
2. having never p.p. . . .

注　完了分詞構文を not で否定するときは not を having の「前」に置きます。しかし never で否定するときは never を having の「前・後」どちらに置いてもかまいません。

〔ナット　ノウイング　ズィ　アンサ　アイ　リメインド　サイレント〕

Not knowing the answer, I remained silent.

（答えがわからなかったので、私は黙っていた）

knowing は分詞構文で「前は副詞で動詞修飾、後は動詞で③」です。Not knowing は分詞構文の否定形で「理由」を表しています。remain は「～の状態のままでいる」という意味の動詞で、活用は規則活用です。ここの remained は過去形・述語動詞・②です。

〔ナット　ハヴィング　ビン　トゥ　トウキョウ　ヒー　ディドント　アンダスタンド　ザ　ストーリ〕

Not having been to Tokyo, he didn't understand the story.

ad ad ① ad S aux ad ③ O

（東京に行ったことがなかったので、彼はその話がわからなかった）

having は完了を作る助動詞の ing 形、been は動詞の過去分詞形で、「p.p. の可能性」の中の完了で使われています。学校文法では having p.p. は having と p.p. を別々に扱わず、having p.p. で 1 つの ing 形として扱います。 having p.p. は「裸の ing」すなわち「完了動名詞・完了現在分詞形容詞用法・完了分詞構文」のどれかになります。having been は完了分詞構文で「前は副詞で動詞修飾（didn't understand にかかります）、後は動詞で①」です。Not having been は完了分詞構文の否定形で「理由」を表しています。

完了分詞構文は、その文の述語動詞部分が「単純な過去形」のときは、「過去完了普通用法」または「過去完了大過去用法」の意味を表します。この英文の述語動詞部分（＝didn't understand）は「過去形の助動詞＋原形の動詞」で「単純な過去形」です。Not having been to Tokyo は「経験を表す普通用法の過去完了の意味（＝それ以前に東京に行ったことがなかったので）」を表しています。**Not knowing about Tokyo, he didn't understand the story.**（東京について知らなかったので、彼はその話がわからなかった）なら、knowing と didn't understand は同じ時のことを表しています。たとえば「彼は、4 月 1 日に東京について知らなかったので、4 月 1 日にその話がわからなかった」ということです。この Not knowing about Tokyo を Not having been to Tokyo というように完了分詞構文にすると「彼は、4 月 1 日以前に東京に行ったことがなかったので（4 月 1 日に東京について知らなかった。だから）4 月 1 日にその話がわからなかった」という意味になるのです。Not having been to Tokyo を副詞節で書き換えると As he had not been to Tokyo となります（普通用法の過去完了です）。

did は助動詞・過去形。understand は「理解する」という意味の動詞で、活用は〔understand（アンダスタンド）—understood（アンダストゥッド）—understood〕です。この英文の understand は原形・述語動詞・③です。

12-10　意味上の主語が付いた分詞構文

・分詞構文の「意味上の主語」が、「分詞構文が付いている文」の主語と一致するときは、特別に「意味上の主語」を付けることはしません。

・分詞構文の「意味上の主語」が、「分詞構文が付いている文」の主語と一致しないときは、特別に「意味上の主語」を分詞構文の前に付けます。[注1]

> **「意味上の主語」が名詞のときはそのままの形で付けます。**
> **「意味上の主語」が代名詞のときは主格の代名詞を付けます。**

・分詞構文の「意味上の主語」が「私」「私たち」あるいは「一般的な人」の場

合は、文の主語と一致していなくても、特別に「意味上の主語」を分詞構文の前に付けることはしません。[注2]

注1 **「意味上の主語」が付いた分詞構文は「独立分詞構文」と呼ばれます。**

注2 このような分詞構文は「無人称独立分詞構文」と呼ばれます。恐ろしげな名称ですから、覚えなくてかまいません。

〔ライフ　ビーイング　ショート　ユー　オート　ナット　トゥ　ウェイスト　ユア　タイム〕

Life being short, you ought not to waste your time.

S′ 文ad② ªC S aux ad ③ a O

（人生は短いのだから、時間を無駄にすべきでない）

being は「裸の ing」で絶対に準動詞です。動名詞、現在分詞形容詞用法、分詞構文のどれかですが、ここは分詞構文です。being は「前は副詞で文修飾、後は動詞で②」です（前の働きは「ought not to waste にかかる」でもかまいません）。being short は「短いので」という意味の「理由」を表す分詞構文ですが、「短い」のは、この文の主語である you ではなく、life です。そこで being の前に Life という「意味上の主語」を付けています。分詞構文の「意味上の主語」が代名詞ではなくて名詞のときは、そのままの形で付けるので、Life being short となります（**本当は、この Life は主格の名詞なのですが、現代英語では主格と目的格のつづりが違うのは代名詞だけで、名詞には主格・目的格のつづりの違いがありません。ですから「名詞のときは、そのままの形で付ける」という言い方をしているのです**）。Life being short は「意味上の主語が付いた分詞構文」すなわち「独立分詞構文」です。副詞節で書き換えると As life is short となります。

ought to は「末尾に to が付く助動詞」で「義務（～すべきだ）」を表します。この助動詞は現在形も過去形も ought to で、否定形は ought not to です。waste は原形・述語動詞・③です。この英文の you は「特定のあなた」ではなく、一般的に「人」という意味です。

〔ヒー　ナット　ビーイング　ソウ　トール　ザ　トラウザズ　アー　トゥー　ロング〕

He not being so tall, the trousers are too long.

S′ ad 文ad② ad ªC S ② ad ªC

（彼はそれほど背が高くないので、そのズボンは長すぎる）

being は分詞構文で「前は副詞で文修飾、後は動詞で②」です。tall は「背が高い」という意味の形容詞で being の補語です。not being so tall は「背がそれほど高くないので」という意味の「理由」を表す分詞構文です。「背がそれほど高くない」のは、この文の主語である the trousers ではなく、he です。そこで being の前に He という「意味上の主語」を付けています。分詞構文の「意味上の主語」が代名詞のときは、主格の代名詞を付けるので、He not being so tall となります。He not being so tall は「意味上の主語が付いた分詞構文」すなわち「独立分詞構文」です。副詞節で書き換えると As he is not so tall となります。

too は「過度」を表す副詞なので、too long は「非常に長い」ではなく「過度に長い→長すぎる」です。 trousers の s は複数形の s です。ズボンは足を通す部分が 2 つあるので複数形なのです。したがって trousers は常に複数形で使います。ですから the trousers は「その 1 本のズボン」かもしれませんし「それらの複数のズボン」かもしれません。それは形からはわからないのです。それをはっきりさせたいときは「その 1 本のズボン」なら the pair of trousers と言い、「それらの複数のズボン」なら the pairs of trousers と言います。

〔ヂャッヂング フロム ザ ルーマズ ヒー キャナット ビ ア バッド マン〕

Judging from the rumours, he cannot be a bad man.
文ad | ① ad S aux ad ② a nC

(噂から判断すると、彼は悪い男のはずはない)

Judging は分詞構文で「前は副詞で文修飾、後は動詞で①」です。Judging from ～は「～から判断すると」という意味の「条件」を表す分詞構文です。Judging の意味上の主語は、この文の主語の he ではなくて、「私」ないし「私たち」ですが、それは Judging の前に明示されていません。したがって Judging from ～は無人称独立分詞構文です。同様の表現を挙げると **He is doing well, considering his lack of experience.**〔ヒー イズ ドゥーイング ウェル コンスィダリング ヒズ ラック オヴ イクスピアリエンス〕(経験がないことを考えると、彼はよくやっている) の considering も無人称独立分詞構文で「前は副詞で文修飾、後は動詞で③」です。この considering を前置詞としている辞書もあります。is doing は進行形で、現在形・述語動詞・①です。他に Generally speaking (一般的に言うと) Strictly speaking (厳密に言うと) などがあります。

rumours は複数形です。can は「可能性」を表す助動詞の現在形で、be は原形・述語動詞・②です。cannot be a bad man は「悪人である可能性はない→悪人であるはずはない」という意味です。

12-11 名詞が余ったときの考え方 (再確認)

質問 18 次の質問に答えなさい (スラスラ答えられないときは「6-11 名詞が余ったときの考え方」に戻って、確認してください)。

1. 名詞の基本的働きは？

2. 名詞の例外的働きは？
3. 「名詞が余っている」とはどういうことか？
4. 名詞が余ったときの考え方は？

質問 18 の答え 1. 主語・動詞の目的語・前置詞の目的語・補語 2. 同格・副詞的目的格 3. 名詞が主語・動詞の目的語・前置詞の目的語・補語のどれでもないということ 4. 同格・副詞的目的格・being が省略された分詞構文のどれだろうと考える

12-12 being が省略された分詞構文

・**be 動詞の ing 形である being が分詞構文になったときは、being がしばしば省略されます。これを「being が省略された分詞構文」といいます。**

・being が省略されると、being の意味上の主語や補語が取り残されます。すると、一見名詞が余っているように見えてしまいます。注1

・being に意味上の主語が付いていて、being の補語が名詞の場合に、being が省略されると、名詞が 2 個余っている状態になります。注2

注 1 **余っているように見えるだけで、本当は余っていません。**

注 2 前の名詞が「being の意味上の主語」で、後ろの名詞が「being の補語」です。

〔ヒー ウェント アウト ヒズ ハート フル オヴ ホウプス〕

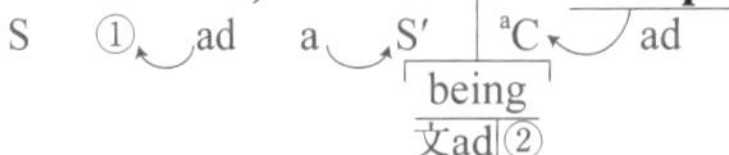
He went out, his heart full of hopes.
S ① ad a S′ aC ad
being
文ad ②

（希望に胸をふくらませて、彼は出て行った）。

He が主語、went が過去形・述語動詞・①、out が副詞で went にかかっています。He went out は「完全な文」です。したがって heart という名詞は余っています。「同格・副詞的目的格・being が省略された分詞構文」のどれかです。ここは「being が省略された分詞構文」で、his heart と full の間に being が省略されています。his heart は being の「意味上の主語」です。being は「付帯状況」を表す分詞構文で「前が副詞で文修飾、後が動詞で②」です。full は形容詞で、being の補語です。直訳すると「胸が希望に満ちている状態で、彼は出て行った」となります。

〔ア プア ステューデント ヒー クド ナット バイ ザ ブック〕

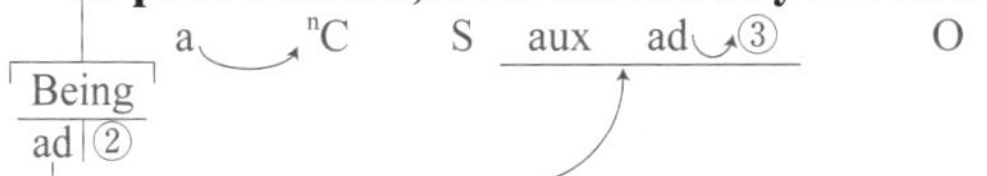
A poor student, he could not buy the book.
a nC S aux ad ③ O
Being
ad ②

（苦学生だったので、彼はその本を買えなかった）

he が主語、could は「可能性」を表す助動詞の過去形、not は副詞で buy にかかり、buy は原形・述語動詞・③、book は動詞の目的語です。he could not buy the book は「完全な文」です。したがって student という名詞は余っています。「同格・副詞的目的格・being が省略された分詞構文」のどれかです。ここは「being が省略された分詞構文」で、A poor student の前に Being が省略されています。Being は「理由」を表す分詞構文で「前が副詞で動詞修飾（could not buy にかかります）、後が動詞で②」です。A poor student は Being の「補語」です。Being の「意味上の主語」は he です。

12-13 原形動詞を使うところ（再確認）

質問 19 次の質問に答えなさい（スラスラ答えられないときは「6-8 原形動詞を使うところ」に戻って、確認してください）。

1. 原形動詞を使うところは？
2. 原形動詞が述語動詞になるのはどういう場合か？
3. 原形動詞が準動詞になるのはどういう場合か？

質問 19 の答え 1. to の後・do 助動詞と一般助動詞の後・命令文・make, have, let などの補語・仮定法現在 2. do 助動詞と一般助動詞の後・命令文・仮定法現在 3. to の後・make, have, let などの補語

12-14 to 不定詞の枠組み

- **原形動詞の前に to を付けた形（=to 原形動詞）を「to 不定詞」あるいは、単に「不定詞」といいます。**
- to 不定詞は「ought to 原形動詞」や「used to 原形動詞」のように、to が助動詞の一部に組み込まれるときは、to の後の原形動詞は述語動詞になります。[注] しかし、これ以外はすべて準動詞です。
- **準動詞になるときは「to 原形動詞」の全体を 1 つの準動詞として扱います。**
- 「to 原形動詞」は次の 4 つのどれかです。

1. 助動詞の一部＋述語動詞
2. 不定詞名詞用法
3. 不定詞形容詞用法
4. 不定詞副詞用法

注　これは「6-15 末尾に to が付く助動詞」で勉強しました。

12-15 不定詞副詞用法の働きと意味

・不定詞副詞用法は副詞の働き（＝動詞修飾、形容詞修飾、他の副詞修飾、文修飾）のすべてをします。

・不定詞副詞用法は次のような様々な意味を表します。

目的（〜するために） 注1
感情の原因（〜して）
判断の根拠（〜するとは）
結果（結果的に〜する）
仮定・条件（〜するなら）
方向（〜する方向に、〜する点で） 注2
程度の基準（〜するのに）

注1「目的語になっている」と言ったときは、構造上の働きを示していて、名詞が「動詞の目的語」か「前置詞の目的語」として働いている場合です。それに対して**「目的を表している」と言ったときは、意味を示していて、副詞要素が「〜するために」という意味を表している場合です。**たとえば「to prevent は目的語だ」と言ったら「to prevent は不定詞名詞用法で、動詞の目的語になっている」ということです。それに対して「to prevent は目的を表している」と言ったら「to prevent は不定詞副詞用法で『妨げるために』という意味を表している」ということです。非常に紛らわしいですが、区別してください。私はなるべく「目的の意味を表している」と言うように心がけています。不定詞副詞用法が目的の意味（〜するために）を表すときは、その目印として to の前に in order をつけることがあります。in order to V は「V するために」という意味の不定詞副詞用法です。

注2 **「S be 形容詞 to V」という表現で、to V が不定詞副詞用法で、形容詞にかかることがよくあります。この場合は「S は V する方向に形容詞である / S は V する点で形容詞が表す性質をもっている」という意味を表します。**

We must act at once to prevent a war.
S aux ① ad ad | ③ O

(我々は戦争を避けるためにすぐに行動しなければいけない) (発音は p. 204 参照)

must は「義務 (〜しなければいけない)」を表す助動詞の現在形、act は原形・述語動詞・①です。prevent は「防ぐ、妨げる、避ける」という意味の動詞で、規則活用です。ここの prevent は原形です。to prevent は「避けるために」という「目的の意味 (〜するために)」を表す不定詞副詞用法です。to prevent は「前は副詞で act にかかり、後は動詞で③」です。a war は to prevent の目的語です。to prevent の「意味上の主語」は We です。We must act at once in order to prevent a war. と書くこともできます。この場合は便宜上 in order to prevent を 1 つの不定詞として扱えばよいです。

〔ヒズ サラリ ワズ ナット アディクワト トゥ サポート ヒズ ファミリ〕

His salary was not adequate to support his family.
a S ② ad ᵃC ad | ③ a O

(彼の給料は家族を養うのに足りなかった)

was は過去形・述語動詞・②です。support は「支える、支援する」という意味の動詞で、規則活用です。ここの support は原形です。to support は「家族を支えるのに (十分な)」という「程度の基準 (〜するのに)」を表す不定詞副詞用法です。to support は「前は副詞で adequate にかかり、後は動詞で③」です。to support の「意味上の主語」は His salary です。

〔ゼイ アー イーガ トゥ ゴウ アブロード〕

They are eager to go abroad. (彼らはしきりに外国に行きたがっている)
S ② ᵃC ad | ① ad

are は現在形・述語動詞・②です。go は動詞の原形で、to go は不定詞です。to go は「前は副詞で eager にかかり、後は動詞で①」です。この英文は「S be 形容詞 to V」という表現で「彼らは外国に行く方向に熱心である→彼らはしきりに外国に行きたがっている」という意味です。to go の「意味上の主語」は They です。

12-16 進行形・受身・完了の to 不定詞

12-16-1 進行形不定詞

・「進行形の動詞」の原形は「be -ing」です。
・したがって「to be -ing」が進行形不定詞です。
・to be -ing の全体が 1 つの不定詞です。

12-16-2　受身不定詞

・「受身の動詞」の原形は「be p.p.」です。
・したがって「to be p.p.」が受身不定詞です。
・to be p.p. の全体が 1 つの不定詞です。

12-16-3　完了不定詞

・have 助動詞には原形があります。
・**したがって「to have p.p.」が完了不定詞です。**
・**to have p.p. の全体が 1 つの不定詞です。**[注]

注　完了は、原則として、have 助動詞と過去分詞形動詞を別の語として扱い、have 助動詞を助動詞、過去分詞形動詞を動詞と捉えます。ところが、to have p.p. の場合は例外で、have と p.p. を「目に見えない透明のハイフン」でつなぎ、「have p.p.」の全体を 1 つの動詞の原形と捉えます。**完了不定詞は、その文の述語動詞が「単純な現在形」のときは、「現在完了」または「単純な過去形」の意味を表します。述語動詞が「単純な過去形」のときは、「過去完了普通用法」または「過去完了大過去用法」の意味を表します**（p. 210 参照）。例外的に、完了不定詞が「実現されなかった意図や願望」を表すこともあります（p. 385 参照）。

〔ザ　コンピュータ　マスト　ビ　ブロウクン　トゥ　ビ　メイキング　ザット　ノイズ〕

The computer must be broken to be making that noise.

S　aux　−③　ad | ③　a　O

（そのコンピューターは、その音を立てているからには、壊れているにちがいない）

この must は助動詞の現在形で、義務（〜しなければいけない）ではなく、推量（〜するに違いない）を表しています（p. 164 参照）。broken は break の過去分詞形です（p. 195 参照）be broken は原形・述語動詞・−③です。be making は「進行形の動詞」の原形です。これに to が付くと to be making という進行形不定詞になります。to be making は「判断の根拠（〜するとは）」を表す不定詞副詞用法です（進行形不定詞の名詞用法は p. 375 参照）。to be making は「前は副詞で must be broken にかかり、後は動詞で③」です。この英文には助動詞が 3 つ使われています。must（推量を表す助動詞）と be（受身を作る助動詞）と be（進行形を作る助動詞）です。動詞は 4 つ使われています。辞書で捉えると broken（過去分詞形・受身で使われている）と making（ing 形・進行形で使われている）、学校文法で捉えると be broken（原形・述語動詞）と be making（原形・準動詞）です。**進行形の動詞が準動詞になるのは進行形不定詞の場合だけです。**

〔ズィス　プラブレム　イズ　トゥー　ディフィカルト　トゥ　ビ　メンションド　イン　ズィス　クラス〕

This problem is too difficult to be mentioned in this class.

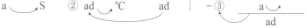

a　S　②　ad　aC　ad | −③　a　ad

（この問題は非常に難しいので、この授業では話せない）

isは現在形・述語動詞・②です。too difficultは「過度に難しい→難しすぎる」という意味です。mentionは「話す、言及する」という意味の動詞で、規則活用です。このmentionedは過去分詞形で、be mentionedは「受身の動詞」の原形です。これにtoが付くとto be mentionedという受身不定詞になります。to be mentionedは「話されるのに（〜すぎる）」という「程度の基準（〜するのに）」を表す不定詞副詞用法です。to be mentionedは「前は副詞でtooにかかり、後は動詞で－③」です。to be mentionedの「意味上の主語」はThis problemです。**「too 〜 to V」は「Vするのに〜すぎる」が直訳です。学校ではこれを「非常に〜なのでVできない（or しない）」と意訳するように教えています。**この英文の直訳は「この問題は、この授業で話されるのに難しすぎる」です。これを学校では「この問題は非常に難しいので、この授業では話せない」と意訳します。「この問題は易しいが、この初級クラスの授業で話すには難しすぎる」ということもありますから、学校で指導されるこの意訳は事柄を正しく表しているとは限りません。

この英文からtooを削除すると ***This problem is difficult to be mentioned in this class.** となります。すると「S be 形容詞 to V」という表現になってto be mentionedはdifficultにかかり「この問題は、この授業で話されるという点で難しいという性質を持っている→この問題は、この授業で話すには難しい」となるはずです。ところが、この英文は誤文です。「**『S be 形容詞 to V』という表現で、形容詞にeasy, difficult, hard, impossible, dangerousなどが入ったときは、to Vは『能動形の不定詞』で、『目的語（＝動詞の目的語か前置詞の目的語）が足りない不完全な不定詞』で、Sが『意味上の目的語』にならなければいけない**」というルールがあるのです。したがって、正しい英文はThis problem is difficult to mention in this class. となります。to mentionは「前が副詞でdifficultにかかり、後ろが③」です。to mentionの目的語は欠落しています（省略されているのではありません。もともと欠落しているのです）。主語のThis problemがto mentionの「意味上の目的語」です。これは英語構文の応用事項ですから、みなさんは、今は気にしないで読み流してよいです。私が、ここでこの話をしたのは、英単語が「目に見えないルール」によってコントロールされていることを知ってほしいからです。「**This problem is too difficult to be mentioned in this class.** はOKなのに、***This problem is difficult to be mentioned in this class.** はダメで、**This problem is difficult to mention in this class.** は正しい」この現象を律している「目に見えないルール」をつかまない限り、英語はいつまでも「よくわからないたんなる暗記モノ」か「イメージやフィーリングでなんとなく感じとるもの」で終わってしまいます。逆に、この「目に見えないルール」をつかめば、意識的に単語をコントロールできます。そのとき初めて「英語を本当に使えるようになった」という実感を得られるのです。

〔アイ　ワズ　グラッド　トゥ　ビ　インヴァイティド　トゥ　ザ　パーティ〕

I was glad to be invited to the party.　（私はパーティに招待されて嬉しかった）

S　②　ªC　ad　|　−③　ad

was は過去形・述語動詞・②です。invite は「招く」という意味の動詞で、規則活用です。ここの invited は過去分詞形で、be invited は「受身の動詞」の原形です。これに to が付くと to be invited という受身不定詞になります。to be invited は「招かれて」という「感情の原因（〜して）」を表す不定詞副詞用法です。to be invited は「前は副詞で glad にかかり、後は動詞で−③」です。to be invited の「意味上の主語」は I です。なお**完了不定詞（＝to have p.p.）に対して「to 原形動詞」は「単純形の不定詞」といいます。「単純形の不定詞」は、その文の述語動詞が表している「時」と同じ時点での動作・状態を表すのが原則です。**to be invited は「単純形の不定詞」で、述語動詞の was が表している「時」と同時点での動作（ここでは「招かれる」という受身の動作）を表しています。この英文は「招待されて、そのときに嬉しかった」という意味です。

〔アイム　グラッド　トゥ　ハヴ　ビン　インヴァイティド　トゥ　ザ　パーティ〕

I'm glad to have been invited to the party.　（私はパーティに招待されて喜んでいます）

S ②　ªC　ad　|　−③　ad

I'm は I am の短縮形で、am は現在形・述語動詞・②です。〔**辞書の捉え方**〕have は助動詞・原形、been は助動詞・過去分詞形、invited は動詞・過去分詞形です。〔**学校文法の捉え方**〕have は助動詞・原形、been invited は動詞・過去分詞形で、have 助動詞がついて完了で使われています。to have been invited は「受身の完了不定詞」です（to have been invited の全体が 1 つの不定詞として扱われます）。to have been invited は「招かれて」という「感情の原因（〜して）」を表す不定詞副詞用法です。to have been invited は「前は副詞で glad にかかり、後は動詞で−③」です。to have been invited の「意味上の主語」は I です。完了不定詞は、その文の述語動詞が「単純な現在形」のときは、「現在完了」または「単純な過去形」の意味を表します。ここは「『結果』を表す現在完了」の意味を表すと捉えてもいいし、「単純な過去形」の意味を表すと捉えてもいいです（どちらにしても事柄は同じですから）。この英文はたとえば「（昨日）招待されて、（今）喜んでいる」という意味です。

12-17　不定詞の否定形と「意味上の主語」

12-17-1　不定詞の否定形

・準動詞を否定するときは、not を準動詞の直前に置きます。

・したがって、to 不定詞の否定形は次のようになります。

1. not to 原形動詞 . . .
2. not to be -ing . . .
3. not to be p.p. . . .
4. not to have p.p. . . .

12-17-2　不定詞の「意味上の主語」

・to 不定詞の「意味上の主語」は「for 名詞」の形にして to の前に置きます。

〔ヒー　マスト　ビ　ステューピッド　ナット　トゥ　ノウ　ザット〕

He must be stupid not to know that.　（それを知らないとは、彼は間抜けに違いない）

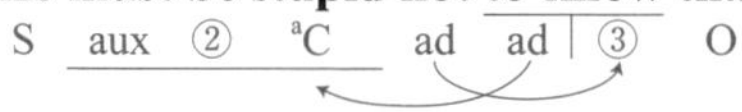

この must は助動詞の現在形で「推量（〜するに違いない）」の意味を表しています。be は原形・述語動詞・②です。not は to know を否定する副詞で、not to know は「判断の根拠（〜しないとは）」を表す不定詞副詞用法です。to know は（実際は否定形 not to know ですが）「前は副詞で must be stupid にかかり、後は動詞で③」です。not to know の「意味上の主語」は He です。

〔フォー　ザ　プラブレム　トゥ　ビ　サルヴド　ウィ　マスト　ワーク　トゥゲザ〕

For the problem to be solved, we must work together.

S′　文ad | −③　S　aux　①　ad

（その問題を解決するために、我々は力を合わせて働かなければならない）

solve は p. 193 参照。to be solved は「解決されるために」という意味で、「目的の意味（〜するために）」を表す不定詞副詞用法です。to be solved の「意味上の主語」は、文の主語（＝we）ではなくて、the problem です。そこで to be solved の前に For the problem という「意味上の主語」が付いています（For the problem に下線を引いて S′ と記入すればよいです）。For the problem to be solved で「その問題が解決されるために」という意味になります。この must は助動詞の現在形で「義務・必要性（〜しなければいけない）」を表しています。work は原形・述語動詞・①です。英文全体を直訳すると「その問題が解決されるためには、我々は協力して働かなければいけない」となります。「目的の意味」を表していることをはっきりさせるために In order for the problem to be solved と書くこともできます。なお、このように受身不定詞を使うと「その問題を解決できるのは我々だけだ」という含みが感じられます。これを能動形の不定詞を使って To solve the problem, we must work together. と書くと「他の人も解決できる」という含みが感じられます。

質問 20　次の質問に答えなさい（スラスラ言えるようになるまで練習してください）。

1. 述語動詞とは？
2. 準動詞とは？
3. 準動詞の主体となる名詞を［　　］という。
4. 必ず述語動詞になる動詞は？
5. 必ず準動詞になる動詞は？
6. 原形動詞が述語動詞になるのはどういう場合か？
7. 原形動詞が準動詞になるのはどういう場合か？
8. 過去分詞形を述語動詞にする方法は？
9. ing 形を述語動詞にする方法は？
10. 準動詞の「前の品詞」は？
11. 準動詞の「前の働き」は？
12. 準動詞の「後の品詞」は？
13. 準動詞の「後の働き」は？
14. 動詞と副詞を兼ねる準動詞は？
15. 分詞構文が表す意味は？
16. 分詞構文の「前の品詞」は？
17. 分詞構文の「前の働き」は？
18. 分詞構文の「後の働き」は？
19. 分詞構文は［　　］の分詞構文と［　　］の分詞構文の 2 つがある。
20. being p.p. という分詞構文は［　　］を表す。
21. having p.p. は［　　］か［　　］か［　　］のどれかである。
22. 準動詞を否定するときは［　　］を置く。
23. 分詞構文に「意味上の主語」を付けるときは［　　］を直前に置く。
24. 「to 原形動詞」の可能性は？
25. to 不定詞に「意味上の主語」を付けるときは［　　］を置く。
26. 進行形不定詞の形は？
27. 受身不定詞の形は？
28. 完了不定詞の形は？
29. 「意味上の主語」が付いた分詞構文を［　　］と呼ぶ。

30. 進行形が準動詞になるのはどういう場合か？

質問 20 の答え 1. 構造上の主語を伴って文を作る動詞 2. 構造上の主語を伴わず、文を作らないが、その代わり名詞・形容詞・副詞を兼ねる動詞 3. 意味上の主語 4. 現在形、過去形の動詞・現在形、過去形の助動詞が付いている動詞 5. 裸の過去分詞・裸の ing 6. do 助動詞と一般助動詞の後・命令文・仮定法現在 7. to の後・make, have, let などの補語 8. 受身か完了にする 9. 進行形にする 10. 名詞・形容詞・副詞 11. 主語・動詞の目的語・前置詞の目的語・補語・同格・修飾 12. 動詞 13. ①・②・③・④・⑤・−③・−④・−⑤ 14. 不定詞副詞用法・分詞構文 15. 時・理由・条件・譲歩・付帯状況・言い換え 16. 副詞 17. 動詞修飾・文修飾 18. ①・②・③・④・⑤・−③・−④・−⑤ 19. 現在分詞、過去分詞 20. 受身の動作 21. 完了動名詞、完了現在分詞形容詞用法、完了分詞構文 22. 直前に not 23. 主格の名詞・代名詞 24. 助動詞の一部＋述語動詞・不定詞名詞用法・不定詞形容詞用法・不定詞副詞用法 25. to の前に for 名詞 26. to be -ing 27. to be p.p. 28. to have p.p. 29. 独立分詞構文 30. 進行形不定詞の場合

問題 12 英文の構造を図示して、和訳しなさい。

〔イチロー ヂョイニング アス ウィ ウド ビ エイブル トゥ ウィン ザ ゲイム〕

1. Ichiro joining us, we would be able to win the game.

〔ヒー イズ トゥー ワイズ ナット トゥ スィー ザ リーズン〕

2. He is too wise not to see the reason.

〔ザ ワーク ナット ハヴィング ビン ダン ゼイ クド ナット ゴウ ホウム〕

3. The work not having been done, they could not go home.

〔ゼア ビーイング ア カーヴ イン ザ ロウド ユー キャナット スィー ハー ハウス フロム ヒア〕

4. There being a curve in the road, you cannot see her house from here.

〔ヒー ワズ スタンディング ゼア ヒズ ハット イン ヒズ ハンド〕

5. He was standing there, his hat in his hand.

〔アイ アム プラウド トゥ ハヴ ビン エイブル トゥ ヘルプ ユー〕

6. I am proud to have been able to help you.

〔ハヴィング ビン スタディング スィンス スクール フィニシュト シー ディドント アンサー ザ テレフォン〕

7. Having been studying since school finished, she didn't answer the telephone.

〔マイ フォウクス ディドント カム オウヴァ アン ザ メイフラウア バット ゼイ ワー ゼア トゥ ミート ザ ボウト〕

8. My folks didn't come over on the Mayflower, but they were there to meet the boat.

問題 12 の解答

1. Ichiro joining us, we would be able to win the game.

S′ 文ad|③ O S aux ② aC ad|③ O

(イチローが入ってくれれば、我々は試合に勝てるだろうに)

join は「加わる」という意味の動詞で、規則活用です。Ichiro joining us は「条件」を表す独立分詞構文で、Ichiro は「意味上の主語」、joining は「前が副詞で働きは文修飾、後が動詞で③」です。us は joining の目的語です。Ichiro joining us は「もしイチローが私たちに加われば」という意味です。これを副詞節に書き換えると If Ichiro joined us となります(述語動詞が過去形であるのに注目してください)。

would は「単純未来(=未来のことについて「〜するだろう」と単純に推量している)」を表す助動詞の過去形です(現在形は will です)。be は原形・述語動詞・②です。able は「能力がある」という意味の形容詞で、働きは補語です。win は「勝つ」という意味の動詞で、不規則活用です。この win は原形です。to win は「前は副詞で able にかかり、後は動詞で③」です。ここは「S be 形容詞 to V」という表現で、「我々は試合に勝つ方向に能力があるだろう→我々は試合に勝てるだろう」という意味です。to win の「意味上の主語」は we です。**「be able to V」で「V できる」という意味を表します。**

分詞構文を副詞節に書き換えた **If Ichiro joined us, we would be able to win the game.**(もしイチローが私たちに加わってくれれば、試合に勝てるだろう)という英文を考えてみましょう。この英文は未来のことを言っているのに、従属節も主節も過去形(=joined と would)を使っています。**このように if 節に「過去形の動詞」(ないし「過去形の助動詞+原形動詞」)を使い、主節に「過去形の助動詞+原形動詞」を使って、現在ないし未来のことを表現する動詞・助動詞の使い方を「仮定法過去」といいます。この英文のように、未**

来のことを仮定法過去で仮定すると「話し手が、現実の可能性についてどう見ているかを明らかにしないで、たんなる想像上のこととして仮定していること」を表します。「イチロー（←鈴木イチロー選手です）が、入ってくれる現実の可能性があるかどうか、あるとして、どれくらいあるかはさておき、仮に入ってくれると仮定するなら、我々（←社会人野球のチームです）は勝てるだろうに」という意味です。実際には、未来のことを仮定法過去で仮定する場合は、話し手が現実の可能性について「無い」あるいは「少ない」と思っていることが多いです（この英文でも、おそらくそうでしょう）。そのため「未来のことに関して使われた仮定法過去は、話者が未来のことについて可能性が少ないと思っていることを表す」という説明が一般的に行われています。しかし、これは「未来のことに関して仮定法過去を使う人は現実の可能性について『無い』あるいは『少ない』と思っていることが多い」という現象を本質と勘違いした説明です。後述する If Biden won the election, Trump would not admit his defeat. のように、現実の可能性が高いと思っていても、自分の気持ちを偽ることなしに、仮定法過去で表現することができます。あくまでも**「未来のことに関して使われた仮定法過去」の本質は「未来のことを、現実の可能性の有無・大小には言及せず、たんなる想像上のこととして仮定する」点にある**のです。

If Ichiro joined us を Ichiro joining us に変えると「if 節に『過去形の動詞』を使っている」という仮定法過去の目印が 1 つ消えてしまいます。しかし we would be able to win the game の would が残っているので、would be（＝過去形の助動詞＋原形動詞）を見れば「これは仮定法過去を使った英文で、Ichiro joining us は現実の可能性の有無に言及せずに仮定している」ということがわかるのです。

仮定法でない動詞・助動詞の使い方を直説法といいます（直接ではなく直説です）。**If Jiro joins us, we will be able to win the game.** は直説法現在を使った英文です（p. 195 参照）。このように、**未来のことを直説法現在で仮定すると「話し手が現実の可能性があると思って仮定していること」を表します。**「僕はジローが入れる現実の可能性があると思うが、もし入れるなら、我々は勝てるだろう」という意味です（ジローは怪我で出場が危ぶまれているチームメイトです）。

2020 年のアメリカ大統領選挙は現職大統領のトランプ候補と前副大統領のバイデン候補が激しく争い、最終的にバイデン候補が勝利しました。両候補共に熱狂的な支持者がいて、選挙戦終盤には支持者同士の小競り合いが起こり、警察が出動する騒ぎになりました。このとき、狂信的なトランプ支持者に向かって直説法で If Biden wins the election, Trump will not admit his defeat.（もしバイデンが勝てば、トランプは負けを認めないだろう）と言ったら、乱闘になる可能性があります（話し手がバイデン勝利の現実の可能性があると思っていることが聞き手に伝わるからです）。それに対して仮定法過去で If Biden won the election, Trump would not admit his defeat.（仮にバイデンが勝ったら、トランプは負けを認めないだろう）と言ったら、いざこざは起こりません（話し手がたんなる想像上のこととして仮定していることが聞き手に伝わるからです）。この英文は現実の可能性の有無・大小には言及していないので、バイデンがおそらく勝つと思っている人でも、自分の気持ちを偽ることなしに、この英文を言えます。

If節中に「助動詞shallの過去形」であるshouldを使うと、話し手が現実の可能性は極めて少ないと見ていることを表します。そこでIf Biden should win the election, Trump would not admit his defeat.（これはまずありえないと思うが、万一バイデンが勝ったら、トランプは負けを認めないだろう）と言ったら、いざこざが起こらないどころか、お前もトランプ派かとなって、言われた方は喜ぶでしょう。バイデンがおそらく勝つと思っている人は、自分の気持ちを偽らない限り、この「if節中にshouldを使った英文」は言えません。なお、if S should Vという表現は、仮定法過去の一類型ですが、特別に仮定法未来と呼ぶこともあります。

ところで、仮定法の英文も直説法の英文も、構造はまったく同じです。ですから「仮定法」は「はじめに」で力説した「品詞と働きと活用の相互関係」とは無関係です。みなさんは、仮定法は、英文の仕組みがわかってから、ゆっくり勉強すればよいのです。今は気にしなくてよいです。

2. He is too wise not to see the reason. （彼は非常に賢いから、その理由がわからないはずはない）

S ② ad ªC ad ad ③ O

isは現在形・述語動詞・②です。seeはp. 170参照。ここでは「見る」ではなくて「わかる」という意味です。not to seeは不定詞の否定形です。not to seeは「わからないのに（〜すぎる）」という「程度の基準（〜しないのに）」を表す不定詞副詞用法です。to seeは（実際は否定形not to seeですが）「前は副詞でtooにかかり、後は動詞で③」です。to seeの「意味上の主語」はHeです。この英文を直訳すると「彼は、その理由がわからないにしては賢すぎる」となります。前から語順のままに訳し降ろすと「彼は非常に賢いから、その理由がわからないことはない（わかるはずだ）」となります。ちなみに**He is not too foolish to see the reason.**だと「彼はその理由がわかるにしては愚かすぎる、ということはない→彼は非常に愚かなので、その理由がわからない、ということはない→彼は、その理由がわかるだけの頭はある」という意味です。notはHe is too foolish to see the reason.の全体を否定していて「He is too foolish to see the reason.ということはない」と言っているのです。

3. The work not having been done, they could not go home.

S′ ad 文ad −③ S aux ad ① ad

（仕事が終わっていなかったので、彼らは帰宅できなかった）

〔**辞書の捉え方**〕havingは助動詞・ing形、beenは助動詞・過去分詞形、doneは動詞・過去分詞形です（受身で使われています）。〔**辞書の捉え方＋学校文法の捉え方**〕havingは助動詞・ing形、been doneは動詞・過去分詞形です（完了で使われています）。〔**学校文法の捉え方**〕having been doneは、これ全体で1つの動詞のing形として扱われます。having p.p.は「完了動名詞、完了現在分詞形容詞用法、完了分詞構文」のどれかです。they could not go home. は「完全な文」ですから、The work not having been done は副詞要素でなければ、構造が成立しません。したがって having been done は分詞構文です（受身の完了分詞構文です）。表している意味は「理由」です。having been done は「前が副詞で文修飾、後が－③」です。The work は分詞構文の「意味上の主語」です。not は分詞構文を否定する副詞です。

完了分詞構文は、その文の述語動詞部分が「単純な過去形」のときは「過去完了普通用法」または「過去完了大過去用法」の意味を表します。The work not having been done は「『完了』を表す普通用法の過去完了」の意味を表しています。「（それ以前に）仕事が終えられるのが完了しなかったので（その時点で、手が離せなくて）」という意味です。字面の上で「（それ以前に）仕事が終えられるのが完了しなかった」と言うことによって、「（その時点で）手が離せなかった」という状態を間接的に伝えているのです。この分詞構文を副詞節に書き換えると As the work had not been done となります（普通用法の過去完了です）。なお had not been done が分詞構文になると not having been done になることに注意してください（not の位置が変わります）。

could は「可能性」を表す助動詞の過去形です（現在形は can です）。go は原形・述語動詞・①です。

4. There being a curve in the road, you cannot see her house from here.

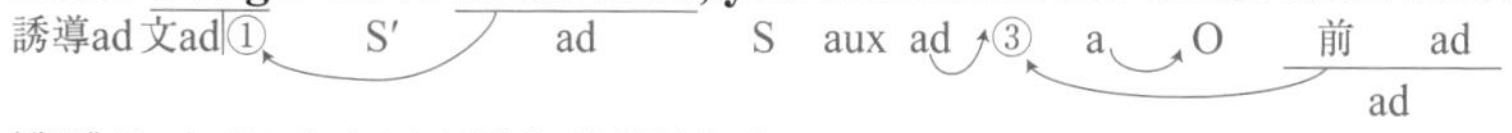

（道が曲がっているので、ここからは彼女の家は見えない）

There is a curve in the road.（道にカーブがある→道が曲がっている）という文を独立分詞構文（＝意味上の主語が付いた分詞構文）に変えるときは、is を being に変え、その前に a curve を「意味上の主語」として置いて、a curve being in the road とするはずです。しかし、実際には誘導副詞の there をあたかも「意味上の主語」であるかのように扱って being の前に置き、本当の「意味上の主語」である a curve は being の後に置きます。すなわち there being a curve in the road とするのです。There は「仮の意味上の主語（＝意味上の主語扱い）」、being は「前が副詞で文修飾、後が動詞で①」、a curve は「真の意味上の主語」です。There being a curve in the road は「道が曲がっているので」という意味の「理由」を表す独立分詞構文です。

can は「可能性」を表す助動詞の現在形、see は原形・述語動詞・③です。**from という前置詞は「時間・場所を表す副詞」を目的語にすることができます**（あくまでもこれは例外です）。たとえば look down from behind〔ルック　ダウン　フロム　ベハインド〕は「背後から見下ろす」という意味ですが、from の目的語に behind（背後に）という副詞が入っています。crawl out from under the table〔クロール　アウト　フロム　アンダ　ザ　テイブル〕は「テーブルの下から這い出す」という意味ですが、from の目的語には under the table という「前置詞＋名詞」の副詞句が置かれています。上の英文では from の目的語は here という副詞です。

5. He was standing there, his hat in his hand. （彼は、帽子を手に持って、そこに立っていた）

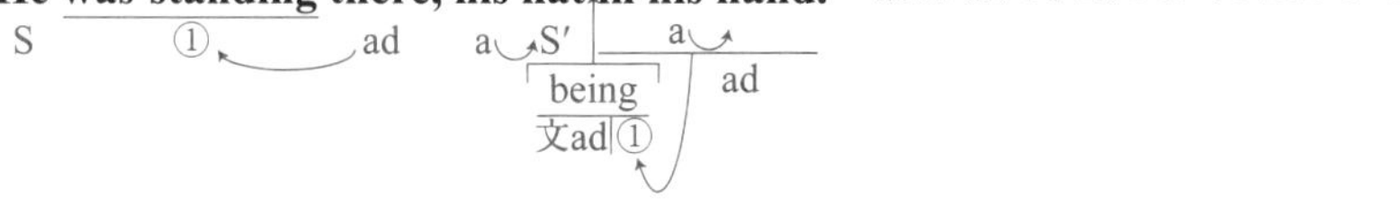

〔**辞書の捉え方**〕was は助動詞・過去形、standing は ing 形・述語動詞・①です。〔**学校文法の捉え方**〕was standing は過去形・述語動詞・①です。there は副詞で was standing にかかります。したがって He was standing there は「完全な文」です。そこで his hat という名詞は余っています。「名詞が余ったときの考え方」は「同格・副詞的目的格・being が省略された分詞構文のどれだろうと考える」です。ここは「being が省略された分詞構文」で、hat と in の間に being が省略されています。his hat being in his hand は「帽子が手の中にある状態で→帽子を手に持って」という意味の「付帯状況」を表す独立分詞構文です。his hat が「意味上の主語」、being は「前が副詞で働きは文修飾、後が動詞で①」、in his hand は副詞句で being にかかります。

6. I am proud to have been able to help you.

（私はあなたのお手伝いができて誇らしく思います）

am は現在形・述語動詞・②、proud は「誇らしい」という意味の形容詞で「補語」です。have は助動詞・原形、been は動詞・過去分詞形です（完了で使われています）。to have been は完了不定詞です（to have been で 1 つの不定詞として扱われます）。完了不定詞は、その文の述語動詞が「単純な現在形」のときは、「現在完了」または「単純な過去形」の意味を表します。ここは「単純な過去形」の意味で、to have been は「～だった」という意味です。to have been は「前は副詞で proud にかかり、後は動詞で②」です。ここは「S be 形容詞 to V」という表現で、「私は able だった点で誇らしい→...ができて誇らしい」という意味です。to have been の「意味上の主語」は I です。help は「助ける」という意味の動詞で、規則活用です。ここの help は原形です。to help は「前は副詞で able にかかり、後は動詞で③」です。ここは「S be 形容詞 to V」という表現の be（＝述語動詞）を to have been（＝準動詞）にしたもので、「あなたを助ける方向に能力があった→あなたを助けられた」という意味です。to help の「意味上の主語」は I です。「be able to V」は「V できる」という意味を表します（p. 226 参照）。

7. Having been studying since school finished, she didn't answer the telephone.

（彼女は、学校が終わってからずっと勉強していたので、電話にでなかった）

Having は助動詞・ing 形、been は助動詞・過去分詞形、studying は動詞・ing 形です（この ing 形動詞は進行形で使われています）。学校文法では been studying が 1 つの動詞の過去分詞形です（この過去分詞形動詞は完了で使われています）。S have been studying. の場合は、学校文法でも have と been studying を別々に扱いますが、having been studying となると、学校文法ではこれ全体を 1 つの動詞の ing 形として扱います。having been -ing は「完了進行形動名詞、完了進行形現在分詞形容詞用法、完了進行形分詞構文」のどれかです。she didn't answer the telephone は「S ③ O」の「完全な文」ですから、Having been studying since school finished は副詞要素でなければ、構造が成立しません。したがって Having been studying は分詞構文です（完了進行形分詞構文です）。表している意味は「理由」です。Having been studying は「前が副詞で動詞修飾（didn't answer にかかります）、後が①」です。完了分詞構文は、その文の述語動詞部分が「単純な過去形」のときは「過去完了普通用法」または「過去完了大過去用法」の意味を表します。Having been studying は「継続の意味の普通用法の過去完了」の意味を表しています。字面の上で「そのとき（＝電話にでなかったとき）まで勉強し続けていた」と言うことによって、そのときの状態（＝疲れていた）を間接的に伝えるのです。この英文は「彼女は、学校が終わってからずっと勉強して（いて疲れて）いたので、電話にでなかった」と言っているのです。「疲れていて、電話が鳴ったのに気がつかず、でなかった（たとえば、そのとき眠り込んでいた）」ということもありえますが「疲れていたので、電話が鳴っているのに気がついていたが、でなかった」と解釈する方が自然です。私はここで didn't answer に対して「無意志行為」と「有意志行為」の 2 つを検討しました。これが「事柄（＝英文が表している事実関係）を考える」ということです（p. 84 の where, p. 145 の mostly も参照）。**今勉強しているのは英文の構造です。これを正確に読み取れるようになると、次は「いかに事柄を正確に認識するか」が問題になります。英文読解の本当の難しさは「事柄の把握」にあるのです。**

since は「〜以来」という意味の従属接続詞で、since school finished は副詞節で Having been studying にかかっています。finished は過去形・従属節の述語動詞・①です。did は助動詞・過去形、answer は原形・大黒柱・③です。

8. My folks didn't come over on the Mayflower, but they were there to meet the boat.

a S aux ad ① ad ad + S ① ad ad ③ O

（私の先祖はメイフラワー号に乗ってやってこなかった。そうではなくて、メイフラワー号を出迎えるためにそこにいたのである）

did は助動詞・過去形、come は原形・述語動詞・①、were は過去形・述語動詞・①です。meet は p. 91 では「会う」という意味でしたが、ここでは「出迎える」という意味です。to meet は「目的の意味（〜するために）」を表す不定詞副詞用法で were にかかっています。folk は「人々、家族、身内」という意味ですが、ここではくだけて「ご先祖様」という意味で使っています。メイフラワー号は 1620 年イングランド王による宗教的弾圧を逃れる清教徒を乗せてアメリカに渡った船の名前です。この清教徒たちは Pilgrim Fathers（**ピルグリム・ファーザーズ**）と呼ばれ、これを先祖とする家系はアメリカ最高の家系とされます。この英文は Native American（アメリカ合衆国の先住民）の人が書いた英文で、それを茶化して皮肉っているのです。**等位接続詞の but には、「しかし」という逆接の意味**

の他に、前方の否定的内容を受けて「そうではなくて」と切り返す意味があります。I did not stay at home, but went out for a walk. (私は家に留まらなかった。そうではなくて、散歩に出た。→私は家にいないで散歩に出かけた) の場合、but は did not stay と went out をつないでいます。did not stay (留まらなかった) と went out (外出した) は逆接関係ではありません。ですから but を「しかし」と訳すと意味が通りません。この but は「そうではなくて」という意味です。上の英文も but の前後は逆接関係ではなく、but は「そうではなくて」の意味です。このように、前方の否定的内容が not . . . で表されているときは、「そうではなくての」but を「**『not A but B』の but**」と呼んでいます。

column 8 be の全体像

be について全体像をつかみましょう。be は動詞の場合と助動詞の場合があり、どちらも活用は〔原形 (be) 現在形 (am, is, are) 過去形 (was, were) 過去分詞形 (been) ing 形 (being)〕です。

be 動詞
- **動詞型① 「存在する、ある、いる」という意味を表す。**
- **動詞型② 「～である」という意味を表す。**

be 助動詞
- **後ろに過去分詞形の動詞がきて「受身」を表す。**
- **後ろに ing 形の動詞がきて「進行形」を表す。**

上の 4 つが基本で、これ以外に次の 2 つがあります。

be 助動詞
- **後ろに過去分詞形の動詞がきて「完了」を表す。** 注1
- **後ろに to 原形動詞がきて、be to が 1 つの助動詞になる。** 注2

注 1 これは一部の特定の動詞に限られます。主として往来発着を表す①の動詞です (p. 142 参照)。

注 2 これは助動詞 be to と呼ばれて「予定・義務・可能」を表します (p. 375 参照)。他に be が助動詞の一部を構成するものに be going to と be about to があります (p. 96 参照)。

Lesson 13

関係代名詞

13-1 従属節の枠組み（再確認）

質問 21 次の質問に答えなさい（スラスラ答えられないときは「Lesson 11 副詞節」に戻って、確認してください）。

1. 従属節とはどのようなものか？
2. 従属節の 3 種類を言いなさい。
3. 文とは何か？
4. 英文とは何か？
5. 従属節を含んだ英文は何と呼ばれるか？
6. 大黒柱とは何か？
7. 従属節の外側とはどういうことか？
8. 従属節の内側とはどういうことか？
9. 内外断絶の原則とはどういう原則か？
10. 副詞節を作る語は？
11. 従属接続詞は何節を作るか？
12. 従属接続詞の that は何節を作るか？
13. 従属接続詞の「内側の働き」は？
14. 従属接続詞の後ろにはどのような文が続くか？

質問 21 の答え 1. 名詞、形容詞、副詞の働きをする文　2. 名詞節、形容詞節、副詞節　3. 構造上の主語＋述語動詞　4. 大文字で始まり、ピリオドで終わる語群　5. 複文　6. 主節の述語動詞　7. どこからどこまでが何節で、その節はどういう働きをしているか　8. 従属節の中がどういう構造の文になっているか　9. 従属節の「内の語」と「外の語」は構造上の関係をもたないという原則　10. 従属接続詞、ただし、that, if, whether も含む・関係詞 -ever　11. 副詞節を作る。ただし、that, if, whether は名詞節も作る　12. 名詞節・副詞節　13. ない（従属接続詞は従属節の内側では何の働きもしません）　14. 完全な文

13-2 関係代名詞は文と文をつなぐ言葉では断じてない！

・一般に次のような説明がなされています。

✕ 関係代名詞は「文と文をつなぐ接続詞」と「代名詞」の 2 つを兼ねた言葉である。

・これはまったく本質を捉えていない間違った説明です。そのことはすぐに証明できます。次の英語を見てください。

〔ア　ソング　ウィッチ　ヒー　ディドント　ノウ〕
a song which he didn't know　（彼が知らなかった歌）

・この which が関係代名詞といわれる言葉です。
・この英語を英米人に見せて Is this "which" used correctly?注1（この which は正しく使われていますか？）と聞いてごらんなさい。すべての英米人が即座に Yes, it is. Perfect!注2（はい。完璧です！）と答えます。
・ところで、この英語のどこに 2 つの文がありますか？　文（＝構造上の主語＋述語動詞）は he didn't know だけです。もし関係代名詞が「文と文をつなぐ接続詞」の働きをするのであれば、上の英語の which は文と文をつないでいませんから、間違った使い方ということになるはずです。
・関係代名詞は文と文をつなぐ接続詞の働きなどしていません。関係代名詞の本当に正しい説明は次です。

◎ 関係代名詞は「普通の文」を「名詞を説明する説明文」に変えるために使う言葉である。

注 1〔イズ　ズィス　ウィッチ　ユーズド　コレクトリ ↗〕this が形容詞で "which" にかかり、"which"

が主語です。Is used は現在形・述語動詞・－③です。

注 2 Yes, it is used correctly. の省略形です。

13-3 関係代名詞の 3 つの機能

機能 1. 関係代名詞は説明文の存在を知らせる目印になる。

・英語には「まず名詞を先に出して次にそれがどんな名詞かを文で説明する」という仕組みがあります。つまり 名詞 名詞を説明する文 という書き方をするわけです。

・ところで，文であればどんな文でも「名詞を説明する説明文」になれるわけではありません。

・文が「名詞を説明する説明文」として働くためには次の 3 つの条件を満たしている必要があります。

条件 1	**説明される名詞と同じ名詞を含んでいる。**
条件 2	**その名詞が関係代名詞という特別な語に置き換わっている。**
条件 3	**関係代名詞が説明文の先頭に移動している。**[注]

注　ただし、**関係代名詞が前置詞の目的語になっているときは、フレーズ全体が先頭に移動することがあるので、この場合は関係代名詞が先頭に来ません。**

・具体的に考えてみましょう。次の 4 つの英文を見てください。
a song が説明される名詞で、カッコの中が説明文です。

1. ㊚ She sang a song (he didn't know the car.)

・he didn't know the car は説明される名詞（= song）と同じ名詞を含んでいません。
・そのために、この文を読んでも、それがどんな歌なのかさっぱりわかりません。
・したがって、この文は説明文の役目を果たしません。

2. ㊚ She sang a song (he didn't know the song.)

・he didn't know the song は説明される名詞（＝song）と同じ名詞を含んでいます。
・そのために、この文を読むと、それがどんな歌なのかわかります（「彼が知らなかった歌」だな、とわかります）。
・したがって、この文は説明文の役目を果たします。
・しかし，これをそのまま説明される名詞の後ろに置いたのでは、何の目印もないので、これが普通の文ではなく名詞を説明する特殊な文だということが読者にはすぐわかりません。

3. ㊋ She sang a song (he didn't know which.)

・he didn't know which は説明される名詞と同じ名詞（＝the song）を関係代名詞という特別な言葉（＝which）に置き換えています。
・これによって読者は関係代名詞（＝which）を見た瞬間に「あ！ これは名詞を説明する説明文だな」とわかります。
・つまり、条件２で**「説明される名詞と同じ名詞を関係代名詞に置き換える」のは、説明文の存在を知らせる目印にするため**なのです。

機能 2. 関係代名詞を動かして説明文の開始点を知らせる。

・he didn't know which は、which を見れば説明文であることがわかりますが、逆にいえば which を見るまで、そのことはわかりません。
・また、which を見て、これが説明文だとわかっても、説明文がどこから始まっているのか、すぐにはわかりません。
・そこで、ここからが説明文であることを読者にわからせるために、関係代名詞を説明文の先頭に動かすのです。

〔シー　サング　ア　ソング　ウィッチ　ヒー　ディドント　ノウ〕

4. ㊣ She sang a song (which he didn't know.)

・**which** he didn't know は関係代名詞を説明文の先頭に動かしています。
・こうすると、読者は関係代名詞を見た瞬間に「あ！ ここからは名詞を説明する説明文だな」とわかります。

・つまり、条件3で**「関係代名詞を説明文の先頭に動かす」**のは、**説明文の開始点を知らせるため**なのです。
・この4.が正しい英文です。

機能3. 関係代名詞は説明文がどの名詞を説明しているかを示す。

・仮に関係代名詞をxxxということにして次の英語を考えてみましょう。

〔アニンプロイイー　オブ　ザ　カンパニ　...　アイ　プット　マイ　カンフィデンス　イン〕
（従業員）（会社）（信頼）
an employee of the company (xxx I put my confidence in)

・もし説明文がthe companyを説明しているなら、xxxの中身はthe companyで、説明文の元の形はI put my confidence in the company.（私はその会社を信頼する）です。
・全体の意味は「私が信頼する会社の社員」となります。
・それに対して、説明文がan employeeを説明しているなら、xxxの中身はthe employeeで、説明文の元の形はI put my confidence in the employee.（私はその社員を信頼する）です。
・全体の意味は「その会社の私が信頼する社員」となります。
・これはどちらも意味が通っていますから、聞き手はどちらが話者の意図なのかわかりません。
・これは別の言い方をすれば、xxx（＝関係代名詞）の中身がthe employee（＝人間）なのか、the company（＝人間以外のもの）なのかわからないということです。
・そこで「人間を置き換える関係代名詞」と「人間以外のものを置き換える関係代名詞」の2種類を用意しておいて、関係代名詞の中身が人間のときはwhoかwhomを使い、中身が人間以外のもののときはwhichを使うことにしてあるのです。
・すると、次のようになり、説明される名詞がどれかはっきりわかります

〔アニンプロイイー　オブ　ザ　カンパニ　ウィッチ　アイ　プット　マイ　カンフィデンス　イン〕
an employee of the company (which I put my confidence in)

私が信頼する会社の社員

〔アニンプロイイー　オブ　ザ　カンパニ　フーム　アイ　プット　マイ　カンフィデンス　イン〕

an employee of the company (whom I put my confidence in)

その会社の私が信頼する社員

・つまり、**関係代名詞に2種類あるのは、説明文がどの名詞を説明しているかを**示すためなのです。

13-4 関係代名詞の種類

1. **先行詞が人間の場合に使う who, whom**[注1]
2. **先行詞が人間でない場合に使う which**[注2]
3. **先行詞が人間でも、人間でない場合でも使う that, whose**[注3]

注1 who は内側で「主語」「動詞の目的語」「前置詞の目的語」になります。whom は内側で「動詞の目的語」「前置詞の目的語」になります。who が「動詞の目的語」になるのは p. 239 参照。

注2 which は内側で「主語」「動詞の目的語」「前置詞の目的語」「補語」になります。which が「補語」になるのは注3参照。

注3 that は内側で「主語」「動詞の目的語」「前置詞の目的語」「補語」になります。who、whom は内側で「補語」になりません。13-8 で勉強しますが、関係代名詞には制限用法と非制限用法という2つの用法があり、**制限用法の関係代名詞が内側で補語になる場合は、先行詞が人間でも、人間でなくても、that を使うか、または省略します** (p. 251 参照)。非制限用法の関係代名詞が内側で補語になる場合は、先行詞が人間でも、人間でなくても、which を使います (p. 385 参照)。関係代名詞が補語になる場合は、今は気にしなくてよいです。whose は内側で「所有の意味を表す形容詞 (＝所有格)」になります。whose は、本書では、関係代名詞ではなく関係形容詞として扱います。

〔ドゥー　ユー　ノウ　ザ　ガール　フー　イズ　スィンギング　ナウ　↗〕

Do you know the girl (who is singing now)?
aux　S　③　O　S　①　ad

(あなたは、今歌っている女の子を知っていますか？)

Do は助動詞・現在形、know は原形・大黒柱・③です。who is singing now は形容詞節で、the girl を修飾しています (←これが外側です)。who は関係代名詞で「構造上の主語」、is singing は現在形・従属節の述語動詞・①、now は副詞で is singing にかかっています (←これが内側です)。

ここは **the girl** を **The girl is singing now.** という文で説明しているのです。ただ、このままでは説明文になれません。説明される名詞（＝the girl）と同じ名詞（＝The girl）を関係代名詞の who に変えて（The girl は人間で主語なので who を使います）、先頭に動かすと（The girl はもともと先頭にあるので、who は動かす必要はありません）who is singing now となり、これ全体が「名詞を説明する文（＝形容詞節）」になります。**このメカニズムがわかっている人は、目で who is singing now を見ながら、頭では「これは The girl is singing now. を形容詞節に変えたものだ」と思っています。ですから「who が表している意味を日本語で言いなさい」と言われたら「その女の子」と答えますし、「who is singing now が表している意味を日本語で言いなさい」と言われたら「その女の子が今歌っている」と答えます。**

Who is singing now?（誰が今歌っているのですか？）の Who は疑問代名詞です。疑問詞は名詞節を作れるので、この疑問文を名詞節にすると［who is singing now］（誰が今歌っているのかということ）となります（p. 328 参照）。who is singing now は形容詞節だと who は関係代名詞で、和訳の際は訳出せず（その理由は 13-7 参照）、名詞節だと who は疑問代名詞で、和訳の際は「誰が」と訳します（疑問詞が作る名詞節は 17-6 で勉強します）。このように who is singing now に 2 つの読み方があり、どちらかを選ぶことについては Lesson 19 で練習します。

〔シー イ ザ ガール フーム ヒー メット イエスタデイ〕
She is the girl (whom he met yesterday.)
S ② nC O S ③ ad

（彼女は彼が昨日会った女の子です）

is は現在形・大黒柱・②です。whom he met yesterday は形容詞節で、the girl を修飾しています（←これが外側です）。whom は関係代名詞で「動詞（＝met）の目的語」、he は構造上の主語、met は過去形・従属節の述語動詞・③、yesterday は副詞で met にかかっています（←これが内側です）。meet は「会う」という意味の動詞で、活用は〔meet（ミート）—met（メット）—met〕です。

ここは **the girl** を **He met the girl yesterday.** という文で説明しているのです。ただ、このままでは説明文になれません。説明される名詞（＝the girl）と同じ名詞（＝the girl）を関係代名詞の whom に変えて（the girl は人間で「動詞の目的語」なので whom を使います）、先頭に動かすと（the girl は met の後ろにありますが、whom に変えたら he の前に動かします）whom he met yesterday となり、これ全体が「名詞を説明する文（＝形容詞節）」になります。**このメカニズムがわかっている人は、目で whom he met yesterday を見ながら、頭では「これは He met the girl yesterday. を形容詞節に変えたものだ」と思っています。ですから「whom が表している意味を日本語で言いなさい」と言われたら「その女の子」と答えますし、「whom he met yesterday が表している意味を日本語で言いなさい」と言われたら「その女の子に彼は昨日会った」と答えます。**現在の英語では、このように形容詞節の先頭に whom が来るときは who を使うか、または省略するのが普通です（関係代名詞の省略は p. 250 参照）。したがっ

て **She is the girl who he met yesterday.** ないしは **She is the girl he met yesterday.** が普通の言い方で、whom を使った上の英文は格式ばった印象を与えます。

Whom did he meet yesterday?（彼は昨日誰に会いましたか？）の Whom は疑問代名詞です。これは正しい英文です。しかし、現在の英語では目的格の whom を文頭で使うのは避けるのが普通になっています。そういうときは whom の代わりに主格の who を使うのです（p. 392 参照）。そこで、実際には **Who did he meet yesterday?** となります。Who は疑問代名詞で、働きは meet の目的語です。この疑問文を名詞節にすると［who he met yesterday］（彼が昨日誰に会ったかということ）となります（p. 328 参照）。who he met yesterday は形容詞節だと who は関係代名詞で、和訳の際は訳出せず、名詞節だと who は疑問代名詞で、和訳の際は「誰に」と訳します。

〔ディヂュー　ゴウ　トゥ　ザ　スーパマーキット　ウィッチ　オウプンド　ラスト　ウィーク ↗〕

Did you go to the supermarket (which opened last week?)
aux S ① ad S ① 副詞的目的格

（先週開店したスーパーマーケットに行きましたか？）

Did は助動詞・過去形、go は原形・大黒柱・①です。which opened last week は形容詞節で、the supermarket を修飾しています（←これが外側です）。which は関係代名詞で「構造上の主語」、opened は過去形・従属節の述語動詞・①、last week は副詞的目的格で opened にかかっています（←これが内側です）。

ここは **the supermarket** を **The supermarket opened last week.** という文で説明しているのです。ただ、このままでは説明文になれません。説明される名詞（＝the supermarket）と同じ名詞（＝The supermarket）を関係代名詞の which に変えて（The supermarket は人間ではないので which を使います）、先頭に動かすと（The supermarket はもともと先頭にあるので、which は動かす必要はありません）which opened last week となり、これ全体が「名詞を説明する文（＝形容詞節）」になります。**このメカニズムがわかっている人は、目で which opened last week を見ながら、頭では「これは The supermarket opened last week. を形容詞節に変えたものだ」と思っています。ですから「which が表している意味を日本語で言いなさい」と言われたら「そのスーパーマーケット」と答えますし、「which opened last week が表している意味を日本語で言いなさい」と言われたら「そのスーパーマーケットは先週開店した」と答えます。**

時間の先後は開店したのが先で、行ったのはあとです。この英文は時間の先後とは逆に動詞が並んでいます。ですから、理屈から言えば大過去用法の過去完了を使って which had opened last week になるはずです。しかし、last week によって開店が先であることが示されており、また、事柄からしても「開店しなければ行けない」のですから、わざわざ過去完了にしなくても、どちらが先かはわかります。そこで opened という「単純な過去形」で書いているのです。

Which opened last week, a supermarket or a fast food restaurant?（スーパーマーケットとファストフードレストランのどちらが、先週開店したのですか？）の Which

は疑問代名詞です（a supermarket と a fast food restaurant は Which と同格です）。疑問詞は名詞節を作れるので、この疑問文を名詞節にすると［which opened last week］（どちらが先週開店したかということ）となります（p. 328 参照）。which opened last week は形容詞節だと which は関係代名詞で、和訳の際は訳出せず、名詞節だと which は疑問代名詞で、和訳の際は「どちらが」と訳します。

〔スィー　ザ　ボイ　アンド　ザ　ドグ　ザット　アー　カミング　ズィス　ウェイ〕

See the boy and the dog (that are coming this way.)
③
O
+
O
S
①
副詞的目的格

（こっちへ来る少年と犬を見てごらん）

See は原形・大黒柱・③です。命令文なので「構造上の主語」である You が See の前に省略されています。that are coming this way は形容詞節で、the boy and the dog を修飾しています（←これが外側です）。that は関係代名詞で「構造上の主語」、are coming は現在形・従属節の述語動詞・①、this way は副詞的目的格で are coming にかかっています（←これが内側です）。

ここは **the boy and the dog** を **The boy and the dog are coming this way.** という文で説明しているのです。ただ、このままでは説明文になれません。説明される名詞（＝the boy and the dog）と同じ名詞（＝The boy and the dog）を関係代名詞の that に変えて（the boy and the dog は人間と動物なので、who も which も使えません。こういうときは that を使います）、先頭に動かすと（The boy and the dog はもともと先頭にあるので、that は動かす必要はありません）that are coming this way となり、これ全体が「名詞を説明する文（＝形容詞節）」になります。**このメカニズムがわかっている人は、目で that are coming this way を見ながら、頭では「これは The boy and the dog are coming this way. を形容詞節に変えたものだ」と思っています。ですから「that が表している意味を日本語で言いなさい」と言われたら「その少年と犬」と答えますし、「that are coming this way が表している意味を日本語で言いなさい」と言われたら「その少年と犬はこちらに来つつある」と答えます。**

that の後ろには不完全な文（＝are coming this way）が続いています。ですから、この that は従属接続詞ではありません。is coming ではなくて are coming になっているのは、主語である that の中身が the boy and the dog であって、複数だからです。this way は in this way（この方向に）と書くこともできます。

13-5　形容詞節の読み方

She sang a song which he didn't know.

・この英文を読む人は which を見た瞬間に「**あ！ ここからは a song を説明する説明文だ。普通の文を読むときと同じように丁寧に読もう**」と思います。
・ところで「普通の文を読むときと同じように」といっても、which he didn't know は普通の文ではありません（説明文という特殊な文です）。
・そこで、読む人は頭の中でこれを普通の文に直して読まなければなりません。
・どうするかというと、関係代名詞（which）に、説明される名詞（a song）を代入し、それを know の後ろに動かして he didn't know the song という文（これが普通の文です）にし、これを丁寧に読んで a song がどんな歌なのかを理解するのです。これが形容詞節の読み方です。
・この頭の働きを詳しく再現してみましょう。

She sang a song which he didn't know.　（彼女は、彼が知らない歌を歌った）

She sang a song ➡「彼女は歌を歌った」➡ どんな歌を歌ったのだろう？ ➡ which ➡ あ！ 関係代名詞だ。ここからは説明文だ。普通の文に直して、それを丁寧に読もう。which に a song を代入すると the song になる。the song は「その歌」だ。それがどうしたんだろう？ ➡ he didn't know ➡「彼が知らなかった」➡ なるほど、彼女はそういう歌を歌ったのか。わかった！

もう 1 つ別の英文でやってみましょう。

〔ザ ブック ウィッチ イズ ライイング アン ザ デスク イズ マイン〕
The book which is lying on the desk is mine.注　（机の上にある本は私のものです）

The book ➡「その本」➡ どんな本だろう？ ➡ which ➡ あ！ 関係代名詞だ。ここからは説明文だ。普通の文に直して、それを丁寧に読もう。which に the book を代入すると「その本」だ。それがどうしたんだろう？ ➡ is lying on the desk ➡「机の上に横たわっている」➡ なるほど、そういう本か。わかった！ ところで、それがどうしたんだろう？ ➡ is mine ➡「私のものです」

注　この動詞は「横たわる」という意味で、〔lie（ライ）—lay（レイ）—lain（レイン）—lying（ライイング）〕という活用です。この動詞は「うそをつく」という意味のときは規則活用になります（p. 164 参照）。

・以上の説明をまとめると，次のようになります。

> **名詞を説明する説明文を読むときは,**
> **1. どこからどこまでが「説明文」で、どの名詞が「説明される名詞」かを確認する。**
> **2. 説明文の中で、関係代名詞の本来の位置はどこなのかを確認する。**

・正式な文法用語では、説明文を形容詞節、説明される名詞を先行詞といいます。

・形容詞節は普通の文の中の名詞を関係代名詞に置き換えて作るのですから、関係代名詞は形容詞節の中で名詞の働き（＝主語、動詞の目的語，前置詞の目的語，補語）のどれかで働きます。

・そこで、今まとめた読み方を文法用語を使って言い直すと次のようになります。

> **関係代名詞が出てきたら、必ず次の２点を確認しなければならない。**
> **1. 外側　どこからどこまでが形容詞節で、どの名詞が先行詞なのか。**
> **2. 内側　関係代名詞は形容詞節の内側で主語、動詞の目的語，前置詞の目的語，補語のいずれの働きをしているのか。**

・今の２つの英文で確認すると、次のようになります。

> **She sang a song which he didn't know.**　（彼女は、彼が知らない歌を歌った）
> 1. 外側　which から know までが形容詞節で、a song を修飾している。
> 2. 内側　which は動詞の目的語、he は主語、know は③。

> **The book which is lying on the desk is mine.**　（机の上にある本は私のものです）
> 1. 外側　which から desk までが形容詞節で、The book を修飾している。
> 2. 内側　which は主語、is lying は①、on the desk は副詞句で is lying を修飾している。

13-6　前置詞＋関係代名詞

・関係代名詞は形容詞節の先頭に動かすのが原則ですが、関係代名詞が前置詞の目的語になっているときは、**前置詞＋関係代名詞をまとめて形容詞節の先頭に出すことができます。**

・こうすると、形容詞節は前置詞から始まることになり、関係代名詞は形容詞節

の開始点を示さないことになります。注1

・しかし、その代わり、形容詞節の内側で関係代名詞が前置詞の目的語になっていることは一目瞭然になります。

・つまり、この書き方は、外側（＝形容詞節がどこから始まるか）のわかりやすさよりも、内側（＝形容詞節内における関係代名詞の働き）のわかりやすさを優先させた書き方なのです。

注1 関係代名詞が形容詞節の開始点を示さないといっても、. . . 前置詞＋関係代名詞 . . . という形のとき、関係代名詞から形容詞節が始まるとすると、前置詞の目的語（これは名詞です）が足りなくなってしまいます。そこで、この形のときは、いつもとは違い、関係代名詞のさらに前から形容詞節が始まっていることは明らかです。したがって、先頭に関係代名詞が来なくても差し支えないのです。

the village を **He was born in the village.** という文で説明します。

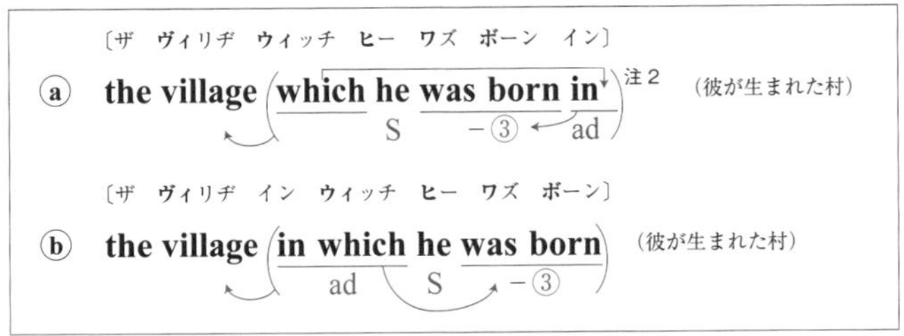

注2 この動詞は「生む」という意味で、活用は〔bear（ベア）—bore（ボー）—born（ボーン）〕です。he was born は受身で「彼が生まれた」という意味です。

・ⓐ と ⓑ はどちらも正しい英語です。

・ⓐ は関係代名詞だけを先頭に動かしています。これは、内側のわかりやすさよりも外側のわかりやすさを優先した書き方です。

・それに対して、ⓑ は「前置詞＋関係代名詞」をまとめて先頭に動かしています。これは、外側のわかりやすさよりも内側のわかりやすさを優先した書き方です。

・前置詞＋関係代名詞が形容詞句で前の名詞を修飾しているときは**「名詞＋前置詞＋関係代名詞」をまとめて形容詞節の先頭に出すことができます。**

a mountain を **The top of the mountain is covered with snow.**（その山の頂上は雪で覆われている）という文で説明します。

㊞ a mountain (which the top of is covered with snow)[注3]

S　a　−③　ad

（頂上が雪で覆われた山）

〔ア　マウンティン　オヴ　ウィッチ　ザ　タップ　イズ　カヴァド　ウィズ　スノウ〕

ⓒ a mountain (of which the top is covered with snow)[注4]

a　S　−③　ad

（頂上が雪で覆われた山）

ⓓ a mountain (the top of which is covered with snow)[注5]

S　a　−③　ad

（頂上が雪で覆われた山）

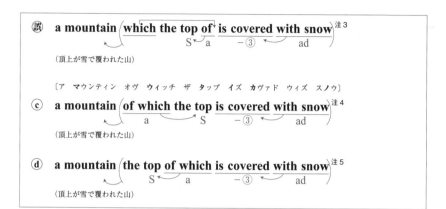

注3　これは、関係代名詞だけを前に動かしています。その結果、前置詞が形容詞節の途中に取り残されています。**前置詞＋関係代名詞で、関係代名詞だけを前に動かすときは、前置詞の後に副詞以外の語句が来てはいけません。**ですから誤りです。ⓐは前置詞が形容詞節の末尾に来ていて、後に何も続いていないので正しいです。

注4　**「前置詞＋関係代名詞」の形容詞句を前に動かして「被修飾語の名詞」を後に残す書き方は、「被修飾語の名詞」が主語のときにだけ可能です。**

注5　これは「名詞＋前置詞＋関係代名詞」をまとめて形容詞節の先頭に置いています。

・「前置詞＋関係代名詞」によって修飾される名詞が前置詞の目的語の場合には、**「前置詞＋名詞＋前置詞＋関係代名詞」をまとめて前に動かすことができます。**[注6]

注6　場所や手段を表す副詞句の場合には、必ずこの4つをまとめて前に置かなければなりません。

a town を **In the center of the town is a market.**（その町の中心に市場がある）という文で説明します。この文は「前置詞＋名詞 ① S」という倒置形です（p. 258 参照）。

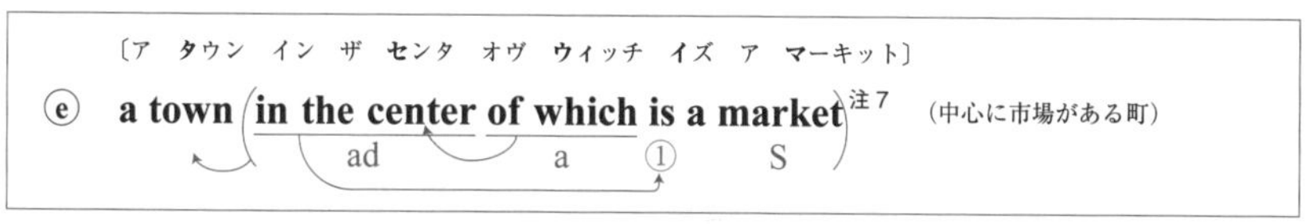

注7　is は現在形・従属節の述語動詞・①です。a market は is の主語です。the town を which に換えただけで、which の位置を動かさなくても、全体が形容詞節になるのは「前置詞＋名詞＋前置詞＋関係代名詞」をまとめて前に置けるからです。この the center は

地理的中心です。なお a town which in the center of is a market は誤りです。この理由は注 3 を見てください。a town of which in the center is a market も誤りです。この理由は注 4 を見てください。

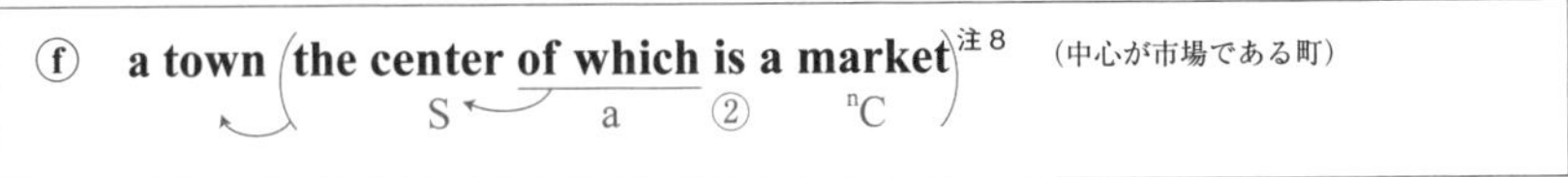

ⓕ a town (the center of which is a market)注8 (中心が市場である町)
S a ② nC

注 8 これはⓔから in を削除した英語で、正しいです。the center of which is a market が形容詞節で a town にかかります。the center が主語、of which が形容詞句で the center にかかり、is は現在形・従属節の述語動詞・②、a market が補語です。a town of which the center is a market と言っても正しいです (p. 245 注 4 参照)。この the center は社会的中心（＝町の生活の中心）です。

・以上の説明をまとめると、次のようになります。

1. ... **名詞＋前置詞＋関係代名詞** ... という形は次の 2 つの可能性がある。
(1) 名詞（前置詞＋関係代名詞 ...）
(2) （名詞＋前置詞＋関係代名詞 ...）

2. ... **前置詞＋名詞＋前置詞＋関係代名詞** ... という形は次の 2 つの可能性がある
(1) 前置詞＋名詞（前置詞＋関係代名詞 ...）
(2) （前置詞＋名詞＋前置詞＋関係代名詞 ...）

13-7 形容詞節の訳し方

・英語と違い、日本語では説明文は名詞の前に置きます[注1]。
・そして、説明文から「説明したい名詞と同じ名詞」を削除します。[注2]
・その際、その名詞に付く助詞（テニヲハ）も一緒に削除します。
・説明文では、主語には、「は」ではなく、「が」を付けます。[注3]

注 1 説明文 名詞 という順序にします。

注 2 英語では、削除しないで、関係代名詞に置き換えます。

注 3「説明したい名詞と同じ名詞」が説明文の主語になっているときは、その名詞は削除されます。したがって、この場合は「主語には『は』ではなく『が』が付く」という問題は起こりません。

「が」に変える
↓
(私は [その本を] 読んでいる) 本 → 私が読んでいる本
↑
削除する（英語では which に相当する）

「が」に変える
↓
(彼は [その村で] 生まれた) 村 → 彼が生まれた村
↑
削除する（英語では in which に相当する）

「が」に変える
↓
([その山の] 頂上は雪で覆われている) 山 → 頂上が雪で覆われている山
↑
削除する（英語では of which に相当する）

・形容詞節を訳すということは、英語の仕組みを日本語の仕組みに変えるということです。
・日本語の仕組みに基づいて、その手順をまとめると次のようになります。

形容詞節を訳す手順
(1) 形容詞節から訳し上げる。
(2) 関係代名詞は訳出しない。
(3) 関係代名詞に前置詞が付いているときは前置詞が日本語の助詞に相当することが多いので、前置詞も原則として訳出しない。
(4) 形容詞節内の主語には「が」をつける。

・次の英語と日本語を対照してください。

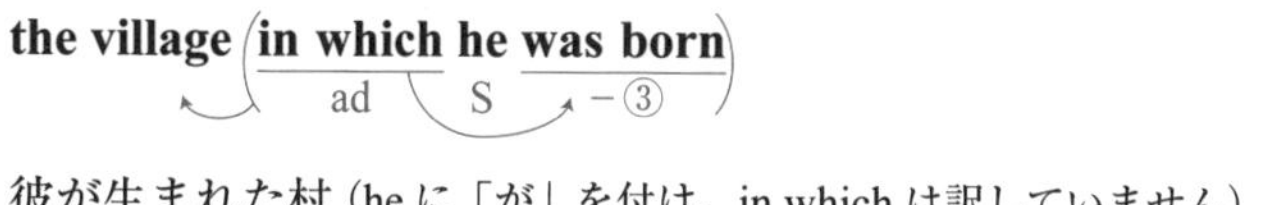

彼が生まれた村（he に「が」を付け、in which は訳していません）

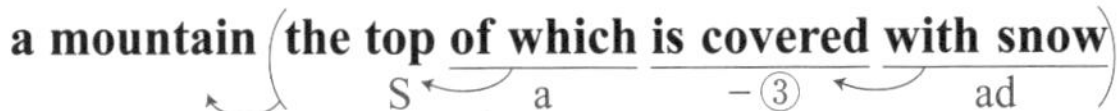

頂上が雪で覆われている山（the top に「が」を付け、of which は訳していません）

中心に市場がある町（a market に「が」を付け、of which は訳していません）

中心が市場である町（the center に「が」を付け、of which は訳していません）

・以上の例はいずれも前置詞＋関係代名詞を訳出していませんが、これはいつでも必ずそうするというわけではありません。
・意味が曖昧になるときは、訳文を工夫して前置詞を訳出しなければならないこともあります。

limits（限界）を The heart is insensible beyond the limits.（心はその限界を超えたところでは無感覚である）という文で説明します。

〔オール　サファリング　ハズ　リミッツ　ビヤンド　ウィッチ　ザ　ハート　イズ　インセンスィブル〕

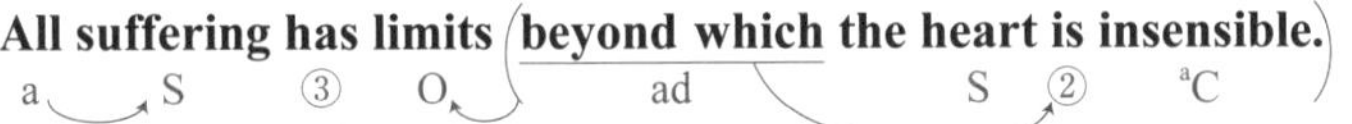

この英文の suffering は動詞の ing 形ではなく、「苦しみ」という意味の純粋な名詞です。has は現在形・大黒柱・③、is は現在形・従属節の述語動詞・②です。前方から読むと「All suffering has limits ➡ あらゆる苦悩は限界をもっている ➡ beyond which ➡ その限界を超えたところで ➡ the heart is insensible ➡ 心は無感覚である」となります。原則どおり「前置詞＋関係代名詞（＝beyond which）」を訳さないと「あらゆる苦悩は心が無感覚である限界をもっている」という和訳になります。これを「あらゆる苦悩には、心が無感覚になる限界がある」と訳せばわかりやすくなりますが、やや舌足らずです。そこで beyond を表に出して、はっきり事柄がわかるように訳すと「ある限界を超えると心が無感覚になる、そういう限界があらゆる苦悩にある」のようになります。こういうこともあるので、機械的に処理してはいけません。

13-8 制限用法と非制限用法

・関係代名詞には次の２つの用法があります。[注1]

> **1. 先行詞の範囲を狭める形容詞節を作る用法→制限用法（の関係代名詞）といいます。**[注2]
>
> **2. 先行詞の範囲を狭めておらず、先行詞について、説明を付け加えているだけの形容詞節を作る用法→非制限用法（の関係代名詞）といいます。**[注3]

注１ Lesson 14で勉強する関係副詞にも、この２つの用法があります（ただし非制限用法があるのはwhenとwhereだけで、why, how, thatは制限用法しかありません）。Lesson 14で勉強する関係形容詞の場合は、whoseには２つの用法があり、whichは非制限用法しかなく、whatは形容詞節を作らないので、この２つの用法は問題になりません。この注１は細かな話ですから今は気にしなくてよいです。読み過ごしてください。

注２ これは**「先行詞はいろいろあるが、その中で形容詞節のような先行詞だ」というように、先行詞から、さらにその一部を取り出している場合**です（p. 394参照）。制限用法の場合は形容詞節の前にコンマを置かないのが普通です。制限用法は限定用法ということもあります。

注３ これは**「先行詞と言っただけで情報としては十分なのだが、説明を追加すると、形容詞節である」というように、先行詞に説明を付け加えている場合**です（p. 394参照）。非制限用法の場合は形容詞節の前にコンマを置くのが普通です。非制限用法は非限定用法とか継続用法ということもあります。

〔アイ　ウィル　インゲイヂ　ア　マン　フー　キャン　ユーズ　イクセル〕

I will engage a man (who can use Excel.)　（私はエクセルを使える男を雇うつもりだ）
S aux ③ O　S aux ③ O

willは助動詞・現在形です。**このwillは、「単純未来（＝未来のことについて「〜するだろう」と単純に推量している）」ではなく、「意志未来（＝未来のことについて「〜するつもりだ」と意志を披歴している）」を表しています。**engageは「雇う」という意味の動詞で、規則活用です。ここのengageは原形・大黒柱・③です。who can use Excelは形容詞節でa manを修飾しています。who can use Excelの元になっている文は**The man can use Excel.**です。このwhoは制限用法です。「男にはいろいろあるが、その中でExcelを使えない男を除いて、Excelを使える方の男（を一人雇うつもりだ）」という意味です。**I will engage a man.**（私は男を一人雇うつもりだ）では情報として十分でない（と話し手は思っている）のです。canは能力を表す助動詞・現在形、useは原形・従属節の述語動詞・③です。

〔アイ　ウィル　インゲイヂ　ザット　マン　フー　キャン　ユーズ　イクセル〕

I will engage that man, (who can use Excel.)
S aux ③ a O S aux ③ O

（私はあの男を雇うつもりです。彼はエクセルを使えるのだ。）

この who は非制限用法です。「『私はあの男を雇うつもりだ』と言っただけで十分なのですが、説明を加えると、あの男は Excel を使えるのだ」という意味です。

13-9 関係代名詞の省略

・関係代名詞は、次の 3 つの条件を満たした場合は、省略できます。

1. 制限用法である。
2. 形容詞節の先頭にある。
3. 内側で動詞の目的語か前置詞の目的語になっている。[注]

注　制限用法の関係代名詞が内側で補語になる場合は、先行詞が人間でも、人間でなくても、that を使いますが、この that はしばしば省略されます（p. 238 参照）。また、特定の表現では内側で主語になる関係代名詞が省略されることもあります。

She sang a song (he didn't know.)
S ③ O S aux ad ③

She sang a song which he didn't know.（彼女は、彼が知らない歌を歌った）の which は「制限用法で」「形容詞節の先頭にあり」「内側で動詞の目的語になっている」ので 3 つの条件を満たしています。したがって which は省略できます。省略すると上の英文になります。**関係代名詞を省略した形容詞節の内側は「『動詞の目的語』か『前置詞の目的語』が足りない不完全な文」になります。**he didn't know は動詞の目的語が足りない不完全な文です。know の目的語を a song と考えては絶対にいけません。**a song と know は、内外断絶の原則によって、構造上何の関係もありません。**a song は sang の目的語です。**know の目的語は「a song と he の間に省略されている関係代名詞の which」です。**

That is the village (he was born in.)
S ② ^{n}C S −③ ad

That is the village which he was born in.（あれは彼が生まれた村です）の which は「制限用法で」「形容詞節の先頭にあり」「内側で前置詞の目的語になっている」ので 3 つの条件を満たしています。したがって which は省略できます。省略すると上の英文になります。関係代名詞を省略した形容詞節の内側は「『動詞の目的語』か『前置詞の目的語』が足りない不完全な文」になります。he was born in は「前置詞の目的語」が足りない不完全な文です。文末の in の目的語を the village と考えては絶対にいけません。**the village と in は、内外断絶の原則によって、構造上何の関係もありません。**the village は is の補語です。**in の目的語は「the village と he の間に省略されている関係代名詞の which」**です。それから、**That is the village in which he was born.** から which を省略することはできません（which が形容詞節の先頭にないからです）。省略するためには、in を文末に移して、which を形容詞節の先頭に置き、その上で which を省略します。

〔リン　イズ　ノウ　ロンガ　ザ　ノイズィ　チャイルド　シー　ユースト　ビー〕

Lynn is no longer the noisy child (she used to be.)
S ② ad a ⁿC S aux ②

Lynn is no longer the noisy child that she used to be.（リンはもう前のような騒がしい子ではない）の that she used to be は She used to be a noisy child.（彼女は昔は騒がしい子だった）を形容詞節に変えたもので、the noisy child を修飾しています。that は関係代名詞で、内側で be の補語です。制限用法の関係代名詞が内側で補語になる場合は、先行詞が人間でも、人間でなくても、that を使います。この that はしばしば省略されます。that を省略したのが上の英文です。she used to be は補語が足りない不完全な文です。**the noisy child と be は、内外断絶の原則によって、構造上何の関係もありません。**the noisy child は is の補語です。**be の補語は「the noisy child と she の間に省略されている関係代名詞の that」**です。

no longer は 2 語で 1 つの副詞で「もはや . . . しない」という意味を表します。

質問 22　スラッシュの右側の文を、スラッシュの左側の名詞を修飾する形容詞節に変えて、スラッシュの左側の名詞に続けなさい。

〔ザ　ガール　イズ　スィンギング　ナウ〕

1. the girl / The girl is singing now.

〔ユー　スポウク　オヴ　ズィ　アクトレス　イェスタデイ〕

2. the actress / You spoke of the actress yesterday.

〔ザ　ウィンドウズ　オヴ　ザ　ハウス　アー　ブロウクン〕

3. the house / The windows of the house are broken.

〔ヒー　ディド　ザ　ワーク　ケアフリ〕

4. the care / He did the work carefully.

私が中学生のとき勉強した文法書には次のような問題が出ていました。

問題　Is she the actress? と You spoke of her. を関係代名詞を用いてつなぎなさい。

解説には「関係代名詞を用いて二文を一文にまとめる仕事は学生の最も苦手なものの一つであろう」と書いてありました。そりゃそうでしょう。そもそも関係代名詞は二文を一文にまとめるような言葉ではないのですから。こんな問題が中学の定期試験に出されて、私も苦しんだものです（どちらを先にするのか？ 先行詞は she なのか？ the actress なのか？ her なのか？ などなど少しも本質的でないことで生徒の頭を混乱させるのです）。出題した先生は、本気で「関係代名詞は文と文をつなぐ接続詞の働きをしている」と信じていたのでしょう。そうでなければこんな問題を出すはずがありません。邪推すれば「つなぎなさい」と言えば文法用語を使わないですむ点も好都合なのかもしれません。定期試験に出題するなら質問 22 のような形で出題すべきなのです。

質問 22 の答え

1. The girl は人間で主語です。そこで関係代名詞の who に変えて前方に動かします（もともと先頭にあるので、動かさなくてよいです）。すると who is singing now となります。これを the girl の後ろに置くと **the girl who is singing now**〔ザ　ガール　フー　イズ　スィンギング　ナウ〕（今歌っている女の子）となります（who は訳出しません）。
2. the actress（女優）は人間で「前置詞の目的語」です。そこで関係代名詞の whom に変えて前方に動かします。すると whom you spoke of yesterday となります。これは正しいですが現在では文語体です。**whom が形容詞節の先頭に来たときは、通常は who にします。**そこで who you spoke of yesterday を the actress の後ろに置くと **the actress who you spoke of yesterday**〔ズィ　アクトレス　フー　ユー　スポウク　オヴ　イェスタデイ〕（昨日あなたが話した女優）となります（who と of は訳出せず、主語の you には「が」を付けます）。**この who は「制限用法で、形容詞節の先頭にあり、内側で動詞の目的語か前置詞の目的語になっている」という条件を満たしているので省略できます。**すると **the actress you spoke of yesterday** も答えになります。「前置詞＋関係代名詞」を丸ごと前方に動かして **the actress of whom you spoke yesterday** にしても正しいです。
3. the house は人間ではないので、関係代名詞の which に変えて前方に動かします。すると which the windows of are broken となります。これは、前置詞が形容詞節の途中に取り残されています。**前置詞＋関係代名詞で、関係代名詞だけを前に動かすときは、前置詞の後に副詞以外の語句が来てはいけません。**ですから誤りです（2. は前置詞の of が形容詞節の途中に取り残されていますが、後ろには副詞だけが来ているので正しいのです）。そこで of which を丸ごと前方に動かして of which the windows are broken にします。**「前置詞＋関係代名詞」の形容詞句を前に動かして「被修飾語の名詞」を後に残す書き方は、「被修飾語の**

名詞」が主語のときは可能です。the windowsは主語ですから正しいです。そこで、これをthe houseの後ろに置くと**the house of which the windows are broken**〔ザ　ハウス　オヴ　ウィッチ　ザ　ウィンドウズ　アー　ブロウクン〕(窓が壊れている家)となります(of whichは訳出せず、主語のthe windowsには「が」を付けます)。「前置詞＋関係代名詞」が形容詞句で名詞を修飾しているときは「名詞＋前置詞＋関係代名詞」を丸ごと前方に動かすことができます。そこでthe windows of whichを前方に動かすと(もともと先頭にあるので、動かさなくてよいです) **the house the windows of which are broken**となります。これも正しいです。The windows of the house are broken. のof the house(その家の)は「所有」を表しています(「その家が持っている窓」です)。そこで、この英文は**The house's windows are broken.**〔ザ　ハウスィズ　ウィンドウズ　アー　ブロウクン〕に変えても同じ意味です(houseの所有格であるhouse'sは〔ハウスィズ〕と発音し、複数形であるhousesは〔ハウズィズ〕と発音します)。「14-3 関係形容詞」で勉強しますが、**所有格は、中身が人間でも物でも、関係形容詞のwhoseに変えることによって、その英文は形容詞節になります。**そこでThe house'sをwhoseに変えて前方に動かすと(もともと先頭にあるので、動かさなくてよいです)、whose windows are brokenとなります。これは「その家の窓は壊れている」という意味の形容詞節です。これをthe houseの後ろに置くと**the house whose windows are broken**〔ザ　ハウス　フーズ　ウィンドウズ　アー　ブロウクン〕(窓が壊れている家)となります(whoseは訳出せず、主語のwindowsには「が」を付けます)。これも正しいです。

4. He did the work carefully.〔ヒー　ディド　ザ　ワーク　ケアフリ〕(彼は慎重にその仕事をやった)にはcare〔ケア〕(慎重さ)という名詞が使われていません。したがって、このままではthe careを修飾する形容詞節に変えることができません。**「様態を表す副詞」の多くは「with＋様態を表す抽象名詞」で書き換えられる**(たとえばeasily〔容易に〕はwith ease, rapidly〔急速に〕はwith rapidityといった具合です)ことを使って、He did the work carefully. をHe did the work with care. に変えます。次にcareをwhichに変えて、with whichを前方に動かせば形容詞節が完成です(「with＋様態を表す抽象名詞」はつながりが強固で分解することができません。ですからwhichだけを前方に動かすことはできません)。これをthe careの後ろに置くと**the care with which he did the work**(彼がその仕事をやった慎重さ)となります。前方から読むと「the care ➡ 慎重さ ➡ with which ➡ その慎重さで ➡ he did the work ➡ 彼はその仕事をやった」となります。訳すときはwith whichは訳出せず、主語のheには「が」を付けます。「彼がその仕事をやった慎重さ」となります。少し舌足らずだと思ったら「彼がその仕事をやった際の慎重さ」のように訳すとよいです。

13-10　形容詞節を作る語

・形容詞節は文が形容詞の働きをしているものです。

・**形容詞節の働きは「名詞修飾」です。**[注1]

・形容詞節は(丸いカッコ)でくくります。

・**形容詞節を作る語は「関係詞」です。**[注2]

注1 形容詞節は補語にはなりません。したがって、形容詞節とは「名詞を（直接的に）説明する文」です。

注2 ただし、**関係詞の中でも「what」と「関係詞 -ever」と「先行詞が省略された関係副詞」は形容詞節を作りません。**「関係詞の what」は関係代名詞または関係形容詞で、名詞節を作ります。「関係詞 -ever」は「複合関係詞」といいます。「関係詞 -ever」は複合関係代名詞または複合関係形容詞または複合関係副詞で、名詞節または副詞節を作ります。「先行詞が省略された関係副詞」は名詞節を作ります。この注2の黒字の部分は Lesson 14, 17 で勉強しますから、今は覚えなくてもよいです。とりあえず赤太字の部分だけ暗記しておいてください。

質問 23 次の質問に答えなさい（スラスラ言えるようになるまで練習してください）。

1. 形容詞節の働きは？
2. 形容詞節を作る語は？
3. 関係代名詞の「内側の働き」は？
4. 制限用法の関係代名詞が内側で補語の場合は［　　］を使うか［　　］する。
5. 関係形容詞の whose は内側で［　　］の働きをする。
6. 形容詞節を和訳するとき、主語には［　　］を付ける。
7. 形容詞節を和訳するとき［　　］は原則として訳出しない。
8. 関係代名詞を省略できるのはどういう場合か？
9. 関係代名詞を省略した形容詞節の内側は［　　］になる。

質問 23 の答え 1. 名詞修飾　2. 関係詞、ただし「what」と「関係詞 -ever」と「先行詞が省略された関係副詞」は除く　3. 主語・動詞の目的語・前置詞の目的語・補語　4. that、省略　5. 名詞修飾　6. が　7. 関係代名詞とそれに付く前置詞　8. 制限用法で、形容詞節の先頭にあり、内側で動詞の目的語か前置詞の目的語になっている場合　9.「動詞の目的語」か「前置詞の目的語」が足りない不完全な文

問題 13 英文の構造を図示して、和訳しなさい。

〔ウィ　キャン　フォギヴ　ゾウズ　フー　ボー　アス　バット　ウィ　キャナット　フォギヴ　ゾウズ　フーム　ウィ　ボー〕
1. We can forgive those who bore us but we cannot forgive those whom we bore.

〔アイ　ノウ　ザ　マン　ユー　ケイム　イン　ウィズ〕
2. I know the man you came in with.

〔アイ　メット　ア　センテンス　ザ　ミーニング　オヴ　ウィッチ　アイ　クド　ナット　アンダスタンド〕
3. I met a sentence the meaning of which I could not understand.

〔ワン　ノヴ　ザ　ワールヅ　ユー　アー　サートン　トゥ　タッチ　イン　カリヂ　イズ　ザット　オヴ　ブックス〕
4. One of the worlds you are certain to touch in college is that of books.

〔アト　ヌーン　アー　パーティ　アセンブルド　イン　ナ　デル　スルー　ザ　デプス　オヴ　ウィッチ　ラン　ナ　リトル　ブルック〕
5. At noon our party assembled in a dell, through the depth of which ran a little brook.

問題 13 の解答

1. We can forgive those (who bore us) but we cannot forgive those (whom we bore.)
S aux ③ O (S ③ O) + S aux ad ③ O (O S ③)
(我々は退屈な人は許せるが、我々を退屈だと思う人のことは許せない)

どちらの can も助動詞・現在形で「能力」を表します。forgive は「許す」という意味の動詞で、活用は〔forgive (フォギヴ)—forgave (フォゲイヴ)—forgiven (フォギヴン)〕です。ここの forgive はどちらも原形・大黒柱・③です。**関係代名詞 who, whom の先行詞になっている those は「人々」という意味を表します。those who V . . . は「V する人々」、those whom S+V は「S が V する人々」という意味です。**bore は「退屈させる」という意味の動詞で、規則活用です。ここの bore はどちらも現在形・従属節の述語動詞・③です。who と whom はどちらも制限用法です。who bore us は「その人々は我々を退屈させる」という意味です。whom we bore は「我々はその人々を退屈させる」という意味です。英文を和訳するときは、who と whom は訳しません。しかし、それは英語と日本語の違いからくるものであって、英語としては、who と whom は「その人々は」「その人々を」という意味を表しています。ですから、英文を読むときは「We can forgive those ➡ 我々はその

人々を許せる ➡ who ➡ その人々は ➡ bore us ➡ 我々を退屈させる ➡ but we cannot forgive those ➡ しかし、我々はその人々を許せない ➡ whom ➡ その人々を ➡ we bore ➡ 我々は退屈させる」のように、**who, whom を飛ばさずに、他の語と同じようにきちんと読まなければいけません。**

どちらの bore も「主語の意識的な行為」ではなく、「主語の無意識的な行為」を表しています。those who bore us は「我々を意図的に退屈させようとするのではなく、むしろ彼らの意識としては楽しませようとしている可能性さえあるが、言動が面白くないために、結果的に我々を退屈させてしまう人々」という意味です。those whom we bore は「我々は彼らを意図的に退屈させようとするのではなく、むしろ我々の意識としては楽しませようとしている場合さえあるが、我々の言動が面白くないために、結果的に退屈させてしまう人々」という意味です。このような動詞の使い方を「無意志」といいます (p. 231 参照)。全体の意味は「我々は、我々を退屈させる人々は許せるが、我々が退屈させる人々は許せない → 我々は退屈な人は許せるが、我々を退屈だと思う人のことは許せない」となります。

2. I know the man (you came in with.) (私はあなたと一緒に入ってきた男の人を知っています)
S ③ O S ① ad ad

know は現在形・大黒柱・③、came は過去形・従属節の述語動詞・①です。in は「中に」という意味の副詞で、came にかかります。with は「〜と一緒に」という意味の前置詞で、with の目的語は**「the man と you の間に省略されている関係代名詞の whom」**です。you came in with は「関係代名詞が省略された形容詞節」で the man にかかっています。whom you came in with は「あなたはその男と一緒に入ってきた」という意味です。

the man whom you came in with を、和訳の原則にしたがって、「前置詞+関係代名詞」の部分 (= whom と with) を訳出しないで和訳すると「あなたが入ってきた男」となります。これでは意味不明です。そこで、ここは前置詞 with の意味を表に出して「あなたが一緒に入ってきた男」と訳します。これでよいのですが、日本語としてはやや不自然なので、「あなたと一緒に入ってきた男」に変えます (p. 248 参照)。この最後の日本語は the man who came in with you の和訳であって、原文とは違いますが、事柄 (=表している事実関係) が同じなので、日本語としての自然さを優先して、こちらで和訳します。

念の為に注意しますが、内外断絶の原則によって、the man と with は構造上何の関係もありません。with の目的語を the man とするのはまったくの誤りです。

この英文を I know the man という文と you came in with という文が対等に並んでいると考えて「私はその男を知っています。あなたは一緒に入ってきましたね。」のように読むことはできません。なぜなら、前置詞 with の目的語が足りないからです。それに、14-4 で詳しく勉強する「**2 つの S+V のルール**」にも違反します。このルールは「**2 つの S+V を対等につなぐには、原則として間に、等位接続詞、コロン、セミコロン、ダッシュのいずれかが必要である**」というルールです。この英文は I know the man と you came in with の間に何もないので、この 2 つの文を対等につなぐことはできないのです。

3. I met a sentence (the meaning of which I could not understand.)
S ③ O O a S aux ad ③

（私は意味を理解できない文に出会った）

met は過去形・大黒柱・③（p. 91 参照）、could は「能力」を表す助動詞の過去形です。understand は原形・従属節の述語動詞・③です。

which I could not understand を形容詞節と考えると、内側は「I が主語、understand が③、which が目的語」となって、うまくいきますが、主節側で前置詞 of の目的語が足りません。

of which I could not understand を形容詞節と考えると、内側は「I が主語、understand が①で、of which が副詞句で understand にかかる」となります。しかし understand の㊐の①のところ（＝第 1 動詞型のところ）を辞書で調べても「understand of . . . 」という表現は出ていません。また主節は I met a sentence the meaning となりますが、これの構造が成立するためには met は④か⑤でなければなりません。ところが、辞書で meet（← met の原形）のところを調べても④や⑤の使い方は出ていません（このことから meet は第 4 文型や第 5 文型は作らないことがわかります）。

the meaning of which I could not understand を形容詞節と考えて a sentence にかけると、内側は「I が主語、understand が③、the meaning が understand の目的語、of which（中身は of the sentence です）は形容詞句で the meaning にかかる」となってうまくいきます。意味も「その文の意味を私は理解できなかった」となって成立します。主節は I met a sentence で「I が主語、met が③、a sentence が met の目的語」となり、意味は「私は文に出会った」となって成立します。したがって、これが正解です。前方から読み下すと「I met a sentence ➡ 私は文に出会った ➡ the meaning of which ➡ その文の意味 ➡ I could not understand ➡ 私は理解できなかった」となります。英文全体を、和訳の原則にしたがって、「前置詞＋関係代名詞」の部分（＝of which）を訳出しないで和訳すると「私は（私が）意味を理解できなかった文に出会った」となります。私がその文の意味を理解できなかったのは過去のことですから、英語は could not understand と「単純な過去形」で書きます。しかし、日本語では、ここを「理解できなかった」と過去形で言うと「私は意味を理解できなかった文に出会った」となり「ずっと前に意味を理解できなかった文に、またそのとき出会った」という意味になります。こういう場合は、日本語では「理解できない」と現在形で言わないと「意味を理解できなかった」のと「出会った」のが同時点にならないのです。そこで、この英文は、could not understand を現在形で訳し、met を過去形で訳して「私は意味を理解できない文に出会った」と和訳します（p. 357 参照）。

4. One of the worlds (you are certain to touch in college) is that of books.
S a S ② ^{a}C ad | ③ ad ② ^{n}C a

（大学で必ず触れる世界の一つは書物の世界です）

are と is はどちらも現在形・述語動詞・②です。構造上の主語が必要ですが、are の主語は you でしょう。それでは、is の主語は？ college を is の主語にすると、前置詞 in の目的語が足りなくなります。you is とは言いませんから、you は is の主語ではありません。worlds は複数形の名詞ですから、やはり is の主語にはなれません。すると is の主語は One です。すると、この英文は One . . . is という文と、you are という文が組み合わさって出来ていることになります。14-4 で詳しく勉強する**「2 つの S+V のルール」**によると**「2 つの S+V を対等につなぐには、原則として間に、等位接続詞、コロン、セミコロン、ダッシュのいずれかが必要」**です。この英文には等位接続詞、コロン、セミコロン、ダッシュはおろかコンマもありませんから、One . . . is という文と、you are という文が対等に並んでいると読むことはできないのです。対等でないとすれば、どちらかが主節で、どちらかが従属節です。しかし、どこにも「従属節を作る語」は見当たりません。このことが、読む人に、touch と in の間に「touch の目的語」が足りないと感じさせるのです。touch は「触れる」という意味の動詞で、規則活用です。ここの touch は原形で、to touch は不定詞です。to touch は「前は副詞で certain にかかり、後は動詞で③」です。in college は副詞句で to touch にかかります。ここは「S be 形容詞 to V」という表現で、「あなたは大学で触れる点で確実である→あなたは必ず大学で触れる」という意味です。to touch の「意味上の主語」は you です。**to touch の目的語は worlds と you の間に省略されている関係代名詞の which** です。you are certain to touch in college は「関係代名詞が省略された形容詞節」で the worlds にかかります。which you are certain to touch in college は「それらの世界に、あなたは大学で必ず触れる」という意味です。この文で the worlds がどういう世界かを説明しているのです。the worlds you are certain to touch in college は「あなたが大学で必ず触れる世界」です。

that は the world の代わりをしている代名詞です。is が現在形・大黒柱・②です。

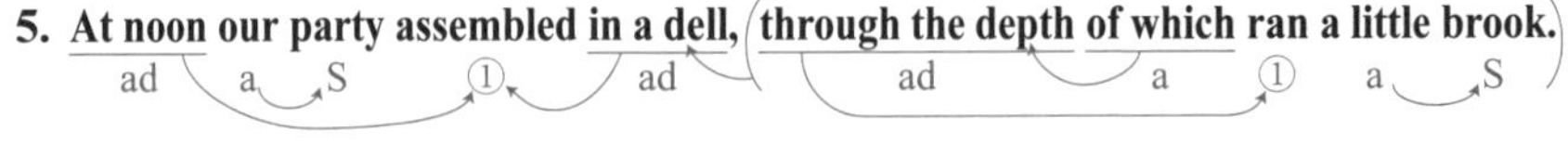

5. At noon our party assembled in a dell, (through the depth of which ran a little brook.)
ad a S ① ad ad a ① a S

（正午に我々の一行は小さな谷に集まった。その谷の底には小川が流れていた。）

assemble は「集まる」という意味の動詞で、規則活用です。ここの assembled は過去形・大黒柱・①です。through the depth of which ran a little brook は形容詞節で a dell にかかります。この which は非制限用法で、a dell を「どういう dell なのか」説明しているだけです。ran は「走る」という意味の動詞 run の過去形です。この動詞は〔run（ラン）—ran（ラン）—run〕という活用です。ran は過去形・従属節の述語動詞・①です。ran の主語は brook です。この形容詞節内は**「前置詞＋名詞 ① S」という倒置形です**（この倒置は第 1 文型の倒置として非常によく出てきます。p. 245 参照）。through の前にコンマがなければ制限用法ですから「底に小川が流れている谷」と訳します（of which は訳出せず、a little brook に「が」を付けて、形容詞節から訳し上げます）。上の英文は、through の前にコンマがあって非制限用法ですから、いったん dell までを訳し、その後ろに「その谷の底には小川が流れていた」という説明文を付け加えます。

column 9 「英語の仕組み」を学習することの重要性

一世を風靡した過去の有名な参考書、たとえばno more . . . than や so . . . that といった定型的表現を「英文解釈の公式」として整理し暗記する『新々英文解釈研究』(山崎貞著 通称「山貞」原著は大正元年発行) や、名詞＋that-Clause や It＋V＋that . . . といった形を整理して、形から考える『英文解釈教室』(伊藤和夫著 通称「解釈教室」昭和 52 年発行) のような本で勉強するにしても、まず先に「英語の仕組み」を理解して実際に判断できるようになっていなければ、結局は定型的表現や形の「類推」による「あてはめ」で終わってしまいます。本当に確信を持って読めるようになりません。逆に「英語の仕組み」を理解して実際に判断できるようになっていれば『新々英文解釈研究』や『英文解釈教室』は必須ではありません。これらの本が出版される前の英語の達人たちはこれらの本を知らずに (まだ書かれていませんでしたから)「品詞・働き・活用」と辞書だけで正確に読み書きしていたのです。

数十年前から盛んに喧伝される「前から読む」とか「語順のままに意味を汲み取る」というようなことも、「英語の仕組み」を理解して、たえずこの枠内で読み書きしていれば自然にそうするようになります。「英語の仕組み」を知らないので「前から読むための特別なメソッドや訓練」が必要になるのです。「前から読むための特別なメソッドや訓練」は赤ん坊の歩行器のようなもので、本来必要ないものです (普通の赤ん坊には、歩行器は自然な発達を阻害する、かえって有害な器具だとされています)。

日本語の場合は、構造を制御する「日本語の仕組み」がすでに意識下に沈潜していて、それが絶えず無意識の次元で読み書き (＝ここで切れるか切れないか、ここをつなげられるかつなげられないか) をコントロールしています。ですから、意識の次元では意味だけを考えながら、自然に前から読んでいけるのです。**英語の場合は、構造を制御する「英語の仕組み」を知らない人 (＝読み書きを構造的にコントロールできない人) が、意味だけを考えて、語順のままに前から正確に読むことは、いくら特別な訓練をしたり (後ろを隠して予測するとか)、特別な工夫をしたり (スラッシュを入れるとか) しても、本当にはできない**のです。

私は「(前から読むことにこだわって) 後を隠して構造を予測したり、スラッシュを入れたりすること」さらには「(繰り返しひたすら) 音読すること」「(わからない個所は飛ばして) 速読すること」が無意味だと言っているのではありません。これらのやり方は本当の解決策にはならないと言っているのです。英語を正しく読み書きできるようになりたいと本心から思うのであれば、まず「英語の仕組み」を理解しなければいけないということです。「英語の仕組み」を理解している人だけが正しい「予測読み」「スラッシュ読み」ができるのであり、「音読」「速読」の真の効果を享受できるのです。

英語を勉強する日本人の通弊は「直接的に結果と結びつく勉強」だけに飛びつくことです。たとえばスラッシュ読みを考えてみましょう。英文に正しくスラッシュを入れれば、そこが意味の区切りですから、前から正しく意味を汲み取って、読んでいけます。つまり、正しくスラッシュを入れることは正しく読むことに直結しているのです。ですから「スラッシュを入れる勉強」は多くの人にアピールするのです。しかし、問題は「どうすれば正しくスラッシュを入れられるのか」という点にあるのです。肝心のこの点になると、急に「慣れだ」とか「感覚だ」といった捉えどころのない話になってしまいます。「スラッシュの入れ方のルール」なるものも、所詮はad hocなもので、うまく当てはまることもあれば、うまくいかないこともある。うまく当てはまるか、うまくいかないかはどうやってわかるのかと問えば「慣れだ」「感覚だ」となってしまう。

本当に英語がわかるルートは「直接的に結果と結びつかない勉強」にあるのです。たとえばWhere am I now?という英文を勉強するとき、Whereは「どこに」、amは「いる」、Iは「私」、nowは「今」、という勉強は「直接的に結果と結びつく勉強」です。この4つの意味を組み合わせれば「私は今どこにいますか？」という「求める結果（＝和訳）」が直接的に得られます。ところが、Whereは副詞でamにかかる、amは現在形・述語動詞・①、Iは主語、nowは副詞でamにかかる、という勉強は、これが正しく言えたからと言って、それだけで意味がわかって和訳できるわけではありません。ですから「有害無益な、最高に愚かな勉強」だとして、見向きもされないのです。しかし、実はこれを正しく言えることによって、もっと長く複雑な英文に正しくスラッシュを入れられるようになるのです。

「一見迂遠に感じられる（＝直接的に結果に結びつかないので、何の役に立つのかわからない）勉強」が、実は「直接的に結果と結びつく勉強」を真に効果的たらしめているのです。古来勉強の要諦とされる「急がば回れ」というのはこういうことです。英語学習では、このカラクリをわかっていない人があまりにも多い。『英文解釈教室』を始めとする高度な読解系参考書に手を出す前に、はたして自分は「英語の仕組み」を本当に理解していて、そこから生まれる制約を意識して読み書きできているかどうか、一度振り返ってみることをお勧めします。

ちなみに「ここが変だよ 英語の教科書」と題して Where am I now? を「誘拐？それとも記憶喪失？ 場所は人気のない埠頭の倉庫。目隠しされて連れてこられたのか。はたまた病院のベッドの上で記憶を失っているのか。」と揶揄（やゆ）している本を見かけました。この文は地図を前にして「私は今どこにいるんですか？」と尋ねているのです（p. 37 参照）。一億総英語評論家で、この程度の見識で英語の教科書や参考書を良いの悪いのと云々する人がたくさんいます。そういう人は例外なく品詞と 5 文型を蛇蝎（だかつ）の如く嫌います。「こんなことやってるから日本人はいつまでも英語を話せないんだ」そうです。**将来英語を'正確に'読み書きする必要がある職業を志す中学生・高校生が、こういう素人の俗論、謬見（びゅうけん）に惑わされて、中学・高校の 6 年間を本質的な勉強に費やさず、上っ面を撫でるだけの皮相な営み（読解は、日常会話に毛が生えた程度の英文を、単語の意味を組み合わせて、多分こんなことを言ってるんだろうと推測するだけ、作文は要するに例文の丸暗記です）に終始しているのは気の毒な限りです。**

私は高 1 の夏休みに『和文英訳の修業』（佐々木高政著 昭和 27 年発行）を配られ、暗唱用例文 500 題を全部暗記するという宿題を出されました。これを暗唱すれば英語が読み書きできるようになるんだと信じて、膨大な時間をかけて暗記しました。でも、何も変わりませんでした。**それだけ努力したのに、英語がわかるようになったという実感がまったくわかなかった。**今振り返ると「英語の仕組み」を全然知らずに、ただ丸暗記していたのですから鸚鵡（おうむ）や九官鳥と同じです。まったく酷い話です（あの夏の 1 ヶ月半、中学 3 年間と高 1 の 1 学期にやった全英文を使って、ひたすら「英語の仕組み」の勉強に集中していたら、9 月には全く違う人間に変身していたでしょう）。

今でも中学生・高校生の大半は「英語は暗記するだけの科目で、わかったような、わからないような、モヤモヤした科目だ」と感じているようです。その中で、運よく「品詞と働きと活用」の勉強を徹底的にする機会に恵まれた高校生は、後は単語をどれだけ知っているかの問題ですから、入試の英語など楽々突破していきます（ただし「コラム 4　品詞の重層構造」と「コラム 5　活用の重層構造」で説明したように、単純に 1 語 1 語品詞と活用を言うだけの練習ではすぐに暗礁に乗り上げます。「英語の仕組み」を理解するための品詞分解には特別な工夫が必要なのです）。

先日も、半年後に海外勤務を命じられた 40 代前半の会社員の方から相談を受けました。この方はスピーキングは問題ない方です。「**私は仕事でもそこそこ英語**

を読んでいるのですが、すべて直観に頼っていて、都合の良いように訳を作りだしている感じです。読解は大学入試の適当さから変わっていません。赴任に困らない読解力を身につけたいです。アドバイスよろしくお願いいたします」とのことでした。みなさんは「仕事で日常的に英語を使っている人がこんな悩みを持つだろうか？」と思うかもしれません。しかし、実際にはこういう方は珍しくありません。頭の回転が速い優秀な方は、単語の意味を知っていれば、あとは勘やフィーリングで大体のことはわかります。ですから、それで大学入試も社会人になってからも大過なくこなしてしまうのです。しかし、いよいよ責任ある地位について、ブリーフィング文書や契約書の読み間違いが会社の損益に直結するようになると（あるいは医師や看護師や薬剤師で、医学論文の読み間違いが患者の命にかかわるようになると）、自分が本当にわかって読んでいるわけではないことを痛切に自覚して、なんとかしなければ、と思うのです。この方は、変なプライドやこだわりのない方で、自分の現状を客観的に認識して、私のアドバイスを容れて、英語構文の基礎から勉強し直すことにしました。**毎日１時間は勉強に使えるそうなので、３か月くらいで「英語の本当の読み方」ができるようになるでしょう。**現地に行ったら英語漬けですから、語彙力は急速に伸長します。日本で「英語の仕組み」を完全に理解した上で任地に向かえば、それほど時間がかからず本当に自信を持って英語を使いこなせるようになります（英米人の部下が作成した文書の文法上の誤りを指摘して直させることなど朝飯前です。p. 90 注 2 参照）。

Lesson 14

関係副詞 / 関係形容詞

14-1 関係副詞

・形容詞節の内側で、関係代名詞が前置詞の目的語になっている。
・前置詞＋関係代名詞が「時間・場所・方法・理由を表す副詞句」になっている。
・この場合は「前置詞＋関係代名詞」を1語の副詞で書くことができます。この副詞を関係副詞といいます。
・関係副詞は省略することができます。
・関係副詞は次の5つです。

時間を表す関係副詞 → when
場所を表す関係副詞 → where
方法を表す関係副詞 → how
理由を表す関係副詞 → why
時間・場所・方法・理由を表す関係副詞 → that

〔アイ　キャナット　フォゲット　ザ　デイ　ウェン　アイ　ファースト　メット　ハー〕

I cannot forget the day (when I first met her.)
S aux ad ③ O ad S ad ③ O

（私は初めて彼女に会った日を忘れられない）

canは「可能性」を表す助動詞・現在形、forgetは原形・大黒柱・③、metは過去形・従属節の述語動詞・③です。**I cannot forget the day on which I first met her.**（私は初めて彼女に会った日を忘れられない）という文はon which I first met herが形容詞節で the day にかかり、on which は on the day（その日に）という意味の副詞句で met にかかります。on which I first met her は「その日に私は初めて彼女に会った」という意味です。on which を「時間を表す関係副詞」の when に変えたのが上の文です。前方から読み下すと「I cannot forget the day ➡ 私はその日を忘れられない ➡ when ➡ その日に ➡ I first met her ➡ 私は彼女に初めて会った」となります。関係副詞は省略できるので、when を省略すると **I cannot forget the day I first met her.** となります。**関係副詞を省略した形容詞節（この場合は I first met her）は「完全な文（＝主語、動詞の目的語、前置詞の目的語、補語の点で足りない要素がない文 p. 189 参照）」であることに注意してください（これに対して「関係代名詞を省略した形容詞節」は「不完全な文」です）。**

When did I first meet her?（私はいつ彼女に初めて会ったのか？）の When は疑問副詞です。疑問詞は名詞節を作れるので、この疑問文を名詞節にすると［when I first met her］（いつ私が彼女に初めて会ったかということ）となります。また、when は従属接続詞のこともあります。すると when I first met her は「私が初めて彼女に会ったときに」という意味の副詞節になります。**when S＋V は、形容詞節だと when は関係副詞で、和訳の際は訳出せず、名詞節だと when は疑問副詞で、和訳の際は「いつ」と訳し、副詞節だと when は従属接続詞で、和訳の際は「ときに」と訳します。**

なお、関係副詞は、先行詞を省略することがあります（14-2 参照）。すると when I first met her は the time when I first met her（私が初めて彼女に会ったとき）から先行詞の the time を省略した可能性もあります。「先行詞が省略された関係副詞」は名詞節を作るので、この場合の when I first met her は名詞節です。したがって、**when S＋V が名詞節のときは、when は関係副詞の可能性もあり、その場合は、和訳の際に「とき」と訳します**（p. 268 参照）。このように when S＋V は全部で 4 つの可能性があるのです。これは 19-2 で統一的に勉強します。

〔ザット　イズ　ザ　プレイス　ウェア　ズィ　アクスィデント　オカード〕

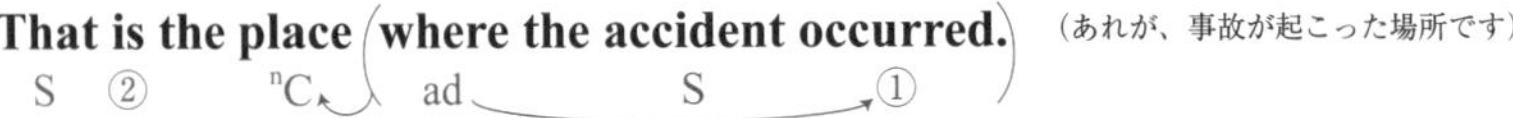
That is the place (where the accident occurred.)
S ② ⁿC ad S ①
（あれが、事故が起こった場所です）

is は現在形・大黒柱・②、occur は「起こる」という意味の動詞で、規則活用です。念の為に活用を確認すると〔occur（オカー）—occur または occurs—occurred（オカード）—occurred—occurring（オカーリング）〕となります。過去形、過去分詞形、ing 形は r が重なることに注意してください。ここの occurred は過去形・従属節の述語動詞・①です。**That is the place at which the accident occurred.**（あれが、その事故が起こった場所です）という文は at which the accident occurred が形容詞節で the place にかかり、at which は at the place（その場所で）という意味の副詞句で occurred にかかります。at which the accident occurred は「その場所でその事故が起こった」という意味です。at which を「場所を表す関係副詞」の where に変えたのが上の文です。前方から読み下すと「That is the place ➡ あれがその場所です ➡ where ➡ その場所で ➡ the accident occurred ➡ その事故が起こった」となります。関係副詞は省略できるので、where を省略すると **That is the place the accident occurred.** になります。関係副詞を省略した形容詞節（この場合は the accident occurred）は「完全な文」です。

Where did the accident occur?（その事故はどこで起こったのか？）の Where は疑問副詞です。疑問詞は名詞節を作れるので、この疑問文を名詞節にすると［where the accident occurred］（どこでその事故が起こったのかということ）となります。また、where は従属接続詞のこともあります。すると where the accident occurred は「その事故が起こったところで」という意味の副詞節になります。**where S＋V は、形容詞節だと where は関係副詞で、和訳の際は訳出せず、名詞節だと where は疑問副詞で、和訳の際は「どこで」と訳し、副詞節だと where は従属接続詞で、和訳の際は「ところで」と訳します。**

なお、関係副詞は、先行詞を省略することがあります。すると where the accident occurred は the place where the accident occurred（その事故が起こったところ）から先行詞の the place を省略した可能性もあります。「先行詞が省略された関係副詞」は名詞節を作るので、この場合の where the accident occurred は名詞節です。したがって、**where S＋V が名詞節のときは、where は関係副詞の可能性もあり、その場合は、和訳の際に「ところ」と訳します**（p. 267 参照）。このように where S + V は全部で 4 つの可能性があるのです。これは 19-2 で統一的に勉強します。

〔アイ　ライク　ザ　ウェイ　ヒー　スピークス〕

I like the way (he speaks.)　（私は彼の話し方が好きです）
S ③　O　S ①

like は「好む、好きだ」という意味の動詞で、規則活用です。ここの like は現在形・大黒柱・③です。speaks は「3 単現の s」が付いた現在形・従属節の述語動詞・①です。**I like the way in which he speaks.**（私は彼の話し方が好きです）という文は in which he speaks が形容詞節で the way にかかり、in which は in the way（そのやり方で）という意味の副詞句で speaks にかかります。in which he speaks は「そのやり方で彼は話す」という意味です。in which を「方法を表す関係副詞」の how に変えると *I like the way how he speaks. となります。これを前方から読み下すと「I like the way ➡ 私はその方法が好きです ➡ how ➡ その方法で ➡ he speaks ➡ 彼は話す」となります。ところが、関係副詞の how は、他の関係副詞と違い、「**通常、先行詞と how の両方を書くことはしない（＝先行詞か how のどちらかを省略する）**」というルールがあるのです。そこで I like the way how he speaks. は、普通は使われず、**I like how he speaks.** または **I like the way he speaks.** にします（あるいは、関係副詞の that は how の代用として使え、that には how のような制約がないので、that を使えば **I like the way that he speaks.** と言えます）。関係副詞を省略した形容詞節（この場合は he speaks）は「完全な文」です。

How does he speak?（彼はどういうふうに話すか？）の How は疑問副詞です。疑問詞は名詞節を作れるので、この疑問文を名詞節にすると［how he speaks］（どういうふうに彼が話すかということ）となります。同じく名詞節でも、how が関係副詞で、先行詞の the way が省略されている可能性もあります。この場合は［how he speaks］（彼が話すやり方）となります。したがって、**how S+V は、形容詞節にはならず、名詞節です。how が疑問副詞だと、和訳の際は「どういうふうに」と訳し、関係副詞だと、和訳の際は「やり方、様子」と訳します。**この他に how は従属接続詞のこともあります。この場合の how は名詞節または副詞節を作ります。しかし、これは比較的少ないので、今は気にしなくてよいです（19-8 で説明します）。

〔ウィル　ユー　テル　ミィー　ザ　リーズン　ワイ　ヒー　ディドント　カム　↗〕

Will you tell me the reason (why he didn't come?)
aux　S　④　O　　O　ad　S　aux　ad　①

（彼が来なかった理由を私に話してくれませんか）

Will は助動詞・現在形、tell は原形・大黒柱・④です（tell については p. 157 参照）。did は助動詞・過去形、come は原形・従属節の述語動詞・①です（come については p. 85 参照）。**「Will you V . . . ?」は疑問文ですが、通常「V してくれませんか ?」「V しませんか ?」という「依頼・勧誘」の意味で使われます**（will が「意志未来」を表して「あなたは V するつもりですか ?」という意味になることもあります）。**Will you tell me the reason for which he didn't come?**（彼が来なかった理由を私に話してくれませんか）という文は for which he didn't come が形容詞節で the reason にかかり、for which は for the reason（その理由で）という意味の副詞句で didn't come にかかります。for which he didn't come は「その理由で彼は来なかった」という意味です。for which を「理由を表す関係副詞」の why に変えたのが上の文です。前方から読み下すと「Will you tell me the reason ➡ その理由を私に話してくれませんか ➡ why ➡ その理由で ➡ he didn't come ➡ 彼は来なかった」となります。関係副詞は省略できるので、why を省略すると **Will you tell me the reason he didn't come?** になります。関係副詞を省略した形容詞節（この場合は he didn't come）は「完全な文」です。

Why didn't he come?（なぜ彼は来なかったのか ?）の Why は疑問副詞です。疑問詞は名詞節を作れるので、この疑問文を名詞節にすると［why he didn't come］（なぜ彼が来なかったのかということ）となります。また why he didn't come は the reason why he didn't come（彼が来なかった理由）から先行詞の the reason を省略した可能性もあります。「先行詞が省略された関係副詞」は名詞節を作るので、この場合の why he didn't come は名詞節です。したがって、**why S+V は、形容詞節だと why は関係副詞で、和訳の際は訳出せず、名詞節だと、why が疑問副詞なら、和訳の際は「なぜ」と訳し、関係副詞なら、和訳の際は「理由」と訳します。**このように why S+V は全部で 3 つの可能性があるのです。これは 19-7 で統一的に勉強します。

14-2 先行詞が省略された関係副詞

・関係副詞は先行詞を省略することができます。注

・「先行詞が省略された関係副詞」は名詞節を作ります。

注　ただし、関係副詞の that は先行詞を省略できません。

〔ザット　イズ　ウェア　ヒー　イズ　ミステイクン〕

That is where he is mistaken.
S ② ad S ② aC
C
（それが、彼が間違っているところだ）

最初の is は現在形・大黒柱・②、2 番目の is は現在形・従属節の述語動詞・②です。mistaken は形容詞で補語です（p. 141 参照）。**That is the point at which he is mistaken.**（それが、彼が間違っているところだ）の at which を「場所を表す関係副詞」の where に変えると **That is the point where he is mistaken.** となります（where he is mistaken は形容詞節で the point にかかります）。これから where を省略すると **That is the point he is mistaken.** となり（he is mistaken は「関係副詞が省略された形容詞節」で the point にかかります）、the point を省略すると **That is where he is mistaken.** となります（where he is mistaken は「先行詞が省略された関係副詞」が作る名詞節で、is の補語です）。これを「それが、彼が間違っているところだ」と訳します。これは、厳密には where を「ところ」と訳したのではありません。where は関係詞ですから日本語には訳しません。省略されている the point を「ところ」と訳したのです。しかし、実質的には where を「ところ」と訳していると考えてよいでしょう。

なお、where he is mistaken は、where が疑問副詞だと「どこで彼は間違っているのか（ということ）」という意味の名詞節になり、where が従属接続詞だと「彼が間違っているところで」という意味の副詞節になります。

〔アイ　リメンバ　ウェン　ゼア　ワズ　ノウ　パーソナル　コンピュータ　オー　セリュラ　フォウン〕

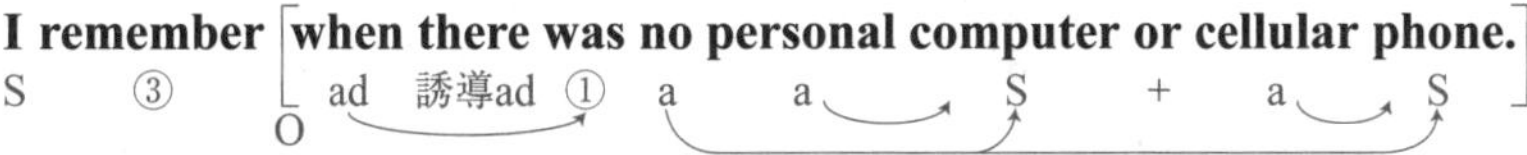

（私はパソコンも携帯電話もなかった時代を覚えています）

remember は現在形・大黒柱・③、was は過去形・従属節の述語動詞・①です。no は形容詞で personal computer と cellular phone にかかります。そこで（頭の中で）no を not と any に分解し、not を was にかけ、any を personal computer と cellular phone にかけて意味を取ると there was no personal computer or cellular phone は「どんなパソコンも携帯電話もなかった」となります（or については p. 89 参照）。**I remember the time at which there was no personal computer or cellular phone.**（私はどんなパソコンも携帯電話もなかった時代を覚えています）の at which を「時間を表す関係

副詞」の when に変えると **I remember the time when there was no personal computer or cellular phone.** となります（when there was no personal computer or cellular phone は形容詞節で the time にかかります）。これから when を省略すると **I remember the time there was no personal computer or cellular phone.** となり（there was no personal computer or cellular phone は「関係副詞が省略された形容詞節」で the time にかかります）、the time を省略すると **I remember when there was no personal computer or cellular phone.** となります（when there was no personal computer or cellular phone は「先行詞が省略された関係副詞」が作る名詞節で、remember の目的語です）。これを「私はどんなパソコンも携帯電話もなかった時代を覚えています」と訳します（「時代」ではなく「とき」と訳してもよいです）。これは、厳密には when を「時代」と訳したのではありません。when は関係詞ですから日本語には訳しません。省略されている the time を「時代」と訳したのです。しかし、実質的には when を「時代」と訳していると考えてよいでしょう。

なお、when there was no personal computer or cellular phone は、when が疑問副詞だと「いつ、どんなパソコンも携帯電話もなかったのか（ということ）」という意味の名詞節になり、when が従属接続詞だと「どんなパソコンも携帯電話もなかったときに」という意味の副詞節になります。

〔ディヂュー　ノウティス　ハウ　ヒー　スマイルド　アト　アス ↗〕

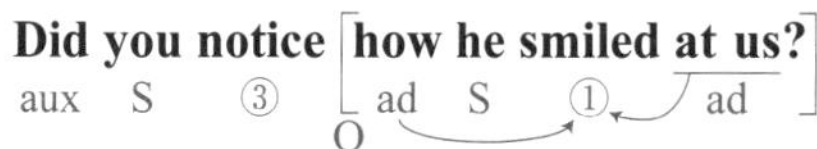

(彼が私たちに笑いかけたあの笑い方に気がつきましたか？)

Did は助動詞・過去形、notice は原形・大黒柱・③、smiled は過去形・従属節の述語動詞・①です（notice も smile も規則活用です）。**Did you notice the way in which he smiled at us?**（彼が私たちに笑いかけたあの笑い方に気がつきましたか？）の in which を「方法を表す関係副詞」の how に変えると *Did you notice the way how he smiled at us? となります（how he smiled at us は形容詞節で the way にかかります）。しかし「通常、先行詞と how の両方を書くことはしない（＝先行詞か how のどちらかを省略する）」ので、実際には **Did you notice the way he smiled at us?**（he smiled at us は「関係副詞が省略された形容詞節」で the way にかかります）か **Did you notice how he smiled at us?**（how he smiled at us は「先行詞が省略された関係副詞」が作る名詞節で、notice の目的語です）のどちらかになります。これを「彼が私たちに笑いかけたあの笑い方に気がつきましたか？」と訳します。これは、厳密には how を「笑い方」と訳したのではありません。how は関係詞ですから日本語には訳しません。省略されている the way を「笑い方」と訳したのです。しかし、実質的には how を「笑い方」と訳していると考えてよいでしょう。

なお、how he smiled at us は、how が疑問副詞だと「彼はどういうふうに私たちに笑いかけたか（ということ）」という意味の名詞節になります。

14-3　関係形容詞

・関係形容詞は内側で名詞修飾の働きをします。注1
・**関係形容詞は whose, which, what の 3 つです。**注2
・**whose は人間でも、人間以外のものでも先行詞にできます。**
・**関係形容詞の which は形容詞の this, that, these, those あるいは定冠詞の the を関係詞にしたものです。**
・**「関係形容詞の which＋名詞」は主節の全部または一部を言い換えたものです。**注3
・**関係形容詞の which は必ず非制限用法で使います。**注4
・関係形容詞の which が作る従属節は、名詞節・形容詞節・副詞節のどれにも該当しません。注5
・**関係形容詞の what は名詞節を作ります。**注6
・**関係形容詞の what は「すべての」という意味を表します。**

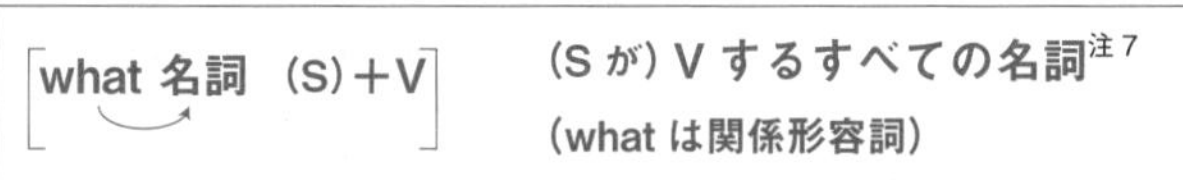

[what 名詞　(S)＋V]
(S が) V するすべての名詞注7
(what は関係形容詞)

注 1　**関係形容詞に限らず、疑問形容詞と感嘆形容詞も常に後の名詞を修飾する働きをします。**補語にはなりません。

注 2　whose は、学校では「関係代名詞の所有格」と呼ばれます。

注 3「主節の全部」の場合は、文（＝S＋V）を「which＋名詞」で言い換えています。「主節の一部」は、名詞とは限らず、形容詞や副詞のこともありますし、さらには純粋な名詞・形容詞・副詞ではなく、名詞・形容詞・副詞の働きをするもの、たとえば「前置詞＋名詞」や準動詞（＝不定詞、動名詞、分詞）のこともあります。これらを「which＋名詞」で言い換えているわけです。このことを、辞書や文法書は「**関係形容詞の which は主節の全部または一部を先行詞にする**」と説明しています。

注 4　したがって、**関係形容詞の which が作る従属節の前には必ずコンマを置きます。**非制限用法は p. 249 参照。

注 5　非制限用法の関係詞が作る従属節は、情報を付け加えているだけですから、通常の「修飾」の概念とは少し違います。それでも、先行詞が名詞であれば「形容詞節で、働きは名詞修飾」として問題ありませんが、先行詞が主節全体だったり、主節の一部である副詞句だったりすると、むりやり「副詞節」に分類しても、実益がありません。したがって、**「関係形容詞の which が作る従属節」はただ「従属節」ないしは「関係詞節」ということにしておいて、名詞節・形容詞節・副詞節のどれであるかにはこだわらない方がいいです。**なお、「関係詞節」という言葉は「関係詞が作る従属節」という意味で、「関係詞の働きをする従属節」という意味ではありません。その点で「関係詞節」という言葉は名詞節、形容詞節、副詞節とは性質が違います。

注 6 関係形容詞の what は 17-8-2 で詳しく勉強します。

注 7 (S が) がカッコに入っているのは、what がかかる名詞が主語のことがあるからです。その場合は「what 名詞 V」となって「V するすべての名詞」という意味になります。

〔イン マイ タウン ゼア リズ ア ペット シャップ フーズ ネイム イズ フィーリクス〕

(私の町には、フィリックスという名前のペットショップがあります)

最初の is は現在形・大黒柱・①、2 番目の is は現在形・従属節の述語動詞・②です。whose name is Felix は形容詞節で a pet shop にかかります。whose は関係形容詞で、name にかかります。whose name is Felix は「そのペットショップの名前はフィリックスです」という意味です。前方から読み下すと「In my town there is a pet shop ➡ 私の町には、1 軒のペットショップがあります ➡ whose name ➡ そのペットショップの名前は ➡ is Felix ➡ フィリックスです」となります。和訳の原則にしたがって、「関係形容詞」の部分 (＝whose) を訳出しないで和訳すると「私の町には、名前がフィリックスであるペットショップがあります」となります。これでもよいですが、日本語としてはやや不自然なので「私の町には、フィリックスという名前のペットショップがあります」のように意訳します。

この英文は関係代名詞を使って、次の 2 つに書き換えることができます。1 つは **In my town there is a pet shop the name of which is Felix.** (私の町には、名前がフィリックスであるペットショップがあります) です。the name of which is Felix が形容詞節で a pet shop にかかります。この形容詞節の元の文は **The name of the pet shop is Felix.** です。もう一つは **In my town there is a pet shop which is named Felix.** (私の町には、フィリックスと名付けられているペットショップがあります) です。which is named Felix が形容詞節で a pet shop にかかります。which は主語、is named は現在形・従属節の述語動詞・－⑤、Felix は補語です。named は「名付ける」という意味の「規則活用の動詞 name」の過去分詞形です。which is named Felix の元の文は **The pet shop is named Felix.** (そのペットショップはフィリックスと名付けられている) です。

Whose name is Felix? は「フィリックスは誰の名前ですか ?」という意味の疑問文で、Whose は疑問形容詞です (Felix が主語、is が現在形・述語動詞・②、name が補語です)。疑問詞は名詞節を作れるので、この疑問文を名詞節にすると［whose name Felix is]（フィリックスは誰の名前かということ）となります。この名詞節は whose name is Felix と語順が違うことに注意してください（← 17-6、19-4 で詳しく勉強します）。Whose name is Felix? は、name を主語、Felix を補語にして「誰の名前がフィリックスですか？」と読むこともできます。こう読むと、名詞節は［whose name is Felix］（誰の名前がフィリックスかということ）となります。しかし、特別な文脈でなければ「誰の名前がフィリックスですか？」と読むのは不自然です。

〔ヒー　セッド　ナスィング　ウィッチ　ファクト　メイド　ハー　アングリ〕

He said nothing, 〈which fact made her angry.〉
S　③　O　〈a　S　⑤　O　aC〉

（彼は何も言わなかったが、そのことが彼女を怒らせた）

He said nothing, and this fact made her angry.（彼は何も言わなかった。そして、この事実が彼女を怒らせた）この英文は文と文が and で対等につながれています。this は形容詞で fact にかかり、this fact は He said nothing を指しています。つまり、this fact は He said nothing という文を言い換えたものです。そこで、this を関係形容詞の which に変えて、which fact と言うことができます。すると、関係形容詞は従属節を作る語なので、**which fact made her angry は、this fact made her angry と意味はまったく同じなのですが、英文構造上は従属節**となり、He said nothing と対等の文ではなくなります（He said nothing と which fact made her angry は主節と従属節の関係になります）。そのため、等位接続詞の and は使わず He said nothing, which fact made her angry. となります（対等ではないので and でつないだら間違いになります）。which fact made her angry はしいて分類すれば副詞節ですが、どこかを修飾しているわけではないので、これを副詞節と言っても実益がありません。ただ「従属節」ないしは「関係詞節」ということにしておくのがよいです（構造図解では一応三角のカッコでくくってあります）。

said は過去形・大黒柱・③で、made は過去形・従属節の述語動詞・⑤です。

Which fact made her angry? は「どの事実が彼女を怒らせたのですか？」という意味の疑問文で、Which は疑問形容詞です。疑問詞は名詞節を作れるので、この疑問文を名詞節にすると［which fact made her angry］（どの事実が彼女を怒らせたのかということ）となります。

〔ヒー　メット　ザ　ディレクタズ　トゥ　ゲット　ア　ペイ　ライズ　フォー　エヴリワン　ウィッチ　パーパス　ヒー　クド　ナット　アチーヴ〕

He met the directors to get a pay rise for everyone, 〈which purpose he could not achieve.〉
S　③　O　ad③　O　a　〈a　O　S　aux　ad　③〉

（彼は全員の昇給を得るために重役連と面会したが、その目的を達成できなかった）

pay は「給料」という意味の名詞、rise は「上昇」という意味の名詞で、この 2 つの名詞を組み合わせて pay rise（昇給）という 1 つの名詞にしています。to get a pay rise for everyone は「全員の昇給を得るために」という意味の不定詞副詞用法です。achieve

は「達成する」という意味の動詞で、規則活用です。**He met the directors to get a pay rise for everyone, but he could not achieve the purpose.**（彼は全員の昇給を得るために重役連と面会したが、その目的を達成できなかった）という英文は文と文がbutで対等につながれています。the purposeはto get a pay rise for everyoneという不定詞副詞用法を指しています。つまり、the purposeは前方の文の一部であるto get a pay rise for everyoneを言い換えたものです。そこで、theを関係形容詞のwhichに変えて、which purposeと言うことができます。すると、関係形容詞は従属節を作る語なので、**which purpose he could not achieveは、he could not achieve the purposeと意味はまったく同じなのですが、英文構造上は従属節**となり、He met the directors to get a pay rise for everyoneと対等の文ではなくなります（He met the directors to get a pay rise for everyoneとwhich purpose he could not achieveは主節と従属節の関係になります）。そのため、等位接続詞のbutは使わずHe met the directors to get a pay rise for everyone, which purpose he could not achieve.となります（対等ではないのでbutでつないだら間違いになります）。

metは過去形・大黒柱・③、getは原形で、to getは「前は副詞で動詞修飾、後は動詞で③」です。couldは「可能性」を表す助動詞・過去形、achieveは原形・従属節の述語動詞・③です。

Which purpose could not he achieve?は「どの目的を彼は達成できなかったのか？」という意味の疑問文で、Whichは疑問形容詞です。疑問詞は名詞節を作れるので、この疑問文を名詞節にすると［which purpose he could not achieve］（どの目的を彼は達成できなかったのかということ）となります。

〔アイ　ゲイヴ　ヒム　ワット　マニ　アイ　ハッド　ウィズ　ミィー〕

I gave him [what money I had with me.]　（私は持ち合わせていた金をすべて彼に与えた）

S ④ O [a O S ③ ad]
O

gaveは過去形・大黒柱・④、hadは過去形・従属節の述語動詞・③です。**I gave him all the money that I had with me.**（私は持ち合わせていたすべての金を彼に与えた）のthat I had with meは形容詞節でall the moneyにかかっています。thatは関係代名詞でhadの目的語です。whichでもよいのですが、**先行詞にall theが付いているときは、関係代名詞はwhichではなくthatを使うのが普通です。**I hadにwith meを付けると「そのときに持ち合わせていた」という意味になります。さて、この英文の**「all theという形容詞的修飾要素」と「thatという関係代名詞」をまとめてwhatという1語で表せるのです（このwhatを「関係形容詞のwhat」といいます）**。やってみるとwhat money I had with me（私が持ち合わせていたすべての金）となります。これは名詞節ですので、まだ勉強していません。しかも、ただ名詞節であるだけではありません。**all the money that I had with meとwhat money I had with meは、意味は同じなのですが、構造的には非常に大きな違いがあります。**そこで、今はこれ以上追求せず、17-8で詳しく勉強することにします。

What money did I have with me? は「どんなお金を私は持ち合わせていたのか？（ドルだったのか？ ユーロだったのか？)」という意味の疑問文で、What は疑問形容詞です。疑問詞は名詞節を作れるので、この疑問文を名詞節にすると [what money I had with me]（どんなお金を私は持ち合わせていたのかということ）となります。what money I had with me には 2 つの可能性があるわけです。それどころか、**関係形容詞の what はしばしば what の後に little や few という形容詞を置いて使うのですが、**what little money I had with me とすると、理論上はもう一つ可能性が増えて、全部で 3 つの可能性が出てきます。しかも 3 つとも構造は同じなのです。この問題は Lesson 17 で詳しく説明します。

14-4 2 つの S+V のルール

2 つの S+V を対等につなぐには、原則として間に、等位接続詞、コロン、セミコロン、ダッシュのいずれかが必要である。注1

・この原則を「**2 つの S+V のルール**」といいます。

・自分の読み方が「2 つの S+V のルール」に違反したときは、次の 2 つを考えます。

1. どちらかは S+V ではないのでは？ **2. どちらも S+V だとしたら、対等ではないのでは？** **(＝どちらかは従属節ではないか？)**

・「2 つの S+V のルール」の例外

2 つの S+V が「言い換え」や「同性質の内容の列挙」になっている場合は、コンマだけで対等につながれることがあります。注2

注 1 コロンは「:」セミコロンは「;」ダッシュは「—」です。

注 2 これを comma splice〔カマ スプライス〕(コンマ接合) といいます。

〔フロム ザ モウメント ア ベイビ ファースト オウプンズ ヒズ アイズ ヒー イズ ラーニング〕

× **From the moment a baby first opens his eyes, he is learning.**

ad S ad ③ a O S ①

(その瞬間から、赤ん坊は初めて目を開き、ものを学んでいる)

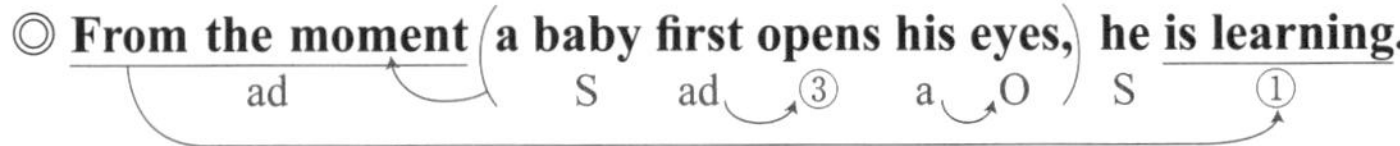

（赤ん坊は、初めて目を開いた瞬間から、ものを学んでいる）

この英文を前ページの間違った読み方で読む人がたくさんいます（これが「はじめに」で指摘した「単語の意味を適当に組み合わせて、英文の意味を取る」という読み方です）。上の読み方はFrom the momentをfirst opensにかけ、a baby first opens his eyesという文とhe is learningという文をコンマだけで対等につないでいるのです。しかし「2つのS+Vのルール」によって、2つのS+Vを対等につなぐには、間に等位接続詞、コロン、セミコロン、ダッシュのどれかが必要です。2つのS+Vがコンマだけで対等につながれるのは、2つのS+Vが「言い換え」や「同性質の内容の列挙」になっている場合です。「その瞬間から、赤ん坊は初めて目を開く」と「赤ん坊はものを学んでいる」は「言い換え」でもなければ「同性質の内容の列挙」でもありません。したがって、この読み方は「2つのS+Vのルール」に違反します。すると「どちらかは文ではないのに、文と誤解したために『2つのS+Vのルール』に違反する事態になっている」ことが考えられます。しかし、opensは「3単現のs」がついていて現在形ですから、絶対に述語動詞です。is learningも現在形ですから、絶対に述語動詞です。したがって「どちらかは文ではない」という可能性はありません。どちらも絶対に「構造上の主語+述語動詞」で、文です。このことが、読み手にa baby first opens his eyesとhe is learningは対等の文ではない（どちらかが主節で、どちらかが従属節だ）と感じさせるのです。しかし、この英文には「従属節を作る語」は出ていません。ということは、どこかに「従属節を作る語」が省略されているということです。このメカニズムで「the momentとa babyの間に関係副詞のwhenが省略されている」ことがわかるのです（**native speakerや英文読解に習熟した人の頭の中では、無意識にこのメカニズムが働いて、正確に読んでいるのです**）。a baby first opens his eyesは「関係副詞のwhenが省略された形容詞節」でthe momentを修飾しています。the moment a baby first opens his eyesは「赤ん坊が初めて目を開く瞬間」という意味です。From the momentとfirst opensは構造上は何の関係もなく（←内外断絶の原則です）、From the momentは主節内にある副詞句でis learningにかかっています。この英文を関係代名詞を使って書き換えると**From the moment at which a baby first opens his eyes, he is learning.** となります。

opensは現在形・従属節の述語動詞・③。is learningは現在形・大黒柱・①です。

〔オールモウスト　エニスィング　イズ　パスィブル　オールモウスト　エニスィング　ザット　キャン　ビ　イマヂンド　キャン　ビ　ダン〕

Almost anything is possible, almost anything (that can be imagined) can be done.

ad S ② ªC ad S S aux −③ aux −③

（ほとんどどんなことでも可能である。人間が想像できるほとんどどんなことも達成できるのだ。）

almost についてはp. 197参照。that can be imagined は形容詞節で anything にかかっています。that は関係代名詞で can be imagined の主語です。which でもよいのですが、**先行詞に any が付いているときは**（ここでは any と thing が合体して anything という1語になっています）**which ではなく that を使うのが普通です。**この英文は Almost anything is possible（ほとんどどんなことでも可能である）と almost anything that can be imagined can be done（想像されうるほとんどどんなことでも、なされうる）という文がコンマだけで対等につながれています。これは「2つのS＋Vのルール」の例外で、前の文を後ろの文で言い換えている（詳しく説明調に言い換えている）からです。これが comma splice（コンマ接合）の英文です。

is は現在形・述語動詞・②です。2つの can はどちらも「可能性」を表す助動詞・現在形、be imagined は原形・従属節の述語動詞・－③、be done は原形・大黒柱・－③です。imagine は「想像する」という意味の動詞で、規則活用です。

質問 24　次の質問に答えなさい（スラスラ言えるようになるまで練習してください）。

1. 関係副詞をすべて言いなさい。
2. 関係代名詞を省略した形容詞節は［　　］な文である。
3. 関係副詞を省略した形容詞節は［　　］な文である。
4. when の品詞は［　　］と［　　］と［　　］である。
5. when S＋V が形容詞節のときは［　　］と訳す。
6. when S＋V が副詞節のときは［　　］と訳す。
7. when S＋V が名詞節のときは［　　］と訳す。
8. where の品詞は［　　］と［　　］と［　　］である。
9. where S＋V が形容詞節のときは［　　］と訳す。
10. where S＋V が副詞節のときは［　　］と訳す。
11. where S＋V が名詞節のときは［　　］と訳す。
12. how S＋V は［　　］節で［　　］と訳す。
13. 「先行詞が省略された関係副詞」は［　　］節を作る。
14. 関係形容詞の3種類を言いなさい。
15. 関係形容詞の which は［　　］を先行詞にする。
16. 関係形容詞の which は［　　］を関係詞にしたものである。
17. 関係形容詞の which は必ず［　　］用法で使う。

18. 名詞の what の品詞は [ ] と [ ] である。
19. 形容詞の what の働きは必ず [ ] である。
20. 形容詞の what の品詞は [ ] と [ ] と [ ] である。
21. 関係形容詞の what は [ ] 節を作る。
22. 関係形容詞の what は [ ] と訳す。
23. 「2 つの S+V のルール」とは？
24. 「2 つの S+V のルール」の例外は？
25. 自分の読み方が「2 つの S+V のルール」に違反したときはどう考えるか？

質問 24 の答え 1. when・where・why・how・that 2. 動詞の目的語か前置詞の目的語が足りない不完全 3. 完全 4. 疑問副詞、関係副詞、従属接続詞 5. S が V する 6. S が V するときに 7. いつ S が V するかということ・S が V するとき 8. 疑問副詞、関係副詞、従属接続詞 9. S が V する 10. S が V するところで 11. どこで S が V するかということ・S が V するところ 12. 名詞、どういうふうに S が V するかということ・S が V する方法、様子 13. 名詞 14. whose・which・what 15. 主節の全部または一部 16. this・that・these・those・the 17. 非制限 18. 疑問代名詞、関係代名詞 19. 名詞修飾 20. 疑問形容詞、関係形容詞、感嘆形容詞 21. 名詞 22. すべての 23. 2 つの S+V を対等につなぐには、原則として間に、等位接続詞、コロン、セミコロン、ダッシュのいずれかが必要である 24. 2 つの S+V が「言い換え」や「同性質の内容の列挙」になっている場合は、コンマだけで対等につながれることがある 25. どちらかは S+V ではないのでは？・どちらも S+V だとしたら、対等ではないのでは？ と考える

問題 14 英文の構造を図示して、和訳しなさい。

〔ザ デイ ウィル カム ウェン ノウボディ ウィル ベリーヴ ユー〕

1. The day will come when nobody will believe you.

〔ユア レタ ケイム アン ザ ヴェリ デイ ザット アイ ケイム ホウム〕

2. Your letter came on the very day that I came home.

〔ア マン フーズ ネイム アイ ハヴ フォガトン ケイム トゥ スィー ユー ズィス モーニング〕
3.（a）A man, whose name I have forgotten, came to see you this morning.
（b）A man whose name I have forgotten came to see you this morning.

〔ザ タウン ウェア マイ アンクル リヴズ イズ ナット ヴェリ ファー フロム ヒア〕
4. The town where my uncle lives is not very far from here.

〔キャニュー カピ ザ ウェイ ヒー ムーヴズ ヒズ アームズ ♪〕
5. Can you copy the way he moves his arms?

問題 14 の解答

1. The day will come (when nobody will believe you.) （誰も君を信じない日が来るだろう）
S aux ① ad S aux ③ O

The day が主語、will は単純未来（＝未来のことについて「〜するだろう」と単純に推量している）を表す助動詞の現在形、come は原形・大黒柱・①です。The day will come は「その日が来るだろう」という意味です。これは「完全な文」ですから、when nobody will believe you は副詞節が考えられます（この場合 when は従属接続詞です）。しかし、when nobody will believe you を副詞節にすることはできません。なぜなら「**時、条件を表す副詞節の中では、単純未来は現在形で表す**」というルールがあるからです（p. 196 参照）。もし副詞節であれば will は使わず when nobody believes you（誰も君を信じないときに）となります。すると名詞節か形容詞節のどちらかです。The day will come は「完全な文」ですから、名詞節であれば余ってしまいます。名詞が余ったときの考え方は「同格、副詞的目的格、being が省略された分詞構文のどれだろうと考える」ですが、どれでも説明がつきません。これは形容詞節で The day を修飾しています。The day . . . when nobody will believe you は「誰も君を信じないだろう日」という意味です（when は「形容詞節を作っている関係詞」ですから、和訳するときは訳しません）。when は関係副詞で will believe にかかります。when nobody will believe you は「その日に、誰も君を信じないだろう」という意味です。The day when nobody will believe you will come. とすると、述部（＝will come）に対して主部（＝The day when nobody will believe you）が長すぎて、バランスが悪いので、主部を分割して述部の前と後に振り分けたのです。

2. Your letter came on the very day (that I came home.)
a S ① a ad S ① ad
ad

（あなたの手紙は、私が帰宅したまさにその日に届いた）

このveryは「まさにその」という意味の形容詞で、dayにかかっています。thatは関係副詞で、関係副詞whenの代用です。that I came homeは形容詞節でthe very dayにかかっています。that I came homeは「その日に私は帰宅した」という意味を表しています。ここはthe very day when I came homeと言っても差し支えないのですが、**先行詞に形容詞のveryが付いているときは、関係詞はthatを使うのが普通です。**関係副詞を省略して**Your letter came on the very day I came home.**と言うこともできます。

最初のcameは過去形・大黒柱・①で、2番目のcameは過去形・従属節の述語動詞・①です。

3. (a) **A man, (whose name I have forgotten,) came to see you this morning.**

(名前は忘れてしまいましたが、男性が今朝あなたに会いにきました)

(b) **A man (whose name I have forgotten) came to see you this morning.**

(名前を忘れてしまった男性が今朝あなたに会いに来ました)

A man(ある男性)をI have forgotten his name.(私は彼の名前を忘れてしまった)という英文で説明するとき、このままではA manにつなげられません。hisを関係形容詞のwhoseに変えて、whose nameを前方に出すことによって英文全体が形容詞節になってA manを修飾できるようになります。haveは助動詞・現在形、forgottenは過去分詞形・従属節の述語動詞・③(p. 112参照)、cameは過去形・大黒柱・①(p. 85参照)、to seeは「目的の意味」を表す不定詞副詞用法で「前は副詞で動詞修飾、後は動詞で③」です。(a)と(b)は「一人の男性が今朝あなたに会いに来た。私はその男性の名前を忘れてしまった」という事柄(=事実関係)は同じです。**(a)と(b)は「名前」に対する話し手の「情報価値の判断」が違うのです。**(a)(=非制限用法)の場合は、話し手は「誰が来たのか(=来た人の名前)は聞き手にとって重要ではない」と思っています。ですから「名前を忘れてしまった」ことは「名前を聞かれても言えないですが」という“断り”として付け加えているだけです。したがって、このあとは、名前は話題にせず、来訪の目的などを話題にする可能性が高いです。たとえば次のような具合です。

A man, whose name I have forgotten, came to see you this morning. He wanted to ask about the event next week, and confirm whether it was still going ahead.(名前は忘れてしまいましたが、男性が一人、今朝あなたに会いにきました。来週のイベントについて質問して、まだ行われることになっているかどうか確認したいと言っていました)

時間と場所を表す副詞は後ろに置けば、前の名詞を修飾できます。たとえばthe person behind〔ザ パースン ベハインド〕は「後ろの人」です。ここはnext weekという副詞的目的格が後ろからthe eventにかかっています。to ask . . . and confirmは18-8、whether節は17-4参照。

それに対して、(b)(=制限用法)の場合は、話し手は「誰が来たのか(=来た人の名前)

は聞き手にとって重要だ」と思っています。ですからわざわざ「名前を忘れてしまった男性が」と言ったのです。したがって、このあとは「名前」を話題にする可能性が高いです。たとえば次のような具合です。

A man whose name I have forgotten came to see you this morning. It sounded Chinese, something like Shin, or Shan, or Shen. I know that's not much help; I'm sorry.（名前を忘れてしまった男性が今朝あなたに会いに来ました。シンとかシャンとかシェンとか、なにか中国系に聞こえました。これでは大してお役に立ちませんね。申し訳ありません）sounded は②で Chinese が形容詞で補語です。like は前置詞で、like Shin, or Shan, or Shen は形容詞句で補語です（Chinese を言い換えています）。something は「やや、いくぶん」という意味の副詞で like Shin, or Shan, or Shen にかかります。that's not much help は名詞節で know の目的語、that's の前に従属接続詞の that が省略されています（17-4 参照）。

4. The town (where my uncle lives) is not very far from here.

（叔父が住んでいる町はここからさほど遠くないところにある）

where my uncle lives は形容詞節で The town にかかっています。where は関係副詞で lives にかかっています。where my uncle lives は「その町に私の叔父が住んでいる」という意味です。「not の射程」は 2 つの可能性があります（p. 166 参照）。1 つは is far from here を前提にして、very を not で否定するケースです。「ここから非常に遠くにある、というわけではない→ここからそれほど遠くないところにある」という意味になります。もう一つは is very far を前提にして from here を not で否定するケースです。「ここから非常に遠くにある、というわけではない→ここではなくて、別の場所から非常に遠くにあるのだ」という意味になります。どちらであるかは文脈によって決まります。

here という副詞が from の目的語になっています（p. 229 参照）。lives は現在形・従属節の述語動詞・①、is は現在形・大黒柱・①です。

5. Can you copy the way (he moves his arms)? （彼の腕の動かし方を真似られますか）

aux S ③ O S ③ a O

he moves his arms は「関係副詞の how が省略された形容詞節」です。「通常、先行詞と how の両方を書くことはしない（＝先行詞か how のどちらかを省略する）」というルールがあるので、この英文では how が省略されています。この書き方の場合には「彼が意識的に腕をある特定の動かし方で動かしている」ことを強く示唆します。先行詞を省略すると **Can you copy how he moves his arms?** となります。この場合は how he moves his arms が名詞節（＝先行詞が省略された関係副詞が作る名詞節）で、copy の目的語になっています。この書き方の場合には、彼が特に意識せず腕を動かす際の「彼の腕の動き」というニュアンスです。何も省略しないで書くのであれば **Can you copy the way that he moves his arms?**（that は関係副詞で、how の代用です）とするか **Can you copy the way**

in which he moves his arms? にします。

Can は「能力」を表す助動詞・現在形、copy は原形・大黒柱・③です。copy は「真似る」という意味の動詞で、活用は〔copy(カピ)—copied(カピド)—copied〕という規則活用です。moves は現在形・従属節の述語動詞・③です。move は「動く、動かす」という意味の動詞で、規則活用です。

column 10 明治16年東京大學豫備門の英語入試問題

明治10年東京大學が発足したのと同時に、大學進学のための予備教育を行う機関として東京大學豫備門が設置されました。この東京大學豫備門が第一高等中學校を経て第一高等學校になります。明治16年(1883)の東京大學豫備門の入試要項は「第一年級ニ入ルヲ望ム者ハ少クモ次に掲ル科目ヲ豫修シ其試業ニ合格スルニ非サレハ入學スルヲ得ス」と規定し、英文法で準備すべき項目として字學と解剖の2つを挙げています。次がこの年の入試の文典問題(=文法問題)です。

Parse all the words.

In Japan, the greater part of science is still taught through the medium of a foreign language and by the agency of foreign text books. All engaged in education know at once the necessity and disadvantages of this mode of instruction.

parse は「文を構成要素に解剖して文法的に説明する」という意味の動詞です。この問題は、何の注もつけずに Parse all the words.(すべての語を parse せよ)と指示しています。**この入試問題からは、当時の英語教育において「文を構成要素に解剖して、各語の品詞・機能を文法的に説明すること」が当然のこととして行われていたことが窺えます。**

明治16年の入學者の名簿を見ると大久保利武(大久保利通の三男、侯爵)の名前があります(大久保利通が遭難したのは明治11年)。翌年の明治17年の入學者には夏目漱石、正岡子規、南方熊楠(みなかたくまぐす)、秋山真之(さねゆき)がいます(漱石と熊楠は満17歳、子規と真之は満16歳です)。

(全訳)日本では、学問の大部分は依然として外国語によって、外国の教科書を用いて教授されている。教育に従事する者は皆、この指導法の必要性と不利な点の両方を認識している。

Lesson 15

現在分詞形容詞用法 / 不定詞形容詞用法

15-1 ing 形の枠組み (再再確認)

質問 25 次の質問に答えなさい (スラスラ答えられないときは「7-1 ing 形の枠組み」に戻って、確認してください)。

1. ing の可能性は？
2. ing を大きく 2 つに分けると何と何か？
3. 裸の ing の可能性は？
4. 着物を着ている ing の可能性は？
5. 現在分詞の可能性は？
6. 裸の現在分詞の可能性は？
7. 着物を着ている現在分詞の可能性は？
8. 動名詞で文を作る方法は？
9. 着物を着ている動名詞の可能性は？
10. ing 形の動詞が着る着物は？
11. 裸の ing で文を作る方法は？
12. ing 形の動詞を述語動詞にする方法は？
13. ing 形の動詞で文を作る方法は？

質問 25 の答え 1. 進行形・動名詞・現在分詞形容詞用法・分詞構文 2. 動名詞・現在分詞 3. 動名詞・現在分詞形容詞用法・分詞構文 4. 進行形 5. 進行形・現在分詞形容詞用法・分詞構文 6. 現在分詞形容詞用法・分詞構文 7. 進行形 8. ない 9. ない 10. be 助動詞

11. ない　12. 進行形にする　13. 進行形にする

15-2 後ろから名詞を修飾する現在分詞形容詞用法

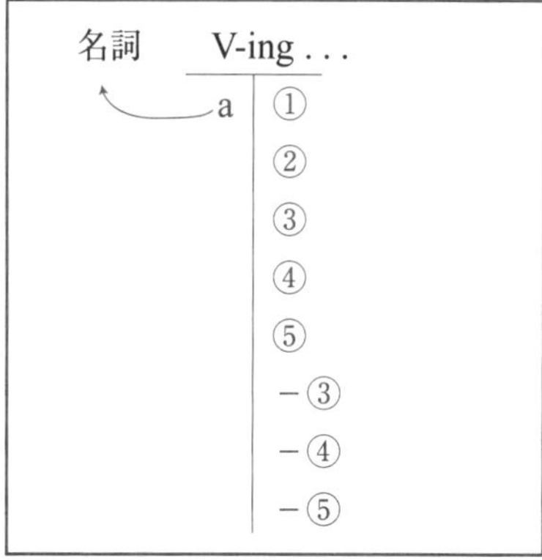

・意味は「V している名詞」と「V する名詞」の 2 つの可能性があります。
・被修飾語の名詞が必ず V-ing の「意味上の主語」になります。
・V-ing は①, ②, ③, ④, ⑤, −③, −④, −⑤のすべての可能性があります。 注

注　−③ / −④ / −⑤になるのは V-ing が「being p.p.」の場合です。

〔アイ　ノウ　ザ　マン　ドライヴィング　ザット　カー〕

I know the man driving that car.　(私はあの車を運転している男を知っている)
S　③　O　a | ③　O

know は現在形・述語動詞・③です。driving は「裸の ing」なので絶対に準動詞です。裸の ing は「動名詞・現在分詞形容詞用法・分詞構文」のどれかで、この driving は現在分詞形容詞用法です。現在分詞形容詞用法の「前の品詞」は形容詞で「前の働き」は名詞修飾か補語です。driving の「前の品詞」は形容詞で「前の働き」は名詞修飾です。driving の「後の品詞」は動詞で「後の働き」は③です。the man driving that car は「あの車を運転する男」と「あの車を運転している男」の 2 つを表しますが、この英文では後者の意味 (＝進行中の意味) です。この英文の「構造上の主語＋述語動詞 (＝文)」は I know (私は知っている) で、「意味上の主語＋準動詞 (←文ではない)」は the man driving (運転している男) です。

〔ア　ドグ　ビーイング　ウォシュト　ウィル　ルック　ピティフル〕

A dog being washed will look pitiful.　(体を洗われている犬は哀れっぽく見えるものだ)
S　a | −③　aux　②　ªC

being washed は「裸の ing」なので絶対に準動詞です（着物を着ているのは washed という p.p. であって、being washed という ing 形の動詞は裸です。being washed が着物を着ると **A dog is being washed.**〔一匹の犬が体を洗われつつある〕になります）。裸の ing は「動名詞・現在分詞形容詞用法・分詞構文」のどれかで、この being washed は現在分詞形容詞用法です。being washed の「前の品詞」は形容詞で「前の働き」は名詞修飾です。being washed の「後の品詞」は動詞で「後の働き」は－③です。一般的に言えば、**現在分詞形容詞用法が後ろから名詞を修飾するときは「〜する名詞」と「〜している名詞」の２つの意味を表します。しかし、それが受身形の現在分詞（＝being p.p.）のときは必ず「〜されつつある名詞」という「進行中」の意味を表します**（なぜなら「〜される名詞」と言いたいときは being を使わず、過去分詞をそのまま名詞にかければよいからです。これは過去分詞形容詞用法といいます。p. 423 で勉強します）。したがって、A dog being washed は「体を洗われつつある犬→体を洗われている犬」という意味です。

will は現在形の助動詞です。**この will は「習性の will」といって「S には V する習性がある」ことを表します。**「習性」という日本語はもっぱら動物について使いますが、習性の will は動物以外の主語にも使われます。**習性の will は「〜するものだ」と訳します。**この look は「〜のように見える」という意味の動詞で、規則活用です。look は原形で、現在形の助動詞（＝will）が付いているので絶対に述語動詞です。look は原形・述語動詞・②です。この英文の「構造上の主語＋述語動詞（＝文）」は A dog . . . look で、「意味上の主語＋準動詞（←文ではない）」は A dog being washed です。

なお、being washed の前後にコンマを置いて **A dog, being washed, will look pitiful.** とすると being washed は「受身の動作を表す分詞構文」になります（p. 211 参照）。これは「時」を表す分詞構文で「犬は、体を洗われるとき、哀れっぽく見えるものだ」という意味になります。

15-3 ③の現在分詞形容詞用法

・③の現在分詞形容詞用法には次の２つのタイプがあります。

1. 動詞の目的語を伴うタイプ

・意味は「O を③している」と「O を③する」の２つの可能性があります。

・働きは「名詞修飾（必ず名詞の後ろに置きます）」か「補語」のどちらかです。

2. 動詞の目的語を伴わないタイプ[注]

・意味は「O′を③するような性質をもっている」です。

・働きは「名詞修飾（原則として名詞の前に置きます）」か「補語」のどちらかです。

注　③ -ing は、**目的語を付けずに、現在分詞形容詞用法として使うことができます。その場合は「O′ を③するような性質をもっている」という意味を表します。O′（＝意味上の目的語）は、読み手が、前後関係から適切な名詞を推測して補います。**「意味上の目的語」を明示したいときは③ -ing の前に「意味上の目的語」になる名詞を置いてハイフンでつなぎます。すると「名詞 －③ -ing（名詞を③するような性質をもっている）」となります。p. 38 で紹介した日本国憲法前文の peace-loving peoples（平和を愛するような性質をもっている諸国民→平和を愛する諸国民）はこの形です。He is a German-speaking English. は「彼はドイツ語を話す性質を持っているイギリス人です→彼はドイツ語を話すイギリス人だ」です。He is a German speaking English. は、speaking が「前の働きが名詞修飾（German にかかる）、後の働きが③」、English が speaking の目的語で「彼は英語を話す（or 話している）ドイツ人だ」という意味です。

〔イクサイティング　オーディエンス〕

exciting audiences　（聴衆を興奮させている / 聴衆を興奮させる）
a | ③　O

excite は「興奮させる」という意味の③の動詞で、規則活用です。この exciting は「目的語を伴う③の現在分詞形容詞用法」です。この exciting は「後ろから名詞を修飾する」か「補語」のどちらかで使われます。**補語で使った場合は「聴衆を興奮させている」という進行中の意味だけを表します。**

exciting ~~O~~　（人を興奮させるような性質をもっている）
a | ③

この exciting は「目的語を伴わない③の現在分詞形容詞用法」です。この exciting は「前から名詞を修飾する（例外的に後ろから名詞を修飾することもあります）」か「補語」のどちらかで使われます。

〔インタレスティング　ザ　ボイズ〕

interesting the boys　（その男の子たちの興味をかきたてている / その男の子たちの興味をかきたてる）
a | ③　O

interest は「興味をかきたてる」という意味の③の動詞で、規則活用です。この interesting は「目的語を伴う③の現在分詞形容詞用法」です。この interesting は「後ろから名詞を修飾する」か「補語」のどちらかで使われます。**補語で使った場合は「その男の子たちの興味をかきたてている」という進行中の意味だけを表します。**

interesting ~~O~~　（人の興味をかきたてるような性質をもっている ⇒ 面白い）
a | ③

この interesting は「目的語を伴わない③の現在分詞形容詞用法」です。この interesting は「前から名詞を修飾する（例外的に後ろから名詞を修飾することもあります）」か「補語」のどちらかで使われます。

15-4 前から名詞を修飾する現在分詞形容詞用法[注1]

・前から名詞を修飾する現在分詞形容詞用法は次の2つのどちらかです。

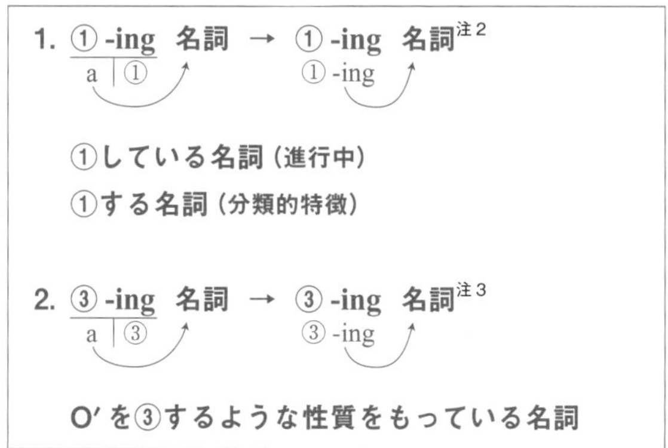

注1 現在分詞形容詞用法の「前の働き」は「名詞修飾」と「補語」です。名詞修飾には「前から名詞を修飾する」場合と「後ろから名詞を修飾する」場合があります。補語には「②の補語」「⑤の補語」「－⑤の補語」があります。これらを 15-2, 3, 4, 5 で順次勉強していきます。

注2「→」の左側の構造の書き方が正式ですが、面倒なので、右側の略式で書けばよいです。

注3「→」の左側の構造の書き方が正式ですが、面倒なので、右側の略式で書けばよいです。

〔ア　フォーリング　アプル〕

a falling apple ⟶ **a falling apple**

a | ①　　　　　　① -ing

fall は「落下する」という意味の①の動詞です（p. 26 参照）。falling は①の現在分詞形容詞用法で、前から apple にかかっています。意味は「進行中」だと「落下しつつあるリンゴ」で、「分類的特徴」だと「（リンゴを、落ちるリンゴと落ちないリンゴに分類して）落ちる（方の）リンゴ」です。「落ちないリンゴ」というのはありませんから、分類的特徴の場合は「落ちるリンゴ→落ちやすいリンゴ、よく落ちるリンゴ」という意味です。複数形で falling apples なら分類的特徴のこともありえますが、普通は「落下しつつあるリンゴ」という「進行中」の意味です。

〔ボイリング　ウォータ〕

boil は「沸騰する」という意味の①の動詞で、規則活用です。boiling は①の現在分詞形容詞用法で、前から water にかかっています。意味は「進行中」だと「沸騰しつつあるお湯」で、「分類的特徴」だと「(水を、沸騰する水と沸騰しない水に分類して) 沸騰する (方の) 水」です。「沸騰しない水」とか「沸騰しやすい水」というのはありませんから、進行中の意味に決まります。

〔ア　フライイング　フィッシュ〕

fly は「飛ぶ」という意味の①の動詞で、規則活用です。〔fly (フライ)—flied (フライド)—flied〕と活用します。flying は①の現在分詞形容詞用法で、前から fish にかかっています。意味は「進行中」だと「飛びつつある魚」で、「分類的特徴」だと「(魚を、飛ぶ魚と飛ばない魚に分類して) 飛ぶ (方の) 魚→トビウオ」です。分類的特徴の場合は、水中で泳いでいる魚を指さして「ほら、あれが a flying fish だよ」と言ってよいのです。通常は分類的特徴で「トビウオ」という意味を表します。

〔ア　ムーヴィング　ステアケイス〕

move は「動く」という意味の①の動詞で、規則活用です。moving は①の現在分詞形容詞用法で、前から staircase にかかっています。意味は「進行中」だと「動きつつある階段」で、「分類的特徴」だと「(階段を、動く階段と動かない階段に分類して) 動く (方の) 階段→エスカレーター」です。分類的特徴の場合は、故障して停止しているエスカレーターを指さして「あれは a moving staircase だけど、今止まってる」と言ってよいのです。通常は分類的特徴で「エスカレーター」という意味を表します。

〔アン　ニクサイティング　ゲイム〕

excite は「興奮させる」という意味の③の動詞で、規則活用です。exciting は③の現在分詞形容詞用法で、前から game にかかっています。exciting には目的語が付いていないので、意味は「O′ を興奮させるような性質をもっている」です。game (試合) を修飾していることから推測すると、O′ は「観客」が適切です。そこで「観客を興奮

させるような性質をもっている試合→興奮する試合」という意味になります。「興奮する試合」と訳したからといって、試合が興奮するわけではありません。exciting は「前は形容詞で名詞修飾、後は動詞で③」です。exciting の目的語は「なし」です。これは、**③なのに目的語を付けない用法であって、目的語が省略されているのではありません。**

〔アン　ニンタレスティング　ブック〕

interest は「興味をかきたてる」という意味の③の動詞で、規則活用です。interesting は③の現在分詞形容詞用法で、前から book にかかっています。interesting には目的語が付いていないので、意味は「O′の興味をかきたてるような性質をもっている」です。book (本) を修飾していることから推測すると、O′は「読者」が適切です。そこで「読者の興味をかきたてるような性質をもっている本→面白い本」という意味になります。interesting は「前は形容詞で名詞修飾、後は動詞で③」です。interesting の目的語は「なし」です。これは、**③なのに目的語を付けない用法であって、目的語が省略されているのではありません。**

ちなみに **a moving novel**〔ア　ムーヴィング　ナヴェル〕の場合は、moving は move (動かす) という意味の③の動詞の現在分詞形容詞用法で、novel にかかっています。moving には目的語が付いていないので、意味は「O′を動かすような性質をもっている」です。novel (小説) を修飾していることから推測すると、O′は「読者の心」が適切です。そこで「読者の心を動かすような性質をもっている小説→感動的な小説」という意味になります。a moving staircase と比べてください。

15-5　補語になる現在分詞形容詞用法

1. S ② V-ing . . .
   (V-ing = aC)

2. S ⑤ O V-ing . . .
   (V-ing = aC)

- **意味は「V している」です。**
- **ただし「動詞の目的語を伴わない③の現在分詞形容詞用法」の場合は「O′を③するような性質を持っている」という意味を表します。**
- **①, ②, ③, ④, ⑤, −③, −④, −⑤のすべての可能性があります。**[注]

注　③の場合は「O を伴うタイプ」と「O を伴わないタイプ」があります。−③ / −④ /

－⑤の場合は V-ing は being p.p. です。

〔ミズ　ハイド　リメインド　スタンディング　アパート　フロム　ズィ　アザ　メンバズ〕

Ms. Hyde remained standing apart from the other members.

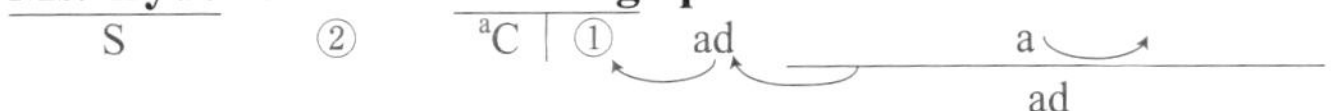

（ハイド先生は他のメンバーから離れて立ったままでいた）

remain は規則活用の動詞で、①で使ったときは「残る」という意味ですが、②で使ったときは「〜の状態のままでいる」という意味を表します（p. 212 参照）。そこで **Ms. Hyde remained silent.**〔ミズ　ハイド　リメインド　サイレント〕は「ハイド先生は黙った状態のままでいた→ハイド先生は黙ったままでいた」という意味で、remained は過去形・述語動詞・②、silent は形容詞で補語です。この「形容詞で補語（＝silent）」のところに現在分詞形容詞用法（＝standing）を置いたのが上の英文です。standing は「裸の ing」ですから絶対に準動詞で「動名詞・現在分詞形容詞用法・分詞構文」のどれかです。この standing は現在分詞形容詞用法で「前の働き」は補語、「後の働き」は①です。表している意味は「立っている」です。この英文の「構造上の主語＋述語動詞（＝文）」は Ms. Hyde remained で、「意味上の主語＋準動詞（←文ではない）」は Ms. Hyde . . . standing です。英文全体は「ハイド先生は他のメンバーから離れて立っている状態のままでいた→ハイド先生は他のメンバーから離れて立ったままでいた」という意味になります。

〔ミズ　ハイド　リメインド　チャーミング　アト　リースト　トゥ　ミィー〕

Ms. Hyde remained charming at least to me.

（ハイド先生は、少なくとも私には、依然として魅力的だった）

charm は「惹きつける、魅惑する」という意味の③の動詞で、規則活用です。charming は③の現在分詞形容詞用法で、remained の補語です。charming には目的語が付いていないので、意味は「O′ を惹きつけるような性質をもっている」です。文脈から推測すると、O′ は「（一般的に）人」が適切です。そこで「人を惹きつけるような性質をもっている→魅力的な」という意味になります。charming は「前は形容詞で補語、後は動詞で③」です。charming の目的語は「なし」です。これは、**③なのに目的語を付けない用法であって、目的語が省略されているのではありません**。この英文の「構造上の主語＋述語動詞（＝文）」は Ms. Hyde remained で、「意味上の主語＋準動詞（←文ではない）」は Ms. Hyde . . . charming です。英文全体は「ハイド先生は、少なくとも私には、人を惹きつけるような性質をもっている状態のままでいた→ハイド先生は、少なくとも私には、依然として魅力的だった」という意味です。

〔アイ　ファウンド　ザ　プラブレム　インヴァルヴィング　ズィ　アクション　オヴ　アトムズ〕

I found the problem involving the action of atoms.

S　⑤　O　ªC | ③　O　a

（私はその問題が原子の動きを必然的に含んでいるのを知った）

find は〔find（ファインド）—found（ファウンド）—found〕という不規則活用の動詞で、③で使うと「見つける」という意味ですが、⑤で使うと「O が C であるとわかる、知る」という意味です。**I found the problem easy.**〔アイ　ファウンド　ザ　プラブレム　イーズィ〕は「私はその問題が易しいとわかった」という意味で、found は過去形・述語動詞・⑤、the problem は動詞の目的語、easy は形容詞で補語です。この「形容詞で補語（＝easy）」のところに現在分詞形容詞用法（＝involving）を置いたのが上の英文です。involve は「（必然的に）伴う、含む」という意味の動詞で、規則活用です。involving は「裸の ing」ですから絶対に準動詞で「動名詞・現在分詞形容詞用法・分詞構文」のどれかです。この involving は現在分詞形容詞用法で「前の働き」は補語、「後の働き」は③です（the action という目的語がついています）。表している意味は「含んでいる」です。この英文の「構造上の主語＋述語動詞（＝文）」は I found で、「意味上の主語＋準動詞（←文ではない）」は the problem involving です。この英文を「意味上の主語・述語関係」と「⑤の基本的意味」の次元で捉えると「私は、その問題が原子の動きを必然的に含んでいる状態を認識した」となります。英文全体は「私はその問題が原子の動きを必然的に含んでいるのを知った」という意味です。

〔アイ　ファウンド　ザ　プラブレム　パズリング　トゥ　マイ　ピューピルズ〕

I found the problem puzzling to my pupils.

S　⑤　O　③ -ing　a　ªC　ad

（私は、その問題が生徒たちには不可解であるのを知った）

found は過去形・述語動詞・⑤です。puzzle は「当惑させる」という意味の③の動詞で、規則活用です。puzzling は③の現在分詞形容詞用法で、found の補語です。puzzling には目的語が付いていないので、意味は「O′ を当惑させるような性質をもっている」です。文脈から推測すると、O′ は「（一般的に）人」が適切です。そこで「人を当惑させるような性質をもっている→不可解な」という意味になります。puzzling は「前は形容詞で補語、後は動詞で③」です。puzzling の目的語は「なし」です。これは、③**なのに目的語を付けない用法であって、目的語が省略されているのではありません。**この英文の「構造上の主語＋述語動詞（＝文）」は I found で、「意味上の主語＋準動詞（←文ではない）」は the problem puzzling です。to がないと、1 つ前の英文と同じ構造で「私は、その問題が生徒たちを当惑させているのを知った」という意味になります（p. 118 参照）。

〔ア　マン　ワズ　スィーン　ウォーキング　トゥウォーヅ　ザ　レイルロウド　ステイション〕

A man was seen walking towards the railroad station.
S　−⑤　aC | ①　ad

（一人の男が駅に向かって歩いているのが見えた）

(a) **I saw a man walking towards the railroad station.**
S ⑤ O aC | ① ad

（私は一人の男が駅に向かって歩いているのを見た）

(b) **I saw a man walking towards the railroad station.**
S ③ O a | ① ad

（私は駅に向かって歩いている男を見た）

(c) **I saw a man walking towards the railroad station.**
S ③ O ad | ① ad

（私は駅に向かって歩いているとき、一人の男を見た）

(d) **I saw a man living next door.**　（私は隣に住んでいる男を見かけた）
S ③ O a | ① 副詞的目的格

(a) は、saw が過去形・述語動詞・⑤、a man は動詞の目的語、walking は現在分詞形容詞用法で「前の働きは補語、後の働きは①」です。(b) は、saw が過去形・述語動詞・③、a man は動詞の目的語、walking は現在分詞形容詞用法で「前の働きは名詞修飾、後の働きは①」です。(a) と (b) はどちらも成立します。(a) は「行動」に重点があり、(b) は「男」に重点があります。次の文が「行動」について述べているなら (a) ですし、「男」について述べているなら (b) です。ただ、**通常は「see O -ing」は⑤で読み、事柄ないし文脈から考えて⑤ではおかしいときにだけ③で読む**、と決めておいてください。たとえば (d) を⑤で読むと「私は一人の男が隣に住んでいるのを見た」となります。しかし、隣に住んでいるかどうかは最低でも 1 週間くらい観察しなければわかりません。ですから「男が隣に住んでいるのを見た」というのは事柄が成立しません。(d) は③の読み方しかありません。(c) の walking は分詞構文です。walking の「意味上の主語」は I です。(c) はこのままでも成立しますが、普通は walking の前にコンマを置きます。

さて、A man was seen walking towards the railroad station. は (a) を受身にした英文です。was seen が過去形・述語動詞・−⑤、walking は現在分詞形容詞用法で「前の働きは補語、後の働きは①」です。**S was seen V-ing. という受身の文（＝was seen の補語に現在分詞形容詞用法がきている文）は話し手が見た場合を表します**（つまり by me が付いていなくても、表している事柄は S was seen V-ing by me. なのです）。そこで、この事柄を表すために「一人の男が駅に向かって歩いているのが見えた / 一人の男が駅に向かって歩いているのを見かけた」のような訳し方をします。この英文の「構造上の主語＋述語動詞（＝文）」は A man was seen で、「意味上の主語＋準動詞（←文ではない）」は A man . . . walking です。この英文を「意味上の主語・述語関係」と

「⑤の基本的意味」の次元で捉えると「一人の男が駅に向かって歩いている状態が（私によって）認識された」となります。

15-6 to 不定詞の枠組み（再確認）

質問 26 次の質問に答えなさい（スラスラ答えられないときは「12-14 to 不定詞の枠組み」に戻って、確認してください）。

1. 原形動詞を使うところは？
2. 「to 原形動詞」の可能性は？
3. 不定詞名詞用法の「前の働き」は？
4. 不定詞形容詞用法の「前の働き」は？
5. 不定詞副詞用法の「前の働き」は？
6. 受身不定詞の形は？
7. 完了不定詞の形は？
8. 進行形不定詞の形は？
9. 完了受身不定詞の形は？

質問 26 の答え 1. to の後・do 助動詞と一般助動詞の後・命令文・make, have, let などの補語・仮定法現在　2. 助動詞の一部＋述語動詞・不定詞名詞用法・不定詞形容詞用法・不定詞副詞用法　3. 主語・動詞の目的語・補語・同格（不定詞名詞用法は前置詞の目的語になりません。18-8 参照）　4. 名詞修飾・補語　5. 動詞修飾・形容詞修飾・他の副詞修飾・文修飾　6. to be p.p.　7. to have p.p.　8. to be -ing　9. to have been p.p.

15-7 名詞を修飾する不定詞形容詞用法

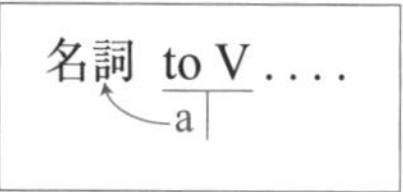

・名詞を修飾する不定詞形容詞用法は名詞の後ろに置きます。

・**to V は①, ②, ③, ④, ⑤, −③, −④, −⑤のすべての可能性があります。**[注1]

・**名詞を修飾する不定詞形容詞用法には次の 3 つのタイプがあります。**[注2]

タイプ 1. 名詞が to V の S′（意味上の主語）になるタイプ[注3] **タイプ 2. 名詞が to V の O′（意味上の目的語）になるタイプ**[注4] **タイプ 3. 名詞が抽象名詞で、to V がその内容説明になるタイプ**[注5]

注 1　to V が－③／－④／－⑤になるのは to be p.p. の場合です。

注 2　タイプ 1 とタイプ 3 は単純に「V する名詞」と訳せばよいですが、**タイプ 2 は事柄を正確に表す訳語を工夫しなければならないことが多い**です。

注 3　**タイプ 1 は、修飾される名詞が「目で見て、手で触（さわ）れる具体的な名詞」で、修飾する不定詞が「完全な不定詞（＝動詞の目的語・前置詞の目的語・補語の点で足りない要素がない不定詞）」になっています。**

注 4　**タイプ 2 は、修飾される名詞に制限はなく、修飾する不定詞が「後ろに目的語（＝動詞の目的語か前置詞の目的語）が足りない不完全な不定詞」になっています。**このタイプ 2 は非常に重要です。

注 5　**タイプ 3 は、修飾される名詞が「抽象的な名詞」で、修飾する不定詞が「完全な不定詞」になっています。**

〔ヒー　ハズ　トゥー　フレンズ　トゥ　ヘルプ　ヒム〕

He has two friends to help him.　（彼には助けてくれる 2 人の友だちがいる）
S　③　a　O　a ③　O

friends は「目で見て、手で触れる具体的な名詞」で、to help him は足りない要素がない「完全な不定詞」です（to help が③で、him が動詞の目的語です）。したがってタイプ 1 で、friends が to help の「意味上の主語」になります。two friends は「彼を助ける（親切な）友だち」です。この英文の「構造上の主語＋述語動詞（＝文）」は He has で、「意味上の主語＋準動詞（←文ではない）」は two friends to help です。

〔ヒー　ハズ　トゥー　フレンズ　トゥ　ヘルプ〕

He has two friends to help.　（彼には助けてやる 2 人の友だちがいる）
S　③　a　O　a ③

to help は③で、動詞の目的語が付いていません。to help は「後に動詞の目的語が足りない不完全な不定詞」です。したがってタイプ 2 で、two friends が to help の「意味上の目的語」になります。to help の「意味上の主語」は He です。two friends は意味の上で help（＝助ける）の目的語（＝対象）になる存在です。two friends は「彼が助ける（困っている）友だち」です。**「to help の目的語は？」と問われたら、答えは「ない」です。決して「two friends です」と答えてはいけません。**two friends は has の目的語であって、to help の目的語ではありません。**「to help の意味上の目的語は？」と問われたら、「two friends です」と答えます。**two friends と to help の関係は、構造上は「two friends が被修飾語で、to help が修飾要素」であり、意味上は「two friends

が to help の意味上の目的語」です。また、「to help の目的語は ?」と問われて、「省略されている」と答えるのも間違いです。これは、**③なのに目的語を付けない書き方であって、目的語が省略されているのではありません。**この英文の「構造上の主語＋述語動詞（＝文）」は He has で、「意味上の主語＋準動詞（←文ではない）」は He . . . to help です。

〔ベイビズ　ハヴ　ア　テンダンスィ　トゥ　クライ　ウェン　ゼイ　アー　ハングリ〕

Babies have a tendency to cry 〈when they are hungry.〉
S ③ O a ① 接 S ② aC

（赤ん坊は、おなかがすくと泣く性質がある）

to cry when they are hungry は、to cry が①で、when they are hungry が副詞節で to cry にかかります（when は従属接続詞です）。したがって、足りない要素がない「完全な不定詞」です。to cry によって修飾されている a tendency（傾向）は抽象的な名詞です。したがってタイプ 3 で、a tendency の内容を to cry when they are hungry が説明する関係になっています。a tendency は to cry に対して「意味上の主語」でもなければ「意味上の目的語」でもありません。to cry の「意味上の主語」は Babies です。この英文の「構造上の主語＋述語動詞（＝文）」は Babies have と they are で、「意味上の主語＋準動詞（←文ではない）」は Babies . . . to cry です。

15-8　補語になる不定詞形容詞用法

S ② to V . . .
aC

S ⑤ O to V . . .
aC

・to V は①, ②, ③, ④, ⑤, －③, －④, －⑤のすべての可能性があります。注

注　to V が－③ / －④ / －⑤になるのは to be p.p. の場合です。

〔シー　スィームズ　トゥ　ノウ　エヴリスィング　アバウト　イト〕

She seems to know everything about it.
S ② aC ③ O a

（彼女はそれについてのあらゆることを知っているように見える）

seem は「～のように見える」という意味の「②で使う動詞」で、規則活用です。**She seems familiar with it.**〔シー　スィームズ　ファミリャ　ウィズ　イト〕は「彼女はそれについてよく知っているように見える」という意味で、seems は現在形・述語動詞・②、familiar

は「よく知っている」という意味の形容詞で「補語」です (p. 159 参照)。この「形容詞で補語 (＝familiar)」のところに不定詞形容詞用法 (＝to know) を置いたのが上の英文です。この to know は「前の働き」は補語で「後の働き」は③です。everything は to know の目的語です。この英文の「構造上の主語＋述語動詞 (＝文)」は She seems で、「意味上の主語＋準動詞 (←文ではない)」は She . . . to know です。英文全体は「彼女はそれについてのあらゆることを知っているように見える」という意味になります。この to know は不定詞名詞用法ではありません。S ② ⁿC. の場合 (＝補語が名詞の場合) は「S＝ⁿC」が成立することが条件です。もし to know を名詞用法にすると「彼女＝知っていること」が成立しないので、この英文は誤文になってしまいます。副詞は補語になれませんので、不定詞副詞用法でもありません。すると to know は不定詞形容詞用法ということになります。しかし、ここでは分類にこだわることは実益がありません。to know が補語の働きをしていることがわかれば、それで十分です。

〔シー　スィームド　トゥ　ビ　トレンブリング〕

She seemed to be trembling. (彼女は震えているように見えた)

S　②　ᵃC | ①

tremble は「震える」という意味の動詞で、規則活用です。be trembling は「be 助動詞＋ing 形動詞」で、「進行形の動詞」の原形です。この原形動詞は、前に to を付けて、不定詞になっています (進行形不定詞です)。to be trembling は「震えている」という意味の不定詞形容詞用法で「前の働き」は補語、「後の働き」は①です。この英文の「構造上の主語＋述語動詞 (＝文)」は She seemed で、「意味上の主語＋準動詞 (←文ではない)」は She . . . to be trembling です。

〔ザ　ヘデイク　ドロウヴ　ミィー　トゥ　ギヴ　アップ　ザ　プラン〕

The headache drove me to give up the plan.

S　⑤　O　ᵃC | ③　ad　O

(私は頭痛で計画を放棄せざるえなかった)

この drive は「駆り立てる」という意味の動詞で、活用は〔drive (ドライヴ)—drove (ドロウヴ)—driven (ドリヴン)〕です (p. 158 参照)。**The headache drove me nearly mad.**〔ザ ヘデイク ドロウヴ ミィー ニアリ マッド〕は「その頭痛は私をほとんど正気を失っている状態に駆り立てた→私は頭痛で正気を失いそうになった」という意味です。drove は過去形・述語動詞・⑤、me は動詞の目的語、nearly は「ほとんど」という意味の副詞で mad にかかり、mad は「正気を失っている」という意味の形容詞で「補語」です。この「形容詞で補語 (＝mad)」のところに不定詞形容詞用法 (＝to give) を置いたのが上の英文です。この to give は「前の働き」は補語、「後の働き」は③です。the plan は to give の目的語です。up は副詞で to give にかかります。give up は「やめる、放棄する」という意味です。この英文の「構造上の主語＋述語動詞 (＝文)」は The headache drove で、「意味上の主語＋準動詞 (←文ではない)」は me to give up です。

この英文を「意味上の主語・述語関係」と「⑤の基本的意味」の次元で捉えると「その頭痛は、私がその計画を放棄する状態を生み出した」となります。**「drive 人 to V」は、構造は「⑤ O ªC」で「人をVする状態に駆り立てる」という意味を表します。**英文全体は「その頭痛は、私を、計画を放棄する状態に駆り立てた→私は頭痛で計画を放棄せざるえなかった」という意味になります。

15-9 原形不定詞が⑤の補語になる場合

15-9-1 使役動詞と知覚動詞[注1]

・toが付かない不定詞を「原形不定詞」といいます。

・一部の⑤の動詞は、補語に不定詞を置くときは、to不定詞ではなく、原形不定詞にします。

・ただし、こういう動詞でも、受身になったとき（＝－⑤のとき）は、補語に置く不定詞は、原形不定詞ではなく、to不定詞にします。

> **補語に原形不定詞を置く⑤の動詞**
> **1.「させる」「させてやる」「するにまかせる」「助ける」といった意味を表す一部の動詞**
> **make, have, let, help など**
> **2.「見る」「聞く」「感じる」という意味を表す一部の動詞**
> **see, hear, feel, watch, など**

注1「させる」という意味の動詞でもoblige〔オブライヂ〕, compel〔コンペル〕, force〔フォース〕, get〔ゲット〕などは補語にto不定詞を置きます。「させてやる」という意味の動詞でもallow〔アラウ〕, permit〔パミット〕などは補語にto不定詞を置きます。「助ける」という意味の動詞helpは補語にto不定詞を置く場合もあります。

もし使役動詞が「使役の意味を表す動詞」を指すなら、oblige, compel, force, getも使役動詞です。すると「この動詞は使役動詞だから、補語には原形不定詞を置く」という言い方はできません。それに対し、使役動詞が「補語に原形不定詞を置く、使役の意味の動詞」を指すなら、oblige, compel, force, getは「させる」という意味を表しているのに使役動詞ではないことになります。

もし知覚動詞が「知覚作用を表す動詞」を指すなら、smell〔スメル〕（匂いがする）も知覚動詞です。すると「この動詞は知覚動詞だから、補語には原形不定詞を置く」という言い方はできません。なぜならsmellは⑤のとき補語には現在分詞形容詞用法を置き、原形不定詞は置けないからです（smell O -ingで「Oが-している匂いがする」という意味を表します）。それに対し、知覚動詞が「補語に原形不定詞を置く、知覚作用を表す動詞」を指すなら、⑤の smell は「匂いがする」という意味を表しているのに知覚動詞とは呼べないことになります。

結局「**⑤のとき補語に原形不定詞を置く動詞は使役や知覚の意味を表す**」とは言えても、それらの動詞をひとくくりにして「使役動詞」「知覚動詞」と呼び、「この動詞は使役動詞だから、知覚動詞だから、補語に原形不定詞を置く」というような言い方はできないのです。これは、個々の動詞の語法の問題であって、「この動詞は⑤のとき補語に原形不定詞を置く動詞だ。だから、補語に原形不定詞を置く」としか言えないのです。

〔ゼイ　メイド　ミィー　ゴウ　ゼア　アロウン〕

They made me go there alone. （彼らは私をそこに一人で行かせた）

S ⑤ O aC|① ad ad

made は過去形・述語動詞・⑤です。go は原形・準動詞・①です。go は原形不定詞（= to が付かない不定詞）で「前の働き」は補語、「後の働き」は①です。go は「原形動詞を使うところ」の中の「make, have, let などの補語」です。to 不定詞が補語になる英文でも指摘しましたが、この原形不定詞の go もしいて分類すれば不定詞形容詞用法ですが、ここでは分類にこだわることは実益がありません。go が補語の働きをしていることがわかれば、それで十分です。この英文の「構造上の主語＋述語動詞（＝文）」は They made で、「意味上の主語＋準動詞（←文ではない）」は me go です。この英文を「意味上の主語・述語関係」と「⑤の基本的意味」の次元で捉えると「彼らは、私が一人でそこに行く状態を生み出した」となります。**「make 人 原形」は、構造は「⑤ O aC」で「人に原形させる」という意味を表します。**英文全体は「彼らは私をそこに一人で行かせた」という意味になります。

〔アイ　ワズ　メイド　トゥ　ゴウ　ゼア　アロウン〕

I was made to go there alone. （私は一人でそこへ行かされた）

S −⑤ aC|① ad ad

They made me go there alone. を受身にすると **I was made to go there alone by them.**（私は彼らによって一人でそこへ行かされた）となります（**能動態の文で原形不定詞だった go は、受身の文では to 不定詞に変わって to go になります**）。was made は過去形・述語動詞・−⑤、to go は原形・準動詞・補語です。to go は不定詞形容詞用法で「前の働きは補語、後の働きは①」です。この英文の「構造上の主語＋述語動詞（＝文）」は I was made で、「意味上の主語＋準動詞（←文ではない）」は I . . . to go です。この英文を「意味上の主語・述語関係」と「⑤の基本的意味」の次元で捉えると「私が一人でそこへ行く状態が、彼らによって生み出された」となります。これに基づいて「私は一人でそこへ行かされた」と訳します。

〔アイ　ソー　ア　ドグ　クロス　ザ　ストリート〕

I saw a dog cross the street.　（私は一匹の犬が通りを横切るのを見た）
S ⑤ O aC|③ O

I saw a dog crossing the street. は「私は一匹の犬が通りを横切っているのを見た」という意味で、saw は過去形・述語動詞・⑤、a dog は動詞の目的語、crossing は ing 形・準動詞・補語です。crossing は現在分詞形容詞用法で「前の働きは補語、後の働きは③」です。the street は crossing の目的語です。補語になる現在分詞形容詞用法は「V している」という進行中の意味を表します (15-5 参照)。その結果、**この英文が表す事柄 (＝事実関係) は「私は一匹の犬が通りを横切っている途中を目撃した」**です。

crossing を cross に変えると **I saw a dog cross the street.** となります。cross は原形不定詞 (＝to が付かない不定詞) で「前の働きは補語、後の働きは③」です。cross は「原形動詞を使うところ」の中の「make, have, let などの補語」です。この英文の「構造上の主語＋述語動詞 (＝文)」は I saw で、「意味上の主語＋準動詞 (←文ではない)」は a dog cross です。この英文を「意味上の主語・述語関係」と「⑤の基本的意味」の次元で捉えると「私は、一匹の犬が通りを横切る状態を認識した」となります。**これが表す事柄は「私は一匹の犬が通りを横切り終えるのを目撃した」**です。

〔ヒー　ワズ　スィーン　トゥ　ゴウ　アウト　オヴ　ザ　ルーム〕

He was seen to go out of the room.　（彼は部屋を出るのを見られた）
S −⑤ aC|① ad

She saw him go out of the room. (彼女は彼が部屋を出るのを見た) を受身にすると He was seen to go out of the room by her. (彼は部屋を出るのを彼女によって見られた) となります (原形不定詞の go が、to 不定詞の to go に変わります)。この英文が表す事柄は「彼が部屋を出終わるのが目撃された」です。この英文の「構造上の主語＋述語動詞 (＝文)」は He was seen で、「意味上の主語＋準動詞 (←文ではない)」は He . . . to go です。この英文を「意味上の主語・述語関係」と「⑤の基本的意味」の次元で捉えると「彼が部屋から出る状態が、彼女によって認識された」となります。

to go を going にすると「彼が部屋を出て行く途中が目撃された」という事柄になります。そして、S was seen V-ing. という受身の文は話し手が見た場合を表します (p. 290 参照)。そこで、この事柄を表すために「彼が部屋を出て行くのが見えた / 彼が部屋を出ていくのを見かけた」のような訳し方をします。

15-9-2 have 名詞 原形

- have が⑤、名詞が O、原形動詞が C です。
- **O が人間のときは「人に原形される、させる、してもらう」という意味を表します。**注2
- **O が物・事のときは「主語に対して物・事が (勝手に) 原形する」または「物・**

事が原形する状態を主語が（積極的に）生み出す」という意味を表します。[注3]

注2「S have 人 原形」を「意味上の主語・述語関係」と「⑤の基本的意味」の次元で捉えると「Sは、人が原形する状態を生み出す」となります。その際**Sに「その状態を生み出す意志」がない場合**（これを「無意志」といいます）**は「される」**です。**Sに「その状態を生み出す意志」がある場合**（これを「有意志」といいます）**は「させる、してもらう」**です。

注3「S have 物・事 原形」を「意味上の主語・述語関係」と「⑤の基本的意味」の次元で捉えると「Sは、物・事が原形する状態を生み出す」となります。その際**Sに「その状態を生み出す意志」がない場合**（これを「無意志」といいます）**は「主語に対して物・事が（勝手に）原形する」**です（「勝手に」というのは「Sの意志と無関係に」ということです）。**Sに「その状態を生み出す意志」がある場合**（これを「有意志」といいます）**は「物・事が原形する状態を主語が（積極的に）生み出す」**です。

〔ハヴ　ユー　エヴァ　ハッド　ア　ポリースマン　アスク　ユー　クウェスチョンズ　ビフォー ↗〕

Have you ever had a policeman ask you questions before?　（ロイヤル英和辞典）

aux　S　ad　⑤　O　aC④　O　O　ad

（以前に警察官に尋問されたことがありますか？）

Haveは助動詞・現在形、hadは過去分詞形・述語動詞・⑤です。askは原形不定詞で「前の働きは補語、後の働きは④」です。この英文の「構造上の主語＋述語動詞（＝文）」はyou . . . hadで、「意味上の主語＋準動詞（←文ではない）」はa policeman askです。この英文を「意味上の主語・述語関係」と「⑤の基本的意味」の次元で捉えると「あなたは、以前に警察官があなたに質問する状態を生み出したことがあるか？」となります。このhad（基本的意味は「生み出した」）は無意志（＝主語のyouに生み出す意志がなかった）です。そこで「以前に警察官に尋問されたことがありますか？」と和訳します。

現在完了（これは「経験」を表す現在完了です）で書いているのは、たとえば「尋問されるときの気持ちをあなたは今わかるか？」とか「尋問されたときはどう対応すべきかあなたは今知っているか？」というようなことを言いたいのです。純粋に「過去の経験」だけを聞くのならDid you have a policeman ask you questions before?（あなたは以前に警察官に尋問されましたか？）と言います。

〔シー　ハッド　ハー　ブラザ　ヘルプ　ハー〕

She had her brother help her.　（彼女は弟に手伝ってもらった）

S　⑤　a　O　aC③　O

hadは過去形・述語動詞・⑤、helpは原形・準動詞・③です。helpは原形不定詞で「前の働きは補語、後の働きは③」です。この英文の「構造上の主語＋述語動詞（＝文）」はShe hadで、「意味上の主語＋準動詞（←文ではない）」はher brother helpです。この英文を「意味上の主語・述語関係」と「⑤の基本的意味」の次元で捉えると「彼女は、弟が彼女を助ける状態を生み出した」となります。このhad(基本的意味は「生み出した」)は有意志(=主語のSheに生み出す意志があった)です。そこで、文脈に応じて「彼女は弟に手伝わせた」または「彼女は弟に手伝ってもらった」と和訳します。

〔アイ ハッド アナンプレズント スィング ハプン トゥ ミィー〕

I had an unpleasant thing happen to me. (不愉快なことが私に起こった)

S ⑤ a O aC | ① ad

hadは過去形・述語動詞・⑤、happenは原形・準動詞・①です。happenは原形不定詞で「前の働きは補語、後の働きは①」です。この英文の「構造上の主語+述語動詞(=文)」はI hadで、「意味上の主語+準動詞(←文ではない)」はan unpleasant thing happenです。この英文を「意味上の主語・述語関係」と「⑤の基本的意味」の次元で捉えると「私は、不愉快なことが私に起こる状態を生み出した」となります。

このhad(基本的意味は「生み出した」)は無意志(=主語のIに生み出す意志がなかった)です。したがって、この英文が表している事柄は「私に対して、不愉快なことが勝手に起こった」です。これを「不愉快なことが私に起こった」と和訳します。どうしてもIを主語にして和訳するなら「私は不愉快な目にあった」とか「私は不愉快なことに見舞われた」のようにします。

〔ザ マヂシャン ハッド ザ カード ディサピア ナット リフティング ア フィンガ〕

The magician had the card disappear, not lifting a finger.

S ⑤ O aC | ① ad ad | ③ O

(手品師は、指一本上げずに、カードを消した)

hadは過去形・述語動詞・⑤、disappearは原形・準動詞・①です。disappearは「消える」という意味の動詞で、規則活用です。disappearは原形不定詞で「前の働きは補語、後の働きは①」です。liftingは「付帯状況」を表す分詞構文で「前は副詞で動詞修飾、後は動詞で③」です。この英文の「構造上の主語+述語動詞(=文)」はThe magician hadで、「意味上の主語+準動詞(←文ではない)」はthe card disappearとThe magician . . . liftingです。この英文を「意味上の主語・述語関係」と「⑤の基本的意味」の次元で捉えると「手品師は、指一本上げずに、カードが消える状態を生み出した」となります。

このhad(基本的意味は「生み出した」)は有意志(=主語のThe magicianに生み出す意志があった)です。したがって、この英文が表している事柄は「手品師は、指一本上げずに、カードが消える状態を積極的に生み出した」です。これを「手品師は、指一本上げずに、カードを消した」と和訳します。

15-9-3 let 名詞 原形

・let が⑤、名詞が O、原形動詞が C です。

・次の 3 つの意味を表します。

1. 人が原形したがっているのを望みどおりにさせてやる

2. 人・物・事が原形するのを止めないで放置する

3. 人・物・事が原形する状態を引き起こす

・**Let's 原形. は「一緒に原形しましょう」**という意味を表します。注4

注 4「Let's 原形.」は下の例文を見てください。

〔レット ミィー スィー ザ フォウトウ〕

Let me see the photo. （その写真を拝見させてください）
⑤ O aC|③ O

命令文で「構造上の主語」の You が Let の前に省略されています。Let は原形・述語動詞・⑤です。see は原形・準動詞・補語で、③です。「私はその写真を見たいので、私の望みどおりに、私に見させなさい→その写真を拝見させてください」という意味です。この英文の「構造上の主語＋述語動詞（＝文）」は (You) Let で、「意味上の主語＋準動詞（←文ではない）」は me see です。この英文を「意味上の主語・述語関係」と「⑤の基本的意味」の次元で捉えると「あなたは、私がその写真を見る状態を生み出せ」となります。

〔ドウント レット エニバディ タッチ イト〕

Don't let anybody touch it. （それを誰にも触らせるな）
aux ad ⑤ O aC|③ O

命令文で「構造上の主語」の You が Don't let の前に省略されています。Do は助動詞・原形です（命令文だからです）。let は原形・述語動詞・⑤です（do 助動詞が付いているから原形です）。touch は原形・準動詞・補語で、③です。「誰にしても、それに触れたいと望んでいたら、望みどおりにそれをさせてやることはするな→それを誰にも触らせるな」という意味です。この英文の「構造上の主語＋述語動詞（＝文）」は (You) Don't let で、「意味上の主語＋準動詞（←文ではない）」は anybody touch です。この英文を「意味上の主語・述語関係」と「⑤の基本的意味」の次元で捉えると「あなたは、誰であっても、誰かがそれに触る状態を生み出すな」となります。Let nobody touch it. と書いても同じ意味になります（p. 78 参照）。

〔ヒー イズ レッティング ヒズ ヘア グロウ〕

He is letting his hair grow. （彼は髪を伸びるにまかせている）
S ⑤ a O aC|①

is letting は現在形・述語動詞・⑤です。grow は原形・準動詞・補語で、①です。「彼は髪が伸びるのを止めないで放置している→彼は髪を伸びるにまかせている」という意味です。この英文の「構造上の主語＋述語動詞（＝文）」は He is letting で、「意味上の主語＋準動詞（←文ではない）」は his hair grow です。この英文を「意味上の主語・述語関係」と「⑤の基本的意味」の次元で捉えると「彼は、髪が伸びる状態を生み出しつつある」となります。

〔ビ　シュア　トゥ　レット　ミィー　ノウ〕

Be sure to let me know. （必ず私に知らせてください）

② aC ad|⑤ O aC|①

命令文ですから Be の前に構造上の主語の You が省略されています。Be は原形・述語動詞・②です。let は原形です。to let は不定詞副詞用法で「前の品詞は副詞、前の働きは形容詞修飾、後の品詞は動詞、後の働きは⑤」です。ここは「S be 形容詞 to V」という表現で、to V が不定詞副詞用法で、形容詞にかかる形です（p. 218 参照）。Be sure to let は「let する点で確実でありなさい→確実に let しなさい」という意味です。know は原形不定詞で「前の品詞は形容詞、前の働きは補語、後の品詞は動詞、後の働きは①」です。let me know は「私が知っている状態を引き起こす→私に知らせる」という意味です。

〔レッツ　トライ　ワンス　アゲン〕

Let's try once again. （もう一度やってみましょう）

⑤ O aC|① ad ad

Let us try once again. は命令文で、構造上の主語の You が Let の前に省略されています。Let は原形・述語動詞・⑤です。try は原形・準動詞・補語で、①です。「私たちはもう一度やってみたいので、望みどおりに、私たちにもう一度やらせなさい」という意味です。この英文の「構造上の主語＋述語動詞（＝文）」は (You) Let で、「意味上の主語＋準動詞（←文ではない）」は us try です。この英文を「意味上の主語・述語関係」と「⑤の基本的意味」の次元で捉えると「あなたは、私たちがもう一度試みる状態を生み出せ」となります。

Let us try once again. が表す事柄は 2 つあります。**1 つは「us に you が含まれていない場合」です。この場合は「私たちにもう一度やらせてください」という意味になります。この場合は〔レット　アス　トライ　ワンス　アゲン〕と発音して、Let us を Let's という短縮形にすることはしません。もう 1 つは「us に you が含まれている場合」です。この場合は「（一緒に）もう一度やってみましょう」という意味になります。この意味の場合は〔レッツトライ　ワンス　アゲン〕と発音して、Let us を Let's という短縮形にすることが多いです。この意味の場合は、短縮形にしなくても、Let us を〔レッツ〕と発音します。**

質問 27 次の質問に答えなさい（スラスラ言えるようになるまで練習してください）。

1. being p.p. が名詞を修飾するときは、位置は【　】で、意味は【　】である。
2. ③ -ing が、目的語を付けずに、現在分詞形容詞用法として使われたときは【　】という意味を表す。
3. V-ing が前から名詞を修飾するとき、動詞型は【　】である。
4. ① -ing が前から名詞を修飾するとき、意味は【　】と【　】である。
5. ③ -ing が前から名詞を修飾するとき、意味は【　】である。
6. V-ing が後ろから名詞を修飾するとき、動詞型は【　】である。
7. V-ing が後ろから名詞を修飾するとき、意味は【　】と【　】である。
8. V-ing が後ろから名詞を修飾するとき、名詞は必ず V-ing の【　】である。
9. 現在分詞形容詞用法が補語になるとき、意味は【　】である。
10. 現在分詞形容詞用法が補語になるとき、動詞型は【　】である。
11. 「完全な不定詞」が名詞を修飾するときは、名詞が【　】と名詞が【　】の 2 つのタイプがある。
12. 「目的語が足りない不完全な不定詞」が名詞を修飾するときは、名詞が【　】になる。
13. 補語に原形不定詞を置く⑤の動詞を 8 つ挙げなさい。
14. 「have 人 原形」は【　】と訳す。
15. 「have 物・事 原形」は【　】と【　】という意味を表す。
16. 「let O 原形」は【　】と【　】と【　】という意味を表す。
17. 「Let us 原形」は【　】と【　】という意味を表す。
18. 「Let's 原形」は【　】という意味を表す。
19. 習性の will は【　】と訳す。

質問 27 の答え 1. 名詞の後ろ、～されつつある 2. O′ を③するような性質をもっている 3. ①・③ 4. ①している、①する（進行中、分類的特徴も可） 5. O′ を③するような性質をもっている 6. ①・②・③・④・⑤・－③・－④・－⑤ 7. ～している、～する 8. 意味上の主語 9. ～している 10. ①・②・③・④・⑤・－③・－④・－⑤ 11. 目で見て手で触れる具体的な名詞で不定詞のS′になる、抽象名詞で不定詞が内容説明になる　12. 不定詞のO′　13. make・have・let・help・see・hear・feel・watch　14. 人に原形される、させる、してもらう　15. Sに対して物・事が勝手に原形する、物・事が原形する状態をSが積極的に生み出す　16. 望みどおりにさせてやる、止めないで放置する、引き起こす　17. 私たちに原形させてください、一緒に原形しましょう　18. 一緒に原形しましょう　19. ～するものだ

問題15　英文の構造を図示して、和訳しなさい。

〔アイ　ベリーヴ　ザ　リポート　トゥ　ハヴ　ビン　プルーヴン　フォールス〕

1. I believe the report to have been proven false.

〔ゼア　スィームズ　トゥ　ビ　ナスィング　トゥ　ビ　ダン　アバウト　イト〕

2. There seems to be nothing to be done about it.

〔アイ　ワズ　オブライヂド　トゥ　バロウ　マニ　トゥ　ペイ　マイ　ファーザズ　ハスピトル　ビルズ　ウィズ〕

3. I was obliged to borrow money to pay my father's hospital bills with.

〔シー　ゲイヴ　ヒム　アン　アドマイアリング　ルック〕

4. She gave him an admiring look.

〔ヒー　ワズ　イレクティド　プレズィデント　オヴ　ザ　ユーニヴァースィティ　ビーイング　ビルト　イン　ナゴヤ〕

5. He was elected president of the university being built in Nagoya.

〔アイ　リガード　ザ　カントラクト　アズ　ハヴィング　ビン　ブロウクン〕

6. I regard the contract as having been broken.

〔ワッチング　ハー　チルドレン　プレイイング　イン　ザ　リヴァ　シー　ワズ　スィンキング　アバウト　ザ　タイム　ウェン　シー　ハド　ニアリ　ドラウンド　イン　イト〕

7. Watching her children playing in the river, she was thinking about the time when she had nearly drowned in it.

〔トゥ　ヒア　ヒム　トーク　ワン　ウド　スィンク　ヒム　トゥ　ビ　クウォレリング〕

8. To hear him talk, one would think him to be quarreling.

〔ズィス　メイクス　ザ　サン　スィーム　トゥ　ビ　ゴウイング　ラウンド　アス〕

9. This makes the sun seem to be going round us.

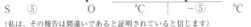

問題 15 の解答

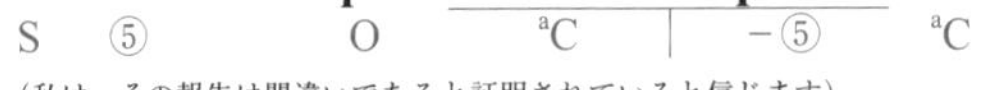

1. I believe the report to have been proven false.
S　⑤　O　ªC | −⑤　ªC

（私は、その報告は間違いであると証明されていると信じます）

believe は現在形・述語動詞・⑤です。have は完了を作る助動詞・原形です。prove は「証明する」という意味の動詞で、活用は〔prove（プルーヴ）—proved（プルーヴド）—proved または proven（プルーヴン）〕です。〔**辞書の捉え方**〕been は受身を作る助動詞・過去分詞形、proven は動詞・過去分詞形です（「p.p. の可能性」の中の受身で使われています）。〔**学校文法の捉え方**〕been proven は動詞・過去分詞形です（「p.p. の可能性」の中の完了で使われています）to have been proven は完了受身不定詞（の形容詞用法）で「前の働きは補語、後の働きは−⑤」です。false は形容詞で to have been proven の補語です。完了不定詞は、その文の述語動詞が「単純な現在形」のときは、「現在完了」または「単純な過去形」の意味を表します。この英文では to have been proven は「結果ないし完了を表す現在完了」の意味（＝過去において false だと証明されたので、現在 false の状態である）を表しています。the report と to have been proven の間にある「意味上の主語・述語関係」を「構造上の主語＋述語動詞」に変えると **The reprt has been proven false.**（その報告は間違いであると証明されている）となります。

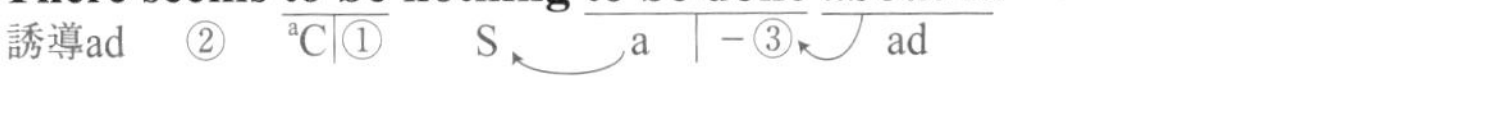

2. There seems to be nothing to be done about it.　（それは手の打ちようがないようだ）
誘導ad　②　ªC | ①　S　a | −③　ad

There は誘導副詞で、主語の nothing の前に seems to be を引き出しています。seems は現在形・述語動詞・②です。to be は「to 原形」・準動詞・①です。to be は「前の働きは補語で、後の働きは①」です。nothing は seems の主語です。nothing は no と thing を 1 つに合成した語です。頭の中で、no を not と any に分解し、not を seems にかけて、any を thing にかけると There does not seem to be anything（どんなことも、存在しているように見えない）となります（p. 78 参照）。to be done は「to 原形」・準動詞・−③です。to be done は「前の働きは nothing にかかり、後の働きは−③」です。nothing to be done about it は「それについてなされるどんなことも . . . ない」となります。くどいですが、**最初の**

be は「①の動詞」で、２番目の be は「受身を作る助動詞」です。この英文の「構造上の主語＋述語動詞」は seems . . . nothing（倒置しています）で、「意味上の主語＋準動詞」は「nothing . . . to be」と「nothing to be done」です。英文全体は「それについてなされるどんなこともあるようには見えない→それは手の打ちようがないようだ / それはお手上げのようだ」という意味です。**There seem to be S.（S が存在するように思われる）という英文は、しばしば to be が省略されます。**上の英文も **There seems nothing to be done about it.** にすることができます。

3. I was obliged to borrow money to pay my father's hospital bills with.

S　−⑤　ªC | ③　O　a | ③　a　O　ad

（私は父の入院代を払うお金を借りざるをえなかった）

「oblige 人 to V」「compel 人 to V」「force 人 to V」は「強制的に人に V させる、人を V せざるをえない状態にする」という意味を表します（oblige〔オブライヂ〕, compel〔コンペル〕, force〔フォース〕は⑤です）。was obliged は過去形・述語動詞・−⑤です。to borrow は「to 原形」・準動詞・③です。to borrow は「前の働きは補語で、後の働きは③」です。I was obliged to borrow money までで考えると、「構造上の主語＋述語動詞」は I was obliged で、「意味上の主語＋準動詞」は I . . . to borrow です。「意味上の主語・述語関係」と「⑤の基本的意味」の次元で捉えると「私がお金を借りる状態が（強制的に）生み出された」となります。

to pay は「to 原形」・準動詞・③です。to pay は「前の働きは名詞修飾（money にかかる）で、後の働きは③」です。my が father にかかり、my father's が hospital bills にかかり、hospital bills は to pay の目的語です。with は前置詞で、with の「（構造上の）目的語」は欠落しています（省略されているのではありません。もともと書いていないのです。そういう書き方なのです）。with の「意味上の目的語」は money です。**to pay my father's hospital bills with は money を修飾する不定詞ですが、「後ろに目的語（この場合は前置詞 with の目的語）が足りない不完全な不定詞」です。したがって、これは「名詞が to V の O′（意味上の目的語）になるタイプ」です。**pay my father's hospital bills with money は「お金で父の入院代を払う」という意味です。したがって money to pay my father's hospital bills with は「お金で父の入院代を払う、そのお金」という意味になります。和訳するときは「父の入院代を払うためのお金」あるいは「父の入院代を払うお金」で事柄がわかります。I . . . to pay（私が払う）は「意味上の主語＋準動詞」です。

文末の with を削除すると、to pay my father's hospital bills は「完全な不定詞（＝動詞の目的語・前置詞の目的語・補語の点で足りない要素がない不定詞）」になります。money は「目で見て、手で触れる具体的な名詞」ですから、to pay my father's hospital bills を money にかけると money to pay my father's hospital bills は「被修飾語の名詞が to V の S′（意味上の主語）になるタイプ」になります。すると事柄としては「お金が父の入院代を払う」ことになります。入院代を払うのは人間がやることですから、これでは意味が通りません。したがって、**with を削除した to pay my father's hospital bills は不定詞副詞用法で、to borrow にかかります。表している意味は「目的（～するために）」です。**英文全体は「私は父の入院代を払うためにお金を借りざるをえなかった」となります。to pay の前に in order を付けて **I was obliged to borrow money in order to pay my father's hospital bills.** としても同じです。**文末に with が付いているか否かで英文の構造が変わることに注目してください。**

4. She gave him an admiring look. （彼女は彼を称賛のまなざしで見た）

gave は過去形・述語動詞・④です（この動詞は p. 26 参照）。admire は「称賛する、すばらしいと思う」という意味の動詞で、規則活用です。admiring は「裸の ing」なので絶対に準動詞で「動名詞・現在分詞形容詞用法・分詞構文」のどれかです。ここは現在分詞形容詞用法で「前の働きは名詞修飾（look にかかる）で、後の働きは③」です。admiring の（構造上の）目的語は欠落しています。「意味上の目的語」は文脈から推測すると「彼」です。そこで admiring は「彼を称賛するような性質をもっている」という意味になります。admiring の「意味上の主語」は look（まなざし）です。「彼を称賛する」のは「彼女」ですが、「彼を称賛するような性質をもっている＝彼を称賛するような性質がやどっている」のは「まなざし」です。英文全体を直訳すると「彼女は、彼に、彼を称賛するような性質をもったまなざしを与えた」となります。これを「彼女は彼を称賛のまなざしで見た / 彼女は彼をうっとりしたまなざしで見た」のように意訳します。

5. He was elected president of the university being built in Nagoya.

（彼は名古屋に建設中の大学の学長に選ばれた）

elect は「選ぶ」という意味の動詞で、規則活用です。was elected は過去形・述語動詞・−⑤です。president は was elected の補語です。elect の補語に役職名がくるときは冠詞を付けないのが普通なので、president は、可算名詞ですが、無冠詞・単数形になっています。ここの built は build（建設する）の過去分詞形です（「p.p. の可能性」の中の受身で使われています）。being built は「裸の ing」なので絶対に準動詞で「動名詞・現在分詞形容詞用法・分詞構文」のどれかです。ここは現在分詞形容詞用法で「前の働きは名詞修飾（the university にかかる）、後の働きは−③」です。being は着物（＝助動詞）ですが、being という着物を着ているのは built という過去分詞形の動詞です。being built という ing 形の動詞は裸です。being built が着物を着ると、たとえば The university is being built in Nagoya.（その大学は名古屋に建設されつつある→その大学は名古屋に建設中だ）のようになります。**受身形の現在分詞（＝being p.p.）が名詞を修飾するときは必ず名詞の後ろに置かれ「～されつつある名詞」という「進行中」の意味を表します**（p. 283 参照）。したがって the university being built in Nagoya は「名古屋に建設されつつある大学→名古屋に建設中の大学」という意味です（the university built in Nagoya にすると「名古屋に建設される大学 or 名古屋に建設された大学」という意味になります。p. 423 参照)。この英文の「構造上の主語＋述語動詞」は He was elected で、「意味上の主語＋準動詞」は the university being built です。He . . . president (彼は学長である) は、「意味上の主語＋準動詞」ではありませんが、「意味上の主語・述語」の関係にあります (「S －⑤ C」の「S C」だからです)。「意味上の主語・述語関係」と「⑤の基本的意味」の次元で捉えると「彼が名古屋に建設されつつある大学の学長である状態が生み出された」となります。

6. I regard the contract as having been broken.

S ⑤ O Cの印 ªC | －③

(私はその契約は破棄されたものとみなします)

regard は 5-10 で勉強した「⑤ O as C」という形で使う動詞です (as は「補語の印」です)。regard は「みなす」という意味で、規則活用です。ここの regard は現在形・述語動詞・⑤です。having は完了を作る助動詞の ing 形。〔**辞書の捉え方**〕been は受身を作る助動詞の過去分詞形。broken は break (壊す) という動詞 (p. 82 参照) の過去分詞形です (「p.p. の可能性」の中の受身で使われています)。〔**学校文法の捉え方**〕been broken は動詞の過去分詞形です (「p.p. の可能性」の中の完了で使われています)。having been broken は、1 つの ing 形の動詞として扱われ「完了受身動名詞、完了受身現在分詞形容詞用法、完了受身分詞構文」のどれかです (p. 152, 210 参照)。ここは完了受身現在分詞形容詞用法で、regard の補語になっています。having been broken は「前の働きは補語、後の働きは－③」です。完了準動詞 (ここは完了現在分詞形容詞用法) は、その文の述語動詞部分が「単純な現在形」のときは「現在完了」または「単純な過去形」の意味を表します (p. 210, 220 参照)。ここの having been broken は「結果を表す現在完了」の意味 (＝過去において破棄されたので、現在無効の状態である) を表しています。この英文の「構造上の主語＋述語動詞」は I regard で、「意味上の主語＋準動詞」は the contract . . . having been broken です。

7. Watching her children playing in the river, she was thinking about the time

ad | ⑤ a O ªC | ① ad S ① ad

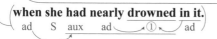

(when she had nearly drowned in it.)

ad S aux ad ① ad

(彼女は、子供たちが川で遊んでいるのを見守りながら、以前自分がその川で溺れそうになったときのことを思い出していた)

watch については p. 115 参照。**「watch 名詞 V-ing」は「名詞が V しているのを見守る」という意味で、構造は「⑤ O ªC」です。**Watching は「裸の ing」なので絶対に準動詞で「動名詞・現在分詞形容詞用法・分詞構文」のどれかですが、ここは分詞構文です (she was thinking about . . . が「S ① 副詞要素」の完全な文なので、Watching her children playing in the river は副詞要素でなければなりません。ですから Watching は分詞構文です)。Watching は「前の働きは動詞修飾で、後の働きは⑤」です。playing も「裸の ing」なので絶対に準動詞で「動名詞・現在分詞形容詞用法・分詞構文」のどれかです。ここは現在分詞形容詞用法で「前の働きは補語、後の働きは①」です。分詞構文が表す意味は「時・理由・条件・譲歩・付帯状況・言い換え」です。このどれを表しているかは、分詞構文がかかる被修飾要素（この場合は she was thinking . . . ）との意味的な関係によって決まります。ここは付帯状況で「子供たちが川で遊んでいるのを見守りながら」がよいです。was thinking は過去形・大黒柱・①です。ここの think about . . . は「. . . について回想する」という意味です。when は関係副詞で、when から it までは形容詞節で the time にかかります。had は助動詞・過去形、drowned は過去分詞形・従属節の述語動詞・①です。had drowned は過去完了の大過去用法で「溺死した」という意味ですが、nearly が付くと「溺死に限りなく近いところまで行ったが溺死しなかった→あやうく溺死するところだった」という意味になります。この英文の「構造上の主語＋述語動詞」は she was thinking と she . . . drowned で、「意味上の主語＋準動詞」は she . . . watching と children playing です。分詞構文の部分を「意味上の主語・述語関係」と「⑤の基本的意味」の次元で捉えると「子供たちが川で遊んでいる状態を認識しながら」となります。

8. To hear him talk, one would think him to be quarreling.

文ad | ⑤　O　aC | ①　S　aux　⑤　O　aC | ①

（彼が話すのを聞いたら、人は、彼がけんかしていると思うだろう）

To hear は不定詞副詞用法で「前の働きは文修飾、後の働きは⑤」です。この不定詞副詞用法は「仮定・条件（～するなら）」の意味を表しています（「聞くなら」という意味です。p. 218 参照）。talk は原形不定詞形容詞用法で「前の働きは補語、後の働きは①」です。one は代名詞で「（一般的に）人」という意味です。think は原形・述語動詞・⑤です。quarrel は「けんかする」という意味の動詞で、規則活用です。to be quarreling は進行形不定詞の形容詞用法で「前の働きは補語、後の働きは①」です。

think には would という過去形の助動詞が付いています。would think は p. 226 で説明した「仮定法過去の主節の形」です。To hear him talk を副詞節に書き換えると If one heard him talk になります（述語動詞が過去形であるのに注目してください）。これは「人が彼が話すのを聞く現実の可能性があるかどうか、あるとして、どれくらいあるかはさておき、仮に人が彼が話すのを聞くと仮定するなら」という意味です。

この英文の「構造上の主語＋述語動詞」は one . . . think で、「意味上の主語＋準動詞」は one . . . To hear と him talk と him to be quarreling です。「意味上の主語・述語関係」と「⑤の基本的意味」の次元で捉えると「彼が話す状態を認識したら、人は、彼がけんかしている状態を認識するだろう」となります。

9. This makes the sun seem to be going round us.

S　⑤　O　aC | ②　aC | ①　←　ad

（これのせいで、太陽は我々の周りを回っているように見える）

makes は現在形・述語動詞・⑤です。seem は「～のように見える」という意味の動詞で、規則活用です。この seem は原形不定詞・準動詞・②です。seem は「前の働きは補語

(makesの補語)、後の働きは②」です。to be goingは進行形不定詞の形容詞用法で「前の働きは補語 (seemの補語)、後の働きは①」です。この英文の「構造上の主語＋述語動詞」はThis makesで、「意味上の主語＋準動詞」はthe sun seemとthe sun . . . to be goingです。「意味上の主語・述語関係」と「⑤の基本的意味」の次元で捉えると「これは、太陽が我々の周りを回っているように見える状態を生み出す」となります。和訳するときは、主語のThisを副詞要素に変えて (「これのせいで」とします)、動詞の目的語のthe sunを主語に変えて (「太陽は」とします)、「これのせいで、太陽は我々の周りを回っているように見える」のように意訳します。

column 11 述語動詞と準動詞の識別が難しい3つの表現

動詞が「文の根幹をなす述語動詞」なのか、それとも「たんなる名詞要素、形容詞要素、副詞要素に過ぎない準動詞」なのかは極めて重要で、これを取り違えることは重大な読み間違いにつながります。

ところで、一般動詞は、3単現のsが付かない限り、原形と現在形のつづりが同じです。現在形は必ず述語動詞になりますが、原形は述語動詞になることもあれば、準動詞になることもあります。原形が準動詞になるのは不定詞になる場合です。不定詞には「toが付くto不定詞」と「toが付かない原形不定詞」があります。**原形不定詞は目印がないので外見上現在形と区別がつきません。**

規則活用の動詞では過去形と過去分詞形のつづりが同じです。過去形は必ず述語動詞になりますが、過去分詞形は述語動詞になることもあれば、準動詞になることもあります。過去分詞形が述語動詞になるのは受身と完了の場合で、be助動詞、have助動詞という目印があります。ところが準動詞になる場合、すなわち**過去分詞形容詞用法と分詞構文の場合は裸なので外見上過去形と区別がつきません。**

多くの人は、述語動詞と準動詞の違いを知らず、したがって、これを区別して読もうという意識がありません。この状態を脱するネックになっているのが「目で見ただけでは述語動詞と準動詞の区別ができない次の3つの表現」なのです。

1. **原形不定詞補語** (p. 295参照)
2. **過去分詞形容詞用法** (p. 422, 423, 427参照)
3. **過去分詞の分詞構文** (p. 432参照)

Lesson 16

動詞・助動詞の把握 (2)

問題 16　各設問に即座に答えられるようになるまで、繰り返し練習してください。

(Lesson 16 を終えると、いよいよ最終コーナーを回って、最後の直線に入ります。Lesson 20 で勉強する「裸の p.p.」は英語構文の真髄です。ゴールを目前にして力尽きないように、ラストスパートに入る前に「基本中の基本」を完璧に身につけましょう。面倒くさいだけで、難しいことは何もありません。努力あるのみです！ 答えを見て納得できなかったら、前に戻って再検討してください。)

1. So many African elephants have been shot that the species has almost been killed off. (問題 11-4 p. 196)

1-1 和訳しなさい。 1-2 述語動詞は？ 1-3 大黒柱は？ 1-4 大黒柱とは？
1-5 準動詞は？ 1-6 have の品詞は？ 1-7 2 つの been の品詞は？
1-8 be 助動詞は何形の動詞に付くか？ 1-9 shot は何形か？
1-10 過去分詞形の動詞を全部言いなさい。
1-11 p.p. を述語動詞にする方法は？ 1-12 名詞の基本的働きは？
1-13 species の働きは？ 1-14 that の品詞は？
1-15 that が作る従属節の外側は？ 1-16 p.p. の可能性は？
1-17 been shot はその中のどれか？ 1-18 been shot は何番か？
1-19 従属接続詞の that は何節を作るか？ 1-20 副詞節を作る語は？
1-21 killed は p.p. の可能性の中のどれか？ 1-22 shot の活用を言いなさい。
1-23 off の品詞は？ 1-24 副詞の働きは？ 1-25 off はその中のどれか？

1-26 一般的に活用形を順番に全部言いなさい。

答え 1-1 非常に多くのアフリカ象が射殺されてしまったので、この種はほとんど絶滅に瀕している。 1-2 been shot・been killed 1-3 been shot 1-4 主節の述語動詞 1-5 ない 1-6 助動詞 1-7 助動詞 1-8 過去分詞形・ing 形 1-9 過去分詞形 1-10 been shot・shot・been killed・killed 1-11 受身か完了にする 1-12 主語・動詞の目的語・前置詞の目的語・補語 1-13 (構造上の) 主語 1-14 従属接続詞 1-15 that から off までが副詞節で So にかかる 1-16 受身・完了・過去分詞形容詞用法・分詞構文 1-17 完了 1-18 −③ 1-19 名詞節・副詞節 1-20 従属接続詞、that, if, whether も含む・関係詞 -ever 1-21 受身 1-22 shoot—shot—shot 1-23 副詞 1-24 動詞修飾・形容詞修飾・他の副詞修飾・文修飾 1-25 動詞修飾 1-26 原形・現在形・過去形・過去分詞形・ing 形

2. I am proud to have been able to help you. (問題 12-6 p. 230)
2-1 和訳しなさい。 2-2 述語動詞は？ 2-3 絶対に述語動詞と言えるか？
2-4 なぜか？ 2-5 準動詞は？ 2-6 have の品詞は？ 2-7 have は何形か？
2-8 have を過去分詞形に変えなさい。 2-9 been の品詞は？
2-10 to help の「前の品詞と働き」は？ 2-11 proud の品詞と働きは？
2-12 to have been の「前の品詞と働き」は？ 2-13 to have been は何番か？
2-14 構造上の主語＋述語動詞を指摘せよ。
2-15 意味上の主語＋準動詞を指摘せよ。 2-16 p.p. の可能性は？
2-17 been はその中のどれか？ 2-18 原形動詞を使うところは？
2-19 help はその中のどれか？ 2-20 able の品詞と働きは？
2-21 形容詞の働きは？ 2-22 一般的に動詞の番号を全部言いなさい。

答え 2-1 私はあなたのお手伝いができて誇らしく思います。 2-2 am 2-3 言える 2-4 現在形だから 2-5 to have been・to help 2-6 助動詞 2-7 原形 2-8 変えられない (過去分詞形はないので) 2-9 動詞 2-10 副詞で形容詞修飾 2-11 形容詞で補語 2-12 副詞で形容詞修飾 2-13 ② 2-14 I am 2-15 I . . . to have been・I . . . to help 2-16 受身・完了・過去分詞形容詞用法・分詞構文 2-17 完了 2-18 to の後・do 助動詞と一般助動詞の後・命令文・make, have, let などの補語・仮定法現在 2-19 to の後 2-20 形容詞で補語 2-21 名詞修飾・補語 2-22 ①・②・③・④・⑤・−③・−④・−⑤

3. One of the worlds you are certain to touch in college is that of books.
(問題 13-4 p. 257)
3-1 和訳しなさい。 3-2 述語動詞は？ 3-3 大黒柱は？ 3-4 大黒柱とは何か？

3-5 準動詞は？ 3-6 that の品詞と働きは？ 3-7 touch は何形か？
3-8 to touch は何番か？ 3-9 to touch の目的語は？
3-10 従属節があれば外側を言いなさい。 3-11 is の主語は？
3-12 to touch の「前の品詞と働き」は？ 3-13 worlds の働きは？
3-14 in college の品詞と働きは？ 3-15 that の中身を英語で言いなさい。
3-16 関係代名詞を省略できるのはどういう場合か。
3-17 構造上の主語＋述語動詞を指摘せよ。
3-18 意味上の主語＋準動詞を指摘せよ。

答え 3-1 大学で必ず触れる世界の一つは書物の世界です。 3-2 are, is 3-3 is 3-4 主節の述語動詞 3-5 to touch 3-6 (代) 名詞で補語 3-7 原形 3-8 ③ 3-9 worlds と you の間に省略されている関係代名詞の which 3-10 you から college までが形容詞節で worlds にかかる 3-11 One 3-12 副詞で形容詞修飾 3-13 前置詞の目的語 3-14 副詞句で動詞修飾 3-15 the world 3-16 制限用法で、形容詞節の先頭にあり、内側で動詞の目的語か前置詞の目的語になっている場合 3-17 One . . . is・you are 3-18 you . . . to touch

4. I met a sentence the meaning of which I could not understand.

(問題 13-3 p. 257)

4-1 和訳しなさい。 4-2 述語動詞は？ 4-3 大黒柱は？ 4-4 準動詞は？
4-5 understand はなぜ述語動詞と断言できるのか？
4-6 understand は何形か？ 4-7 なぜ原形だとわかるのか？
4-8 原形動詞を使うところは？ 4-9 which の品詞と働きは？
4-10 which の中身を英語で言いなさい。
4-11 the meaning of which の意味を日本語で言いなさい。
4-12 which が作る従属節の外側を言いなさい。 4-13 understand は何番か？
4-14 understand の目的語は？ 4-15 a sentence と the meaning の関係は？
4-16 なぜか？ 4-17 of which の品詞と働きは？ 4-18 which は省略できるか？
4-19 なぜか？ 4-20 なぜ of which を訳さないのか？
4-21 形容詞節を作る語は？ 4-22 could は何形か？
4-23 met の活用を言いなさい。4-24 understand の活用を言いなさい。

答え 4-1 私は意味を理解できない文に出会った。 4-2 met・understand 4-3 met 4-4 ない 4-5 過去形の助動詞が付いているから 4-6 原形 4-7 一般助動詞が付いているから 4-8 to の後・do 助動詞と一般助動詞の後・命令文・make, have, let などの補語・仮定法現在 4-9 関係代名詞で前置詞の目的語 4-10 the sentence 4-11 その文の意味 4-12 the から understand までが形容詞節で sentence にかかる 4-13 ③ 4-14 meaning 4-15 関係ない 4-16 内外断絶しているから 4-17 形容詞句で名詞修飾 4-18 できない 4-19 形容詞節の先頭にないから 4-20 関係代名詞は日本語にないから 4-21 関係詞、ただし「what」と「関係詞 -ever」と「先行詞が省略された関係副詞」は除く 4-22 過去形 4-23 meet—met—met 4-24 understand—understood—understood

5. Let's try once again. (15-9-3 p. 301)

5-1 和訳しなさい。 5-2 述語動詞は？ 5-3 構造上の主語は？ 5-4 準動詞は？
5-5 Let は何形か？ 5-6 try は何形か？ 5-7 原形動詞を使うところは？
5-8 Let はその中のどれか？ 5-9 try はその中のどれか？ 5-10 Let は何番か？
5-11 Let の目的語は？ 5-12 try の「前の働き」は？ 5-13 try は何番か？
5-14 again の品詞と働きは？ 5-15 構造上の主語＋述語動詞を指摘せよ。
5-16 意味上の主語＋準動詞を指摘せよ。 5-17 ⑤の基本的意味は？
5-18 Let はその中のどれか？ 5-19 Let の活用を言いなさい。
5-20 原形が述語動詞になるのはどういう場合か？

答え 5-1 もう一度やってみましょう。 5-2 Let 5-3 Let's の前に省略されている You 5-4 try 5-5 原形 5-6 原形 5-7 to の後・do 助動詞と一般助動詞の後・命令文・make, have, let などの補語・仮定法現在 5-8 命令文 5-9 make, have, let などの補語 5-10 ⑤ 5-11 us 5-12 補語 5-13 ① 5-14 副詞で動詞修飾 5-15 (you) Let 5-16 us try 5-17 認識する・生み出す 5-18 生み出す 5-19 let—let—let 5-20 do 助動詞と一般助動詞の後・命令文・仮定法現在

6. I believe the report to have been proven false. (問題 15-1 p. 304)

6-1 和訳しなさい。6-2 述語動詞は？ 6-3 準動詞は？ 6-4 believe は何形か？
6-5 believe は何番か？ 6-6 have の品詞は？ 6-7 have は何形か？
6-8 have を過去形に変えなさい。 6-9 have を過去分詞形に変えなさい。
6-10 been の品詞は？ 6-11 proven は何形か？ 6-12 p.p. の可能性は？
6-13 proven はその中のどれか？ 6-14 be 助動詞は何形の動詞に付くか？
6-15 been proven の品詞は？ 6-16 been proven は何形か？
6-17 been proven は「p.p. の可能性」の中のどれか？
6-18 p.p. で文を作る方法は？ 6-19 to have been proven の「前の働き」は？
6-20 to have been proven は何番か？ 6-21 受身の動詞の番号は？
6-22 false の品詞は？ 6-23 形容詞の働きは？ 6-24 false はその中のどれか？

6-25 構造上の主語＋述語動詞を指摘せよ。
6-26 意味上の主語＋準動詞を指摘せよ。 6-27 ⑤の基本的意味は？
6-28 believe はその中のどれか？ 6-29 proven の活用を言いなさい。

答え 6-1 私は、その報告は間違いであると証明されていると信じます。 6-2 believe 6-3 to have been proven 6-4 現在形 6-5 ⑤ 6-6 助動詞 6-7 原形 6-8 had 6-9 変えられない（過去分詞形はないので） 6-10 助動詞 6-11 過去分詞形 6-12 受身・完了・過去分詞形容詞用法・分詞構文 6-13 受身 6-14 過去分詞形・ing 形 6-15 動詞 6-16 過去分詞形 6-17 完了 6-18 受身か完了にする 6-19 補語 6-20 −⑤ 6-21 −③・−④・−⑤ 6-22 形容詞 6-23 名詞修飾・補語 6-24 補語 6-25 I believe 6-26 the report to have been proven 6-27 認識する・生み出す 6-28 認識する 6-29 prove—proved—proven

7. I was obliged to borrow money to pay my father's hospital bills with.

（問題 15-3 p. 305）

7-1 和訳しなさい。 7-2 述語動詞は？ 7-3 絶対に述語動詞と言えるか？
7-4 なぜか？ 7-5 was obliged は何番か？ 7-6 −⑤の後にくる要素は？
7-7 準動詞は？ 7-8 obliged は何形か？ 7-9 p.p. の可能性は？
7-10 obliged はその中のどれか？ 7-11 obliged は述語動詞か準動詞か？
7-12 絶対にそう言えるか？ 7-13 なぜか？ 7-14 was の品詞は？
7-15 助動詞の種類は？ 7-16 borrow は何形か？
7-17 原形動詞を使うところは？ 7-18 to borrow の「前の働き」は？
7-19 to borrow は何番か？ 7-20 to pay の「前の働き」は？
7-21 to pay は何番か？ 7-22 with の品詞は？ 7-23 with の目的語は？
7-24 with の意味上の目的語は？ 7-25 to pay の目的語は？
7-26 構造上の主語＋述語動詞を指摘せよ。
7-27 意味上の主語＋準動詞を指摘せよ。
7-28 原形が準動詞になるのはどういう場合か？

答え 7-1 私は父の入院代を払うお金を借りざるをえなかった。 7-2 was obliged 7-3 言える 7-4 過去形だから 7-5 −⑤ 7-6 補語 7-7 to borrow・to pay 7-8 過去分詞形 7-9 受身・完了・過去分詞形容詞用法・分詞構文 7-10 受身 7-11 述語動詞 7-12 言える 7-13 過去形の助動詞が付いているから 7-14 助動詞 7-15 be 助動詞・have 助動詞・do 助動詞・一般助動詞 7-16 原形 7-17 to の後・do 助動詞と一般助動詞の後・命令文・make, have, let などの補語・仮定法現在 7-18 補語 7-19 ③ 7-20 名詞修飾（「money にかかる」も可） 7-21 ③ 7-22 前置詞 7-23 ない 7-24 money 7-25 hospital bills 7-26 I was obliged　7-27 I . . . to borrow・I . . . to pay　7-28 to の後・make, have, let などの補語

8. They will have built a bridge across the river by the time you visit the place.
（問題 11-3 p. 196）

8-1 和訳しなさい。 8-2 述語動詞は？ 8-3 大黒柱は？ 8-4 準動詞は？
8-5 will の品詞は？ 8-6 will は何形か？ 8-7 will を過去形に変えなさい。
8-8 will を原形に変えなさい。 8-9 have の品詞は？ 8-10 have は何形か？
8-11 built は何形か？ 8-12 built の活用を言いなさい。 8-13 built は何番か？
8-14 river の働きは？ 8-15 by the time の品詞は？
8-16 by the time が作る従属節の外側は？ 8-17 visit は何形か？
8-18 will visit にしてもよいか？ 8-19 なぜか？ 8-20 副詞節を作る語は？

答え　8-1 あなたがその場所を訪れるときまでには、川に橋がかけられているでしょう。 8-2 built・visit　8-3 built　8-4 ない　8-5 助動詞　8-6 現在形　8-7 would　8-8 変えられない（原形はないので）　8-9 助動詞　8-10 原形　8-11 過去分詞形　8-12 build—built—built　8-13 ③　8-14 前置詞の目的語　8-15 従属接続詞　8-16 by から place までが副詞節で will have built にかかる　8-17 現在形　8-18 してはいけない　8-19 時・条件を表す副詞節の中では単純未来は現在形で表すから　8-20 従属接続詞、that, if, whether も含む・関係詞 -ever

9. He was elected president of the university being built in Nagoya.
（問題 15-5 p. 306）

9-1 和訳しなさい。 9-2 述語動詞は？ 9-3 絶対に述語動詞と言えるか？
9-4 なぜか？ 9-5 準動詞は？ 9-6 絶対に準動詞と言えるか？ 9-7 なぜか？
9-8 elected は何形か？ 9-9 p.p. の可能性は？
9-10 elected はその中のどれか？ 9-11 was elected は何番か？
9-12 being built の品詞は？ 9-13 being built は何形か？
9-14 being built は何番か？ 9-15 being built だけ直訳しなさい。
9-16 being は着物か着物でないか？
9-17 being built は着物を着ているか裸か？
9-18 built は着物を着ているか裸か？
9-19 着物はどれか？ 9-20 being built は動名詞か現在分詞か？
9-21 裸の ing の可能性は？ 9-22 being built はその中のどれか？
9-23 現在分詞形容詞用法の「前の働き」は？
9-24 being built はその中のどれか？ 9-25 現在分詞の可能性は？

9-26 ing の可能性は？ 9-27 過去形の動詞をすべて指摘せよ。
9-28 過去分詞形の動詞をすべて指摘せよ。
9-29 ing 形の動詞をすべて指摘せよ。
9-30 過去形の助動詞をすべて指摘せよ。
9-31 ing 形の助動詞をすべて指摘せよ。
9-32 president の働きは？ 9-33 構造上の主語＋述語動詞を指摘せよ。
9-34 意味上の主語＋準動詞を指摘せよ。 9-35 前置詞の目的語を言いなさい。
9-36 ing 形の動詞を述語動詞にする方法は？
9-37 being built in Nagoya を形容詞節に変えなさい。

答え 9-1 彼は名古屋に建設中の大学の学長に選ばれた。 9-2 was elected 9-3 言える 9-4 過去形だから 9-5 being built 9-6 言える 9-7 裸の ing だから 9-8 過去分詞形 9-9 受身・完了・過去分詞形容詞用法・分詞構文 9-10 受身 9-11 －⑤ 9-12 動詞 9-13 ing 形 9-14 －③ 9-15 建設されつつある 9-16 着物 9-17 裸 9-18 着物を着ている 9-19 being 9-20 現在分詞 9-21 動名詞・現在分詞形容詞用法・分詞構文 9-22 現在分詞形容詞用法 9-23 名詞修飾・補語 9-24 名詞修飾 9-25 進行形・現在分詞形容詞用法・分詞構文 9-26 進行形・動名詞・現在分詞形容詞用法・分詞構文 9-27 was elected 9-28 elected・built 9-29 being built 9-30 was 9-31 being 9-32 補語 9-33 He was elected 9-34 the university being built 9-35 the university・Nagoya 9-36 進行形にする 9-37 which was being built in Nagoya

10. Watching her children playing in the river, she was thinking about the time when she had nearly drowned in it. (問題 15-7 p. 307)
10-1 和訳しなさい。 10-2 述語動詞は？
10-3 drowned は絶対に述語動詞と言えるか？ 10-4 なぜか？
10-5 なぜ過去形と言えるのか？ 10-6 大黒柱は？ 10-7 準動詞は？
10-8 絶対に準動詞と言えるか？ 10-9 なぜか？
10-10 Watching は動名詞か現在分詞か？ 10-11 裸の現在分詞の可能性は？
10-12 Watching はその中のどれか？ 10-13 Watching は何番か？
10-14 playing は動名詞か現在分詞か？ 10-15 現在分詞の可能性は？
10-16 playing はその中のどれか？ 10-17 playing の「前の働き」は？
10-18 playing は何番か？ 10-19 thinking は動名詞か現在分詞か？
10-20 ing の可能性は？ 10-21 thinking はその中のどれか？
10-22 現在分詞で文を作る方法は？ 10-23 動名詞を述語動詞にする方法は？

10-24 when の品詞は？ 10-25 when の「内側の働き」は？
10-26 when が表している意味を日本語で言いなさい。
10-27 when が作る従属節の「外側の構造」は？ 10-28 drowned は何形か？
10-29 p.p. の可能性は？ 10-30 drowned はその中のどれか？
10-31 構造上の主語＋述語動詞を指摘しなさい。
10-32 意味上の主語＋準動詞を指摘しなさい。

答え 10-1 彼女は、子供たちが川で遊んでいるのを見守りながら、以前自分がその川で溺れそうになったときのことを思い出していた。 10-2 was thinking・drowned 10-3 言える 10-4 過去形の助動詞が付いているから 10-5 have 助動詞には過去分詞形がないから、had は過去形に決まる 10-6 was thinking 10-7 Watching・playing 10-8 言える 10-9 裸の ing だから 10-10 現在分詞 10-11 現在分詞形容詞用法・分詞構文 10-12 分詞構文 10-13 ⑤ 10-14 現在分詞 10-15 進行形・現在分詞形容詞用法・分詞構文 10-16 現在分詞形容詞用法 10-17 補語 10-18 ① 10-19 現在分詞 10-20 進行形・動名詞・現在分詞形容詞用法・分詞構文 10-21 進行形 10-22 進行形にする 10-23 ない 10-24 関係副詞 10-25 動詞修飾（drowned にかかるも可） 10-26 そのときに 10-27 when から it までが形容詞節で time にかかる 10-28 過去分詞形 10-29 受身・完了・過去分詞形容詞用法・分詞構文 10-30 完了 10-31 she was thinking・she . . . drowned 10-32 she . . . Watching・children playing

column 12 構文理解のリトマス試験紙

英語の仕組みがわかっているか否かの簡単なリトマス試験紙はbeenとbeingです。beenは4個の可能性があり、beingは11個の可能性があります。これを正確に識別できますか？ beenとbeingは目で見れば識別できます。しかしbeenを4つに分けたり、beingを11に分けたりすることは目で見ただけではできません。これができるのは、他の語との間にある目に見えない関係を認識できるからです。この2語を「あってもなくても大差ない、飾りのような言葉」くらいに考えて、気にも留めない人がたくさんいます。しかしbeenもbeingも、あるかないかで大きく意味が変わります（p. 366参照）。beenとbeingを取り違えたら即座に誤文・誤訳になります。

11個の可能性と言うと、とてつもなく多く感じられますが、実際には3段階の階層構造になっているので、慣れれば瞬時に判断できます（beingを見るたびに11個の中から「どれかなあ？」と選んでいるわけではないのです）。「being →動詞か助動詞か？ →動詞だとしたら①か②か？ →②だとしたら『ingの4つの可能性』のどれか？」といった具合に絞り込むわけです。

「そもそもbeenとbeingって何ですか？」こういう人でもかまいません（かえってそういう人の方が、変な癖がついていないので、上達は早いです）。本書を勉強すれば簡単に識別できるようになります。

ともかく、英単語は、一つ一つ、目に見えない次元で、こういうふうに規則正しくコントロールされているのです。イメージや感覚だけに頼ったり、何も考えず多読・速読・音読していたのでは、いくらやってもどうにもならないことが想像つくでしょう？

参照　「beenの4つの可能性」p. 162, 469
「beingの11の可能性」p. 364, 469–470

Lesson 17

名詞節

17-1 従属節の枠組み（再再確認）

質問 28 次の質問に答えなさい（スラスラ答えられないときは「Lesson 11 副詞節」「Lesson 13 関係代名詞」に戻って、確認してください）。

1. 従属節とは何か？
2. 従属節の 3 種類を言いなさい。
3. 文とは何か？
4. 英文とは何か？
5. 従属節を含んだ英文は何と呼ばれるか？
6. 大黒柱とは何か？
7. 従属節の外側とは何か？
8. 従属節の内側とは何か？
9. 内外断絶の原則とは？
10. 副詞節を作る語は？
11. 形容詞節を作る語は？
12. 従属接続詞は何節を作るか？
13. 従属接続詞の that は何節を作るか？
14. 従属接続詞の「内側の働き」は？
15. 従属接続詞の後ろにはどのような文が続くか？
16. 関係代名詞の「内側の働き」は？

質問 28 の答え 1. 名詞、形容詞、副詞の働きをする文 2. 名詞節・形容詞節・副詞節 3. 構造上の主語＋述語動詞 4. 大文字で始まり、ピリオドで終わる語群 5. 複文 6. 主節の述語動詞 7. どこからどこまでが何節で、その節はどういう働きをしているか 8. 従属節の中がどういう構造の文になっているか 9. 従属節の「内の語」と「外の語」は構造上の関係をもたないという原則 10. 従属接続詞、that, if, whether も含む・関係詞 -ever 11. 関係詞、ただし「what」と「関係詞 -ever」と「先行詞が省略された関係副詞」は除く 12. 副詞節を作る。ただし、that,・if・whether は名詞節も作る 13. 名詞節・副詞節 14. ない 15. 完全な文 16. 主語・動詞の目的語・前置詞の目的語・補語

17-2 名詞節の働き

・名詞の働きは「主語、動詞の目的語、前置詞の目的語、補語（←基本的働き）/ 同格、副詞的目的格（←例外的働き）」です。

・名詞節は、このうち、副詞的目的格を除いた、すべての働きをします。すなわち、**名詞節の働きは「主語・動詞の目的語・前置詞の目的語・補語・同格」**です。

・名詞節は［四角いカッコ］でくくります。

〔ザット シー ワンス リヴド イン ランドン イズ トルー〕

[**That she once lived in London**] **is true.** （彼女が昔ロンドンに住んでいたというのは本当だ）
接 S ad ① ad ② aC
S

she once lived in London は完全な文です。その前に従属接続詞の that を付けると、全体は名詞節になります。「彼女が昔ロンドンに住んでいた（という）こと」という意味を表します。この名詞節は、この英文では主語の働きをしています。**従属接続詞の that が作る名詞節は 3 人称・単数として扱われます。**ですから大黒柱が 3 人称・単数形の is なのです。lived は過去形・従属節の述語動詞・①です。is は現在形・大黒柱・②です。That が作る従属節の外側は「That から London までが名詞節で主語」です。That は内側で何の働きもしていません。

〔シー アスクト ミィー ワット シー シュド ドゥー〕

She asked me [**what she should do.**] （彼女は私に自分は何をすべきか尋ねた）
S ④ O O S aux ③
O

what は疑問代名詞で、what she should do は「彼女は何をすべきか（ということ）」という意味の名詞節です。この名詞節は asked の直接目的語になっています。what は、内側では、do の目的語です。asked は過去形・大黒柱・④で、do は原形・従属節の述語動詞・③です。この英文は p. 188 で一度説明しました。

〔タイム　ウィル　ショウ　フー　イズ　ライト〕

Time will show [who is right.] （時がたてば誰が正しいかわかるでしょう）
S　aux　③　[S　②　aC]
O

who は疑問代名詞で、who is right は「誰が正しいか（ということ）」という意味の名詞節です。この名詞節は show の目的語になっています。who は内側で is の主語です。will は「単純未来」を表す助動詞の現在形、show は原形・大黒柱・③、is は現在形・従属節の述語動詞・②です。

17-3　名詞節を作る語

・名詞節を作る語は次の 5 つです。

1. 従属接続詞の that, if, whether
2. 疑問詞・感嘆詞[注1]
3. 関係詞の what
4. 関係詞 -ever[注2]
5. 先行詞が省略された関係副詞[注3]

注 1　**疑問詞は「疑問代名詞」「疑問形容詞」「疑問副詞」の 3 種類があります。感嘆詞は感嘆形容詞（← what）と感嘆副詞（← how）の 2 種類があります。このすべてが名詞節を作ります。**

注 2　**関係詞 -ever は「複合関係代名詞」「複合関係形容詞」「複合関係副詞」の 3 種類があります。「複合関係代名詞」「複合関係形容詞」は名詞節または副詞節を作ります。「複合関係副詞」は原則として副詞節を作ります。**

注 3　関係副詞は形容詞節を作りますが、「先行詞が省略された関係副詞」は名詞節を作ります。14-2 参照。

17-4　従属接続詞が作る名詞節

・**従属接続詞は完全な文[注1]の前に付いて、その文を副詞節か名詞節にする働きをします。**

・すべての従属接続詞が副詞節を作ります。

・**名詞節を作る従属接続詞は that, if, whether の 3 つです。**

[that S＋V] ⇒ S が V する（という）こと

[if S+V] ⇒ S が V するかどうか（ということ）
[whether S+V] ⇒ S が V するかどうか（ということ）

注 1「完全な文」とは「主語、動詞の目的語、前置詞の目的語、補語の点で足りない要素がない文」です。従属接続詞は内側では何の働きもしないので、**従属接続詞の後ろに続く S + V は完全な文でなければなりません。**

・[that S + V] は「主語・動詞の目的語・前置詞の目的語・補語・同格」のどれにもなれます。
・**[that S+V] が動詞の目的語になっているときは that を省略できます。**
・**[that S+V] が前置詞の目的語になっているときは、in, except, but, save 以外の前置詞は省略しなければいけません。** 注2

・[if S + V] は「動詞の目的語」か「真主語」にしかなれません。注3
・or not を付けるときは [if or not S + V] は不可で、[if S + V or not] なら可ですが、稀です。

・[whether S + V] は「主語、動詞の目的語、前置詞の目的語、補語、同格」のどれにもなれます。
・or not を付けるときは [whether or not S + V] と [whether S + V or not] のどちらも可です。

注 2 **in that S+V は「S+V という点で」、except that S+V と but that S+V と save that S+V は「S+V ということ以外は、S+V ということを除いたら」という意味です。**

注 3 **「構造上の主語」あるいは「動詞の目的語」の位置にとりあえず it を置き、構造上の主語、動詞の目的語を後ろに回すことがあります。この場合、とりあえず置いた it を「仮主語」「仮目的語」と呼び、後ろに回した構造上の主語、動詞の目的語を「真主語」「真目的語」と呼びます。**

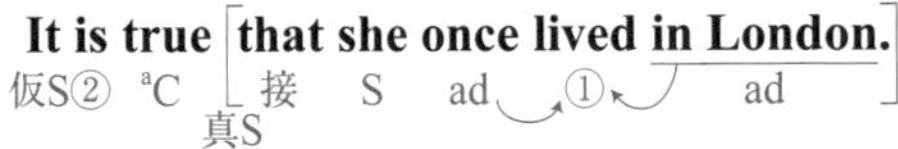
〔イト　イズ　トルー　ザット　シー　ワンス　リヴド　イン　ランドン〕
It is true [that she once lived in London.]
仮S② ªC 接 S ad ① ad
真S

（彼女が昔ロンドンに住んでいたというのは本当だ）

that は従属接続詞で、that she once lived in London は名詞節です。この名詞節は真主語で、It が仮主語です。is は現在形・大黒柱・②で、lived は過去形・従属節の述語動詞・①です。

〔アイ　サスペクティド　ザット　ゼア　ハッド　ビン　アン　ナクスィデント〕

I suspected [that there had been an accident.]
S　③　[接　誘導ad aux　①　S]
O

（私は事故があったのではないかと思った）

suspectは「肯定的に疑う＝〜だろうと思う」という意味の動詞で、規則活用です。thatは従属接続詞で、that there had been an accidentは名詞節です。この名詞節はsuspectedの目的語です。had beenは大過去用法の過去完了で、suspectedより時間的に以前であることを表しています。suspectedは過去形・大黒柱・③、beenは過去分詞形・従属節の述語動詞・①です。「私は事故があったのだろうと思った」という意味です。このthat節は動詞の目的語なので、thatを省略できます。すると**I suspected there had been an accident.** となります。

doubt〔ダウト〕は「否定的に疑う＝〜でないだろうと思う」という意味の動詞で、規則活用です。そこで**I doubted that there had been an accident.** は「私は事故があったのではないだろうと思った→私は事故があったというのは疑わしいと思った」という意味になります。

〔ザ　ニューズ　ザット　ヒズ　ヤット　ワズ　ミスィング　ワズ　ア　グレイト　シャック　トゥ　ハー〕

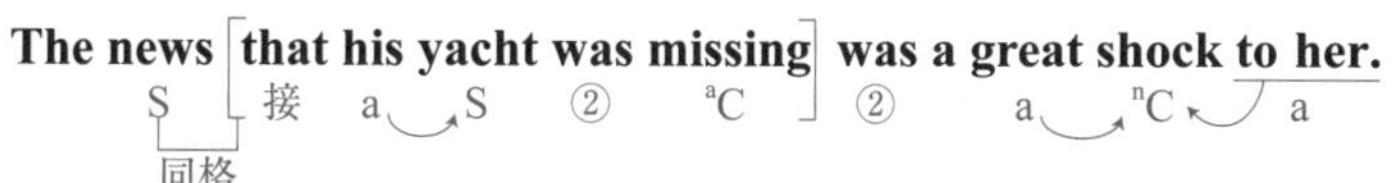
The news that his yacht was missing was a great shock to her.
S　接　a　S　②　aC　②　a　nC　a
同格

（彼のヨットが行方不明だという知らせは彼女には大きなショックだった）

thatは従属接続詞で、that his yacht was missingは名詞節です。この名詞節はThe newsを言い換えたもので、働きは「The newsと同格」です（同格はp. 91参照）。同格の働きをするthat節は「S＋Vという」と訳します。最初のwasは過去形・従属節の述語動詞・②、2番目のwasは過去形・大黒柱・②です。missingは「行方不明の」という意味の純粋な形容詞でwasの補語です（p. 118参照）。

〔アイム　シュア　ザット　アイル　サクスィード〕

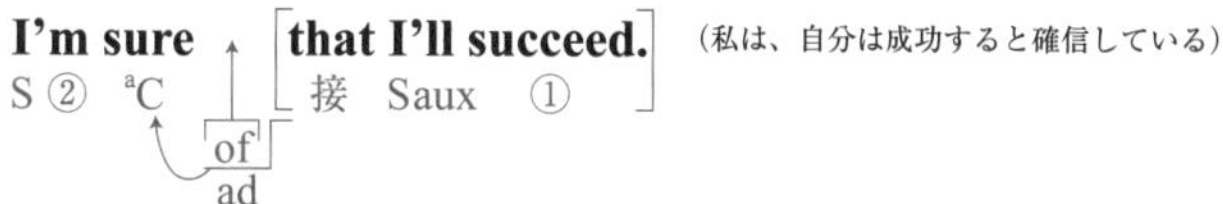
I'm sure that I'll succeed.
S ② aC　接　Saux　①
of
ad

（私は、自分は成功すると確信している）

I'm sure of my success. は「私は自分の成功について確信している」という意味で、Iが主語、amが②、sureが形容詞で補語、ofが前置詞、successが前置詞の目的語で、of my successは副詞句でsureにかかっています。my successを名詞節にするとthat I will succeed（私が成功するだろうということ）となります（thatは従属接続詞、Iは主語、will は助動詞・現在形、succeed は原形・述語動詞・①です）。この名詞節を、my success の代わりに、of の目的語にすると *I'm sure of that I will succeed. となります。ところが「**that が作る名詞節が前置詞の目的語になっているときは、in, except, but, save 以外の前置詞は省略しなければいけない**」というルール（p. 322 参照）があるので、これから of を省略した **I'm sure that I will succeed.**（私は、自分が成功するだろうということについて確信している）が正しい英文になります。

ところで be sure that S＋V は「S＋V について確信している→S＋V を確信している」という意味なので、まるで be sure が「～を確信する」という意味の③の動詞のように感じられます。すると that S＋V は be sure という③の動詞の目的語に感じられて、that が省略可能になります。that を省略すると **I'm sure I will succeed.** という英文になり、これも正しいのです。I'm sure I will succeed. は一見 I'm sure という文と I will succeed という文が対等に並んでいるように見えます。しかし、間に 2 つの文をつなぐ等位接続詞もコロンもセミコロンもダッシュもない上、内容的にも I'm sure と I will succeed は「言い換え」でもなければ「同性質の内容の列挙」でもありません。ですから、そのように読むと（＝文と文が対等に並んでいると読むと）「14-4 2 つの S＋V のルール（p. 273）」に違反します。I'm sure と I will succeed はどちらも文（＝構造上の主語＋述語動詞）であることは確実ですから、2 つの文は対等ではない（＝どちらかが主節で、どちらかが従属節である）ことになります。I'm sure が主節で、I will succeed は that I will succeed から that が省略された従属節（＝省略された前置詞 of の目的語になる名詞節）なのです。

〔テル　ミィー　イフ　ユア　カミング〕

(a) **Tell me [if you're coming.]**　（あなたが来るかどうか教えてください）
　　④　O　[接　S　①]
　　　　　O

(b) **Tell me ⟨if you're coming.⟩**　（もしあなたが来るなら教えてください）
　　③　O　⟨接　S　①⟩

この英文は命令文で、「構造上の主語」である You が Tell の前に省略されています。Tell は原形・大黒柱です（この動詞は p. 157 参照）。(a) の Tell は④で、me が間接目的語です。if は従属接続詞で名詞節か副詞節を作ります。名詞節を作る場合は「かどうか」、副詞節を作る場合は「もしも」という意味です。if you're coming は名詞節で、Tell の直接目的語です。are coming は現在進行形で「近い未来の予定」を表しています（p. 119 参照）。are coming は現在形・従属節の述語動詞・①です。英文全体は「あなたが近いうち来る予定であるかどうかを私に言いなさい→あなたが来るかどうか教えてください」という意味になります。

この英文は別の読み方もできます。(b) の Tell は③で、人を目的語にして、「人に（何かを）話す」という意味です。Tell を③にすると、if you're coming は副詞節になります。すると「もしもあなたが近いうち来る予定であるなら、私に言いなさい→もしあなたが来るなら教えてください」という意味になります。

この2つの読み方はどちらも十分ありえるので、どちらであるかは文脈から判断することになります。

〔エヴリスィング　ディペンヅ　アン　ウェザ　ヒー　オブザーブズ　ザ　ルールズ〕

Everything depends on [whether he observes the rules.
S ① 接 S ③ O]
ad

（すべては彼が規則を守るかどうかにかかっている）

dependは「依存する」という意味の動詞、observeは「守る」という意味の動詞で、どちらも規則活用です。whetherは従属接続詞です。whether he observes the rulesは名詞節なら「彼が規則を守るかどうか（ということ）」、副詞節なら「彼が規則を守ろうが守るまいが」という意味になります。この英文では名詞節で、前置詞onの目的語になっています。ifが作る名詞節は「前置詞の目的語」になれませんから、この英文のwhetherをifに変えることはできません。dependsは現在形・大黒柱・①、observesは現在形・従属節の述語動詞・③です。

17-5　2つのVのルール

> **1つの主語に2つの述語動詞があるときは、原則として等位接続詞がなければつなげない。**

・この原則を「**2つのVのルール**」といいます（14-4「2つのS+Vのルール」p. 273参照）。

・自分の読み方が「2つのVのルール」に違反したときは、次の2つを考えます。

> **1. どちらかは述語動詞ではないのでは？**
> **2. どちらも述語動詞だとしたら、主語が異なるのでは？**

・「2つのVのルール」の例外

> **1つの主語に2つの述語動詞があるとき、その2つの述語動詞が「言い換え」や「同性質の内容の列挙」になっている場合は、コンマだけでつながれることがあります。**[注]

注　これをcomma splice〔カマ　スプライス〕（コンマ接合）といいます。

〔ザット　ライス　イズ　グロウン　イン　キャナダ　アンド　イズ　ナット　ワイドリ　ノウン　イン　ヂャパン〕

(a) **That rice is grown in Canada and is not widely known in Japan.**

a　S　−③　ad　+　ad　ad　−③　ad

(その米はカナダで栽培されていて、日本ではあまり知られていない)

Thatは形容詞でriceにかかり、That riceは「その米」という意味です。andはis grown（現在形・述語動詞・−③）とis known（現在形・述語動詞・−③）をつないでいます。That riceはis grownとis knownの共通の主語です。この英文は1つの主語に2つの述語動詞があり、2つの述語動詞は等位接続詞（=and）でつながれているので「2つのVのルール」に違反していません。それでは、この英文からandを削除したらどうなるでしょうか？

〔ザット　ライス　イズ　グロウン　イン　キャナダ　イズ　ナット　ワイドリ　ノウン　イン　ヂャパン〕

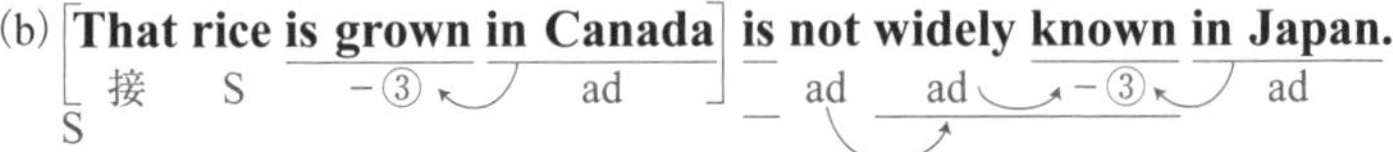

(b) That rice is grown in Canada is not widely known in Japan.
接　S　−③　ad　ad　ad　−③　ad
S

(米がカナダで栽培されていることは日本ではあまり知られていない)

(a)と同じ読み方をしたら「2つのVのルール」に違反してしまいます。そこで「1. どちらかは述語動詞ではないのでは？」と考えます。しかし、is grownとis knownはどちらも現在形ですから、絶対に述語動詞です。そこで**「2. どちらも述語動詞だとしたら、主語が異なるのでは？」と考えます。このことが、読み手の頭の中で、文頭のThatの品詞を変えさせるのです。**Thatを従属接続詞に変えると、That rice is grown in Canadaは「米がカナダで栽培されている（という）こと」という意味の名詞節になります。この名詞節がis knownの主語です。すると、is grownとis knownは主語が異なるので「1つの主語に2つの述語動詞がある」場合に該当せず「2つのVのルール」は適用されません。That rice is grown in Canada is not widely known in Japan.は「米がカナダで栽培されていることは日本ではあまり知られていない」という意味になります。is grownは現在形・従属節の述語動詞・−③、is knownは現在形・大黒柱・−③です。この英文についてはp. 377も参照。

〔ヒー　エンタド　ア　ニュー　スクール　ビギャン　ア　ニュー　ライフ〕

He entered a new school, began a new life.

S　③　a　O　③　a　O

(彼は新しい学校に入った。新生活を始めたのだ。)

enterは「入る」という意味の動詞で、規則活用です。beganについてはp. 18参照。この英文は「2つのVのルール」の例外です。enteredとbeganという2つの過去形・述語動詞・③に、Heという主語が共通に付いていますが、enteredとbeganをつなぐ等位接続詞がありません。したがって、表面的には「2つのVのルール」に違反しています。これは entered a new school を began a new life で言い直したのです。「同内容の言い換え」です。ですから、コンマだけでつないでいるのです（comma splice〔コンマ接合〕です）。

質問 29 次の英文は誤りである。that を 1 つどこかに入れて、正しい英文にしなさい。

〔ヒー　ワズ　スピーキング　ザ　トルース　ワズ　アブヴィアス〕
He was speaking the truth was obvious.

質問 29 の答え was speaking と was という 2 つの過去形・述語動詞に、He という主語が共通に付いていますが、was speaking と was をつなぐ等位接続詞がありません。しかも was speaking（話していた）と was obvious（明らかだった）は「同内容の言い換え」でも「同性質の内容の列挙」でもありません。したがって、この英文は「2 つの V のルール」に違反しています。そこで「1. どちらかは述語動詞ではないのでは？」と考えます。しかし、was speaking と was はどちらも過去形ですから、絶対に述語動詞です。そこで「2. どちらも述語動詞だとしたら、主語が異なるのでは？」と考えます。that を 1 つどこかに入れることによって、was speaking の主語と was の主語を異なる名詞にするのです。
そこで、truth と was の間に that を入れて ***He was speaking the truth that was obvious.** にします。that was obvious は形容詞節で the truth にかかり、that は関係代名詞で was の主語です。「彼は明らかである真実を話していた」という意味になります。構造も意味も成立しますが、これは極めて不自然です。なぜなら、こう言いたければ He was speaking the obvious truth.（彼は明らかな真実を語っていた）と言うからです。
そこで、考え方を変えて、speaking と the の間に that を入れて ***He was speaking that the truth was obvious.** にします。that the truth was obvious は名詞節で was speaking の目的語です。that は従属接続詞です。「彼は真実は明らかだと話していた」となります。意味も通るので、**これが正解のようですが、これを正解とするためには speak という動詞が that 節を目的語にできなければいけません。speak that S＋V（S＋V ということを話す）という表現が辞書に出ていなければいけないのです。**そこで、辞書で speak の㊚のところを引いて、speak に③の使い方があるかどうか、あるとして that 節を目的語にできるかどうかを調べるのです（**←これが「コラム 2（p. 45）」で言った「ピンポイントで辞書を引く」ということです**）。すると、出ていません。speak は③で使いますが、その場合の目的語は純粋な名詞・代名詞に限られ、名詞要素（名詞節、不定詞名詞用法、動名詞）は目的語にできないのです。これから He was speaking that the truth was obvious. は誤文だとわかります（**←辞書はこのように使うのです**）。それに、この問題だけで考えるなら、辞書を引かなくても He was speaking that the truth was obvious. が答えでないことがわかります。なぜなら、これが正解なら that 節が動詞の目的語になっているので、従属接続詞の that を省略できます。that

を省略すると He was speaking the truth was obvious. となり、これは正しい英文ということになります。しかし、問題文は「次の英文は誤りである」と言っているので、矛盾するからです。
そこで、さらに考え方を変えて、文頭に That を置いて **That he was speaking the truth was obvious.** にします。That he was speaking the truth は名詞節で was の主語です。That は従属接続詞です。「彼が真実を話していることは明らかだった」という意味になります。構造も意味も成立し、不自然なところもないので、これが正解です。この英文は仮主語の It を使って **It was obvious that he was speaking the truth.** とすることもできますが、That he was speaking the truth was obvious. もまったく問題ない正しい英文です。was speaking は過去形・従属節の述語動詞・③、was は過去形・大黒柱・②です。

17-6 間接疑問文

- **疑問文を名詞節にしたものを間接疑問文といいます。**
- 間接疑問文は「主語、動詞の目的語、前置詞の目的語、補語、同格」のどれにもなれます。
- 間接疑問文は3人称・単数として扱われます。
- 間接疑問文には次の2つがあります。

1. Yes, No 疑問文を名詞節にしたもの
[if S+V]　⇒ S が V するかどうか（ということ）
[whether S+V]　⇒ S が V するかどうか（ということ）

2. 疑問詞が作る疑問文を名詞節にしたもの
疑問詞が作る疑問文は、語順を普通の文の語順にすると、名詞節になります。

〔テル　ミィー　ウェザ　イト　イズ　トルー　オー　ナット〕
Tell me [whether it is true or not.]　（それが本当かどうか私に教えてください）
④　O　接　S ②　ᵃC　+ ad
O
is → ②　true → ᵃC

Is it true?（それは本当ですか？）を名詞節にするときは、語順を普通の文の語順に変えて、先頭に従属接続詞の if か whether を付けます。すると［if it is true］［whether it is true］（それが本当かどうかということ）となります。この名詞節を動詞の目的語にしたのが上の英文です。Tell の前に「構造上の主語」の You が省略されています。Tell

は原形・大黒柱・④、is は現在形・従属節の述語動詞・②です。or not の not は is not true の省略形です（p. 192 参照）

〔イッツ　ナン　ノヴ　ユア　ビズネス　ウェア　シー　ワズ　ラスト　ナイト〕

（彼女が昨晩どこにいたかは君には関係がないことだ）

Where was she last night?（彼女は昨晩どこにいましたか？）は、疑問文の語順を普通の文の語順に変えるだけで、名詞節になります。[where she was last night]（彼女が昨晩どこにいたかということ）です。この名詞節を真主語にしたのが上の英文です。It は仮主語です。none は否定の意味の代名詞で、「none of 数えられない名詞」という形で使った場合は none が no part〔ノウ　パート〕ないし no quantity〔ノウ　クワンティティ〕という意味を表します（part は「部分」、quantity は「量」という意味の名詞です）。そこで**「none of 数えられない名詞」は「数えられない名詞のいかなる部分・分量も . . . しない」という意味を表します**（p. 78 参照）。ここの business は「務め、用事、関わりがあること」という意味です。It's none of your business は「それはあなたの関係事のいかなる部分でもない→それはあなたには何の関係もないことだ」という意味です。is は現在形・大黒柱・②、was は過去形・従属節の述語動詞・①です。

〔フー　ペインティド　ズィス　ピクチャ　イズ　ア　ミステリ〕

（誰がこの絵を描いたかは謎です）

paint は「描く」という意味の動詞で、規則活用です。**Who painted this picture?**（誰がこの絵を描いたか？）は疑問文ですが、疑問詞が主語になっているので、語順は普通の文の語順と同じです。したがって、語順を変えずにこのままで名詞節になります。[who painted this picture]（誰がこの絵を描いたのかということ）です。この名詞節を主語にしたのが上の英文です。painted は過去形・従属節の述語動詞・③、is は現在形・大黒柱・②です。間接疑問文は 3 人称・単数として扱われるので、大黒柱が is になっています。

17-7 間接感嘆文

・感嘆詞は次の 2 つです。

感嘆形容詞	**what**
感嘆副詞	**how**

・感嘆文は、文末の！ を取ると、名詞節になります。
・**感嘆詞が作る名詞節は間接感嘆文といいます。**
・間接感嘆文は「主語、動詞の目的語、前置詞の目的語、補語、同格」のどれにもなれます。
・間接感嘆文は3人称・単数として扱われます。
・**間接感嘆文の場合、感嘆詞は「どんなに、いかに」と訳します。**[注]

注　間接感嘆文ではなく、文末に！ を付けた普通の感嘆文の場合は、感嘆詞は「なんて」と訳します。

〔アイ　ウィッシュ　アイ　クド　テル　ユー　ワット　ア　プリティ　フラウア　ズィス　イズ〕

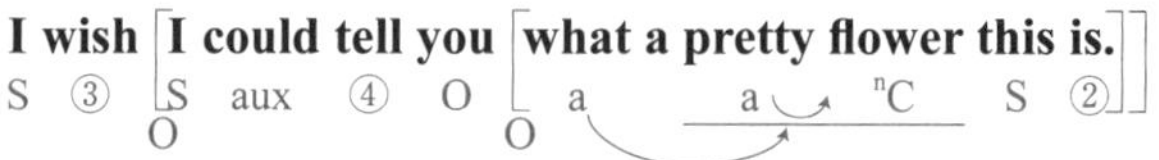

（これがいかにきれいな花か、あなたに伝えられればいいのになあ）

What a pretty flower this is! は感嘆文で「これはなんてきれいな花なんでしょう」という意味です。What は感嘆形容詞で a の前から a を越えて pretty flower にかかり (p. 94 参照)、flower は補語、this は主語、is は現在形・述語動詞・②です。What は「なんて」と訳します。感嘆文の語順は普通の文の語順と同じなので、文末の！(←これは感嘆符号、exclamation mark〔エクスクラメイション　マーク〕といいます) を取っただけで名詞節になります。[what a pretty flower this is]（これがいかにきれいな花かということ）です。**名詞節（＝間接感嘆文）になると what は「いかに」または「どんなに」と訳します。**この名詞節を動詞の目的語にしたのが上の英文です。なお、**[what a pretty flower this is] は、事柄としては [that this is a very pretty flower]（これが非常にきれいな花であるということ）と同じです。前者の間接感嘆文は、後者の that 節を強調した表現だと考えて差し支えありません。**

wish は「願う」という意味の動詞で、規則活用です。I wish that S + V. (私は S + V を願う) は wish (＝現在形・述語動詞・③) の目的語に that 節を置いた英文です。この表現は that 節内に「仮定法過去」ないし「仮定法過去完了」の動詞・助動詞を使うのが普通です (仮定法過去については p. 226 参照。仮定法過去完了は本書では扱っていません。前にも言いましたが、仮定法は、今は気にしなくてよいです。最も重要な「品詞と働きと活用の相互関係」が十分にわかっていない状態で仮定法に手を出すと、何が何だかわからなくなります。逆に言えば、「品詞と働きと活用の相互関係」が十分にわかっていれば、仮定法は簡単にわかります。ですから、みなさんはまず「品詞と働きと活用の相互関係」を身につけて、それからゆっくり仮定法を勉強してください)。

上の英文は I wish の後に従属接続詞の that が省略されています。I could tell you . . . の could tell は「仮定法過去の主節の形 (＝過去形の助動詞＋原形動詞)」です (p. 226 参照)。現在のことを願望しているのに、過去形の助動詞を使っているのは仮定法過去だからです。**「I wish that S could V」は「私はSがVできることを願う→SがVできればいいのになあ」という意味です。**英文全体は「これがいかにきれいな花か、あなたに伝えられればいいのになあ」という意味です。wishは現在形・大黒柱・③、couldは「能力」を表す助動詞・過去形、tellは原形・従属節の述語動詞・④、isは現在形・従属節の述語動詞・②です。

なおwishが過去形の場合（=I wished that S could V）は最後に「と思った」を付けて訳します。「SがVできればいいのになあと思った」となります。またthat節内が過去完了形の場合は「SがVしたらよかった」と訳します。I wish that S had p.p.は「SがVしたらよかったのになあ」で、I wished that S had p.p.は「SがVしたらよかったのになあと思った」となります。

〔アイ　ウィッシュ　アイ　クド　テル　ユー　ハウ　プリティ　ズィス　フラウア　イズ〕

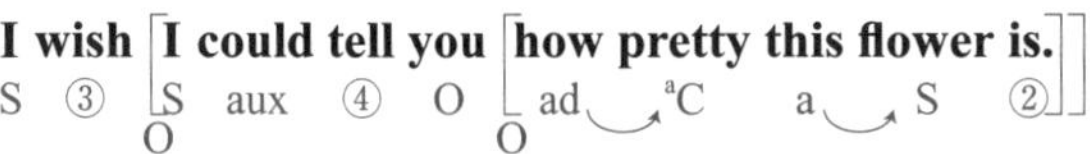

（この花がいかにきれいか、あなたに伝えられればいいのになあ）

How pretty this flower is! は感嘆文で「この花はなんてきれいなんでしょう」という意味です。Howは感嘆副詞でprettyにかかり、prettyは形容詞で補語、thisは形容詞でflowerにかかり、flowerは主語、isは現在形・述語動詞・②です。Howは「なんて」と訳します。感嘆文の語順は普通の文の語順と同じなので、文末の！を取っただけで名詞節になります。[how pretty this flower is]（この花がいかにきれいかということ）です。**名詞節（=間接感嘆文）になるとhowは「いかに」または「どんなに」と訳します。**この名詞節をtellの直接目的語にしたのが上の英文です。なお、[how pretty this flower is]は、事柄としては[that this flower is very pretty]（この花が非常にきれいであるということ）と同じです。前者の間接感嘆文は、後者のthat節を強調した表現だと考えて差し支えありません。

wishは現在形・大黒柱・③、couldは「能力」を表す助動詞・過去形、tellは原形・従属節の述語動詞・④、isは現在形・従属節の述語動詞・②です。

17-8 関係詞のwhatが作る名詞節

- **関係詞のwhatは関係代名詞と関係形容詞があります。**
- **関係詞のwhatは名詞節を作ります。**注1

注1 関係代名詞のwhatは副詞節を作ることもあります。これは定型的な表現で、例外です（p. 401参照）。

17-8-1 関係代名詞の what

・先行詞と関係代名詞が結合して what になることがあります。注2

・結合する先行詞は the thing, the things であるのが原則です。注3

・**関係代名詞の what は名詞節を作り、この名詞節が、結合した先行詞が果たしていた働きをします。**

・関係代名詞の what が作る名詞節は「主語、動詞の目的語、前置詞の目的語、補語、同格」のどれにもなれます。

・**関係代名詞の what が作る名詞節は 3 人称・単数または複数として扱われます。**注4

・**関係代名詞の what は必ず名詞節の先頭に来ます。**注5

注 2 この what を関係代名詞の what といいます。

注 3 ですから**関係代名詞の what は「こと、もの」と訳すのが原則です。例外的に、どんな名詞が結合したのかわかるときは、the thing, the things 以外の名詞でも結合することがあります。この場合には「こと、もの」ではなく、その結合した名詞を表に出して訳します。**

注 4 what 節は、what に含まれる先行詞が the thing の場合は 3 人称・単数として扱われ、the things の場合は 3 人称・複数として扱われます。

注 5 **関係代名詞の what が作る名詞節が、what より前の語から始まることはありません。それに対し、疑問代名詞の what が作る名詞節は、what より前の語から始まることがあります。**したがって [what he is searching for]〔ワット ヒー イズ サーチング フォー〕という名詞節は「彼が探しているもの」と「彼は何を探しているのか (ということ)」の 2 つの意味がありますが、[for what he is searching] という名詞節は、what が従属節の先頭に来ていないので、「彼は何を探しているのか (ということ)」という意味に決まります。

〔ザ スィング ウィッチ ヒー ハッド ダン メイド ヒズ ファーザ アングリ〕

(a) **The thing (which he had done) made his father angry.**
S O S aux ③ ⑤ a O aC

(彼のしたことが父親を怒らせた)

had は助動詞・過去形、done は過去分詞形・従属節の述語動詞・③、made は過去形・大黒柱・⑤です。had done は大過去用法の過去完了です (p. 171 参照)。事柄 (＝事実関係) は時間的に had done が先で、made が後ですから、時間の順番に並んでいます。したがって、どちらも単純な過去形にして The thing which he did made his father angry. とすればよいはずです。しかし、こう言うと The thing which he did が「彼の一般的な行動」を表していて「彼のすることが父親を怒らせた」という意味を表す可能性があります。つまり The thing which he does makes his father angry. (彼のすることが父親を怒らせる) の全体を過去にずらした英文にも読めるのです。そこで、事柄をはっきりさせるために「大過去用法の過去完了」を使っているのです。この英文の先行詞(＝The thing)と関係代名詞(＝which)が結合すると以下の英文になります。

〔ワット　ヒー　ハッド　ダン　メイド　ヒズ　ファーザ　アングリ〕

(b) [**What he had done**] **made his father angry.**　(彼のしたことが父親を怒らせた)
　　O　S　aux　③　⑤　a→O　aC
　S

What he had done は名詞節で、made の主語になっています。What は関係代名詞で done の目的語です。(a) と (b) の構造を比べると、主節側で大きな違いがあります。(a) では The thing が made の主語 (＝主節の主語) になっているのに対して、(b) では「関係代名詞の what が作る名詞節」が made の主語になっています。「**関係代名詞の what は名詞節を作り、この名詞節が、結合した先行詞が果たしていた働きをします**」というのはこういうことです。それに対して、従属節の内側は同じです。(a) も (b) も、関係代名詞が done の目的語になっています。

英文を和訳するとき、関係代名詞は日本語にはない言葉なので、通常は訳出しません。ですから (a) では、which は訳出されていません。ところが関係代名詞の what は、関係代名詞の他に、先行詞の the thing ないし the things を含んでいます。そこで、関係代名詞の what は、the thing ないし the things の部分を訳出して「こと、もの」と和訳するのです。

What を疑問代名詞にして、What he had done を間接疑問文と捉えると「彼が何をやったのかということが、父親を怒らせた」となります。これでは意味が通らないので、この英文の What は関係代名詞に決まるのです。

〔アト　ラスト　アフタ　ア　タイム　ウィッチ　スィームド　トゥ　アス　アン　ネイヂ　ザ　ライフボウト　リーチト　ザ　ドラウニング　マン〕

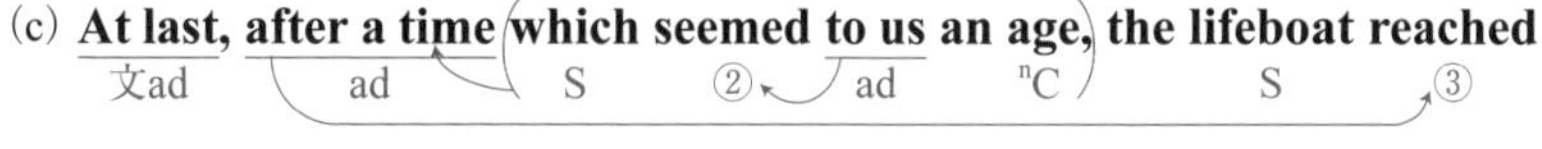
(c) At last, after a time (which seemed to us an age,) the lifeboat reached
文ad　ad　S　②　ad　nC　S　③

the drowning man.
①-ing　O

(とうとう、我々には何年にも思われる時間が経った後で、救命ボートがその溺死しかけている男のところに着いた)

reach〔リーチ〕は「到着する」という意味の動詞で、規則活用です。drown〔ドラウン〕は「溺死させる、溺死する」という意味の動詞で、規則活用です。seemed は過去形・従属節の述語動詞・②、reached は過去形・大黒柱・③です。drowning は①の現在分詞形容詞用法で man にかかっています (前の品詞は形容詞、前の働きは名詞修飾、後の品詞は動詞、後の働きは①です)。drowning は「進行中」の意味 (＝溺死しかかっている) を表しています。このように瞬間完結動詞 (「死ぬ」のように一瞬で完結する動作を表す動詞) が「進行中」の意味で使われるときは「～しかけている」という意味を表します。

〔アト　ラスト　アフタ　ワット　スィームド　トゥ　アス　アン　ネイヂ　ザ　ライフボウト　リーチト　ザ　ドラウニング　マン〕

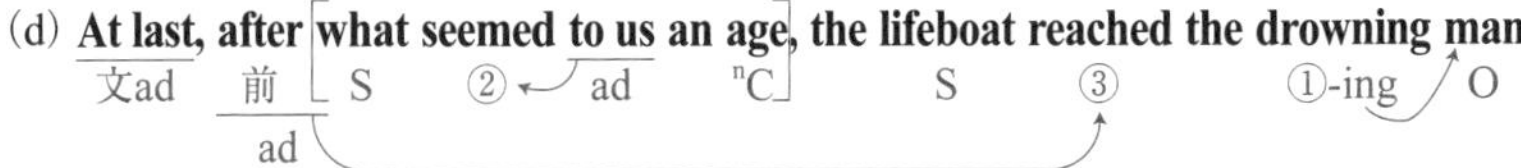
(d) At last, after what seemed to us an age, the lifeboat reached the drowning man.
文ad　前　S　②　ad　ⁿC　S　③　①-ing　O
ad

（とうとう、我々には何年にも思われる時間が経った後で、救命ボートがその溺死しかけている男のところに着いた）

what seemed to us an age は名詞節で、前置詞 after の目的語になっています。what は関係代名詞で seemed の主語です。(c) と (d) の構造を比べると、(c) では a time が after の目的語になっているのに対して、(d) では「関係代名詞の what が作る名詞節」が after の目的語になっています。従属節の内側は同じです。(c) も (d) も、関係代名詞が seemed の主語になっています。**what は after の目的語ではありません。after と what は構造上何の関係もありません。内外断絶しているからです** (←非常に重要です p. 188 参照)。

先行詞は a time であって、the thing ではないのに、a time と which が結合して what になっています。これは、そのようにしても「what に含まれている先行詞は a time だ」ということがわかるからです。what seemed to us an age という名詞節の内側は「what が主語、seemed が②、an age が名詞で補語」です。S ② ⁿC (←第 2 文型で補語が名詞) の場合は「S = ⁿC」が成立することが条件です (p. 49 参照)。ですから「what = an age」が成立します。これは「what に含まれる先行詞 = an age」ということです。an age は many years という意味です。ですから「what に含まれる先行詞」が「時間」であることがわかるのです。

したがって、和訳するときは「我々には何年にも思われるものの後で」ではなく、「我々には何年にも思われる時間が経った後で」と訳すのです。なお (c) よりも (d) の方が自然な英文です。

〔シー　イズ　ア　ウマン　フーム　アイ　コンスィダ　リファインド〕

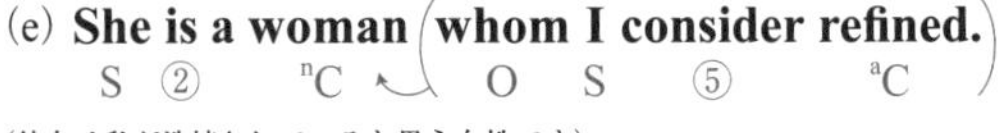
(e) She is a woman (whom I consider refined.)
S　②　ⁿC　O　S　⑤　ᵃC

（彼女は私が洗練されていると思う女性です）

is は現在形・大黒柱・②、consider は現在形・従属節の述語動詞・⑤です (この動詞は p. 59 参照)。refined は、もともとは「洗練させる、上品にする」という意味の規則活用の動詞 refine の過去分詞形ですが、辞書では「洗練された」という意味の純粋な形容詞として扱われています。この英文では consider の補語になっています。先行詞が the woman ではなくて、a woman となっているのは、「私が洗練されていると思う女性」と言っただけで、聞き手が「ああ、あの女性のことか」とわかる状況ではない (たとえば「ああ、よく話し手が『僕は洗練されている女性を一人知っているんだ』と言っているが、その女性のことか」と聞き手が思うような状況ではない) と話し手が認識しているからです。そういう状況だと話し手が認識していれば She is the woman whom I consider refined. という英文になり、「彼女が、私が洗練されていると思う女性です」という和訳になります (p. 16 参照)。whom I consider refined は who I consider refined と言うか、関係代名詞を省略して I consider refined と言う方が今の英語では普通です (p. 239 参照)。

〔シー　イズ　ワット　アイ　コンスィダ　リファインド〕

(f) **She is [what I consider refined.]** (彼女は私が洗練されていると思う女性です)
　　S ② [O S ⑤ ªC]
　　　　C

what I consider refined は名詞節で、is の補語になっています。what は関係代名詞で consider の目的語です。(e) と (f) の構造を比べると、(e) では a woman が is の補語になっているのに対して、(f) では「関係代名詞の what が作る名詞節」が is の補語になっています。従属節の内側は同じです。(e) も (f) も、関係代名詞が consider の目的語になっています。**what は is の補語ではありません。is と what は構造上何の関係もありません。内外断絶しているからです** (←非常に重要です)。

先行詞は a woman であって、the thing ではないのに、a woman と whom が結合して what になっています。これは、そのようにしても「what に含まれている先行詞は a woman だ」ということがわかるからです。この英文の主節は「She が主語、is が②、what I consider refined が名詞節で補語」です。S ② ⁿC (←第 2 文型で補語が名詞) の場合は「S = ⁿC」が成立することが条件です。ですから「She = what 節」が成立します。これは「She = what に含まれる先行詞」ということです。She は女性です。ですから「what に含まれる先行詞」が「女性」であることがわかるのです。

したがって、和訳するときは「彼女は私が洗練されていると思うものです」ではなく、「彼女は私が洗練されていると思う女性です」と訳すのです。

17-8-2　関係形容詞の what

- **all the と関係代名詞が結合して what になることがあります。この what を関係形容詞といいます。**[注6]
- **内側で、関係形容詞の what は直後の名詞にかかります。**
- **関係形容詞の what は名詞節を作り、この名詞節が、what がかかる名詞がもともと主節で果たしていた働きをします。**
- 関係形容詞の what が作る名詞節は「主語、動詞の目的語、前置詞の目的語、補語、同格」のどれにもなれます。
- **関係形容詞の what が作る名詞節は 3 人称・単数または複数として扱われます。**[注7]
- **関係形容詞の what は必ず名詞節の先頭に来ます。**[注8]
- 関係形容詞の what と「被修飾語の名詞」の間には few ないし little という形容詞が入ることがよくあります。[注9]

注 6 すでに一度 p. 269, 272 で出てきました。

注 7 **what が修飾する名詞が単数のときは「関係形容詞の what が作る名詞節」は 3 人称・単数として扱われます。what が修飾する名詞が複数のときは「関係形容詞の what が作る名詞節」は 3 人称・複数として扱われます。**これは「従属節内の名詞の単数・複数」が「従属節外の動詞」に影響を与えているわけで「内外断絶の原則」の例外です（←これがどういうことかは 19-6 で具体的に説明します）。

注 8 **関係形容詞の what が作る名詞節が、what より前の語から始まることはありません。それに対し、疑問形容詞の what と感嘆形容詞の what が作る名詞節は、what より前の語から始まることがあります。**したがって［what books he is interested in］〔ワット ブックス ヒー イズ インタレスティド イン〕という名詞節は「彼が興味をもっているすべての本」と「彼はどんな本に興味をもっているのか（ということ）」の 2 つの意味があります。前者の場合（＝what が関係形容詞の場合）は、books が複数名詞なので、［what books he is interested in］は 3 人称・複数として扱われます。後者の場合（＝what が疑問形容詞の場合）は、間接疑問文は 3 人称・単数として扱われるので、［what books he is interested in］は 3 人称・単数として扱われます。それに対して［in what books he is interested］という名詞節は、what が節の先頭に来ていないので、「彼はどんな本に興味をもっているのか（ということ）」という意味に決まります。これは間接疑問文ですから、3 人称・単数として扱われます。I will ask in what books he is interested.（私は彼がどんな本に興味を持っているか尋ねるつもりだ）は、in what books he is interested が間接疑問文で ask の目的語になっています。「内外断絶の原則」によって ask と in は構造上何の関係もないことに注意してください。

注 9 **［what few 可算名詞の複数形（S）＋V］は「（S が）V する少ないながらもすべての可算名詞」という意味になります**（たとえば what few books I have は「私が持っている少ないながらもすべての本」という意味で、3 人称・複数として扱われます）。**［what little 不可算名詞（S）＋V］は「（S が）V する少ないながらもすべての不可算名詞」という意味になります**（たとえば what little money I have は「私が持っている少ないながらもすべてのお金」という意味で、3 人称・単数として扱われます）。

all the 名詞（**that**（S）**＋V**）注 10　（S が）V するすべての名詞

［**what 名詞**（S）**＋V**］注 11　（S が）V するすべての名詞

注 10「all the 名詞」は主節内で「主語、動詞の目的語、前置詞の目的語、補語、同格」の働きをしています。「all the 名詞」と「（S）＋V」は、「内外断絶の原則」によって、構造上の関係がありません。

注 11「what 名詞」は従属節内で「主語、動詞の目的語、前置詞の目的語、補語」の働きをしています。「what 名詞」と「(S)＋V」は構造上の関係があります。どちらも従属節内の語だからです (←非常に重要です)。(S が) がカッコに入っているのは、what がかかる名詞が主語のことがあるからです。その場合は「what 名詞 V」となって「V するすべての名詞」という意味になります。

〔アイ　ハヴ　レド　オール　ザ　ブックス　ザット　アイ　ハヴ〕

(a) **I have read all the books (that I have.)**
S aux ③ a O O S ③

(私は自分が持っているすべての本を読んでしまった)

最初の have は助動詞・現在形です。read は過去分詞形・大黒柱・③で (この動詞については p. 43 参照)、2 番目の have は現在形・従属節の述語動詞・③です。have read は「完了」の意味を表す現在完了です。that I have は形容詞節で all the books にかかります。that は関係代名詞で、have の目的語です。

〔アイ　ハヴ　レド　ワット　ブックス　アイ　ハヴ〕

(b) **I have read [what books I have.]**　(私は自分が持っているすべての本を読んでしまった)
S aux ③ [a O S ③]
O

what books I have は名詞節で、read〔レド〕の目的語になっています。what は関係形容詞で books にかかります。(a) と (b) の構造を比べると、主節側で大きな違いがあります。(a) では all the books が read の目的語になっているのに対して、(b) では「関係形容詞の what が作る名詞節」が read の目的語になっています。「**関係形容詞の what は名詞節を作り、この名詞節が、what がかかる名詞がもともと主節で果たしていた働きをします**」というのはこういうことです。また、従属節の内側も大きな違いがあります。(a) では関係代名詞の that が have の目的語であって、all the books と have は「内外断絶の原則」によって構造上の関係をもっていません。ところが、(b) では what books と have はどちらも「従属節内の語」であって、構造上の関係をもっています。what books は have の目的語です。

英文を和訳するとき、関係代名詞は日本語にはない言葉なので、通常は訳出しません。ですから (a) では、that は訳出されていません。ところが関係形容詞の what は、関係代名詞の他に「形容詞＋冠詞 (＝all the)」を含んでいます。そこで、関係形容詞の what は、all the の部分を訳出して「すべての」と和訳するのです。

what を疑問形容詞にして、what books I have を間接疑問文と捉えると「私は、自分がどんな本をもっているのか (ということ) を読んでしまった」となります。これでは意味が通らないので、この英文の what は関係形容詞に決まるのです。

17-9 関係詞 - ever が作る名詞節・副詞節

・関係詞の末尾に ever が付いた語は「複合関係詞」といい、ここでは次の５つを勉強します。

1. whoever	複合関係代名詞
2. whatever	複合関係代名詞・複合関係形容詞
3. whenever	複合関係副詞
4. wherever	複合関係副詞
5. however	複合関係副詞

・**複合関係詞は、関係詞ですが、訳語は疑問詞・感嘆詞と同じになります。**[注1]

注１ **whoever なら「誰」、whatever なら「何、どんな」、whenever なら「いつ」、wherever なら「どこで、どこに、どこへ」、however なら「どんなに、どんなふうに」です（however に対する「どんなに」という訳語は間接感嘆文を作っているときの感嘆副詞 how の訳語と同じです）。**これは疑問詞・感嘆詞の訳語と同じになるだけで、疑問や感嘆の意味を表しているわけではありません。複合関係詞のベースにある観念は「any ～（どんな～でも）」です。whoever であれば anyone（どんな人でも→誰でも）、whenever であれば any time（どんなときでも→いつでも）、wherever であれば any place（どんなところでも→どこでも）です。ですから表面的に疑問詞・感嘆詞の訳語と同じになるのです。

17-9-1 whoever と whatever

・**whoever と whatever は名詞節と副詞節を作ります。**[注2]

注２ **名詞節の場合は複合関係詞の部分を最後に訳して「でも」を付けます。副詞節の場合は複合関係詞の部分を最初に訳し、述語動詞を最後に訳して「とも」を付けます。**たとえば「whoever V」は、名詞節なら「V する（人は）誰でも」、副詞節なら「誰が V しようとも」と訳します。

〔フーエヴァ　カムズ　ウィル　ビ　ウェルカムド〕

[**Whoever comes**] **will be welcomed.**　（来る人は誰でも歓迎されるでしょう）
S ①　aux　－③
S

この Whoever comes は名詞節で、be welcomed の主語になっています。名詞節のときは whoever を最後に訳して「でも」を付けるので「来る誰でも」となりますが、「誰でも」の前に「人は」を入れて「来る人は誰でも」と訳すとうまく訳せます。welcome は「歓迎する」という意味の動詞で、規則活用です。will は単純未来を表す助動詞の現在形です。comes は現在形・従属節の述語動詞・①、be welcomed は原形・大黒柱・－③です。

〔フーエヴァ　カムズ　ユー　マスント　オウプン　ザ　ドー〕

〈Whoever comes,〉 you must not open the door.
S　①　S　aux　ad　③　O

（誰が来ようとも、ドアを開けてはいけない）

このWhoever comesは副詞節で、働きは（主節全体にかかる）文修飾です。副詞節のときはWhoeverを最初に訳し、述語動詞（＝comes）を最後に訳して「とも」を付けます。「誰が来ようとも」となります。これは「譲歩」の意味です。一般に**「譲歩の意味を表す副詞節」の中では助動詞のmayがよく使われます**。すると**Whoever may come, you must not open the door.**となります。このように使われたmayは**「譲歩のmay」**と呼ばれ、「推量」や「許可」の意味を表しているわけではなく、たんなる「譲歩の目印」のようなものです。したがって、訳出する必要はありません。**「must not V」は「Vしてはいけない」という「禁止」の意味を表します。短縮形でmustn't Vとも言います。**comesは現在形・従属節の述語動詞・①、mustは助動詞・現在形、openは原形・大黒柱・③です。

〔アイ　ウィル　バイ　ユー　ワテヴァ　ブック　ユー　ライク〕

I will buy you [whatever book you like.]　（君が好きなどんな本でも買ってあげよう）
S　aux　④　O　a　O　S　③
O

whatever book you likeは名詞節で、buyの直接目的語になっています。内側は、whateverが複合関係形容詞でbookにかかり、bookがlikeの目的語、youが主語で、likeが現在形・従属節の述語動詞・③です。名詞節のときはwhatever bookを最後に訳して「でも」を付けるので「君が好きなどんな本でも」となります。「どんな本でも」の前に「本は」を入れて「君が好きな本は、どんな本でも」と訳してもよいです。willは助動詞・現在形です。このwillは、「単純未来」ではなく、「意志未来（＝未来のことについて「～するつもりだ」と意志を披歴している）」を表しています。buyは原形・大黒柱・④です。間接目的語はyouですが、直接目的語はbookではありません。**buyは主節の述語動詞で、bookは従属節内の語ですから「内外断絶の原則」によってbuyとbookは構造上何の関係もありません（←非常に重要です）。buyの直接目的語はwhateverが作る名詞節で、bookはその名詞節内でlikeの目的語になっています。**ちなみに[what books you like]は「君が好きなすべての本」です。

〔ワテヴァ　ブック　セズ　ザット　イト　イズ　ナット　トルー〕

〈Whatever book says that,〉 it is not true.
a　S　③　O　S　②　ad　aC

（どんな本にそう書いてあっても、それは本当ではない）

it is not true は完全な文ですから、Whatever book says that は副詞節です。内側は、whatever が複合関係形容詞で book にかかり、book が主語、says が現在形・従属節の述語動詞・③、that が「それ」という意味の代名詞で、says の目的語です。副詞節のときは Whatever book を最初に訳し、述語動詞（＝says）を最後に訳して「とも」を付けます。「どんな本がそれを言おうとも」となります。これをアレンジして「どんな本にそう書いてあろうとも→どんな本にそう書いてあっても」のように訳してもよいです。これは「譲歩の副詞節」です。そこで「譲歩の may」を使うと、**Whatever book may say that, it is not true.** となります。is は現在形・大黒柱・②です。

17-9-2　whenever と wherever

・**whenever と wherever は副詞節を作ります。**[注3]

・whenever と wherever が作る副詞節は訳し方が２つあります。

> **1. 複合関係詞の部分を最後に訳して「でも」を付けます。**
> **→ＳがＶする（ときは）いつでも／ＳがＶする（ところは）どこでも**
> **2. 複合関係詞の部分を最初に訳し、述語動詞を最後に訳して「とも」を付けます。**
> **→いつＳがＶしようとも／どこで（に、へ）ＳがＶしようとも**

注３　ただし wherever は稀に名詞節を作ります。

〔ウェネヴァ　ユー　メイ　カム　ユー　ウィル　ビ　ウェルカムド〕

〈**Whenever you may come,**〉 **you will be welcomed.**
ad　S　aux　①　S　aux　−③

（いつ来ようとも、あなたは歓迎されるでしょう）

まず may が入らない whenever you come を考えましょう。whenever you come は副詞節です。whenever は複合関係副詞で come にかかり、you は主語で、come は現在形・従属節の述語動詞・①です。この副詞節は２つの訳し方があります。１つは、whenever を最後に訳して「でも」を付けます。「あなたが来るいつでも」となります。「いつでも」の前に「ときは」を入れて「あなたが来るときはいつでも」と訳すとうまく訳せます。もう１つは、whenever を最初に訳し、述語動詞（＝come）を最後に訳して「とも」を付けます。「いつあなたが来ようとも」となります。これは「譲歩」の意味です。この２つのどちらで訳すかは前後関係から判断して、自然に聞こえる方に決めます。ただし、上の英文の場合は節内に「譲歩の may」が使われているので「譲歩の訳し方」で訳します。すると「いつあなたが来ようとも、あなたは歓迎されるでしょう」となります。will は「単純未来」を表す助動詞・現在形、be welcomed は原形・大黒柱・−③です。

〔アイ　ウィル　ファロウ　ユー　ウェアレヴァ　ユー　ゴウ〕

I will follow you 〈wherever you go.〉 （あなたが行くところはどこへでも、私はついていきます）
S aux ③ O ad S ① （どこへあなたが行こうとも、私はついていきます）

wherever you go は副詞節です。wherever は複合関係副詞で go にかかり、you は主語で、go は現在形・従属節の述語動詞・①です。この副詞節は 2 つの訳し方があります。1 つは、wherever を最後に訳して「でも」を付けます。「あなたが行くどこでも」となります。「どこでも」の前に「ところは」を入れて「あなたが行くところはどこでも」と訳すとうまく訳せます。もう 1 つは、wherever を最初に訳し、述語動詞（= go）を最後に訳して「とも」を付けます。「どこへあなたが行こうとも」となります。これは「譲歩」の意味です。この 2 つのどちらで訳すかは前後関係から判断して、自然に聞こえる方に決めます。この英文ではどちらで訳してもよいでしょう。will は助動詞・現在形で「意志未来」を表しています。follow は「ついていく」という意味の動詞で、規則活用です。ここの follow は原形・大黒柱・③です。この英文は eternal loyalty〔イターヌル　ロイアルティ〕（永続的忠誠）を表明する定型的表現です。

なお、I will follow you to wherever you go. と書くことがあります。この場合の wherever you go は名詞節で、前置詞 to の目的語になっています。名詞節の場合は「譲歩の訳し方」はしません。wherever を最後に訳して「でも」を付ける訳し方です。すると「あなたが行くところはどこでもへ、私はついていきます」となりますが、「どこでもへ」を「どこへでも」に変えた方が自然な日本語です。この英文の場合は「目的地に到着したら、そこで随行が終了する」という含みがあり、eternal loyalty を表明しているのではありません。

17-9-3 however

・however は副詞節を作ります。[注4]

・however が作る副詞節は次の 3 つです。

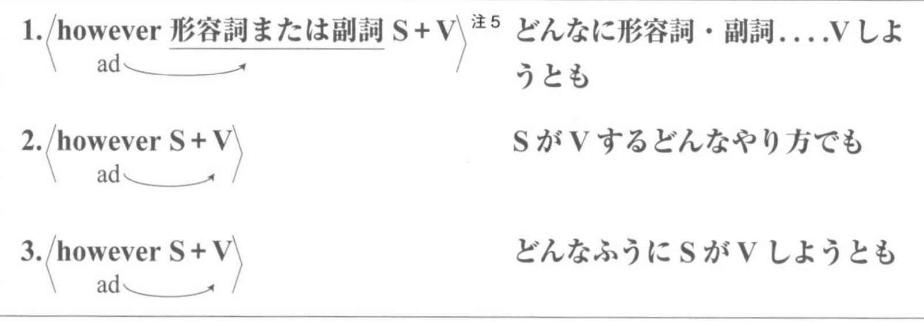

1. 〈however 形容詞または副詞 S + V〉[注5] どんなに形容詞・副詞....V しようとも
(ad)

2. 〈however S + V〉 S が V するどんなやり方でも
(ad)

3. 〈however S + V〉 どんなふうに S が V しようとも
(ad)

注 4 however は副詞節を作らず、「しかし」という意味の普通の副詞（働きは文修飾）として使うこともあります。

注 5 関係副詞の how は直後の形容詞・副詞にかかることはありません。直後の形容詞・副詞にかかるのは疑問副詞のhowと感嘆副詞のhowです。したがって、この1.のタイプの副詞節（←よく使われます）を作るhoweverを複合関係副詞と呼ぶのは、本当はおかしいのです。しかし、みなさんは、このへんの文法用語の問題には踏み込まず、構造を正確につかんで、正しく訳すことに注力してください。17-9の注1に「**複合関係詞は、関係詞といいながら、訳語は疑問詞・感嘆詞と同じになります**」と書きました。1.のタイプのhoweverを訳すとき、疑問副詞のhowの訳語を使うと「どれくらい」となります。これで訳すと「どれくらい形容詞・副詞...Vしようとも」となります。実際にやってみるとわかりますが、この和訳では日本語として不自然になります。ここは、**感嘆副詞のhowが名詞節（＝間接感嘆文）を作っているときの訳語（＝どんなに、いかに）を使って「どんなに形容詞・副詞...Vしようとも」あるいは「いかに形容詞・副詞...Vしようとも」と訳します。**

〔ハウエヴァ　ハード　ユー　メイ　トライ　ユー　キャナット　フィニシュ　イト　イン　ナ　デイ〕

〈However hard you may try,〉 you cannot finish it in a day.
ad　ad　S　aux　①　S　aux　ad　③　O　ad

（どんなに一生懸命やろうとも、それを一日で終えることはできない）

However hard you may tryは副詞節です。Howeverは複合関係副詞でhardにかかり、hardは副詞でtryにかかり、youは主語で、mayは「譲歩のmay」で助動詞・現在形、tryは原形・従属節の述語動詞・①です。「譲歩の訳し方」をしますから、Howeverを最初に訳し、述語動詞（＝try）を最後に訳して「とも」を付けます。Howeverには「感嘆副詞のhowが名詞節（＝間接感嘆文）を作っているときの訳語（＝どんなに、いかに）」を使います。「どんなに一生懸命あなたが努力しようとも」となります（これを疑問副詞のhowの訳語を使って「どれくらい一生懸命あなたが努力しようとも」と訳すとおかしいです）。canは助動詞・現在形です。このcanは「能力」と「可能性」のどちらもありえます。finishは原形・大黒柱・③です。in a dayは「一日以内」ではなく「一日で」という意味です（p. 145参照）。

〔ユー　キャン　アクト　ハウエヴァ　ユー　ウィッシュ〕

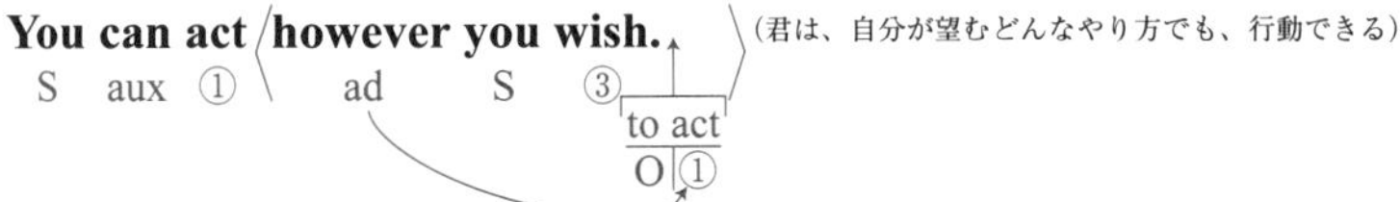

（君は、自分が望むどんなやり方でも、行動できる）

however you wishは副詞節です。howeverは複合関係副詞、youは主語、wishは現在形・従属節の述語動詞・③です。実はこの副詞節は完全な形で書くとhowever you wish to actで、ここからto actが省略されているのです（大黒柱がactなので、to actを書くとクドイので省略しているのです）。このto actは18-8で勉強する「不定詞名詞用法」で「前の品詞が名詞、前の働きがwishの目的語、後の品詞が動詞、後の働きが①」です。you wish to actは「あなたは行動することを願う→あなたは行動したいと思う」という意味です。そして複合関係副詞のhoweverは、wishではなくて、省略されている to act にかかっています。

however you wish to act という副詞節には訳し方が2通りあります。1つは、however を最後に訳して「でも」を付けます。「あなたが行動したいと思うどんなやり方でも」となります。「どんなやり方でも」の前に「やり方は」を入れて「あなたが行動したいと思うやり方は、どんなやり方でも」と訳してもよいです。もう1つは、however を最初に訳し、述語動詞（＝wish）を最後に訳して「とも」を付けます。「どんなやり方であなたが行動したいと思おうとも」となります。これは「譲歩」の意味です。この2つのどちらで訳すかは前後関係から判断して、自然に聞こえる方に決めます。この英文では前者（＝譲歩ではない訳し方）で訳すのがよいでしょう。「あなたは、あなたが行動したいと思うどんなやり方でも、行動できる」となります。

この英文の can は「可能性」を表しています。ところで、あなたが「. . . . どんなやり方でも、行動できる」可能性をもっているのは、それが許されているからです。「これこれのやり方で行動してはいけない」という制約がないから、「. . . . どんなやり方でも、行動できる」のです。そこで、この can は、「可能性」を前面に出して「できる」と訳してもよいのですが、「許可」を前面に出して「してよい」と訳すこともできます。すると「あなたは、あなたが行動したいと思うどんなやり方でも、行動してよい」となります。これをこなれた訳文に変えると、可能性なら「君は、自分が望むどんなやり方でも、行動できる」、許可なら「君は好きなように行動してよい」のような和訳が出てきます。

なお、この英文は、意味を変えずに **You can act in any way that you wish.** に書き換えることができます。that you wish は that you wish to act から to act が省略された形容詞節で、any way にかかります。that は関係副詞で、how の代用です（in any way how S＋V とは言えないからです。p. 265 参照）。

〔ハウエヴァ　ユー　メイ　ドゥー　イト　ザ　リザルト　ウィル　ビ　ザ　セイム〕

〈**However you may do it,**〉 **the result will be the same.**

ad　S　aux　③　O　　S　aux　②　aC

（どんなふうに君がそれをやろうとも、結果は同じだろう）

however you do it は副詞節です。however は複合関係副詞、you は主語、do は現在形・従属節の述語動詞・③です。この副詞節には訳し方が2通りあります。1つは、however を最後に訳して「でも」を付けます。「あなたがそれをやるどんなやり方でも」となります。「どんなやり方でも」の前に「やり方は」を入れて「あなたがそれをやるやり方は、どんなやり方でも」と訳してもよいです。もう1つは、however を最初に訳し、述語動詞（＝do）を最後に訳して「とも」を付けます。「どんなやり方であなたがそれをやろうとも」となります。これは「譲歩」の意味です。この2つのどちらで訳すかは前後関係から判断して、自然に聞こえる方に決めます。上の英文では節内に「譲歩の may」が使われているので後者（＝譲歩の訳し方）で訳します。「どんなやり方であなたがそれをやろうとも、結果は同じだろう」となります。

may は「譲歩の may」で、助動詞・現在形、do は原形・従属節の述語動詞・③、will は「単純未来」を表す助動詞・現在形、be は原形・大黒柱・②、same は形容詞で補語です。same に the が付いていることは p. 192 参照。

〔ズィス　ハウエヴァ　イズ　ナット　ユア　フォールト〕

This, however, is not your fault. （しかし、これは君のせいではない）
S　文ad　② ad　a　ⁿC

is は現在形・述語動詞・②です。fault は「(過失の) 責任」という意味の名詞で、補語です。however は「しかし」という意味の普通の副詞で、働きは文修飾です。この however は従属節を作っていません。

17-10　先行詞が省略された関係副詞が作る名詞節

・関係副詞は先行詞を省略することができます。[注]

・**「先行詞が省略された関係副詞」は名詞節を作り、この名詞節が、省略された先行詞が果たしていた働きをします。**

・「先行詞が省略された関係副詞」が作る名詞節は「主語、動詞の目的語、前置詞の目的語、補語、同格」のどれにもなれます。

注　「14-2 先行詞が省略された関係副詞 (p. 267)」参照。

〔ズィス　イズ　ウェア　アイル　リヴ　アンティル　アイ　ダイ〕

This is [where I'll live 〈until I die.〉] （ここは私の終(つい)の棲家(すみか)だ）
S　②　ad　Saux①　接　S　①
　　C

This is the place where I'll live until I die. (ここは私が死ぬまで住むところだ) という英文を考えてみましょう。is は現在形・大黒柱・②、will は「単純未来」または「意志未来」を表す助動詞・現在形、live は原形・従属節の述語動詞・①、die は現在形・従属節の述語動詞・①です。where I'll live until I die は形容詞節で the place にかかり、where は関係副詞で live にかかります。until I die は副詞節で live にかかり、until は従属接続詞です。私が死ぬのは未来のことです。それなのに現在形 (＝die) で書いているのは「**時、条件を表す副詞節の中では、単純未来は現在形で表す**」というルールがあるからです (p. 196 参照)。関係副詞は先行詞を省略できるので、the place を省略すると **This is where I'll live until I die.** となります。the place を省略しただけですから意味は変わりません。しかし、だからといって、構造もそのまま同じにしたら、is の補語がなく、where 以下の形容詞節がかかる名詞もないことになり、困ってしまいます。もちろん the place を補って「the place が is の補語で、where 以下は the place にかかる」と言えば、それで収まりがつきますが、こういうときにいちいち先行詞を補って考えるのは面倒です。そこで学校文法は「先行詞が省略された関係副詞は名詞節を作る」ということにして、一挙に構造上の問題を解決してしまうのです。こうすると where I'll live until I die が名詞節になって is の補語になるので「is の補語がない」という問題は起こりません。where 以下は名詞節ですから「かかる名詞がない」という問題も起こりません。なお This is where I'll live until I die. は「ここは私が死ぬまで住むところだ」と訳しますが、厳密には where を「ところ」と訳しているわけではありません。where は関係副詞で、関係詞は日本語にない言葉ですから訳出しません。「ところ」と訳しているのは、where の前に省略された the place を、表に出して「ところ」と訳しているのです。しかし、実質的には where を「ところ」と訳していると考えてよいでしょう。

where を疑問副詞と捉えると where I'll live until I die は間接疑問文で、is の補語になります。すると「これは、どこで私が死ぬまで暮らすかということだ」となって、意味が通りません。 また、where を従属接続詞と考えると where I'll live until I die は副詞節になって is にかかり、is は①になります。すると「これは、私が死ぬまで暮らすであろうところに、存在している」という意味になります。特別な文脈がないかぎり、この読み方はしません。

〔ウィ　オフン　トーク　アバウト　ウェン　ウィ　ワー　ヤング〕

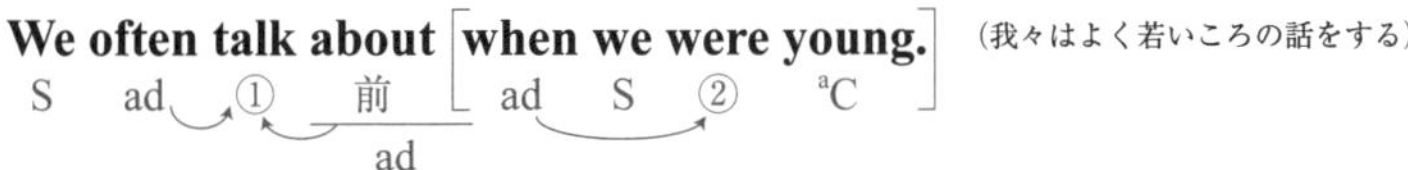
We often talk about [when we were young.]
S ad ① 前 [ad S ② aC]
ad
(我々はよく若いころの話をする)

この英文は **We often talk about the time when we were young.** から the time が省略されています。talk は現在形・大黒柱・①、were は過去形・従属節の述語動詞・②です。when we were young は名詞節で、前置詞 about の目的語になっています。when は「そのときに」という意味を表す関係副詞で were にかかります。when we were young は「そのときに我々は若かった」という意味です。こう言って the time (←省略されています) が「どういうとき」かを説明しているのです。when we were young は「我々が若かったとき」と訳しますが、厳密には「とき」と訳しているのは省略された the time です。when は関係詞ですから訳出しません。しかし、実質的には when を「とき」と訳していると考えてよいでしょう。

〔アイ　ライク　ハウ　ヒー　スピークス〕

I like [how he speaks.] (私は彼の話し方が好きです)
S ③ [ad S ①]
O

この英文は ***I like the way how he speaks.** から the way が省略されています (the way か how のどちらかを省略するのが普通の書き方です)。like は現在形・大黒柱・③、speaks は現在形・従属節の述語動詞・①です。how he speaks は名詞節で、like の目的語になっています。how は「そのやり方で」という意味を表す関係副詞で speaks にかかります。how he speaks は「そのやり方で彼は話す」という意味です。こう言って the way (←省略されています) が「どういうやり方」かを説明しているのです。how he speaks は「彼が話すやり方」と訳しますが、厳密には「やり方」と訳しているのは省略された the way です。how は関係詞ですから訳出しません。しかし、実質的には how を「やり方」と訳していると考えてよいでしょう。I like the way he speaks. と I like how he speaks. が表す事柄の違いについては p. 279 参照。

17-11　話法と「時制の一致」

17-11-1　直接話法と間接話法

・主語が言ったことを引用符号でくくって表すときは、言ったとおりの言葉をそのまま引用符号でくくります。この書き方を直接話法といいます。注1

・主語が言ったことを名詞節にして表すときは、言ったとおりの言葉をそのまま名詞節にするのではなく、次の 3 点を「**話し手から見た表現に変えて**」名詞節にします。この書き方を間接話法といいます。

1. 人称代名詞
2. 時間、場所を表す副詞
3. 動詞・助動詞注2

・名詞節内を話し手から見た表現に変えることによって、名詞節内の述語動詞が「単純な過去形」ないし「過去完了形」になる現象を「時制の一致」といいます。

時制の一致
主節の述語動詞が「単純な過去形」ないし「過去完了形」の場合に、後ろに続く名詞節内の述語動詞が「単純な過去形」ないし「過去完了形」になる現象。

・名詞節内を「話し手から見た表現に変え、時制を一致させる」のは、主語が言ったことに限りません。考えたこと、知っていたこと、習ったこと、などいろいろなケースで同様の現象が起こります。

注 1 引用符号は quotation marks〔クウォウテイション　マークス〕といい、具体的には「“ ”」あるいは「‘ ’」という記号です。

注 2 **話し手（＝その英文を書いている人）から見て、主語がそれを言ったのが過去のときで**

あれば、主語が言った言葉の中の現在形の動詞は過去形に変え、現在形の助動詞は過去形に変え、過去形の動詞は過去完了形に変えます。これが「動詞・助動詞を話し手から見た表現に変える」ということで、この変更を「時制の一致」と呼びます(「時制」については 17-11-2 で説明します)。

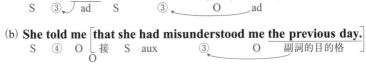

(a) **She said to me, "I misunderstood you yesterday."**
S ③ ad S ③ O ad

(b) **She told me [that she had misunderstood me the previous day.]**
S ④ O [接 S aux ③ O 副詞的目的格]
O

(彼女は私に「昨日私はあなたを誤解していた」と言った)

(a) が直接話法の英文で、**I misunderstood you yesterday** は She が me に言った言葉そのものです。話し手 (＝me) がこの英文を書いたのが 4 月 10 日だとしましょう。すると said はそれよりも過去ですから、たとえば 4 月 5 日です。すると yesterday はその前日、すなわち 4 月 4 日で、misunderstood も 4 月 4 日のことです。この英文を間接話法にするときは、I misunderstood you yesterday を名詞節に変えます (具体的には従属接続詞の that を付けて that 節にします)。 すると *She said to me that I misunderstood you yesterday. となります。さらに、これの細部をいろいろ変更します。まず、間接話法のときは「said to 人」という表現は使いません。「told 人」にします (もし「to 人」が付いていなかったら、said のままでよいです)。それから、I は話し手 (＝me) からすると She のことです。そこで she に変えます。misunderstood は said の時点 (4 月 5 日) からすれば昨日 (4 月 4 日) のことですから「単純な過去形」でよいのですが、話し手がこの英文を書いている時点 (4 月 10 日) からすれば「過去 (said の時点である 4 月 5 日) のさらに過去 (4 月 4 日)」のことです。ですから過去完了の大過去用法、すなわち had misunderstood に変えます。次の you は話し手 (＝me) からすると自分のことです。そこで me に変えます。最後の yesterday は said の時点 (4 月 5 日) からすれば昨日ですが、話し手がこの英文を書いている時点 (4 月 10 日) からすれば「said の時点 (4 月 5 日) の前の日 (4 月 4 日)」です。そこで「その前の日」という意味を表す the previous day に変えます (yesterday は副詞ですが、the previous day は副詞的目的格です)。以上で変更は完了です。全体は **She told me that she had misunderstood me the previous day.** となります。これが間接話法の英文です。**直接話法で misunderstood だったのを間接話法で had misunderstood に変えるのを「時制の一致」と呼ぶのです。**

間接話法の英文を和訳するとき、表面を逐語的に訳して「彼女は私に、彼女はその前日に私を誤解していたと言った」とすると、間違ってはいませんが、非常に事柄がわかりにくい日本文になります。和訳するときは、頭の中で直接話法に転換して「彼女は私に『昨日私はあなたを誤解していた』と言った」とした方が、はるかに事柄がわかりやすいです。これが話法の転換を勉強する目的です。つまり、**間接話法の英文が**

出てきたとき、正確に事柄を把握する（←これができなければ正確に和訳できません）ためには、頭の中で直接話法に転換する必要がある。その転換ができるようになるために、直接話法がどのようなメカニズムで間接話法になるか（＝直接話法を間接話法に転換するやり方）を学ぶということです。話法の転換は七面倒臭(しちめんどうくさ)くて、私は大嫌いでした。学校の定期試験では「直接話法を間接話法に転換せよ」という問題が出題されて、ちょっとでも間違えると減点されます。しかし、大局的に見れば、そんなことは大した問題ではありません。要は、間接話法の英文を見たとき、字面をそのまま受け取らず、それが表している事柄を理解できればよいのです（たとえば、字面上は you と書いてあるが、これは話し手〔＝私〕のことなんだ、と理解できればよいのです）。

(a) **He said to me, "Did you meet her here two days ago?"**
S ③ ad aux S ③ O ad 副詞的目的格 ad

(b) **He asked me [if I had met her there two days before.]**
S ④ O 接 S aux ③ O ad 副詞的目的格 ad
O

(c) **He asked me if I had met her here two days before.**

(d) **He asked me if I had met her there two days ago.**

(e) **He asked me if I had met her here two days ago.**

（彼は私に「あなたは2日前にここで彼女に会いましたか」と言った）

Did you meet her here two days ago?（あなたは2日前にここで彼女に会いましたか？）は Yes, No で答える疑問文です。Yes, No 疑問文を名詞節にするときは［if S＋V］か［whether S＋V］にします（このやり方は 17-6 で勉強しました）。そこで Did you meet her here two days ago? を名詞節にすると if you met her here two days ago となります。これを "Did you meet her here two days ago?" の代わりに置くと *He said to me if you met her here two days ago. となります。これの細部をいろいろ変更して間接話法の英文にします。まず、言った言葉が疑問文のときは「said to 人」を、「told 人」ではなくて、「asked 人」にします。次に you は話し手（＝me）のことですから I にします。met は「said より過去」のことですから過去完了の大過去用法、すなわち had met に変えます。her は話し手（＝me）から見ても her ですから変えません。

here は、彼が私（＝話し手）に質問してきたときに彼と私がいた場所です。今（＝この英文を書いているとき）話し手（＝me）がいる場所ではありません。今話し手（＝me）が別の場所にいて、この英文を書いているなら、今の話し手（＝me）から見ると here は there（そこ）です。ですから here を there に変えます。しかし、今話し手（＝me）は、彼に質問された場所と同じ場所にいて、この英文を書いていることもあります。その場合は、今の話し手（＝me）から見ても here は here（ここ）です。ですから here は変えません。

最後に ago です。**ago は「（現時点を基準にして）前に」という意味を表す副詞です。**

ですから two days ago は「今から 2 日前に」という意味です。もし彼に質問されたのが 4 月 5 日で、今話し手（= me）がこの英文を書いているのが 4 月 10 日だとしたら、two days ago は 4 月 3 日で、今の話し手（= me）から見れば、それ（= 4 月 3 日）は 7 日前です。そこで two days ago を seven days ago に変えるかというと、そうはしません。なぜなら He は two days と言ったのであって、seven days とは言っていないからです。ではどうするのかというと、便利な語があるのです。それは before です。**two days before は「(現時点以外の時点＝過去あるいは未来の一時点から) 2 日前に」という意味を表します。**そこで two days ago（今から 2 日前に）を two days before に変えると「彼に質問された日から 2 日前に」という意味になり、今の話し手（= me）から見た表現になるのです。ただし、彼に質問されたのが 4 月 5 日午前 10 時で、今話し手（= me）がこの英文を書いているのが同じ 4 月 5 日の午後 3 時だとしたら、two days ago（= 4 月 3 日）は、今の話し手（= me）から見ても two days ago（今から 2 日前に）です。そこで、この場合には two days ago のままです。

以上の説明からおわかりになったと思うのですが、**(a) を間接話法に変えると (b)〜(e) の 4 つの可能性があるのです。**(b) は今話し手（= me）が彼に質問された場所と違う場所にいて、彼に質問された日と違う日にこの英文を書いている場合です。(c) は今話し手（= me）が彼に質問された場所と同じ場所にいて、彼に質問された日と違う日にこの英文を書いている場合です。(d) は今話し手（= me）が彼に質問された場所と違う場所にいて、彼に質問された日と同じ日にこの英文を書いている場合です。(e) は今話し手（= me）が彼に質問された場所と同じ場所にいて、彼に質問された日と同じ日にこの英文を書いている場合です。**私たち (＝英文を読む人) にとって大事なことは、間接話法の英文 (b〜e) を見たときに、事柄 (＝主語は、いつ、どこで、何と言ったのか) を正確に認識することです。そのために「話法の転換」を学ぶのです。**

なお、附言すると、(b)〜(e) のいずれも、直接話法にすると **He said to me, "Did you meet her there two days ago?"** かもしれません。事柄（=「主語は、いつ、どこで、何と言ったのか」の「どこで」）を考えてみてください。また「He said to me, "Did you meet her here two days ago?" を間接話法に転換せよ」とか「He asked me if I had met her there two days before. を直接話法に転換せよ」という問題を出題して、単純に、時間、場所を表す副詞をルール通りに変えていないと減点するというのが無意味であることもお分かりになると思います。出題するなら「話し手と主語の位置関係と時間関係を指定して、その上で間接話法を直接話法に転換する問題」を出すべきなのです。いずれにせよ「話法の転換」など「品詞と働きと活用の相互関係」に比べれば些末な問題で、こんな問題を定期試験に出題して生徒を痛めつける暇があるなら、もっと先に徹底的に教えこむことがあるだろう、ということです。実際「話法の転換」で英語が嫌いになる生徒はたくさんいるだろうと思います（私がそうでしたから）。

(a) **The pupil answered, "Two and four make six."**
S ③ S + S ③ O

(b) **The pupil answered [that two and four make six.]**
S ③ [接 S + S ③ O]
O

（その生徒は「2 たす 4 は 6 です」と答えた）

Two and four make six. は「2 と 4 が 6 を作る→ 2 たす 4 は 6 です」という意味です。このことは、その生徒が答えた時点でそうだったのみならず、話し手が今（＝この英文を書いている時点）から見てもそうです。つまり、今話し手から見ても Two and four make six. なのです。そこで、make を made に変えることはしません。make のままにします。これは内容が「不変の真理」なので「時制の一致」が起こらない例外です。**不変の真理でなくても、主語が現在形を使って言った内容が、話し手が英文を書いている時点で変化していなければ、時制を一致させず、現在形のままにします。**

17-11-2 tense と time

・tense は「**時制**」と翻訳され、現在時制、過去時制、未来時制の 3 つがあります。これは、**述語動詞部分の最初の語に現在形、過去形、will、shall のどれを使っているか**を表す概念です。

・time は「**時**」と翻訳され、現在、過去、未来の 3 つがあります。これは、**事柄が現在の事か、過去の事か、未来の事か**を表す概念です。

・時と時制は一致する場合もあれば、一致しない場合もあります。

現在時制[注3]	現在形の動詞ないし現在形の助動詞を使った述語動詞部分を指す用語
過去時制[注4]	過去形の動詞ないし過去形の助動詞を使った述語動詞部分を指す用語
未来時制[注5]	will ないし shall を使った述語動詞部分を指す用語

・簡単に言えば次のようになります。

いつのことを言っているか → 時
最初に何形の動詞・助動詞を使っているか、あるいは will、shall を使っているか → 時制[注6]

注 3　writes, is writing, is written, has written, can write は現在時制です。

注 4　wrote, was writing, was written, had written, could write は過去時制です。

注 5　will write, shall be writing, will be written, shall have written は未来時制です。

注 6　**私たち（＝本書の著者である薬袋と読者であるあなた）のように、動詞・助動詞の 1 語**

1語について活用を考えていれば、時制などどうでもいいのです。ここで「時制」を説明したのは、学校でみなさんが英語を勉強するとき「時制」という言葉を聞くでしょうから、そのときに戸惑わないようにするためです。「現在時制が未来を表す」などと小難しいことを言わずに「現在進行形は『近い未来の予定』を表すことがある」と個別に理解しておけばよいのです。

・時と時制が一致する場合

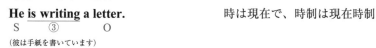

He is writing a letter.　時は現在で、時制は現在時制

S ③ O

(彼は手紙を書いています)

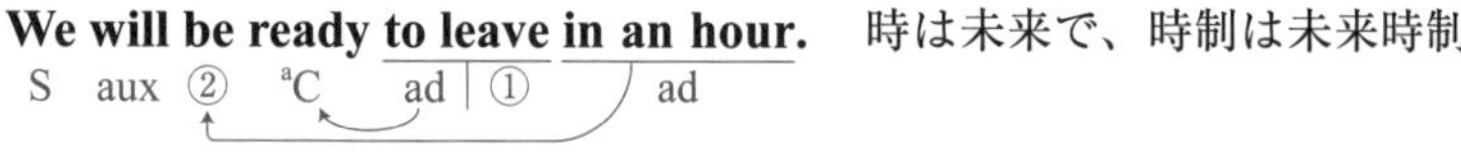

We will be ready to leave in an hour.　時は未来で、時制は未来時制

S aux ② ªC ad | ① ad

(我々は出発する準備が1時間後に整うでしょう)

will be を「未来時制」といいますが、活用は「will が現在形で be が原形」です。「時制には未来時制があるが、活用には未来形はない」教師がこんなことを言っているから、生徒が英語を嫌いになるのです。繰り返しますが、活用を道具として駆使できれば、時制という概念を使う必要はありません。

・時と時制が一致しない場合

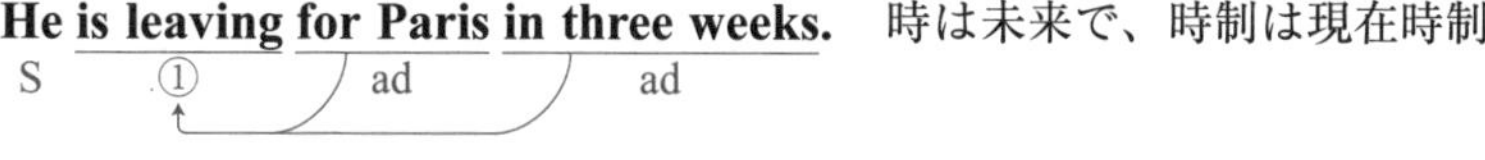

He is leaving for Paris in three weeks.　時は未来で、時制は現在時制

S ① ad ad

(彼は3週間後にパリに向けて出発します)

Without water, we could not live.　時は現在で、時制は過去時制

文ad S aux ad ①

(水がなければ、我々は生きられないだろう)

could not live は「仮定法過去」で「現在の事実に反する仮定をした場合の帰結」を表しています (p. 226 参照)。

・時あるいは時制がない場合

The earth goes around the sun.　時はなく (過去、現在、未来を問わず成立する不変の真理だからです)、時制は現在時制

S ① ad

(地球は太陽の周りを回る)

Go at once.　時は現在で、時制はなし (Go は原形だからです)。

① ad

(すぐに行きなさい)

質問 30 次の質問に答えなさい（スラスラ言えるようになるまで練習してください）。

1. 名詞節の働きは？
2. 名詞節を作る語は？
3. 疑問詞の 3 種類は？
4. 感嘆詞の 2 種類は？
5. 関係詞 -ever の 3 種類は？
6. 疑問文を名詞節にしたものを［　　　］という。
7. Yes・No 疑問文を名詞節にすると［　　　］になる。
8. 疑問詞が作る疑問文はどうすれば名詞節になるか？
9. 感嘆文を名詞節にしたものを［　　　］という。
10. 間接感嘆文の場合、感嘆詞は［　　　］と訳す。
11. 関係詞の what の品詞は？
12. 関係詞の what は何節を作るか？
13. 関係詞の what が作る名詞節は［　　　］から始まる。
14. 疑問詞の what が作る名詞節は［　　　］から始まることがある。
15. 従属接続詞の that を省略できるのは？
16. that 節が前置詞の目的語になるときは［　　　］は省略しなければいけない。
17. 関係詞 -ever の品詞は？
18. 関係詞 -ever は何節を作るか？
19. 複合関係代名詞と複合関係形容詞は［　　　］を作る。
20. 複合関係副詞は［　　　］を作る。
21. 「2 つの V のルール」とは？
22. 「2 つの V のルール」の例外は？
23. 自分の読み方が「2 つの V のルール」に違反したときはどう考えるか？
24. I wish S＋過去形 V. は［　　　］と訳す。
25. I wished S＋過去形 V. は［　　　］と訳す。
26. I wish S＋had p.p. は［　　　］と訳す。
27. I wished S＋had p.p. は［　　　］と訳す。

質問 30 の答え 1. 主語・動詞の目的語・前置詞の目的語・補語・同格　2. 従属接続詞の

that, if, whether・疑問詞・感嘆詞・関係詞の what・関係詞 -ever・先行詞が省略された関係副詞　3. 疑問代名詞・疑問形容詞・疑問副詞　4. 感嘆形容詞の what・感嘆副詞の how　5. 複合関係代名詞・複合関係形容詞・複合関係副詞　6. 間接疑問文　7. whether 節・if 節　8. 普通の文の語順に変えて、クエスチョンマークを削除する　9. 間接感嘆文　10. どんなに・いかに　11. 関係代名詞・関係形容詞　12. 名詞節　13. what　14. what より前の語　15. that 節が動詞の目的語になっている場合　16. in・except・but・save 以外の前置詞　17. 複合関係代名詞・複合関係形容詞・複合関係副詞　18. 名詞節・副詞節　19. 名詞節・副詞節　20. 原則として副詞節　21. 1 つの主語に 2 つの述語動詞があるときは、原則として等位接続詞がなければつなげない　22. 2 つの述語動詞が「言い換え」や「同性質の内容の列挙」になっている場合は、コンマだけでつながれることがある　23. どちらかは述語動詞ではないのでは？・どちらも述語動詞だとしたら、主語が異なるのでは？ と考える　24. S が V すればいいのになあ　25. S が V すればいいのになあと思った　26. S が V したらよかったのになあ　27. S が V したらよかったのになあと思った

問題 17　英文の構造を図示して、和訳しなさい。

〔アッド トゥ ズィス ザ ファクト ザット ハー マザズ イル アンド ユー キャン アンダスタンド ワイ シー イズ ビズィ〕

1. Add to this the fact that her mother's ill, and you can understand why she is busy.

〔ドゥー ユー ハヴ エニスィング トゥ アッド トゥ ワット アイヴ セッド ↗〕

2. Do you have anything to add to what I've said?

〔ミスタ スミス アクナリヂド ハウ スィリ ヒズ ミステイク ワズ〕

3. Mr. Smith acknowledged how silly his mistake was.

〔アイ ゲイヴ トゥ ザ プア ガール ワット マニ アイ ハッド ウィズ ミィー ゼン〕

4. I gave to the poor girl what money I had with me then.

〔アイム スタンディング フォー ザ リーズン ザット アイ ドウント ハヴ ア スィート〕

5. I'm standing for the reason that I don't have a seat.

〔ザ リーズン ザット アイム スタンディング イズ アブヴィアス アイ ドウント ハヴ ア スィート〕
6. The reason that I'm standing is obvious. I don't have a seat.

〔アイ ドウント リメンバ トゥ フーム アイ レント ザ ブック〕
7. I don't remember to whom I lent the book.

〔シー ペイド ノウ アテンション トゥ フー シー リスィーヴド ダキュメンツ フロム〕
8. She paid no attention to who she received documents from.

〔ヒー ワズ アングリ ウィズ フーエヴァ ディサグリード ウィズ ヒム〕
9. He was angry with whoever disagreed with him. (ロイヤル英和辞典)

〔キャッツ ドゥー ナット パー トゥ レット アス ノウ ゼイ アー プリーズド バット スィンプリ ビコーズ ゼイ アー プリーズド〕
10. Cats do not purr to let us know they are pleased, but simply because they are pleased.

問題 17 の解答

1. Add to this the fact [that her mother's ill,] and you can understand [why she is busy.]
③ ad O [接 a S ②^{a}C] + S aux ③ [ad S ② ^{a}C] O
同格

(これに加えて、母親が病気だということを考え合わせれば、なぜ彼女が忙しいかわかる)

「命令文, and S+V.」は「〜しなさい。そうすればSがVする」という意味です。「命令文, or S+V.」は「〜しなさい。さもなければSがVする」という意味です。Addの前に主語のYouが省略されています。addは「加える」という意味の動詞で、規則活用です。Addは原形・大黒柱・③です。add A to B（AをBに加える）という表現が、Aが長いためにadd to B Aという語順になっています。that her mother's illは名詞節で、the factと同格です。her mother'sはher mother isの短縮形で、isは現在形・従属節の述語動詞・②です。andは文と文をつなぐ等位接続詞で「そうすれば」という意味です。canは「可能性」を表す助動詞・現在形、understandは原形・大黒柱・③です。why she is busyは名詞節で、understandの目的語です。whyは疑問副詞か関係副詞です。疑問副詞だとwhy she is busyは間接疑問文で「なぜ彼女が忙しいか（ということ）」という意味です。関係副詞だと why は「先行詞の the reason が省略された関係副詞」で、why she is busy は「彼女が忙しい理由」という意味です。どちらを you can understand の目的語にしても意味が通るので、どちらでもよいです。どちらにしても why（関係副詞なら「その理由で」、疑問副詞なら「なぜ」という意味です）は副詞で is にかかります。she is busy の is は現在形・従属節の述語動詞・②です。「これに彼女の母親が病気だという事実を加えなさい。そうすれば、君はなぜ彼女が忙しいか理解できる。→ これに加えて、母親が病気だということを考え合わせれば、なぜ彼女が忙しいかわかる」という意味です。

2. Do you have anything to add to [what I've said]?
aux S ③ O a ③ 前 O Saux ③ ad

（私が言ったことに付け加えることはありますか？）

Do は助動詞・現在形、have は原形・大黒柱・③です。Do you have anything は「あなたは何かをもっていますか？」という意味です。what I've said は「私が言（い終わ）ったこと」という意味の名詞節です。what は関係代名詞で said の目的語、I've は I have の短縮形で、have は助動詞・現在形、said は過去分詞形・従属節の述語動詞・③です。have said は「完了」の意味を表す現在完了です。

to add は「to 原形動詞」で不定詞です。add は①と③で使う動詞です。**①のときは「add to 名詞」という使い方をして「名詞を増やす」という意味を表します。③のときは「add A to B」という使い方をして「A を B に加える」という意味を表します。**どちらにしても to は前置詞で、what I've said という名詞節が to の目的語で、to what I've said は副詞句で to add にかかります。add が①だとすると to add to what I've said は「私が言ったことを増大させる」という意味になります。ところで「add to 名詞（名詞を増やす）」というのは、名詞自体が大きくなるのです。たとえば **The new baby adds to the size of the family.**〔ザ ニュー ベイビ アッヅ トゥ ザ サイズ オヴ ザ ファミリ〕（新しい赤ちゃんは家族のサイズを増やす→赤ちゃんが生まれると家族の人数が増える）であれば、家族のサイズが 3 人家族だったのが 4 人家族になったりするということです。ですから to add to what I've said の add を①にして「私が言ったことを増大させる」と読むのは事柄が成立しないのです。なぜなら what I've said（私が言〔い終わ〕ったこと）はすでに量が確定していて、これ自体を増大させることはできないからです。これに対して、add を③にすると to add 名詞 to what I've said（私が言〔い終わ〕ったことに名詞を加える）となり、「すでに言ったことに、さらに付け加える」ということですから意味が通ります。ところが、上の英文は to add 名詞 to what I've said の「名詞（＝to add の目的語）」がありません。普通なら誤文となるところですが、ここはこれで正しいのです（いや、これが正しい、つまり目的語が欠落しているのが正しいのです）。ここは 15-7 (p. 292) で勉強した**「名詞を修飾する不定詞形容詞用法」の中の「タイプ 2. 名詞が to V の O′（意味上の目的語）になるタイプ」**なのです。タイプ 2 は、修飾される名詞に制限はなく、修飾する不定詞が「後ろに目的語（＝動詞の目的語か前置詞の目的語）が足りない不完全な不定詞」になっています。この英文では to add は不定詞形容詞用法で「前の働きは名詞修飾（＝anything にかかる）、後の働きは③」です。to add の「構造上の目的語」は欠落していて「意味上の目的語」が anything です。anything to add to what I've said は「私が言〔い終わ〕ったことに何かを加える、その何か」という意味です。ですから「私が言ったことに、何か付け加えることはありますか？」という意味になるのです。**正確に読める人は「add と２番目の to の間に『動詞の目的語』が足りない」ことが見えているのです。**

なお、念の為に附言しますが、to と what は構造上何の関係もありません（内外断絶しているからです）。to の目的語は what 節で、what は節内で said の目的語です。

3. Mr. Smith acknowledged [how silly his mistake was.]

S ③ [ad → aC a → S ②] O

（スミス氏は、自分の間違いがいかに愚かであるかを認めた）

acknowledge は「（事実、存在を）認める」という意味の動詞で、規則活用です。acknowledged は過去形・大黒柱・③です。how silly his mistake was は名詞節で、acknowledged の目的語です。was は過去形・従属節の述語動詞・②です。how は疑問副詞と感嘆副詞の２つの可能性があります。疑問副詞だと how silly his mistake was は間接疑問文で「彼の間違いがどれくらい愚かだったか（ということ）」という意味になります。感嘆副詞だと how silly his mistake was は間接感嘆文で「彼の間違いがいかに愚かだったか（ということ）」という意味になります。これは that his mistake was very silly（彼の間違いが非常に愚かだった〔という〕こと）と同じ事柄で、間接感嘆文の方が that 節よりも意味が強くなります。さて、この英文はどちらであるかが問題です。how が疑問副詞だと「愚かさの度合い」を acknowledge したことになるのに対して、how が感嘆副詞だと「非常に愚かだったこと」を acknowledge したことになります。ところで acknowledge は「事実、存在を認める」という意味で、「非常に愚かだ」は事実なので acknowledge の対象になりますが、「どれくらい愚かか」は事実ではないので acknowledge の対象になりません。したがって how silly his mistake was は間接感嘆文です。

なお、スミス氏が認めた内容は **How silly my mistake is!**（俺の間違いはなんて愚かなんだろう）です。これを間接感嘆文にして acknowledged の目的語にする際に、how silly my mistake is を話し手から見た形に変えてあるのです。すなわち、話し手から見れば my はスミス氏のことですから his に変えます。感嘆文の述語動詞は、スミス氏が認めた時点では「is」ですが、話し手から見れば、過去のことです。ですから was に変えます（←これが「時制の一致」です）。和訳するときは、字面をそのまま日本語にするのではなく、頭の中で how silly his mistake was を、スミス氏が認めたときの形（＝How silly my mistake is!）に戻して、それを訳します（つまり間接話法を直接話法に転換するのと同じことをするのです）。すると「スミス氏は、自分の間違いがいかに愚かであるかを認めた」となります。「スミス氏は、自分の間違いがいかに愚かだったかを認めた」は、厳密には、**Mr. Smith acknowledged how silly his mistake had been.** に対する和訳であることに注意してください。

なお **Mr. Smith understood how silly his mistake was.** なら間接疑問文（スミス氏は、自分の間違いがどれくらい愚かであるかを理解した）と間接感嘆文（スミス氏は、自分の間違いがいかに愚かであるかを理解した）の両方の可能性があります。

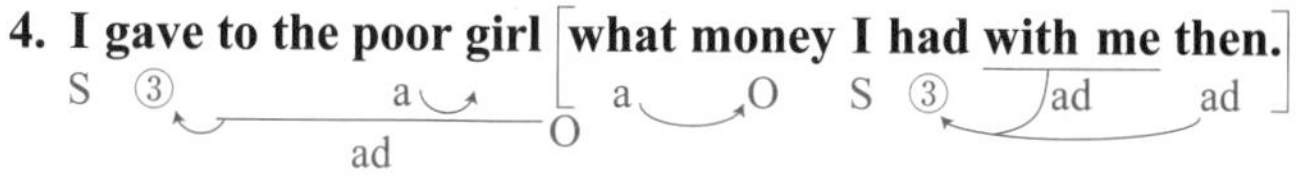

4. I gave to the poor girl [what money I had with me then.]
S ③ a ad O a O S ③ ad ad

（私はその貧しい少女にそのとき持ち合わせていたすべてのお金を与えた）

gave は過去形・大黒柱・③です（この動詞は p. 26 参照）。had は過去形・従属節の述語動詞・③です。what money I had with me then は名詞節で、gave の目的語です。what は関係形容詞で money にかかっています。what money I had with me then は「私がそのとき持ち合わせていたすべてのお金」という意味で、別の英語で書けば all the money that I had with me then となります。**日本語には「時制の一致」というルールはありません。ずっと現在形の動詞を使って話してきても、最後に言う動詞を過去形にすれば、それまでに出た現在形の動詞はすべて過去のことを表していることになります。**ですから、この英文も、理屈どおりに訳せば「私はその貧しい少女にそのとき持ち合わせているすべてのお金を与えた」となります。これでよいのですが、「そのとき」という過去を表す副詞と「持ち合わせている」という現在形の動詞がしっくりかみ合いません。「そのとき」は「与えたとき」を指していますから「そのとき持ち合わせていた」と過去形で訳しても、「持ち合わせていた」のと「与えた」のが同時点であることは明らかです。ですから「私はその貧しい少女にそのとき持ち合わせていたすべてのお金を与えた」と訳してよいのです。

（私は席がないという理由で立っています）

am standing は現在形・大黒柱・①です（この動詞は p. 49 参照）。that I don't have a seat は名詞節で、the reason と同格です。that は従属接続詞です。do は現在形・助動詞、have は原形・従属節の述語動詞・③です。I don't have a seat が理由なのです。**that が従属接続詞の場合 the reason that S＋V は「S が V するという理由」という意味で、S＋V は理由です。**

6. The reason (that I'm standing) is obvious. I don't have a seat.
S ad S ① ② aC S aux ad ③ O

（私が立っている理由は明らかです。席がないのです。）

am standing は現在形・従属節の述語動詞・①で、is は現在形・大黒柱・②です。do は現在形・助動詞、have は原形・述語動詞・③です。that I'm standing は形容詞節で、the reason にかかっています。that は関係副詞で、why の代用です。The reason that I'm standing は「私が立っている理由」という意味で、I'm standing は「結果」です（「私が立っている」のは「結果」であって「理由」ではありません）。前から読み下すと「The reason ➡ 理由は ➡ that ➡ その理由で ➡ I'm standing ➡ 私は立っている ➡ is obvious ➡ 明らかである」となります。**that が関係副詞の場合 the reason that S+V は「S が V する理由」という意味で、S+V は結果です。**

7. I don't remember [to whom I lent the book.]

Saux ad ③ ad S ③ O

O

（私は誰にその本を貸したか覚えていない）

do は現在形・助動詞、remember は原形・大黒柱です（この動詞は p. 170 参照）。lent は「貸す」という意味の動詞 lend の過去形です。この動詞は〔lend（レンド）—lent（レント）—lent〕という活用です。「remember の番号」と「to が『主節内の語』か『従属節内の語』か」は連動しています。①であれば to は『主節内の語』で、③であれば to は『従属節内の語』です。remember を辞書で引いて、㊉の①のところに（＝S＋V という第 1 文型を作る用法のところに）「remember to 名詞」という表現があるか？ あるとしたら、どんな意味か？を調べます。すると、remember に①の使い方はありますが、「remember to 名詞」という表現はありません。このことから remember は③で、to は『従属節内の語』で、to whom I lent the book が名詞節で remember の目的語であることがわかります。

しかし、実は、このことは、辞書を引かなくてもわかるのです。もし remember が①で、to が『主節内の語』であるなら（すなわち「remember to 名詞」という表現であるなら）、whom I lent the book が名詞節で、前置詞 to の目的語になります。すると内側は「whom が間接目的語、I が主語、lent が過去形・従属節の述語動詞・④、the book が直接目的語」です。意味は「私が誰にその本を貸したか（ということ）」です。ところが「『**④ 間接目的語 直接目的語』において『④＋間接目的語』という語順は受身のとき以外は崩せない（④と間接目的語は切り離せない）**」というルールがあるのです（間接目的語を主語にして、受身にするときは「④＋間接目的語」という語順が崩れますが、それ以外は「④＋間接目的語」という語順は崩せないのです）。したがって whom I lent the book という名詞節は許されないのです（この名詞節は、間接目的語の whom と④の lent が切りなされているので不可です）。このことから、辞書を引かなくても、to は『従属節内の語』で、to whom I lent the book が名詞節で remember の目的語であり、remember は③であることがわかるのです。

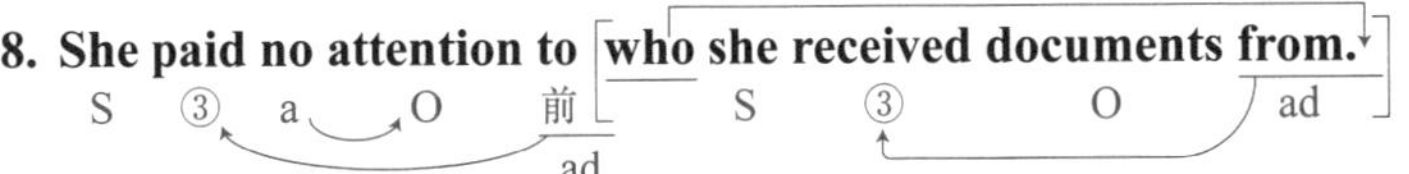
8. She paid no attention to [who she received documents from.]
S ③ a O 前 S ③ O ad
ad

（彼女は、誰から書類を受け取るかに注意を払わなかった）

payは「(お金、注意などを) 払う」という意味の動詞で、活用は〔pay (ペイ)—paid (ペイド) —paid〕です。ここのpaidは過去形・大黒柱・③です。noは形容詞でattentionにかかります。頭の中でnoをnotとanyに分解し、notをpaidにかけ、anyをattentionにかけて意味を取ると、She paid no attentionは「彼女はどんな注意も払わなかった」となります。who she received documents fromは名詞節 (間接疑問文) で、前置詞toの目的語です。to who she received documents fromは副詞句でpaidにかかります。内側は、whoは疑問代名詞で、文末の前置詞fromの目的語です。厳密にはwhomを使うところですが、従属節の先頭に来ているので、今の英語ではwhoにするのが普通です (p. 240参照)。sheは主語、receivedは「受け取る」という意味の動詞receiveの過去形で、従属節内の述語動詞・③です (receiveは規則活用です)。documentsはreceivedの目的語で、fromは前置詞、fromの目的語はwhoです。from whoは「誰から」という意味の副詞句でreceivedにかかります。receivedが過去形になっているのは「時制の一致」です。ですから、receivedは現在形で訳すので「誰から書類を受け取るかに注意を払わなかった」となります。これは彼女の「習慣的な行為」を言っているのです。過去の特定の受領行為に注意を払わなかったと言いたいときはShe paid no attention to who she had received documents from. (彼女は、誰から書類を受け取ったかに注意を払わなかった) となります (p. 332参照)。

9. He was angry with [whoever disagreed with him.]
S ② aC 前 S ① ad
ad

(彼は自分と意見が合わない人は誰にでも腹を立てた)

wasは過去形・大黒柱・②です。disagreeは「同意しない、意見が合わない」という意味の動詞で、規則活用です。ここのdisagreedは過去形・従属節の述語動詞・①です。disagreedの主語はwhoeverです。whoever disagreed with himは複合関係代名詞whoeverが作る従属節で、名詞節と副詞節の2つがあります。名詞節のときはwhoeverを最後に訳して「でも」を付けるので「彼と意見が合わない誰でも」となりますが、「誰でも」の前に「人は」を入れて「彼と意見が合わない人は誰でも」と訳すとうまく訳せます。副詞節のときはwhoeverを最初に訳し、述語動詞 (＝disagreed) を最後に訳して「とも」を付けます。「誰が彼と意見が合わなかろうとも」となります。これは「譲歩」の意味です。この英文ではwhoever節は前置詞withの目的語ですから名詞節です。He was angry with whoever disagreed with him.は「彼は、彼と意見が合わない人は誰でもに腹を立てた」となります。Heとhimは同一人ですから、himは「自分」と訳すのがよいです。また「誰でもに」は「誰にでも」とした方が自然な日本語です。そこで「彼は自分と意見が合わない人は誰にでも腹を立てた」という和訳になります。**「前にwithが付いているからwhomeverが正しい」と考えてはいけません。withとwhoeverは構造上まったく無関係**です (内外断絶しているからです)。withの目的語はwhoever以下の名詞節で、whoeverは内側でdisagreedの主語だから主格なのです。

10. Cats do not purr to let us know [they are pleased], but simply 〈because they are pleased.〉

S aux ad ① ad⑤ O ªC③ [S ② ªC] + ad 〈接 S ② ªC〉
O

（猫がのどをゴロゴロ鳴らすのは、満足していることを私たちに知らせるためではなく、ただ単に満足しているからにすぎません）

purr は「(猫が)(喜んで)のどをゴロゴロ鳴らす」という意味の動詞で、規則活用です。pleased は、もともとは「喜ばせる、満足させる」という意味の動詞 please の過去分詞形ですが、辞書は「喜んだ、満足した」という意味の形容詞としています。do は助動詞・現在形、purr は原形・大黒柱・①、to let は「目的の意味(〜するために)」を表す不定詞副詞用法で「前の働きは動詞修飾(purr にかかる)、後の働きは⑤」です。know は原形不定詞で「前の働きは補語、後の働きは③」です。この let は「人・物・事が原形する状態を引き起こす」という意味で(p. 300 参照) to let us know を和訳すると「私たちが知っている状態を引き起こすために→私たちに知らせるために」となります。最初の they are pleased は「従属接続詞の that」が省略された名詞節で、know の目的語です。2 つの are は現在形・従属節の述語動詞・②です。pleased は形容詞で補語です。because they are pleased は副詞節で purr にかかります。simply は because 節にかかる副詞で、**simply bacause S+V は「単に S+V というだけの理由で」という意味です。**

but は to let と because 節をつないでいます(どちらも「働きは動詞修飾」ですから等位です)。この but は do not purr to let . . . (. . . let するためにのどをゴロゴロ鳴らすのではない) という**否定的内容を受けて「そうではなくて」と切り返す but** です (p. 232 で出てきた**「not A but B」の but** です。上の英文の場合、not は purr を否定して、否定文を作っています)。全体を直訳すると「猫は、満足していることを私たちに知らせるためにのどをゴロゴロ鳴らすのではない。そうではなくて、ただ単に満足しているというだけの理由でのどを鳴らすのである」となります。

not を to let の前に移して **Cats purr not to let us know they are pleased, but simply because they are pleased.** と書くこともあります。この場合の not は後ろの but とセットになって**「not A but B (A ではなくて B)」という形で A と B を対等につなぐ「1 つの等位接続詞」**となっています。not to let は「let しないために(←否定形の不定詞)」ではなく「let するため、ではなく」という意味です。全体を直訳すると「猫は、満足していることを私たちに知らせるためではなくて、ただ単に満足しているというだけの理由で、のどを鳴らすのである」となります。

Lesson 18

動名詞 / 不定詞名詞用法

18-1 ing 形の枠組み（再再再確認）

質問 31 次の質問に答えなさい（スラスラ答えられないときは「7-1 ing 形の枠組み」に戻って、確認してください）。

1. ing の可能性は？
2. ing を大きく 2 つに分けると何と何か？
3. 裸の ing の可能性は？
4. 着物を着ている ing の可能性は？
5. 現在分詞の可能性は？
6. 裸の現在分詞の可能性は？
7. 現在分詞が着る着物は何か？
8. 着物を着ている現在分詞の可能性は？
9. 動名詞で文を作る方法は？
10. 現在分詞で文を作る方法は？
11. 着物を着ている動名詞の可能性は？
12. ing 形の動詞が着る着物は何か？
13. 裸の ing で文を作る方法は？
14. ing 形の動詞を述語動詞にする方法は？
15. ing 形の動詞で文を作る方法は？
16. 動名詞が着る着物は何か？

質問 31 の答え 1. 進行形・動名詞・現在分詞形容詞用法・分詞構文 2. 動名詞・現在分詞（「着物を着ている・裸」も答えになりますが、ここは「動名詞・現在分詞」と答えてください） 3. 動名詞・現在分詞形容詞用法・分詞構文 4. 進行形 5. 進行形・現在分詞形容詞用法・分詞構文 6. 現在分詞形容詞用法・分詞構文 7. be 助動詞 8. 進行形 9. ない 10. 進行形にする 11. ない 12. be 助動詞 13. ない 14. 進行形にする 15. 進行形にする 16. ない

18-2 動名詞の働き

- **動名詞の「前の働き」は「主語・動詞の目的語・前置詞の目的語・補語・同格」です。**[注1]
- 動名詞の「後の働き」は「①・②・③・④・⑤・−③・−④・−⑤」です。[注2]
- 動名詞は 3 人称・単数として扱われます。
- **動名詞を目的語にして、不定詞を目的語にしない③の動詞**[注3]

megafeps 〔メガフェプス〕

mind（嫌がる） **escape**（免れる） **give up**（やめる） **avoid**（避ける）
finish（終える） **enjoy**（楽しむ） **practice**（練習する） **stop**（やめる）

注 1 動名詞は副詞的目的格にはなりません。

注 2 動名詞の番号が −③, −④, −⑤になるのは受身動名詞（being p.p.）の場合です。

注 3「動名詞を目的語にして、不定詞を目的語にしない③の動詞」の主要なものの頭文字をつなげたのが megafeps〔メガフェプス〕です。昔からこうやって覚えてきました。

〔レイズィング チルドレン ワズ ハー ライフ〕

Raising children was her life. （子供を育てることは彼女の生き甲斐だった）
S | ③ O ② a → nC

raise〔レイズ〕は「上げる、（子供を）育てる」という意味の③の動詞で、規則活用です。ちなみに rise は「上がる」という意味の①の動詞で〔rise（ライズ）—rose（ロウズ）—risen（リズン）〕という活用です。Raising〔レイズィング〕は「裸の ing」なので絶対に準動詞です。「動名詞・現在分詞形容詞用法・分詞構文」のどれかですが、ここでは動名詞です。動名詞の「前の働き」は「主語・動詞の目的語・前置詞の目的語・補語・同格」のどれかですが、ここでは主語です。Raising は「前の品詞は名詞、前の働きは主語、後の品詞は動詞、後の働きは③」です。was は過去形・述語動詞・②です。動名詞は 3 人称・単数として扱われます。ですから述語動詞が were ではなく was なのです。

〔アイ　ライク　コレクティング　スタンプス〕

I like collecting stamps.　（私は切手を集めることが好きです）

S　③　O | ③　O

like は現在形・述語動詞・③です。collect は「集める」という意味の動詞で、規則活用です。collecting は「裸の ing」なので絶対に準動詞です。「動名詞・現在分詞形容詞用法・分詞構文」のどれかですが、ここでは動名詞です。collecting は「前の品詞は名詞、前の働きは動詞の目的語、後の品詞は動詞、後の働きは③」です。

〔ユー　キャント　メイク　アン　アムレト　ウィザウト　ブレイキング　エッグズ〕

You can't make an omelet without breaking eggs.

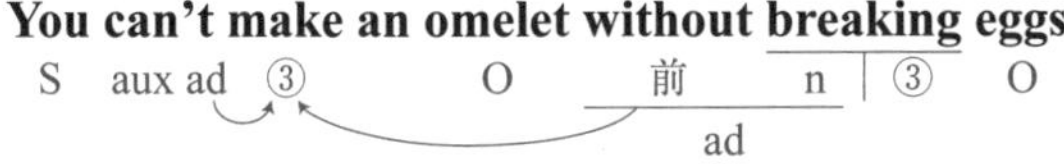

（卵を割らなければオムレツは作れない）

You は「特定のあなた」ではなく、一般的に「人」という意味です。can は「可能性」を表す助動詞・現在形、make は原形・述語動詞・③です。breaking は「裸の ing」なので絶対に準動詞です（この動詞は p. 82 参照）。「動名詞・現在分詞形容詞用法・分詞構文」のどれかですが、ここでは動名詞です。breaking は「前の品詞は名詞、前の働きは前置詞の目的語、後の品詞は動詞、後の働きは③」です。without breaking は副詞句で、make にかかっています（can't make にかかるのではなく、make にだけかかっています）。「人は、卵を割ることなしにオムレツをつくる、そういうことはできない」という意味です。これは「蒔かぬ種は生えぬ」という意味のことわざです。このように**動名詞が前置詞の目的語になっているときは、精密に構造を図示すると、下の矢印の左側のようになりますが、この図示の仕方だと面倒でスペースも必要ですので、簡略化して、矢印の右側のように図示することにします。**

〔ヒズ　ハビ　イズ　フィシング　フォー　トラウト〕

His hobby is fishing for trout.　（彼の趣味は鱒釣りです）

a　S　②　ⁿC | ①　ad

is は現在形・述語動詞・②です。fish は「（魚を）釣る」という意味の動詞で、規則活用です。fishing は「裸の ing」なので絶対に準動詞です（この英文の is は be 動詞であって、be 助動詞ではありません。別の言い方をすれば、この英文の is fishing は進行形ではありません。これについては p. 118 参照）。「裸の ing」は「動名詞・現在分詞形容詞用法・分詞構文」のどれかですが、ここでは動名詞です。fishing は「前の品詞は名詞、前の働きは補語、後の品詞は動詞、後の働きは①」です。直訳すると「彼の趣味は鱒を釣ることである」となります。

18-3 受身・完了の動名詞

1. 進行形の ing 形

・「進行形の動詞（原形は be -ing です）」の ing 形は、理屈では「being -ing」になります。しかし、これは存在しません（p. 110 注 2 参照）。

・したがって、進行形の動詞が「動名詞」になることはありません。

2. 受身の ing 形

・「受身の動詞（原形は be p.p. です）」の ing 形は「being p.p.」です。

・being p.p. は「ing の 4 つの可能性（＝進行形、動名詞、現在分詞形容詞用法、分詞構文）」のすべてになれます。注 1

・したがって、**being p.p. は「動名詞」になります。これを受身動名詞といいます。**

注 1「コラム 12 p. 318」でお話しした「being の 11 の可能性」が出そろいましたので、まとめておきましょう。being は動詞だと①と②です。①のときは進行形にならない（S is being.〔S は存在しつつある〕という進行形の文は作れません。S is.〔S は存在する〕と言えば済むからです）ので「動名詞・現在分詞形容詞用法・分詞構文」の 3 つです。②のときは進行形になる（S is being 〜.〔S は一時的に〜である〕という進行形の文を作れます。p. 112 参照）ので「進行形・動名詞・現在分詞形容詞用法・分詞構文」の 4 つです。being は助動詞だと受身しか作りません（be -ing, am -ing, is -ing, are -ing, was -ing, were -ing, been -ing という進行形の動詞は存在しますが、being -ing という進行形の動詞は存在しません。p. 110 参照）。すると being p.p. となり、これは「進行形・動名詞・現在分詞形容詞用法・分詞構文」の 4 つのどれにでもなれます。したがって「being の可能性」は 11 個です。**「being →動詞か助動詞か？ →動詞だ→①か②か？ →①だ→動名詞・現在分詞形容詞用法・分詞構文のどれか？」「being →動詞か助動詞か？ →動詞だ→①か②か？ →②だ→進行形・動名詞・現在分詞形容詞用法・分詞構文のどれか？」「being →動詞か助動詞か？ →助動詞で受身だ→進行形・動名詞・現在分詞形容詞用法・分詞構文のどれか？」** being が目に入ると、思考はこの回路を流れ、一瞬にして 11 個の中の正解を選びとっているのです。実際には、3 つの階層の判断はいつもこの順番で起こるとは限りません。「being →分詞構文だ→動詞だ→②だ」のように思考が流れることもあります。また、この判断はたいてい一瞬で完結しますが、難しい英文だとじっくり考えることも起こります。ただ、易しかろうが、難しかろうが、誤文でないかぎり、being はこの「系が閉じている（選択肢が 11 個以外にない）

Frame of Reference（判断枠組み）」の中で使われるのです。ですから、本当の読み方ができるようになった人は落ち着いて正解を探ることができるのです。**native speaker は幼少時からの膨大な言語体験の積み重ねによって、この Frame of Reference（判断枠組み）が自然に頭の中に形成され、無意識のレベルに沈潜しているのです。われわれ non-native speaker が、native speaker と同じ体験を通じて、この言語脳を作るなどということは、24時間英語しか使わない環境に身を置いて最低でも6年くらいはかかるわけで、およそ非現実的なのです。**「なんでも native speaker と同じようにやるのが一番良いのだ」という native 信仰の愚かさに気がついてください。

3. 完了の ing 形

・have 助動詞には ing 形があります。

・したがって、having p.p. という「完了の ing 形」が存在します。[注2]

・having p.p. は「ing の 4 つの可能性（＝進行形、動名詞、現在分詞形容詞用法、分詞構文）」の中の動名詞と現在分詞形容詞用法と分詞構文になれます（進行形にはなれません）。[注3]

・したがって、**having p.p. は「動名詞」になります。これを「完了動名詞」といいます。**[注4]

注 2 完了は、原則として、have 助動詞と過去分詞形動詞を別の語として扱い、have 助動詞を助動詞、過去分詞形動詞を動詞と捉えます。ところが、having p.p. の場合は例外で、having と p.p. を「目に見えない透明のハイフン」でつなぎ、「having p.p.」の全体を 1 つの動詞の ing 形と捉えます。

注 3 完了進行形は「進行形の動詞の過去分詞形（＝been -ing）」に have 助動詞を付けて作ります（have been -ing となります）。完了の ing 形（＝having p.p.）に be 助動詞を付けて作るのではありません（be having p.p. という形はありません）。ですから having p.p. が進行形になる可能性はないのです。これについては 9-5-3「助動詞の先後」p. 163 参照。

注 4 **完了動名詞は、述語動詞が「単純な現在形」のときは「現在完了」または「過去形」の意味を表します。完了動名詞は、述語動詞が「単純な過去形」のときは「過去完了普通用法」または「過去完了大過去用法」の意味を表します。**

〔ハウ　ディヂュー　イスケイプ　ビーイング　パニシュト〕

How did you escape being punished?　（どうやって君は罰せられずにすんだのか？）

ad　aux　S　③　O | −③

did は助動詞・過去形です。escape は「逃げる、免れる」という意味を表す動詞で、規則活用です。**「escape from ～」は「① 副詞句」で「～から逃げる」という意味で**す（たとえば escape from prison は「刑務所から逃げる→脱獄する」です）。**「escape**

～」は「③ O」で「～を免れる」という意味です（たとえば escape prison は「刑務所行きを免れる」です)。ここの escape は原形・述語動詞・③で「～を免れる」という意味です。being は受身を作る助動詞・ing 形、punished は動詞・過去分詞形です。punish は「罰する」という意味の動詞で、規則活用です。being punished は 1 つの動詞の ing 形で、裸ですから「動名詞・現在分詞形容詞用法・分詞構文」のどれかです。ここでは動名詞です。being punished は「前の品詞は名詞、前の働きは動詞の目的語、後の品詞は動詞、後の働きは－③」です。英文全体は「どうやって君は罰せられることを免れたのか？ →どうやって君は罰せられずにすんだのか？」という意味です。

〔メアリ　アドミッティド　ハヴィング　トウルド　ア　ライ〕

Mary admitted having told a lie. （メアリーはうそをついたことを認めた）

S　③　O | ③　O

admit は「認める」という意味の動詞で、規則活用です。ここの admitted は過去形・述語動詞・③です。having は完了を作る助動詞の ing 形です。told は動詞・過去分詞形で「p.p. の可能性」の中の完了で使われています。S have told . . . の場合は have と told は分けて扱われますが、having told の場合は 1 つの動詞の ing 形として扱われ「完了動名詞、完了現在分詞形容詞用法、完了分詞構文」のどれかです。ここでは完了動名詞です。having told は「前の品詞は名詞、前の働きは動詞の目的語、後の品詞は動詞、後の働きは③」です。完了動名詞は、述語動詞が「単純な過去形」のときは「過去完了普通用法」または「過去完了大過去用法」の意味を表します。ここの having told は「過去完了大過去用法」の意味を表しています（＝admitted より時間的に以前に行われた動作であることを示しています)。having told a lie を that 節で書き換えると **Mary admitted that she had told a lie.** となります。that she had told a lie は名詞節で、admitted の目的語です。that は従属接続詞です。had told は大過去用法の過去完了形です。

なお、admit は「将来起こることを認める」という意味では使わないので、完了動名詞を使わずに **Mary admitted telling a lie.** と言っても「メアリーはうそをついたことを認めた」という意味を表せます。

〔メアリ　アドミッティド　ハヴィング　ビン　トウルド　ア　ライ〕

Mary admitted having been told a lie. （メアリーはうそをつかれたことを認めた）

S　③　O | －④　O

admitted は過去形・述語動詞・③です。having は完了を作る助動詞の ing 形、been は受身を作る助動詞の過去分詞形です。told は動詞・過去分詞形で「p.p. の可能性」の中の受身で使われています。been told は受身を表す 1 つの動詞の過去分詞形として扱われ、番号は－④です。これは「p.p. の可能性」の中の完了で使われています。S have been told . . . の場合は have と been told は分けて扱われますが、having been told の場合は 1 つの動詞の ing 形として扱われ「完了受身動名詞、完了受身現在分詞形容詞用法、完了受身分詞構文」のどれかです。ここでは完了受身動名詞です。having been told は「前の品詞は名詞、前の働きは動詞の目的語、後の品詞は動詞、後の働きは－④」です。having been told は「過去完了大過去用法」の意味を表しています（＝admitted より時間的に以前に行われた動作であることを示しています）。having been told a lie を that 節で書き換えると **Mary admitted that she had been told a lie.** となります。

なお、完了動名詞を使わずに **Mary admitted being told a lie.** と言っても「メアリーはうそをつかれたことを認めた」という意味を表せます。

18-4 動名詞の否定形

・準動詞を否定するときは、not を準動詞の直前に置きます。

・したがって、動名詞の否定形は次のようになります。

1. not -ing . . .	（単純形動名詞の否定形）
2. not being p.p. . . .	（受身動名詞の否定形）
3. not having p.p. . . .	（完了動名詞の否定形）

〔アイ　リグレット　ナット　ハヴィング　テイクン　ユア　アドヴァイス〕

I regret not having taken your advice.

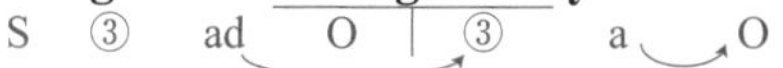

（私はあなたの忠告を受け入れなかったことを後悔している）

regret は「後悔する、残念に思う」という意味の動詞で、規則活用です。ここの regret は現在形・述語動詞・③です。having は完了を作る助動詞の ing 形です。taken は動詞・過去分詞形です（この動詞は p. 103 参照）。having taken は 1 つの動詞の ing 形として扱われ「完了動名詞、完了現在分詞形容詞用法、完了分詞構文」のどれかです。ここでは完了動名詞です。having taken は「前の品詞は名詞、前の働きは動詞の目的語、後の品詞は動詞、後の働きは③」です。having taken の前に not が付いて否定形になっています。完了動名詞は、述語動詞が「単純な現在形」のときは「現在完了」または「過去形」の意味を表します。ここの not having taken はどちらの意味でも取ることができます。この英文を複文（＝従属節を含んだ英文）で書き換えると **I regret that I have not taken your advice.** または **I regret that I did not take your advice.** になります。that 以下は名詞節で、regret の目的語です。that は従属接続詞です。節内に現在完了を使ったときは「前にあなたの忠告を受け入れなかった。その結果、今よくない状態になっている。それを私は今残念に思う」というニュアンスです。節内に過去形を使ったときは単純に「前にあなたの忠告を受け入れなかったことを私は今残念に思う」という意味です。

なお「将来起こることを残念に思う」という事柄は成立しないので（＝regret の対象は必然的に「既に起こったこと」なので）完了動名詞を使わずに **I regret not taking your advice.** と言っても「私はあなたの忠告を受け入れなかったことを後悔している」という意味を表せます。

18-5 意味上の主語が付いた動名詞

・動名詞の「意味上の主語」が、その文の主語と一致するときは、特別に「意味上の主語」を付けることはしません。

・動名詞の「意味上の主語」が、その文の主語と一致しないときは、特別に「意味上の主語」を動名詞の前に付けます。

> **動名詞の「意味上の主語」**
> **「意味上の主語」が代名詞のときは所有格か目的格の代名詞を付けます。** 注1
> **「意味上の主語」が名詞のときは所有格か、そのままの形で付けます。** 注2

注 1 所有格を付けるのは文語体で、目的格を付けるのは口語体です。

注 2「意味上の主語」が名詞のときはそのままの形で付けるのが普通です。

〔ゼア　リズ　ノウ　ホウプ　オヴ　ヒズ　カミング　スーン〕

There is no hope of his coming soon.（彼がすぐ来る見込みはない）

誘導ad ① a S 前 S′ n | ① ad

a

is は現在形・述語動詞・①です。no は形容詞で hope にかかります。頭の中で no を not と any に分解し、not を is にかけ、any を hope にかけて意味を取ると、There is no hope は「どんな見込みも存在しない」となります。ここの hope は「見込み、可能性」という意味です。coming は「裸の ing」なので絶対に準動詞です。「動名詞・現在分詞形容詞用法・分詞構文」のどれかですが、ここでは動名詞です。動名詞の「前の働き」は「主語・動詞の目的語・前置詞の目的語・補語・同格」のどれかですが、ここでは前置詞の目的語です。coming は「前の品詞は名詞、前の働きは前置詞の目的語、後の品詞は動詞、後の働きは①」です。his は動名詞 coming の「意味上の主語」です。of . . . coming は形容詞句で、hope にかかっています。この of は**「同格の of」といって、「A of A′」という形で使い、A の具体的な内容を A′ で明らかにしたり、A がどのようなものかを A′ で明らかにするときに使います。「同格の of」は「〜という」と訳します。**たとえば the crime of murder〔ザ　クライム　オヴ　マーダ〕（殺人という罪）、the city of Kyoto（京都という市→京都市）のような具合です。hope of his coming soon は「彼がすぐに来ることという見込み→彼がすぐに来るという見込み」です。英文全体は「彼がすぐに来るというどんな見込みも存在しない→彼がすぐ来る見込みはない」という意味です。

この英文を複文で書くと（＝従属節を使って書くと）**There is no hope that he will come soon.** となります。that he will come soon は名詞節で、hope と同格です。that は従属接続詞です。

質問 32 次の英文を複文に書き換えなさい。

〔アイ　ワズ　ナット　アウェア　オヴ　ザ　マン　ビーイング　ソウ　リッチ〕

I was not aware of the man being so rich.

S ②　ad　^{a}C　前　S′　n | ②　ad　^{a}C
ad

質問 32 の答え　（私はその男がそんなに金持ちであることに気がつかなかった）

was は過去形・述語動詞・②です。aware は「気づいている」という意味の形容詞で was の補語です。be aware of . . . は「. . . に気づいている」という意味です。「〜になる」という意味の動詞 become を be 動詞の代わりに使うと become aware of . . .（. . . に気づいている状態になる→. . . に気づく）という意味になります。not で否定した be not aware of . . . は「. . . に気づいていない、. . . に気がつかない」という意味です。being は「裸の ing」なので絶対に準動詞です。「動名詞・現在分詞形容詞用法・分詞構文」のどれかですが、ここでは動名詞です。動名詞の「前の働き」は「主語・動詞の目的語・前置詞の目的語・補語・同格」のどれかですが、ここでは前置詞の目的語です。being は「前の品詞は名詞、前の働きは前置詞の目的語、後の品詞は動詞、後の働きは②」です。the man は動名詞 being の「意味上の主語」です。of . . . being は副詞句で、aware にかかっています。英文全体を直訳すると「私は、その男がそれほど金持ちであることに気づいていなかった→私は、その男がそれほど金持ちであることに気がつかなかった」となります。the man を of の目的語にして、of the man を副詞句と読むのは間違いです。

さて、the man being so rich を単純に名詞節にすると that the man is so rich となります。これを単純に I was not aware of につなげると *I was not aware of that the man is so rich. となります。これは that 節が前置詞 of の目的語になっています。「**that 節が前置詞の目的語になっているときは、in, except, but, save 以外の前置詞は省略しなければいけない**」というルール（p. 322 参照）によって、of は省略されます。すると *I was not aware that the man is so rich. となります。次に、大黒柱が過去形ですから、後に続く名詞節の中は「時制の一致」によって過去形にしなければなりません。すると **I was not aware that the man was so rich.** となります。これで正しい英文になりました。

ところで that the man was so rich は省略された前置詞 of の目的語であって、動詞の目的語ではありません。ところが was not aware は「気がつかなかった」という意味ですから、意味だけから考えると、これ全体が1つの③の動詞の否定形に感じられるのです。そこで、was not aware を③の否定形と捉えると、that 節の働きは動詞の目的語（=「was not aware」という「否定形の③の動詞」の目的語）となります。「that 節が動詞の目的語になっているときは、that を省略できる」というルール（p. 322 参照）を適用すると、この英文でも that を省略できることになります。**I was not aware the man was so rich.** となります。これは正しい英文です。この英文は表面的には I was not aware と the man was so rich が対等に並んでいるように見えますが、「2つのS+Vのルール」によって、どちらかが従属節にならなければ正しくなりません（p. 273 参照）。ここは the man was so rich が従属節（名詞節で、省略されている前置詞 of の目的語）なのです。

質問 33　次の英文を複文に書き換えなさい。

〔アイ　インスィスティド　アン　ズィス　ビーイング　ダン　アト　ワンス〕

I insisted on this being done at once.

S　①　前　S′　n　|　−③　ad
　　　　　　ad

質問 33 の答え　（私はこれがすぐに実行されることを強く要求した）

insist は「強く主張する、強く要求する」という意味の①の動詞で、規則活用です。insist on . . . という形で使います。on の目的語に「(主語が) 事実（であると感じていること）」が入ると「. . . を強く主張する」という意味になり、on の目的語に「(主語が) 要求（したいこと）」が入ると「. . . を強く要求する」という意味になります。たとえば insist on his innocence〔インスィスト　アン　ヒズ　イノセンス〕は「彼の無実を強く主張する」という意味で、insist on speedy payment〔インスィスト　アン　スピーディ　ペイメント〕は「速やかな支払いを強く要求する」という意味です。この英文の insisted は過去形・述語動詞・①です。being は受身を作る助動詞の ing 形、done は動詞・過去分詞形です。being done は1つの動詞の ing 形で、裸ですから「動名詞・現在分詞形容詞用法・分詞構文」のどれかです。ここでは動名詞です。being done は「前の品詞は名詞、前の働きは前置詞の目的語、後の品詞は動詞、後の働きは−③」です。this は動名詞 being done の「意味上の主語」です。this being done at once は「これがすぐに行われること」という意味です。これは「(主語が) 要求（したいこと)」ですから、この英文の insisted は「強く要求した」という意味です。全体は「私はこれがすぐに実行されることを強く要求した」という意味になります。this を on の目的語にして、on this を副詞句と読むのは間違いです。

さて、this being done at once を単純に名詞節にすると that this is done at once となります。これを単純に I insisted on につなげると *I insisted on that this is done at once. となります。これは that 節が前置詞 on の目的語になっています。「that 節が前置詞の目的語になっているときは、in, except, but, save 以外の前置詞は省略しなければいけない」というルール（p. 322 参照）によって、on は省略されます。すると *I insisted that this is done at once. となります。次に、大黒柱が過去形ですから、後に続く名詞節の中は「時制の一致」によって過去形にしなければなりません。すると *I insisted that this was done at once. となります。これで正しい英文になったはずです。

しかし、これではまだダメなのです。「**『命令・要求・提案を表す動詞』の目的語になる that 節の中では、述語動詞には原形動詞を用いる**（英では should＋原形動詞を用いる）」というトンデモナイ規則があるのです。たとえば **The teacher ordered that the chair be brought to her.**〔ザ ティーチャ オーダド ザット ザ チェア ビ ブロート トゥ ハー〕（先生はイスを持ってくるように言いつけた）という文の場合、ordered（命令した）という動詞の目的語になる that 節の中の述語動詞は原形（＝be brought）です。これを was brought とか is brought としたら間違いになります（should be brought ならイギリス英語で OK です）。**この原形動詞の使い方を「仮定法現在」といいます**（仮定法現在と呼ばれる原形動詞の使い方はこれだけではありません。この他にも、祈願文などで原形動詞を使う使い方があります。p. 87 参照）。**「目的語として従える that 節内の述語動詞に仮定法現在を用いる動詞」は order**〔オーダ〕**（命令する）、command**〔コマンド〕**（命令する）、demand**〔ディマンド〕**（要求する）、require**〔リクワイア〕**（要求する）、propose**〔プロポウズ〕**（提案する）、suggest**〔サヂェスト〕**（提案する）などがあります。**そこで、insist が「強く要求する」という意味の場合は、後に続く that 節の中の述語動詞は原形にしなければならないのです。したがって **I insisted that this be done at once.** が正しい英文です。これが質問 33 の正解です。

He insisted that his son always <u>did</u> his homework by himself.〔ヒー インスィスティド ザット ヒズ サン オールウェイズ ディド ヒズ ホウムワーク バイ ヒムセルフ〕という英文は that 節内の述語動詞が原形になっていません（did は過去形です）。このことは that 節の内容が「（主語が）事実（であると感じていること）」で、insisted が「強く主張した」という意味であることを示しています。そこで「彼は、息子は宿題をいつも自分でやると強く主張した」という意味になります。それに対して **He insisted to his son that he always <u>do</u> his homework by himself.** の場合は、that 節内の述語動詞が原形です（現在形なら does ですし、過去形なら did です）。このことは that 節の内容が「（主語が）要求（したいこと）」で、insisted が「強く要求した」という意味であることを示しています。そこで「彼は、息子に、宿題はいつも自分でやるように強く要求した」という意味になります。

なお、前置詞の on を省略したくないときは **I insisted on it that this be done at once.** という書き方もあります。これは on の目的語に「仮目的語の it」を置き、その後に「真目的語の that 節」を置いたのです。こうすれば that 節が直ちに on の目的語になっているのではないので、on を省略しないで残すことができます。仮目的語、真目的語という言い方を使いたくなければ、it は on の（正式な）目的語で、that 節は it と同格である、と言ってもかまいません。

18-6 動名詞を修飾する語

・動名詞は副詞で修飾し、動名詞に形容詞をかけることはできないのが原則です。

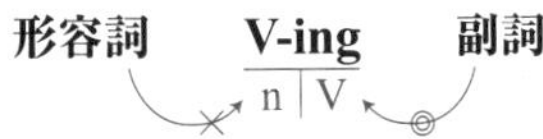

「手紙を書くこと」を動名詞で表現すると次のようになります。

〔ライティング　ア　レタ〕

(1) **writing a letter**
n | ③　O

「急いで手紙を書くこと」は次の2つが考えられますが、左は×で、右が○です。

× **hasty writing a letter**
a　n | ③　O

〔ライティング　ア　レタ　ヘイスティリ〕

○ **writing a letter hastily**

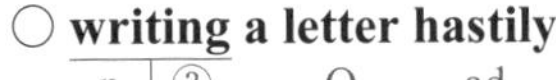

「手紙を書くこと」を次のように表現した場合、writing は純粋な名詞です。

(2) **the writing of a letter**
n　a

したがって、これを使うと「急いで手紙を書くこと」は次のようになります。

〔ザ　ヘイスティ　ライティング　オヴ　ア　レタ〕

○ **the hasty writing of a letter**
a　n　a

ところで、歴史的には (2) が先で、(1) は後に生まれた表現です。そこで、(2) から (1) に移行する中間的な形態である (3) が今も残っていて、使われることがあります。

(3) **the writing a letter**
n | ③　O

なお (2) の of は「目的格の of」といい、a letter が writing の「意味上の目的語」であることを示しています。the fear of God〔ザ　フィア　オヴ　ガッド〕(神を怖れること) の of も「目的格の of」で、God が fear の「意味上の目的語」であることを示しています。

18-7 to 不定詞の枠組み（再再確認）

質問 34 次の質問に答えなさい（スラスラ答えられないときは「12-14 to 不定詞の枠組み」に戻って、確認してください）。

1. 原形動詞を使うところは？
2. 「to 原形動詞」の可能性は？
3. 不定詞名詞用法の「前の働き」は？
4. 不定詞形容詞用法の「前の働き」は？
5. 不定詞副詞用法の「前の働き」は？
6. 受身不定詞の形は？
7. 完了不定詞の形は？
8. 進行形不定詞の形は？
9. 完了受身不定詞の形は？

質問 34 の答え 1. to の後・do 助動詞と一般助動詞の後・命令文・make, have, let などの補語・仮定法現在 2. 助動詞の一部＋述語動詞・不定詞名詞用法・不定詞形容詞用法・不定詞副詞用法 3. 主語・動詞の目的語・補語・同格（不定詞名詞用法は前置詞の目的語になりません←18-8 参照） 4. 名詞修飾・補語 5. 動詞修飾・形容詞修飾・他の副詞修飾・文修飾 6. to be p.p. 7. to have p.p. 8. to be -ing 9. to have been p.p.

18-8 不定詞名詞用法の働き

・**不定詞名詞用法の「前の働き」は「主語・動詞の目的語・補語・同格」です。**[注]

・不定詞名詞用法の「後の働き」は「①・②・③・④・⑤・－③・－④・－⑤」です。

・不定詞を目的語にして、動名詞を目的語にしない③の動詞

wish（願う）、desire（願う）、expect（予期する）、hope（希望する）、promise（約束する）、pretend（ふりをする）、refuse（断る）、decide（決める）、agree（同意する）など。

注 **不定詞名詞用法は前置詞の目的語にはなれません。名詞の働きをする準動詞は「不定詞名詞用法」と「動名詞」の２つだけで（分詞には名詞用法はありません）、動名詞だけが「前置詞の目的語」になれます。**

〔イト　ダズ　ヒム　ソウ　マッチ　グッド　トゥ　プレイ　ガルフ〕

It does him so much good to play golf. （ゴルフをするのは彼の健康にとてもよい）
仮S ④ O ad a O 真S ③ O

It は仮主語です。does は現在形・述語動詞・④です。**do を④で使ったときは「(間接目的語に、直接目的語を）与える」という意味です**（「～をする、実行する」という意味ではありません)。so は「非常に」という意味の副詞で much にかかります。good は「利益、幸福」という意味の名詞で、does の直接目的語です。to play は不定詞名詞用法で「前の品詞は名詞、前の働きは真主語、後の品詞は動詞、後の働きは③」です。直訳すると「ゴルフをすることは彼に非常に多くの利益を与える」となります。

〔ゼイ　ディドント　トライ　トゥ　ウィン　ザ　マッチ〕

They didn't try to win the match. （彼らは試合に勝とうとしなかった）
S aux ad ③ O ③ O

did は助動詞・過去形、try は原形・述語動詞・③です。try は「試す」という意味の動詞ですが、目的語に to 不定詞を置いて**「try to 原形 V」にすると「V しようと努力する→V しようとする」という意味になります**（「try -ing」は「試しに―してみる」という意味です)。to win は不定詞名詞用法で「前の品詞は名詞、前の働きは動詞の目的語、後の品詞は動詞、後の働きは③」です。直訳すると「彼らは試合に勝とうと努力しなかった」となります。彼らは「勝つための努力」をしなかったのです。FIFA ワールドカップ本大会のグループリーグ最終戦で、すでに決勝トーナメント進出が決まっているチームが主力選手を休ませるために控えに回して、「負けてもいい」という戦い方をするような場合が考えられます。

〔ゼイ　トライド　ナット　トゥ　ウィン　ザ　マッチ〕

They tried not to win the match. （彼らは試合に勝たないようにした）
S ③ ad O ③ O

tried は過去形・述語動詞・③です。to win は不定詞名詞用法で「前の品詞は名詞、前の働きは動詞の目的語、後の品詞は動詞、後の働きは③」です。not は to win を否定する副詞です。直訳すると「彼らは試合に勝たないようにと努力した」となります。彼らは「負けるための努力」を積極的にしたのです。FIFA ワールドカップ本大会のグループリーグ最終戦で、すでに決勝トーナメント進出が決まっているチームが、この試合に勝つとグループリーグ 1 位通過となり、次戦（＝決勝トーナメント初戦）で開催国と対戦することになるので、それを避けるためにわざと負けようとするような場合が考えられます。

〔ズィ　インポータント　スィング　イズ　トゥ　ハヴ　アン　オピニョン〕

The important thing is to have an opinion. （重要なことは意見を持つことである）
a S ② ^{n}C ③ O

is は現在形・述語動詞・②です。to have は不定詞名詞用法で「前の品詞は名詞、前の働きは補語、後の品詞は動詞、後の働きは③」です。直訳すると「重要なことは意見を持つことである」となります。

なお、is to は助動詞・現在形で（「6-15 末尾に to が付く助動詞」です）、have が原形・述語動詞・③の可能性もあります。助動詞 be to は「予定・義務・可能」の意味を表します（**「可能」の意味、すなわち「〜できる」という意味を表すときは、述語動詞が受身形である必要があります。すなわち S be to be p.p.〔S は p.p. されうる〕です**）。したがって、この読み方をすると「重要なことは意見を持つことになっている」「重要なことは意見を持つべきだ」となって、まったく意味が通りません（「意見を持つ」のは人間がやることで、「重要なこと」が意見を持つことはありえません）。

〔アイ　プリテンディド　トゥ　**ビ**　リーディング　ザ　ペイパ〕

I pretended to be reading the paper.　（私は新聞を読んでいるふりをした）
S　③　O｜③　O

pretend は「ふりをする」という意味の動詞で、規則活用です。ここの pretended は過去形・述語動詞・③です。be は進行形を作る助動詞・原形、reading は動詞・ing 形です。be reading は「進行形を表す 1 つの動詞」で原形です。to be reading は不定詞名詞用法で「前の品詞は名詞、前の働きは動詞の目的語、後の品詞は動詞、後の働きは③」です（進行形不定詞です。p. 219 参照）。「pretend to 原形 V」は、構造は「③ O」で、意味は「V するふりをする」です。全体を直訳すると「私は新聞を読んでいるふりをした」となります。pretend は「不定詞を目的語にして、動名詞を目的語にしない③の動詞」です。

18-9 原形不定詞名詞用法

・to が付かない不定詞を「原形不定詞」といいます。

・原形不定詞名詞用法が「動詞の目的語」や「補語（be 動詞の補語）」になることがあります。[注]

注　原形不定詞形容詞用法が「補語」になるのは 15-9 参照。

〔ヒー　ヘルプト　クック　ランチ〕

He helped cook lunch.　（彼は昼食を作る手伝いをした）
S　③　O｜③　O

He helped to cook lunch.（彼は昼食を調理することを助けた→彼は昼食を作る手伝いをした）という英文は、helped が過去形・述語動詞・③、cook は動詞・原形です。to cook は不定詞名詞用法で「前の品詞は名詞、前の働きは動詞の目的語、後の品詞は動詞、後の働きは③」です。ところで、**help は不定詞名詞用法を目的語にするときは、**

to 不定詞だけでなく、原形不定詞を目的語にすることができます。すると **He helped cook lunch.** となります。cook は原形不定詞（＝to が付かない不定詞）で「前の品詞は名詞、前の働きは動詞の目的語、後の品詞は動詞、後の働きは③」です。

〔オール　ユー　ハフタ　ドゥー　イズ　ライト　ユア　ネイム　ヒア〕

All (you have to do) is write your name here.

S　S　aux　③　②　^{n}C|③　a　O　ad

（あなたはここに名前を書きさえすればよい）

All you have to do is to write your name here. は「あなたはここに名前を書きさえすればよい」という意味です。All が主節の主語、you have to do は「関係代名詞が省略された形容詞節」で All にかかります。All と you の間に関係代名詞の that が省略されています。that は内側で do の目的語です。you は従属節の主語、have to は「義務（～しなければいけない）」を表す助動詞の現在形（「6-15 末尾に to が付く助動詞」です）、do は原形・従属節の述語動詞・③です。All you have to do は「あなたがしなければいけないすべてのこと」という意味です。is は現在形・大黒柱・②です。is の主語は All です。write は動詞・原形です。to write は不定詞名詞用法で「前の品詞は名詞、前の働きは補語、後の品詞は動詞、後の働きは③」です。全体を直訳すると「あなたがしなければいけないすべてのことはここに名前を書くことです」となります。「しなければいけないすべてのことが名前を書くことだ」ということは「他のことはしなくてよい」ということですから、「あなたはここに名前を書きさえすればよい」という和訳になるのです。

ところで**「主部（主語になる名詞に修飾要素がついた語群全体のことを主部といいます）の最後の語が do で、その次の語（＝その英文の述語動詞）が be 動詞で、その次に補語となる不定詞名詞用法（be 動詞の補語です）が続いているとき（表面的に「... do be 動詞 to 原形 V ...」という字面になるとき）は、to 不定詞の to を省略して、原形不定詞名詞用法を補語にできる」**というルールがあります。All you have to do is to write your name here. は All you have to do が主部で、主部の最後の語が do です。その次の is は be 動詞・②で、その次の to write は不定詞名詞用法で、is の補語です。したがって、このルールによって to を省略できます。すると **All you have to do is write your name here.** となります。

なお「V しさえすればよい」という意味は、「義務を表す助動詞 have to」の have と to の間に「だけ、しか」という意味を表す副詞の only を置いた「have only to V」という表現で表すことができます（なぜこんなことができるかというと、助動詞 have to は本当は「動詞 have＋to 不定詞」だからです。p. 97 参照）。そこで、この英文は **You have only to write your name here.** という英文で書き換えることができます。

18-10 2つのS＋Vのルール（再確認）

質問35 次の質問に答えなさい（スラスラ答えられないときは14-4に戻って、確認してください）。

1. 「2つのS＋Vのルール」とは？
2. 「2つのS＋Vのルール」の例外は？
3. 自分の読み方が「2つのS＋Vのルール」に違反したときはどう考えるか？

質問35の答え 1. 2つのS＋Vを対等につなぐには、原則として間に、等位接続詞、コロン、セミコロン、ダッシュのいずれかが必要である 2. 2つのS＋Vが「言い換え」や「同性質の内容の列挙」になっている場合は、コンマだけで対等につながれることがある 3. どちらかはS＋Vではないのでは？・どちらもS＋Vだとしたら、対等ではないのでは？ と考える

質問36 次の英文からbutを削除すると、どのように読み方が変わるか？ butを削除した英文の構造を図示し、和訳しなさい。

〔アイ ディドント ゲット ザット スカラシップ バット アイ ワンティド トゥ スタディ ケミストリ イン カリヂ〕

I didn't get that scholarship but I wanted to study chemistry in college.
S aux ad ③ a O + S ③ O | ③ O ad

質問36の答え

didは助動詞・過去形です。getは原形・述語動詞・③です。thatは「その」という意味の形容詞でscholarshipにかかります。butは文と文を対当につないでいる等位接続詞です。wantedは過去形・述語動詞・③です（wantは「欲する」という意味の動詞で、規則活用です）。studyは動詞・原形です。to studyは不定詞名詞用法で「前の品詞は名詞、前の働きは動詞の目的語、後の品詞は動詞、後の働きは③」です。wanted to studyは「勉強することを欲した→勉強したかった」という意味です。全体は「私はその奨学金を得られなかった。しかし、大学で化学を勉強したかった」という意味です。

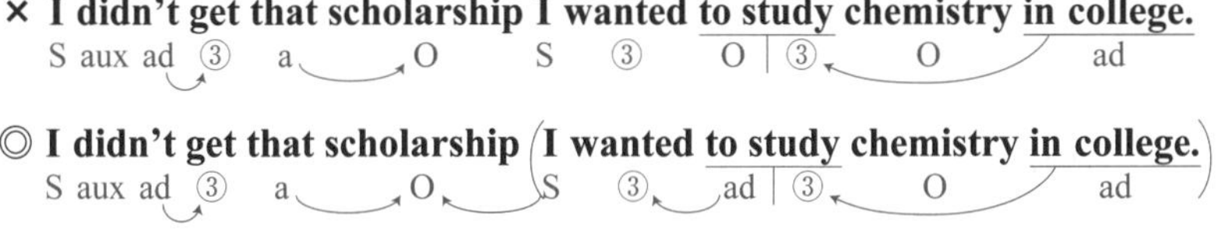
× I didn't get that scholarship I wanted to study chemistry in college.
S aux ad ③ a O S ③ O | ③ O ad
◎ I didn't get that scholarship (I wanted to study chemistry in college.)
S aux ad ③ a O S ③ ad | ③ O ad

I didn't get that scholarship（私はその奨学金を得られなかった）とI wanted to study chemistry in college（私は大学で化学を勉強したかった）はどちらも「完全な文」です。しかし、この2つの文は、間になにも無くて、ただ並んでいます。これでは「2つのS+Vのルール」に違反します。**「2つのS+Vのルール」によれば、2つのS+Vを対等につなぐには、間に等位接続詞、コロン、セミコロン、ダッシュのどれかが必要です。2つのS+Vが「言い換え」や「同性質の内容の列挙」になっている場合は例外的にコンマだけで対等につなげますが、**I didn't get that scholarshipとI wanted to study chemistry in collegeは「言い換え」や「同性質の内容の列挙」ではありませんし、だいいち間にコンマすらありません。すると「どちらかは文ではないのに、文と誤解したために『2つのS+Vのルール』に違反する事態になっている」ことが考えられます。しかし、getは過去形の助動詞（=did）が付いているので絶対に述語動詞で、Iが主語です。wantedは規則活用ですから過去形と過去分詞形の可能性があり、過去分詞形だとしたら裸ですから絶対に準動詞ですが、そうすると、Iに対する述語動詞がなくなってしまいます。やはり、wantedは過去形・述語動詞で、I wantedは「文」です。したがって「どちらかは文ではない」という可能性はありません。どちらも絶対に「構造上の主語+述語動詞」で「文」です。このことが、読み手にI didn't get that scholarshipとI wanted to study chemistry in collegeは対等の文ではない（どちらかが主節で、どちらかが従属節だ）と感じさせるのです。しかし、この英文には「従属節を作る語」は出ていません。ということは、どこかに「従属節を作る語」が省略されているということです。このメカニズムによって「scholarshipとIの間に関係代名詞のwhichが省略されている」ことがわかるのです（**native speakerや英文読解に習熟した人の頭の中では、無意識にこのメカニズムが働いて、正確に読んでいるのです**）。

I wanted to study chemistry in collegeは「関係代名詞のwhichが省略された形容詞節」でthat scholarshipを修飾しています。しかし、こう読むためにはI wanted to study chemistry in collegeが「完全な文」では困ります。**I wanted to study chemistry in collegeは「動詞の目的語」か「前置詞の目的語」が足りない不完全な文でなければなりません。**その、足りない「動詞の目的語」か「前置詞の目的語」のどちらかに「省略された関係代名詞のwhich」が入るのです（関係代名詞が省略されるのは、内側で関係代名詞が「動詞の目的語」か「前置詞の目的語」になっている場合です。ですから**「関係代名詞が省略された形容詞節」は必然的に「動詞の目的語」か「前置詞の目的語」が足りない不完全な文になるのです**）。このことが、読み手に「to studyは不定詞名詞用法でwantedの目的語になっている」のではないと感じさせるのです。to studyは「目的の意味（=勉強するために）」を表す不定詞副詞用法でwantedにかかっています。するとwantedの目的語が足りなくなり、それが「省略されている関係代名詞のwhich」ということになって、構造的につじつまが合うのです。英文全体は**「私は大学で化学を勉強するために欲しい奨学金を得られなかった」**となり、意味も完全に通ります。

thatは「その」という意味の形容詞ですが、前に出ている名詞を受けているのではなく、後に出てくる形容詞節を受けて「大学で化学を勉強するために欲しい奨学金」のことを先回りして「その奨学金」と言っているのです。このような使い方をするthat（先行詞が複数名詞のときはthose）を「先行詞を明示する印」と呼んでいます。**「先行詞を明示する印」のthat, those は訳出しません。**「大学で化学を勉強するために欲しいその奨学金」と訳すと、前に一度奨学金のことが話題になっていて、その奨学金のことを指しているように聞こえるからです。

質問 37 次の質問に答えなさい（スラスラ言えるようになるまで練習してください）。

1. 「動名詞を目的語にして、不定詞を目的語にしない③の動詞」を8つ挙げなさい。
2. 受身動名詞の形は？
3. 完了動名詞の形は？
4. 完了受身動名詞の否定形は？
5. 動名詞に「意味上の主語」を付けるときは [ ] を直前に置く。
6. 動名詞を修飾するときは [ ] で修飾する。
7. 不定詞名詞用法の「前の働き」は？
8. 不定詞名詞用法は [ ] にはなれない。
9. 名詞の働きをする準動詞は [ ] と [ ] の2つだけである。
10. 準動詞を「前置詞の目的語」にするときは [ ] を使う。
11. ④の do は [ ] という意味を表す。
12. 「目的語として従える that 節内の述語動詞に仮定法現在を用いる動詞」を6つ挙げなさい。

質問 37 の答え 1. mind・escape・give up・avoid・finish・enjoy・practice・stop 2. being p.p. 3. having p.p. 4. not having been p.p. 5. 所有格または目的格の名詞・代名詞 6. 副詞 7. 主語・動詞の目的語・補語・同格 8. 前置詞の目的語 9. 動名詞、不定詞名詞用法 10. 動名詞 11. 与える 12. order・command・demand・require・propose・suggest

問題 18 英文の構造を図示して、和訳しなさい。

〔ゼア スィームズ リトル チャンス オヴ ヒズ ビーイング イレクティド〕

1. There seems little chance of his being elected.

〔シー　ワンダド　ワット　イト　ワズ　ライク　ナット　ビーイング　リッチ〕

2. She wondered what it was like not being rich.

〔イト　ワズ　オール　アイ　クド　ドゥー　ナット　トゥ　フォール　アスリープ〕

3. It was all I could do not to fall asleep.

〔ヒー　キャント　スタンド　ビーイング　ケプト　ウェイティング〕

4. He can't stand being kept waiting.

〔イト　イズ　ディサグリーアブル　トゥ　ビ　メイド　トゥ　ウェイト　フォー　ア　ロング　タイム〕

5. It is disagreeable to be made to wait for a long time.

〔スィーイング　ア　ペット　ダイ　ヘルプス　ア　チャイルド　コウプ　ウィズ　サロウ〕

6. Seeing a pet die helps a child cope with sorrow.

〔トゥ　ビ　ギルティ　オヴ　プレヂュディス　イズ　トゥ　レット　スィンキング　ビ　インフルーエンスト　バイ　フィーリング〕

7. To be guilty of prejudice is to let thinking be influenced by feeling.

〔ゼイ　アキューズド　ヒム　オヴ　ビーイング　ア　トレイタ　ウィッチ　ヒー　ワズ　ナット〕

8. They accused him of being a traitor, which he was not. （ロイヤル英和辞典）

〔アイ　インテンディド　トゥ　ハヴ　コールド　アン　ユー　バット　ワズ　プリヴェンティド　フロム　ドゥーイング　ソウ〕

9. I intended to have called on you, but was prevented from doing so.

問題 18 の解答

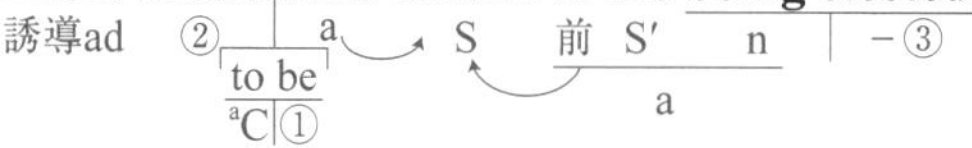

（彼が選ばれる可能性はほとんどないように思われる）

There seems to be no chance of his being elected. は「彼が選ばれる可能性はないように思われる」という意味です。誘導副詞の There によって seems to be が no chance の前に引き出されています。seems は現在形・述語動詞・②です（この動詞は p. 293 参照）。to be は不定詞形容詞用法で「前の品詞は形容詞、前の働きは補語、後の品詞は動詞、後の働きは①」です。seems to be で「存在しているように見える」という意味です。no は形容詞で chance にかかり、chance は「可能性」という意味の名詞で、seems の主語です。There seems to be no chance は「どんな可能性も存在しているように見えない」が直訳です。being elected は「裸の ing」で絶対に準動詞です。「動名詞・現在分詞形容詞用法・分詞構文」のどれかですが、ここは動名詞です。being elected は「前は名詞で前置詞 of の目的語、後は動詞で－③」です。his は動名詞の「意味上の主語」です。chance of his being elected は「彼が選ばれることの可能性」が直訳です。全体を直訳すると「彼が選ばれることのどんな可能性も存在しているように見えない」となります。これを「彼が選ばれる可能性はないように思われる」と訳します。**no を little に変えると、依然として否定的内容ですが、no よりは若干否定の意味が弱くなり「彼が選ばれる可能性はほとんどないように思われる」という意味になります。**no を a little に変えると肯定的なニュアンスになり「彼が選ばれる可能性は少しあるように思われる」という意味になります。

There seem to be S.（S が存在するように思われる）という英文は、しばしば to be が省略されます（p. 305 参照）。上の英文は seems の後ろに to be が省略されています。

2. She wondered [what it was like not being rich.]
S ③ O 仮S ② aC ad 真S ② aC

（彼女は金持ちでないことはどんなふうなんだろうと思った）

like は前置詞のことがあり、その場合は「～のような」という意味を表します。これを使うと **It is like . . . not being rich.** という英文を作れます。It は仮主語、is は現在形・述語動詞・②、like は前置詞、. . . が名詞で like の目的語です。like . . . は「. . . のような」という意味の形容詞句で is の補語です。It is like . . . を直訳すると「それは . . . のようである」となります。being は「裸の ing」で、ここでは動名詞で「前の品詞は名詞、前の働きは真主語、後の品詞は動詞、後の働きは②」です。not は being を否定する副詞です。not being rich は「金持ちでないこと」という意味で、これが It の中身です。すると英文全体は「金持ちでないことは . . . のようである」となります。この英文で「. . .」の部分がわからないので尋ねるときは「. . .」を疑問代名詞の what に変えて文頭に移し、be 動詞を仮主語の前に移して疑問文の語順にします。すると **What is it like not being rich?**（金持ちでないことは何のようですか？ →金持ちでないことはどんなふうですか？）となります。この語順を普通の文の語順に変えれば、全体は名詞節（間接疑問文）になります。[what it is like not being rich]（金持ちでないことは何のようかということ→金持ちでないことはどんなふうかということ）です。これを wondered の目的語にしたのが上の英文です。**wonder は規則活用の動詞で、間接疑問文を目的語にするときは「知りたく思う」という意味です。**ここの wondered は過去形・大黒柱・③です。大黒柱が過去形なので、後に続く名詞節の中の述語動詞は「時制の一致」で過去形（＝was）になります。全体を直訳すると「彼女は、金持ちでないことはどんなふうなのかを知りたいと思った」となります。

3. It was all (I could do) not to fall asleep. （私は眠らないでいるのが精一杯だった）
仮S ② ⁿC S aux ③ ad 真S ② ᵃC

It は仮主語です。was は過去形・大黒柱・②で、all は名詞で補語です。I could do は形容詞節で all にかかります。all と I の間に関係代名詞の that が省略されていて、that は内側で do の目的語です。could は「能力」を表す助動詞・過去形、do は原形・従属節の述語動詞・③です。It was all I could do を和訳すると「それは私ができるすべてのことだった→それだけが、私ができることだった」となります。fall は①だと「落下する」という意味ですが、ここの fall は②で「〜になる」という意味です（この動詞は p. 26 参照）。to fall は不定詞名詞用法で「前の働きは真主語、後の働きは②」です。not は to fall を否定する副詞です。asleep は「眠っている」という意味の形容詞で、to fall の補語です。not to fall asleep は「眠っている状態にならないこと→眠り込まないこと」という意味で、これが It の中身です。全体は「眠り込まないことは私ができるすべてのことだった→眠り込まないことだけが、私ができることだった→私は眠らないでいるのが精一杯だった」となります。

4. He can't stand being kept waiting. （彼は待たされることに耐えられない）
S aux ad ③ O | −⑤ ᵃC | ①

can は「能力」を表す助動詞・現在形、stand は原形・述語動詞・③です。stand は①だと「立つ、立っている」という意味ですが、③で使うと、動名詞を目的語にして、**「stand -ing」**で**「一することを耐える、我慢する」**という意味を表します（この動詞は p. 49 参照）。keep は、⑤で使って、補語に現在分詞形容詞用法を置くと、**「keep O -ing」**で**「O が一している状態を保つ→ O に一させておく」**という意味を表します。

たとえば **I kept him waiting.** なら「私は彼が待っている状態を保った→私は彼に待たせておいた」となります（I が主語、kept が⑤、him が目的語、waiting が「前の働きは補語、後の働きは①」です）。彼は何を待っているのかというと、「私との面会」あるいは「私の到着」を待っているのです。

次に、I kept him waiting. を受身にしてみましょう。**He was kept waiting by me.** となります。これは「彼が（「私との面会」あるいは「私の到着」を）待っている状態が私によって生み出された→彼は私によって（「私との面会」あるいは「私の到着」を）待たされた」という事柄です。この英文で by me を削除すると「私によって」の部分がなくなり、それに連動して「『私との面会』あるいは『私の到着』を」の部分もなくなります。つまり「彼が何を待っているのか」は英文からはわからなくなります。**He was kept waiting. は「彼が（何かを）待っている状態が（誰かによって）生み出された→彼は（誰かによって、何かを）待たされた」という事柄です。**構造は He が主語、was kept が−⑤、waiting が「前の働きは補語、後の働きは①」です。

この過去形 was kept を ing 形に変えると being kept となります。この ing 形の動詞（= being kept）を進行形で使えば He was being kept waiting.（彼は〔誰かによって、何かを〕待たされつつあった）となります。しかし、裸で使えば「動名詞・現在分詞形容詞用法・

分詞構文」のどれかです。**動名詞で使うと being kept waiting は「(誰かによって、何かを) 待たされること」という意味になり**、being kept は「前は名詞で主語・動詞の目的語・前置詞の目的語・補語・同格のどれか、後は動詞で－⑤」、waiting は「前は形容詞で補語、後は動詞で①」となります。この「動名詞 (being kept) + 現在分詞形容詞用法 (waiting)」を stand の目的語の位置に置いたのが上の英文です。したがって **He can't stand being kept waiting. は「彼は (誰かによって、何かを) 待たされることを我慢できない→彼は待たされることに耐えられない」という意味**になります。

くどいですが、stand は原形・述語動詞・③、being kept は「前が名詞で動詞の目的語、後が動詞で－⑤」、waiting は「前が形容詞で補語、後が動詞で①」です。この英文の「構造上の主語 + 述語動詞」は He . . . stand で、「意味上の主語 + 準動詞」は He . . . being kept と He . . . waiting です。

ちなみに being kept waiting を「待たれること」と訳す人がいますが間違いです。「待たれる」は「待つ」の受身です (たとえば「彼の到着が待たれた」)。「待たせる」の受身は「待たされる」です (たとえば「私は 1 時間も待たされた」)。

5. It is disagreeable to be made to wait for a long time.

(長時間待たされるのは不愉快です)

make を⑤で使って、補語に不定詞を置くときは、to 不定詞ではなく、原形不定詞にします。**「make 名詞 原形 V (名詞に原形 V させる)」**です。たとえば **I made him wait for a long time.** (私は彼を長い時間待たせた) のような具合です。made は過去形・述語動詞・⑤、him は動詞の目的語、wait は原形不定詞で「前の働きは補語、後の働きは①」です。これを受身にすると **He was made to wait for a long time by me.** (彼は私によって長い時間待たされた) となります。was made は過去形・述語動詞・－⑤、to wait は to 不定詞で「前の働きは補語、後の働きは①」です。このように**能動態のときに「原形不定詞・補語」だったものは、受動態になると「to 不定詞・補語」に切り替わります** (p. 295 参照)。この過去形 (＝was made) を原形 (＝be made) に変えて to を付けると不定詞になります。to be made to wait for a long time です。to be made は「不定詞名詞用法・不定詞形容詞用法・不定詞副詞用法」のどれでも使えますが、不定詞名詞用法にすると「長い時間待たされること」という意味を表します。to be made の「前の働き」は「主語、動詞の目的語、補語、同格」のどれかです。これを真主語で使ったのが上の英文です。It は仮主語、is は現在形・述語動詞②、disagreeable は形容詞で補語です。なお、この英文は **it is disagreeable to be kept waiting for a long time.** と言っても同じ意味になります。

6. Seeing a pet die helps a child cope with sorrow.

S | ⑤　O　aC | ①　⑤　O　aC | ①　ad

(ペットが死ぬのを見て、子供は悲しみに対処するすべを学ぶ)

see を⑤で使って、補語に不定詞を置くときは、to 不定詞ではなく、原形不定詞にします。**「see 名詞 原形 V（名詞が原形 V するのを見る）」**です。たとえば **I saw a pet die.**（私はペットが死ぬのを見た）のような具合です。saw は過去形・述語動詞・⑤、pet は動詞の目的語、die は原形不定詞で「前の働きは補語、後の働きは①」です（die は「死ぬ」という意味の動詞で、活用は〔die（ダイ）—died（ダイド）—died—dying（ダイイング）〕です）。この過去形（＝saw）を ing 形（＝seeing）に変えて裸で使うと「動名詞・現在分詞形容詞用法・分詞構文」のどれかになります。動名詞にすると seeing a pet die は「ペットが死ぬのを見ること」という意味を表し、seeing の「前の働き」は「主語、動詞の目的語、前置詞の目的語、補語・同格」のどれかです。これを主語で使ったのが上の英文です。

help を⑤で使って、補語に不定詞を置くときは、to 不定詞、原形不定詞の両方が可能です。「help 名詞 to 原形 V / help 名詞 原形 V（名詞が原形 V するのを助ける）」です。たとえば **He helped her carry the parcels.**（彼は彼女が小包を運ぶのを手伝った）のような具合です。helped は過去形・述語動詞・⑤、her は動詞の目的語、carry は原形不定詞で「前の働きは補語、後の働きは③」です（この動詞は p. 134 参照）。上の英文の helps a child cope with sorrow はこの形です。helps は現在形・述語動詞・⑤、child は動詞の目的語、cope は原形不定詞で「前の働きは補語、後の働きは①」、with sorrow は副詞句で cope にかかります。cope with . . . で「. . . を処理する」という意味を表します。helps a child cope with sorrow は「子どもが悲しみを処理するのを助ける」という意味です。英文全体は「ペットが死ぬのを見ることは、子供が悲しみを処理するのを助ける→ペットが死ぬのを見て、子供は悲しみに対処するすべを学ぶ」となります。「構造上の主語＋述語動詞」は Seeing . . . helps で、「意味上の主語＋準動詞」は「a child . . . Seeing」と「a pet die」と「a child cope」です。

7. To be guilty of prejudice is to let thinking be influenced by feeling.

S｜②　ªC　ad　②　ⁿC｜⑤　O　ªC｜−③　ad

（偏見の罪を犯すことは、思考が感情によって影響されるままにすることである）

To be は不定詞名詞用法で「前の働きは主語、後の働きは②」です。guilty は「有罪の」という意味の形容詞で、to be の補語です。is は現在形・述語動詞・②です。to let は不定詞名詞用法で「前の働きは補語、後の働きは⑤」です。let は〔let—let—let〕という活用で、ここの let は原形です。この動詞は 15-9-3 で詳しく勉強しました。⑤で使い、補語には原形不定詞を置きます。**「let 名詞 原形 V」は「人が原形したがっているのを望みどおりにさせてやる」「人・物・事が原形するのを止めないで放置する」「人・物・事が原形する状態を引き起こす」という意味を表します。**この英文では「止めないで放置する」の意味です。ここの thinking は「①の動名詞」と考えてもよいですが、辞書には「思考」という意味の「純粋な名詞」として載っています。be influenced は「受身を表す 1 つの動詞」の原形で、ここでは原形不定詞で、to let の補語になっています（influence は「影響を与える」という意味の動詞で、規則活用です）。be influenced は「前の働きが補語、後の働きが−③」

です。feelingは、feelという動詞のing形のこともありますが、ここは「感情」という意味の「純粋な名詞」で前置詞byの目的語になっています。英文全体を直訳すると「偏見で有罪であることは、思考が感情によって影響されるのを止めないで放置することである」となります。これを「偏見の罪を犯すことは、思考が感情によって影響されるままにすることである」とか「偏見の罪を犯すことは、思考が感情によって影響されるのを許すことである」のように訳します。

なお、形だけ見れば、is toが「予定・義務・可能」を表す助動詞で（「6-15 末尾にtoが付く助動詞」です）、letが原形・述語動詞・⑤という読み方もありえます。しかし、これでは「偏見の罪を犯すことは、思考が感情によって影響されるままにすべきである」「偏見の罪を犯すことは、思考が感情によって影響されるままにすることになっている」となって、まったく意味が通りません（これについてはp. 375も参照）。

8. They accused him of being a traitor, (which he was not.)

S ③ O ad | ② ^{n}C (^{n}C S ② ad)

（彼らは彼を裏切り者であると非難したが、彼はそうではなかったのだ）

accuseは「accuse 人 of 事柄（人を事柄のことで非難する）」という使い方をする動詞で、規則活用です。ここのaccusedは過去形・述語動詞・③です。beingは動名詞で「前の働きは前置詞の目的語、後の働きは②」です。whichは非制限用法の関係代名詞で、内側の働きはwasの補語です。先行詞はa traitorで人間ですが、関係代名詞はwhichです。これは「非制限用法の関係代名詞が内側で補語になる場合は、先行詞が人間でも、人間でなくても、whichを使う」からです（p. 238参照）。

They accused him of being a traitor. にHe was not a traitor.（彼は裏切り者ではなかった）を付けたければThey accused him of being a traitor, but he was not. とすればよいです（was notの後にa traitorが省略されています）。

しかしHe was not a traitor. のa traitorを「非制限用法の関係代名詞which」に変えてwhich he was notにすれば従属節になるので、but（＝等位接続詞）を使わずにa traitorの後につなげられます。非制限用法ですからwhichの前にコンマを置く必要があります。これが上の英文です。

ただし、butを使った場合とwhichを使った場合は違いがあります。They accused him of being a traitor, but he was not. はただ「彼は裏切り者ではなかった」と言っているだけですが、They accused him of being a traitor, which he was not. は「彼は裏切り者ではなかったが、非難されても仕方ない点（たとえば無能者だったとか、傲慢な人間だったとか）はあった」ということを示唆します。

9. I intended to have called on you, but was prevented from doing so.

（私は君を訪れるつもりだったが、できなかった）

intend は「意図する」という意味の動詞で、規則活用です、目的語に to 不定詞を置いて「intend to V（V するつもりである）」という使い方ができます。intend を過去形にして、目的語に完了不定詞を置くと intended to have p.p. になります。この形は「p.p. するつもりだったが（実際にはできなかった）」という意味で「意図が実現されなかった」ことを含意します。他にも meant to have p.p.（p.p. するつもりだったが〔実際にはできなかった〕）expected to have p.p.（p.p. すると思ったのに〔実際にはできなかった〕）was to have p.p.（p.p. するはずだったのに〔実際にはできなかった〕）などがあります（p. 220 参照）。最後の例の was to は「予定を表す助動詞 be to の過去形」です（were to have p.p. のこともあります）。

前のページの英文の intended は過去形・述語動詞・③です。to have called は完了不定詞の名詞用法で「前の働きは動詞の目的語、後の働きは①」です（完了不定詞は p. 220 参照）。but は intended と was prevented をつないでいます。prevent は「妨げる」という意味の動詞で、規則活用です。was prevented は過去形・述語動詞・－③です。doing は動名詞で「前の働きは前置詞の目的語、後の働きは①」です。so は副詞で doing にかかります。doing so（そうすること）は calling on you（君を訪問すること）を指しています。but 以下は「しかし、そうすることから妨げられた→しかしそうできなかった」という意味です。but 以下は intended to have called on you に含意されているので、言わなくても意味は変わりません。

column 13 超難文？ *Sartor Resartus* 第1文

On Liberty『自由論』より難しいとされる Thomas Carlyle の *Sartor Resartus*『衣服哲学』（1834年）を新渡戸稲造（にとべいなぞう）（第一高等学校校長、東京帝国大学教授、国際連盟事務局次長）は18歳で読んだと回想しています。これは『英語達人列伝』（中公新書）で紹介されて有名になりました。同書には *Sartor Resartus* の冒頭の第1文が岩波文庫の訳文付きで載っています。著者の斎藤兆史東大教授は「英語教師としての僕の経験から言えば、大学の英文科の（平均的な）学生ではとても歯が立たない。. . . 大学院生でも音を上げるだろう。教養課程の英語教材として読ませようものなら、学生はもとより同僚の冷たい視線を覚悟しなければならない。. . . これだけの英語を自在に読み . . . できる語学力は並大抵のものではない。」とお書きになっています。以下が *Sartor Resartus* の第1文です。

Considering our present advanced state of culture, and how the Torch of Science has now been brandished and borne about, with more or less effect, for five-thousand years and upwards; how, in these times especially, not only the Torch still burns, and perhaps more fiercely than ever, but innumerable Rush-lights, and Sulphur-matches, kindled thereat, are also glancing in every direction, so that not the smallest cranny or doghole in Nature or Art can remain unilluminated, — it might strike the reflective mind with some surprise that hitherto little or nothing of a fundamental character, whether in the way of Philosophy or History, has been written on the subject of Clothes.

The first sentence of *Sartor Resartus*, by Thomas Carlyle

斎藤先生が大学生、大学院生についてお書きになっていることは、そうなのだろうと思います。しかし、それと、この英文が難解かどうかは別問題です。この第1文はやたらと長いだけで、構造は単純で、内容も難しくありません。省略が2か所ある以外はすべての単語が表に出ていて（その2か所も定型的な省略です）、1か所破格がある以外はすべて文法の規則どおり組まれており（その1か所の破格もおそらく意図的です）、内容はわかりやすい比喩です。扉で紹介した William James の *Pragmatism* の英文もそうですが、**これくらいの英文を正確に読む力は、正しい道筋で勉強すれば容易につきます。** *Sartor Resartus* の英文構造自体は、新渡戸稲造ならずとも、「品詞と働きと活用の相互関係」を理解していれば、18歳で読み取れます。実際、私でも、高2の終わり頃『自由論』に挑戦していたとき、この英文を見せられたら、英文構造は正確にわかったと思います。もちろん内容を理解するには、知らない単語がたくさん使われていますから、辞書を引かなければなりません。しかし、構造を絞り込んだ上でピンポイントで辞書を引くのですから、それほど大変な手間ではありません（構造が皆目（かいもく）わからずやみくもに辞書を引くのとでは、外見は同じでも、まったく違う作業です）。

昔の人は英語を学ぶとき「品詞と働きと活用」を徹底的に叩き込まれたので（コラム10 p. 280参照）**、今なら「大学院生でも音を上げる」ような英文を、18歳ぐらいで構造は正確に読み取っていたのです**（明治16年の東京大學豫備門の入試に出題されたParsing問題を16歳で正解した少年が、それから2年後の18歳で、この*Sartor Resartus*第1文を読めないなどということは想像できません）。**志（こころざし）のある方なら、中学生・高校生でも、英語をまったく知らない人でもかまいません。本書を指示どおりに勉強すれば「品詞と働きと活用の相互関係」を身につけられます。そうすれば、辞書を正しく使えるようになり、この英文の構造が自力で見抜けるようになります。**この英文を読むのに必要な文法はすべて（2つの省略も1つの破格も）本書で説明されています。構造を正確につかめば、あとは知らない単語を辞書で調べて内容を考えるだけです。本書を勉強して「英文の本当の読み方」を身につけたら、最後にこの英文に戻って読んでみてください。私がここで言っていることがうそではないことを実感するでしょう。

この長大な英文は、構造的には、たった一語（文法的には「主節の述語動詞」と呼ばれる語）が中心になっています。その一語に主語や目的語や修飾要素がついて長くなっているだけです。「本当の読み方」ができる人は、ざっと目を通しただけで、その一語を指摘できます。この英文の解説は巻末のAppendix Ⅱにあります。

ただし、くれぐれも勘違いしないでください。私は*On Liberty*や*Sartor Resartus*のような19世紀の古典を読みたい人のために本書を書いたのではありません。「英文を正確に読みたい人」のために書いたのです。**「自分は英字新聞が読めて、TOEICで高得点を出せればいいので、*Sartor Resartus*など読めなくていい」と言う人がいます。「本当の読み方」を知らないからこういうことを言うのです。**英文を正確に読む方法は1つしかありません。最新の新聞、雑誌でも、TOEICの読解問題でも、19世紀の古典でも「英文の読み方」はすべて同じなのです。なぜなら「英文を組み立てている仕組み（p. 178参照）」はまったく同じだからです。

Lesson 19

wh-word が作る従属節

19-1 wh-word とは

・wh-word とはつづりが wh で始まる「従属節を作る語」です。注1
・wh-word は次の 4 つの種類があります。

1. 従属接続詞注2 ——→名詞節・副詞節を作ります
2. 関係詞注3 ————→名詞節・形容詞節・副詞節を作ります
3. 疑問詞注4 ————→名詞節を作ります
4. 感嘆詞注5 ————→名詞節を作ります

・**「同じつづりの wh-word」が「異なる品詞」で「同じ種類の従属節」を作る場合は、意味によって判断します。**注6

注 1 how と however はつづりが wh で始まっていませんが、wh-word に含めて考えます。

注 2「wh-word の従属接続詞」の中で名詞節と副詞節を作るのは whether だけです。それ以外の「wh-word の従属接続詞」(＝when, where, while) は副詞節だけを作ります。

注 3 **関係詞は関係代名詞、関係形容詞、関係副詞**です。

注 4 **疑問詞は疑問代名詞、疑問形容詞、疑問副詞**です。

注 5 **感嘆詞は感嘆形容詞 (＝what)、感嘆副詞 (＝how)** です。

注 6 たとえば**「名詞の what」**は**「関係代名詞」「疑問代名詞」**があり、どちらも**「名詞節」**を作ります (これが「同じつづりの wh-word」が「異なる品詞」で「同じ種類の従属節を作る」ということです)。この区別は、主として意味によって判断します。どちらでも意味が通るときは、どちらにとってもかまいません。**形容詞の what は「関係形容詞」「疑問形容詞」「感嘆形容詞」があり、どれもが「名詞節」を作ります。**この区別は、主として意味によって判断します (構造からわかる場合もあります)。

19-2 when, where が作る従属節

> **when, where**
> **従属接続詞 ⟶ 副詞節**
> **関係副詞 ⟶ 形容詞節・名詞節**
> **疑問副詞 ⟶ 名詞節**

〔アイル　アスク　ヒム　ウェン　ヒー　カムズ　バック〕

I'll ask him ⟨when he comes back.⟩ （彼が帰ってきたら聞いてみます）
Saux③　O　接　S　①　ad

willは「意志未来（＝未来のことについて「〜するつもりだ」と意志を披歴している）」を表す助動詞・現在形、askは原形・大黒柱・③、comesは現在形・従属節の述語動詞・①です。「彼が帰ってくる」のは「未来の動作」なのに、未来形（＝will come）を使わず、現在形（＝comes）で表しています。これは「**時・条件を表す副詞節の中では単純未来は現在形で表す**」というルールがあるからです。現在形（＝comes）を使っていることからwhen he comes backが「彼が帰ってきたときに」という意味の副詞節で、whenは従属接続詞であることがわかります。

〔アイル　アスク　ヒム　ウェン　ヒー　ウィル　カム　バック〕

I'll ask him [when he will come back.] （彼にいつ帰ってくるか聞いてみます）
Saux④　O　ad　S　aux　①　ad
O

最初のwillは「意志未来」を表す助動詞・現在形、askは原形・大黒柱・④、2番目のwillは「単純未来（＝未来のことについて「〜するだろう」と単純に推量している）」を表す助動詞・現在形、comeは原形・従属節の述語動詞・①です。when節の中で未来形（＝will come）を使っていることから、副詞節でないことがわかります。when he will come backは「いつ彼が帰ってくるか（ということ）」という意味の名詞節（間接疑問文）で、whenは疑問副詞です。

〔ゼイ　リヴド　イン　ナン　ネイヂ　ウェン　ゼア　ワー　ノウ　トレインズ〕

They lived in an age (when there were no trains.)
S　①　ad　ad　誘導ad　①　a　S

（彼らは鉄道がない時代に生きていた）

livedは過去形・大黒柱・①で、wereは過去形・従属節の述語動詞・①です。when there were no trainsは「その時代にどんな汽車も存在しなかった」という意味の形容詞節でan ageを修飾しています。whenは関係副詞です。

〔ノウボディ　ノウズ　ウェア　ヒー　イズ〕

Nobody knows [where he is.]
S ③ [ad S ①]
O

（彼が今どこにいるか誰も知らない / 彼が今いる場所を誰も知らない）

knows は現在形・大黒柱・③で、is は現在形・従属節の述語動詞・①です。where he is は名詞節ですが、2 つの可能性があります。1 つは間接疑問文で「彼が今どこにいるか（ということ）」という意味で、where は疑問副詞です。もう 1 つは「先行詞が省略された関係副詞」が作る名詞節で、省略された先行詞は the place です。「彼が今いる場所」という意味になります。どちらで訳しても Nobody knows に自然につながりますから、どちらでもよいです。

〔ヒー　オート　トゥ　リメイン　ウェア　ヒー　イズ〕

He ought to remain 〈where he is.〉 （彼は今いるところに留まるべきだ）
S aux ① 〈接 S ①〉

ought to は助動詞・現在形、remain は原形・大黒柱・①、is は現在形・従属節の述語動詞・①です。remain は、①で使ったときは「残る」という意味ですが、②で使ったときは「～の状態のままでいる」という意味を表します（p. 212 参照）。したがって、where he is を「名詞節で、remain の補語」と考えると「彼は『今どこに彼がいるか』の状態のままでいるべきだ」とか「彼は『今彼がいるところ』の状態のままでいるべきだ」となって意味が通りません（そもそも S ② ^{n}C のときは S = ^{n}C が成立することが条件です。He = [where he is] は成立しませんから、この remain が②ということはありえません）。この remain は①で、where he is は副詞節で remain にかかります。where は従属接続詞です。

〔ズィス　イズ　ザ　ヴィリヂ　ウェア　アイ　ワズ　ボーン〕

This is the village (where I was born.) （これは私が生まれた村です）
S ② ^{n}C (ad S −③)

is は現在形・大黒柱・②で、was born は過去形・従属節の述語動詞・−③です（この動詞は p. 244 参照）。where I was born は「その村で彼が生まれた」という意味の形容詞節で the village にかかります。where は関係副詞です。

19-3 who, whom が作る従属節

who, whom
関係代名詞 ⟶ 形容詞節
疑問代名詞 ⟶ 名詞節

・who の働きは原則として主語ですが、動詞の目的語、前置詞の目的語、補語になることもあります。[注1]

・whom の働きは原則として動詞の目的語か前置詞の目的語ですが、補語になることもあります。[注2]

注1 **who が「動詞の目的語・前置詞の目的語」になるのは、疑問代名詞・関係代名詞の who が文頭・節頭にくる場合です。** who が「補語」になるのは、疑問代名詞の who が②と－⑤の補語になる場合です。**「② C」と「－⑤ C」の補語は「主格補語」と呼ばれて、代名詞の場合は主格を使うのです**（「それは私です」を It's me. と言いますが、これは非常な例外です。理屈からすれば *It's I. になるはずなのです）。関係代名詞の who が補語になることはありません。**関係代名詞が補語のときは、制限用法では that を使うか、または省略します。非制限用法では which を使います（先行詞が人間でも which を使います）**（p. 238 参照）。

注2 whom が補語になるのは、疑問代名詞の whom が⑤の補語になる場合です。**「⑤ O C」の補語は「目的格補語」と呼ばれて、代名詞の場合は目的格を使うのです。**

〔アイ　ワンダ　フー　シー　ワンツ　トゥ　マリ〕

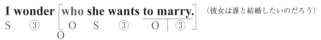

I wonder [who she wants to marry.]　（彼女は誰と結婚したいのだろう）
S　③　[O　S　③　O | ③]
O

wonder は現在形・大黒柱・③（この動詞は p. 381 参照）、wants は現在形・従属節の述語動詞・③です。marry は動詞・原形で、to marry は不定詞名詞用法で「前の働きは動詞の目的語、後の働きは③」です。who she wants to marry は wonder の目的語になる名詞節（間接疑問文）で「彼女は誰と結婚したいのか（ということ）」という意味です。who は疑問代名詞で、to marry の目的語です。動詞の目的語ですから理屈から言えば whom になるはずですが、節の先頭に出ているので who を使います（p. 239 参照）。なお**「〜と結婚する」は「marry 〜」です。「*marry with 〜」とは言わないので注意してください。**直訳すると「私は、彼女は誰と結婚したいのかを知りたく思う」となります。

〔イト　ディペンヅ　アン　フー　ワンツ　ユー〕

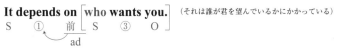

It depends on [who wants you.]　（それは誰が君を望んでいるかにかかっている）
S　①　前 [S　③　O]
ad

depends は現在形・大黒柱・①（この動詞は p. 325 参照）、wants は現在形・従属節の述語動詞・③です。who wants you は「誰が君を望んでいるか（ということ）」という意味の名詞節（間接疑問文）で、前置詞 on の目的語です。who は内側で wants の主語になっている疑問代名詞です。**on と who は、内外断絶の原則によって、構造上無関係です。**「on の後だから whom が正しい」と考えてはいけません。

〔ザット　イズ　ザ　パースン　アバウト　フーム　アイ　トークト　トゥ　ユー　イェスタデイ〕

That is the person (about whom I talked to you yesterday.)
S ② ⁿC ad S ① ad ad

（あれが、昨日私があなたに話した人です）

is は現在形・大黒柱・②、talked は過去形・従属節の述語動詞・①です。about whom I talked to you yesterday は「その人について、私は昨日あなたに話した」という意味の形容詞節で the person を修飾しています。whom は関係代名詞で、about の目的語です。It depends on who wants you. の on と This is the person about whom I talked to you yesterday. の about は存在している領域（on は従属節の外、about は従属節の中）が違うことを理解してください（←非常に重要です）。

19-4　whose が作る従属節

> **whose** 注
> **関係形容詞 ⟶ 形容詞節**
> **疑問形容詞 ⟶ 名詞節**

注　**関係形容詞の whose は人・物の両方を表しますが、**疑問形容詞の whose は人しか表しません。

〔ワット　イズ　ザット　ビルディング　フーズ　ルーフ　イズ　ペインティド　レッド〕

What is that building (whose roof is painted red)?

ⁿC　②　a　S　a　S　−⑤　ªC

（あの、屋根が赤く塗られている建物は何ですか？）

What は疑問代名詞で is の補語です。is は現在形・大黒柱・②です。is painted は現在形・従属節の述語動詞・−⑤で、red が形容詞で補語です。whose roof is painted red は「その建物の屋根は赤く塗られている」という意味の形容詞節で building を修飾しています。whose は「その建物の」という意味を表している関係形容詞で、roof にかかっています。この英文の that は「先行詞を明示する印」の that ではなく、今見えている「あの建物」という意味です（p. 379 参照）。whose は関係詞ですから訳出しません。すると **that building whose roof is painted red** は「あの、屋根が赤く塗られている建物」という和訳になります。この疑問文は「向こうに数棟のビルが見える状況」で発せられています。whose を制限用法で使うことによってビルを特定しているのです。「向こうに 1 棟だけビルが見える状況」であれば **What is that building?** と言えばよいのですから、whose roof is painted red は説明を付け加えただけです。したがって、それを書き表すときは非制限用法にして、**What is that building, whose roof is painted red?**（屋根が赤く塗られているあの建物は何ですか？）にします。もっとも「英語のコンマ」は「日本語の点」と同じで、厳密なルールに従って使われているわけではありません。ですから、コンマの有無だけで状況（すなわち事柄）を確定するのは危険です。「おおむねそうなる」という程度のことです。

〔アイ　ワンダ　フーズ　カー　ザット　イズ〕

I wonder [whose car that is.]　（あれは誰の車だろう？）

S　③　[a　ⁿC　S　②]
O

wonder は「知りたく思う」という意味の動詞の現在形・大黒柱・③です（この動詞は p. 381 参照）。is は現在形・従属節の述語動詞・②です。whose car that is は「あれは誰の車か（ということ）」という意味の名詞節（間接疑問文）で、wonder の目的語です。whose は「誰の」という意味の疑問形容詞で、car にかかっています。全体を直訳すると「あれは誰の車かを私は知りたく思う」となります。

19-5　which が作る従属節

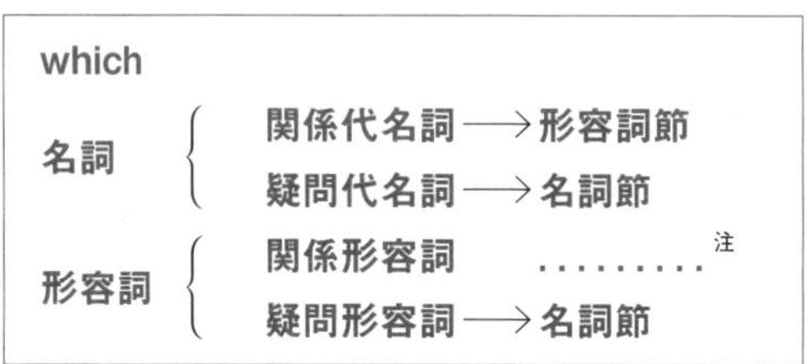

注　関係形容詞の which が作る従属節の種類については「14-3 関係形容詞」参照。

〔ザ　ハット　ウィッチ　イズ　アン　ザ　テイブル　イズ　メアリズ〕

The hat (which is on the table) is Mary's.　（机の上にある帽子はメアリーのです）

S　(S　①　ad)　②　ⁿC

最初の is は現在形・従属節の述語動詞・①です。2 番目の is は現在形・大黒柱・②です。which is on the table は「その帽子は机の上にある」という意味の形容詞節で、hat にかかります。which は関係代名詞で is の主語です。Mary's は Mary's hat から hat

が省略された表現で「独立所有格」です。独立所有格は、省略されている名詞を補わずに、独立所有格そのものを名詞として扱います（p. 40 参照）。

〔ヒー　セッド　ナスィング　ウィッチ　ファクト　メイド　ハー　アングリ〕

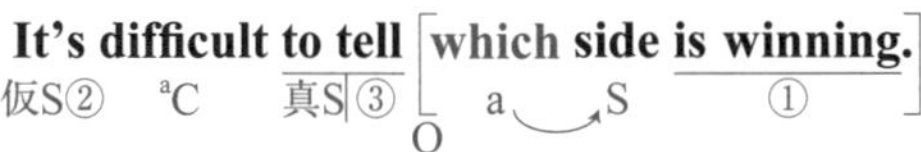

（彼は何も言わずに黙っていたが、そのことが彼女を怒らせた）

said は過去形・大黒柱・③、made は過去形・従属節の述語動詞・⑤です。which fact made her angry は関係形容詞の which が作る従属節です。which は主節の全部を先行詞にする関係形容詞で、fact にかかっています。which fact は「その事実」という意味です。この英文は p. 271 で勉強しました。

〔イッツ　ディフィカルト　トゥ　テル　ウィッチ　サイド　イズ　ウィニング〕

It's difficult to tell [which side is winning.]
仮S② ªC 真S|③ a S ① O

（どちらの側が勝っているかを決めるのは難しい）

It は仮主語です。is は現在形・大黒柱・②です。to tell は不定詞名詞用法で「前の働きは真主語、後の働きは③」です。is winning は（進行形を表す動詞の）現在形・従属節の述語動詞・①です。win は「勝つ」という意味の動詞で、活用は〔win（ウィン）—won（ワン）—won〕です。win（勝つ）は瞬間完結動詞ですから、進行形は「勝ちかけている」という意味になります（p. 333 参照）。which side is winning は「どちらの側が勝ちかけているか（ということ）」という意味の名詞節（間接疑問文）で、to tell の目的語です。which は「どちらの」という意味の疑問形容詞で、side にかかります。

〔アイ　ハヴ　ノウ　クルー　トゥ　ウィッチ　オヴ　ザ　ロウヅ　ヒー　トゥック〕

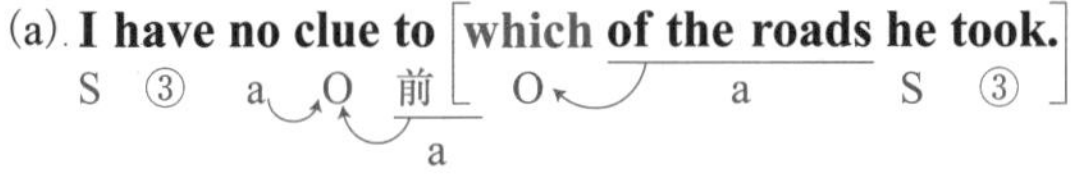

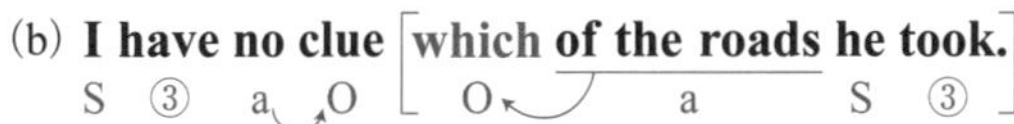

（彼がそれらの道のどちらを行ったのかさっぱりわからない）

(a) は「私は、彼がそれらの道のどちらを取ったかということに対するどんな手がかりも持っていない→彼がそれらの道のどちらを行ったのかさっぱりわからない」という意味です。have は現在形・大黒柱・③で、took は過去形・従属節の述語動詞・③です。which of the roads he took は「彼がそれらの道のどちらを取ったか（ということ）」という意味の名詞節（間接疑問文）で、前置詞 to の目的語になっています。「to＋which 節」は形容詞句で clue にかかります。which は「どれ」という意味の疑問代名詞で

tookの目的語です。**toとwhichは、内外断絶の原則によって、構造上無関係です。**「toの目的語はwhich」と考えてはいけません。

whichを関係代名詞と考え、to which of the roads he tookを形容詞節にしてclueにかけるという読み方は間違いです。この読み方だとof the roadsという形容詞句がwhichにかかることになります。しかし、**関係代名詞を他の語句節で修飾することはできません**（例外的に不定詞形容詞用法が関係代名詞を修飾することがありますが、特別な定型的な場合であって、この場合でも「関係代名詞を修飾する不定詞形容詞用法」が関係代名詞の直後にあるわけではありません）。ですから、これだけで（＝of the roadsがwhichにかかっている、というだけで）whichは関係代名詞ではないとわかります。しかし、**あくまでも練習のために、もう少し考えてみましょう。**この読み方だとto whichは副詞句でtookにかかり、tookは①です。辞書でtakeの㊀のところを引いて、①の使い方があるか、あるとして「take to 名詞」という表現があるか、あるとして「どんな意味か？」を調べます。すると出ています。「take to 名詞」は「名詞にふける、専念する」という意味です。するとto which of the roads he tookは「それらの道の、その手がかりに、彼は専念した」という意味になります。これでは意味が通りません（何を言っているのかまったくわかりません）。ですから、どのように考えてもwhichは関係代名詞ではないのです。

さて、正しい読み方に戻りましょう。この英文は間接疑問文（＝which of the roads he took）が前置詞（＝to）の目的語になっているのですが、「**間接疑問文が前置詞の目的語になっているときは、前置詞は省略可能である**」というルールがあります（p. 322と比べてください）。そこで、(a)のtoは省略できるのです。すると(b)になります。

すると、またまたwhichが関係代名詞に見えて「which of the roads he tookを形容詞節にしてclueにかける」という読み方が出てきます。今度はtoがなくなっているので、tookは③で、whichがtookの目的語です。しかし、やはりof the roadsがwhichにかかっているので、whichは関係代名詞ではありません。意味を考えても「私は手がかりを持っていない➡（どんな手がかりかというと）➡それらの道の、その手がかりを➡彼は取った」となって意味不明です。

19-6 what が作る従属節

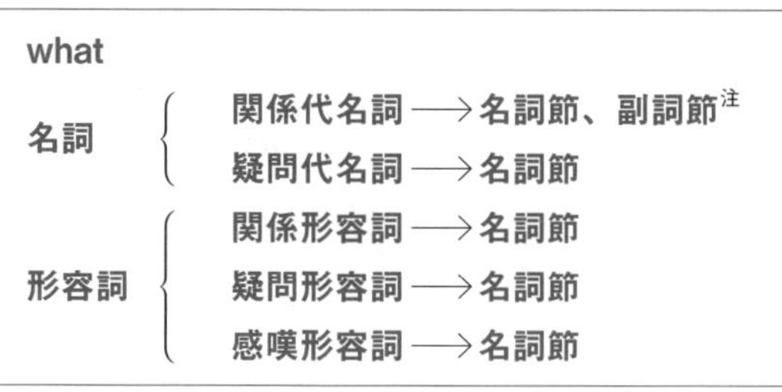

注　**関係代名詞の what が作る副詞節は、直前に等位接続詞があり、節内に比較級ないし最上級があることが多いです**（「比較級」というのは「より〜」という意味を表す形容詞・副詞で、「最上級」というのは「最も〜」という意味を表す形容詞・副詞のことです。p. 104, 410, 438, 448 参照）。

〔ヒー　アスクト　ミィー　ワット　アイ　ワンティド〕

He asked me [what I wanted.]　（彼は私に何が欲しいかを聞いた）
S　④　O　[O　S　③]
O

asked は過去形・大黒柱・④で、wanted は過去形・従属節の述語動詞・③です。what I wanted は名詞節ですが、asked（尋ねた）の直接目的語になっているので間接疑問文と考えるべきです。what は疑問代名詞で wanted の目的語です。この英文は間接話法で、wanted が過去形なのは「時制の一致」です。彼が私に尋ねた言葉では現在形だったはずです。また、what 節内の主語が I になっていますが、これは話し手（＝me）から見ているからで、質問を発した彼は「あなた」と言ったはずです。そこで間接話法を直接話法に転換すると **He said to me, "What do you want?"** となります。

〔ヒー　ゲイヴ　ミィー　ワット　アイ　ワンティド〕

He gave me [what I wanted.]　（彼は私に欲しいものをくれた）
S　④　O　[O　S　③]
O

gave は過去形・大黒柱・④で、wanted は過去形・従属節の述語動詞・③です。この英文の what I wanted は gave の直接目的語ですから、間接疑問文ではありません。関係代名詞の what が作る名詞節です。wanted を過去形（＝欲しかった）で訳して、全体を「彼は、私に、私が欲しかったものをくれた」と和訳すると、「私が以前に欲しがっていて、そのときはもう欲しくなかったものを、そのときにくれた」あるいは「私が以前に欲しがっていて、そのときも欲しいと思っていたものを、そのときにくれた」という事柄に受け取られる可能性があります。wanted が過去形なのは「時制の一致」が起こっているからです。別の言い方をすれば、今話し手がこの英文を書いているときから見ると、この欲望は「自分の過去の欲望」なので what I wanted になっているのです。大黒柱（＝gave）が表している時点（＝彼が私にくれた時点）では、この欲望は「過去の欲望」ではなく「現時点での欲望」だったのです。ですから和訳するときは wanted を現在形（＝欲しい）で訳して「彼は、私に、私が欲しいものをくれた→彼は私に欲しいものをくれた」となるのです。「私が以前に欲しがっていて、そのときはもう欲しくなかったものを、そのときにくれた」あるいは「私が以前に欲しがっていて、そのときも欲しいと思っていたものを、そのときにくれた」という事柄を表すときは、前者であれば過去完了大過去用法、後者であれば過去完了普通用法を使って **He gave me what I had wanted.** と言います（どちらの事柄でも表現は同じになります）。

〔ヒー　ニュー　ワット　アイ　ワンティド〕

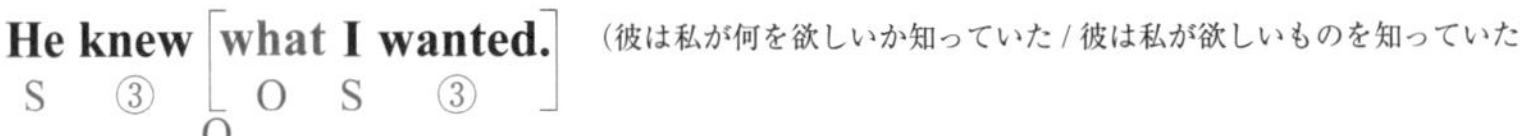
He knew [what I wanted.]
S ③ [O S ③]
O
（彼は私が何を欲しいか知っていた / 彼は私が欲しいものを知っていた）

knew は過去形・大黒柱・③で、wanted は過去形・従属節の述語動詞・③です。この英文の what I wanted は knew（知っていた）の目的語です。すると「間接疑問文」でも「関係代名詞の what が作る名詞節」でも、どちらでも意味が通ります。したがって、どちらで訳してもよいです。

〔ワット　ブックス　アイ　ハヴ　アー　ユアズ〕

[What books I have] are yours.　（私が持っている本はみなあなたに差し上げます）

[a→O S ③] ② nC
S

have は現在形・従属節の述語動詞・③で、are は現在形・大黒柱・②です。What books I have は名詞節です。内側で What は形容詞で books にかかります。books は have の目的語です。What が疑問形容詞だと「どんな本を私が持っているか（ということ）」という意味の間接疑問文です。この場合 What 節は 3 人称・単数として扱われます。What が関係形容詞だと「私が持っているすべての本」という意味です。この場合、books が複数名詞なので、What 節は 3 人称・複数として扱われます（p. 336 参照）。上の英文は大黒柱が are ですから What books I have を複数として扱っています。このことから What は関係形容詞であることがわかります（もちろん、「どんな本を私が持っているか（ということ）はあなたのものです」では意味が通りませんから、意味からしても What が疑問形容詞でないことは明らかです）。なお、**従属節の内の語**（この場合は books）**が、主節の述語動詞**（この場合は are）**の形を決定しているのですから、これは「内外断絶の原則」に対する例外です**。yours は「あなたのもの」という意味の所有代名詞です。全体は「私が持っているすべての本はあなたのものです→私が持っている本はみなあなたに差し上げます」という意味になります。

この英文を書きかえると **All the books that I have are yours.** となります。that は関係代名詞です。that I have は形容詞節で All the books にかかります。

〔ワット　ブックス　アイ　ハヴ　イズ　ナン　ノヴ　ユア　ビズネス〕

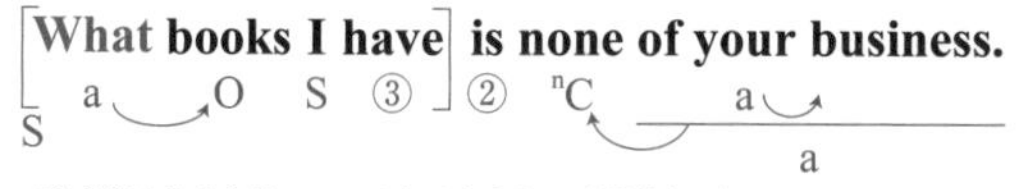
What books I have is none of your business.
a O S ③ ② nC a
S
a

（私がどんな本を持っているかはあなたには関係ない）

have は現在形・従属節の述語動詞・③で、is は現在形・大黒柱・②です。大黒柱が is ですから What books I have を 3 人称・単数として扱っています。このことから What books I have は間接疑問文で、What は疑問形容詞であることがわかります。S is none of your business. は「S はあなたの関係事のいかなる部分でもない→ S はあなたには何の関係もないことだ」という意味です (p. 329 参照)。

〔ヒー　ショウド　ザ　ワールド　ワット　ア　グレイト　アーティスト　ワズ　ケイパブル　オヴ〕

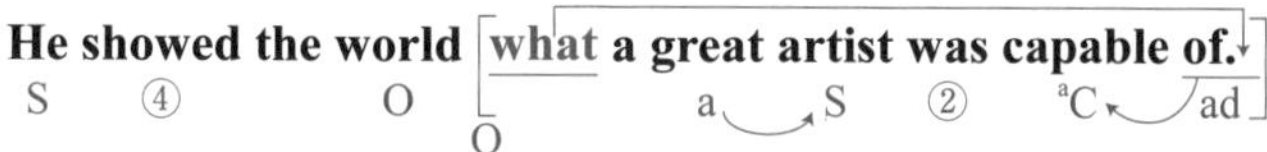
He showed the world what a great artist was capable of.
S ④ O a S ② aC ad
O

（彼は偉大な芸術家は何ができるかを世界に向かって示した）

showed は過去形・大黒柱・④で、was は過去形・従属節の述語動詞・②です。what a great artist was capable of は名詞節で、showed の直接目的語です。内側で what は文末の前置詞 of の目的語です。what が疑問代名詞だと「偉大な芸術家は何ができるか（ということ）」という意味です。what が関係代名詞だと「偉大な芸術家ができること」という意味です。ここは間接疑問文の方が自然に意味が通ります。「彼は偉大な芸術家は何をできるかを世界に向かって示した」という意味です。

この英文の showed は、通常は「無意志」で使われています。彼（←実はミケランジェロのことです）は「偉大な芸術家は何をできるかを世界に示してやるぞ！　さあ、この俺の彫刻を見よ！」というつもりで彫刻を作ったのではないのです（もしそうなら showed は「有意志」です）。彼はただ自分のインスピレーションにしたがって自分の天分を彫刻にぶつけただけなのです。ところが出来上がった作品は稀代の傑作だった。その結果、世界は「偉大な芸術家というものはどんなことができるのか」ということを認識することになった。これがこの英文が言っていることです。彼は素晴らしい傑作を世に残したのだが、それは結果的に「偉大な芸術家は何をできるかを世界に向かって示した」ことになった、ということです。このような動詞の使い方を「無意志」と言います (p. 231 参照)。

what を関係代名詞と解釈すると「彼は偉大な芸術家ができることを世界に向かって示した」となります。意味が通っていますから、これも正解です。なお、what を使わずに He showed the world a thing which a great artist was capable of. とすると、通常は He＝a great artist ではなくなってしまいます。「彼（たとえば美術評論家）は（たとえばミケランジェロのダビデ像を紹介して）偉大な芸術家ができることを世界に向かって示した」という事柄になります。showed は当然「有意志」です。**英文読解は、構**

造を把握すれば、字面を和訳することはできます。しかし、これで終わりではないのです（まだ本当には読めていないのです）。これは「どういう事実関係を表しているのだろうか？」という問題が残ります。これを「事柄」といいます。「事柄の追求」が英文読解の最も難しいところです。本書は構造を正確に認識する力を養成するのが目的ですから、基本的に「事柄」には踏み込んでいません。みなさんも構造を読み取れるようになったら、拙著『英語リーディングの真実』『英文精読講義』『英語リーディングの探究』『ミル「自由論」原書精読への序説』などを参考にして、次は「事柄を把握する力」を磨いてください。

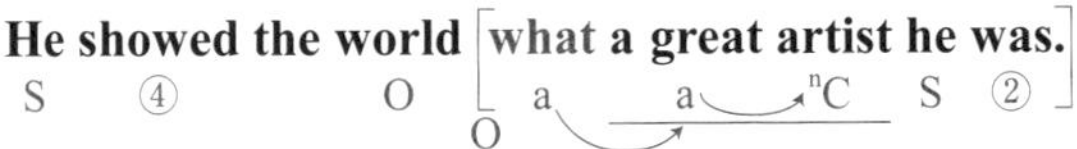
He showed the world [what a great artist he was.]
S ④ O a a nC S ②
O

（彼は自分がいかに偉大な芸術家であるか世界に向かって示した）

showedは過去形・大黒柱・④で、wasは過去形・従属節の述語動詞・②です。what a great artist he wasは名詞節で、showedの直接目的語です。内側の構造を考えると、heが主語、wasが②、a great artistが補語で、すべての要素が揃っています。したがって、whatを代名詞（疑問代名詞か関係代名詞）にすると（＝whatとaの間を切ると）、whatが余ってしまいます（代名詞のwhatは内側で必ず「主語・動詞の目的語・前置詞の目的語・補語」のどれかで働くのに、このどれでもないことになります）。このことからwhatは代名詞ではなくて形容詞で、働きは名詞修飾（＝a great artistにかかる）であることがわかります。**形容詞のwhatは疑問形容詞、関係形容詞、感嘆形容詞の3つのどれかです。この中で「不定冠詞の前から名詞を修飾できる（＝不定冠詞が持っている修飾関係切断作用を破ることができる）」のは感嘆形容詞だけです**（p. 94参照）。これから「whatは感嘆形容詞でa great artistにかかり、what a great artist he wasは間接感嘆文である」ことが決まるのです。感嘆形容詞のwhatは、名詞節（＝間接感嘆文）を作っているときは「いかに、どんなに」と訳します。したがってwhat a great artist he wasは「自分がいかに偉大な芸術家であるか（ということ）」あるいは「自分がどんなに偉大な芸術家であるか（ということ）」と訳します。

このshowedも通常は「無意志」で使われています。彼はただ作品を作っただけです。ところが、その作品が大傑作だったので、それを見た世界の人たちが「彼はなんて偉大な芸術家なんだろう！」と感嘆したのです。つまり、彼は素晴らしい作品を作ることによって、結果的に「自分がとてつもなく偉大な芸術家である」ことを世界の人に示すことになった、ということです。この英文はHe showed the world that he was a truly great artist.（彼は自分が真に偉大な芸術家であることを世界に示した）と言っても事柄は同じです。ただthat節（＝that he was a truly great artist）を間接感嘆文（＝what a great artist he was）にすると、より意味が強まるのです。なお、showedが有意志の場合は、話し手（＝この英文を発話した人）が「実際はheはa great artistではない」と思っていることを示唆します。たとえばTrump showed the world what a great

President he was.（トランプは自分がいかに偉大な大統領であるかを世界に向かって示した〔が実はそうではなかったのだ〕）のような具合です。

〔ヒー　ディクレアド　イト　オウプンリ　アンド　ワット　イズ　モー　サプライズィング　ヒー　ディド　イト〕

He declared it openly, and 〈what is more surprising,〉 he did it.

S　③　O　ad　+　S　②　ad　③-ing ${}^{a}C$　S　③　O

（彼はそれを公然と宣言して、さらに驚いたことに、それを実行したのだ）

declare は「宣言する」という意味の動詞で、規則活用です。ここの declared は過去形・述語動詞・③です。is は現在形・従属節の述語動詞・②です。surprising は surprise（驚かせる）という意味の動詞の ing 形で、現在分詞形容詞用法です。働きは is の補語です。surprise は③の動詞ですが、surprising には目的語が付いていません。**surprising は「動詞の目的語を伴わない③の現在分詞形容詞用法」で「人を驚かせるような性質をもっている」という意味です**（p. 284 注参照）。did は過去形・大黒柱・③です。この what は関係代名詞で、what is more surprising は「より人を驚かせるような性質をもっていること」という意味の名詞節です。したがって、この英文は「彼はそれを公然と宣言した。そして、より人を驚かせるような性質をもっていること、彼はそれを実行した」と言っているのです。「より人を驚かせるような性質をもっていること」は、前の it や後ろの it（それ）を指しているのではなく、後ろの he did it（彼はそれを実行した）という文全体を指しています。これを一般化して言うと「**S＋V に対する話者の感想・評価を『関係代名詞の what が作る名詞節』で表し、それを S＋V の前に置く表現がある**」ということになります。この場合、S＋V は「完全な文」なので what 節を名詞節にすると余ってしまいます。そこで、この what 節を副詞節にし、働きを文修飾ということにして、構造上のつじつまを合わせるのです。これが「関係代名詞の what が作る副詞節」です。このような「**関係代名詞の what が作る副詞節」は、直前に等位接続詞があり、節内に比較級または最上級が使われていることが多い**です。そういう次第で what is more surprising は、本来は名詞節なのですが、学校文法や辞書では副詞節として扱われ、働きは he did it にかかる文修飾です。副詞節として訳すと「より人を驚かせるような性質をもっていることに→より驚くべきことに / さらに驚いたことに」となります。

等位接続詞が A と B をつないでいるとき、等位接続詞と B の間に置かれた語句節は必ず B にかかります。等位接続詞を and にすると、これは「A and 語句節 B」という形になります。この場合、語句節は必ず B にかかります（B にかけて読まなければいけないのです）。上の英文にこのルールを当てはめると He declared it openly が A で、he did it が B で、what is more surprising が語句節のところに入っています。ですから、本来 what is more surprising は名詞節ですが、それでも he did it にかけて読まざるをえないのです。

19-7 why が作る従属節

> **why**
> **関係副詞 ——→ 形容詞節・名詞節**
> **疑問副詞 ——→ 名詞節**

〔ワイ　アイ　ディサイディッド　トゥ　ゴウ　トゥ　フランス　イズ　アンノウン　トゥ　マイ　ペアレンツ〕

（なぜ私がフランスへ行くことにしたかは両親に知られていない）

（私がフランスへ行くことにした理由は両親に知られていない）

decide は「決定する」という意味の動詞で、規則活用です。この decided は過去形・従属節の述語動詞・③です。to go は不定詞名詞用法で「前の働きは動詞の目的語、後の働きは①」です。is は現在形・大黒柱・②です。Why I decided to go to France は名詞節で、is の主語です。Why が疑問副詞だと「なぜ私がフランスに行くことを決定したのか（ということ）」という意味の間接疑問文です。Why が関係副詞だと「先行詞（＝the reason）が省略された関係副詞が作る名詞節」で「私がフランスに行くことを決定した理由」という意味です。どちらの場合も why 節は 3 人称・単数として扱われます。この英文はどちらで訳しても意味が通りますから、どちらでもよいです。

〔アイ　スィー　ノウ　リーズン　ワイ　ウィ　シュド　アヴォイド　ミーティング　ザ　マン〕

（私は我々がその男と面会するのを避けなくてはならない理由がわからない）

see は現在形・大黒柱・③です。I see no reason は「私はどんな理由も見えない→私にはどんな理由も見当たらない」という意味です（no reason の読み方については p. 78 参照）should は助動詞・過去形です（現在形は shall です）。活用は過去形ですが、過去の意味を表しているのではなく、「義務（〜すべきだ）」の意味を表します（p. 72 参照）。avoid は原形・従属節の述語動詞・③です（avoid は「動名詞を目的語にして、不定詞を目的語にしない③の動詞」です。p. 362 参照）。meeting は動名詞で「前の働きは動詞の目的語、後の働きは③」です。why we should avoid meeting the man は形容詞節で reason にかかります。why は for the reason（その理由で）という意味を表す関係副詞で avoid にかかります。why we should avoid meeting the man は「その理由で、我々はその男と面会することを避けるべきだ」という意味です。

〔イト　ハズ　オフン　ビン　アスクト　ワイ　ヒー　ディド　イト〕

It has often been asked [why he did it.]
仮S aux　ad　−③　[ad　S　③　O]
真S

（なぜ彼がそれをやったかはこれまでしばしば問われている）

It は仮主語です。has は助動詞・現在形、been は助動詞・過去分詞形、asked は動詞・過去分詞形です。been asked は「受身を表す動詞」の過去分詞形・大黒柱・−③です。did は過去形・従属節の述語動詞・③です。why he did it は名詞節で真主語です。why が疑問副詞だと「なぜ彼はそれをやったのか（ということ）」という意味の間接疑問文です。why が関係副詞だと「先行詞（＝the reason）が省略された関係副詞が作る名詞節」で「彼がそれをやった理由」という意味です。ここは has been asked（尋ねられたことがある）の主語ですから間接疑問文にするのが適当です。「なぜ彼がそれをやったかはこれまでしばしば問われたことがある」という意味です。has been asked は「経験」を表す現在完了です。現在完了で書いているのは「だから、もう問われなくてよい」とか「その理由は、それくらい重要なのだ」といった「現在の状態」を聞き手に伝えたいのです。過去においてしばしば問われたという事実を言いたいだけなら、単純な過去形を使って **It was often asked why he had done it.**（なぜ彼がそれをやったのかがしばしば問われた）と言います。

19-8　how が作る従属節

how
関係副詞 ——→ 形容詞節・名詞節[注1]
疑問副詞 ——→ 名詞節[注2]
感嘆副詞 ——→ 名詞節[注3]
従属接続詞 ——→ 副詞節・名詞節[注4]

注 1　**関係副詞の how は「節内の動詞にかかって方法・様態を表す使い方」しかありません**（関係副詞の how が形容詞・副詞にかかることはありません）。関係副詞の how が形容詞節を作るときは、通常 how は省略します。たとえば the way how S＋V（S が V する方法）と言いたいときは、how を省略して the way S＋V にします（p. 265 参照）。

注 2　**疑問副詞の how は「直後の形容詞・副詞にかかって程度を尋ねる使い方」と「節内の動詞にかかって方法・様態を尋ねる使い方」があります。**

注 3　**感嘆副詞の how は「直後の形容詞・副詞にかかって程度が大きいことを強調する使い方」しかありません。**

注 4 S_1+V_1 in the way how S_2+V_2.（S_2 が V_2 する方法で S_1 が V_1 する）という英文で in が省略されると the way は副詞的目的格になります。そこから how を省略すると S_1+V_1 the way S_2+V_2.（S_2 が V_2 する方法で S_1 が V_1 する）となり、the way を省略すると S_1+V_1 how S_2+V_2.（S_2 が V_2 する方法で S_1 が V_1 する）となります。こうなった場合、辞書は the way と how をどちらも従属接続詞として扱い the way S_2+V_2 と how S_2+V_2 を as S_2+V_2（S_2 が V_2 するように）と同じ意味を表す副詞節にします。たとえば **You can act the way you like.** とか **You can act how you like.**（君は好きなように行動してよい）のような場合です。この英文の the way you like と how you like は副詞節で、the way と how は as と同じ意味を表す従属接続詞です（like の後ろに to act が省略されています）。また、**「先行詞が省略された関係副詞の how」が様態を表している場合に、様態の意味が希薄になると、従属接続詞の that に近づきます。**たとえば **He told me how he beat Tom at tennis.**（彼は私にテニスでトムに勝った話をした）のような場合です。この英文は **He told me that he beat Tom at tennis.** とほとんど同じです（beat は〔beat（ビート）—beat（ビート）—beaten（ビートン）〕という活用で「打ち負かす」という意味です）。このような how も辞書では従属接続詞として扱われています。

〔ズィス　イズ　ハウ　ヒー　サルヴド　ザ　プラブレム〕

This is [how he solved the problem.]
S　②　[ad　S　③　O]
C

（これが、彼がその問題を解いたやり方です / こういうぐあいにして彼はその問題を解いた）

is は現在形・大黒柱・②、solved は過去形・従属節の述語動詞・③です（この動詞は p. 193 参照）。how he solved the problem は名詞節で、is の補語です。how が関係副詞だと「先行詞（＝the way）が省略された関係副詞が作る名詞節」で「彼がその問題を解いた方法」という意味です。how が疑問副詞だと「どういうやり方で彼はその問題を解いたか（ということ）」という意味の間接疑問文です。和訳したとき This is に自然につながるのは関係副詞の方です。「これが、彼がその問題を解いたやり方です」となります。前後関係から he solved the problem に意味の重点があるときは「このやり方で彼はその問題を解いた」のように訳すこともあります。

〔ヒー　トウルド　ハー　ハウ　イト　ワズ　ロング　トゥ　テル　ア　ライ〕

He told her [how it was wrong to tell a lie.]
S　④　O　[ad　仮S ②　aC　真S ③　O]
O

（彼は彼女にうそをつくことがどのように悪いかを教えた / 彼は彼女にうそをつくのは悪いということを教えた）

told は過去形・大黒柱・④です（この動詞は p. 157 参照）。it は仮主語で、was は過去形・従属節の述語動詞・②です。to tell は不定詞名詞用法で「前の働きは真主語、後の働きは③」です。how it was wrong to tell a lie は名詞節で、told の直接目的語です。how が関係副詞だと「先行詞（＝the way）が省略された関係副詞が作る名詞節」で

「うそをつくことが悪い様態」という意味です。how が疑問副詞だと「うそをつくことはどのように悪いのか（ということ）」という意味の間接疑問文です。和訳したとき He told her に自然につながるのは疑問副詞の方です。「彼は彼女にうそをつくことがどのように悪いかを教えた」となります。具体的には「信用を失う点で悪い」「人間関係を壊す点で悪い」「神が定めた戒律を破る点で悪い」といったことです。

ところで、この英文の how 節はもう一つ可能性があります。それは how it was wrong to tell a lie が that it was wrong to tell a lie と同じ意味を表している可能性です。この用法の how は従属接続詞の that と同じです。辞書は、この用法の how を従属接続詞と表示しています。

〔アイ　ドウント　ノウ　ハウ　ワイド　ザ　リヴァ　イズ〕

I don't know [how wide the river is.]

S aux ad ③ [O ad ᵃC S ②]

（私はその川がどれくらいの川幅があるのか知らない）

do は助動詞・現在形、know は原形・大黒柱・③（この動詞は p. 157 参照）、is は現在形・従属節の述語動詞・②です。how wide the river is は名詞節で know の目的語です。how が形容詞（＝wide）にかかっていますから、関係副詞の可能性はありません。疑問副詞か感嘆副詞です。how が疑問副詞だと間接疑問文で「その川はどれくらいの広さなのか（ということ）」という意味です。how がかかると wide が本来もっている「広い」というニュアンスは消えてしまいます。how wide は「どれくらいの広さか→どれくらいの幅か」という意味で、幅が狭くても「how wide」と言って尋ねるのです。日本語でも、透けるくらい薄い紙をつまんで「この紙はずいぶん薄いけど、どれくらいの厚さかなあ？」と言います。これと同じです。how が感嘆副詞だと間接感嘆文で「その川がいかに広いか（ということ）」という意味で、これは that the river is very wide（その川は非常に広い〔という〕こと）を強めた言い方です。I don't know に自然につながるのは疑問副詞の方です。「私はその川がどれくらいの川幅があるのか知らない」となります。

〔シー　イクスプレインド　ハウ　ザ　キャンペイン　ハッド　メイド　リール　チェインヂズ　トゥ　ワーキング　コンディションズ　ハウ　ゼア　アクションズ　ハッド　メイド　ピープルズ　ライヴズ　ベタ〕

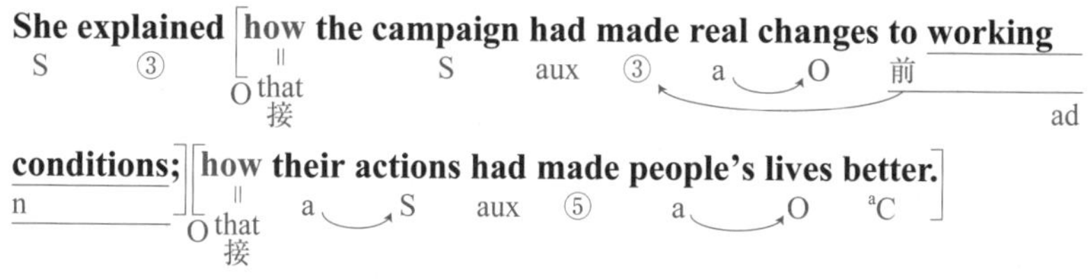

（彼女は、その運動が職場環境を本当に変えたこと、つまり彼女たちの行動が人々の生活を向上させたことを説明した）

explainedは過去形・大黒柱・③、2つのhadは助動詞・過去形、最初のmadeは過去分詞形・従属節の述語動詞・③、2番目のmadeは過去分詞形・従属節の述語動詞・⑤です。2つのhowは「疑問副詞（様態）」「先行詞が省略された関係副詞（様態）」「従属接続詞（＝that)」のどれで解釈することも可能です。上の和訳は「従属接続詞（＝that)」で訳しています。**2つのhow節は同じ事柄を違う表現で表したもので、2番目のhow節は最初のhow節の言い換えです。ですからandでつながずにセミコロンでつないでいます。**2番目のhow節の働きはexplainedの目的語でもいいし、最初のhow節と同格としてもよいです。workingはここでは「仕事・労働」という意味の名詞でworking conditions（労働環境）は「名詞＋名詞」で1つの名詞になっています。

質問38 次の質問に答えなさい（スラスラ言えるようになるまで練習してください）。

1. 名詞節を作るwhoseの品詞と訳語を言いなさい（1つ)。
2. 名詞節を作るwhichの品詞と訳語を言いなさい（2つ)。
3. 名詞節を作るwhatの品詞と訳語を言いなさい（5つ)。
4. 名詞節を作るwhyの品詞と訳語を言いなさい（2つ)。
5. 名詞節を作るhowの品詞と訳語を言いなさい（4つ)。

質問38の答え 1.（疑問形容詞・誰の） 2.（疑問代名詞・どれ）（疑問形容詞・どの） 3.（疑問代名詞・何）（関係代名詞・こと、もの）（疑問形容詞・どんな）（関係形容詞・すべての）（感嘆形容詞・どんなに、いかに） 4.（疑問副詞・なぜ）（関係副詞・理由） 5.（疑問副詞・どれくらい、どうやって）（関係副詞・方法、様態）（感嘆副詞・どんなに、いかに）（従属接続詞・ということ）

問題19 英文の構造を図示して、和訳しなさい。

〔ヒー インスィスツ アン ペイイング ワット イト ハズ コスト〕

1. He insists on paying what it has cost.

〔ザット ロウド レッド ヒム イン ワット ヒー ニュー トゥ ビ ザ ライト ディレクション〕

2. That road led him in what he knew to be the right direction.

〔ピープル ディサグリー アバウト ハウ メニ ヂァパニーズ ソウルヂャズ ワー キルド アト ザ バトル オヴ ブナ〕

3. People disagree about how many Japanese soldiers were killed at the Battle of Buna.

〔イン ユーギャンダ アイ ソー グローリアス バタフライズ ザ カラ オヴ フーズ ウィングズ チェインヂド フロム ザ ディーペスト ブラウン トゥ ザ モウスト ブリリャント ブルー アコーディング トゥ ズィ アングル フロム ウィッチ ユー ソー ゼム〕

4. In Uganda I saw glorious butterflies the colour of whose wings changed from the deepest brown to the most brilliant blue, according to the angle from which you saw them.

問題 19 の解答

1. He insists on paying [what it has cost.] （彼はそれにかかった費用をぜひ支払いたいと言っている）

S ① ad | ③ [O S aux ③] O

insists は現在形・大黒柱・①です（この動詞は p. 370 参照）。pay は「払う」という意味の動詞で〔pay (ペイ)—paid (ペイド)—paid〕という活用です。**pay の目的語には「注意、尊敬、訪問」が来ることもありますが、基本は「お金」です。**paying は動名詞で「前の働きは前置詞の目的語、後の働きは③」です。has は助動詞・現在形、cost は過去分詞形・従属節の述語動詞・③です。**cost は「(お金、時間、労力) を必要とする、がかかる」という意味の動詞**で〔cost (コスト)—cost—cost〕という活用です。what it has cost は名詞節で paying の目的語です。「それがどれくらいのお金 or 時間 or 労力を要したか（ということ）を払うこと」では意味が通りません。したがって、この what は疑問代名詞ではなくて、関係代名詞です。what は cost の目的語で、what it has cost は「それが要したこと・もの」となります。cost の目的語は「お金、時間、労力」ですから what に含まれている先行詞は the thing ではなくて the money か the labor か the time であることがわかります。what 節は paying の目的語ですから、what に含まれている先行詞は the labor や the time ではなくて the money です。paying what it has cost は「それが要した（結果、現在未払いになっている）費用を支払うこと」という意味です。**「insist on . . . 」は on の目的語に「(主語が) 事実（であると感じていること)」が入ると「. . . を強く主張する」という意味になり、on の目的語に「(主語が) 要求（したいこと)」が入ると「. . . を強く要求する」という意味になります。**paying what it has cost は要求内容ですから、ここの insists は「強く要求する」という意味です。paying の「意味上の主語」は特別に付いていないので、英文の主語である He です。そこで全体は「彼は、それが要した（結果、現在未払いになっている）費用を自分が支払うことを強く要求する→彼はそれにかかった費用をぜひ支払いたいと言っている」という意味になります。複文にすると **He insists that he pay what it has cost.** となります（pay は仮定法現在で原形動詞です。p. 371 参照）。

paying に「意味上の主語」を付けて **He insists on me paying what it has cost.** にすると「彼はそれにかかった費用を私が払うように要求している」という意味になります（me は paying の「意味上の主語」で目的格です。所有格の my にしてもよいです）。複文にすると **He insists that I pay what it has cost.** となります（pay は仮定法現在で原形動詞です）。insists は①で、that 節は省略されている前置詞 on の目的語です。しかし、省略されているといっても、on を書くことは決してないので、辞書は insists を③、that 節を動詞の目的語にしています。

2. That road led him in [what he knew to be the right direction.]

a S ③ O 前 [O S ⑤ aC|② a nC]
ad

（その道を進んで彼は正しいとわかっている方角に向った）

led は lead の過去形・大黒柱・③です。lead は「導く」という意味の動詞で〔lead (リード)—led (レッド)—led〕という活用です。knew は過去形・従属節の述語動詞・⑤です（この動詞は p. 157 参照）。to be は不定詞形容詞用法で「前の働きは補語、後の働きは②」で、the right direction が to be の補語です。know を⑤で使って補語に to be（＝be 動詞の to 不定詞）を置いた形「know O to be . . .」は「O が . . . であるのを理解している、認識している」という意味を表します。**He knew X to be the right direction.** は「彼は X が正しい方向であると理解している、認識している」という意味です。この英文の X（＝knew の目的語）を関係代名詞の what に変えると what he knew to be the right direction（彼が正しい方向であると理解しているもの、認識しているもの）となります。what（＝⑤の目的語）と to be（＝⑤の補語）の間には「意味上の主語・述語関係」があります。すなわち準動詞 to be の「意味上の主語」は what です。「意味上の主語＋準動詞（＝what . . . to be right direction)」を「構造上の主語＋述語動詞」に変えると "What" is the right direction.（What は正しい方向である）となります。このことから What に含まれている先行詞は the thing ではなく、the direction であることがわかります。日本語では「方向」に付く助詞は「へ」ですが、英語では direction に付く前置詞は to ではなくて in です。ですから what 節に付いている前置詞が in なのです（逆に言えば、what 節に前置詞 in が付いていることから、what に含まれる先行詞は the direction だとわかるとも言えます）。そこで、全体を直訳すると「その道は、彼が正しいと認識している方向へ、彼を導いた」となります。これを「その道を進んで彼は正しいとわかっている方角に向った」のように意訳します。

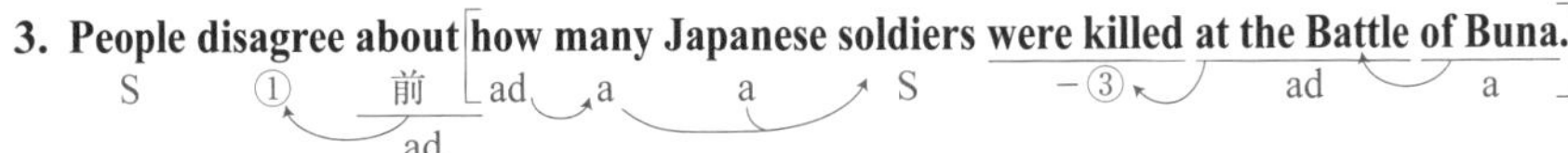

（ブナの戦いで何人の日本兵が戦死したかについては人々の意見が一致していない）

disagree は現在形・大黒柱・①で（この動詞は p. 359 参照）、were killed は過去形・従属節の述語動詞・－③です（この動詞は p. 146 参照）。how many Japanese soldiers were killed at the Battle of Buna は名詞節で前置詞 about の目的語です。how が形容詞（＝many）にかかっていますから、関係副詞の可能性はありません。疑問副詞か感嘆副詞です。how が疑問副詞だと間接疑問文で「どれくらいの数の日本兵がブナの戦いで殺されたか（ということ）→何人の日本兵がブナの戦いで戦死したか（ということ）」という意味です。how が感嘆副詞だと間接感嘆文で「いかに多くの日本兵がブナの戦いで殺されたか（ということ）」という意味で、これは that a great many Japanese soldiers were killed at the Battle of Buna（非常に多くの日本兵がブナの戦いで殺された（という）こと）を強めた言い方です（「a great」は many にかかる副詞です）。People disagree about に自然につながるのは疑問副詞の方です。

もし **We should remember how many Japanese soldiers were killed at the Battle of Buna.** なら how 節は間接感嘆文で「ブナの戦いでいかに多くの日本兵が戦死したか我々は忘れてはならない」という意味になります。

4. In Uganda I saw glorious butterflies (the colour of whose wings changed from the deepest brown to the most brilliant blue, according to the angle (from which you saw them.))

（私はウガンダで、見る角度によって羽の色が最も深い褐色から最も鮮やかな青に変化する壮麗な蝶を見た）

最初の saw は過去形・大黒柱・③（この動詞は p. 170 参照）、changed は過去形・従属節の述語動詞・①で「変化した」という意味（この動詞は p. 104 参照）、2 番目の saw は過去形・従属節の述語動詞・③です。the colour of whose wings . . . you saw them は形容詞節で glorious butterflies にかかります。whose は「その壮麗な蝶の」という意味を表す関係形容詞で wings にかかります。glorious butterflies the colour of whose wings changed を和訳するときは whose を訳出しないので「羽の色が変化した壮麗な蝶」となります。**according to は「2 語で 1 つの前置詞」で「〜によると、〜にしたがって」という意味を表します。** according to the angle は「角度にしたがって→角度に応じて」という意味の副詞句で changed にかかります。from which you saw them は形容詞節で the angle にかかります。which は関係代名詞で from の目的語です。from which は「その角度から」という意味の副詞句で saw にかかります。you は一般的に「人」という意味です。according to the angle from which you saw them を和訳するときは from which を訳出しないので「人がそれらを見た角度に応じて」となります。

話し手（＝I）がこの英文を書いた時点から見ると、この英文の述語動詞（＝最初の saw、changed、2番目の saw）はすべて過去の動作・変化ですから、すべて過去形で書いています。しかし、この3つの述語動詞は同時点における動作・変化を表しています。そこで英文全体を和訳するときは「changed、2番目の saw」は現在形で訳し、最後に訳す「最初の saw（＝大黒柱）」だけを過去形で訳します。そうしないと同時点における動作・変化ではなくなってしまうからです（前のページの訳文を見てください。この訳し方についてはp. 357 参照）。

この英文を語順のままに読み下すと「In Uganda I saw glorious butterflies ➡ ウガンダで、私は壮麗な蝶を見た ➡ the colour of whose wings ➡ それらの蝶の羽の色は ➡ changed from the deepest brown to the most brilliant blue ➡ 最も深い褐色から最も鮮やかな青に変化した ➡ according to the angle ➡ 角度に応じて ➡ from which ➡ その角度から ➡ you saw them ➡ 人がそれらの蝶を見た」となります。なお、deepest は deep の最上級で、most brilliant は brilliant の最上級です（p. 397 参照）。

Lesson 20

過去分詞形容詞用法 / 過去分詞の分詞構文

いよいよ最後の項目「裸の過去分詞」です。動詞の大部分は規則活用で、過去形と過去分詞形が同じつづりです。それでも受身と完了の場合は着物（＝be 助動詞と have 助動詞）を着ているので、区別がつきます。ところが「裸の過去分詞」になると、表面上、「過去形」と区別できません。しかし「過去形」は絶対に「述語動詞」になるのに対して、「裸の過去分詞」は絶対に「準動詞」で、述語動詞と準動詞を識別できなければ正確に読み書きすることはできません。ですから、この 2 つを区別することは極めて重要です。この区別には、これまでに勉強してきた英語構文のすべての項目が絡みます。ここをマスターすれば、まったく違う地平が開けます。これまでと同様に、何度も繰り返し読み返して、確実に身につけてください。

20-1 過去分詞形の枠組み（再再確認）

質問 39 次の質問に答えなさい（スラスラ答えられないときは「8-1 過去分詞形の枠組み」に戻って、確認してください）。

1. 分詞の 2 種類は？
2. p.p. は活用の何番目か？
3. p.p. の可能性は？
4. 着物を着ている p.p. の可能性は？
5. 裸の p.p. の可能性は？

6. p.p. で文を作る方法は？
7. p.p. に付く助動詞は？
8. 裸の p.p. で文を作る方法は？
9. p.p. を述語動詞にする方法は？

質問 39 の答え 1. 現在分詞・過去分詞 2. 4 番目 3. 受身・完了・過去分詞形容詞用法・分詞構文 4. 受身・完了 5. 過去分詞形容詞用法・分詞構文 6. 受身か完了にする 7. be 助動詞・have 助動詞 8. ない 9. 受身か完了にする（「be 助動詞か have 助動詞を付ける」も可）

20-2 裸の過去分詞

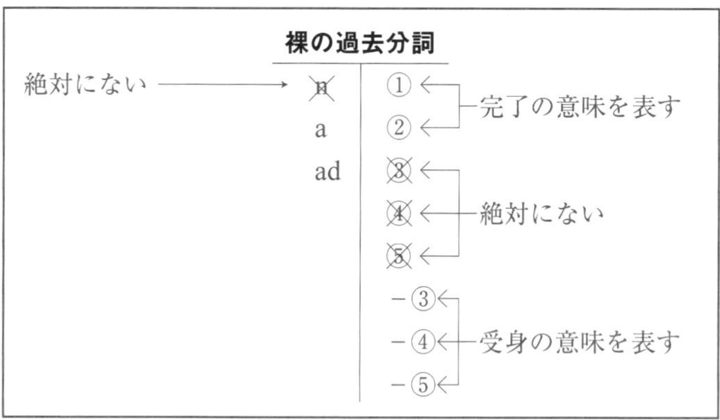

・**「裸の p.p.」は必ず準動詞で、前の品詞は形容詞か副詞です**（「過去分詞名詞用法」は存在しません）。**後の働きは①, ②, −③, −④, −⑤です**（裸の p.p. が③④⑤、すなわち他動詞の能動態で働くことはありません）。

・**自動詞の「裸の p.p.」は「完了の意味（〜し終わった、〜してしまった）」を表します。**

・**他動詞の「裸の p.p.」は「受身の意味（〜される、〜された）」を表します。**

・「裸の p.p.」は「着物を着た p.p.」から着物を取ったものです（「着物を着た p.p.」の方が先なのです）。

・着物を着た p.p. は次の 3 つです。[注1]

(a) have 助動詞 + 自動詞の過去分詞（= 自動詞の完了→①/②）
(b) have 助動詞 + 他動詞の過去分詞（= 他動詞の完了→③/④/⑤）
(c) be 助動詞 + 他動詞の過去分詞（= 受身→ −③/ −④/ −⑤）

・(a) から have 助動詞を削除して「自動詞の裸の過去分詞」にすると、完了の意味と動詞型は変わらずそのままで、過去分詞形容詞用法か過去分詞の分詞構文になります。ただし、**これは限られた特定の①②の動詞にだけ起こります。**注2

・(b) から have 助動詞を削除して裸の過去分詞にすると、完了の意味と動詞型は変わらずそのままで、過去分詞形容詞用法か過去分詞の分詞構文になるはずです。しかし、これは一切起こりません。**すべての③④⑤の動詞は、完了形から have 助動詞を削除して裸の過去分詞にすることはできません。**ですから裸の **p.p. が③④⑤になることは絶対にないのです。**

・(c) から be 助動詞を削除して「他動詞の裸の過去分詞」にすると、**受身の意味と動詞型は変わらずそのままで、過去分詞形容詞用法か過去分詞の分詞構文になります。これは受身にできるすべての③④⑤の動詞に起こります。**

注 1 この他に「be 助動詞 + 自動詞の過去分詞（= 自動詞の完了→①/②）」があります（p. 142 参照）。これは (a) と同じなのでここでは考えなくてよいです。

注 2 **①の動詞を「裸の p.p.」で使えるのは往来発着動詞（gone, come, departed, arrived など）か、それ以外では happened（起こってしまった）fallen（落ちてしまった）retired（引退してしまった）returned（戻ってきてしまった）gathered（集まってしまった）などの特定の動詞に限られます。**

②の動詞を「裸の p.p.」で使えるのは become, turned, gone の 3 つだけです。この 3 つは「〜になってしまった」という同じ意味を表しています。なお、②の「裸の p.p.」はもっぱら「過去分詞形容詞用法、働きは名詞修飾」で使われます。「過去分詞形容詞用法、働きは補語」と「分詞構文」で使われることはほとんどありません。

〔ア ヴェイス ハズ フォーレン フロム ザ シェルフ トゥ ザ フロー〕

A vase has fallen from the shelf to the floor.（花瓶が棚から床に落ちてしまった）
S aux ① ad ad

fallen は「①の p.p.」で着物（= has）を着て完了で使われています。ここから着物を取って裸にすると、次のどちらかになります。

◎ (a) **A vase fallen from the shelf to the floor . . . .**
S a ① ad ad

（棚から床に落ちてしまった花瓶が . . . .）

◎ (b) **A vase, fallen from the shelf to the floor, ...**
S ad|① ad ad

(花瓶は、棚から床に落ちてしまったので、. . . .)

(a) の fallen は過去分詞形容詞用法で「前の品詞は形容詞、前の働きは名詞修飾、後の品詞は動詞、後の働きは①」です。意味は完了 (落ちてしまった) です。

(b) の fallen は分詞構文で「前の品詞は副詞、前の働きは動詞修飾、後の品詞は動詞、後の働きは①」です。fallen 自体の意味は完了 (落ちてしまった) で、これに分詞構文の意味 (時、理由、条件、譲歩、付帯状況、言い換え) が加わります。上は「理由」で訳していますが、「時 (落ちてしまったときに)」「条件 (落ちてしまったら)」など他の意味のこともあります。

〔ア ヂェネラル ハズ ビカム ア パリティシャン〕

A general has become a politician. (ある将軍が政治家になった)
S aux ② ⁿC

become は「②の p.p.」で着物 (＝has) を着て完了で使われています (この動詞は p. 49 参照)。ここから着物を取って裸にすると、次になります。

◎ **A general become a politician . . . .** (ある、政治家になっ (てしまっ) た将軍が . . . .)
S a | ② ⁿC

become は過去分詞形容詞用法で「前の品詞は形容詞、前の働きは名詞修飾、後の品詞は動詞、後の働きは②」です。意味は完了 (〜になってしまった) です。「②の裸の p.p.」はもっぱら「名詞修飾」で使われます。

〔ザ ウィドウ ハズ ギヴン ザ レア ブック トゥ ザ スィティ ライブレリ〕

The widow has given the rare book to the city library.
S aux ③ a O ad

(未亡人はその稀覯書を市の図書館に寄贈した)

given は「③の p.p.」で着物 (＝has) を着て完了で使われています。ここから着物を取って裸にすると、次のどちらかになります。しかし、こういうことは絶対に起こりません。

× (a) **The widow given the rare book to the city library . . . .**
S a|③ a O ad

(市の図書館にその稀覯書を寄贈した未亡人は . . . .)

× (b) **The widow, given the rare book to the city library, ...**
S ad|③ a O ad

（未亡人は、市の図書館にその稀覯書を寄贈したとき、....）

(a) の given は過去分詞形容詞用法で「前の品詞は形容詞、前の働きは名詞修飾、後の品詞は動詞、後の働きは③」です。意味は完了（与えてしまった）です。この英語は許されません。間違いです。

(b) の given は分詞構文で「前の品詞は副詞、前の働きは動詞修飾、後の品詞は動詞、後の働きは③」です。意味は完了（与えてしまった）です。この英語は許されません。間違いです。

〔ザ　レア　ブック　ワズ　ギヴン　トゥ　ザ　スィティ　ライブレリ　バイ　ザ　ウィドウ〕

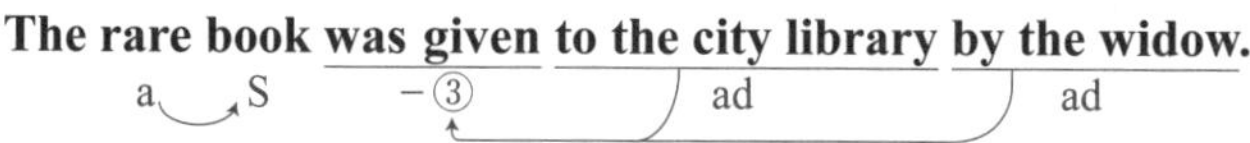

The rare book was given to the city library by the widow.

a　S　−③　ad　ad

（その稀覯書は未亡人によって市の図書館に寄贈された）

given は「③の p.p.」で着物（＝was）を着て受身で使われています。ここから着物を取って裸にすると、次のどちらかになります。

◎ (a) **The rare book given to the city library by the widow . . . .**

a　S　a｜−③　ad　ad

（未亡人によって市の図書館に寄贈された稀覯書は....）

◎ (b) **The rare book, given to the city library by the widow, ...**

a　S　ad｜−③　ad　ad

（その稀覯書は、未亡人によって市の図書館に寄贈されて、....）

(a) の given は過去分詞形容詞用法で「前の品詞は形容詞、前の働きは名詞修飾、後の品詞は動詞、後の働きは−③」です。意味は受身（与えられた）です。この英語は正しいです。たとえば **The rare book given to the city library by the widow was written by her husband's great-great-grandfather.**（未亡人によって市の図書館に寄贈された稀覯書は彼女の夫の高祖父によって書かれたものだ）のようになります。(b) の given は分詞構文で「前の品詞は副詞、前の働きは動詞修飾、後の品詞は動詞、後の働きは−③」です。意味は受身（与えられた）です。この英語は正しいです。たとえば **The rare book, given to the city library by the widow, was displayed in the permanent exhibition.**（その稀覯書は、未亡人によって市の図書館に寄贈された後、常設展示された）のようになります。

be 助動詞を取っても given の番号は依然として−③であることに注意してください。たとえば **A man is driving the car.**（ある男がその車を運転している）の is driving は③です。ここから助動詞（＝is）を取って A man driving the car . . .（その車を運転している男が....）とすると、driving は準動詞（現在分詞形容詞用法）になりますが、③

という番号は変わりません。このように、**進行形と受身においては、be 助動詞を削除して動詞（＝ing 形、過去分詞形）を裸にしても、番号（＝動詞型＝働き）は変わらない**のです。

20-3 2つのVのルール（再確認）

質問 40 次の質問に答えなさい（スラスラ答えられないときは 17-5 に戻って、確認してください）。

1. 「2つのVのルール」とは？
2. 「2つのVのルール」の例外は？
3. 自分の読み方が「2つのVのルール」に違反したときはどう考えるか？

質問 40 の答え 1. 1つの主語に2つの述語動詞があるときは、原則として等位接続詞がなければつなげない 2. 2つの述語動詞が「言い換え」や「同性質の内容の列挙」になっている場合は、コンマだけでつながれることがある 3. どちらかは述語動詞ではないのでは？・どちらも述語動詞だとしたら、主語が異なるのでは？ と考える

〔ア ダクタ コールド アリクス アンド トウルド ヒム ザ リザルト オヴ ズィ エクスレイ イグザミネイション〕

過去形 過去形

◎ **A doctor called Alex and told him the result of the X-ray examination.**

S ③ O ＋ ④ O O ← a

（一人の医師がアレックスに電話をかけて、X 線検査の結果を告げた）

call は「電話をかける」という意味の動詞で、規則活用です。ここの called は過去形・述語動詞・③です。tell は〔tell—told—told〕という活用で、この told は過去形・述語動詞・④です。called と told の主語は A doctor です。1つの主語に2つの述語動詞があるので、and でつながれています。この英文から and を削除したらどうなるでしょう？

過去形 p.p.

× **A doctor called Alex told him the result of the X-ray examination.**

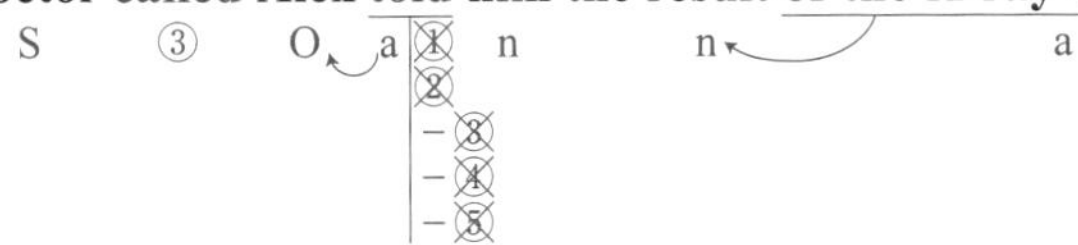

「called と told はどちらも過去形・述語動詞で、主語は A doctor である」と読むと「2つのVのルール」に違反します。そこで「どちらかは述語動詞ではないのでは？」と考えます。told を過去分詞形にすると、裸ですから絶対に準動詞で「過去分詞形容詞

用法」か「分詞構文」のどちらかになります。toldの前にコンマがないので「過去分詞形容詞用法」から検討しましょう。すると、前の働きは名詞修飾でAlexにかかります。後の働きは①/②/－③/－④/－⑤のどれかです（裸のp.p.ですから③/④/⑤は絶対にありません）。この5つの番号はどれもtoldの後ろにhimとthe resultという2つの名詞が連続することを説明できません。ところがtoldが過去形なら「④OO」で説明がつき「彼にX線検査の結果を告げた」となって意味も通ります。このことからtoldは過去形・述語動詞・④に決まります。

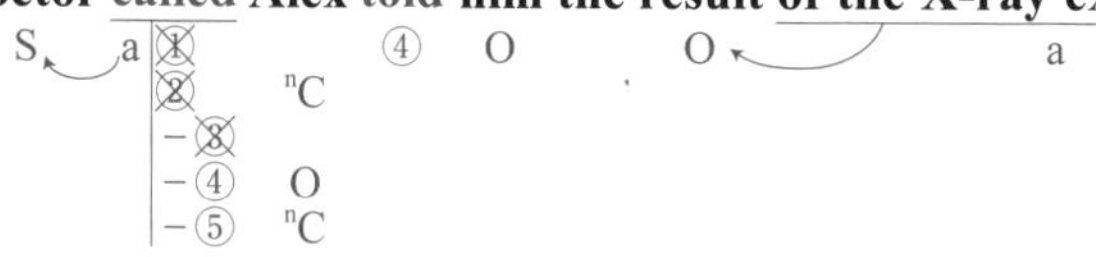

toldが過去形・述語動詞・④に決まったことによって、calledが過去分詞形に決まります（どちらも過去形では「2つのVのルール」に違反するからです）。すると、裸ですから「過去分詞形容詞用法」か「分詞構文」のどちらかです。calledの前にコンマがないので「過去分詞形容詞用法」から検討しましょう。すると、前の働きは名詞修飾でA doctorにかかります。後の働きは①/②/－③/－④/－⑤のどれかです（裸のp.p.ですから③/④/⑤は絶対にありません）。この5つの番号の中で、calledの後ろにAlexという名詞が1つ続いていることを説明できるのは②と－④と－⑤の3つです。しかし、「裸のp.p.」が②になるのはbecome, turned, goneの3つだけですから、②ではありません。それに、だいいち、callという動詞は辞書を引いても②の使い方が出ていません（callは②で使えないということです。このように、**中辞典以上の辞書は「記載がない」ということが重要な情報になるのです**）。

－④だとAlexは目的語となって説明がつきます。しかし、そのためにはcallに④の使い方がなければなりません。そこで辞書を引いて「callの㊀のところに④の使い方が出ているか？ 出ているとしたら、どんな意味か？」を調べます（**これが「ピンポイントで辞書を引く」ということです**）。すると出ています。**「call O_1 O_2」で「O_1にO_2を呼ぶ、呼んでやる」という意味です。I called him a porter.**（私は彼にポーターを呼んでやった）のような例文が出ています。これを自分で変形して上の英文にもっていくのです（**これを自在にできることが実力で、これができなければ辞書を使いこなせないのです**）。まず間接目的語をAlexにして、直接目的語をa doctorにしましょう。すると**I called Alex a doctor.**（私はアレックスに医者を呼んでやった）となります。a doctorを主語にして受身にすると***A doctor was called Alex by me.**（一人の医者が私によってアレックス〔のため〕に呼ばれた）となります。was calledは－④で、Alexは動詞の目的語です。ここから助動詞wasとby meを取るとA doctor called Alexとなります。構造は、calledは過去分詞形容詞用法で「前の働きはA doctorにかかり、後の働きは－④」で、Alex は動詞の目的語です。意味は「アレックス（のため）に呼ばれた医者」です。これを上の英文に当てはめると、全体は「**アレックス（のため）に呼ばれた医者が、彼に X 線検査の結果を告げた**」となります。

もう一つの可能性を検討しましょう。called が－⑤だと Alex は補語となって説明がつきます。しかし、そのためには call に⑤の使い方がなければなりません。そこで辞書を引いて「call の㊎のところに⑤の使い方が出ているか？ 出ているとしたら、どんな意味か？」を調べます（**これが「ピンポイントで辞書を引く」ということです**）。すると出ています。**「call O C」で「O を C と呼ぶ」という意味です。We call him Mike.**（私たちは彼をマイクと呼ぶ）のような例文が出ています。これを自分で変形して上の英文にもっていくのです。まず目的語を a doctor にして、補語を Alex にしましょう。すると **We call a doctor Alex.**（私たちは一人の医者をアレックスと呼ぶ）となります。a doctor を主語にして受身にすると **A doctor is called Alex by us.**（一人の医者が私たちによってアレックスと呼ばれる）となります。is called は－⑤で、Alex は補語です。ここから助動詞 is と by us を取ると A doctor called Alex となります。構造は、called は過去分詞形容詞用法で「前の働きは A doctor にかかり、後の働きは－⑤」で、Alex は補語です。意味は「アレックスと呼ばれる医者」です。これを上の英文に当てはめると、全体は「**アレックスと呼ばれる医者が、彼に X 線検査の結果を告げた**」となります。「アレックス（のため）に呼ばれた医者が、彼に X 線検査の結果を告げた」も「アレックスと呼ばれる医者が、彼に X 線検査の結果を告げた」も、どちらも意味が通りますから、これを前後関係（たとえば、アレックスは患者なのか医者なのか）に当てはめて、文脈が成立する方を採用します。

さて、**これが英文を読むときの正しい手順です。「本当の読み方」を身につけた人は、鼻歌まじりで、水が流れるように自然に、やってのけます。こういう頭の動かし方が習慣になっているのです。くどいですが、慣れれば、本当に当たり前で、これ以外の読み方など考えられません。なぜそういう確信を持つかというと、辞書がこういう読み方をサポートするように作られているからです。この読み方以外では、辞書の様々な情報を有効に活用できないからです。私は教師ですから、これを声高に主張しますが、普通は「本当の読み方」を身につけた人（←実はこういう人はごく少ないのです）は、自分が正しく読み書きできれば、それでいいのですから、必要なところで、さっとピンポイントで辞書を引いて、必要な情報を得るだけで、他人に向かって「あなたの英語の読み方では . . .」とか「あなたの辞書の引き方では . . .」などと言うことはしないのです（言ったって、どうせ煙たがられるだけで、理解されないですから）。ですから、知らない人は本当に一生知らずに終わるのです。**

ところで、もう少しこの英文について説明しましょう。実は call は④では使いますが、－④では普通使わないのです。このことは辞書を注意深く見ると察知できます。たとえば次のように書いてあります。**Please call a taxi for me = Please call me a taxi.**（タクシーを呼んでください）（コンパスローズ英和辞典）p. 130 で勉強しましたが、「④

$+O_1+O_2$」を「③$+O_2+$前置詞$+O_1$」に書き換えたとき、前置詞が to ではなくて for になる動詞は原則として－④にできません。ですから **I called Alex a doctor.**（私はアレックスに医者を呼んでやった）を受身にして ***A doctor was called Alex.**（一人の医者がアレックス〔のため〕に呼ばれた）とは言わないのです。こう言いたいときは「③の call」を使って **A doctor was called for Alex.** と言うのです。ですから、実は上の英文の **A doctor called Alex を「アレックス（のため）に呼ばれた医者」と読む可能性はもともとない**のです。もしこの意味なら A doctor called for Alex . . . でなければなりません。このことは大きな辞書だと明記されています。たとえば『英語基本動詞辞典』（研究社）には「call O_1 O_2」のところに「受身形は可能だが、普通用いられない。これは call O C の受身形と誤解されるのをさけるためであろう。A cab was called for me.（タクシーが私のために呼ばれた）は可能」と出ています。しかし、私たちはこんな専門的な辞書は使いません。中辞典を的確に引いて「③と④の言い換えで for が使われている」ことから－④がないことを察知できればそれでよいし、仮に察知できなくても、A doctor called Alex のところに「－④（アレックス〔のため〕に呼ばれた医者）」と「－⑤（アレックスと呼ばれる医者）」の２つの可能性があるところまで絞れれば、それでいいのです。あとはこの２つの意味を前後関係と照らし合わせれば、常に後者の意味が適合するのですから、それで正しく読んでいけるのです。

少し付言します。以上の説明に対して「これは返り読みであって、本当の読み方ではない」という批判をする人がいます。では、そういう人は A doctor called Alex まで見て「一人の医者がアレックスに電話した」と読んだらどうするのでしょうか？ そのあと told him the result of the X-ray examination を見て「彼に X 線検査の結果を告げた」と読むんですか？「一人の医者がアレックスに電話して、彼に X 線検査の結果を告げた」確かに前から語順のままに意味を取って、返り読みしていません。意味も通っています。それでは、これが「（返り読みをしない）本当の読み方」ですか？ 私にはたんなる「誤読」にしか思えませんが。でも、これで（意味は通っていますから）英文が読めたと確信して、多読・速読に励み、スピードが上がるにつれて力がついてきたと思い込む人がたくさんいます。実は不正確な読み方のスピードが上がっているだけなのですが。

A doctor called Alex まで見て「一人の医者がアレックスに電話した」と読んだ人が、told him . . . を見て「あっ、違う！『アレックスと呼ばれる医者』だ」と読み方を変えるのが「正しい読み方」です。A doctor called Alex まで見て「アレックスと呼ばれる医者」と読んだ人が、and told him . . . を見て「あっ、違う！『一人の医者がアレックスに電話した』だ」と読み方を変えるのが「正しい読み方」です。私は、この変更がどういうメカニズムで起こるのかを説明しているのです。このメカニズムがわかれば、辞書をピンポイントで引いて、意識的に正しい変更をおこなえるからです（「一語一語を意識的にコントロールする」というのはこういうことです）。この変更を「返り読み」と言うなら、私はしょっちゅう「返り読み」しています。そうしなければ正しく読めないからです。私には A doctor という出だしを見て、次に来る動

詞が述語動詞か準動詞かを予知するような超能力はありません。That rice is grown in Canada にも同じことが言えます (p. 326 参照)。返り読みしない人は「その米はカナダで栽培されている」と読んだら、is not widely known in Japan. を見て「そして、日本ではあまり知られていない」と読み、「これが語順のままに、前から意味を取っていく、自然な読み方だ」と胸を張るんでしょうか？ 単に「誤読」しているだけじゃないですか。**私は、私の本を勉強することによって「品詞分解という強力な手段が手に入り」「一語一語を意識的にコントロールできるようになり」「正しい読み方という良き習慣がつく」と確信しています。**

ところが、批判する人によれば、私の本を読むと「品詞分解すること自体が目的になり」「過剰な意識化によって、かえって読めなくなり」「返り読みという悪しき習慣がつく」のだそうです。A doctor called Alex told him the result of the X-ray examination. を「一人の医師がアレックスに電話をかけて、彼に X 線検査の結果を告げた」とか「アレックスに電話をかけた医師が、彼に X 線検査の結果を告げた」と読む人、That rice is grown in Canada is not widely known in Japan. を「その米はカナダで栽培されていて、日本ではあまり知られていない」と読む人、From the moment a baby first opens his eyes, he is learning. を「その瞬間から、赤ん坊は初めて目を開き、ものを学んでいる」と読む人 (p. 273 参照)、I didn't get that scholarship I wanted to study chemistry in college. を「私はその奨学金を得られなかったが、大学で化学を勉強したかった」と読む人 (p. 377 参照)、こういう人が実際にたくさんいるのです。そういう人に「このタイミングで、このように読み方を変更しなければいけない」と言うだけ、つまり答えを言うだけなら誰でもできます。しかし、**学習者が知りたいのは「なぜこのタイミングで、この読み方はいけないと、わかるのか？ いけないとわかったら、どう考えて、どのように辞書を使えば、正しい読み方に変更できるのか？」というメカニズムです。**メカニズムがわからなければ、いつまでも天下り式に答えを教えてもらうばかりで、自分で主体的に答えを導くことができないからです (これが英語嫌いを生む大きな要因になっていると私は思います)。このメカニズムを解明することは本当に「過剰な意識化」なのでしょうか？ これを意識すると本当に「品詞分解のための品詞分解」をすることになり「かえって読めなくなる」のでしょうか？

新技術を習得する際は「最初は、新技術を使わなくても簡単に処理できる事例で、新技術を試したり、新技術の使い方を練習する」ことが不可欠です (←本書にもこの類の練習がたくさん含まれています)。新技術を習得する際は「最初は、まだ十分に使い慣れていないために、戸惑ったり、こだわったり、やりすぎたりする」ことが不可避です (←本書の読者にも当然こういうことが起こると思います)。最終到達点 (←本書で言えば「コラム 13」の *Sartor Resartus* 第一文が自力で読み取れる力がつくこと) に目を向けず、学習途上で一時的に生じるこれらの不具合を取り上げて一方的に批判することは「角を矯めて牛を殺す」(小さな欠点を咎めて、全体をダメにしてしまう) ことになりはしないかと思うのです。**読者のみなさんは、どう思いますか？ 先入観にとらわれず、ご自分の身に起きている変化に照らして、考えてみてください。**

〔ザ　ヴィリヂャズ　インヴァイティド　トゥ　ザ　パーティ　サング　サム　リーヂョナル　ソングズ〕

p.p.　　　　過去形

The villagers invited to the party sang some regional songs.

S　a｜－③　ad　③　a　a　O

（パーティに招かれた村人たちは土地の歌を何曲か歌った）

invite は「招く」という意味の規則活用の動詞です。sing は「歌う」という意味の動詞で〔sing（スィング）—sang（サング）—sung（サング）〕という活用です。そこで The villagers invited to the party までを見て「村人たちはそのパーティに招いた」と読んだ人は（invited を過去形・述語動詞・③と読んだのです）、sang some . . . を見て、直ちに読み方を変更します。sang はつづりから過去形・述語動詞に確定するので、このままだと「invited と sang はどちらも過去形・述語動詞で、主語は The villagers である」と読むことになり「2つの V のルール」に違反するからです。そこで、invited を過去分詞形に切り替えて準動詞にします。invited は過去分詞形容詞用法で「前の働きは The villagers にかかり、後の働きは－③」です。The villagers invited to the party の読み方を「村人たちはそのパーティに招いた」から「そのパーティに招かれた村人たちは」に変えるのです。

〔ザ　ヴィリヂャズ　インヴァイティド　トゥ　ザ　パーティ　ア　ヤング　マン　ボーン　イン　ニングランド〕

過去形　　　　p.p.

The villagers invited to the party a young man born in England.

S　③　ad　a　O　a｜－③　ad

（村人たちはイギリス生まれの青年をパーティに招いた）

The villagers invited to the party までを見て「そのパーティに招かれた村人たちは」と読んだ人は（invited を過去分詞形容詞用法で「前の働きは The villagers にかかり、後の働きは－③」と読んだのです）、a young man born in England を見て、直ちに読み方を変更します。born は「裸の p.p.」ですから絶対に準動詞で、このままではこの英文には述語動詞がないことになり「文」ではなくなってしまうからです。この動詞は「生む」という意味で〔bear（ベア）—bore（ボー）—born（ボーン）〕という不規則活用です。したがって、born は過去分詞形に確定するのです。そこで、invited を過去形に切り替えて述語動詞にします。invited は過去形・述語動詞・③で、a young man が動詞の目的語です。born は過去分詞形容詞用法で「前の働きは a young man にかかり、後の働きは－③」です。The villagers invited to the party の読み方を「そのパーティに招かれた村人たちは」から「村人たちはそのパーティに招いた」に変えるのです。a young man born in England は「イギリスで生まれた青年」という意味です。

20-4　前から名詞を修飾する過去分詞形容詞用法

・前から名詞を修飾する過去分詞形容詞用法は次の２つのどちらかです。

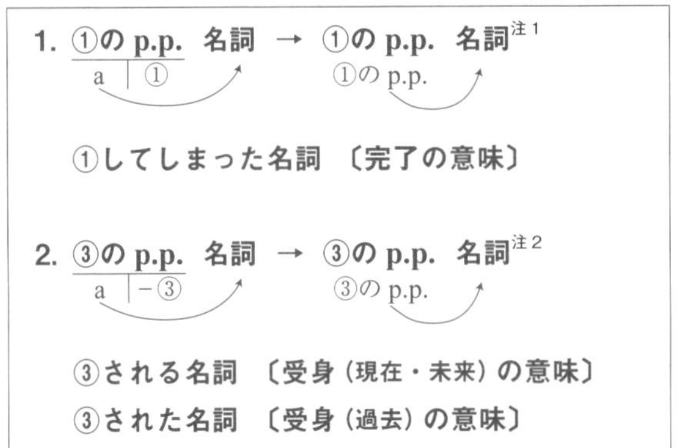

注１ →の左側の構造の書き方が正式ですが、面倒なので、右側の略式で書けばよいです。
注２ →の左側の構造の書き方が正式ですが、面倒なので、右側の略式で書けばよいです。

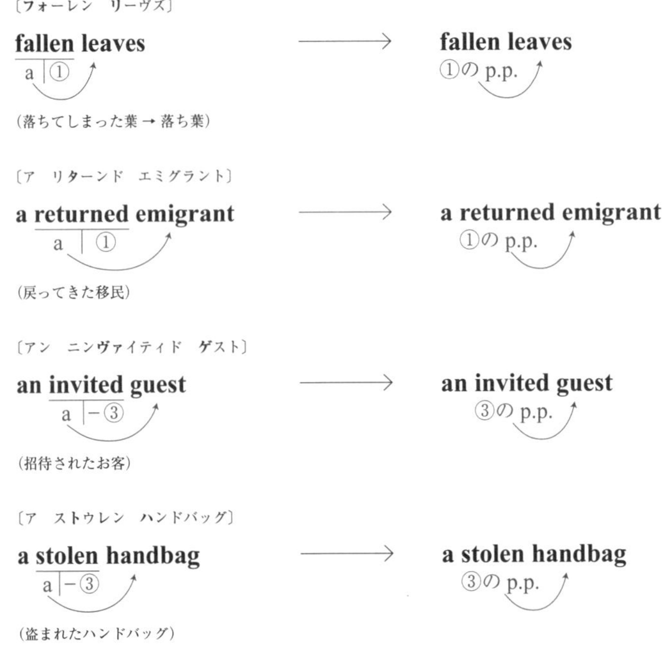

steal は「(こっそり) 盗む」という意味の動詞で〔steal (スティール)—stole (ストウル)—stolen (ストウレン)〕という活用です。この動詞は「steal 物 from 人 (人から物を窃取する)」という形で使います。

20-5 後ろから名詞を修飾する過去分詞形容詞用法

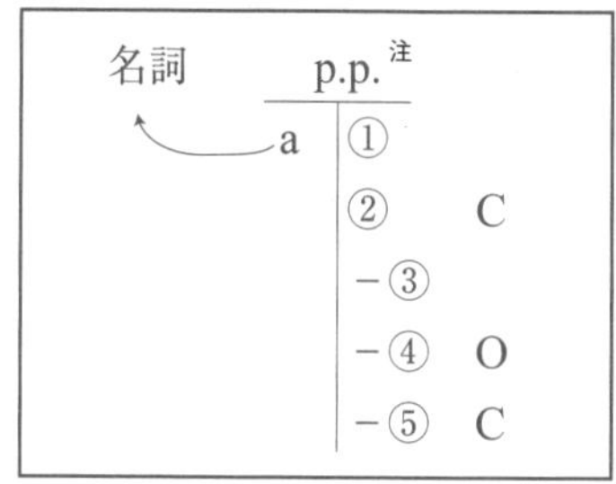

注 ①と②のときは完了の意味 (①してしまった名詞、②してしまった名詞) です。**①は往来発着動詞 (gone, come, departed, arrived など) か、それ以外では happened, fallen, retired, returned, gathered などの特定の動詞に限られます。②は become, turned, gone の3つだけです。この3つは「〜になってしまった」という同じ意味を表しています。** −③と−④と−⑤のときは受身の意味 (③④⑤される名詞、③④⑤された名詞) です。受身にできる③④⑤の動詞は基本的にすべて「裸の p.p.」で使えます。

〔ヒー イズ ア ヤング マン ニューリ カム トゥ アー タウン〕

He is a young man newly come to our town.

現在形 p.p.

He is a young man newly come to our town. (彼は今度私たちの町に来た青年です)

S ② a ⁿC ad a | ① a ad

is は現在形・述語動詞・②です。come は、〔come (カム)—came (ケイム)—come (カム)〕という活用ですから、原形、現在形、過去分詞形の3つの可能性があります。「原形を使うところ (＝to の後・do 助動詞と一般助動詞の後・命令文・make, have, let などの補語・仮定法現在)」のいずれでもないので原形ではありません。現在形だとすると「構造上の主語」が必要です。主語になりえる名詞は He と a young man ですが、どちらも3人称・単数なので、現在形であれば comes でなければなりません。したがって come は過去分詞形です。裸ですから絶対に準動詞で、過去分詞形容詞用法か分詞構文です。come の前にコンマがないので過去分詞形容詞用法から検討しましょう。すると、前の働きは名詞修飾で a young man にかかります。後の働きは①です (come は往来発着動詞の「来」ですから「裸の p.p.」で使える①の動詞です)。①の過去分詞を裸で使ったときは完了の意味を表します。したがって come は「来る」ではなくて「来(終わってしまっ) た」という意味です。newly は come にかかります。a young man newly come to our town は「今度私たちの町に来た青年」です。

それでは **They are young men newly come to our town.** だったらどうでしょう？「3単現の s」は無関係ですから、「comes でないから現在形ではない」とは言えません。もし現在形 come の主語が They だとしたら、are と come をつなぐ等位接続詞が必要です (2 つの V のルール)。もし現在形 come の主語が young men だとしたら、They are という文と young men . . . come という文をどうやってつなぐのかという問題が起こります (2 つの S + V のルール)。これが解決しない限り come を現在形にすることはできません。この方向でさらに追求してもいいですが、そんな無理筋を考えるくらいなら、先に過去分詞形を検討した方がいいです。is は現在形・述語動詞・②、come は過去分詞形・準動詞・①です。

〔ヒー　イズ　ア　クリスチャン　ターンド　ブディスト〕

現在形　p.p.

He is a Christian turned Buddhist.　(彼は仏教徒になった元キリスト教徒です)

S ②　ⁿC　a | ②　ⁿC

turn は規則活用の動詞ですから、turned は過去形か過去分詞形です。過去形・述語動詞にすると、He が主語なら、is と turned をつなぐ等位接続詞が必要です (2 つの V のルール)。a Christian が主語なら、He is という文と a Christian turned という文をどうやってつなぐのかという問題が起こります (2 つの S + V のルール)。こんな難しいことを考えるくらいなら、先に過去分詞形を検討した方がいいです。turned は過去分詞形容詞用法で「前の働きは a Christian にかかり、後の働きは②」です (turn は②のときは「〜になる」という意味で、3 つだけある「裸の p.p.」で使える②の動詞の 1 つです)。②の過去分詞を裸で使ったときは完了の意味を表します。したがって turned は「〜になっ (てしまっ) た」という意味です。a Christian turned Buddhist は「仏教徒になっ (てしまっ) たキリスト教徒」です (今はキリスト教徒ではありません)。「**turn を②で使うときは補語の名詞には不定冠詞を付けない**」というルールがあるので Buddhist には不定冠詞が付いていません。is は現在形・述語動詞・②、turned は過去分詞形・準動詞・②です。

〔ドグズ　ヒット　ハード　サムタイムズ　バイト　ゼア　マスタズ〕

p.p.　現在形

Dogs hit hard sometimes bite their masters.

S　a | ③ ad　ad　③　a　O

(ひどくぶたれた犬は飼い主に噛みつくことがある)

hitは「打つ、ぶつ」という意味の動詞で、活用は〔hit（ヒット）—hit—hit〕です。ここのhitは「原形動詞を使うところ（＝toの後・do助動詞と一般助動詞の後・命令文・make, have, letなどの補語・仮定法現在）」のいずれでもないので原形ではありません。「現在形・述語動詞」か「（裸の）過去分詞形・準動詞」のどちらかです。biteは「噛む」という意味の動詞で、活用は〔bite（バイト）—bit（ビット）—bitten（ビトン）〕です。ここのbiteは「原形動詞を使うところ」のいずれでもないので原形ではありません。したがって現在形 or 過去形・述語動詞・③です。主語はDogsです。するとhitを現在形 or 過去形にすると「hitとbiteはどちらも述語動詞で、主語はDogsである」と読むことになり「2つのVのルール」に違反します。hitは過去分詞形容詞用法で「前の働きはDogsにかかり、後の働きは－③」です。Dogs hit hardは「ひどくぶたれた犬」です。

〔スタチューズ　キャスト　イン　ブランズ　スタンド　アロング　ザ　パス〕

p.p.　現在形

Statues cast in bronze stand along the path.

S　a－③　ad　①　ad

（ブロンズで鋳造された像が、その小道沿いに立っている）

castは「鋳造する、型に流し込んでつくる」という意味の動詞で、活用は〔cast（キャスト）—cast—cast〕です。ここのcastは「原形を使うところ（＝toの後・do助動詞と一般助動詞の後・命令文・make, have, letなどの補語・仮定法現在）」のいずれでもないので原形ではありません。「現在形 or 過去形・述語動詞」か「（裸の）過去分詞形・準動詞」のどちらかです。standは「立つ、立っている」という意味の動詞で、活用は〔stand（スタンド）—stood（ストゥッド）—stood〕です。ここのstandは「原形動詞を使うところ」のいずれでもないので原形ではありません。したがって現在形・述語動詞・①です。主語はStatuesです。するとcastを現在形 or 過去形にすると「castとstandはどちらも述語動詞で、主語はStatuesである」と読むことになり「2つのVのルール」に違反します。castは過去分詞形容詞用法で「前の働きはStatuesにかかり、後の働きは－③」です。Statues cast in bronzeは「ブロンズ（←青銅＝銅と錫の合金）で鋳造された像」です。

〔ア　ボイ　ネイムド　ヂャン　リヴド　イン　ナ　タイニ　カテヂ〕

過去形　p.p.

× **A boy named John lived in a tiny cottage.**

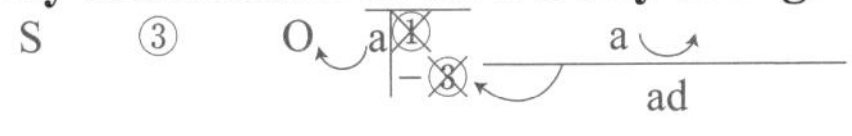

p.p.　過去形

A boy named John lived in a tiny cottage.

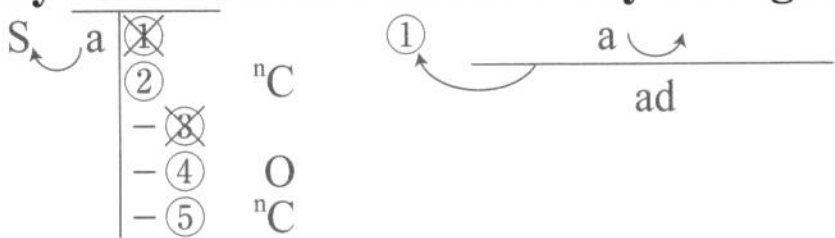

p.p.　　　　過去形

◎ **A boy named John lived in a tiny cottage.**

S　a │−⑤　ⁿC　①　a

ad

（ジョンという名前の少年が小さな小屋に住んでいた）

name は「名付ける」という意味の動詞、live は「生きる、暮らす、住む」という意味の動詞で、どちらも規則活用です。したがって、named と lived はどちらも「過去形」「過去分詞形」両方の可能性があります。どちらも過去分詞形と読むと、どちらも裸ですから準動詞となり、全体は文ではなくなってしまいます。どちらも過去形・述語動詞と読むと、「等位接続詞」も「従属節を作る語」も使われていないので、構造の説明が非常に苦しいです。そんな茨（いばら）の道をあえて選ばないで、どちらかが過去形・述語動詞、どちらかが過去分詞形・準動詞と考えるべきです。そこで先に出てきた named を過去形・述語動詞・③にして、lived を過去分詞形・準動詞にしてみましょう。すると lived は過去分詞形容詞用法で「前の働きは John にかかり、後の働きは①か−③」になります。①だと「完了」の意味ですから「(一人の少年が) 小さな小屋に住んでしまったジョン (に名前をつけた)」となります。意味が通っているとは思えません。それに、だいいち、live は往来発着動詞ではありませんし、happened, fallen, retired, returned, gathered などの「裸の p.p. で使える①の動詞」に入っていません。−③のときは、まず辞書を引いて「live の㊎のところに③の使い方が出ているか？ 出ているとしたら、どんな意味か？」を調べます (**狙い澄ましてピンポイントで辞書を引くのです**)。すると出ています。live が③のときは「live の名詞形である life」を目的語にして live a happy life (幸せな生活を送る) とか live one's life alone (一人暮らしをする) のように使うのです (alone は「一人ぼっちで」という意味の副詞です)。これから、lived を「③の過去分詞形容詞用法」で使って名詞にかけるときは被修飾語の名詞は life でなければならないことがわかります。たとえば a happy life lived by him (彼によって送られた幸せな生活) のような具合です。ですから、lived を−③にして John にかけることもできないのです (**辞書を意のままに手足のように使いこなしているのをよく見てください**)。

したがって、lived は過去形・述語動詞・①で、lived in a tiny cottage は「小さな小屋に住んでいた」という意味です。すると named が過去分詞形容詞用法で A boy にかかることになります。named の番号は①, ②, −③, −④, −⑤のどれかです。John という名詞が 1 つ続いているのを説明できるのは②, −④, −⑤の 3 つです。**「裸の p.p.」が②になるのは become, turned, gone の 3 つだけですから、②ではありません。name は辞書を引いても㊎のところに④の使い方が出ていません。したがって−④ではありません (←こういうふうに辞書を使うのです)**。そこで⑤の使い方を調べます。すると出ています。「name O C」で「O を C と名付ける」という意味です。ここから先は、自分でやります。O に a boy を入れ、C に John を入れて **name a boy John** (一人の少年をジョンと名付ける）を作ります。次にこれを受身にします。**A boy is named John.**（一人の少年がジョンと名付けられる）となります。is named は－⑤、John が補語です。ここから助動詞の is を取って、named を裸の p.p. にします。すると A boy named John（ジョンと名付けられた少年）となります。全体は「ジョンと名付けられた少年が小さな小屋に住んでいた」となって構造も意味も成立します。named は過去分詞形容詞用法で「前の働きは名詞修飾、後の働きは－⑤」です。

20-6 補語になる過去分詞形容詞用法

S ② p.p.[注1]

ªC | ①
| ② C ←――これはほとんどありません
| －③
| －④ O
| －⑤ C

S ⑤ O p.p.[注2]

ªC | ①
| ② C ←――これはほとんどありません
| －③
| －④ O
| －⑤ C

注 1, 2 **①のときは完了の意味（①してしまった）です。②の過去分詞形容詞用法が補語になることはほとんどありません**（p. 413 参照）。**－③と－④と－⑤のときは受身の意味（③④⑤される、③④⑤された）です。**

〔ゼイ スィームド サティスファイド ウィズ ザ リザルト〕
過去形 p.p.
They seemed satisfied with the result. （彼らはその結果に満足しているように見えた）
S ② ªC | －③ ad

satisfy は「満足させる」という意味の他動詞で、規則活用です。「事 satisfy 人」は、構造は「S ③ O」で、意味は「事が人を満足させる」です。これを受身にすると「人 is satisfied by 事.」ないし「人 is satisfied with 事.」となります（前置詞は「動作主を表すby」と「原因・理由を表すwith」の両方が可能です)。構造は、人が主語で、is satisfiedが－③で、by事、with事が副詞句です。意味は、動作だと「事によって人が満足させられる」、状態だと「事によって人が満足させられている」です。これを「人は事に満足する」「人は事に満足している」と訳してもベースにある事柄(＝事実関係)は変わりません。これはsatisfiedを「裸のp.p.」で使った場合にも同じことが言えます(「裸のp.p.」で使ったsatisfiedの番号は、is satisfiedと同じ－③です)。すなわちsatisfiedを過去分詞形容詞用法で使うと「満足させられる、満足させられている → 満足する、満足している」という意味を表すのです。動作と状態のどちらを選ぶかは文脈によって決めます。上の英文はseemedが過去形・述語動詞・②、satisfiedが過去分詞形・準動詞・－③です。satisfiedは過去分詞形容詞用法で「前の働きは補語、後の働きは－③」です。「彼らはその結果に満足させられているように見えた」と訳すこともできますし「彼らはその結果に満足しているように見えた」と訳すこともできます。

辞書はsatisfiedを「満足させられている、満足している」という意味を表す形容詞として扱っています。これに従うと、上の英文のsatisfiedは「形容詞で補語」となります。

S have 名詞 p.p.
⑤ O ᵃC

1.「名詞に手を触れてp.p.の状態にする直接実行者」がS以外の人の場合
Sは名詞をp.p.される、させる、してもらう[注3]
2.「名詞に手を触れてp.p.の状態にする直接実行者」がS自身の場合
Sは名詞をp.p.の状態にしてしまう(←完了の意味)

注3 Sにその意志がない場合(無意志)は「される」です。Sにその意志がある場合(有意志)は「させる、してもらう」です。「had名詞p.p.」で「名詞をp.p.させた」の例文が9-10 (p. 174)にあります。

参考(15-9-2)

S have 名詞 原形
⑤ O ᵃC

1. 名詞が人間の場合
Sは人に原形される、させる、してもらう[注4]
2. 名詞が物・事の場合
Sに対して物・事が(勝手に)原形する[注5]
物・事が原形する状態をSが(積極的に)生み出す[注6]

注4 Sにその意志がない場合（無意志）は「される」です。Sにその意志がある場合（有意志）は「させる、してもらう」です。

注5 Sにその意志がない場合（無意志）です。

注6 Sにその意志がある場合（有意志）です。

〔アイ　ペイド　トウェンティ　ダラズ　トゥ　ハヴ　マイ　レイディオウ　フィックスト〕

過去形　原形　p.p.

I paid twenty dollars to have my radio fixed.

S ③ a O ad|⑤ a O ᵃC|−③

（私はラジオを直してもらうのに20ドル払った）

fixは「修理する」という意味の動詞で、規則活用です。**He fixed my radio.**は、構造は「S ③ O」で、意味は「彼は私のラジオを修理した」です。これを受身にすると**My radio was fixed by him.**（私のラジオは彼によって修理された）となります。was fixedは−③です。ここからfixed by himだけを取り出すと、fixedは「裸のp.p.」になるので「過去分詞形容詞用法」か「分詞構文」になります。すなわち、fixedは「前の品詞は形容詞か副詞、後の品詞は動詞、後の働きは−③」で、by himは副詞句でfixedにかかります。これを「have 名詞 p.p.」のp.p.に入れると、次の文を作れます。

過去形　p.p.

I had my radio fixed by him.

S ⑤ a O ᵃC|−③ ad

この英文の場合「名詞（＝my radio）に手を触れてp.p.（＝fixed〔修理された〕）の状態にする直接実行者（＝him）はS（＝I）以外の人」です。こういうときは、S（＝I）にその意志がない場合（＝「ラジオが彼によって修理される」のを望んでいない場合）は「される」と訳し、S（＝I）にその意志がある場合（＝「ラジオが彼によって修理される」のを望んでいる場合）は「させる、してもらう」と訳します。「私はラジオを壊れたままで保管しておきたかったのに、彼が私の承諾を得ないで、勝手に修理してしまった」場合は「私はラジオを彼に修理された」と訳しますが、普通は「私はラジオの修理を彼に依頼した」のです。そこで、偉そうに訳すなら「私はラジオを彼に修理させた」と訳し、普通に訳すなら「私はラジオを彼に修理してもらった」と訳します。

「名詞（＝my radio）に手を触れてp.p.（＝fixed〔修理された〕）の状態にした人」すなわち直接実行者を明示したくないときはby himを書きません。**I had my radio fixed.**（私はラジオを修理された、修理させた、修理してもらった）となります。

この過去形・述語動詞・⑤のhadを原形に変えて、toを付け、不定詞にするとto have my radio fixedとなります。これは不定詞名詞用法、不定詞形容詞用法、不定詞副詞用法のどれでも使えます。そこで、「目的の意味（〜するために）」を表す不定詞副詞用法で使うと、to have my radio fixedは「ラジオを修理させるために、修理してもらうために」という意味をあらわします。これを使ったのが一番上の英文です。to に in order を付けて **I paid twenty dollars in order to have my radio fixed.**（私はラジオを修理してもらうために 20 ドル払った）とすることもできます。paid は過去形・述語動詞・③です（この動詞は p. 359 参照）。

「動詞の目的語である my radio」と「補語である fixed」の間には「意味上の主語・述語関係（この場合は「意味上の述語」が準動詞です）」があります。これを「構造上の主語＋述語動詞」に変えると **My radio was fixed.**（←受身の文）になります。

直接実行者（仮に「彼」とします）を表に出したいときは、**I paid twenty dollars to have my radio fixed by him.** とすることもできますが、15-9-2 で勉強した「have 名詞 原形」を使えば、次のように言えます。

過去形　原形　原形

I paid twenty dollars to have him fix my radio.

S ③ a O ad | ⑤ O ^{a}C|③ a O

（私は彼にラジオを修理してもらうために 20 ドル払った）

O（＝him）と C（＝fix）の間にある「意味上の主語・述語関係」を「構造上の主語＋述語動詞」に変えると **He fixed my radio.**（←能動態の文）になります。この英文は「彼に直接 20 ドル払った」ことを強く示唆します。それに対して **I paid twenty dollars to have my radio fixed by him.** の場合はそのような示唆はなく、彼に直接払ったかもしれませんし、別の人ないし修理会社に払ったのかもしれません。

〔シー　ウド　ナット　ハヴ　ザ　スィークレト　メイド　パブリック　フォー　ザ　ワールド〕

原形　p.p.

She would not have the secret made public for the world.

S aux ad ⑤ O ^{a}C|−⑤ ^{a}C ad

（彼女はその秘密をどうしても公表されたくなかった）

public は形容詞で「公の」という意味の他に「世間で知られている、公然の、周知の」という意味があります。そこで **He made the secret public.** は、構造は「S ⑤ O C」で、意味は「彼はその秘密が世間で知られている状態を生み出した→彼はその秘密を公表した」です。これを受身にすると **The secret was made public by him.**（その秘密が世間で知られている状態が彼によって生み出された→その秘密が彼によって公表された）となります。was made は−⑤で、public は補語です。ここから made public by him だけを取り出すと、made は「裸の p.p.」になるので「過去分詞形容詞用法」か「分詞構文」になります。すなわち、made は「前の品詞は形容詞か副詞、後の品詞は動詞、後の働きは−⑤」で、public は補語で、by him は副詞句で made にかかります。これを、直接実行者（＝秘密を公表する人）を明示せず（＝by him を取って）「have 名詞 p.p.」の p.p. に入れたのが上の英文です。

will は「意志未来（＝未来のことについて『〜するつもりだ』と意志を披歴している）」とは別に「現在のことについて『どうしても〜しようとする』という強い意志」を表すことがあります。たとえば **He will have his own way.**（彼はどうしても自分自身のやり方を持とうとする→彼はどうしても自分自身のやり方を押し通そうとする）のような具合です。この will を not で否定すると **She won't meet Tom.**（彼女はどうしてもトムに会おうとしない）のようになります。これを過去形で使ったのが上の文です。**She would not have . . . は「彼女は . . . の状態をどうしても生み出そうとしなかった」という意味です。for the world は「どんなことがあっても（. . . でない、. . . しない）」という意味の副詞句**で would not have を強めています。public にかけて public for the world（世間に周知の）と読むのは間違いです。have は原形・述語動詞・⑤、made は過去分詞形・準動詞・－⑤です。made は過去分詞形容詞用法で「前の働きは補語、後の働きは－⑤」です。public は made の補語です。O（＝the secret）と C（＝made）の間にある「意味上の主語・述語関係」を「構造上の主語＋述語動詞」に変えると The secret was made public.（←受身の文）になります。

この英文の場合「名詞（＝the secret）に手を触れて p.p.（＝made public〔公表された〕）の状態にする直接実行者は S（＝She）以外の人」です。こういうときは、S（＝She）にその意志がない場合（＝「その秘密が〔誰かによって〕公表される」のを望んでいない場合）は「される」と訳します。そこで「彼女はその秘密をどうしても世間に公表されたくなかった」という和訳になります。

直接実行者（仮に「彼」とします）を表に出すと次の 2 つになります。

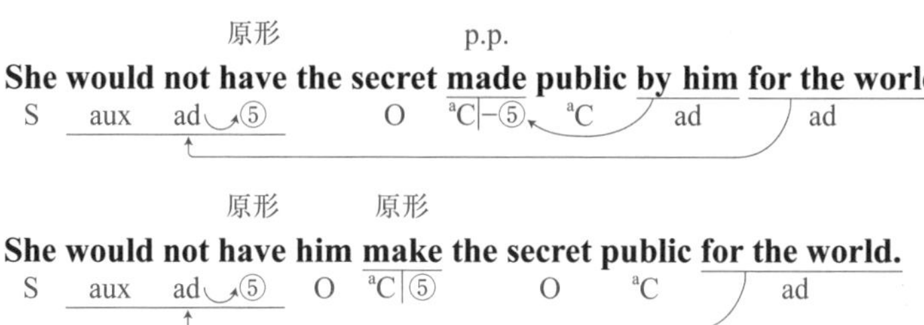

下は 15-9-2 で勉強した「have 名詞 原形」の英文です。O（＝him）と C（＝make）の間にある「意味上の主語・述語関係」を「構造上の主語＋述語動詞」に変えると He made the secret public.（←能動態の文）になります。この 2 つの英文は、和訳するとどちらも「彼女はどうしても彼にその秘密を公表されたくなかった」となりますが大分ニュアンスが違います。上の英文は「彼女は、秘密を公表されること自体はそれほど嫌がっていなくて、彼にそれを公表されることをひどく嫌がっている」という事柄を強く示唆します。下の英文は him と言っていますが、それはたまたま秘密を公表する可能性があるのが him だからで、彼女は「誰が公表するかにかかわりなく、ともかく秘密を公表されることをひどく嫌がっている」という事柄を強く示唆します。

直接実行者（＝秘密を公表する人）が主語（＝She）で「彼女はその秘密をどうしても世間に公表したくなかった」と言うときは次のように言います。

原形

She would not make the secret public for the world.

（彼女はその秘密をどうしても世間に公表しようとしなかった）

20-7 過去分詞の分詞構文

・過去分詞は分詞ですから、過去分詞だけで分詞構文になれます。

・過去分詞の前に being を補う必要はありません。

・being p.p. という分詞構文は、受身の現在分詞の分詞構文で、主として「受身の動作」の意味を表します。

・それに対して、（他動詞の）p.p. だけで分詞構文にした場合は、主として「受身の状態」を表します。

・分詞構文が表す意味は「時、理由、条件、譲歩、付帯状況、言い換え」です。

〔アライヴド ゼア ヒー ネルト ダウン〕

p.p. 過去形

Arrived there, he knelt down. （そこに着くと、彼はひざまずいた）

ad | ① ad S ① ad

arrive は「到着する」という意味の動詞で、規則活用です。kneel は「ひざまずく」という意味の動詞で、活用は〔kneel（ニール）—knelt（ネルト）—knelt〕です。この knelt は過去形・述語動詞・①です。Arrived を過去形・述語動詞にすると、構造上の主語は？ Arrived と knelt はどうやってつながっているのか？ など難題山積です。それにそもそも過去形の動詞が文頭に出るのは、特別な倒置の場合に限ります。この Arrived は過去分詞形です。裸ですから「過去分詞形容詞用法」か「分詞構文」です。ここは分詞構文で「前の品詞は副詞、前の働きは動詞修飾、後の品詞は動詞、後の働きは①」です。arrived は①の動詞ですが、往来発着動詞の「着」ですから「裸の p.p.」で使えます。表す意味は完了（到着し終わった）です。分詞構文が表す意味は「時、理由、条件、譲歩、付帯状況、言い換え」です。この Arrived は「時」です。「意味上の主語」になる名詞が Arrived の前に付いていないので、「意味上の主語」は、英文の主語である he です。英文全体は「そこに到着し終わったとき、彼はひざまずいた→そこに着くと、彼はひざまずいた」となります。

〔リトン　イン　ニーズィ　イングリシュ　ズィス　ブック　イズ　スータブル　フォー　ビギナズ〕

p.p.　現在形

Written in easy English, this book is suitable for beginners.

ad｜−③　a　a　S　②　ᵃC　ad

ad

（易しい英語で書かれているので、この本は初心者に適している）

〔write（ライト）—wrote（ロウト）—written（リトン）〕という不規則活用ですから、Writtenはつづりから過去分詞形に決まります（この動詞は p. 207 参照）。裸ですから「過去分詞形容詞用法」か「分詞構文」です。ここは分詞構文で「前の品詞は副詞、前の働きは動詞修飾、後の品詞は動詞、後の働きは－③」です。分詞構文が表す意味は「時、理由、条件、譲歩、付帯状況、言い換え」です。この Written は「理由」です。「意味上の主語」になる名詞が Written の前に付いていないので、「意味上の主語」は、文の主語である this book です。英文全体は「易しい英語で書かれているので、この本は初心者に適している」となります。

〔マイ　ワーク　フィニシュト　アイ　ウェント　トゥ　ベッド〕

p.p.　過去形

(a) **My work finished, I went to bed.**　（仕事が終わったので、私は寝床についた）

a　S′　文ad｜−③　S　①　ad

ing形　過去形

(b) **Finishing my work, I went to bed.**　（仕事を終えて、私は寝床についた）

ad｜③　a　O　S　①　ad

finishは規則活用の動詞なので、finishedは過去形か過去分詞形です。過去形・述語動詞・①と考えて、My work を構造上の主語にすると My work finished は「私の仕事が終わった」という意味の文になります。went は〔go—went—gone〕という活用ですから、絶対に過去形・述語動詞です。するとこの英文は My work finished という文と I went to bed という文がコンマだけで対等に並んでいることになり「2つのS＋Vのルール」に違反します（p. 273 参照）。そこで「どちらかはS＋Vではないのでは？」と考えます。これが finished の活用を過去形から過去分詞形に変えさせるのです。過去分詞形にすると裸ですから「過去分詞形容詞用法」か「分詞構文」です。過去分詞形容詞用法にして My work にかけると（「終えられた私の仕事」という意味になります）、work が余ってしまいます（I went to bed は「S ① 副詞句」の完全な文ですから、work を入れる余地がありません）。したがって finished は分詞構文で「前の品詞は副詞、前の働きは文修飾、後の品詞は動詞、後の働きは－③」です。finished は「①の裸の p.p.」ではありません。往来発着動詞ではありませんし、happened, fallen, retired, returned, gathered などの「裸の p.p. で使える①の動詞」に入っていません。そこで、finished は－③です。My work は分詞構文の意味上の主語です。したがって My work finished は独立分詞構文（＝意味上の主語が付いた分詞構文）です。I went to bed との意味的関係を考えると、この分詞構文が表す意味は「理由」が適切です。すると全体は「私の仕事が終えられたので、私は寝床についた」となります。これを意訳して「仕事が終わったので、私は寝床についた」と訳します。こう訳したからといって、finished の意味は「終わった」ではなくて「終えられた」であることに注意してください。

(b) の Finishing は現在分詞の分詞構文です。(b) は「仕事を終えて、すぐに寝た」というニュアンスです。それに対して (a) は「仕事の完了」と「就寝」の間に若干のタイムラグが感じられます。寝酒を啜ったり、ココアを飲むくらいのことをした感じを与えます。

質問 41　次の質問に答えなさい（スラスラ言えるようになるまで練習してください）。

1. 「裸の p.p.」は必ず［　］で、前の品詞は［　］か［　］で、後の働きは［　］である。
2. 「裸の p.p.」の番号が［　］になることは絶対にない。
3. 「裸の p.p.」で使える①の動詞は［　］か、それ以外では［　］などに限られる。
4. 「裸の p.p.」で使える②の動詞は［　］に限られ、意味は［　］である。
5. 自動詞の「裸の p.p.」は［　］の意味、他動詞の「裸の p.p.」は［　］の意味を表す。
6. 進行形と受身においては、be 助動詞を削除して動詞を裸にしても［　］は変わらない。
7. 「前から名詞を修飾する過去分詞形容詞用法」の番号は［　］である。
8. 「後ろから名詞を修飾する過去分詞形容詞用法」「補語になる過去分詞形容詞用法」「過去分詞の分詞構文」の番号は［　］である。
9. 「have 名詞 p.p.」は［　］と訳す。
10. 「have 人 原形」は［　］と訳す。
11. 「have 物・事 原形」は［　］と［　］という意味を表す。
12. being p.p. という分詞構文は［　］を表す。
13. 分詞構文が表す意味は［　］である。
14. 品詞と働きに関する 4 つの基本ルールとは？

15. 活用に関する4つの基本ルールとは？

質問41の答え 1. 準動詞、形容詞、副詞、①・②・−③・−④・−⑤ 2. ③・④・⑤ 3. 往来発着動詞、happened・fallen・retired・returned・gathered 4. become・turned・gone、〜になってしまった 5. 完了、受身 6. 番号（動詞型も可） 7. ①・−③ 8. ①・②・−③・−④・−⑤ 9. 名詞をp.p.される・させる・してもらう・してしまう 10. 人に原形される・させる・してもらう 11. Sに対して物・事が勝手に原形する、物・事が原形する状態をSが積極的に生み出す 12. 受身の動作 13. 時・理由・条件・譲歩・付帯状況・言い換え 14.「名詞の働き」「形容詞の働き」「副詞の働き」「動詞の働き」 15.「原形動詞を使うところ」「現在形・過去形は絶対に述語動詞」「p.p.の可能性」「ingの可能性」

問題20 英文の構造を図示して、和訳しなさい。

〔ザ ニューリ ディスカヴァド エレメント ワズ ネイムド レイディアム〕

1. The newly discovered element was named radium.

〔ワット イズ ザ ラングウィヂ スポウクン イン ブラズィル〕

2. What is the language spoken in Brazil?

〔ワイ イズ ザ ラングウィヂ スポウクン イン ブラズィル〕

3. Why is the language spoken in Brazil?

〔ザ ミーディア マナク ターンド パリティシャン スィームズ サートン トゥ ビカム ザ ネイションズ ネクスト プライム ミニスタ〕

4. The media monarch turned politician seems certain to become the nation's next Prime Minister.

〔ア ローヤ フォー ワノヴ ザ ドライヴァズ インヴァルヴド イン ナン オートウ アクスィデント テレフォウンド ア マン リスティド アン ザ ポリース リポート アズ ア ウィトネス〕

5. A lawyer for one of the drivers involved in an auto accident telephoned a man listed on the police report as a witness.

〔ヒアリング ザ プラブレム プット ライク ザット アイ フェルト マイ チークス グロウ レッド ウィズ アンガ〕

6. Hearing the problem put like that I felt my cheeks grow red with anger.

〔オール スィングズ コンスィダド アイ スィンク ウィ ディド ウェル〕

7. All things considered, I think we did well.

〔ザ ニードルズ ユーズド トゥ インヂェクト ヘロウイン アー スプレッディング エイヅ〕

8. The needles used to inject heroin are spreading AIDS.

問題 20 の解答

p.p. p.p.

1. The newly discovered element was named radium.

ad ③のp.p. S −⑤ ⁿC

（その新たに発見された元素はラジウムと命名された）

discovered は過去分詞形容詞用法で「前の品詞は形容詞、前の働きは名詞修飾、後の品詞は動詞、後の働きは−③」です。was named は過去形・述語動詞・−⑤です。

現在形 p.p.

2. What is the language spoken in Brazil? （ブラジルで話されている言葉は何ですか？）

ⁿC ② S a −③ ad

What は疑問代名詞です。当然「主語・動詞の目的語・前置詞の目的語・補語」のどれかで働かなければなりません。このことから is が be 動詞に決まるのです（is spoken という受身ではありません）。What は補語、is は現在形・述語動詞・②、language は主語です。spoken は〔speak—spoke—spoken〕という活用ですから過去分詞形です（この動詞は p. 72 参照）。裸ですから「過去分詞形容詞用法」か「分詞構文」のどちらかです。ここは過去分詞形容詞用法で「前の品詞は形容詞、前の働きは名詞修飾、後の品詞は動詞、後の働きは−③」です。the language spoken in Brazil は「ブラジルで話されている言語」という意味です。この疑問文に対する答えは **Portuguese is.**（ポルトガル語です）となります（Portuguese is spoken. の省略形です）。

p.p.

3. Why is the language spoken in Brazil? （なぜその言葉がブラジルで話されているのですか？）

ad S −③ ad

Why は疑問副詞なので補語にはなれません。ですから is を be 動詞にしたら①となり、英文全体は「ブラジルで話されている言語はなぜ存在しているのですか？」というわけがわからない意味になります。このことから is が be 助動詞に決まるのです。is spoken は現在形・述語動詞・−③です。疑問文なので助動詞が主語の前に動いています。この疑問文に対する答えは **Because Brazil was a colony of Portugal.**（なぜならブラジルはポルトガルの植民地だったからです）となります（Because S + V. という答え方は p. 192 参照）。

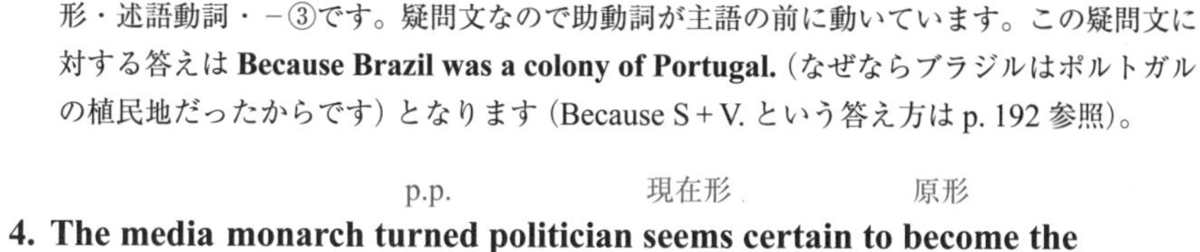

4. The media monarch turned politician seems certain to become the nation's next Prime Minister.

（政治家に転じたそのメディアの帝王が、その国の次期首相になることは確実だと思われる）

seems は「3 単現の s」が付いた現在形・述語動詞・②です。したがって turned を過去形・述語動詞にすると、次のような矛盾が生じて、構造が成立しません。The media monarch turned を S + V、politician seems を S + V にすると「2 つの S + V のルール」に違反します。turned と seems の主語を The media monarch にすると「2 つの V のルール」に違反します。したがって、turned は過去分詞形です。裸ですから「過去分詞形容詞用法」か「分詞構文」のどちらかです。ここは過去分詞形容詞用法で「前の品詞は形容詞、前の働きは名詞修飾、後の品詞は動詞、後の働きは②」です。The media monarch turned politician は「政治家になっ（てしまっ）たメディアの帝王」という意味です。to become は不定詞副詞用法で「前の品詞は副詞、前の働きは形容詞修飾、後の品詞は動詞、後の働きは②」です。ここは「S be 形容詞 to V」という表現で、to V が不定詞副詞用法で、形容詞にかかる形です（be 動詞が seems に変わっています）。seems certain to become the nation's next Prime Minister は「その国の次期首相になる方向に確実であるように見える / その国の次期首相になる点で確実であるように見える」という意味です（p. 218 参照）。

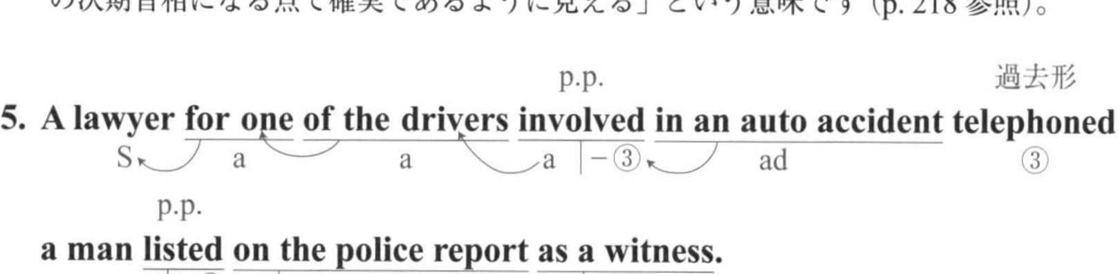

5. A lawyer for one of the drivers involved in an auto accident telephoned a man listed on the police report as a witness.

（交通事故に巻き込まれたドライバーの一人についた弁護士が、警察の報告書に目撃者として記載されている男に電話をかけた）

involve は「巻き込む」という意味の動詞で、規則活用です。telephone は「電話する」という意味の動詞で、規則活用です。list は「表に載せる」という意味の動詞で、規則活用です。したがって、involved, telephoned, listed はいずれも過去形と過去分詞形の両方の可能性があります。過去形なら述語動詞ですし、過去分詞形なら（この英文には be 助動詞も have 助動詞も使われていませんから）裸で準動詞です。involved は過去分詞形容詞用法で「前の働きは the drivers にかかり、後の働きは－③」です。telephoned は過去形・述語動詞・③です。listed は過去分詞形容詞用法で「前の働きは a man にかかり、後の働きは－③」です。

（その問題がそんなふうに言われるのを聞いて、私は怒りで頬が赤くなるのを感じた）

Hearing は「裸の ing」ですから絶対に準動詞で「動名詞、現在分詞形容詞用法、分詞構文」のどれかです。ここでは「時」を表す分詞構文で「前の品詞は副詞、前の働きは felt にかかり、後の品詞は動詞、後の働きは⑤」です。put は〔put（プット）—put—put〕という不規則活用で、原形、現在形、過去形、過去分詞形がすべて put です。しかも put はいろいろな意味を表します。ここは「言う、述べる、表現する」という意味です。たとえば **Can't you put your idea in simpler words?**（あなたは自分の考えをもっと簡単な言葉で表現できませんか？）のように使います（simpler は simple〔簡単な〕という形容詞の比較級で〔より簡単な〕という意味です）。そこで、この put を使った次の英文を見てください。

（アインシュタインはその問題をそのように表現した）

put は過去形・述語動詞・③、like は「～のような」という意味の前置詞、that は代名詞で「前置詞の目的語」、like that は「それのように→そのように」という意味の副詞句で、put にかかります。この英文を受身にすると次のようになります。

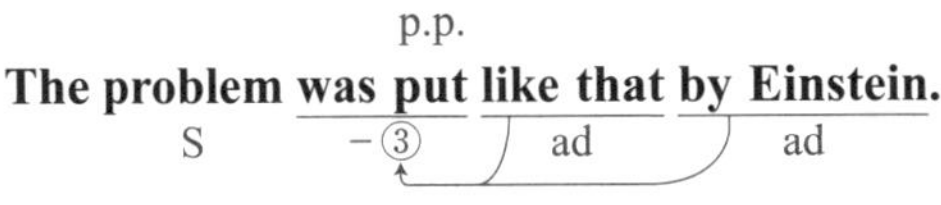

（その問題はアインシュタインによってそのように表現された）

この put は過去分詞形です。was put は過去形・述語動詞・－③です。ここから put like that だけを取り出すと put は「裸の p.p.」ですから過去分詞形容詞用法か分詞構文になります。「前の品詞は形容詞か副詞、後の品詞は動詞、後の働きは－③」です。put like that は「そのように表現される、された」という意味を表します。これを Hearing の補語に置いたのが上の英文です。ここの put は過去分詞形容詞用法で「前の働きは補語、後の働きは－③」です。Hearing the problem put like that は「その問題がそのように表現されるのを聞いたとき」という意味です。the problem（＝動詞の目的語）と put（＝補語）の間には

「意味上の主語・述語関係」があります。これを「構造上の主語＋述語動詞」に変えると **The problem is put like that.** となります（←受身の文です）。なお、that と I の間にコンマを入れた方が読みやすくなりますが、入れなくてもまったく問題ありません（正しい英文です）。

feel は「感じる」という意味の動詞で〔feel（フィール）—felt（フェルト）—felt〕という活用です（この動詞は p. 24 参照）。この動詞は「feel 名詞 原形V」という形で使うことができます。構造は「⑤ O C」で、意味は「名詞がVするのを感じる」です。ここの felt はこの使い方で、過去形・述語動詞・⑤です。grow は原形不定詞で「前の品詞は形容詞、前の働きは補語、後の品詞は動詞、後の働きは②」です（この動詞は p. 68 参照）。grow は①のときは「成長する」という意味ですが、②のときは「〜になる」という意味です。red は形容詞で grow の補語です。grow red で「赤くなる」という意味です。**I felt my cheeks grow red with anger** は「私は両頬が怒りで赤くなるのを感じた」という意味です。my cheeks（＝動詞の目的語）と grow（＝補語）の間には「意味上の主語・述語関係」があります。これを「構造上の主語＋述語動詞」に変えると **My cheeks grow red with anger.**（私の頬は怒りで赤くなる）となります（←能動態の文です。grow は現在形です）。

なお「*I felt that my cheeks grow red with anger. から『従属接続詞の that』が省略されている」と考える人がいます。確かに feel は that 節を目的語にすることができます。しかし feel that S＋V は「SがVすると思う、SがVするという気がする」という意味です。したがって、この構造だと「両頬が怒りで赤くなるのを感じた」という意味にはなりません。また、この構造であれば、felt が過去形ですから「時制の一致」によって that 節内も過去形になり、my cheeks grew red with anger になるはずです。

p.p.　現在形　過去形

7. All things considered, I think [we did well.]

a→S′　文ad | −③　S　③　O [S　①←ad]

（すべてを考え合わせると、我々はうまくやったと私は思う）

All things considered は「すべてを考慮に入れると」という意味の定型的な表現です。All things は分詞構文の「意味上の主語」、considered は過去分詞形で「前の働きは文修飾、後の働きは−③」です。All things considered は「時ないし条件を表す独立分詞構文（＝意味上の主語が付いた分詞構文）」で「すべてのことが考慮されるとき / すべてのことが考慮されるなら」という意味です。think は現在形・大黒柱・③です。we did well は名詞節で、think の目的語です。これは that we did well から that が省略されています。that 節が「動詞の目的語」になるときは that（＝従属接続詞）を省略できます。did は過去形・従属節の述語動詞・①です。

All things considered や weather permitting（もし天候が許せば）は決まり文句になっている独立分詞構文です。weather permitting は、permittimg が「条件」を表す①の分詞構文で、weather が「意味上の主語」です。

p.p.　原形　ing 形

8. The needles used to inject heroin are spreading AIDS.

S　a|−③　ad | ③　O　③　O

（ヘロインを注射するのに使われる針がエイズを広めている）

Doctors used to inject patients with a cold with antibiotics.〔ダクタズ ユースト インヂェクト ペイシェンツ ウィズ ア コウルド ウィズ アンティバイアティックス〕は「医師は昔はよく風邪の患者に抗生物質を注射したものだった」という意味です。used to は〔ユースト〕と発音する「末尾が to で終わる助動詞」です（p. 104 で勉強しました）。動作動詞に付いたときは「昔はよくＶしたものだった（今はしないが）」という意味を表します。inject は「注射する」という意味の動詞で、規則活用です。この英文の inject は原形・述語動詞・③です。そこで上の英文も The needles used to inject heroin までを見たとき「それらの針は昔よくヘロインを注射したものだった」と読む可能性があります（主語が変だなと思いながら）。used to〔ユースト〕を助動詞・過去形、inject を原形・述語動詞・③と読んでいるのです。ところが、そういう人も are spreading を見て「アッ！」と思います。spread は「広げる」という意味の動詞で、活用は「spread（スプレッド）―spread―spread」です。are spreading は現在形・述語動詞・③で、AIDS が目的語です。すると、現状のままだと「inject と are spreading はどちらも述語動詞で、主語は The needles である」と読むことになり「2 つの V のルール」に違反するからです。そこで「どちらかは述語動詞ではないのでは？」と考えます。are spreading はつづりから現在形に確定し、現在形は絶対に述語動詞ですから、are spreading を準動詞にすることはできません。そこで used to inject の読み方を変えて、準動詞にします。used と to を切り離すと used は use（使う）という規則活用の動詞の過去形か過去分詞形です（発音は〔ユーズド〕です）。過去分詞形と考えれば裸ですから絶対に準動詞です。過去分詞形容詞用法か分詞構文ですが、ここは過去分詞形容詞用法を選んで The needles にかけます。used は「前の品詞は形容詞、前の働きは名詞修飾、後の品詞は動詞、後の働きは－③」です。意味は「使われる、使われた」です。to は inject とくっついて to inject で不定詞になります。to inject は「目的の意味（～するために）」を表す不定詞副詞用法で used にかかります。to inject は「前の品詞は副詞、前の働きは動詞修飾、後の品詞は動詞、後の働きは③」です。意味は「注射するために」です。The needles used to inject heroin は〔ザ ニードルズ ユーズド トゥ インヂェクト ヘロウイン〕と発音して「ヘロインを注射するために使われる針」という意味です。AIDS は acquired immunodeficiency syndrome〔アクワイアド イミューノディフィシェンスィ スィンドロウム〕（生後に獲得された免疫不全症候群→後天性免疫不全症候群）の略称です。ちなみに HIV は human immunodeficiency virus〔ヒューマン イミューノディフィシェンスィ ヴァイアラス〕（ヒト免疫不全ウイルス）の略称です。immuno- は「免疫の」という意味で、immunity〔イミューニティ〕（免疫）の接頭辞形です。

Lesson 21

動詞・助動詞の把握 (3)

問題 21　各設問に即座に答えられるようになるまで、繰り返し練習してください。

1. Do you have anything to add to what I've said?　(問題 17-2 p. 355)
1-1 和訳しなさい。 1-2 述語動詞は？ 1-3 絶対に述語動詞と言えるか？
1-4 なぜか？ 1-5 現在形の助動詞とはどれか？ 1-6 大黒柱は？
1-7 大黒柱とは何か？ 1-8 最初の have は何形か？
1-9 なぜ原形だとわかるのか？
1-10 原形が述語動詞になるのはどういう場合か？
1-11 最初の have を過去分詞形に変えなさい。 1-12 2 番目の have は何形か？
1-13 2 番目の have を過去分詞形に変えなさい。 1-14 準動詞は？
1-15 to add は何番か？ 1-16 to add の目的語は？ 1-17 what の品詞は？
1-18 関係代名詞の「内側の働き」は？ 1-19 what はその中のどれか？
1-20 said は何形か？ 1-21 p.p. の可能性は？ 1-22 said はその中のどれか？
1-23 what が作る従属節の外側は？
1-24 what I've said を間接疑問文で訳しなさい。
1-25 to add の「意味上の目的語」は？ 1-26 to add の「意味上の主語」は？
1-27 Do の品詞は？ 1-28 2 番目の to と what の関係は？ 1-29 なぜか？
1-30 add は何形か？ 1-31 原形動詞を使うところは？
1-32「to 原形」の可能性は？ 1-33 to add はその中のどれか？
1-34 不定詞形容詞用法の「前の働き」は？ 1-35 to add はその中のどれか？

1-36 構造上の主語＋述語動詞を指摘せよ。
1-37 意味上の主語＋準動詞を指摘せよ。
1-38 what の品詞をすべて言いなさい。
1-39 疑問代名詞の what はどう訳すか？
1-40 関係代名詞の what はどう訳すか？ 1-41「add A to B」の意味は？
1-42「add to 名詞」の意味は？

解答 1-1 私が言ったことに付け加えることはありますか？ 1-2 have・said 1-3 言える 1-4 現在形の助動詞が付いているから 1-5 Do・have 1-6 have 1-7 主節の述語動詞 1-8 原形 1-9 do 助動詞が付いているから 1-10 do 助動詞と一般助動詞の後・命令文・仮定法現在 1-11 had 1-12 現在形 1-13 変えられない（過去分詞形がないので） 1-14 to add 1-15 ③ 1-16 ない 1-17 関係代名詞 1-18 主語・動詞の目的語・前置詞の目的語・補語 1-19 動詞の目的語 1-20 過去分詞形 1-21 受身・完了・過去分詞形容詞用法・分詞構文 1-22 完了 1-23 what から said までが名詞節で前置詞の目的語 1-24 私が何を言ったか（ということ） 1-25 anything 1-26 you 1-27 助動詞 1-28 関係ない 1-29 内外断絶しているから 1-30 原形 1-31 to の後・do 助動詞と一般助動詞の後・命令文・make, have, let などの補語・仮定法現在 1-32 助動詞の一部＋述語動詞・不定詞名詞用法・不定詞形容詞用法・不定詞副詞用法 1-33 不定詞形容詞用法 1-34 名詞修飾・補語 1-35 名詞修飾 1-36 you have、I . . . said 1-37 you . . . to add 1-38 関係代名詞・関係形容詞・疑問代名詞・疑問形容詞・疑問副詞・感嘆形容詞 1-39 何 1-40 こと・もの 1-41 A を B に加える 1-42 名詞を増やす

2. She paid no attention to who she received documents from.

（問題 17-8 p. 358）

2-1 和訳しなさい。 2-2 述語動詞は？ 2-3 大黒柱は？ 2-4 paid の活用は？
2-5 no の品詞と働きは？ 2-6 準動詞は？
2-7 She paid no attention を直訳しなさい。 2-8 to と who の関係は？
2-9 なぜか？ 2-10 received は何番か？ 2-11 who の品詞は？
2-12 who の働きは？ 2-13 どの前置詞か？
2-14 who が作る従属節の外側は？ 2-15 どの前置詞か？
2-16 構造上の主語＋述語動詞を指摘せよ。 2-17 from who の品詞と働きは？
2-18 どの動詞か？ 2-19 who の品詞をすべて言いなさい。

解答 2-1 彼女は、誰から書類を受け取るかに注意を払わなかった。 2-2 paid・received 2-3 paid 2-4 pay-paid-paid 2-5 形容詞で名詞修飾 2-6 なし 2-7 彼女はどんな注意も払わなかった 2-8 関係ない 2-9 内外断絶しているから 2-10 ③ 2-11 疑問代名詞 2-12

前置詞の目的語　2-13 from　2-14 who から from までが名詞節で前置詞の目的語　2-15 to　2-16 She paid・she received　2-17 副詞句で動詞修飾　2-18 received　2-19 疑問代名詞・関係代名詞

3. Mary admitted having been told a lie.　（18-3 p. 366）

3-1 和訳しなさい。 3-2 述語動詞は？ 3-3 admitted は何番か？

3-4 準動詞は？ 3-5 絶対に準動詞と言えるか？ 3-6 なぜか？

3-7 裸の ing というのはどれのことか？ 3-8 having の品詞は？

3-9 have 助動詞は何形の動詞に付くか？

3-10 having が付いている動詞は？ 3-11 been の品詞は？

3-12 be 助動詞は何形の動詞に付くか？ 3-13 told は何形か？

3-14 p.p. の可能性は？ 3-15 told はその中のどれか？

3-16 been told の品詞は？ 3-17 been told は何形か？

3-18 been told は p.p. の可能性の中のどれか？ 3-19 ing の可能性は？

3-20 having been told はその中のどれか？

3-21 having been told の「前の品詞」は？

3-22 having been told の「前の働き」は？ 3-23 having been told は何番か？

3-24 having been told だけ訳しなさい。 3-25 lie の働きは？

3-26 構造上の主語＋述語動詞を指摘せよ。

3-27 意味上の主語＋準動詞を指摘せよ。

3-28 過去形の動詞をすべて指摘せよ。

3-29 過去分詞形の動詞をすべて指摘せよ。

3-30 過去分詞形の助動詞をすべて指摘せよ。

3-31 ing 形の助動詞をすべて指摘せよ。

解答　3-1 メアリーはうそをつかれたことを認めた。 3-2 admitted　3-3 ③　3-4 having been told　3-5 言える　3-6 裸の ing だから　3-7 having been told　3-8 助動詞　3-9 過去分詞形　3-10 been told　3-11 助動詞　3-12 過去分詞形・ing 形　3-13 過去分詞形　3-14 受身・完了・過去分詞形容詞用法・分詞構文　3-15 受身　3-16 動詞　3-17 過去分詞形　3-18 完了　3-19 進行形・動名詞・現在分詞形容詞用法・分詞構文　3-20 動名詞　3-21 名詞　3-22 動詞の目的語　3-23 －④　3-24 言われたこと　3-25 動詞の目的語　3-26 Mary admitted　3-27 Mary . . . having been told　3-28 admitted　3-29 been told・told　3-30 been　3-31 having

4. She wondered what it was like not being rich. （問題 18-2 p. 381）

4-1 和訳しなさい。 4-2 述語動詞は？ 4-3 大黒柱は？
4-4 wondered は何番か？ 4-5 wondered の意味は？ 4-6 準動詞は？
4-7 絶対に準動詞と言えるか？ 4-8 なぜか？ 4-9 裸の ing の可能性は？
4-10 being はその中のどれか？ 4-11 動名詞の「前の働き」は？
4-12 being の「前の働き」は？ 4-13 動名詞を述語動詞にする方法は？
4-14 what の品詞は？ 4-15 what の働きは？ 4-16 どの前置詞か？
4-17 what が作る従属節の外側は？ 4-18 名詞節を作る語は？
4-19 what はその中のどれか？ 4-20 ing の可能性は？ 4-21 it の働きは？
4-22 like what の品詞と働きは？ 4-23 wondered と what の関係は？
4-24 なぜか？ 4-25 not の品詞と働きは？ 4-26 どの動詞か？
4-27 rich の働きは？ 4-28 was は何番か？ 4-29 was の補語は？
4-30 ing 形は大きく 2 つに分けると何と何か？
4-31 being はその中のどれか？ 4-32 動名詞で文を作る方法は？
4-33 what の品詞をすべて言いなさい。
4-34 関係形容詞の what はどう訳すか？ 4-35 being だけ直訳せよ。
4-36 疑問詞が作る名詞節を何と言うか？

解答 4-1 彼女は金持ちでないことはどんなふうなんだろうと思った。 4-2 wondered・was 4-3 wondered 4-4 ③ 4-5 知りたく思った 4-6 being 4-7 言える 4-8 裸の ing だから 4-9 動名詞・現在分詞形容詞用法・分詞構文 4-10 動名詞 4-11 主語・動詞の目的語・前置詞の目的語・補語・同格 4-12 真主語 4-13 ない 4-14 疑問代名詞 4-15 前置詞の目的語 4-16 like 4-17 what から rich までが名詞節で動詞の目的語 4-18 従属接続詞の that, if, whether・疑問詞・感嘆詞・関係詞の what・関係詞 -ever・先行詞が省略された関係副詞 4-19 疑問詞 4-20 進行形・動名詞・現在分詞形容詞用法・分詞構文 4-21 仮主語 4-22 形容詞句で補語 4-23 関係ない 4-24 内外断絶しているから 4-25 副詞で動詞修飾 4-26 being 4-27 補語 4-28 ② 4-29 like what 4-30 動名詞・現在分詞 4-31 動名詞 4-32 ない 4-33 関係代名詞・関係形容詞・疑問代名詞・疑問形容詞・疑問副詞・感嘆形容詞 4-34 すべての 4-35 であること 4-36 間接疑問文

5. It was all I could do not to fall asleep. （問題 18-3 p. 382）

5-1 直訳しなさい。 5-2 意訳しなさい。 5-3 述語動詞は？ 5-4 大黒柱は？
5-5 was は絶対に述語動詞と言えるか？ 5-6 なぜか？
5-7 do は絶対に述語動詞と言えるか？ 5-8 なぜか？

5-9 過去形の助動詞とはどれか？ 5-10 could を現在形に変えなさい。
5-11 could を原形に変えなさい。 5-12 all の品詞と働きは？ 5-13 準動詞は？
5-14 fall は何形か？ 5-15 原形を使うところを言いなさい。
5-16「to 原形」の可能性は？ 5-17 to fall はその中のどれか？
5-18 不定詞名詞用法の「前の働き」は？ 5-19 to fall の「前の働き」は？
5-20 to fall だけを直訳しなさい。 5-21 従属節があれば外側を言いなさい。
5-22 asleep の品詞と働きは？ 5-23 do は何番か？ 5-24 do の目的語は？
5-25 関係代名詞を省略できるのはどういう場合か？ 5-26 all と do の関係は？
5-27 なぜか？ 5-28 not の品詞と働きは？ 5-29 do と not の関係は？
5-30 なぜか？ 5-31 過去形の動詞をすべて指摘せよ。
5-32 過去形の助動詞をすべて指摘せよ。 5-33 原形の動詞をすべて指摘せよ。

解答 5-1 眠り込まないことは私ができるすべてのことだった。 5-2 私は眠らないでいるのが精一杯だった。 5-3 was・do 5-4 was 5-5 言える 5-6 過去形だから 5-7 言える 5-8 過去形の助動詞が付いているから 5-9 could 5-10 can 5-11 変えられない（原形はないので） 5-12 名詞で補語 5-13 to fall 5-14 原形 5-15 to の後・do 助動詞と一般助動詞の後・命令文・make, have, let などの補語・仮定法現在 5-16 助動詞の一部＋述語動詞・不定詞名詞用法・不定詞形容詞用法・不定詞副詞用法 5-17 不定詞名詞用法 5-18 主語・動詞の目的語・補語・同格 5-19 真主語 5-20 になること 5-21 I から do までが形容詞節で名詞修飾 5-22 形容詞で補語 5-23 ③ 5-24 all と I の間に省略されている関係代名詞の that 5-25 制限用法で、形容詞節の先頭にあり、内側で動詞の目的語か前置詞の目的語になっている場合 5-26 関係ない 5-27 内外断絶しているから 5-28 副詞で動詞修飾 5-29 関係ない 5-30 内外断絶しているから 5-31 was 5-32 could 5-33 do・fall

6. To be guilty of prejudice is to let thinking be influenced by feeling.

（問題 18-7 p. 384）

6-1 和訳しなさい。 6-2 述語動詞は？ 6-3 絶対に述語動詞と言えるか？
6-4 なぜか？ 6-5 準動詞は？ 6-6 最初の be の品詞は？
6-7 2 番目の be の品詞は？ 6-8 influenced は何形か？ 6-9 p.p. の可能性は？
6-10 influenced はその中のどれか？ 6-11 be influenced の品詞は？
6-12 be influenced は何形か？ 6-13 原形動詞を使うところは？
6-14 be influenced はその中のどれか？ 6-15 be influenced は何番か？
6-16 let は何形か？ 6-17 let の活用を言いなさい。
6-18 To be の「前の品詞と働き」は？ 6-19 To be は何番か？

6-20 thinking の品詞と働きは？ 6-21 feeling の品詞と働きは？
6-22 to let の「前の品詞と働き」は？ 6-23 to let は何番か？
6-24 be influenced の「前の働き」は？ 6-25 is to let だけを直訳しなさい。
6-26 guilty の品詞と働きは？ 6-27 構造上の主語＋述語動詞を指摘せよ。
6-28 意味上の主語＋準動詞を指摘せよ。 6-29 原形の動詞をすべて指摘せよ。
6-30 現在形の動詞をすべて指摘せよ。 6-31 原形の助動詞をすべて指摘せよ。
6-32 過去分詞形の動詞をすべて指摘せよ。

解答 6-1 偏見の罪を犯すことは、思考が感情によって影響されるままにすることである。 6-2 is 6-3 言える 6-4 現在形だから 6-5 To be・to let・be influenced 6-6 動詞 6-7 助動詞 6-8 過去分詞形 6-9 受身・完了・過去分詞形容詞用法・分詞構文 6-10 受身 6-11 動詞 6-12 原形 6-13 to の後・do 助動詞と一般助動詞の後・命令文・make, have, let などの補語・仮定法現在 6-14 make, have, let などの補語 6-15 −③ 6-16 原形 6-17 let-let-let 6-18 名詞で主語 6-19 ② 6-20 名詞で「動詞の目的語」 6-21 名詞で「前置詞の目的語」 6-22 名詞で補語 6-23 ⑤ 6-24 補語 6-25 許すことである 6-26 形容詞で補語 6-27 To be . . . is 6-28 thinking be influenced 6-29 be・let・be influenced 6-30 is 6-31 be（← be influenced の be） 6-32 influenced

7. Hearing the problem put like that I felt my cheeks grow red with anger.

（問題 20-6 p. 438）

7-1 和訳しなさい。 7-2 述語動詞は？ 7-3 felt の活用を言いなさい。
7-4 準動詞は？ 7-5 put は何形か？ 7-6 put の活用を言いなさい。
7-7 put は着物を着ているか裸か？ 7-8 裸の p.p. の可能性は？
7-9 put はその中のどれか？ 7-10 過去分詞形容詞用法の「前の働き」は？
7-11 put の「前の働き」は？ 7-12 裸の p.p. の番号は？
7-13 裸の p.p. が①になるのはどういう動詞か？
7-14 裸の p.p. が②になるのはどういう動詞か？ 7-15 put は何番か？
7-16 like の品詞は？ 7-17 that の品詞と働きは？
7-18 put like that だけを直訳しなさい。
7-19 Hearing は動名詞か現在分詞か？ 7-20 現在分詞の可能性は？
7-21 Hearing はその中のどれか？ 7-22 Hearing は何番か？
7-23 ing 形の動詞を述語動詞にする方法は？ 7-24 grow は何形か？
7-25 原形動詞を使うところは？ 7-26 grow はその中のどれか？
7-27 原形が準動詞になるのはどういう場合か？

7-28 原形が述語動詞になるのはどういう場合か？
7-29 grow だけを直訳しなさい。 7-30 構造上の主語＋述語動詞を指摘せよ。
7-31 意味上の主語＋準動詞を指摘せよ。

解答 7-1 その問題がそんなふうに言われるのを聞いて、私は怒りで頬が赤くなるのを感じた。 7-2 felt 7-3 feel-felt-felt 7-4 Hearing・put・grow 7-5 過去分詞形 7-6 put-put-put 7-7 裸 7-8 過去分詞形容詞用法・分詞構文 7-9 過去分詞形容詞用法 7-10 名詞修飾・補語 7-11 補語 7-12 ①・②・－③・－④・－⑤ 7-13 往来発着動詞、happened, fallen, retired, returned, gathered など 7-14 become, turned, gone 7-15 －③ 7-16 前置詞 7-17 名詞で前置詞の目的語 7-18 それのように表現される 7-19 現在分詞 7-20 進行形・現在分詞形容詞用法・分詞構文 7-21 分詞構文 7-22 ⑤ 7-23 進行形にする 7-24 原形 7-25 to の後・do 助動詞と一般助動詞の後・命令文・make, have, let などの補語・仮定法現在 7-26 make, have, let などの補語 7-27 to の後・make, have, let などの補語 7-28 do 助動詞と一般助動詞の後・命令文・仮定法現在 7-29 になる 7-30 I felt 7-31 I Hearing・problem put・cheeks grow

Appendix I

Pragmatism の英文の解説

（扉裏参照）

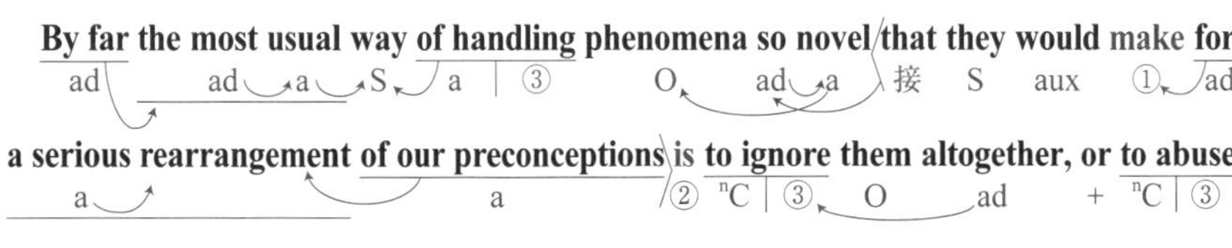

—William James: *Pragmatism*

我々が抱いている先入観に対して重大な変更を迫るような新しい現象に出会った場合、ほとんどの人は、この馴染みのない現象を完全に無視するか、あるいはこの現象を目撃したと言う人を罵（ののし）るかするのが普通である。

――ウイリアム・ジェイムズ　『プラグマティズム』(1907)

By far は the most usual にかかり、**By far the most usual way** は「2 位以下に大差をつけて最も普通のやり方」という意味です (p. 104 参照)。

handling は動名詞で「前の働きは前置詞の目的語、後の働きは③」です (p. 363 参照)。

novel は「新奇な」という意味の形容詞で phenomena にかかります。**phenomena** は「現象」の複数形です (単数は phenomenon といいます)。novel に so . . . that S＋V がからんでいます。**so novel that S＋V** は「S が V するほど、それほど新奇な」という意味です (p.193 参照)。

they は phenomena を指しています。make は①で、**make for . . .** は「. . . を引き起こす」という意味です。e.g. All these arguments make for bad feeling among the people involved. (これらの議論は関係する人々の間に悪感情を引き起こす) **would**

make は仮定法過去の主節の形です。隠されている条件節は if they were accepted as genuine（もしそれらの現象が真正だと認められたら）です（p. 226 参照）。

is は現在形・大黒柱・②、**to ignore** は不定詞名詞用法で「前の働きは補語、後の働きは③」です（p. 374 参照）。is to ignore は「無視することである」という意味です。**to abuse** は不定詞名詞用法で「前の働きは補語、後の働きは③」です。等位接続詞の **or** によって to ignore と to abuse がつながれています。

who . . . them は形容詞節で those にかかります。those who V は「V する人々」という意味です（p. 255 参照）。

bear は「与える」、**witness** は「証言、証拠、証明」という意味で、bear witness for them は「それらの現象に対する証言を与える→それらの現象を見たと言う」という意味です。全文を直訳すると「（もし真正だと認められたら）我々が抱いている先入観の重大な変更を引き起こすほど、それほどに新しい現象（に出会った場合、これら）に対処する最も普通のやり方、それも飛び抜けて普通のやり方は、この現象を完全に無視するか、あるいはこの現象を目撃したと言う人を罵ることである」となります。

Appendix Ⅱ

Sartor Resartus 第 1 文の解説

（p. 387 参照）

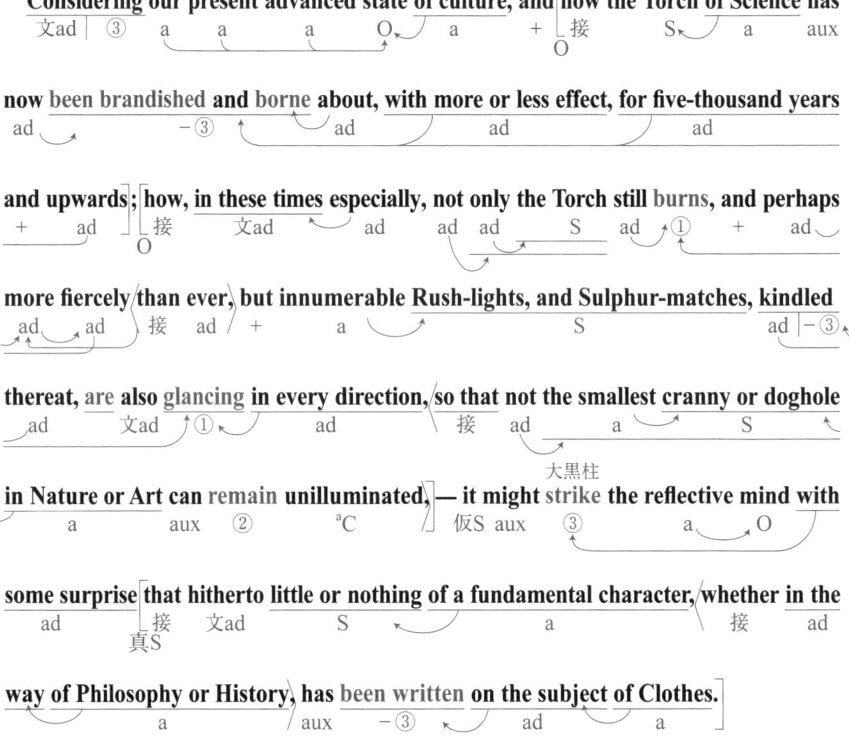

The first sentence of *Sartor Resartus*, by Thomas Carlyle

わが国の文化の現在の進んだ状態を考えたとき、そしてまた、学問の松明(たいまつ)がもうかれこれ五千年以上もの間振りかざされ突きまわされて、それなりの効果を上げてきたこと、特に近時は、その松明が依然として消えることなく、それどころかおそらくこれまでにない勢いで燃え盛っているだけでなく、そこから分火された無数の蝋燭(ろうそく)や付け木が四方八方に煌(きら)めくようなことも起こっていて、自然界、人為界のどんなに小さな割れ目や穴でさえも照らされないところはないことを考えたとき、衣服という題目について、哲学の面、歴史の面を問わず、これまで基本的特質のほとんど、あるいは一切、何も書かれていないことは、思慮深い人をかなり驚かすかもしれない。

この英文がなぜこれほど異常に長いのかについては最後に説明します。全文の構造は「**③の分詞構文 O_1 and O_2; O_2' — 仮S ③ O 真S.**」です。大黒柱（主節の述語動詞）は③の **strike** です。細かく検討しましょう。

Considering は「前の働きが文修飾、後の働きが③」の分詞構文です（p. 215 参照）。「. . . を考えるとき / . . . を考えると」という意味です。Considering の目的語が **our present advanced state of culture** と **how . . . upwards** の名詞節で、この 2 つが **and** でつながれています。

how は「疑問副詞（様態）」「先行詞が省略された関係副詞（様態）」「従属接続詞（= that）」のどれで解釈することも可能です（p. 404 参照）。上の訳も岩波文庫の訳も「従属接続詞（= that）」で訳しています。

the Torch of Science は「学問というたいまつ」という意味で、of は「同格の of」です（p. 368 参照）。この Science は「科学」ではなく「学問」です。

brandished は「（威嚇のために）振り回す」という意味の動詞の過去分詞形です。**borne** は bear の過去分詞形です。ここでは bear は「押す、突く（= push）」という意味です。**about** は「周囲を」という意味の副詞で been borne にかかります。been brandished には about の意味が含意されているので、about はかかっていません。

with effect = effectually（効果的に）です（p. 253 参照）。**more or less** は「多かれ少なかれ、多少とも」という意味で、ここでは形容詞で effect にかかっています。

. . . and upwards は「. . .（および）それ以上」という意味です。**for five-thousand years and upwards** は「5 千年ないしそれ以上の間」という意味です。これは古代エジプトあるいは古代バビロニアのことを考えているのでしょうが、ここの内容からするといかにも長すぎます。なぜこんな常識はずれな期間にしたのかについては最後に説明します。岩波文庫は「もう二千五百年以上もの間」と訳していますが、間違いです。

2番目の **how** も「疑問副詞(様態)」「先行詞が省略された関係副詞(様態)」「従属接続詞(=that)」のどれで解釈することも可能です。上の訳も岩波文庫の訳も「従属接続詞(=that)」で訳しています。**how . . . unilluminated** は名詞節で、最初の how 節を **in these times**(近時)に光を当てて言い換えたものです。ですから and でつながずにセミコロンでつないでいます(p. 405 参照)。2番目の how 節の働きは「Considering の目的語」と言ってもいいし、最初の how 節と「同格」と言ってもいいでしょう。

Not only S+V が「S が V する、だけではない」という意味を表すときは、S+V を「疑問文と同じ語順の倒置形」にしなければなりません。Not only が文修飾で S+V にかかっているからです(p. 176 参照)。それに対して「S だけが V するのではない」という意味を表すときは、S+V は倒置しません。Not only が語修飾で S にだけかかるからです。たとえば Not only he was not there, but the other members were also not there. は「彼だけがそこにいなかったのではない。そうではなくて、他のメンバーもそこにいなかったのだ」という意味です(was not there と were not there が同内容であることに注目してください)。**not only the Torch still burns, and perhaps more fiercely than ever** は倒置していません。not が only the Torch にかかり(p. 176 参照)、only が the Torch にかかっています(p. 127 参照)。したがって「松明だけが依然として燃えて、おそらくこれまでにない勢いで燃え盛っているのではない」という意味になります。これだと、but の後は「. . . も依然として燃えて、おそらくこれまでにない勢いで燃え盛っている」というように続くはずです。ところが **but** 以下は「そこから分火された無数の蝋燭(ろうそく)や付け木も四方八方に煌(きら)めいている」です。これは「but の前とまったく整合しない」とまでは言えませんが、いかにも不自然です。なぜなら「依然として燃えて、おそらくこれまでにない勢いで燃え盛っている」のは「拠点となるところで大きな炎が上がる燃え方」です。それに対し「四方八方に煌(きら)めいている」のは「小さな光があらゆるところに射し込む燃え方」です。この2つは異なる燃え方であって、同じ燃え方を言い換えた(=同内容の言い換え)とは言えないからです。論理的に成立するのは「松明が依然として燃えて、おそらくこれまでにない勢いで燃え盛っているだけではない。(そうではなくて)そこから分火された無数の蝋燭や付け木が四方八方に煌めくことも起こっている」です。したがって、ここは文法的には倒置して not only <u>does</u> the Torch still burn, and perhaps more fiercely than ever と書かなければいけないところです。「なぜカーライルほどの人が倒置で書かなかったのか（＝文法的に間違った書き方をしたのか）」については最後に説明します。

and perhaps more fiercely than ever の and は「S＋V and (that) 副詞.」で「S＋V、しかも副詞で」という意味を表す and です（p. 90 参照）。**than ever** は than it ever has burned（それがこれまでに燃えたよりも）という副詞節の省略形です。than ever は「これまでよりも」という意味の慣用句になっています。

but innumerable Rush-lights, . . . の but は「前出の否定的内容を受けて『そうではなくて』と切り返す意味」の but で、いわゆる「not A but B の but」です（p. 232 参照）。「not A but B」の A に only が付き、B に also が付くと「only A（A だけ）ではない、そうではなくて also B（B も）」という意味になります。これを「not A but B」と区別して「not only A but also B」などと言いますが、同じものです。要するに but が「そうではなくて」という意味を表しているのです。

kindled は過去分詞の分詞構文で「前の働きは動詞修飾（are glancing にかかる）、後の働きは－③」です（p. 432 参照）。「なぜこれが過去分詞形で分詞構文とわかるか」は一言で言うと「それ以外の読み方は、構造が成立しないので、できないとわかる」からです（コラム 3 p. 70 参照）。このメカニズムについては本書で徹底的に練習しました。kindled が表している意味は「火をつけられて」という付帯状況です。**thereat** は「その場所で、そこで」という意味の副詞で kindled にかかります。「そのたいまつのところで」という意味です。

also は「もまた」という意味の副詞ですが、主語と述語動詞の間に置くと、文中のどの語句節にもかかれます。ここでは **innumerable Rush-lights, and Sulphur-matches, kindled thereat, are glancing in every direction** の全体にかかっています。

so that は 2 語で 1 つの従属接続詞です。ここは **so that . . . unilluminated** が結果を表す副詞節になっています（p. 198 参照）。

not the smallest cranny or doghole は、not が the smallest cranny or doghole の全体にかかっています。このように not が「the 最上級形容詞 名詞（←働きは主語）」にかかると even の意味が加わって「最も～な名詞でさえ . . . しない」という意味を表します（p. 176 参照）。

cranny or doghole の or と **in Nature or Art** の or は「A または B」という意味ではありません。この or は前の not とセットで使われていて「A も B も . . . でない」という意味です（p. 89 参照）。

remain は②で「～の状態のままでいる」という意味です (p. 212 参照)。**can remain unilluminated** は「光に照らされていない状態のままでいる可能性がある」という意味です。not the smallest cranny or doghole in Nature or Art can remain unilluminated を直訳すると「自然界においても人為界においても、最も小さな割れ目や穴でさえも、光に照らされていない状態のままでいる可能性はない」となります。これは not と un が打ち消し合った二重否定の文で「自然界においても人為界においても、最も小さな割れ目や穴でさえも、必ず光に照らされている」という「強い肯定」の意味を表します。

it might strike . . . の it は仮主語で、後ろに続く that 節が真主語です (p. 322 参照)。**might** は「推量」を表す may の婉曲形です。過去形にすることによって「推量」の意味を控えめにしているのです (「ひょっとすると . . . するかもしれない」というニュアンスです)。**strike 人 with surprise** は「人を驚きで打つ→人を驚かす」という意味です。surprise に付いている **some** は「かなりの、相当の」と「いくらかの、多少の」という 2 つの可能性があります。ここでは前者が適切です。**strike が大黒柱 (主節の述語動詞) です。この長い英文は strike 一語に主語、目的語、修飾要素が付いて出来上がっているのです** (p. 187 参照)。

mind, soul, sprit, nature など人間の内面を表す語は、そのまま「人間」という意味で使います。**the reflective mind** は「思慮深い人」という意味です。

little or nothing of a fundamental character . . . has been written は「基本的特質のほとんど何も、あるいは一切何も書かれていない」という意味です (p. 381 参照)。**whether in the way of Philosophy or History** は「副詞節の定型的な省略形」で、完全な副詞節で書くと whether it is in the way of Philosophy or History (それが哲学の面にあろうが歴史の面にあろうが) となります (p. 193 参照)。この **way** は「aspect (面)、respect (点)」という意味です。e.g. He is great in many ways. (彼は多くの点で偉大だ)。**the subject of Clothes** は「衣服という主題」という意味で、of は「同格の of」です (p. 368 参照)。

Sartor Resartus (「仕立て直された仕立て屋 / つぎはぎの仕立て屋」という意味のラテン語です) は Teufelsdröckh (トイフェルスドレック ←「悪魔の糞」というふざけた名前です) というドイツ人の大学教授が書いた『衣服: その起源と影響』という書物を、イギリス人の編集者が英語に翻訳して再編集した本です。しかし、これはカーライルがそういう体裁で (＝趣向で) 書いたのであって、実はトイフェルスドレックも

編集者もカーライルが創造した架空の人物なのです。ですから、*Sartor Resartus* の英文は、もちろんすべてカーライルが書いた文ですが、体裁上はトイフェルスドレックと編集者が書いた文ということになっているのです。この第 1 文は（架空の）編集者が書いた（とされている）文です。カーライルはこの文（の書き方）を通して、自分が想定した編集者の意気込み、学識、性格を読者に伝えようとしたのです。そこで、第 1 文だけを異常に長い文にしたり、5 千年以上という肩に力が入った言い方をしたり、本来は倒置すべき not only の後を倒置しなかったり、といった癖のある書き方を意図的にして、（架空の）編集者の characterization（性格付け）をしているのです。読者（当時のイギリスの相当に教養のある読者です）は、延々と言葉を連ねたあげく（全部で 109 words です !）、やっと最終単語（= Clothes）で主題が明かされる、この勿体（もったい）を付けた出だしを読んで、大したことを言っているわけでもないのに、大真面目で、変に大袈裟で、それでいてどこか間が抜けた文体にクスッと笑ってしまうのです。

Appendix Ⅲ

Frame of Reference の要点

1. 文とは？	1. 構造上の主語＋述語動詞
2. 動詞型は？	2. ①・②・③・④・⑤・－③・－④・－⑤
3. 名詞の基本的働きは？	3. 主語・動詞の目的語・前置詞の目的語・補語
4. 名詞の例外的働きは？	4. 同格・副詞的目的格
5. 形容詞の働きは？	5. 名詞修飾・補語
6. 副詞の働きは？	6. 動詞修飾・形容詞修飾・他の副詞修飾・文修飾
7. 主語の 2 種類は？	7. 構造上の主語・意味上の主語
8. 主語になれる品詞は？	8. 名詞のみ
9. 目的語になれる品詞は？	9. 名詞のみ
10. 補語になれる品詞は？	10. 名詞・形容詞
11. 前置詞の働きは？	11.「前置詞＋名詞」で形容詞句または副詞句となる
12. 述語動詞とは？	12. 構造上の主語を伴って文を作る動詞
13. 準動詞とは？	13. 構造上の主語を伴わないので文は作れないが、その代わり名詞・形容詞・副詞の働きを兼ねる動詞
14. 活用とは？	14. 原形・現在形・過去形・過去分詞形・ing 形

15. 原形を用いる5つの場所は？	15. toの後 / do助動詞・一般助動詞の後 / 命令文 / make・have・letなどの補語 / 仮定法現在
16. 必ず述語動詞になる活用は？	16. 現在形・過去形
17. 必ず準動詞になる活用は？	17. 裸の過去分詞・裸のing
18. been doneは何形か？	18. 過去分詞形
19. being doneは何形か？	19. ing形
20. 受身とは？	20. 能動態の文の目的語を主語にした文
21. 受身の動詞型は？	21. −③・−④・−⑤
22. −③の後ろに何が来るか？	22. 目的語も補語も来ない
23. −④の後ろに何が来るか？	23. 目的語が1つ来る
24. −⑤の後ろに何が来るか？	24. 補語が来る
25. beの可能性は？	25. ①・②・進行形・受身・完了・助動詞be to
26. 不定詞の可能性は？	26. 助動詞の一部＋述語動詞・不定詞名詞用法・不定詞形容詞用法・不定詞副詞用法
27. ingの可能性は？	27. 進行形・動名詞・現在分詞形容詞用法・分詞構文
28. 過去分詞の可能性は？	28. 受身・完了・過去分詞形容詞用法・分詞構文
29. 不定詞名詞用法の「前の働き」は？	29. 主語・動詞の目的語・補語・同格
30. 不定詞形容詞用法の「前の働き」は？	30. 名詞修飾・補語
31. 動名詞の「前の働き」は？	31. 主語・動詞の目的語・前置詞の目的語・補語・同格
32. 現在分詞形容詞用法の「前の働き」は？	32. 名詞修飾・補語
33. 過去分詞形容詞用法の「前の働き」は？	33. 名詞修飾・補語
34. 裸の過去分詞の「前の働き」は？	34. 形容詞または副詞の働き
35. 裸の過去分詞の「後の働き」は？	35. ①・②・−③・−④・−⑤

36. 裸の過去分詞が表す意味は？	36. 自動詞なら完了の意味・他動詞なら受身の意味
37. 分詞構文とは？	37. 分詞が副詞の働きをする現象
38. 従属節とは？	38. 1つの文が他の文の中に入って名詞・形容詞・副詞の働きをする現象
39. 従属節の3種類は？	39. 名詞節・形容詞節・副詞節
40. 大黒柱とは？	40. 主節の述語動詞
41. 名詞節の働きは？	41. 主語・動詞の目的語・前置詞の目的語・補語・同格
42. 形容詞節の働きは？	42. 名詞修飾
43. 関係代名詞の「内側の働き」は？	43. 主語・動詞の目的語・前置詞の目的語・補語
44. 関係代名詞が省略されるのはどういう場合か？	44. 制限用法で、形容詞節の先頭にあり、内側で動詞の目的語か前置詞の目的語になっている場合
45. what の「内側の働き」は？	45. 主語・動詞の目的語・前置詞の目的語・補語・名詞修飾
46. 接続詞の2種類は？	46. 等位接続詞・従属接続詞
47. 従属接続詞の働きは？	47. 副詞節を作る、ただし that・if・whether は名詞節も作る
48. 名詞節を作る語は？	48. 従属接続詞の that・if・whether / 疑問詞 / 感嘆詞 / 関係詞の what / 関係詞 -ever / 先行詞が省略された関係副詞
49. 形容詞節を作る語は？	49. 関係詞、ただし「what」と「関係詞 -ever」と「先行詞が省略された関係副詞」は除く
50. 副詞節を作る語は？	50. 従属接続詞（that・if・whether も含む）・関係詞 -ever

あとがき

ALT（外国語指導助手）を活用したオーラルコミュニケーション重視の英語学習、パターン・プラクティス的な英語学習、あるいはひたすら多読・速読・音読・暗唱をさせる英語学習を少しも楽しいと思わず、むしろ苦痛に感じる中学生、高校生が一定数いることはまちがいありません。彼らの多くは、少しも理屈がわからないので興味をもてないでいるのです（私がまさにそうでした）。「7〜8割わかればそれでいい。いちいち辞書を引かずに、ともかく速くたくさん読め」という指導になじめないのです。そういう生徒は「品詞と働きと活用の間に密接な関係がある」ことを知ると初めて英語に興味をもつようになります。

英語ができるようになりたいと思って、一生懸命勉強しているのに、少しも英語に興味をもてない生徒がいたら、「他にこんな方法もあるよ。一度覗いてごらん。もしかしたら君に合っているかもしれない」と、本書を紹介してあげてください。理屈がわかったとき初めて面白いと思うタイプの生徒は、夢中になって本書に食いつきます。そういう生徒は「そんなやり方はやめなさい！」と言われて、羽交い絞めにされても、振り払って勉強します。**見えないところで英単語を制御しているメカニズムがわかり、自分で意識的にコントロールできるのが楽しくて仕方ない**からです。彼あるいは彼女が本書で自主的に勉強するのをそっと見守ってあげてください。しばらくすれば彼あるいは彼女は見違えるほど英語がわかるようになって、英語が好きになっていますから。

索　　引

文法索引

【数字】

【A】

【B】

【C】

【D】

【E】

【F】

【G】

【H】

【I】

【J】

【K】

【L】

【M】

【N】

【O】

【P】

【R】

【S】

【T】

【U】

【V】

【W】

【Y】

【Z】

表現索引

基本文法から学ぶ　英語リーディング教本

● 2021 年 11 月 30 日　初版発行 ●
● 2024 年 1 月 31 日　7 刷発行 ●

● 著　者 ●
薬袋　善郎

● 発行者 ●
吉田　尚志

● 発行所 ●
株式会社　研究社

〒102-8152 東京都千代田区富士見 2-11-3
電話　営業 (03)3288-7777 (代)　編集 (03)3288-7711 (代)
振替　00150-9-26710
https://www.kenkyusha.co.jp/

KENKYUSHA
〈検印省略〉

● 印刷所 ●
図書印刷株式会社

● 装丁 ●
Malpu Design (清水良洋)

ISBN 978-4-327-45305-3 C1082　Printed in Japan